开封上古历史文化专著

华夏开封

韩 鹏　王富洲　著

河南大学出版社
HENAN UNIVERSITY PRESS
郑州

图书在版编目(CIP)数据

华夏开封/韩鹏,王富洲著. —郑州:河南大学出版社,2015.9
ISBN 978-7-5649-2165-1

Ⅰ.①华… Ⅱ.①韩… ②王… Ⅲ.①文化史－研究－开封市 Ⅳ.①K296.13

中国版本图书馆 CIP 数据核字(2015)第 222149 号

责任编辑　朱春华
责任校对　孟艺萌
封面设计　翟淼淼

出　　版	河南大学出版社
	地址:郑州市郑东新区商务外环中华大厦 2401 号
	邮编:450046　电话:0371－86059701(营销部)
	网址:www.hupress.com
排　　版	郑州市今日文教印制有限公司
印　　刷	开封智圣印务有限公司
版　　次	2015 年 10 月第 1 版　印　次　2015 年 10 月第 1 次印刷
开　　本	787mm×1092mm　1/16　印　张　28.25
字　　数	507 千字　　　　　　　　定　价　68.00 元

(本书如有印装质量问题,请与河南大学出版社营销部联系调换)

目 录

绪 论 ………………………………………………………… （1）
  一、华夏历史文明发源地研究的历史背景 ………………… （1）
  二、如何认识华夏历史文明的发源问题 …………………… （2）
  三、太极理论表述华夏历史文明的主要形式 ……………… （7）
  四、华夏太极理论印证三皇五帝共同建都"天地之中" …… （13）

第一章 "太极"理论是华夏历史文明传承创新的灯塔 …… （17）
  一、华夏先民"太极"理论是对朴素唯物史观的科学总结 … （17）
  二、上古时期"太极"理论是中国哲学思想产生的源泉 …… （18）
  三、华夏历史文明"多中心论"背离"太极"基本原则 …… （19）
  四、华夏历史文明传承创新要用"太极"朴素唯物史观作指导
    ………………………………………………………… （20）

第二章 太极、河洛文化是解开华夏历史文明之谜的钥匙 … （22）
  一、太极图与河图洛书的关系解析 ………………………… （22）
  二、"八卦"唯物辩证哲学阴阳对立统一观 ………………… （35）
  三、八卦与河图、洛书的关系 ……………………………… （38）
  四、太极八卦理论是发掘华夏历史文明的钥匙 …………… （42）

第三章 太极文化与社会哲学及其核心价值观的共性 ……… （45）
  一、太极五行文化与道教五帝、儒教五德的对应关系 …… （45）
  二、太极理论是自然、人类和社会共通的道理 …………… （50）
  三、道、儒文化都具有太极文化的本质属性 ……………… （53）
  四、道、儒二教都用"天地人合一"理论指导社会实践 …… （56）
  五、太极文化与社会哲学及其核心价值观的一致性 ……… （59）

第四章 "天地人合一"与紫微垣、北斗、昆仑山、黄帝 …… （69）

一、天宫"紫微垣"的最高神祇为"太一" ……………………（69）
二、北斗黄帝是传授"天命"枢纽"天道"的天子 …………（76）
三、天帝"紫微垣"与三皇五帝"昆仑山"天人合一 ………（78）

第五章 太极"天地人合一"与昆仑"天地人之中" …………（83）
一、"天地人合一"是对华夏先民世界观的具体表述 ……（83）
二、天帝宫室、行政"三垣"的布局与星官人文含义 ……（85）
三、"天地之中"紫微垣、昆仑山与黄帝帝都相对应 ……（96）
四、太极"天地人之中"理论与实践的传承、发展 ………（103）

第六章 天地"五帝"对应"太极五行"方位 ……………………（111）
一、"五"来源于"太极五行"、"河图洛书"理数 …………（111）
二、理数"五"与天地之中"五帝"的对应关系 ……………（115）
三、"昆仑"、"正㕚"在河南开封之北"天下之中" ………（120）

第七章 炎黄氏族的发源地——逢泽 ……………………………（125）
一、逢泽之"逢"字具有多种文化含义 ……………………（125）
二、"逢"为炎帝后裔的姓氏和居住地 ……………………（128）
三、"逢泽"是中央黄帝帝都轩辕丘之地 …………………（133）

第八章 开封古陈留是河洛文化之源 ……………………………（140）
一、中原"河洛文化"的本义是什么 ………………………（140）
二、中原的"河洛"到底在哪里 ……………………………（143）
三、"河洛"文化发源于开封有何历史凭证 ………………（147）
四、开封古陈留"河图"文化的历史传承 …………………（151）

第九章 从南阳《麒麟岗墓顶天象图》探开封太极昆仑 ……（157）
一、"阴阳"图画 ………………………………………………（158）
二、"四象"图画 ………………………………………………（160）
三、与山东大汶口文化中"昆仑山"图画同一含义 ………（161）
四、与河南濮阳西水坡墓葬文化含义一致 ………………（163）

第十章 "天地人和"与开封三皇五帝"中国" …………………（166）
一、"天地人和"是华夏先民对自然规律的主观认识 ……（166）
二、对"天地人和"含义和彼此关系的认识 ………………（167）
三、清代《开封府志》对太极、五行、昆仑位置的认证 …（174）

第十一章 关于中原文化的"归中"和定位问题 ………………（186）
一、何为中原的"中"文化 …………………………………（187）
二、河南樱桃沟"郑州人"是"太极"文化的先声 ………（189）

三、周文王何以要"归中"河南 …………………………………（191）
　　四、郑汴是炎黄子孙寻根"归中"之地 ……………………………（195）
第十二章　开封是三皇五帝"中央之国"发源地 …………………………（200）
　　一、三皇五帝与太极、昆仑、"空桑"同在一地 …………………（200）
　　二、三皇五帝同居开封古陈留昆仑山"中央之国" ………………（202）
　　三、三皇五帝同居昆仑山"中央之国"有史料可查 ………………（212）
第十三章　试论开封、洛阳伊水、洛水文化的根本区别 ………………（216）
　　一、上古时期洪灾多发生在黄河下游的开封之地 ………………（216）
　　二、"洪荒"之地是华夏文明发源的"伊洛"流域 …………………（220）
　　三、"伊洛"之水最早流经黄河下游的"中国" ……………………（221）
第十四章　开封昆仑"中国"与黄帝铸鼎"荆山" …………………………（231）
　　一、黄帝铸鼎和羽化升仙在开封一带的荆山 ……………………（231）
　　二、黄帝铸鼎升仙荆山的人文地理环境 …………………………（232）
　　三、关于黄帝铸鼎荆山的人文传承和判断方法 …………………（232）
　　四、炎黄会盟荆山有《仓颉书》明确记载 …………………………（233）
　　五、黄帝母系、成婚、铸鼎、升仙均在开封昆仑山 ………………（234）
第十五章　郑州、洛阳"北邙山"源自开封"黄台之丘" …………………（240）
　　一、"北邙"之"邙"本义反映的是黄帝文化 ………………………（240）
　　二、北邙山是黄帝帝都和下葬之地 ………………………………（242）
　　三、黄帝北邙山是道家修道的圣地 ………………………………（246）
　　四、关于"北邙"与太极、黄帝的内在人文内涵 …………………（249）
　　五、"北邙"承载着黄帝姬芒升天成仙的昆仑文化 ………………（252）
第十六章　黄帝宫室在开封"天地之中" …………………………………（258）
　　一、五帝之首的"黄帝"名号源于"太极"理论 ……………………（258）
　　二、黄帝居住和帝都在"天地之中" ………………………………（261）
　　三、史典记载证明黄帝帝都、"天地之中"在开封 ………………（265）
第十七章　太极五行之"土"与开封"土山""卧牛城" …………………（271）
　　一、太极五行理论关于"土"方位和含义解说 ……………………（272）
　　二、三皇五帝建都昆仑山"五行""土"之地 ………………………（275）
　　三、开封"土城"、"卧牛城"产生的历史渊源 ……………………（279）
第十八章　菊花节会传承着开封上古华夏文化 …………………………（285）
　　一、开封菊花文化产生的历史 ……………………………………（285）
　　二、开封栽培菊花不仅历史悠久而且独具特色 …………………（289）

三、以"节、会"为标志的宋代菊花文化空前繁荣 …………（292）
第十九章　尧帝后裔在开封古陈留的人文传承……………………（299）
　　一、开封古留国是尧帝之子丹朱的封地 ……………………（300）
　　二、丹朱曾封在嫘祖父亲方雷氏"方（封）山"之地 ……（303）
　　三、丹朱受封的"唐国"在开封古"留"国 …………………（306）
第二十章　开封是《夏禹碑》和夏都阳城初现之地………………（316）
　　一、《夏禹碑》产生和传承的历史脉络 ………………………（316）
　　二、《夏禹碑》叙述着大禹在开封一带治水的历史 …………（322）
　　三、《夏禹碑》首现地禹王台就是禹王夏都阳城 ……………（325）
第二十一章　开封夏杼王都老丘的历史传承和文化意义…………（330）
　　一、夏杼王都老丘的历史传承 ………………………………（330）
　　二、夏杼建都开封老丘是三皇五帝建都"中国"的继续 ……（335）
　　三、夏杼王朝老丘作为开封大古都的历史意义 ……………（336）
第二十二章　开封"八朝古都"是历史传承非"移花接木"………（341）
　　一、考古学实物的含义值得全面、科学理解 ………………（342）
　　二、开封"七朝古都"是历史传承不是"移花接木" ………（343）
　　三、历史和考古论证夏杼王都在开封老丘是正确的 ………（345）
第二十三章　商汤伐夏桀人文地理渊源解析………………………（349）
　　一、商汤讨伐夏桀之战出发地、方向、线路问题 …………（349）
　　二、对商汤讨伐夏桀沿线重要地名的历史分析 ……………（352）
　　三、开封"安城"、"安陵"、"陑"地的历史传承 …………（369）
　　四、封丘鸣条之地的人文历史 ………………………………（372）
　　五、山东定陶古三㚇国是忠于夏桀的侯国 …………………（377）
第二十四章　关于"商汤夏桀鸣条之战旧址"碑问题……………（384）
　　一、"鸣条之战"碑中"战"字"作假"之说值得商榷 ……（385）
　　二、"鸣条之战"发生在中原东部地区有史料依据 …………（388）
　　三、不存在"为地区利益作假"的问题 ……………………（391）
第二十五章　开封鸣条舜帝陵与太极八卦学说……………………（395）
　　一、古人对舜帝其人的认识和评价 …………………………（395）
　　二、舜帝在天象太极五行"中"的方位 ……………………（396）
　　三、舜帝在地形"太极八卦"中的方位 ……………………（397）
　　四、天地之间"木星"、"条风"方位对应 …………………（398）
　　五、"重华"、"条风"方位在舜帝下葬地古开封"鸣条" …（399）

目 录

第二十六章　商代元圣伊尹出生地在开封陈留的历史原因……(403)
　一、伊尹出生在尧、舜、禹的帝王都之地……………………(403)
　二、伊尹所出生的莘国"空桑",就是炎帝帝都之地 ………(404)
　三、伊尹居住的"莘国空桑"是上古时期羲和占日之地……(405)
　四、伊尹居住的"莘国空桑"是高阳氏颛顼的封地…………(405)
　五、开封"莘国空桑"早有"洛水"和"伊水"、"龙门"………………………………………………………(406)
　六、洛阳伊川"伊"姓源自开封古陈留的"伊"氏……………(409)

第二十七章　夏商核心之地在开封一带的又一证据…………(413)
　一、"成"在商人东夷之地……………………………………(413)
　二、成伯国、"小臣单"均在商人、东夷之地………………(414)
　三、《穆天子传》印证成(盛)伯国在东夷之地………………(414)
　四、"成"地方位旁证夏商核心之地在开封一带……………(416)

第二十八章　商、周时期的夏禹姒姓杞国……………………(418)
　一、杞国之"杞"的来由………………………………………(418)
　二、夏杞人和商、周王族本是同一个母系 …………………(419)
　三、夏杞和商、周王朝的共同始祖为高辛氏帝喾……………(420)
　四、商代杞国人忧患意识产生的原因…………………………(421)
　五、周武王封东楼公于杞国奉夏氏庙祀………………………(423)
　六、几点结论……………………………………………………(425)

第二十九章　历代帝王建都最早最多的开封之地……………(428)
　一、三皇五帝建都的大致地理方位……………………………(429)
　二、夏代之后历代帝王、朝代、封国在开封建都的地理方位
　　………………………………………………………………(430)

第三十章　对开封、西安、洛阳三大古都形成历史的分析…(432)
　一、中国最早的古都和迁徙规律………………………………(432)
　二、中国古都的地理方位特点…………………………………(433)
　三、上古以来中国主要都城的地理分布………………………(435)
　四、开封、西安、洛阳三大古都格局的形成…………………(436)
　五、西安、洛阳、开封三大古都对比…………………………(437)

后　记　中原文化建设亟待华夏历史资源和研究成果支撑………(441)

绪　　论

一、华夏历史文明发源地研究的历史背景

国务院在《关于支持河南加快建设中原经济区建设指导意见》[1]所提出的五大战略目标中,把建设"华夏历史文明传承创新区"列为河南社会发展划时代的重要任务之一。这不仅是中原经济区有别于国内其他经济区的显著特点,也是我国主体功能区划中唯一明确了传承文化使命和功能的经济区域。

赋予河南以"传承文化使命和功能"的根本原因,归结于国家对中原地区是中国华夏历史文明重要发祥地的既定认同。

纵观上下五千年华夏文明发源和传承的历程,中原文化呈现出华夏历史文明的根源性、传承性、厚重性、辐射性等特征。这些特征标志着中原拥有丰富的华夏历史文明资源,为河南规划、建设华夏历史文明传承创新区奠定了深厚而丰富的人文基础。

国务院关于打造中原"华夏历史文明传承创新区"的战略定位,有助于发挥河南华夏历史文化资源大省的优势,把中原丰富的华夏历史文化资源转变为中原发展的文化动力和文化生产力,整体上提高中原地区乃至中国的文化软实力,推动中华民族伟大复兴的中国梦早日实现。

一个时期以来,河南为实现国务院关于打造中原"华夏历史文明传承创新区"的战略目标,正在大力发掘中原地区五千多年来的华夏历史文明资源,积极筹划"华夏历史文明传承创新区"的规划和建设工作,并得到了河南各地的积极响应。一个大力研究、发掘和论证华夏历史文明发源和传承,为规划、开发和建设"华夏历史文明传承创新区"提供资源支撑的大幕已经悄然拉开。

最近,郑州关于"中华之源与嵩山文明"、洛阳关于"夏商周资源河洛文化

发源"等研究工作,已经提升到河南甚至国家"华夏历史文明发源"的层面上,予以高度重视,将其作为华夏历史文明起源、华夏"根"文化、中原古都群、"天地之中"文化等研究的重要内容,纳入了长期发掘、探索和论证的计划之中,设立了国家级历史文化专家、学者参加的高层论坛和"华夏历史文明资源"数据库,目的是为河南"华夏历史文明传承创新区"规划和建设提供资源依据,抢占发展先机。

正是在这种情况下,我们依据长期以来积累的开封历史文化资源普查资料、太极文化知识、中国历史典志、中原天象地形、开封人文遗存、当地民间传说等客观依据,实施了开封华夏历史文明发掘、研究和论证工作。

自2011年以来,我们先后通过出版《荒古开封》[2]、《鸿荒开封·〈穆天子传〉原文新解》[3]、《帝称开封》[4]、《开封历史文化与客家文化传承》[5]等学术专著,初步建立了一套用太极理论指导的,具有华夏历史文明发源和传承基本规律的,比较系统、连续、完整的"华夏历史文明发源与传承"体系。用自己所认识、理解和掌握的历史唯物观、方法论,来发掘、研究、论证开封"华夏历史文明发源与传承"问题,受到了国内一些著名专家、学者的关注或肯定,有的甚至给予了高度评价。

这部《华夏开封》专著的出版,就是在上述研究论证的基础上,进一步调整、充实和完善所取得的阶段性成果。

二、如何认识华夏历史文明的发源问题

在华夏历史文明的发源历程中,自古以来华夏先民就以自己的朴素唯物观和方法论作指导,并在历史传承过程中形成了许多内涵一致但形式不同的哲学理论、人文学说、社会道德观等等,以此来指导华夏先民适应和创造客观世界。

1."盘古开天地"是华夏先民揭示文明发源的原始学说

"盘古开天地"的传说是华夏先民用以解释华夏历史文明发源、传承的一种原始形式和世代传说。

传说的大意是:早在太古之时,太空中飘浮着一个巨星,形状像是一个鸡蛋。就在这颗巨星的内部,有一个名叫盘古的巨人,一直在用他的斧头不停地开凿,企图把自己从围困中解救出来。经过一万八千年艰苦的努力,盘古挥出最后一斧,只听一声巨响,巨星分开为两半。盘古头上的一半巨星,化为气体,

不断上升,变为天空;脚下的一半巨星,化为山水万物,不断下沉,变为大地。随着天地的不断加厚,宇宙之中开始有了天、地、人。天和地每日加高三尺,盘古也越来越高大,成了"顶天立地"的英雄。

据三国时期吴国人徐整所著《三五历纪》中记载:"天地混沌如鸡子,盘古生其中。万八千岁,天地开辟,阳清为天,阴浊为地。盘古在其中,一日九变,神于天,圣于地。天日高一丈,地日厚一丈,盘古日长一丈,如此万八千岁。天数极高,地数极深,盘古极长。后乃有三皇。"[6]其中的"盘古",又称"盘古氏","混沌氏",是中国传说中"开天辟地"、创造天地世界、给原始先民带来光明的华夏始祖。

2. 盘古"开天辟地"中的华夏历史文明内涵

盘古"开天辟地"还有另外一层意思:"盘",是指"盘诘"、"盘踞"的意思;"古",是很早以前就存在的事物。盘古,可以理解为早已存在的"道"。整句话的意思是:不断追溯大自然早已存在的"道",探索大自然发展变化的客观规律,指导华夏社会的建设和发展。

"盘古开天地"故事所具有华夏文明的根本内涵,可以从客观和主观两个方面来进行理解:

一是盘古开辟了客观世界。这个"客观世界",其实早在华夏先民存在之前就已经产生,华夏先民就是这个"客观世界"的产物。但是,华夏先民在此之前,由于大脑思维、主观意识等还没有进化到一定的程度,无法反映这种世界的"客观"存在,也意识不到这种"客观世界"的存在。

因此,这种"客观世界"只是华夏先民大脑思维、主观意识中的客观世界,是原始华夏先民思维进化后反映大自然的一种高级形式,也是华夏先民历史文明告别远古智人混沌状态的重要标志。

所以,这种"客观"是自然存在的客观,也是华夏先民主观认识与自然存在彼此相吻合的客观。

二是盘古开辟了主观世界。这个"主观世界"则是华夏先民大脑思维、主观意识等进化到一定程度后创造出的"主观世界",是华夏先民大脑不断进化的产物。但是,在华夏先民大脑进化到如此程度之前,其思维、意识从来没有达到如此高度,他们对"客观世界"的反映是昏暗、朦胧和混沌的,"主观世界"也是不存在的,最多是极其低级的。

因此,这个"主观世界"只是华夏先民大脑思维、主观意识进化后产生的"主观世界"。由"混沌"进化到"主观",是华夏先民智力的一种进步和飞跃,也是华夏先民太极文明区别于远古智人混沌状态的根本标志。

主观,是华夏先民大脑思维、主观意识进化的高级形式,是华夏先民进步、发展的重要标志。当华夏先民大脑思维、主观意识进化到这一阶段后,主观便与客观相伴而行,互为依存,互相促进。否定了"主观"、"主观世界",也就等于否定了主观意识中的"客观"、"客观世界"。因为没有"主观"、"主观世界",就无法认识、反映和判断"客观"、"客观世界"。

可见,主观反映出的客观,与客观印证中的主观,都是以华夏先民大脑思维、意识进化为基本前提的,是人类文化的产物,是一个事物同时存在的两个方面。而华夏先民正是主观与客观相结合的主体,是联系主观与客观的纽带和桥梁。

3. 盘古"开天辟地"与伏羲"肇始文明"本质相同

传说,盘古是一位开天辟地的创世大神。上古时期的华夏先民把这种原始认识,用伏羲造太极八卦、女娲造人的朴素唯物形式来加以描述、记载和传承。这样一来,神话中的盘古,可以用伏羲作为华夏历史文明发源和华夏民族父系的形象代表;神话中的女娲则成了华夏历史文明发源和华夏民族母系的形象代表。

关于"盘古"与"伏羲"之间存在的本质对应关系,古今学者多有定论,明确指出:盘古就是伏羲。二者皆由葫芦(混沌)而出。1941 年,著名艺术考古学家、东方艺术史研究专家常任侠,在《沙坪坝出土之石棺画像研究》一文中认为:"伏羲一名,古无定书,或作伏戏、庖牺、宓羲、虙牺,同声俱可相假。伏羲与盘瓠为双声。伏羲、庖牺、盘古、瓠,声训可通,殆属一词。"[7]

因此,伏羲,也称"伏戏"(《庄子·大宗师》[8])、"伏牺"(《法言·问题》[9])、"包牺"(《易·系辞下》[10])、"宓羲"(《汉书·古今人表》[11])、"炮牺"(《汉书·律历志下》)、"庖牺"(《水经注·渭水》[12])、"虙羲"(《管子·封禅》[13])、"盘古"、"瓠"等。

常任侠还结合南朝梁代著名文学家任昉编写《述异记》中,关于"吴楚间说,盘古氏夫妻,阴阳之始也"[14]之说作出论断,指出:"盘古氏夫妻当即是兄妹自相婚配而繁衍人类之伏羲氏夫妻。伏羲女娲在汉画像石中是人首蛇身交尾,与盘古龙首蛇身雷同,进一步证明盘古即伏羲氏。"

民国著名学者闻一多在《伏羲考》第五部分"伏羲与葫芦"中,以大量古籍和民俗材料论证指出,盘瓠、伏羲乃一声之转,"明系出于同源",[15] 太昊伏羲与盘古都是葫芦所生,或者说太昊伏羲、盘古均为葫芦的拟人化。故华夏民族的始祖"盘古",又是华夏民族的始祖"伏羲"。这样,"混沌—葫芦—盘瓠—盘古—伏羲"转化演变的路径,就十分清楚了。

伏羲,是中国上古时期传说中的历史人物,距离现在8000~6000年以前,属于新石器的早、中期时代。从汉代两千多年以来,太昊伏羲氏被称为"百王先",为"三皇五帝之首",为中华民族开天辟地、肇始文明的人文始祖,是盘古的化身和象征。

4. 伏羲是太极理论解释华夏文明起源的标志

由上述情况可知,伏羲的原型是盘古,本是宇宙本原、起始的意象和观念。随着华夏文明的演进,人们对历史思考和探究越来越深入,并对华夏历史文明起源作出了根本性的解释。

起初,华夏民族对世界起源的探究只是一种构想,它首先以神话、传说的形式存在。神话思维是人类思维发展初期的一个必经阶段,传说则是文字产生之前传承文化的一种广泛方式,两者都随着人类思维发展和文字传播而消失在哲学和历史的进程之中。华夏先民最初是追寻宇宙是如何起源的,接着想象一个创世之神,再把这个创世之神想象为自己的祖先。伏羲形象的产生,就是这样一个将神话传说哲学化、观念化,又将这一传说和观念历史化的过程。而伏羲太极八卦文化的传承,就是对伏羲时期肇始华夏历史文明过程的明确表述。

由于古人把伏羲肇始华夏文明作为太极、混沌的起步,也是理数"一"的开始。因此,东汉思想家王充在《论衡·谈天》中记载:"说易者曰:'气未分,混沌为一。'"[16]东汉文字学家许慎《说文解字》中解释"一"说:"唯初太极,道立于一。造分天地,化成万物。"[17]战国时期思想家列御寇在《列子·天瑞》中也记载:"夫有形者生于无形,则天地安从生? 故曰:有太易,有太初,有太始,有太素。太易者,未见气也;太初者,气之始也;太始者,形之始也;太素者,质之始也。气形质具而未相离,故曰浑沦。浑沦者,言万物相浑沦而未相离也。视之不见,听之不闻,循之不得,故曰易也。"[18]

按照上述太极理论解释,以未见"气"时为"太易","气"之初为"太初","形"之始为"太始","质"之始为"太素","气、形、质"浑然一体而未分离的状态,称之为"混沌"。这个"混沌"之物即"气","气"未分的状态即"太极",或"一"、"易"、"始"。

"太极"一词,在湖北郭店村战国楚墓出土竹简整理的《太一生水》中,谓之"太一"[19];春秋时期李耳在《老子》中,谓之"道";商代姬昌在《周易》中,谓之

"太极"[20]。本义均指宇宙初始时混沌无形的"气"或"一"。西汉淮南王刘安在哲学著作《淮南子·天文》中认为:"宇宙生气"。《淮南子·诠言》中还认为:"洞同天地,混沌为朴。未造而成万物,谓之太一。"东汉学者高诱注释说:"太一,神总万物者。"[21]这个总万物的"太一"神,就是指盘古,即伏羲,也指"太极"、"道",并由此繁衍出"北极"、"天一"、"东皇"、"泰一"、"混沌"、"元气"、"气"、"一"、"易"等等。

从太极理论的含义来理解,"太一"为阴阳、四象会合的"太极"。汉代史学家戴德在《礼记·礼运》中记载:"必本于太一,分而为天地,转而为阴阳,变而为四时。"在天象中,太一代表北辰之神。东汉经学大师郑玄在《易纬乾凿度》中注释:"太一者,北辰之神名也。居其所曰太一。常行于八卦日辰之间。曰天一,或曰太一。出入所游息于紫宫之内外。其星因以为名焉。故《星经》曰:'天一、太一。主气之神。'行犹待也。"又说:"太,音泰。"[22]唐朝经学家孔颖达疏解:"太一者,谓天地未分混沌之元气也。"从这些记录可知,"太一"即为主宰天地元气、北辰、神圣,当为宇宙、世界本源的标志。

据战国时期哲学家庄周在《庄子·天下》中记载:"建之以常无有,主之以太一。"战国时期秦国宰相吕不韦在《吕氏春秋·大乐》中记载:"道也者,至精也,不可为形,不可为名,强为之名,谓之太一。"又说:"万物所出,造于太一。"[23]东汉学者高诱注释:"太一,道也。"从这些记录可知,"太一"便是万物所出之"道"。

无论是宇宙本源,还是"道",都代表了"太一"具有化身万物的特征,也表明"太一"具有伏羲"开天辟地"、肇始"世界"和华夏文明的本质属性。

综合上述情况可知,先秦、两汉时期普遍认为,太一就是指元气,是宇宙的本源,是开辟天地之时,又是宇宙的法则"道"。伏羲就是以"道"作为神明的神祇,具有"开辟神"的根本特征。

5. 太一、伏羲是天帝、上帝的同义词

华夏先民把太一、伏羲认作是天上的最高神仙天帝或上帝,是客观世界的创造者,大自然万物的主宰。据汉代史学家司马迁在《史记·封禅书》中记载:"天神贵者太一,太一佐曰五帝,古者天子以春秋祭太一东南郊。"[24]唐朝历史学家张守节在《史记正义》中记载:"泰一,天帝之别名也。"东汉经学家郑玄在《周礼注》中解释:"昊天上帝,又名太一。"[25]南宋朱熹在《楚辞集注》中记载:"太一星名,天之尊神,祠在楚东,以配东帝,故云东皇。"[26]可知,"太一"、伏羲确实具有"至上神"、"开辟神"或"天帝"神祇,也就是天神、地神、神明的根本属性。

"太一"、"太极",形为"混沌"之"气",起源于宇宙太极混沌之时,是盘古、伏羲"开天辟地"、肇始华夏文明的象征。之后,又形成了无极(空白)生太极(混沌)太极生阴阳(两仪)、阴阳生三才(天、地、人)、三才生四象(青龙、白虎、朱雀、玄武)、四象生五行(金、木、水、火、土)、五行生六合(东、西、南、北、上、下)、六合生七星(也称七政,即北斗星)、七星生八卦等系列性学说。

"八卦"被视为上古时期华夏先民的基本哲学概念,是古代关于太极阴阳的学说。所谓八卦,是由太昊氏伏羲画出最早的符号文字,代表易学文化,渗透在华夏历史文化的各个领域。汉族民间传说也认为,八卦起源于一画开天的三皇五帝之首伏羲。

这就是华夏先民用"伏羲画八卦"、"伏羲肇始文明"、"伏羲为天帝、太一、元气"等来表述华夏历史文明发源和传说的本质含义及历史原因。

因此说,五千多年前出现的伏羲太极八卦文化是中华历史文明的源头。

三、太极理论表述华夏历史文明的主要形式

自盘古,即伏羲持巨斧"开天辟地"之后,宇宙世界的"太极"分化为天、地、人"三才"。由于"三才"本源于"开天辟地"之前、天地未分的太极混沌时期,因此,天、地、人的本源就是指宇宙世界的原始状态,也是太极"一"的状态,故称"天地人合一",说明他们的本源,在太极之"一"的原始状态。又由于宇宙世界的本源太极在五行的"中央"位置,而天、地、人"三才"也都发源于太极五行的"中央"位置,故合称"天地人之中"。

1. 关于太极"天地人之中"的含义

"天地人之中",是太极文化中的重要理论和原则。下面就分别简述太极文化的"天地人之中"含义。

所谓"天之中",是指北天的中央或中心。由于华夏先民最早分布的核心地域为黄河流域,地处赤道北纬34至35度方位,因此只能观察到北天的星象,所以"天之中"在北天的中央,北天中央亘古不变的星,称作"北极星"。

按照中国古代天象学说,天象中有紫微垣、太微垣、天市垣"三垣"。紫微垣为"三垣"的中垣,位于北天中央位置,故称"中宫"。"中宫"是北极星的所在地,以北极星为中枢。北极星又称"太极星"、"太一星"、"泰一星"等,是上古时期开辟天地的盘古、伏羲,主宰天地万物的天帝、天皇、上帝在天上神位的象征。

"天之中"是盘古开天地,形成天、地、人"三才"之后,"天"的中央所在之

位,是古人按照唯物、象形方法,视盘古升仙后在天上的神圣之位。由于盘古与太极八卦、华夏文明的始创者伏羲同义,所以,也是伏羲在"天"中央的神位所在。用星宿命名为太极星、太一星、泰一星等;用帝皇命名为天帝、天皇、上帝等。由于天帝巡视四方要经过"天阶",即"三台星"才能进出"中央",所以,也把"三台星"所在地与"天之中"、"中宫"、"紫微垣"同等对待。"三台星"在地上称作"三台山",即"昆仑山"。

"天之中"是华夏民族用唯物、象形的方法,用天象中的星宿定位,并赋予人文含义方位的名称。

所谓"地之中",是指地球赤道北纬 34 至 35 度之间、黄河下游首端、上古时期华夏文明的发源地,是直接观察"天之中"紫微垣、太极星最简便、最准确的地理方位,也是盘古开天辟地、伏羲肇始太极八卦文化和伏羲皇都的所在地。

其实,这里并不是现代科学意义上的"地之中"。也就是说,华夏历史文化的"地之中"不是夏至之日午时,太阳照射八尺圭表上没有日影的、自然的"地之中",而是华夏先民人为主观认可、日景"尺有五寸"、太极和华夏文化发源地的中央。

由于这里与天象中的"天之中"、"紫微垣"、"太极星"、"天帝"、"天皇"等星宿方位上下彼此对应,所以被称为"地之中"、"太极山"、"太一山"、"泰一山"、"帝一山"、"天皇山"、"三皇山"等,也简称"地中"、"太山"、"泰山"、"三台山"、"昆仑山"、"太岳台"等,是华夏民族和炎黄子孙祭祀天帝、传承天道、文明发源的祖根之地。

所谓"人之中",是指华夏民族和炎黄子孙将开天辟地、肇始文明的人文始祖尊奉为自己心中的圣明、神仙,是华夏民族敬奉拥戴的人文核心和华夏文化产生的人文中心。

这个像神仙一样圣明的核心,就是盘古,即伏羲。作为人祖的伏羲,在地上居住在"地之中"的"太极山"、"太一山"、"泰一山"、"帝一山"、"天皇山"、"三皇山"等,也称"地中"、"太山"、"泰山"、"三台山"、"昆仑山"、"太岳台"等;作为神圣的伏羲,在天上居住在"天之中"的"紫微垣"、"中宫",也称"太极星"、"太一星"、"泰一星",或"天帝"、"天皇"、"上帝"等。

"天之中"、"地之中"、"人之中"文化,最初源于盘古开天地所衍生出的天、地、人之说,继而在太极文化的天、地、人"三才"中被合理化。在太极唯物、象形观念的理论化过程中,由于天、地、人"三才"与天之中、地之中、人之中"三中"彼此对应,又由于天、地、人是以具有主观反映客观意识的人为主体的,进而形成太极文化的"天地人之中"、"天地人合一"的理论学说。

2. 太极"天地人合一"、"天地人之中"的哲学含义

太极"天地人合一"、"天地人之中"文化,不仅关系到华夏历史文明发源地问题,也关系到中国古代唯物世界观、辩证法等哲学理论问题。

战国时期居住在中原地区著名的哲学家庄周,在《庄子·齐物论》中认为:"天地与我并生,而万物与我为一。"庄周在这里所说的"天地",不仅是自然中客观存在的"天地",更是人们主观意识中反映的"天地";庄周所说的"一",则是指太极、道和客观自然规律。由于天、地、人"三才"本质上是大自然客观世界的产物,源于太极、道的理论学说,所以,我(人)即太极之道,太极之道即我(人),都是人们主观意识的产物,又是人们主观意识对客观自然规律正确反映的结果。

因此,人们的主观意识都要受到自然界客观规律的检验,都要符合太极之道"天地人合一"的基本准则要求。

春秋时期思想家老子在《道德经(老子)》中指出:"人法地,地法天,天法道,道法自然。"[27]文中之"法",是指效法、遵循之义。因为人、地、天都是太极之道和大自然、客观世界的产物,必然要受到大自然客观规律的制约。所以,人要敬畏、遵循、维护太极之道和大自然的客观规律。

老子在《道德经·第四十二章》中也认为:"道生一,一生二,二生三,三生万物。"对此,约为战国时期黄老哲学集大成者、方仙道开山祖师河上公,在《道德经》注释中指出:"道始所生者一也,一生阴与阳也。阴阳生和、清、浊三气,分为天地人也。天地人共生万物也,天施地化,人长养之。"而"万物"最终是要"冲气以为和",也就是要"归一"的。

因此,老子在《道德经·第四十二章》中还认为:"万物负阴而抱阳,冲气以为和。""气"、"和"就是太极的原始状态,即"一"。又说:"昔之得一者:天得一,以清;地得一,以宁;神得一,以灵;谷得一,以盈;侯得一,以为天下正。"也说明,"气"、"和"是指元始、太极之义,是对华夏文化发源地和太极元始状态"一"的另外一种表述方式。

对此,魏晋玄学理论奠基人、经学家、哲学家王弼,在《老子》注释中指出:"万物万形,其归一也,何由致一,由于无也。由无乃一,一可谓无,已谓之一,岂得无言乎。有言有一,非二如何,有一有二,遂生乎三,从无之有,数尽乎斯,过此以往,非道之流,故万物之生,吾知其主,虽有万形,冲气一焉。"[28]王弼先说万物归"一",原因是"由于无也"。"一"可理解为华夏文化和太极之"源",故而"一"本当归于"无",因为太极源于无极。"无"是"源"之"隐","一"是"源"之

"显",是对万物"归一"后无极和太极"混沌"、"气"、"一"的又一种不同表述方式。

古人认为,始为初,归为末,合为圆,圆是新的始。这种观念所反映的文化内涵,仍然是对太极文化中"道生一、一生二、二生三、三生万物、万物归一"的不同解释。

战国时期的庄子,是老子朴素唯物自然观和辩证法思想的继承者。他在《庄子·则阳》中认为:"天地者,形之大者也,阴阳者,气之大者也,道者为之公。"这里的"气",是指太极阴阳未分的原始、混沌状态,是客观世界物质所具有的自然属性。人通过主观意识所掌握的客观规律"道",是与客观自然的原始之"气"分不开的。而"公"也是指客观自然的大"道"。所以,天下为客观之"公",为自然之"道"。而管理天下的人,必须要有"公"、"道"之心,必须要遵循太极、阴阳、天地人合一的自然客观规律。

如果管理天下的人没有"公"、"道"之心,不遵循太极、阴阳、天地人合一的自然客观规律,就要因天怒、人怨、失德而受到"天谴",也就是受到大自然客观规律的惩罚。有"公"、有"道"就是有"德",反之亦然。

所以,上古社会每当治理天下的帝、王因失"德"引起"天怒人怨"之时,古典史料中就会有"天谴"的记载。"天谴"有许多表现的方式,如天崩降陨石雨、地裂生大地震、天旱日久无雨、地涝持续洪灾、四季变化无常、百姓揭竿起义等等。每当此时,治理天下的帝、王就要自责反思,祭天赎罪,或者干脆结束天命,逊位下台,甚至改朝换代。

有人认为,"天谴"是一种迷信的说法。对此,一代伟人毛泽东却提出了质疑,并有着不同的认识。

据陈晋所著《毛泽东之魂》一书记载,1976年是中国旧历龙年,给中华民族带来严重灾难的"文化大革命"已经进行了十年。对中华民族来说,这是天灾人祸频频降临的一年。这年3月8日,北京东北方向的吉林地区降落了世界历史上罕见的陨石雨,其中三块最大的陨石向西偏南方向飞落,最重的一块为1770公斤。当工作人员为毛泽东读完这则新华社编发的电讯后,他沉默不语,走到窗前,遥望天空,禁不住对工作人员说:"我相信噢,中国有一派学说,叫作天人感应。说的是人间有什么大变化,大自然就会有所表示,给人们预报一下,吉有吉兆,凶有凶兆。"接着又说:"天摇地动,天上掉下大石头,就是要死人哩。""死人"的事,应是毛泽东所说的"凶兆"。

当工作人员认为"天人感应"、"要死人"之说是迷信时,毛泽东沉思道:"古人为什么要编造这些呢?"

不久,毛泽东召集华国锋、江青、王洪文等人安排后事,并传看了那张登有

"吉林陨石雨"消息的报纸,告诫他们:"大自然的规律不可抗拒,你们不能不让陨石掉下来。"毛泽东安静地将身旁的人扫视一遍说:"你们怎么办,只有天知道。"他抬起沉重的手说:"地球离了谁都会转的,离了毛泽东,也一样转。"[29]

果然,在周恩来逝世和陨石降落后的1976年4月初,北京天安门广场爆发了声讨"四人帮"倒行逆施的"四五"伟大革命群众运动;在朱德逝世后的1976年7月28日,唐山发生了大地震,造成24万多人死亡。验证了毛泽东"天人感应"、"要死人"的预言。唐山大地震后第43天,毛泽东永远离别了尘世,走向人生的终点。

或许,这就是太极"天地人合一"文化所说的"天人感应",也就是毛泽东所说"大自然的规律"。"天人感应"是否存在、如何解释确实有待人们深入探讨,但这种观念在中国历史上一直延续,甚至会影响到许多伟人去思考。

当然,治理天下必须遵循的最根本原则,也就是太极阴阳变化、天地人间共有的客观自然规律。顺之者昌、逆之者亡,任何人都无法超越这一规律。

3. "天地人之中"是三皇五帝共创"中国"之地

自从盘古开天辟地、伏羲肇始文明之后,华夏民族便逐步创造了指导自己生活、繁衍、发展的太极八卦文化观念,经过不断的充实、归纳和完善,这一观念进一步系统化、理论化,成为了华夏民族数千百年以来指导自己生活、繁衍、发展的唯物世界观和科学方法论。

正是在这一先进文化引领和华夏先民不断实践下,三皇五帝以及夏商诸王在太极文化和华夏文明发源地,形成了世代居住、建都于"天地人合一"、"天地人之中"的基本共识和人文传承。

伏羲时期运用太极文化基本原理,在华夏原始先民世袭的"天地人合一"、"天地人之中"方位,创造了八卦图形和符号文字,率先在华夏历史文明发源地太极山,即昆仑山建立了氏族"皇都",并将其依次给了炎帝、黄帝。

春秋时期的孔子在注解《周易·系辞传》中指出:"古者包羲氏之王天下也,仰则观象于天,俯则观法于地,观鸟兽之文与地之宜,近取诸身,远取诸物,于是始作八卦,以通神明之德,以类万物之情。"[30]西汉经学家孔安国注解《论语》及《尚书·洪范》中认为:"河图者,伏羲氏王天下,龙马出河,遂则其文,以画八卦。"[31]这说明两个问题:一是包羲氏,即伏羲是太极八卦的最早创始人;二是河图洛书与太极八卦同义,故"太极"文化也称"河洛"文化。

黄帝时期,八卦图形和符号文字有了进一步发展,创造出了太极河洛文化中的"九宫图"和象形文字,并以此文化作指导,在伏羲太极山"皇都"旧地建立了以太极五行"中、土、黄"方位为核心的"中央之国",自己也以五行"中、黄"的方位取名"中央帝"、"黄帝"。"中央之国",后称"九州"(小九州),地面积方五千里,半径大约在百里。

据东汉经学大师郑玄《周礼注疏》引汉代谶纬之书《河图括地象》中记载:"昆仑者,地之中也。"郑玄注:"昆仑,居地之中,其势四下,名山大川皆有气相承接。"[32]又引汉代谶纬之书《河图括地象》中记载:"地中央曰昆仑。昆仑东南,地方五千里,名曰神州,其中有五山,帝王居之。"郑玄又注:"神州,晨土,即所谓齐州,中国之地也。"可见,昆仑、地之中、神州、中国本是同义,地方五千里,是上古时期帝王共同的居住地。

"中央之国",也称"中央邦国"、"中央王国",简称"中国",不仅与太极文化发源地、五行"中、土、黄"方位、太极山、昆仑山、轩辕丘、"天地人合一"、"天地人之中"、"九州"等华夏文化内涵一致,而且地理方位亦相同。

"天地人合一"、"天地人之中"所在地的"中国"、"九州"、"昆仑山",也称"三层台"、"中天台"、"九成台"、"玄圃"、"悬圃"、"苑(夗)圃"、"原圃"等,并逐渐发展成为大九州、中原、大中国。

轩辕氏黄帝(姬姓)与炎帝孙女、西陵氏嫘祖(姜姓)成婚后,繁衍出了以炎帝姜姓、黄帝姬姓为主体的炎黄子孙,并把"中国"之地传承给了高阳氏颛顼帝、有莘氏帝喾、陶唐氏尧帝、有虞氏舜帝、有姒氏禹王、子姓汤王。

因此,无论繁衍、迁徙、传承到大中国或海外何地的华夏炎黄子孙,都把古代中原、上古"中国"作为自己先祖的宗根所在地,视作华夏文化发源的精神家园。这也是国务院立意打造河南"华夏历史文明传承创新区"战略目标的基本依据。

即使商代末期流落到陕西岐山、丰镐之地的周文王,也教育儿子周武王、周公旦,一定要打败商纣王,回归先祖黄帝、后稷居住的"中土"、"中国"、"天地之中"故土。果然,周武王打败了商纣王,周公旦也通过"土圭测景,以求地中"的方法,在中原地区西部建立了周朝东都雒邑,实现了周文王的遗愿。

尽管这种测量结果因为误差过大而导致历史失误,错把郑州西部登封阳城周人的"天地之中"认作为郑州东部三皇五帝的"天地之中",但这一事件本身仍然印证着华夏炎黄子孙念念不忘回归华夏文明发源地、三皇五帝"中土"、"中国"、"天地之中"的游子深情,或许也是古代东夷人、南蛮人、西戎人、北狄人、匈奴人、东胡人、契丹人、蒙古人、百越人、客家人等族群通过不同方式逐鹿中原的根本原因所在。

事实上,"逐鹿中原"也是古人以武力回归、占有他们先祖故土的常见方法之一,正所谓"得中原者得天下"。而古时所得"天下",正是指上古时期的"中国",又是帝王建都、君临"天下"之地。

所以,"天地之中",也称"天下之中"。对此,战国著名唯物主义思想家荀况在《荀子·大略》中认为:"欲近四方,莫如中央;故王者必居天下之中,礼也。"[33]这表明,"天下之中"与"天地之中"同义,是"四方"的"中央"之地,也是上古时期帝王居住、建都和管理"天下"的核心之地。

四、华夏太极理论印证三皇五帝共同建都"天地之中"

由以上探讨可知,伏羲肇始文明、创造八卦学说是华夏历史文明发源的开始,也是太极"一"生成的起点。距今约6500年河南濮阳西水坡第45号墓东西两侧的蚌龙和蚌虎的发现,印证了伏羲时期太极文化中的东方苍龙和西方白虎观念已经形成。由于当时没有象形文字记载,华夏先民只能以传说、神话的方式世代传承。

伏羲创造的太极八卦学说,经过后人的不断完善、充实和发展,形成了"天地人合一"、"天地人之中"、"中央之国"等太极人文遗传。

居住在"天地人之中"、三皇之一的伏羲,把皇权传承给了炎帝,炎帝把帝权传承给了黄帝、颛顼帝、帝喾、尧帝、舜帝,舜帝又把帝权传承给了禹王、汤王。只是到了殷商中后期,地理上的"天地人之中"方位才慢慢被遗失,"天地人之中"演变成了殷商王都的政治性代名词。

为此,当周人灭商之后,不得不用古人"测土深,正日景,求地中,验四时"的方式,来寻找太极文化发源地和三皇五帝共同建都的地理方位,目的在于回归周人先祖黄帝、后稷的"中国"故土。

值得一提的是,虽然周公旦测量、认定三皇五帝"天地人之中"真正地理方位的努力失败了,但是,西周五世周穆王不仅在郑州以东地区找到了地处河南延津一带的后稷封地"燕然之山"(古姞姓南燕国),还找到了延津、封丘南部昆仑丘上的黄帝"丰隆"下葬地、黄池、黄台之丘、黄帝之宫、西王母居住地,以及黄帝之宫南部的"夏启之居"、苹(逢、蓬)泽。

经过一个时期以来不断地探索和论证,我们初步对华夏历史文明发源和传承情况作出如下判断:

太极山:在开封北部,现为黄河大堤一线。其大致面积东至兰考东北,西至中牟圃田东部,南至太康以北,北至滑县以南地区。这里故称"太岳台"。

伏羲皇都:在开封东部小黄铺、南北神岗一带,故称"黄柏山"、"皇伯山"。

炎帝帝都：在开封杞县葛岗空桑村，故称"空桑"，也是商代元圣伊尹的出生地。

黄帝帝都：在开封北部约八公里黄河大堤上的轩辕楼村，古称"黄帝城"。村民至今为"轩辕"复姓，附近有黄帝泉。

颛顼帝都：开封杞县高阳镇，故称"高阳城"，北距炎帝帝都空桑约十公里。后迁往开封北部的濮阳西南一带。

帝喾帝都：在开封县陈留东辛庄一带，曾迁徙到开封县夏杼王都老丘南部的东辛庄一带。

尧帝帝都：在开封古陈留古丹水之滨，初步分析在古丹丘，即夏杼王都老丘一带。

舜帝帝都：在开封黑池北部的后岗一带，故称"元池"、"玄池"、"晋池"、"九成台"等。

禹王王都：在开封南部的禹王台之地，故称"阳城"、"范宫"、"范台"、"繁台"、"平台"、"逢（蓬）山"等。

汤王王都：在封丘南部黄池、荆隆宫一带，古称"封钜"、"封父国"、"亓（其）城"、"西亳"、"荆（景）山"等。

出版本书的目的，就是运用太极文化和历史志典、河流山川、天象地形、人文遗址、地方传说等依据，对上古时期华夏太极文化发源地和三皇五帝及夏商诸王居住建都之地，作进一步的发掘、研究和论证，以印证我们关于开封一带是华夏历史文明发源地和三皇五帝及夏商诸王建都之地的客观必然性和历史真实性，为打造"华夏历史文明传承创新区"提供理论依据和资源支撑，为华夏炎黄子孙寻根问祖，皈归精神家园，找回一个客观、真实、准确的人文地理方位。

文献来源：

[1]国务院：《关于支持河南省加快建设中原经济区的指导意见》，国发〔2011〕32号，2011年9月28日。

[2]韩鹏、黄博：《荒古开封》，郑州：河南大学出版社，2011年版。

[3]韩鹏、徐莉、乔建华：《鸿荒开封》，郑州：郑州大学出版社，2012年版。

[4]韩鹏、刘荣：《帝称开封》，郑州：郑州大学出版社，2013年版。

[5]韩鹏、安北平、韩俊强：《开封历史文化与客家文化传承》，郑州：河南大学出版社，2014年版。

[6]（唐）欧阳询：《艺文类聚》载（三国）徐整：《三五历纪》，上海：上海古籍

出版社,1965年版。

[7]常任侠:《常任侠文集》,合肥:安徽教育出版社,2002年版。

[8](清)王先谦集解,方勇校点:《庄子》,上海:上海古籍出版社,2013年版。

[9]汪荣宝:《法言义疏》,北京:中华书局,1987年版。

[10]内蒙古人民出版社编:《易经》,呼和浩特:内蒙古人民出版社,2008年版。

[11](汉)班固著,王继如注:《汉书今注》,南京:凤凰出版社,2013年版。

[12](北魏)郦道元著,陈桥驿注:《水经注》,杭州:浙江古籍出版社,2013年版。

[13](春秋)管仲撰:《管子》,北京:北京燕山出版社,1995年版。

[14](南朝梁)任昉:《述异记》,长春:吉林大学出版社,1992年版。

[15]闻一多:《伏羲考》,上海:上海古籍出版社,2009年版。

[16](东汉)王充:《论衡》,上海:上海人民出版社,1974年版。

[17](东汉)许慎:《说文解字》,北京:中华书局,1963年版。

[18](春秋)老子(战国)、庄周、列御寇著,张振点校:《老子·庄子·列子》,长沙:岳麓书社,2006年版。

[19]《郭店楚墓竹简》,北京:北京文物出版社,1998年版。

[20](汉)刘向著,顾迁译注:《淮南子》,北京:中华书局,2009年版。

[21](汉)戴德著,郑玄、吕友仁、孔颖达疏:《礼记正义》,上海:上海古籍出版社,2008年版。

[22]《纬书集成》载(汉)郑玄注:《易纬乾凿度》,石家庄:河北人民出版社,1994年版。

[23](战国)吕不韦著,(东汉)高诱注:《吕氏春秋》,上海:上海古籍出版社,1989年版。

[24](汉)司马迁撰,(宋)裴骃集解,(唐)司马贞索隐,(唐)张守节正义,顾颉刚领衔点校,赵生群主持修订:《点校本二十四史修订本〈史记〉》,北京:中华书局,2014年版。

[25]郑玄注,贾公彦:《周礼注疏》,上海:上海古籍出版社,2010年版。

[26](宋)朱熹:《楚辞集注》,北京:线装书局,2011年版。

[27](东周)老聃撰,(西汉)河上公注,马连点校:《道德真经注》,北京:学苑出版社,2014年版。

[28](魏)王弼注,楼宇烈校:《新编诸子集成:老子道德经注校释》,北京:

中华书局,2008年版。

[29]陈晋:《毛泽东之魂》,北京:中央文献出版社,1997年版。

[30](商)周文王著,(春秋)孔子、凌永放注:《周易》,北京:中国画报出版社,2013年版。

[31](魏)何晏集解,(宋)邢昺疏,(清)阮元校刻:《论语集解》,北京:中华书局,1980年版。

[32](汉)郑玄注,(唐)贾公彦疏,彭林整理:《周礼注疏》,上海:上海古籍出版社,2010年版。

[33]周先进注:《荀子全本注译》,北京:中国文史出版社,2013年版。

第一章 "太极"理论是华夏历史文明传承创新的灯塔

河南作为三皇五帝"中央之国"(简称"中国"),是中华民族起源的"中土"之地、"中原"之地、"天地之中",其深厚的华夏历史文化,在华夏子孙后代的心目中足以达到"高山仰止,景行行止"的程度。然而,河南华夏历史文明的发掘、建设果真能给游览中原的炎黄子孙留下如此震撼的影响力吗?河南对于华夏历史文明发源的研究深度和理论体系,能够支撑得起指导中原华夏历史文明传承创新的重任吗?

这些问题确实值得我们认真思考……

为此,笔者现就河南研究朴素唯物史观"太极八卦"、"河图洛书"理论,指导中原华夏历史文明传承创新方面,谈一些不成熟的看法。

一、华夏先民"太极"理论是对朴素唯物史观的科学总结

上古时期,居住在中原地区的华夏先民在长期生存发展中,经过实践、认识,再实践、再认识的循环往复,促进了大脑的进化和思维水平的提高,摸索出了大自然存在的基本规律,经过现实中的不断修正、总结,将通过实践所获得的认识上升为一般原则规范,指导自己在大自然中的生活、繁衍和发展。这就是"太极八卦"、"河图洛书"理论形成的过程。

目前,关于河南中原地区为"太极八卦"、"河图洛书"文化发源地是上古时期三皇五帝"中国"的观点,在国内学术界已有了趋于一致的认识。

但是,由于我们过去曾经长期受到极"左"思潮的影响,在社会正统文化中,至今仍然不能把上古时期华夏先民赖以生存和发展的最根本的指导原则:"太极八卦"、"河图洛书"理论当作华夏民族创造的朴素唯物主义认识论来客

观对待。有的甚至还将其视为唯心主义历史观的产物予以鄙视，更有甚者将其摆在与马克思主义辩证唯物主义和历史唯物主义认识论的对立面来加以排斥。

这种极"左"的认识观，将中国华夏民族自古以来形成的朴素唯物主义认识观与马克思主义辩证唯物主义、历史唯物主义认识论对立起来，从根本上否定了华夏先民创造"太极八卦"、"河图洛书"理论的科学性、进步性，为人们正确理解和运用"太极八卦"、"河图洛书"学说，客观探讨和发掘华夏历史文明，设置了一道看不见的精神枷锁，影响至深。

这也是造成我们不能正确运用"太极八卦"、"河图洛书"理论来看待中原华夏历史文明发源问题，推进中原华夏历史文明研究、发掘、传承和创新工作的一个重要原因。

二、上古时期"太极"理论是中国哲学思想产生的源泉

中国华夏历史文明发展的历史告诉我们，上古时期华夏先民创造的"太极八卦"、"河图洛书"理论，是用以说明世界本原的哲学范畴，是中国思想史中的重要理论概念，是华夏先民对上古时期客观世界最原始、最基本的唯物认识观，更是阐明宇宙从无极而太极以至万物化生过程的系统学说。"太极"的阴阳、四象、八卦之间，存在着既互相直接、间接对立斗争，又相互直接、间接滋生依存的矛盾关系，反映了客观物质世界的一般规律特征，也包含了天地之间万物内部存在的共通规律。

"太极"是对"道"的传承和发展。古人认为，道是无形无象，无物无状的原始物质或状态。随着世界的运动和变化，它由散而聚，由隐而显，由无到有，进而生成"太极"。"太极"产生的时间，大致是在华夏先民对客观世界的认识由混沌到启蒙变化过程之中。后来经历三皇五帝、尧舜禹等时期，还历经了"太极生两仪（阴阳），两仪生四象，四象生八卦"的人类思维和认识不断进化的长期历史阶段。到了宋代理学中，"太极"被进一步阐释为宇宙最原始的基因、阴阳未分的混沌状态。

其实，这种状态与华夏先民大脑思维发育的状态和进化启蒙的程度、水平等紧密相关，而太极、两仪、四象、八卦的变化，不过是华夏先民对世界物质认识进化的一种表述方式而已。

所以，"太极"理论本应作为宇宙、人类认识产生和发展的模式来看待，是指引华夏原始先民正确认识客观世界、适应客观世界、改造客观世界的科学灯塔，其在中国哲学和历史文化方面的意义和作用不可低估。

"太极八卦"、"河图洛书"的基本原理,最早产生于华夏民族的人文始祖伏羲时期,到了五帝、尧舜禹和商周时期得到了充实和传承。西周时期之后,"太极八卦"、"河图洛书"学说以道教、儒教文化的形式,首先在中原河南地区得到弘扬,并逐步被系统化、理论化。生活于中原河南地区的老子、庄子、列子、墨子等古代先哲大家,分别继承和弘扬了"太极八卦"、"河图洛书"文化中先进的哲学思想,创造了各自新的教经文化学说,使中国哲学思想体系得到了空前的繁荣和发展。

当然,由于古代先哲们无法脱离当时社会生产力及历史文化环境的制约,因此,在他们的哲学思想中,也会反映出从宗法奴隶制下解放出来的小生产者阶层的二重性,即精华的唯物主义思想和糟粕的唯心主义思想同时存在。他们学说中的科学、合理因素,为后来的唯物主义思想家所继承和发展;学说中的迷信、糟粕因素,也为秦汉以后的唯心主义思想家所吸收和利用,两者都在中国哲学史和中国历史文化中产生过重大影响。"神学目的论"就是唯心论中的一个典型学派,它把社会历史中的因果性联系归结为隐藏在冥冥之中的上帝、天命或天意预先安排的结果,人类历史进化、发展过程和结局完全由这种神秘的东西所决定。

但是,我们不能因为这些唯心论的存在,而否定"太极八卦"、"河图洛书"作为朴素唯物主义学说科学性、进步性的根本内涵,正像马克思主义唯物辩证法不排斥费尔巴哈唯物主义基本内核和黑格尔辩证法合理内核一样的道理。

三、华夏历史文明"多中心论"背离"太极"基本原则

由于中国当代历史文化研究曾经受到反马克思主义的、形而上学的极"左"思维方法影响甚大甚广,以至于把上古时期"太极八卦"、"河图洛书"中的科学和进步成分也当作封建、迷信、腐朽甚至资产阶级的唯心主义而一概加以否定。时至今日,这种影响还在很多人意识观念中根深蒂固地存在着,甚至一提起"太极八卦"、"河图洛书"文化,马上就"谈虎色变",立刻将其打入唯心主义、封建迷信甚至资产阶级的另类,完全否定了它本来具有的朴素唯物主义认识论的科学性、进步性一面。因此,不能也不敢运用科学、唯物的"太极八卦"、"河图洛书"理论学说来研究华夏历史文明发展的基本客观规律,自然也无法用"太极八卦"、"河图洛书"理论学说来探讨和解决华夏历史文明在中原地区发源和传承等重大理论问题。

就是在这种环境下,"太极"理论中关于华夏历史文明发源"一生二,二生

三,三实为一";"天地人合一"和"太极者,天之心也,应于昆仑,形变于龙凤"等"中心论",逐步被华夏历史文明发源于全国遍地的"多中心论"所取代,背离了"太极"理论关于华夏历史文明发源于"一"、"天心"、"昆仑"的基本原理和自然规律。

于是,太极昆仑山、三皇五帝居住和建都之地,被主观地安置在"天地人合一"的"太一"、"天心"、"昆仑"、"中央"即"中土"以外的广大地区,出现了令人眼花缭乱、莫衷一是和无法认定的混乱局面。在这种主观和混乱的理论观念影响下,"炎黄文化西来"之说盛行一时,"尧舜建都山西"之说成为基本定论,"夏商核心在豫西"写入正史,直把三皇五帝居住和建都于昆仑山一地的华夏历史文明分割得支离破碎、惨不忍睹。

由此,华夏历史文化被曲解了,华夏历史文化原始发源地被人为地迁徙了。这种局面的出现,与华夏先民所创造的"太极八卦"、"河图洛书"理论中最根本、最核心的"太一"、"天心"、"昆仑"、"中央"、"中土"等文化格格不入,甚至也与华夏历史上最原始、最基本的"天地人合一"、"天地人之中"文化观念也完全背道而驰。

于是,华夏历史文明的最初发源地在商代中期之后逐步被遗失了,华夏民族最根本的宗祖之地——中原,至今仍难以找回自我。河南悲切,中原悲切,中华悲切。

尽管中原地区的华夏先民最早创造了"太极八卦"、"河图洛书"文化,但地处中原的河南却没有能够把"太极八卦"、"河图洛书"理论中最根本的"天地人合一"、"天地人之中"之原则坚持和传承下来,有时甚至在有意无意中为"炎黄文化西来"等观念的传播起着推波助澜的作用,实在是愧对中原华夏民族的始祖三皇五帝,更无颜面对寻根问祖于中原的海内外炎黄子孙。

四、华夏历史文明传承创新要用"太极"朴素唯物史观作指导

华夏历史文明研究的现状已经证明,没有朴素唯物史观"太极八卦"、"河图洛书"理论作指导,中原文化就无法正确地反映上古时期华夏历史文明发源的客观实际,就无法科学、系统地解决中原华夏历史文明的原始发源问题,也就难以找回华夏民族真正寻根问祖的精神家园。

最近,中央领导同志提出了全党都要重新学习马克思主义历史唯物主义和辩证唯物主义哲学,学习毛泽东同志所倡导的"实事求是"思想路线的要求,

这对于历史文化研究领域肃清极左思想影响,真正运用上古时期朴素唯物主义的"太极八卦"、"河图洛书"理论,指导历史文化和社会科学等研究工作,显得尤其重要,也具有很强的针对性。

地处"太极八卦"、"河图洛书"文化发源地的河南,认真学习和运用"太极八卦"、"河图洛书"科学理论,指导中原华夏历史文明传承创新区的规划、建设工作,比中国其他地区尤其显得紧迫而重要,应该引起河南有关领导和历史文化、社会科学研究部门的足够重视。

中原华夏历史文明研究工作,亟待"太极八卦"、"河图洛书"等朴素唯物史观系统理论的指导。不然,河南华夏历史文明的发掘、传承和创新工作,很可能会背离上古时期华夏历史文明发展的客观实际,有悖于"太极八卦"、"河图洛书"学说的根本原理,所打造的中原华夏历史文明传承创新区也必然经不起历史的检验。

第二章 太极、河洛文化是解开华夏历史文明之谜的钥匙

自古以来,太极图、河图洛书就被华夏民族认为是中华文明的源头,是华夏数理、天文、地理、历法、气象、音律、医学等文明产生之母,其中也包含着许多未被人们所认识和理解的宇宙奥秘。

人们通过认识和掌握太极图、河图洛书文化原理,上知天文,下知地理,中通人事。因此,研究和发掘华夏历史文明及其发源过程的理论学说,就不能不深入学习和掌握太极图、河图洛书文化原理。只有深入学习和掌握了太极图、河图洛书文化原理,才能用以指导和解决华夏历史文明及其发源的根本性问题。

一、太极图与河图洛书的关系解析

在中国华夏历史文化中,太极图、河图、洛书是三个最古老的图形。古人认为,太极图是道的示意图,河图是阳的示意图,洛书是阴的示意图。

太极图,是上古时期的华夏先民,在对客观世界长期观察、认识的基础上,对客观世界进行的概括和总结,是具有高度理性的认识和比拟形象的表达形式。后来历经无数实践、探索、补充和发展而形成的最古老观念,有着客观的物质基础,反映着客观物质世界内在变化的最本质规律。

华夏原始先民进化到文明时期之前,并不知道日月具有周期及其规律性。但是,日月仍然在循环往复地运行,人们可以感知到它的存在。于是,就产生了关于崇拜日月的神话传说,这就是华夏原始先民感知和解释世界的最初过程。战国时期,现存最早一部阐述太极理论的经典著作《易传·系辞》中记载:"古者包羲氏之王天下也,仰则观象于天,俯则观法于地,观鸟兽之文,与地之宜,近取诸身,远取诸物,于是始作八卦,以通神明之德,以类万物之情。"[1]这

说明,中华人文始祖伏羲通过观测日月运行(见下图)和万物存在规律,最早创立了"太极、八卦"理论,是创造华夏历史文明最早、也是最杰出的代表。

圭表测日图

1. 太极图是怎样形成的

据史典记载,华夏原始先民自伏羲时期就有了对日月变化规律观测的具体记录。他们最早观测日月变化规律的工具是"土圭",用土筑成,上圆下方。后来改立八尺标杆代替,立着的叫"圭",或"立圭";卧着的叫"表",或叫"圭表"(见下图)。以日出、日入两点定东卯、西酉线,平分两半,中间一垂线定南北子午线。把圭表放在南北线上,有立表的一端在南。"圭表"用来记录每天,尤其二十四节气中午时的日影长度,一年之中"立圭"在"圭表"上最长的阴影为冬至节,最短的阴影为夏至节。把圭表划成十二段可形成相应的二十四节气及其数据。

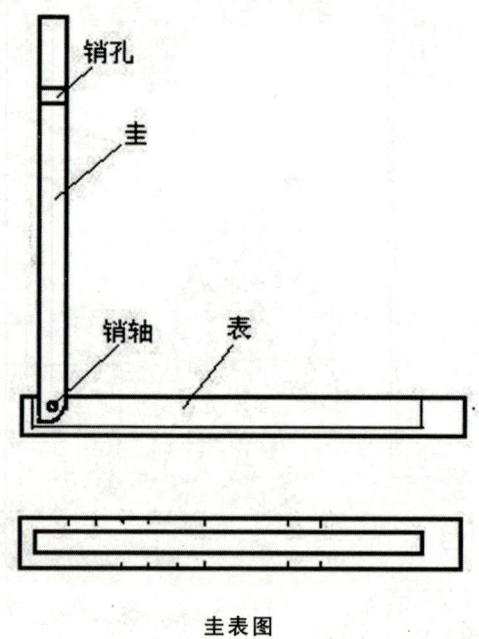

圭表图

"圭表"本是一个直尺表,上顶端为"夏至"点,下顶端为"冬至"点,其他二十二个节气对应十一个刻度,即:小寒对小暑;大寒对大暑;立春对立冬;雨水对处暑;惊蛰对白露;春分对秋分;清明对寒露;谷雨对霜降;立夏对立冬;小满对小雪;芒种对大雪。从而,把二十二个节气对应的十一个刻度数据作一个等变量处理,使之与一年周期循环之圆相对,再把二十四节气均匀地分布在一年周期循环之圆图中,填上十一个刻度相对应的数据,得出一个实测数据心形圆图(见下图)。

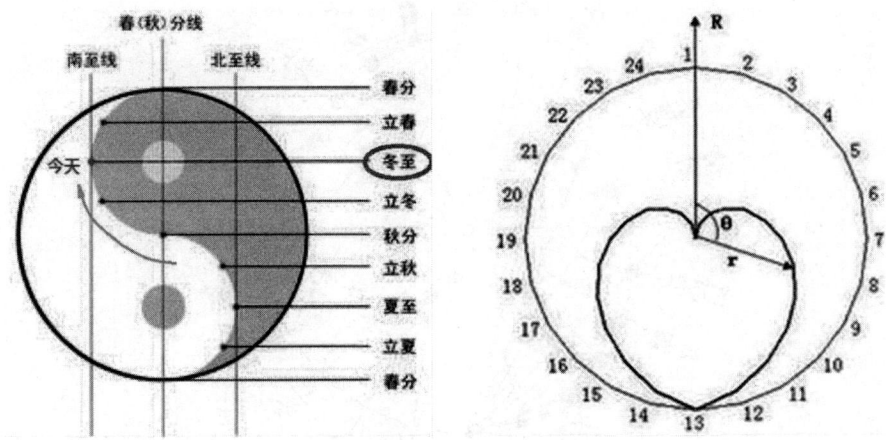

实测数据心形圆图

从实测的数据心形圆左图可以看出,夏至日影长为 1 尺 6 寸(西周时期为 1 尺 5 寸),最短,接近于圆心。假设夏至点日影为"0",也就是说,为作图方便,我们把每一个节气的数据都减去夏至日影长度 1 尺 6 寸。那么,又可以得出每一个向量都减去 1 尺 6 寸后的心形圆右图。

古人观测日影的目的,在于掌握日月运行规律。在心形圆图中,每一条线段记载的都是自中心点到二十四节气"圭表"上日影尺寸实际长度的数据,而桃心形外与之对应的空白部分,表示白天增加的部分。在自然界一年的循环往复中,从冬至到夏至,代表白天的日影虽然从最短开始,但白天却在不断延长,到夏至达到最长。夏至过后,日影逐渐增长,但白天却在不断缩短,到冬至白天达到最短,夜晚最长。昼夜时间总量却没有改变。如果从一年循环往复来看,上半年自冬至开始,白天在增加;下半年自夏至开始,夜晚在延长。如果以冬至 1 丈 5 尺 5 寸减去夏至 1 尺 6 寸为半径画圆,再把自冬至到夏至、夏至到冬至彼此对应的"圭表"日影数据,按照白天、夜晚对应的方式平移到大圆圆心到大圆边缘的二十四节气位置,就可以产生新的图像,这个图像具有"太极图"的雏形(见下页图)。

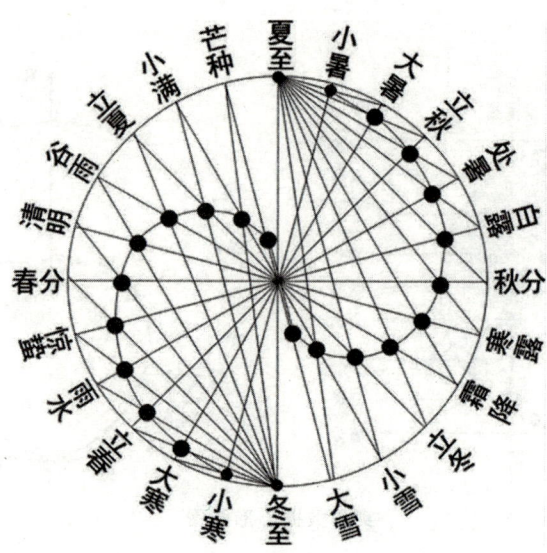

太极日影图、二十四节气方位雏形图

"太极图"雏形阳影和阴影的含义是：上半年白天在延长的同时，仍有夜晚的存在，故"阳鱼"中有阴眼。下半年黑夜在延长的同时，仍有白天的存在，故"阴鱼"中有阳眼。故称"阳中有阴，阴中有阳"。

这就是后人仿照华夏先民演化太极图生成的大致过程和方法。太极图生成是华夏先民对天地客观世界主观认识的结果，是中国朴素唯物主义史观的具体表现形式。因此说，太极图是中国古代哲学的理论之源。

2. 太极理论的出现

从推演太极图形成的原理中可知，太阳循环一周天，即一年的变化过程，就是对"太极图"形成客观现实的真实记载。同理，月亮循环一周，即一年的变化过程，也可形成一个"太极图"。因此，从广义而言，凡以一点为中心作圆周运动，或者以一点为中心，向外扩布的一定的空间范围都视作一个"太极"，用一个圆圈表示。

后人逐渐将"太极"理论发展为一个哲学的范畴，表示任何事物发展变化的任何阶段，都可视为"太极"，也可以理解为中心点、初始点、原始状态等。所以，空白的太极圈又具有"O"的含义，相当于"零"、"无"的概念。所以，先有"O"，再有"1、2、3……"等理数。对此，春秋时期老耳《老子》认为"有生于无，道生一，一生二，二生三，三生万物"。[2] 其中"无"为"无极"；"一"为太极原始的状态"太极",即"道"。然后才有"1至9"等理数的产生。

"太极",也称"太一"、"天一"、"泰一"、"道一",是天地和人文历史发源的起点和中心,是古人认为"天地人合一"彼此对应的方位。

"太极"理论的历史文化意义在于,"太极"无论在方位、地理、人文、历史等方面,都是华夏原始先民发源的中心点、初始点、原始状态,也是华夏历史文明发源的中心点、初始点、原始状态。

3. 阴阳"两仪"的产生

由上推演太极图的过程可知,太极图是华夏先民根据对太阳一年运动日晷变化观测而得出的图形。从一年中的冬至到夏至,白天在延长,视为"阳";从一年中的夏至到冬至,夜晚在延长,视为"阴"。把太极图中"阳"和"阴"的"一分为二",就是一半阳,一半阴。这一阳一阴就为"两仪"。它与太极概念一样,被后人演变成一个哲学理论:如以一定的空间范围为太极,那么当以大地为中心时,两仪是太阳为阳,月亮为阴;以人类为太极,两仪是男人为阳,女人为阴;以动物为太极,雄性动物为阳,雌性动物为阴;以高低为太极,高为阳,低为阴;以运动为太极,动为阳,静为阴;以气质为太极,刚为阳,柔为阴;等等,不胜枚举。

阴阳是客观世界存在的一种普遍现象,阴阳概念也是最重要的哲学概念。古人取象于男女生殖器官的不同形状,规定"阳爻"用"——"表示,"阴爻"用"— —"表示,"两仪"包含阴阳。

阴阳"两仪"之"两"者,为"二"数,"二"者为平均平衡的意思;"两仪"之"仪"者,为"神",仪态万千说的就是"神"者之"仪"。因此,阴阳"两仪"是神的最早居住地,也称"神州"。这个"神"就是三皇五帝。

阴阳"两仪"学说的历史文化意义在于,"阴阳"是"太极"在方位、地理、文明、历史等方面的延续和发展,处于华夏原始先民和华夏历史文明发源地"太极"中心点、初始点、原始状态的"两仪",是确定"太极"、三皇五帝中心点、初始点、原始状态、居住地、帝王都的重要参考依据。

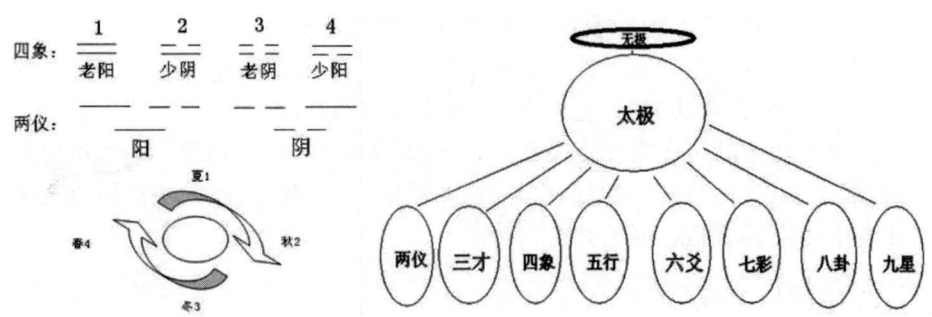

无极生太极、太极生两仪至九星图

4. 阴阳"两仪"生"四象"

太极一分为二生阴阳"两仪"之后,还不能满足华夏先民对客观世界认识的需求,如上、下半年各有不同季节和180多天还没有加以区分。"太极生两仪",这种一分为二的规则如果得不到延续,就没有方法继续划分上、下半年的具体季节和月、日。于是,人们便在上半年中间选择一个节点,称其为"春分",下半年中间选择一个节点,称其为"秋分"。这样,一年就分出春、夏、秋、冬"四季"。同理,一个月分出逆、望、既望、晦四象。一昼夜也分出上半天、下半天,上半夜、下半夜来。

"四象"学说(见上图)的历史文化意义在于,"四象"是"太极"、"阴阳"在方位、地理、文明、历史等方面的延续和发展,处于华夏原始先民和华夏历史文明发源地"太极"的四面,是确定"太极"、三皇五帝中心点、初始点、原始状态、居住地、帝王都和"阴阳"的重要参考依据。

5. 四象生八卦

按照"一分为二"的理数规则,把原有"四象"再按"先阳后阴"的顺序划分,就可以得八个部分,即"八卦"。从"八卦"可以看出,每一步都可以用一个阴、阳爻符号表示。那么,这八个部分,实际就是八个卦。图中阳影用阳爻"▬▬"表示,图中阴影用阴爻"▬ ▬"表示,从内向外排列阴(▬ ▬)阳(▬▬),就会得出"八卦"图形来。

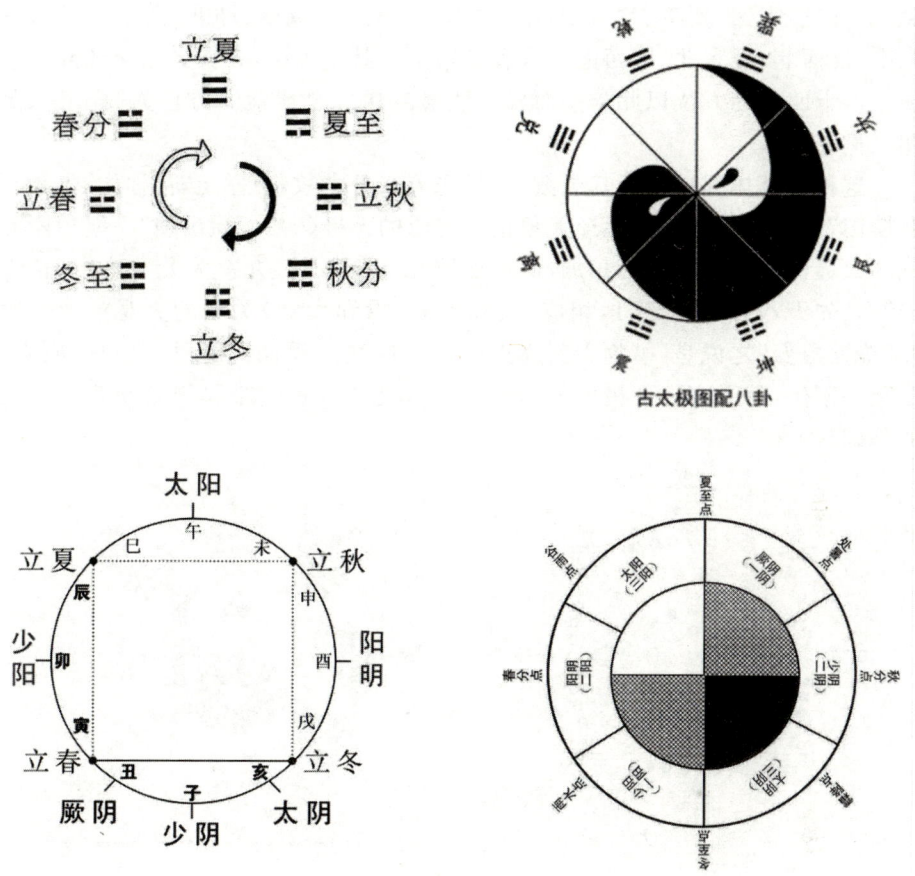

八节配先天八卦

"卦",由古人观测日影工具土圭(圭表)的意义引申而来,是天体测量的工具,目的在于观测日月运行。所以,有人讲八卦是无字天书,是有道理的。古人长期观测,发现从冬至到夏至再回到冬至,寒、暑往来是一个大周期,它里面包含了12个月象周期,以及365个日周期。

"八卦"(见上图)学说的历史文化意义在于,"八卦"是"太极"、"阴阳"、"四象"在方位、地理、文明、历史等方面延续和发展,处于华夏原始先民和华夏历史文明发源地"太极"的八方,是确定"太极"、三皇五帝中心点、初始点、原始状态、居住地、帝王都和"阴阳"、"四象"的重要参考依据。

6. 先天八卦

指上古时期"三皇"之一的伏羲所传八卦、次序及方位图,其卦序为:乾一、兑二、离三、震四、巽五、坎六、艮七、坤八。方位为：乾南、坤北、离东、坎西、兑东南、艮西北、震东北、巽西南。自震卦始至乾卦止为顺，自巽卦始至坤卦止为逆。六十四卦的方位以此类推而成。伏羲卦次序合伏羲卦方位为"先天八卦图"（见下图）。

　　这种八卦排列次序及其卦数，就是先天八卦之数，由左至右，称作"先天八卦横图"。先天数产生于无形无象也无定位的无极（0），然后出现"一"（1）团元气的太极，"阴阳"（2）次第相加，而自然造化一至八数（九宫为九数），故谓"先天"。"先天八卦"是对天地相应（天和地对，男和女对）关系的直观展示。用"气终而象变"之说是，事物走到终点（极端）则变向反面。所以，夏至一阴生，冬至一阳生，就是事物两极发展的转折。这是中国古代唯物辩证观哲学形成的基础。

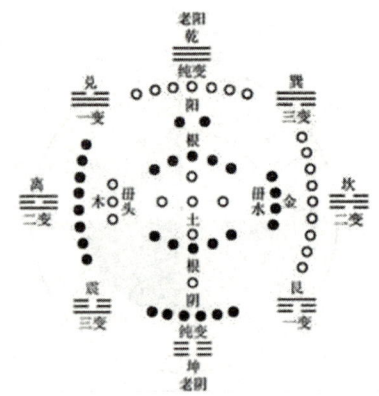 

先天八卦图

　　《先天八卦图》说明坤生于一（阴爻，用"▬ ▬"表示），乾生于二（阳爻用"▬▬▬"表示），乾生"离"为三，坤生"坎"为四，进而乾又生"兑"、"震"，坤又生"艮"、"巽"，而生成八卦。坤位在北方配一与六数的含意为：一数是数之始，六成之。一为根，一是阳数。所以坤不能自生而生于乾，位居北方。而乾位在南方配二与七数的意思是二数是一数的偶数，也为始数，也为根，是坤象，所以乾也不能自生，而是生于坤，位居南方。离属东方配三、八，三为天生木，地八成之，火由木生，所以此位称"毌头"。坎居西方配四、九，四为地生金，天九成之，水由金生，所以此位称"毌水"。乾与坤、离与坎，正位于南北，东西，成一经一纬。此位是自生的，所以称"先天八卦"。"先天八卦"为混沌分，物之未判，故以天地阴阳之根推数定位，这是八卦的起源学说。所以，北宋哲学家、易学家邵雍认为"先天之数占"，即"盖未得卦先得数也，以数起卦，故曰先天"。[3]

"先天八卦图"定位：西周文王《周易·说卦传》认为："易有太极,是生两仪,两仪生四象,四象生八卦。"又认为"天地定位,山泽通气,雷风相薄(与'搏'通假),水火不相射。八卦相错,数往者顺,知来者逆,是故易逆数也"。[4]这是"先天八卦"方位的理论依据之一,是讲八卦自身匹配对待之体的。

八卦按其所代表物质性质两两相对,分成四时,每对都是二个性质相反的物质,相对立的站在各一端,即阴阳相对相称。这四对东西交错起来,就构成了"先天八卦方位图"。

古人对"先天八卦图"天地、山泽、雷风、水火进行了方位定位,简要介绍如下：

天地定位：乾南坤北,天居上,地居下,南北对峙,上下相对。从两卦爻象来看,乾是三阳爻组成,为纯阳之卦；坤是三阴爻组成,为纯阴之卦,两卦完全相反。

山泽通气：艮为山居西北,兑为泽居东南,泽气于山,为山为雨；山气通于泽,降雨为水为泉。从两卦爻象来看,艮是一阳爻在上,二阴爻在下；兑是一阴爻在上,二阳爻在下,两卦成对待之体。

雷风相搏：震为雷居东北,巽为风居西南,相搏者,其势相迫,雷迅风益烈,风激而雷益迅。从两卦爻象来看,震是二阴爻在上,一阳爻在下；巽是二阳爻在上,一阴爻在下,八卦成反对之象。

水火不相射：离为日居东,坎为月居西,不相射者,离为火,坎为水,得火以济其寒,火乍得水以其热,不相熄灭。从八卦爻象来看,离是上下为阳爻,中间为阴爻；坎是上下为阴爻,中间为阳爻,两卦亦成对待之体。

7. 后天八卦

指周文王所传八卦次序及方位图,后天八卦次序：乾卦父、坤卦母、震卦长男、坎卦中男、艮卦少男、巽卦长女、离卦中女、兑卦少女。后天卦方位为：离南坎北、震东兑西、乾西北巽东南、艮东北坤西南。后天卦次序配后天卦方位,为"后天八卦图"(见右图)。

"后天八卦图"是圣人说卦。说的是：帝出乎震,岁月开始了。震为木为春之开始,巽也是木,又代表季风,季风过后,夏天来到,就是离,这又表示火。火生土,土又生金,此以

后天八卦图

坤卦表示，兑也代表金，说明秋天到来了。西北方向为天之尊位，以乾卦表示，这又代表了君王和父亲。坎卦是冬天，百物已生成了。艮卦是止的意思，一年到头了。因为这都是圣人后天说的卦，所以称"后天卦"，是奉待天时的，"后天卦"位以离坎、震兑为经纬代表四时（四季），艮、震、巽、离、坤、兑、乾、坎表示八节（八个季节），即：立春、春分、立夏、夏至、立秋、秋分、立冬、冬至。后天卦在长期的生活实践中，通过经验的积累和总结，将宇宙万物用八卦符号来分别表示。所谓后天之数，宋代易学家邵雍在《梅花易数》中认为："盖未得数先得卦也，以卦起数，故曰后天。"

"后天八卦图"思想是以"数学"为主，以"象学"为辅的，是关于宇宙万物本体的唯物认识论思想，认为宇宙万物中的任何事物，都有它自己的一个完整系统。每一个系统无论大小都有它自己的乾坤，即"天地"、"阴阳"；如果能懂知万物皆完备于其自我的阴阳系统，就肯定能够从《周易》"三才"论的思想上分别找到万物的根源；宇宙天地从混沌的"一"、"太极"中分裂、创造和变化万物；人于是从混沌朦胧的"心是"认识宇宙天地万物而分辨其经论。道家也有两种说法，一是能领悟真"道"；二是只能理解表面性的"道"理。"万物皆有道性"，是否真正理解"道"的本性，在于人接受和感悟能力的强弱。

"后天八卦图"的生成。"后天八卦图"，也称为"文王八卦图"。后天八卦的解说顺序是按照先天八卦"阴阳对待"的顺序展开的，是对先天八卦为"体"，后天八卦为"用"法则的印证。周人所作《周易·说卦传》认为："帝出乎震，齐乎巽，相见乎离，致役乎坤，说言乎兑，战乎乾，劳乎坎，成言乎艮。"按此排列顺序，后天八卦以天帝出巡的震卦为起始点，位列正东，顺时针方向行走为巽卦，东南；离卦，正南；坤卦，西南；兑卦，正西；乾卦，西北；坎卦，正北；艮卦，东北。

后天八卦是节气方位的象征，震为春分，巽为立夏，离为夏至，坤为立秋，兑为秋分，乾为立冬，坎为冬至，艮为立春。

后天八卦是父母子女方位的象征，周人《周易·说卦传》认为："乾，天也，故称乎父。坤，地也，故称乎母。震一索而得男，故谓之长男。巽一索而得女，故谓之长女。坎再索而得男，故谓之中男。离再索而得女，故谓之中女。艮三索而得男，故谓之少男。兑三索而得女，故谓之少女。"

北宋哲学家、易学家邵雍《皇极经世书》认为，乾统三男于西北，坤统三女于西南。乾、坎、艮、震为"阳"，巽、离、坤、兑为"阴"。[5]

后天八卦的排列"序数"是由"洛书"确定的。因此，"洛书"、后天八卦与"九宫图"相一致（见下页图），其排列序数为：坎一、坤二、震三、巽四、五为中宫，乾六、兑七、艮八、离九。这种排列"序数"实际上是由"四时、八节"的"卦

象"而来:

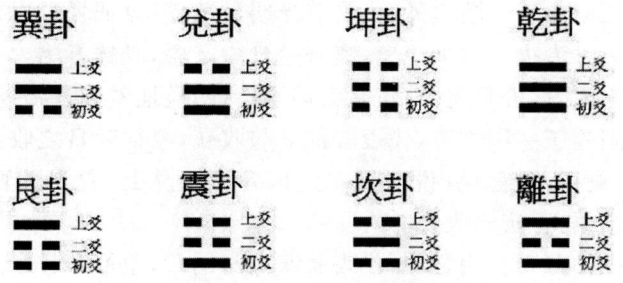

八卦图形

震卦:一阳由下爻初动,冲破二阴的压抑,代表着生发之机(象征春日之生),故位于东方为木。帝出乎震:大自然的运行有震卦开始(震卦为东方,春二月之令,太阳东升,普照万物生长之期)。

巽卦:二阳重于一阴之上,有流动风行之象。震为生发之动(位于东方),生发之动必流行起来(巽),流行的结果就是万物的竞相媲美而至繁盛,离为繁盛(位于南方),故"巽卦"位于震卦与离卦之间的东南。齐乎巽:运行至巽卦,万物齐兴（巽卦为东南方，三、四月之令，太阳已升起，照耀万物而鲜明）。

离卦：为二阳布于一阴之外，代表着光明与繁盛，象征夏日之长，万物竞相绽放，故位于南方为火。相见乎离：离卦是日中之象，光耀万物，一切事物都明晰可见（离卦为南方，五月之令，正是太阳当空，明显地看到万物生长的情况）。

兑卦：二阳收于一阴之下，代表着涩敛与收获，象征秋日之收，故位于西方为金。说言乎兑：万物喜悦（说即悦）之机，乃应于兑卦（兑卦为西方，八月之令，正是果实累累，喜庆丰收之时）。

坎卦：为一阳藏于二阴之中，代表着寒凉与纳藏，象征冬日之藏，万物内敛收藏，故位于北方为水。劳乎坎：当大自然运行到坎卦，太阳隐没，万物都劳累了（坎卦为北方，十一月之令，坎为水，不停地流动，是劳苦之义。太阳在这一方位，完全沉没，万物劳累，应该休息之时）。

艮卦：一阳止于二阴之上，二阴叠聚，有安止静极之意。坎为纳藏，位于北方，纳藏必然安止，止艮极必动，震为动为生发，位居东方，故艮卦位于坎卦与震卦之间的东北。成言乎艮：大自然运行到艮卦，完成了一个周期，又将进入另一个新的运动周期（艮卦为东北方，十二月及正月之令，正是冬春之交，黑暗即将过去，光明立刻来临，万物到此，既是一天的完结，又是新的一天开始之时）。

乾坤为偏阴偏阳之卦，故处于"偏位"。

坤卦偏阴，故处于偏南方的西南。致役乎坤：天帝（宇宙）于是将养育万物的重任（役）交给大地（坤卦为地）。（坤卦为西南方，六、七月之令，坤为地，养育万物，物之成熟之时）。万物不可能永远成长繁盛，经过地阴坤的滋养后归于收获敛藏，故坤居西南。

乾卦偏阳，故处于偏北方的西北。战乎乾：相应于乾卦的时刻，万物相矛盾、对立、斗争（乾卦为西北方，九、十月之令，秋冬相交，太阳西沉，明与暗，阴与阳发生争斗之时）。万物收获之后还要经天阳乾的历练才能纳固归藏，故乾居西北。

所以，乾卦父位居西北、坤卦母位居西南。

八卦是用来判定吉凶和天下之业的。八卦中乾为天、坤为地、坎为水、离为火、震为雷、巽为风、艮为山、兑为泽。这本是宇宙的八种物质，将大自然各类物质归纳为八卦，标志着人类对大自然规律的认识程度。

八卦定阴阳次序：乾为父，震长男，坎中男，艮少男；坤为母，巽长女，离中女，兑少女。

八卦与人体的外五行：乾为首，离为目，坎为耳，兑为口，坤为腹，艮为手，震为足,巽为股。

天地有生杀,万物有始终,帝王有兴衰,人事有吉凶。宇宙是一个大天体,人是一个小天体,宇宙间阴阳五行运动所引出的生克变化,自然会对人类生死存亡有影响。总而言之,顺阴阳则生,逆之则死;顺之则治,逆之则乱。

后天八卦的卦象爻的变化,将天道"四时八节"的流转与人们的劳作起居结合在一起,揭示自然阴阳生杀流转的基本规律,四时五行与后天八卦的结合,正体现了中国文化中"天地人合一"的思想内涵。

后天八卦表达的是周期循环,如水在地中流行,用以表示阴阳的依存与互根,五行的母子相生。后天八卦图是从四时的推移,万物的生长收藏得出的自然规律。后天八卦图告诉我们,万物的春生、夏长、秋收、冬藏,每周天(年)为360日有余,八卦"用事"各主45日,其交节点就表现在"四正四隅"的八个节气点上,构成了按照"顺时针"方向运转的后天八卦图(见下图)。因每卦又有三爻,八卦共有二十四爻,即指一年二十四个节气。

由此可见,这些卦图的实质就是古代历法形成的基础。

后天八卦对二十四气节图

二、"八卦"唯物辩证哲学阴阳对立统一观

从依照朴素唯物主义史观创建的八卦卦爻可以明显看出,除乾坤两卦为纯阳纯阴卦外,震、坎、艮卦都是由一阳爻两阴爻组成,而且爻画均为五,为奇

数,为阳数,故此三卦为"阳卦"。巽、离、兑三卦都是出一阴爻两阳爻组成,而且爻画均为四,为偶数,为"阴数",故此三卦为阴卦(见下图)。

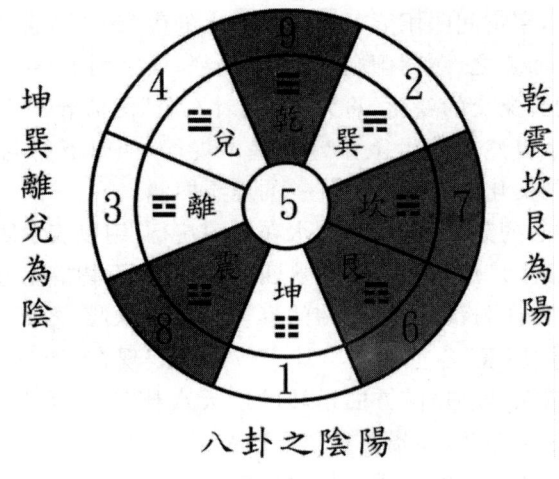

八卦阴阳图

先天八卦方位与先天卦数的排列形式,由乾一至震四,系由上而下,再由下而上旋至巽五,由巽五至坤八又由上而下,其路线形成"S"形的曲线(见下图),这种运动方式称为"逆行",从"S"形的轨迹运动中,由乾至坤是按先天卦八数乾一、兑二、离三、震四、巽五、坎六、艮七、坤八排列的。这种从上而下,先左后右,由少至多的数字排列方式,称作"逆数"。反之,由坤至乾,从下面的开始,由下而上,先右后左,由多至少的数字形成倒行的方式,称作"顺数"。

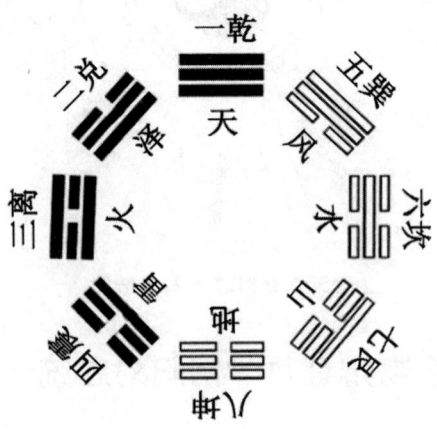

先天卦八"逆数"图

按"先天八卦"乾坤、艮兑、震巽、坎离两两相对相应之根本,每一对中都含有顺逆、奇偶、阴阳,即阴中含阳,阳中含阴,阴阳错综交变,这就是先天八卦方位图中的矛盾对立统一的辩证思想,是八卦本着阴阳消长,顺逆交错,相反相成的宇宙生成自然之理。以此来预测推断世间一切事物,数不离理,理不离数,"理数"由此而生。

可见,朴素唯物主义、事物一分为二、矛盾对立统一、辩证法、能量守恒等观念,最早产生于上古时期华夏原始先民创造的"太极八卦"学说的基本原理之中,而不是最早产生于阶级社会出现之后并按照不同阶级划分的。如果说有不同,那么所不同的只是今古的时间和名称不同罢了。而阶级社会和阶级斗争的出现,恰恰证明了华夏原始先民"太极八卦"学说中关于"两极分化"、"物极必反"、"循环往复"、"以至无穷"基本原理的正确性。

因此,人类社会的"大同世界"是有差异的"大同世界",不可能是完全相同的"大同世界",故称"大同"。"大同"而"小异",而"小异"就是"大同"。没有不存在"小异"的"大同",也没有"大同"不存在"小异"的。所以,"大同世界"就是"小异世界"。极端的"大异世界"会出现社会激烈的斗争,极端的"大同世界"则会出现社会发展的静止。因此,每一个历史阶段的社会形态,都会在两者之间寻找最佳的平衡点。不然,社会就会动乱不安或停滞不前。这就是儒家所谓的"中和"即"中庸"之道治理社会中的原则和理想。

社会中和归一而天下太平 却极易缺少生气;社会阴阳二分而天下动乱,却极易缺少太平。无论是"大异世界",或者是"大同世界",发展到了一定程度都会出现"两极分化"、"物极必反",并且按照"循环往复"、"螺旋上升"、"以至无穷"的规律继续运转。试图追求实现一个绝对大同世界的目标,必定陷入主观唯心主义的世界观,进入空想、迷信、愚蠢的境地,现实中也是无法做到的。

正如《三国演义》第一回所言:"话说天下大势,分久必合,合久必分。"[6]虽说"合"与"分"的内涵、形式、方法,在不同历史时期会有所不同选择,但这一规律却是循环往复、螺旋上升以至无穷的。

按照"太极八卦"学说的基本原理,"空想共产主义"和"空想社会主义"一样,都是不符合自然、人类、社会发展规律的,因此也不可能在实践中成功。因为它背离了"太极八卦"学说和马克思主义基本原理。

因此,它既不是上古时期华夏民族期盼的"大同世界",更不是我们现在要追求的科学"共产主义"。

马克思主义哲学基本原理主要分为四大部分,一是辩证唯物论,包括物质与意识的辩证关系,物质与运动的关系,运动与静止的关系;二是唯物辩证法,主要包括联系的观点,发展的观点,矛盾的观点;三是唯物认识论,主要包括尊重客观规律与发挥主观能动性的关系,现象与本质的关系,以及认识和时间的关系,科学理论与时间的关系;四是历史唯物主义,主要观点是人民群众是历史的创造者。这些根本认识,在中国上古时期华夏先民创建的太极八卦理论中均有表述,尽管表述的名称、形式、深浅、角度等有所不同,但其唯物、辩证的根本内涵却是一致的,并能够得到相互印证。

可以说,马克思主义哲学基本原理的精髓,与上古时期华夏民族太极八卦理论并不根本对立。因此,我们既不能用华夏民族创造的太极八卦理论来抵制马克思主义哲学原理,也不能用马克思主义哲学原理来否定华夏民族创造的太极八卦理论。

这也说明,科学是无国界的,客观自然规律最终都可以被人类认识和掌握,英雄所见略同。

当然,太极八卦理论在历史传承过程中,也被掺杂有封建、迷信、主观的东西,应该加以区别和抛弃,辩证地加以发扬光大。

"太极八卦"理论通过"先天"与"后天"演变,进而创造出独特的先天、后天的占卜方法,用来客观、辩证地观察宇宙万物的变化规律。通过总结"观物"之法,然后将"太极"《周易》理性的"道",赋予《老子》"道生万物"的思想,从而说明"天地人合一"、"天地人感应"的基本思想是"万物有道",并由此形成了一套朴素唯物主义哲学理论体系。进而阐明了天地自然界及其客观规律对华夏先民生存、劳作、繁衍等方面的影响,以及华夏先民适应天地自然界客观规律所发挥的主观能动性,最终达到客观自然界与华夏先民认识中"天地人合一"的和谐境界。这个过程,用古人的话说就是华夏先民"求道"、"求一"、"求中"的过程。

三、八卦与河图、洛书的关系

八卦与河图、洛书原理存在着本质上的一致性,因此,彼此之间也存在着内在的同一性。

1. 先天八卦图来自河图

先天八卦生成的过程是,两仪为阴、阳。阴生出阴和阳,阳也生出阴和阳,这样就构成了四象。排列顺序为:老(太)阳1,少阴2,少阳3,老(太)阴4(见下图)。

第二章　太极、河洛文化是解开华夏历史文明之谜的钥匙

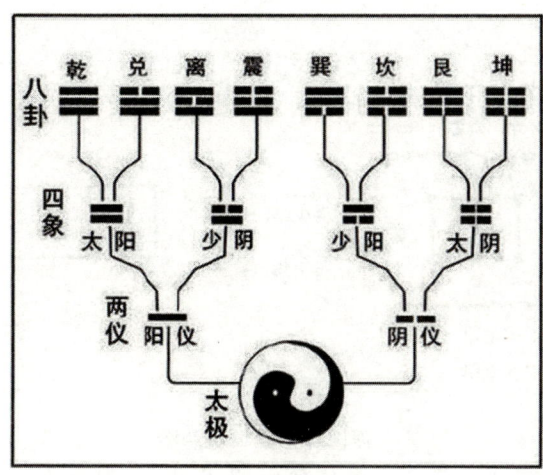

先天八卦生成图

在《旧河图》中，1、2、3、4、5为生数，6、7、8、9、10为成数。用河图中央的成数10减去四周的成数，再用中央的生数5分别减去四周的生数。其结果是，东：10−8＝2，5−3＝2；南：10−7＝3，5−2＝3；西：10−9＝1，5−4＝1；北：10−6＝4，5−1＝4。（见下图）

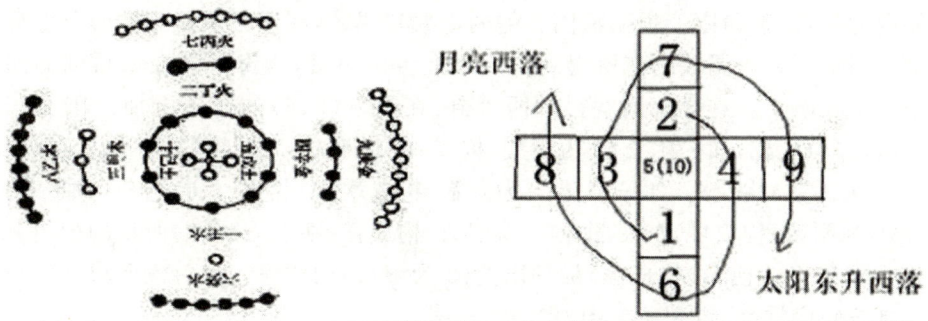

旧河图及其数理示意图

但是，由于《旧河图》不能表示日月的真实运动，所以，它为《先天八卦图》建立的数学模型不能指导产生出《先天八卦图》来。后来在《洛书》出现以后，纠正了《旧河图》中的错误。根据春秋时期孔子《易传·系辞》"天生神物，圣人则之，天地变化，圣人效之。天垂象，见吉凶，圣人象之。河出图，洛出书，圣人则之"的推断，也许最早真正的《河图》不是《旧河图》的样子。由于孔子《易传·系辞》无图，或图失传，导致后人在绘制时出现《旧河图》的错误。后人发现这个错误，把《旧河图》中的2、7和4、9的位置对调，得到《今河图》。（见下图）

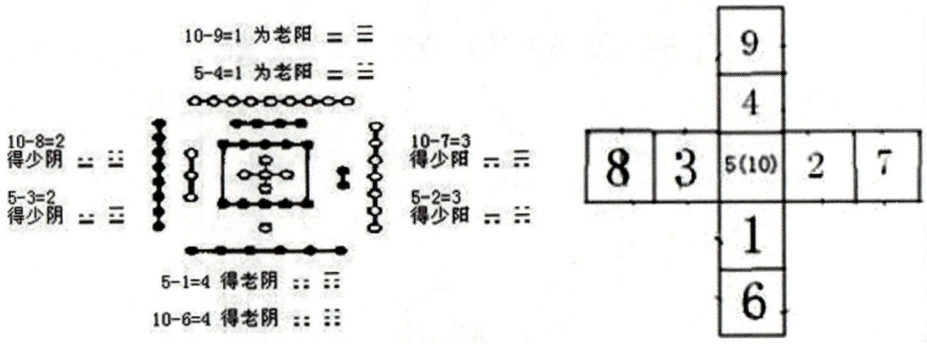

今河图及其数理示意图

在《今河图》中,1、2、3、4、5 为生数,6、7、8、9、10 为成数。用河图中央的成数 10 减去四周的成数,再用中央的生数 5 分别减去四周的生数。其结果是,东:10−8=2,5−3=2;南:10−9=1,5−4=1;西:10−7=3,5−2=3;北:10−6=4,5−1=4。

将各侧所得 1、2、3、4 看作是四象。按四象的生成顺序可得到:南 1 为老阳,东 2 为少阴,西 3 为少阳,北 4 为老阴。在河图中,每侧都有奇偶一对数。偶数为阴,奇数为阳。根据河图各侧的奇数和偶数,在四方所得到的四象上分别一阴一阳。为偶数的在所得到的四象上生一阴爻,为奇数的在所得到的四象上生一阳爻。这样每侧就得到两个卦:在南方(9、4)的老阳上加一阳爻(9 为阳数)构成乾,加一阴爻(4 为阴数)构成兑;在西方(7、2)所得少阳上加一阳爻(7 为阳数)构成兑,加一阴爻(2 为阴数)构成坎;在北方(1、6)老阴上加一阴爻(6 为阴数)构成坤,加一阳爻(1 为阳数)构成艮;在东方(3、8)所得的少阴上加一阴爻(8 为阴数)构成震,加一阳爻(3 为阳数)构成离。将每侧所得到的两个卦按顺序排好,得到左下图。

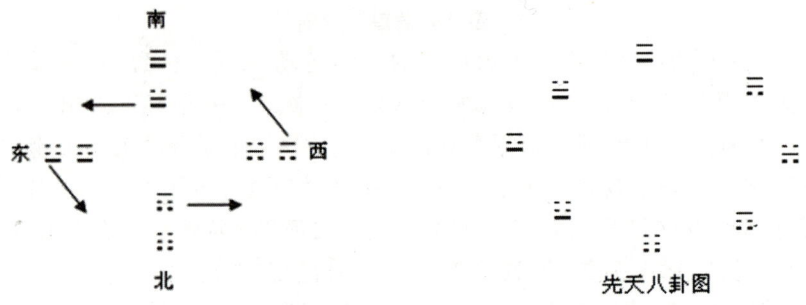

先天八卦图

将东、南侧偶数8、4所对应的震、兑卦分别逆时针旋转45度,此时将西、北侧奇数7、1所对应的巽、艮卦分别逆旋转45度,就得到先天八卦图,见右上图。做这样的旋转是因为:按照河图所表示的方位和季节,从南(夏)向北(冬)阴气逐渐增加;从北(冬)到南(夏)阳气逐渐增加。这一结果说明,先天八卦图来自河图和四象,春秋时期孔子《易传》中有关描述是正确的。同时,也证明《今河图》就是上古时期真正的河图。

2. 后天八卦图来自洛书

后天八卦图生成的过程是,两仪为一阳一阴,一阳生出一阳一阴,一阴生出一阴一阳,构成四象。四象为春、夏、秋、冬。按夏秋冬春的循环顺序,老阳为夏为1,少阴为秋为2,老阴为冬为3,少阳为春为4,如下图:

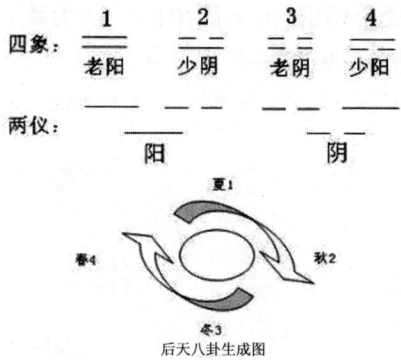

后天八卦生成图

将"洛书"中八方之数分别与中央5相减后得到:四宫得1,九宫得4,二宫得3,三宫得2,七宫得2,八宫得3,一宫得4,六宫得1。对照"四象"中1对应老阳,2对应少阴,3对应老阴,4对应少阳的数据填入各宫中,得下图。

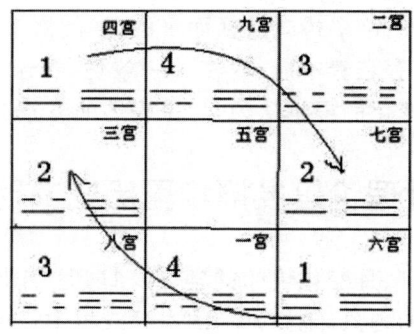

后天八卦九宫图

"洛书"四、九宫与河图的夏天(南)对应,二、七宫与河图的秋天(西)对应。按照奇数为阳,偶数为阴的规则,分别在夏、秋四宫所得四象的下面加上阴爻或阳爻,表示夏、秋季节(或南、西方)阴、阳由天而降。四、二宫为偶数,下加阴爻,分别另得到巽和坤。九、七宫为奇数,下加阳爻,分别得到离和兑。

"洛书"六、一宫与"河图"的冬天(北)对应,八、三宫与河图的春天(东)对应。按照奇数为阳,偶数为阴的规则,分别在冬、春四宫所得四象上面分别加上阴爻或阳爻,表示冬、春季节(或北、东方)阴、阳由地而升。"河图"中央的五宫代表"土",也代表"地"。六、八宫与五宫(土、地)相互作用(减),"洛书"得数之差为奇数(六宫 6−5=1,八宫 8−5=3)。所以,在六宫加阳爻所得的"三阳"爻,即老阳,为乾;在八宫加阳爻所得的"二阴一阳"爻,为艮。一、三宫与五宫(土、地)相互作用(减),"洛书"得数之差为偶数(五宫 5−1=4,五宫 5−3=2)。所以,在一宫加阴爻所得的"上下阴中阳"爻,为坎;在3宫加阴爻所得的"上二阴下一阳"爻,为震。这就得到"后天八卦图"(见下图)。

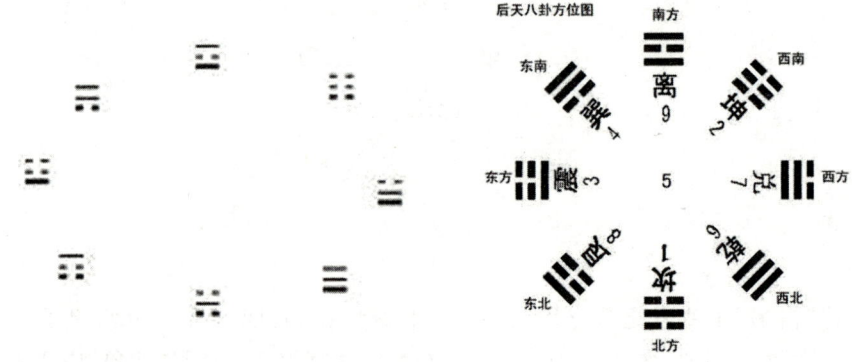

后天八卦图

太极图模式由河图、洛书模式转换而来的,河图洛书模式也可以返回太极图模式,表明三者之间存在着本质、内在的一致性,源于上古时期华夏先民对天地和日月自然规律变化的根本认识,只是表述的方式有所不同而已。

四、太极八卦理论是发掘华夏历史文明的钥匙

太极八卦是研究日、月变化规律的学问。日、月变化称作"易",代表着日月、阴阳变、代、消、长的现象,也指万物的本源或根本规律。故称阴阳、"日、月之谓易"。隋唐时期儒家学者、经学家孔颖达《周易正义》认为:"夫易者,变化

第二章　太极、河洛文化是解开华夏历史文明之谜的钥匙

之总名,改换之殊称。"[7]在《易经》中,"易"的含义为:"变易"、"简易"、"不易",因此衍生出"变化"这个含义。"易",还泛指上古时期三皇五帝遵循"天道",即天地、阴阳变化的自然规律治理天下的道理,或称天下之王,安民立政所实施的根本方略。

八卦的产生是上古时期华夏先民根据生产生活的实际,研究日月、阴阳运行的变化规律,即太极八卦,是为了正确掌握并向天下发布天气、节气的变化情况,指导华夏先民生活和劳作。只有正确地发布了天气、节令变化,才能遵循天地、日月的旨意,即规律行使顺天安民的"天道"。因此,自上古时期的三皇五帝开始,历代最高统治者都要顺应天地日月的变化规律来管理天下。这就叫作"受命于天"、"替天行道"。

客观地讲,最高统治者只有掌握了天地日月等大自然的变化规律,才能有效地组织民众进行生活、生产和发展。民众的生活、生产得到发展,社会才会富裕、安定,才会拥护最高统治者的统治。因此,在上古时期,只有天子才能行使"替天行道"的权力,才有掌握、垄断测量天地日月变化规律的方法。于是,观测天地、日月变化规律的方法和所得数据,就成为天子管理天下的最大机密,正所谓"天机不可泄露"。

八卦的产生是先人根据天地日月等大自然变化规律进行象形思维创造的使然。上古时期的华夏先民仰观天文,俯察地理,远取诸物,近取诸身,逐步发现并对自然界客观规律进行归纳和总结。于是,创造了"天地人合一"的太极八卦理论并予以高度概括。其中"一",既是大自然客观世界存在的规律,又是华夏先民对天地日月运行规律的适应。因此,自上古时期的三皇五帝时期开始,华夏先民就按照天体存在和运行的客观模式来适应和创建自己的太极理论、历法体系,进而改变生存环境。

因此,春秋时期道教始祖老耳在《老子·第二十五章》认为:"人法地,地法天,天法道,道法自然。"[12]这就为我们研究和探索华夏历史文明发源和三皇五帝最早居住建都方位提供了理论基础和指导原则。遵循这些理论基础和指导原则,我们就可以找回华夏历史文明发源地,找回华夏民族的祖根和皈依的精神家园。进而,促进中原华夏历史文明传承创新区理论的深入发掘进而进行科学规划和快速建设工作。

探索和研究华夏历史文明的发源问题,不能不认真学习和掌握太极八卦理论。不然,就无法遵循古人的思路找回华夏历史文明和三皇五帝的发源地,也就无法科学规划和建设中原华夏历史文明传承创新区。

文献来源：

[1]刘大钧:《易传全译》,成都:巴蜀书社,2006年版。

[2](春秋)李聃著,乙力译:《道德经》,西安:三秦出版社,2008年版。

[3](宋)邵雍:《梅花易数》,海口:海南出版社,2011年版。

[4](商)姬昌:《周易》,北京出版社,2006年版。

[5](宋)邵雍著,卫绍生校注:《皇极经世书》,郑州:中州古籍出版社,2007年版。

[6](元明)罗贯中:《三国演义》,北京:人民文学出版社,2002年版。

[7](魏)王弼、(唐)孔颖达:《周易正义》,北京:中国致公出版社,2008年版。

第三章 太极文化与社会哲学及其核心价值观的共性

社会主义思想的理论基础,是马克思创造的唯物辩证法哲学。马克思哲学和社会主义思想及其价值观不是凭空产生,它集人类社会发展过程中一切优秀的思想文化而大成,与华夏民族上古时期关于大同世界、天下为公的太极文化和哲学思想有着本质的一致性,也是对上古时期华夏历史文明以及古代中国道教、儒教文化的继承和发展。

因此,华夏先民上古时期创造的太极文化,衍生了古代中国的道教、儒教文化,并融入了中国化的佛教文化之中,又与当今中国所坚持的马克思哲学和社会主义核心价值观具有本质上的一致性。下面就探讨它们之间的关系和一致性。

一、太极五行文化与道教五帝、儒教五德的对应关系

华夏原始先民所创造的太极文化,通过不断完善和发展,在中原地区衍生出了黄老学说、道教学说、儒教学说等。东汉时期,又融入自西域传来的佛教学说于其中。因此,无论黄老学说、道教学说,或是儒教学说、佛教学说等,从其根本上来说都具有太极文化的本质内涵,都是对太极文化的传承和发展。

1. 道教讲的五帝是对太极文化的基本认识

道教中"五帝",源于对太极"五行"文化的理解和定位。太极文化中"五行"(见下页图)火、土、金、水、木,"五色"赤(丹)、黄、白、黑(玄)、青(苍)与道教管理天地五方的天官,即"五帝"存在着相互对应关系。各方天帝分别为:

火对应赤,代表红色,南方火德赤帝赤熛弩,主激情热烈;

土对应黄,代表黄色,中央土德黄帝含枢纽,主平和安顺;
金对应白,代表白色,西方金德白帝白招拒,主素洁忧郁;
水对应黑,代表黑色,北方水德玄帝汁光纪,主深沉宁静;
木对应青,代表青色,东方木德青帝灵威仰,主清新明快。

太极阴阳五行图

2. 儒教讲的五常(德)是也对太极文化的基本认识

"儒教"与"道教",同源于太极文化,也指春秋时期从巫、史、祝、卜中分化出来,且熟悉诗书礼乐而为贵族服务的术士。东汉文字学家许慎在《说文解字》中认为:"儒,术士之称。"[1]汉代著名哲学家、与孔孟齐名的大儒扬雄在《法言·君子》中认为:"通天地之人曰儒。"[2]"天地",也指太极文化中的"日月"、"阴阳",代表着天地之间自然界的万事万物。

儒士传承的文化称作"儒教"。太极文化是儒教的基本教义之一。儒教的含义是指儒者们所从事的"教"。教,就是教育、教化。这个教育教化,不仅是指学校贵族教育,而且是对广大民众进行教化。这个教,不是现代意义上的教育,而是借助神祇对民众进行教育教化,即"神道设教"。

关于"神道设教",西周时期的儒教圣经《周易·观·彖》中,就有明确记载:"圣人以神道设教,而天下服矣。"[3]依照儒者们的解释,古人通过设立神道用以教育民众,民众容易接受和服从。因为神道之"神",是指具有五德的"上帝"。而上帝的五德又与太极五行相互对应,故谓"五德之帝"或"五帝"。

儒教所讲"五帝"对应的"五德"文化观念,是儒学价值体系的核心内容。即仁、义、礼、智、信。其中:

仁,代表仁人、爱人、仁爱;
义,代表大义、正义、公平、公正、公道;
礼,代表明礼、礼貌、礼让、礼节、礼仪、礼制;
智,代表知者、明智、智慧、机智。"知"通"智";
信,代表诚信、信任。

道教中的"五行"与儒教中的"五德",效仿太极文化中天地之间的自然规律而产生,彼此存在着客观、自然的对应关系。

在汉代经学大师郑玄注释、唐代著名儒家学者孔颖达疏解的《礼记正义·卷十二·王制第五》中,记载说:"谓大微五帝,应于五行,五行各有德,故谓五德之帝。木神仁,金神义,火神礼,水神知(智),土神信,是五德也。"[4]大意是说,"五帝"对应于"五行","五行"对应于"五德","五德"又对应于"五帝"。

这种对应关系,遵循的是客观自然界的基本规律。

3. 古代不同时期文化对五方上帝的理解

"五方上帝",即东、南、西、北、中五方上帝,又称为"五帝"、"五方帝"、"五天帝"、"五方天帝"、"五方天神"等。早在周朝时期,人们遵照周礼的文化要求,就开始形成了以古帝乘坐六种不同颜色的御车,即"六辂"作为祭祀昊天上帝和东、南、西、北、中五方上帝象征的文化礼制。六辂分别祭祀的六帝是:

一曰苍辂,以祀昊天上帝;
二曰青辂,以祀东方上帝及朝日;
三曰朱辂,以祀南方上帝及赤县;
四曰黄辂,以祭中央上帝及地祇;
五曰白辂,以祀西方上帝及夕月;
六曰玄辂,以祀北方上帝及神州。

其中,昊天上帝为自然上帝,即苍天;五方上帝,即东方青帝太昊(伏羲氏),南方炎帝(神农氏),中央黄帝(轩辕氏),西方白帝(少昊),北方黑帝(颛顼)。五方上帝是五行自然方位与人格化相互对应的五位上帝。

五帝有先天五帝和后天五帝之分。先天五帝为统治东西南北中五个方位的天神、天上之帝,即东方青帝太昊、南方赤帝炎帝、西方白帝少昊、北方玄帝颛顼、中央黄帝轩辕。后天五帝,是指天下之帝,为华夏民族上古时期五位圣王贤君,即伏羲、炎帝、黄帝、少昊、颛顼"五帝"。人们相信后天五帝死后升天成为神,辅佐昊天上帝和先天五帝统治五方。

依照华夏民族的传统祭祀习俗,祭祀昊天上帝和五方上帝是极为重要的宗教祭祀。如隋朝分三种规则等级的祭祀，据唐代伟大政治家、史学家魏征《隋书·礼仪》记载："昊天上帝、五方上帝、日、月、皇地祇、神州、社稷、宗庙等为大祀；星辰、五祀、四望等为中祀；司中、司命、风师、雨师及诸星、诸山川等为小祀。"[5]可见，五方上帝紧随昊天上帝被列为大祀范围。

以汉代经学大师郑玄为代表的神学体系认为，上帝为天之别名，总共有六天、六上帝。六天上帝是指：昊天上帝、五方上帝。昊天上帝（天皇大帝）为全天之帝，五方上帝仅为一方之帝。

以三国时期曹魏著名经学家王肃为代表的宗教体系认为，五行人帝可称为上帝，但不可称为天。只有昊天上帝可称为天，祭祀昊天上帝才代表祭天。对此，唐代史学家魏征在《隋书·礼仪》中也记载："五时迎气，皆是祭五行之人帝太皞之属，非祭天也。天称皇天，亦称上帝，亦直称帝。五行人帝亦得称上帝，但不得称天。"意思是说，"天"，可称"皇天"、"天帝"、"上帝"和"帝"，但五行人帝虽可称"上帝"、"帝"，但不得称"皇天"、"天帝"和"天"，以示昊天上帝地位的尊贵。

西汉史学家司马迁在《史记·封禅书》中记载说："天神贵者太一，太一佐曰五帝。"[6]西汉经学家刘向在《五经通义》中认为："天皇大帝亦曰太一。"[7]汉代经学大师郑玄在《史记·五帝本纪》中也注释说："昊天上帝谓天皇大帝，北辰之星。"可见，"昊天上帝"、"天皇大帝"的象征为"北辰之星"，可称"太一星"、"泰一星"、"太极星"、"北极星"、"天皇星"等等，也说明五方上帝，是昊天上帝的辅佐，地位次于昊天上帝。

五方上帝分别配五行金木水火土、五色白青玄赤黄，白帝少昊金德、青帝太昊木德、玄帝颛顼水德、赤帝火德、黄帝土德。五方上帝也称"五行帝"，又称为"人帝"、"五行人帝"。

4. 道教、儒教对先天、后天五帝的称呼

在儒教和道教信仰中，先天五帝各有自己的不同表述形式，也各有自己的不同称呼。但由于都出自太极文化，因此本质上却是一致的。

儒教称呼： 在传统文化中，儒教是古代中国的主体宗教。尤其是周代以后，儒教继承了夏商时期以前华夏民族的信仰传统，将五帝称作五方、五大上帝，即：

中央黄帝含枢纽；

东方青帝灵威仰；

南方赤帝赤熛怒；

西方白帝白招拒；

北方黑帝汁光纪。

道教称呼：道教是由华夏民族中的黄老之教传承而来，是中国本土最早的主体宗教。它以五方、五老天君，对应儒教的五方、五大上帝。道教中的五方、五老天君是：

东方安宝华林青灵始老九炁天君；

南方梵宝昌阳丹灵真老三炁天君；

西方七宝金门皓灵皇老七炁天君；

北方洞阴朔单郁绝五灵玄老五炁天君；

中央玉宝元灵元老一炁天君。

道教按照太极五行原理，还将五老天君化为五方、五帝，即：

青灵始老化为东方青帝，主木司春，名曰灵威仰；

丹灵真老化为南方赤帝，主火司夏，名曰赤熛怒；

中央玉宝元灵元老化为中央黄帝，主土司四季，名曰含枢纽；

七宝金门皓灵皇老君化为西方白帝，主金司秋，名曰白招拒；

五灵玄老化为北方黑帝，主水司冬，其名汁光纪。

后天五帝称呼：西周祭礼所设祭祀的先天五方、五大上帝，分别与后天五方人帝相互对应。五方人帝分别是指：

东方青帝伏羲（太昊氏、黄柏氏等）；

南方炎帝榆罔（神农氏、空桑氏等）；

中央黄帝姬芒（轩辕氏、黄夷氏等）；

西方白帝玄嚣（少昊氏、金天氏等）；

北方黑帝乾荒（颛顼氏、高阳氏等）。

以上五位上帝，是华夏民族将人格化的先天五方、五大上帝与历史上后天五方人帝"天人合一"，互相对应的结果。东汉大儒郑玄直白地说："上帝者，天之别名。"实际上就是华夏先民对自然之天赋予的人文定义而已，按照太极文化"天地人合一"原理，又与后天的人间五帝相互对应。因此，宋朝理学认为"天"、"帝"、"道"、"理"都是同一本体的不同称呼。这种解释更为自然、客观而深刻。

战国时期著名思想家、哲学家、道家学说主要创始人庄子，对这一唯物的自然客观规律认识得也同样深刻。他指出："万事万物本于道，天由道而生。"[8]"道"，即大自然及其规律，是天、地、人等物质的载体，也是天、地、人必须效法的"道"，即大自然及其规律。

二、太极理论是自然、人类和社会共通的道理

宋朝著名理学家陆九渊、明代著名哲学家王阳明把"天"、"帝"、"道"、"理"比作主观的"心"和客观的"宇宙"。他们认为"吾心即宇宙,宇宙即吾心"。[9]这里的"心",是主观之"心"对客观宇宙及其规律的主观认识,是主观认识中的客观宇宙及其规律。

这种主观认识,并不一概都是唯心或唯物的。只有主观认识与客观宇宙、"天"、"帝"规律的实际相一致时,才是符合客观宇宙"道"、"理"的唯物的自然规律,是主观唯物论。否则,才是主观唯心论。

太极理论指出了自然、人类和社会存在的共通原理和规律。因此,华夏民族才可以运用太极文化原理,将五行、五色、五德与五性、五情、五味等文化相互对应起来。其对应的关系是:

木,主仁德,其性直,其情和,其味酸,其色青;
火,主礼德,其性急,其情恭,其味苦,其色赤;
土,主信德,其性重,其情厚,其味甘,其色黄;
金,主义德,其性刚,其情烈,其味辣,其色白;
水,主智德,其性聪,其情善,其味咸,其色黑。
再将人帝与五行、五色彼此对应起来,即:
青帝,五行木,五德仁,有周朝、北齐、北魏、北周等;
白帝,五行金,五德义,有夏朝、秦朝、晋朝等;
赤帝,五行火,五德礼,有汉朝、隋朝、宋朝、明朝等;
黑帝,五行水,五德智,有商朝、清朝等;
黄帝,五行土,五德信,有虞舜、曹魏、唐朝、元朝等。

古人把东方神鸟称作"凤凰",说它是百鸟之长,生活在昆仑山轩辕之丘,栖息于丹水之阳的高岗之上,放歌于东方君子之国的梧桐枝头,并将其视作五行五德、天下吉祥、社会安宁的象征。据先秦古籍《山海经·南山经·南次三经》记载:"又东五百里,曰丹穴之山,其上多金玉。丹水出焉,而南流注于渤海。有鸟焉,其状如鸡,五采(彩)而文,名曰凤皇(凰),首文曰德,翼文曰义,背文曰礼,膺文曰仁,腹文曰信。是鸟也,饮食自然,自歌自舞,见则天下安宁。"[10]文中"首德"、"翼义"、"背礼"、"膺(胸)仁"、"腹信",是古人对凤凰五德的最早表述形式之一。

到了东晋时期,道教学者、著名炼丹家、医药学家葛洪在《抱朴子》中记载

凤凰具有五行时,与金木水火土相对应说:"夫木行为仁,为青凤头上青,故曰戴仁也;金行为义,为白凤颈白,故曰缨义也;火行为礼,为赤凤背赤,故曰负礼也;水行为智,为黑凤胸黑,故曰向智也;土行为信,为黄凤足下黄,故曰蹈信也。"[11]文中木、青、凤头、戴仁,金、白、凤颈、缨义,火、赤、凤背、负礼,水、黑、凤胸、向智,土、黄、凤足、蹈信等,是对凤凰五行五方五色五德的又一表述形式,也与五帝五德相互对应。

可见,太极"五行"之说,早在黄帝等"五帝"时期就已经产生。对此,古籍中也有记述。据汉代史学家司马迁《史记·历书》记载:"黄帝考定星历,建立五行。"五行是由古人对自然天象的观察、总结而来。它与天时、五官相互对应,是指导华夏先民知道生活、劳作、繁衍和制定历法的基础。

对此,司马迁在《史记·律书》中也提到:"律历,天所以通五行八正之气。"自尧、舜、禹,到商、周时期,又形成了五行与五帝、五方相配的对应关系,道家老子、儒家孔子文化中也有了文化传承的记载。

如汉代经学大师郑玄注释、唐代著名儒家学者孔颖达疏解的《礼记正义·卷三十四·大传第十六》中,就列举了西汉谶纬之书为例所作的具体说明,指出:"又《元命包》云:'夏,白帝之子。殷,黑帝之子。周,苍帝之子。'是其王者,皆感大微五帝之精而生。"[12]五帝与五行、五德的对应关系再次得到了印证。

对此,孔子门人所撰《孔子家语·卷六·五帝第二十四》中记载说:春秋时期鲁国正卿"季康子问于孔子曰:'旧闻五帝之名,而不知其实,请问何谓五帝?'孔子曰:'昔丘也闻诸老聃曰:天有五行,水火金木土,分时化育,以成万物,其神谓之五帝。古之王者,易代而改号,取法五行。五行更王,终始相生,亦象其义。故其为明王者,而死配五行。是以太皥配木,炎帝配火,黄帝配土,少皥配金,颛顼配水'"[13]。

记载周武王与商纣王太师、叔父箕子对话的《尚书·洪范》一文中,已经将"五行"与"五味"相对应,认为:"水曰润下,火曰炎上,木曰曲直,金曰从革,土爰稼穑。润下作咸,炎上作苦,曲直作酸,从革作辛,稼穑作甘。"这种将"五行"与"五味"并提而论的认识,在周朝春秋时期的《左传》与《国语》中都有新的发挥。据春秋鲁国史官左丘明《左传·昭公二十九年》中,关于"物有其官"的论述记载:"故有五行之官,是谓五官,实列受氏姓,封为上公,祀为贵神。社稷五祀,是尊是奉。木正曰句芒,火正曰祝融,金正曰蓐收,水正曰玄冥,土正曰后土。"又指出"天有三辰,地有五行"。[14]这进一步认定了"五行"与"五味"、"五官"的对应关系。

秦汉时期,古人将"五行"与儒家经典著作"五经"《诗》、《尚书》、《礼记》、

《周易》和《春秋》对应,以《诗经》为水,《尚书》为土,《礼记》为火,《易经》为木,《春秋》为金,赋予了五经新的属性。

此后,又将"五行"称作"五常",与儒家倡导的"仁义礼智信"相对应。为此,东汉经学大师郑玄在《中庸》的注解"天命之谓性,率性之谓道"时,认为"木神则仁,金神则义,火神则礼,水神则知(智),土神则信"。[15]唐初著名道教理论家成玄英在《庄子疏》解释五常与五行的关系时,也认为:"五常谓五行,金木水火土,人伦之常性也。"[16]随后,"五行"、"五常"、"五德"便可以相互注解了。

从华夏民族思想史发展来看,太极理论中的"五行"、"五帝"、"五常"、"五官"、"五德"等文化(见下图),开启了华夏民族认识、遵循自然、人类社会发展规律的思考,逐步探索和建立了人类社会道德规范,构筑了华夏历史上文明、伦理、道德之路,使华夏历史文化、文明在不断提升、发展和传承中,一步步、一代代地向我们走来。

西汉经学家刘向在《说苑·君道》中,也记载儒家圣人孔子说:"夏道不亡,商德不作;商德不亡,周德不作;周德不亡,春秋不作;春秋作而后君子知周道亡也。"[17]这也在告诫我们,任何历史朝代遵循、顺应时代潮流就发展兴旺,背离社会发展潮流就衰颓败落的人类社会发展规律。其实,人类社会的这种发展规律,是客观自然规律的一部分,并且也从属于客观自然规律。

古人通过研究和发现客观自然规律,用以指导人们遵循人类社会规律,使人类社会规律要效法和服从于客观自然规律。这才是太极理论真正的含义所在,也是放之四海而千古不变的道理。

道	五元	元性	元神	元气	元情	元精
方位	五方	东	南	中央	西	北
教	五阳	甲	丙	戊	庚	壬
教	五阴	乙	丁	己	辛	癸
教	五行	木	火	土	金	水
儒	五常	仁	礼	信	义	智
释	五戒	杀	淫	妄	盗	酒
道	五脏	肝	心	脾	肺	肾
善人	五味	酸	苦	甜	辣	咸
善人	五毒	怒	恨	怨	恼	烦
善人	阐性	主意	明礼	信实	响亮	柔和

太极五行五方对应道教五元儒教五常(德)图

所以,道教中的"五行"与儒教中的"五德",均是建立在华夏民族太极朴素唯物观基础之上的理论体系,由此形成了以道教"五行"、儒教"五德"为核心的思想体系,具备了现代系统论的基本特征。儒教"五德"之间,通过促进与制约的相互关系,而表现出道教"五行"文化独特的系统性。

三、道、儒文化都具有太极文化的本质属性

太极,也称"易"、"道",是中国朴素唯物观和哲学的最高范畴。道生自然与万事万物,又在万事万物中以百态存在于自然。西周文王所著《周易(经)》认为:"一阴一阳谓之道。"[18] 还认为:"立天之道,曰阴与阳。立地之道,曰柔与刚。立人之道,曰仁与义。"意思是说,自然世界、宇宙万物起点为太极,太极一分为二为阴阳、柔刚、仁义,阴阳、柔刚、仁义合二为一称太极,是道教、儒教理论的核心。太极是"易"、"道"、"儒",是自然世界、宇宙万物的本源、起点和规律。

而作为研究"道"的学说,被称作"道教"。"道教"探索的是自然世界、宇宙万物的本源、起点和规律。后来,"道"成为了华夏民族的最高信仰,而"道教"也成为具有中华民族文化特色的本土宗教。

儒教之"儒",是古代对从事天文、地理、医药、占卜、修仙等活动术士的统称。

在中国学术史上,最早探讨"儒"之起源的是西汉学者刘歆。据东汉历史学家班固编撰《汉书·艺文志》中引用刘歆《别录》的观点认为:"儒家者流,盖出于司徒之官,助人君顺阴阳明教化者也。游文于六经(《诗》《书》《礼》《易》《乐》《春秋》)之中,留意于仁义(儒家的重要伦理范畴)之际,祖叙尧、舜,宪章文、武,宗师仲尼,以重其言,于道为最高。"[19] 司徒为三公之一,是我国古代一个重要官职名,由《周礼》地方官司徒演变而来,为地官之长,是汉代之前掌管国家之土地、人民和教化的官员。后世儒家流派,均由司徒官职及文化传承、衍生而产生,是懂太极、理阴阳、佐天子、平邦国、教民众的三公后裔(见下页图)。

术士图

唐代吏部侍郎李林甫在《唐六典》中也记载："三公,论道之官也。盖以佐天子,理阴阳,平邦国,无所不统,故不以一职名其官。"[20]这与汉代班固《汉书》中关于"司徒"职责的记载是一致的。汉代之前设置的太尉、司徒、司空为三公,为中国古代官品等级最高的正一品。到了隋朝,司徒改为民部。唐朝为避李世民的名字之讳,改称户部尚书,仍主管全国户口、赋役方面的政令。

可见,"术士"、"儒"、"儒家"、"儒教"源于太极、易、道文化,并把掌握太极之"道"作为最高文化追求。由于司徒儒术士具有"助人君、顺阴阳、明教化"职责,所以,职责也要求他必须掌握天地、自然的变化规律,指导人们进行生活、劳作和祭祀等教化活动,是认识天地自然规律变化的先知、先觉,即相当于现代有较高科学文化知识的人。

所以,西汉著名学者扬雄在《法言·君子》中认为："通天地之人曰儒。"[21]秦始皇焚书坑儒之"儒",不仅是指现代"儒家"之"儒",也指掌握太极阴阳学说的"儒生"之"儒",其实就是"道教之士",也称"术士"。

对此,西汉史学家司马迁《史记·儒林列传序》中认为："及至秦之季世,焚诗书,坑术士,六艺从此缺焉。"秦始皇所灭"六艺"有两种解释:一为六种技能:礼、乐、射、御、书、数;一为六经:《诗》、《书》、《礼》、《乐》、《易》、《春秋》。

建帝都于中原西部陕西地区的秦始皇,所焚之书,为中原先代创造的太极文化典籍"六艺"诗书;所坑之儒,为掌握中原太极文化典籍"六艺"诗书的"术士"、"儒生"。原因之一就在于,秦始皇建都的陕西咸阳一带地处中原西部的少阴凶地,在太极文化和华夏历史文明中不是"建王都"的"天地之中"地理方位,因此也不在正统天子建国称帝、统治天下的"中正"之位。而这些观点的理论来源和依据,就是"术士"、"儒生"及其所掌握的太极文化典籍。秦始皇为了维护新生的秦朝政权,当然不允许这些不利于自己统治天下的人的观点传播,"焚诗书、坑术士"不在其焚、坑数量的多少,而在于用强硬的消极的手段压制社会舆论。

这一文化现象,在建都于长安的汉代、隋代、唐代同样发生过。汉武帝时期"罢黜百家,独尊儒术"就是一例,无非是为了用儒术统一思想、加强中央集权领导。"独尊儒术"之后,中国古代的封建正统思想开始确立,但真正的全面确立是到了隋唐时期。

而建立在中原地区的历代中央政权,就很少有此类情况发生。他们大多采取太极"天地人合一"的教化方式,来解决宗教文化方面的信仰问题。如宋朝的理学,极力倡导佛、道、儒"三教合一",在传承华夏民族太极文化的基础上,共同探索和创造中国历史上新的文明形式。

"三教合一"的文化传承方式,正是华夏民族太极理论的根本原则和本质特征,并且具有太极理论发源地,即中原的地理方位属性。正所谓:一方水土,养一方人,创造一方文化。

道、儒、佛三祖归一图

佛教、道教、儒教三家合一（见上图），是太极文化本质的归宗，也是华夏新文化的开始。宋朝采取对周边各国开放、包容、吸收和创新的治国理念和文化政策，最终使宋文化发展到了华夏文明史上的又一个高峰，出现了资本社会的萌芽。

可惜，由于没有强大军事实力作后盾，两宋王朝一再被性格强悍但文化落后的北方女真、蒙古少数民族打败和取代。不过，也孕育了一个地域更加辽阔、文化更加包容的大元朝政权的产生。由此，进一步体现了太极文化盛极必衰、循环相生、道法自然的基本原理和客观规律。

可见，我们不能简单地把中国化后的佛教、道教、儒教文化的本源，人为地加以分开。因为从社会发展的客观历史过程来看，它们都与华夏民族共同创造的太极文化有着密切关系。直到秦汉时期，道、儒二教仍处于没有完全分离的历史进程中，大同而小异。魏晋时期，佛教依傍玄学，大量袭用老子、庄子道学词义来解释佛学，形成"六家七宗"的般若学，在社会上层和民间得到了普及。南北朝时，儒学渐衰，道学通过改革创新，逐渐兴盛，形成了比较完整的教义、斋醮科仪和官方道教。由此形成了华夏文化的儒、释、道三足鼎立的局面。北宋儒者周敦颐等人援佛入儒，革新儒学，形成理学，已为学术界公认的事实。到了明代三教合一的思想更成一代思潮蔚然成风。

道教、儒教、佛教是中国传统文化的主体，三教的分合是贯穿近两千年中国思想文化史中一股重要的潮流，对中国文化乃至中国社会的变迁产生了巨大的影响。

四、道、儒二教都用"天地人合一"理论指导社会实践

华夏民族最先创造了朴素唯物、辩证的太极文化观。随着人们在不同历史阶段的不同理解，太极文化也有不同表述方式，又称阴阳文化、五行文化、八卦文化、河洛（九宫图）文化、易文化等。道教、儒教都是从太极文化中衍生出来的、具有华夏民族文化本质特征的中国文化。

第三章 太极文化与社会哲学及其核心价值观的共性

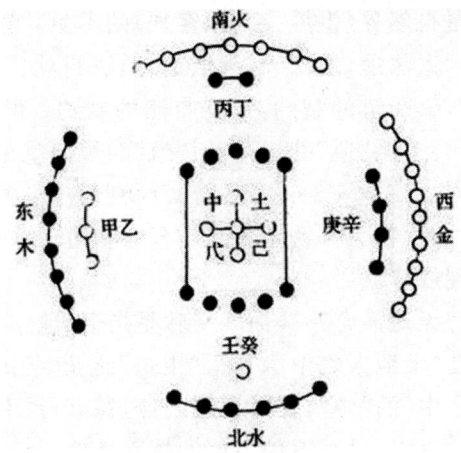

太极五行中土方位图

因此,在中国道教、儒教文化中,阴阳合一为太极,五行以"中土"为核心方位,八卦以"乾坤"二卦为天地之位,九宫图(见下图)以中宫为中正之位,都说明道教、儒教的本源是合一的。

儒家的"中"为天下之大本。孔子的孙子子思(孔伋)所作《中庸》认为:"中也者,天下之大本也;和也者,天下之达道也。致中和,天地位焉,万物育焉。"意思是说:"中",是天地的根本属性;"和",是运行不变之道。只有追求天地"中和"的自然属性和运行规律,才能把握和遵循天地之间的自然属性和运行规律,万物才会按照各自的属性和规律不断生长繁育。因此,《中庸》记载孔子说:"中庸其至矣乎。"意思是说,中庸大概是最高的德行了吧!

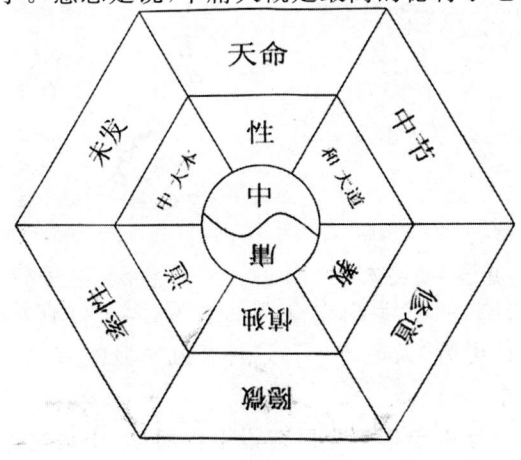

中庸位置图

而道家的"道"是自然界(世界、宇宙、客观)的本源。春秋时期李耳(老子)所著《道德经》认为:"人法地,地法天,天法道,道法自然。"[22]意思是人受地的制约,地受天的制约,天受道的制约,道受自然的制约。原因在于天、地、人都是大自然的产物,都要遵循"道"的规律,而"道"的规律就是大自然的规律。因此,道教认为,"一生二、二生三、三生万物,万物归一"。意思是天生地、地生人、人创造了世界上的万物。万物生长离不开天和道。这里的天和道,也指大自然之"天"及其客观规律。

为此,道教主张"天地人合一",而"一"就是指天、地、人共同要遵循的规律"道"。"道"的位置在"天地人之中",是指"中央"之道、"中正"之道、"中庸"之道。所以,"天地人之中"的"中",在"太极"之位,在五行"中土黄"之位,在洛书九宫图"中宫"之位。总之,是在不偏不倚的核心之位。

华夏民族在这一理念和规律指导下,创建了自己的"中央之国",或称"中央邦国"、"中央王国",简称"中国"。因此,三皇五帝以及夏商诸王率领华夏先民居住于"太极"之地。

"太极"之地,实质上就是"天之中"的太极星(也称北极星、太一星)、"地之中"的太极山(也称太一山、昆仑山)、"人之中"的伏羲(也称太一、人皇)居住建都之地三者对应的昆仑山,也就是上古时期的"中国"之地(见下图)。

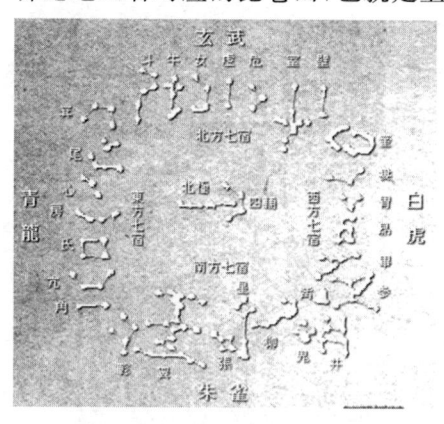 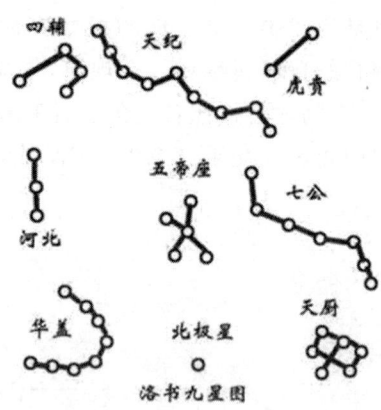

天地之中太极(北极、太一)位置图　　　　**洛书九星五帝中宫方位图**

这种精神与物质、理论与实践、主观与客观、天上与地下相互对应的关系,被道教、儒教共同认可为"天地合一";这种相互对应的方位,就在道教、儒教共同认可的"天地之中"方位。

因此,太极理论是指导华夏先民建设上古时期"中央之国",即"中国"的灯塔;而"中央之国",即"中国",则是华夏先民在太极灯塔指引下创造性实践的成果,是理论与现实相结合的结晶,也是我们认定和探索三皇五帝"中央之国"客观存在的理论依据。

五、太极文化具有与社会哲学及其核心价值观的一致性

1. 计算机使用"二进位制"

人脑是通过语言来进行思维的,电脑也必须有自己的语言才能进行运转。所谓程序设计,正是依靠这种专用语言来实现的。电脑是使用"二进位制"来进行计算的。因为计算机的运行要靠电流,对于一个电路节点而言,电流通过的状态只有两个:通电和断电。计算机信息存储常用硬盘和软盘,对于磁盘上的每一个记录点而言,也只有两个状态:磁化和未磁化。近年来用光盘记录信息的做法也越来越普遍,光盘上每一个信息点的物理状态有凹和凸,分别起着聚光和散光的作用。由此可见,计算机所使用的各种介质所能表现的都是两种状态,最自然的进位制就是"二进位制"。

"二进位制"所需要记数的基本符号只要两个,即"0"和"1"。可以用1表示通电,0表示断电。或1表示磁化,0表示未磁化。总之,"二进位制"的一个数位正好对应计算机介质的一个信息记录点。用计算机科学语言来称谓,"二进位制"的一个数位称为一个比特(bit),8个比特称为一个字节(Byte),依此就能创造出现实世界之外的、变化万千的另一个世界。

2. 太极理论中的"二进位制"原理

中国华夏先民把阐明宇宙从无极生太极,太极生两仪,两仪生四象,四象生八卦,以至万物化生过程的认识,称作太极理论。据周文王所著《周易》记载:"易有太极,是生两仪,两仪生四象,四象生八卦。"[23]这段话所指的就是人类认识有无极"0"到太极"1"的质变,然后太极"1"生阴阳两仪"2",两仪"2"生四象"4",四象"4"生八卦"8",进而创造万物的基本思想与过程。现代计算机所应用的,正是宇宙无极到太极,太极生两仪进而创造万物的阴阳原理。具体地说,《周易》八卦的生成,恰恰表达了上述的"二进位制"原理。下图是无极、太极至八卦生成过程和"二进位制"过程的比较:

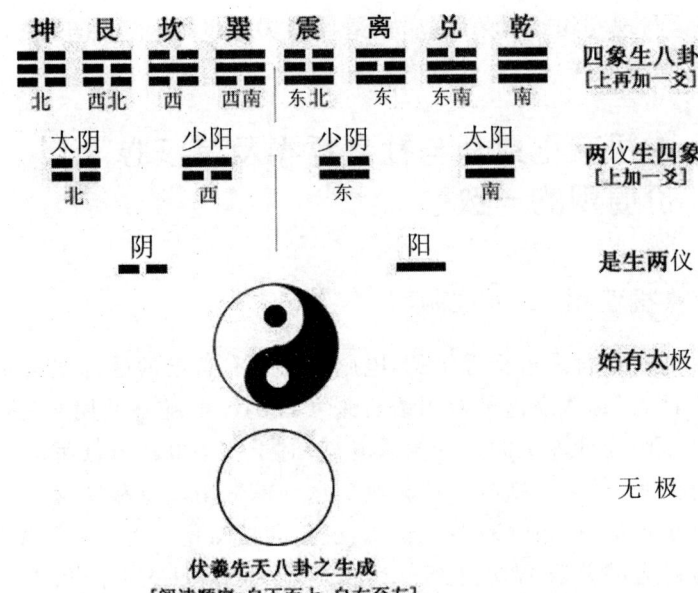

无极、太极至八卦生成过程和二进制图

《周易》八卦生成跟"二进位制"原理竟如此一致。这个原理和过程,也跟数据结构中的"二叉树"原理和过程完全相同。在计算机应用技术中,"二叉树"是基本的抽象数据类型之一,也是其他重要数据结构和算法设计的基础,如在数据检索等领域的应用就非常广泛。此外,《周易》中的"象"、"位"、"数"、"类"等概念,与计算机科学中的相似概念在内涵上也有互通之处。

3. 莱布尼茨发明"二进位制"受《周易》启示

《周易》中的"经"由64个"卦"组成,每一个卦,又是由称为"爻"的两种符号排列而成。"- -"叫作"阴爻","——"叫作"阳爻",这两种"爻"合称"两仪"。如果每次取两个,会得到四种排列,称为"四象";如果每次取三个,会得到八种排列,称为"八卦";如果每次取六个,那就会得到64种排列,称为"64卦"。若把阳爻看作数码1,阴爻看作数码0,就可以把各种卦转化为"二进位制"中的数了。如由6个阴爻组成的坤卦可看作是:000000(相当于十进制中的0),而由6个阳爻组成的乾卦可看作是111111(相当于十进制中的63,从0算起)。

从目前已知的西方历史文献中,可以得知:中国的易经图于17世纪二三十年代就已被世人称为"二进位制",广为流传于欧洲。

德国著名数学家、哲学家莱布尼茨,对法国人帕斯卡设计的世界上第一台机械式数字计算机——加法机很感兴趣,于是也开始了对计算机的研究。公元1666~1667年间,莱布尼茨在纽伦堡学习时已开始接触中国古典哲学中的太极八卦图。如当时意大利颇具国际影响的汉学家、历史学家和地理学家卫匡国(1614~1661年),原名马尔蒂诺·马尔蒂尼,在《中国上古史》[24]中译著的伏羲六十四卦方位图;比利时中国传教士著名汉学家柏应理(1623~1693年),在《中国贤哲孔子》[25]中所译著的太极八卦次序图、八卦方位图和文王六十四卦图。

他还看到了与其有过密切交往的斯比塞尔于1660年编著出版的中文译为《中国文史评析》、《中国文学》、《论中国的宗教》[26]等书,其中对中国太极八卦次序图、八卦方位图和文王六十四卦图,已有较详细完整的介绍。

大约到了公元1672~1676年间,莱布尼茨开始了"0"与"1"的"二进位制"思考。他曾断言:"二进制乃是具有世界普遍性的、最完美的逻辑语言。"公元1679年3月15日,他撰写了题为《二进算术》的论文,对"二进位制"进行了充分的讨论,并建立了"二进位制"的表示方法及运算。公元1701年,莱布尼茨将关于"二进位制"的论文提交给法国科学院,但要求暂不发表。1703年,他将修改后的论文再次送给法国科学院,并要求公开发表。这是西方第一篇关于二进位制的文章,是莱布尼茨在《皇家科学院纪录》上发表的,标题为《二进制算术的解说》,副标题为"它只用0和1,并论述其用途以及伏羲氏所使用的古代中国数字的意义"。[27]自此,"二进位制"开始公之于众。1716年,他又发表了《论中国的哲学》一文,专门讨论八卦与"二进位制",指出"二进位制"与八卦有共同之处。

4. 欧洲发明"二进位制"源于《周易》是客观事实

从近现代西方学术界的角度看,自从认识"二进位制"之伊始,就与中国《周易》结伴而行。从莱布尼茨发表文章公布"二进位制"后,《周易》与"二进位制"问题作为东方文化的一个特色,一直引起西方学者的广泛注意。他们对深邃的太极图进行研读中,得到了很多有益的成果。一直到二十世纪二三十年代,几乎还没有人对中国古代"二进位制"的原理发明表示过怀疑或需要再商榷。

但近几十年来,由于电子技术应用的快速发展和取得的巨大成果,使某些西方学者对此结论越来越不能接受,而国内一些学者受欧洲中心论者的影响,开始支持这种"否认观"。他们的主要论点有三:

一是世人公认的"二进位制"发明是属德国人莱布尼茨而非中国人。

二是莱布尼茨是在发明"二进位制"后,才见到伏羲六十四卦次序图和伏羲六十四卦方位图的。

三是《周易》太极八卦中无意识巧合碰上的东西,被莱布尼茨有意识地发现了。

国内许多学者在比较了辩论双方的论点论据之后,也倾向于支持"正方"的观点,其理由是:

首先,莱布尼茨对"二进位制"的贡献不是发明,而是演绎与传播。从目前已知的西方历史文献中,可以得知中国的"先天图"(八卦图),早在莱布尼茨"发明""二进位制"以前就已经被世人称为"二进位制"广为流传于欧洲。所谓"二进位制"就是以任何两种不同符号所表示的"逢二进一"的形式,而莱布尼茨仅是公开用"0"和"1"表示已有的"二进位制"并通过论文予以传播的第一人。因此,莱布尼茨并不是这种记数法的最早发现者。

就算不提计算机发明前世人已有共识的东方古老智慧,单从西方科技发展史看,在他之前也已有人提出过这种记数法。如十七世纪初,英国数学家哈里奥特在未发表的手稿中曾提到它。公元1670年,卡瓦利埃里又一次重申了这一发现。莱布尼茨大概未见到过这些前人的论述,或是对"发明"概念有所误解,所以他把重新发现"二进位制"一直是当作自己的独创。不过,由于"二进位制"是在莱布尼茨的大力阐述和提倡下,才引起人们关注的,所以把"二进位制"与莱布尼茨联在一起才能够被人们接受。

其次,莱布尼茨在发表"二进位制"论文前确已接触过太极图。对此,国际理学研究所(比利时)的两位学者胡阳、李长铎,在对欧洲现存十七世纪中西交流文献考证后,合著的《莱布尼茨发明二进制前没有见过先天图吗?》[35]等文章中,已提供了详尽的证据。

此外,莱布尼茨于去世的公元1716年,在"致德雷蒙先生的信——论中国的自然神教"中,说明了"0"和"1"的"二进位制"建立的过程。他在信的最后一部分写道:"我认为在这里解释,这是一个非常合适的机会,因为问题在于证实古代中国人的学说的价值,以及古代中国人远远胜于近代人。在此之前,我先说说已故的安德烈·弥勒先生,他是格莱森哈根人,柏林的法官,欧洲人,没有出过欧洲,但对于中国字有最深的造诣。他发表了阿布杜拉·白达瓦鲁斯关于中国所写的著作,并加以注释。这位阿拉伯著者在那篇著作里提到伏羲找到了'peculiare scribendi genus, Arithmeticam, contratus et Rationaria',一种在算术、缩减、计数上,特别的书写方式,因为他说到了算术,肯定了我对这位古代哲学帝王的符号的解释,即我认为这些符号是数目字。……而魏格先生用四进制即0、1、2、3,写出一切数。……这就给了我一个机会,提出一切数都可以用二进制或二重级数的0和1写出。"[28] 在这里,莱布尼茨清晰地说出,他的"0与1二进制",首先来源于伏羲的太极八卦。伏羲的太极八卦图本身就是"二进位制",由任意两种符号所组成,逢二进一。而魏格的0、1、2、3体系为莱布尼茨翻译伏羲八卦图提供了一种表示符号,即"0"与"1"。

再次,从概率上分析,太极八卦图的"二进位制"原理只能是有意的而非碰巧的排列结果。对此,中国科学技术大学柯资能教授在《先天易的数学基础初探》一文中,有一段精彩的论述:"实际上图中共有三个排序,均符合二进位制法则。每一个碰巧排出的概率均约为2/64,即大约为1/1089,远远低于不可能事件的概率要求。假如是'碰巧'而非'有意'排出,则三个排序互为独立事件,同时得到的概率约为1/10267,当然也是绝对的不可能事件。为了帮助形象地理解这个概率,下面作个说明。根据相对论和量子力学的共同要求,宇宙中有静质量的基本粒子总数上限是1080;宇宙从生到现在约有150亿(1.5×10^{10})年(现在正确的数据是约136亿年),一年约有三千万(3×10^7)秒,人生百年约有3×10^9秒,整个宇宙'一生'约有5×10^{17}秒。可见有些话说起来轻巧,其实并没那么简单,假设整个宇宙从诞生到灭亡的所有时间内都在按葛兰言所说的方法进行无意识的排序活动,也不可能为碰巧说提供概率上的保证。因此,先天易图只能是有意的而非碰巧的排列结果。"(数据有所调整)

最后,即使上帝有意安排这种空前绝后的巧合奇迹,我们也可换个角度来看这个问题,就是把《周易》看作是一种具有开放性的经典文本,后人可以对它作出合乎内在逻辑的各自理解和解释。在这种解释学立场下,我们既没必要否认莱布尼茨用"二进制"解释太极八卦图的合理性,也没有必要对《周易》中蕴含"二进位制"原理的说法持反对态度。

说白了,莱布尼茨不过使用自己赋予的"二进位制"名称,来解释中国的太极八卦理论而已。而莱布尼茨"二进位制"的解释方法,不过是很多解释太极八卦理论的方法之一罢了。

十七世纪德国最著名的自然科学家、数学家、物理学家、历史学家和哲学家莱布尼茨,是最早研究伏羲八卦图等中国文化和中国哲学的欧洲学者之一,对欧洲的唯物主义、辩证法等科学的产生和发展作出了不可磨灭的贡献。

莱布尼茨在有生之年,对中国科学、文化和哲学思想十分关注,是最早研究中国文化和中国哲学的德国人。他向耶稣会来华传教士格里马尔迪了解到中国养蚕纺织、造纸印染、冶金矿产、天文地理、数学文字等情况,并将其编辑成册出版,在欧洲传播。他认为中西相互之间应建立一种交流认识的新型关系。在《中国近况》一书绪论中,莱布尼茨写道:"全人类最伟大的文化和最发达的文明仿佛今天汇集在我们大陆的两端,即汇集在欧洲和位于地球另一端的东方的亚洲——中国。""我们双方各自都具备通过相互交流使对方受益的技能。在思考的缜密和理性的思辨方面,显然我们要略胜一筹",但"在时间哲学,即在生活与人类实际方面的伦理以及治国学说方面,我们实在是相形见绌了"。[29]

莱布尼茨(见下图)曾为中西文化双向交流描绘了宏伟蓝图,极力推动东西方人民相互学习,取长补短,共同繁荣进步,也对促进中西文化交流做出了毕生努力,产生了广泛而深远的影响。他对中国文化虚心好学、平等相待,不含"欧洲中心论"偏见的精神,至今仍值得后世敬仰、效仿。

莱布尼茨与中国的书籍

通过上面的介绍,我们可以得出一些结论:

首先,我们可以肯定地说:莱布尼茨受《周易》影响而发明了"二进位制",这一在中国流传甚广的说法是完全符合实际情况的。因为远在莱布尼茨之前,《周易》"二进位制",已经流传到了欧洲,并有形或无形地影响着莱布尼茨的世界观和方法论。

其次,当莱布尼茨认为中国早在几千年前的《周易》中就已有了"二进位制"思想时,甚至把北宋哲学家、易学家邵雍的易图当成了伏羲的太极八卦图。事实上,易图本质上就是对太极八卦原理的一种解释。

5. 欧洲唯物论、辩证法源于《周易》理论

十八世纪,在莱布尼茨唯物主义、辩证法思想影响下,德国哲学家费尔巴哈的唯物主义、德国哲学家黑格尔的辩证法在欧洲得到了进一步发展,并由此催生了十九世纪马克思主义辩证唯物主义、历史唯物主义和科学社会主义的产生。

对此,辩证唯物主义、历史唯物主义和科学社会主义的创始人马克思,曾经坦诚地说:"我是佩服莱布尼茨的。"恩格斯评价说:"莱布尼茨是看出笛卡尔的运动量和落体运动相矛盾的第一个人。"列宁在《哲学笔记》中,也曾给过莱布尼茨很高的评价。

可见,马克思主义哲学和科学社会主义的产生,来源于费尔巴哈唯物主义和黑格尔辩证法;费尔巴哈唯物主义和黑格尔辩证法来源于莱布尼茨唯物主义、辩证法思想;而莱布尼茨唯物主义、辩证法思想却受到中国伏羲八卦图,即太极、河洛文化的巨大影响。

自近代以来,中、法等国家的文化学者,如裴化行、巴鲁济、贝拉瓦尔、李明、大卫·马德玲、谢和耐、艾乐桐、维吉尔·毕诺、周品谦、庞景仁、大卫、安田朴、奥利维·鲁瓦、克丽斯蒂雅娜·弗莱蒙、维德迈[30]等,都在探索和研究莱布尼茨与中国文化以及伏羲太极、八卦、河洛、易经等方面做出了许多努力并取得了丰硕成果。

这说明,欧洲唯物辩证法、科学社会主义及其核心价值观的产生,吸取和运用了上古时期发源于中国的朴素唯物辩证的世界观和方法论。也用事实表明:中国上古时期的哲学思想,与欧洲近代哲学思想具有源与流的历史传承关系。中国应该在研究、传承和丰富太极理论和马克思主义唯物论、辩证法方面有所建树。

6. 西方唯物哲学观、普世价值观源于中国太极文化

党中央深刻认识中国上古时期太极理论和朴素唯物、辩证观与马克思主义哲学、科学社会主义的本质内涵,在党的十八大报告中第一次从国家、社会、个人三个层面,提出了具有普世价值的"富强、民主、文明、和谐","自由、平等、

公正、法治"，"爱国、敬业、诚信、友善"二十四字的社会主义核心价值观。

"普世价值观"不是西方文化专利中的"和谐"，而是中国太极文化中的"和谐"，也称"中和"、"和合"、"中庸"、"中正"、"同一"等等，具有太极"天地人合一"的根本属性。"和谐中正"是"大同合一"的过程和特征，"大同合一"是"和谐中正"的本源和结果。在上古时期，无论在华夏民族的自然观念，或是社会观念中，"天地人合一"都归于"天地人之中"的核心方位，是华夏民族自上古时期以来所追求的"自然大同"、"世界大同"、"天下大同"观的本质内容。和谐是阴阳对立事物之间的相对、辩证的合一，是不同事物之间相同相成、相辅相成、相反相成、互助合作、互利互惠、互促互补、共同发展的一种大同小异、共生共存的关系。这也是马克思辩证唯物主义和谐观的基本观点。

这种大同、和谐观，至少包含三个方面的内容：

一是"和而不同"。事物的对立是分离、是过程，而事物的合一才是本源、是结果。因此，和谐是具有差异性不同事物之间的结合、统一、共存。就如同太极中包含着阴阳，阴阳合和既包含着"和谐"之大同，也包含着"分离"之小异，终究不会脱离天地之道，即自然规律；

二是社会政治的和谐。是一种社会政治安定状态。阴阳合和于太极中央，而中央就是中正、平和、公正、大同的象征。社会政治是人仿效天地之道创造文明形式，天地人都是自然的产物，因此，社会政治也应该顺应自然规律，遵循太极理论；

三是天地人的和谐。遵循客观事物和人类社会发展规律，实现人与自然的和谐、人与社会的和谐、人与人之间的和谐，其本质就是顺应自然规律，追求天地人整个自然界的和谐。

辩证的唯物主义和谐观，是对上古时期华夏先民太极朴素唯物、辩证观的继承和发展，是指现代中国人民对自然和人类社会变化、发展规律的认识，是中国共产党人对自己所追求美好事物和处世世界观、价值观、方法论的理论表述。

和谐社会就是大同世界，这不仅是一种天地人合一的自然环境和状态，而且是一种人类社会遵循自然规律美好愿景的归宿。其目标就是最终形成一个全体人们各尽其能、各得其所而又和谐相处、中正、公平、包容与充满活力的大同社会。

中国应该以太极唯物理论为思想基础，不断继承、创新和发展马克思主义唯物哲学理论，创造出符合华夏历史文明发源实际的、具有中国历史文化特色的、富有崭新人文科学内涵的太极唯物哲学体系，用以指导中国社会的进步和发展,成为吸纳、融合和指导人类思想文化进步的科学理论。

文献来源:

[1](东汉)许慎:《说文解字》,上海古籍出版社,2007年版。

[2]汪荣宝:《法言义疏》,北京:中华书局,1997年版。

[3](商)姬昌:《周易》,北京:北京出版社,2006年版。

[4]黄怀信:《〈大戴礼记〉汇校集注》,西安:三秦出版社,2005年版。

[5](唐)魏征等撰:《隋书》,北京:中华书局,2008年版。

[6](汉)司马迁撰,(宋)裴骃集解,(唐)司马贞索隐,(唐)张守节正义,顾颉刚领衔点校,赵生群主持修订:《点校本二十四史修订本〈史记〉》,北京:中华书局,2014年版。

[7](清)朱彝尊《经义考》载(西汉)刘向:《五经通义》,北京:中华书局,1998年版。

[8](春秋)李耳等:《老子 庄子 墨子 列子》,呼和浩特:远方出版社,2002年版。

[9]晓慧:《"宇宙便是吾心,吾心即是宇宙"辩证》,《河北学刊》,1990年01期。

[10]方韬译注:《山海经》,北京:中华书局,2011年版。

[11](东晋)葛洪:《抱朴子》,上海:上海古籍出版社,1990年版。

[12](汉)郑玄注,(唐)孔颖达正义,吕友仁整理:《礼记正义(十三经注疏)》,上海:上海古籍出版社,2008年版。

[13]:王国轩、王秀梅注:《孔子家语》,北京:中华书局,2009年版。

[14]杨伯峻:《春秋左传注(修订本)》,北京:中华书局,1990年版。

[15](汉)郑玄注,(宋)朱熹撰:《大学中庸章句》,北京:中国社会出版社,2013年版。

[16](晋)郭象注,(唐)成玄英疏,曹础基、黄兰发点校:《庄子注疏》,北京:中华书局,2011年版。

[17](汉)刘向著,程翔译注:《说苑译注》,北京:北京大学出版社,2009年版。

[18](商)姬昌:《周易》,北京:北京出版社,2006年版。

[19](汉)班固撰:《汉书》,北京:中华书局,1962年版。

[20](唐)李林甫等著,陈仲夫校:《唐六典》,北京:中华书局,1991年版。

[21](汉)扬雄著,汪荣宝通注:《法言义疏》,北京:中华书局,1987年版。

[22](春秋)老子:《道德经》,沈阳:万卷出版公司,2013年版。
[23](商)姬昌:(周易),南京:凤凰出版社,2012年版。
[24]顾裕禄:《中国天主教述评》,上海:上海社会科学院出版社,2005年版。
[25]吴孟雪:《中国哲学家孔子》,《中国文化研究》,1996年03期。
[26]胡阳、李长铎:《莱布尼茨二进制与伏羲八卦图考》,上海:上海人民出版社,2006年版。
[27]柯资能:《先天易的数学基础初探——试论先天卦序与二进》,《周易研究》,2001年第3期。
[28]熊春锦:《中华国学道德根》,北京:中央编译出版社,2008年版。
[29](美)加勒特·汤姆森著,张世英、赵敦华主编,李素霞、杨富斌译:《莱布尼茨——最伟大的思想家》,北京:中华书局,2014年版。
[30]耿昇:《莱布尼茨与中学西渐》,《中国文化研究》,1998年冬之卷总第22期。

第四章 "天地人合一"与紫微垣、北斗、昆仑山、黄帝

"天地人合一"是太极理论的核心内容之一,反映在天象、地形和三皇五帝居住建都的对应关系方面,就是"天地人之中"。因此,有必要进一步探讨古人对这些人文关系的认识,弄清楚其真正的含义所在,指导我们探索和研究华夏历史文明的发源问题。

一、天宫"紫微垣"的最高神祇为"太一"

古人认为:天上有紫微垣、太微垣、天市垣等"三垣"(见下图)。汉代淮南王刘安《淮南子》认为:"太微者,太一之庭。紫宫(微)者,太一之居。"[1] 说明"太微垣"、"紫宫(微)垣"就是"太一"的宫廷。"紫微垣"作为太一的宫室,自然居住着"太一"。

1. 天宫"紫微垣"太一神地位高于黄帝

"太一"为上古时期黄河中下游的人类始祖,去世后在当地升天成为北天上空的神仙,最初被当作黄河中下游华夏先民在北天上空的最高神祇。

对此,古代黄河中下游的中原人及其史典中多持有这种认识。

"太一"是北天上空的星宿和神名,也写作"泰一"。唐朝著名史学家司马贞《史记索隐》记载:"天一、太一,北极

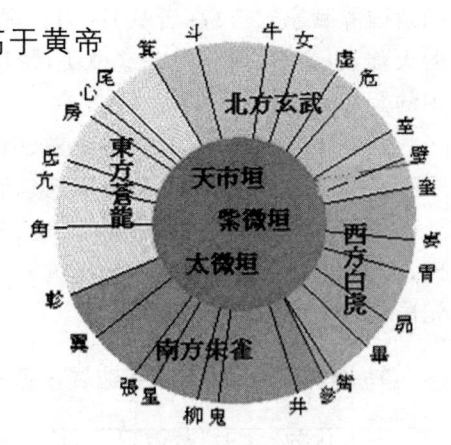

"三垣"紫微垣位置图

神之别名。"[2]汉代史学家司马迁《史记·封禅书》认为："天神贵者太一。"《史记·天官书》还认为："中宫天极星，其一明者，太一常居也。"对此，唐代学者张守节《史记正义》解释说："泰一，天帝之别名也……泰一，天神之最尊贵者也。"作为"紫微垣"宫室中的北极神，其名也称"天一"、"太一"、"泰一"、"紫微"等，但本义却相同，并且具有明显的黄帝时期人文观念，就连黄帝升天成为神仙后也不如太一神的地位高。

东汉史学家班固在《汉书·郊祀志》中认为："天神贵者太一。"[3]战国时期魏国天文学、占星学家石申《星经》认为："太一星在天一南半度，天帝神，主十六神。"[4]战国时期哲学家庄周《庄子·天地篇》认为："主之以太一。"[5]唐朝初期著名道士成玄英注释说："太者，广大之名。一以不二为称，言大道旷荡，无不制围，囊括万有，通而为一，故谓之太一也。"东汉著名文学家王逸也注释说："太一，星名，天之尊神。祠在楚东，以配东帝，故云东皇。"[6]"皇"是最尊贵神的通称，"太一"被楚人认作是东方最尊贵的天帝之神，又称"太阳神"、"东君"、"东皇太一"、"天君"、"天帝"、"昊天上帝"、"北极星神"、"上古最高天神"等。又相传为洪荒时代妖族首领"女娲"、"伏羲"。

2. "紫微垣"太一是华夏民族共同尊奉的天皇(帝)

据战国楚国辞赋家屈原《九歌·东皇太一》记载："吉日兮辰良，穆将愉兮上皇。抚长剑兮玉珥，璆锵鸣兮琳琅。瑶席兮玉瑱，盍将把兮琼芳。蕙肴蒸兮兰藉，奠桂酒兮椒浆。"其中"上皇"，即"天皇"、"天帝"、"太一"。由此表达了楚人对上古时期三皇五帝，即升仙后"天皇"、"天帝"的尊奉和祭祀之意。战国后期楚国辞赋家宋玉《高唐赋》认为："醮诸神，礼太一。"[7]战国楚墓竹简中最高的天神，也为"太(一)"。[8]这说明，楚国人是认可"太一"为自己先祖且崇拜天神的。

其实，东夷、西戎、北狄与华夏、南蛮(楚)一样，也将"太一"作为自己的先祖和崇拜的天神，只是名称有所区别而已。

可见，天帝"太一"是华夏、东夷、南蛮、西戎、北狄民族的共同始祖，说明东夷、南蛮、西戎、北狄最早都是从黄河中下游的中原地区迁徙而出的华夏原始先民。

3. 天宫"紫微垣"与地宫"昆仑山"上下对应

古人认为，天上"紫微垣"与地上相对应的"昆仑山"地区，是华夏、夷、蛮、戎、狄民族最早发源和居住的地方。因此，华夏先民的天帝神"太一"也是东夷人、南蛮人、西戎人、北狄人祭祀的最高天神"东皇太一"。古人将"天帝"和"祖先"、"神仙"和"皇帝"合一通称,共同尊奉祭祀,具有太极理论"天地人合一"的文化含义。

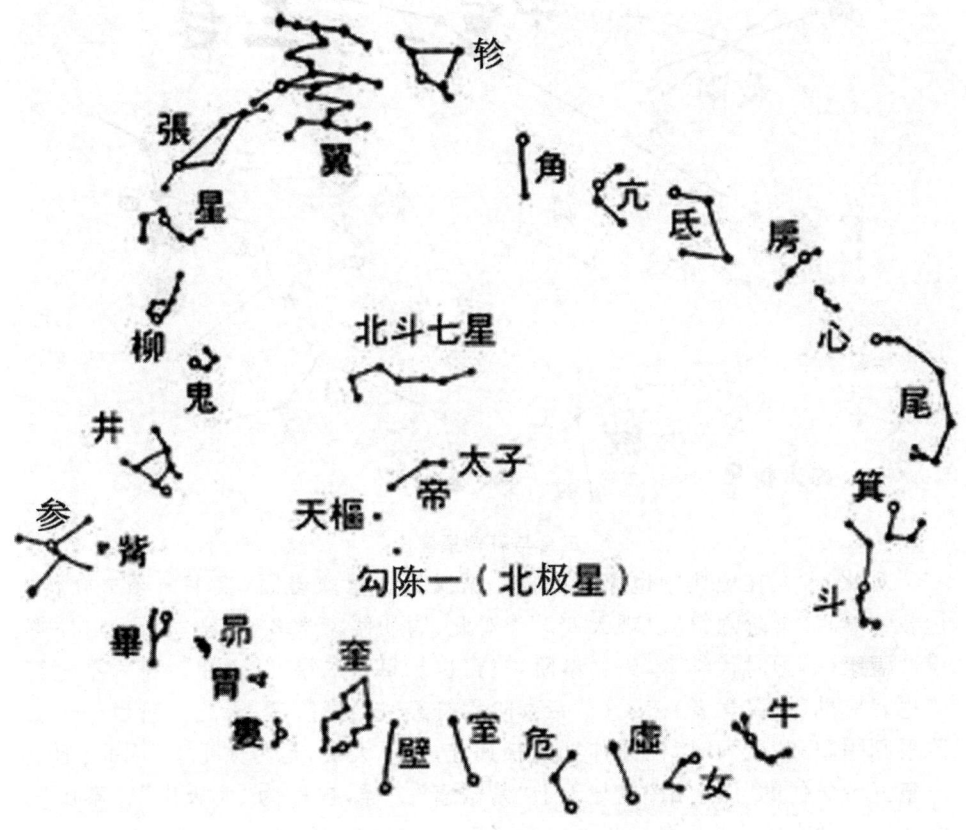

北极(太一)与北斗位置图

"太一",在紫微垣中也称"太极星"、"天一星"、"紫微星"等(见上图),寓意着"三皇"开元,代表着华夏人文历史的开始。

古人认为,"太一"要走上"三台"天阶,才能到达宫廷。天阶,又称"泰(台)阶",是星座的名称,也称"三台",即"上台、中台、下台",共六星,两两并排而斜上,如天帝宫廷前的阶梯,故称此名。"三台"(见下页图)是地上皇、帝宫室昆仑山的象形,所以"昆仑山"也称"三台"、"三层台"、"太一山"等。

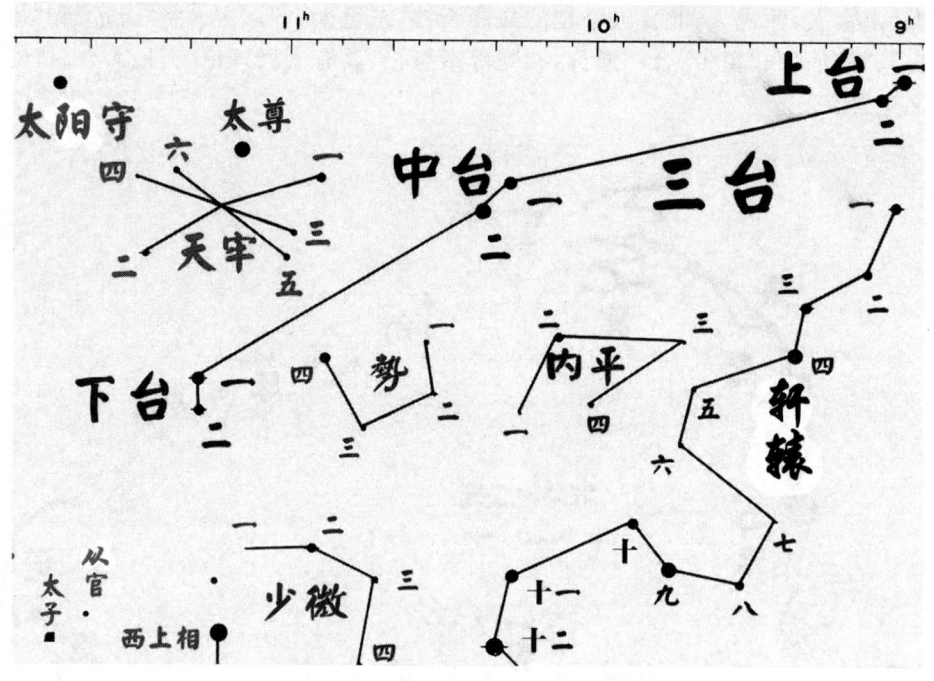

三台与轩辕星座图

对此,古人在史典中也多有解释。据汉代史学家班固《汉书·东方朔传》记载:"愿陈《泰阶六符》以观天变。"[9]对此,唐初儒家学者、经学家颜师古注解说:"孟康(三国时代学者)曰:'泰阶,三台也。每台二星,凡六星。符六星之符验也。'应劭(东汉学者)曰:'《黄帝泰阶六符经》曰:泰阶者,天之三阶也……三阶平则阴阳和,风雨时,社稷神祇咸获其宜,天下大安,是为太平。'"因此,地上三皇五帝居住的"昆仑山"也与天上"紫微宫"一样,被称为"太极山"、"泰山"、"泰一山"、"太室山"等等。

"北斗七星"实为九星,七现二隐。因此"九星"也被视为"北斗"和"轩辕黄帝"的代称。由于轩辕黄帝也居住在"昆仑山"、"三层台",所以,也称黄帝帝都轩辕楼(丘)为"黄帝宫室"、"黄之台"、"九天之台"、"九成之台"等等。

4. "紫微宫"太一象征着"天命"、"天道"的载体

古人还认为,"太一"(见下图)之"一",大写作"壹",即"太壹"。"一"为"元"、"始"之意,是"无极"出现之后、阴阳"两仪"形成之前的"太极"状态。东汉文字学家许慎《说文解字》认为:"一,唯初太始道立于一,造分天地,化成万物。"[10] 汉代淮南王刘安《淮南子·诠言》记载:"一也者,万物之本也。"古代皇室档案汇编《尚书·君奭》也记载:"故一人有事于四方。"[11] 这些论述分别从太极、万物、人事之初解释了"一",是对天、地、人最原始阶段的一种认识和表述,在中国哲学中具有十分重要的意义。

因此,古人将"太壹"视为天皇、天帝、天王主导宇宙世界的象征,把他们的意志视作"天命",视作"天道"的主宰。由于人间的历代天子、皇帝把自己当作"天命"的传授者和"天道"的维护者,为了独

东君"太一"出行图

享对传授天帝之命的垄断,保佑自己对四方的统治权,都不准民间祭祀天帝太一神,以确保自己直接受命于天帝。于是,天子、皇帝挟天帝以令天下的局面开始形成,而民间则对太一神的了解却甚少。

5. "道"是天地人遵循的客观自然规律

太一,也称"天一"。古人把"天一"看作是"天道"的主宰,而"天一"之"一"也是对"天道"之"道"的运用。"一"字与"口"(古为O,象征无极)字组成一个"中"字(见下页图),是"无极"由"O"到"太极""1"进程的象形图画。"中"字不仅在华夏人文历史上悠久,而且具有深厚的华夏文化内涵,是上下五千年中国文化的核心内容。"中"是"道"的外在表现形式,也是"道"内在固有的规律和本质的要求。

春秋时期思想家老子《道德经》认为:"道可道,非恒道。"[12] 其中"道"可理

解为"太极"。大意是说,"道"之所以能够成为人类共同遵循的"道",因为它是由"无极"而变换而来之"天道",是天地客观存在的自然规律。根据老子在《道德经》中"道生一,一生二,二生三,三生万物"的理论,"一"为"天",生化"二";"二"为"地",生化"三";"三"为"人",生化"万物"。因此天有"天道",地有"地道",人有"人道"(见下图)。

但是,"人道"要效法和遵循"地道";"地道"要效法和遵循"天道";"天道"就是客观自然规律之道。因此,人要效法自然,要按照天地之间的客观自然规律办事。否则,就是无"道"。

"中"字图

正因为如此,老子在《道德经》中还认为:"人法地,地法天,天法道,道法自然。""自然"之"道",是"天地"间的"中正之道",也就是客观世界内在、固有的自然规律。它作为世间万物乃至天地发源的根本,独一无二,无双无对,其内在、固有的自然规律永远不会改变,但却会周而复始、循环往复地运行着,永远不会停止。它无处不在、无远不至,穿行于古往今来,到达极远处又不离失事物的根本。

三生万物、道法自然图

因此,人们遵循天、地之道,就是遵循客观世界存在的自然规律。而自然规律就是自然而然,不加造作,也无法造作。战国时期思想家荀况《荀子·天论》认为:"天行有常,不为尧存,不为桀亡。应之以治则吉,应之以乱则凶。"[13]其中"常",就是天地内在、固有的客观规律。孙中山先生"世界潮流,浩浩荡荡，顺之则昌，逆之则亡"，也是要求人们要效法、遵循天地宇宙之间的客观自然规律。

可见，"天道"的客观规律性，决定着它不会随着人类的主观意志而改变，而人类却只有遵循和适应"天道"，即天地间的"客观自然规律"而存在。所以，人类只要按照天地间"客观自然规律"办事，就吉利、祥和、顺昌；只要不按照天地间"客观自然规律"办事，就凶险、危难、逆亡。现代中国社会发展的许多经验教训，印证了"天道"，即客观自然规律存在是主观意志无法改变的铁一般的事实。在"天道"，即客观自然规律面前，即使最伟大的领袖人物最终也只好"望天兴叹"了。真是"天命难违"啊！

为此，辩证唯物主义论者应该承认"天命难违"。这个"天命"，就是天地间存在的客观自然规律。我们不能违反客观自然规律，不能按照自己的主观意识办事，包括不能按照自己的主观意识去研究和传承华夏历史文明。这就是辩证唯物主义的"天命观"，也是华夏先民创造太极"天地人合一"理论（见下图）的应有之义。华夏先民创造的这一正确理论，并不比近代产生的许多科学理论落后，也容不得一些所谓的"马克思主义理论家"进行片面曲解，但却亟待我们去深入发掘、传承和弘扬。

天地人"三道"图

二、北斗黄帝是传授"天命"枢纽"天道"的天子

隋唐时期儒家学者、经学家孔颖达认为,道为"天、地、人三才至极之道"。[14]其中"至极"即太极。南宋理学家蔡渊认为,道为"太极之道"。南宋理学家、哲学家朱熹认为,道为天、地、人"三才各一太极"。[15]宋末元初著名易学家、道教学者俞琰进一步解释说,天、地、人"三极之道,言道之体;三才之道,言道之用"。[16]这里的"三极之道"就是指天、地、人之"道"的体表形象;"三才之道"是指天、地、人之"道"的根本至理。这说明天、地、人从无极到有极,再从有极到无极的变化运动均统一于"天道",即客观自然规律之中。

但是,"天道"是需要运转的。

1. 北斗七星是"天道"运转的枢纽

古人告诉我们,"天道"在天体"紫微垣"中运行,其枢纽的载体就是"北斗七星车"。如果在黄河中下游、太行山东南部的大平原地区观察"北斗七星",就会发现它从不会没于地平线以下,一年四季都随着春去冬来,有秩序地围绕着北极星运转。每当北斗斗柄指示着 12 个不同的方位时,大平原地区便会特别灵验地出现 12 个不同月份和节气。

战国时期楚人在《鹖冠子·环流》中描述北斗运转的特征时说:"斗柄东指,天下皆春;斗柄南指,天下皆夏;斗柄西指,天下皆秋;斗柄北指,天下皆冬。"[17]古人观察北斗运行规律,可辨别农耕时代的不同节令,制定历法,指导华夏先民的生活、生产和发展。

据说中国人用北斗纪历的实践,可以推算到公元前 30 世纪,至今已有五千多年的历史。所以,西汉司马迁《史记·天官书》告诉后人:北"斗为帝车,运于中央,临制四方"(见下图)。因此,北斗也就成为了农耕社会华夏民族重要的崇奉对象。

第四章 "天地人合一"与紫微垣、北斗、昆仑山、黄帝

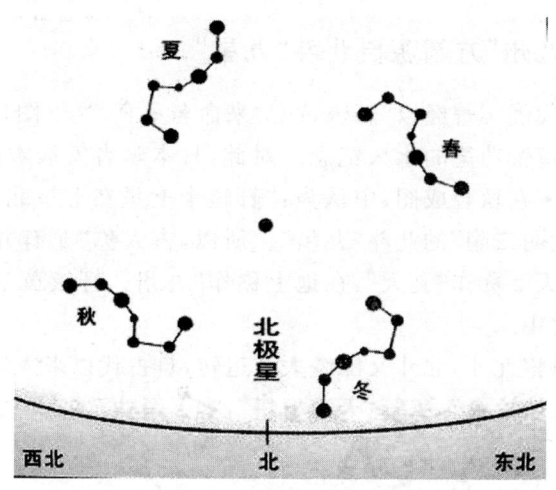

"北斗七星"帝车运行图

2. "黄帝"、"北斗"是"天人合一"的典型模式

后来,北斗星被人格化为"黄帝"。东汉纬书《河图始开图》认为:"黄帝名轩辕,北斗神也,以雷精起。"又说"黄帝名轩,北斗黄神之精,母地祇之女(大致为织女原形)附宝,之郊野,大电绕斗,枢星耀,感附宝生轩"。[18]这些都是古人基于对北斗的信仰而赋予其崇高地位的范例。古人后来又把天上地位崇高的神明和地上华夏先祖上下合一,将其神格化,世代为人类的发展指示方向。

古人创造的太极"天人合一"思想,通常有两种重要的表现形式:一是人格化的神,二是神格化的人。这两者之间,互为依托,又相互转化。轩辕黄帝,是北斗"天神之星"的人格化身,而北斗"天神之星"则为轩辕黄帝的神格化身。在这种典型的"天人合一"模式中,黄帝被塑造成两个形象:一个是神态端庄祥和的人;一个是形象威严肃穆的神。黄帝如此,其他古帝王也不例外。天神与地人合一,人格与神格合一,成为太极"天人合一"思想的一个重要示范内容。

所以,不能仅仅把当代炎黄子孙参拜"北斗星君"等寺庙神仙当作迷信鬼神的行为来一概加以否定,还应该将其作为祭祀和感恩为人民谋福祉、建功德的三皇五帝(包括黄帝在内)神灵的礼仪来客观对待。人在做天在看,举头三尺有神明。一个没有感恩之心的人会被社会所不容,一个没有感恩之心的民族也会被世界所不齿。因此,我们应该怀着祭祀和感恩已故人民英雄一样的心情,来祭祀和感恩为华夏民族发展做出贡献的先祖们。

3. 黄帝"九州"方圆源自北斗"九星"

事实上，古代确实曾经以"轩辕黄帝"来命名星官（见下图），定位在北斗七星之北，作为对黄帝功德的永久纪念。对此，日本学者安居香山、中村璋八在《重修纬书集成·春秋合成图》中认为："轩辕十七星在七星北，如龙之体。"其中"龙"，也指"七明二隐"的北斗"九星"。所以，古人称"龙有九似"，就是指北斗有"九星"，在天上称作"九天"，在地上称作"九州"，轩辕黄帝自然也居住和建都在"九州"之中。

由于众星拱抱北斗，北斗又围绕太一运转，自古代以来人们就形成了黄帝为天子，传授"天帝之命"，掌管"天道枢纽"，为天帝执政的人文理念。

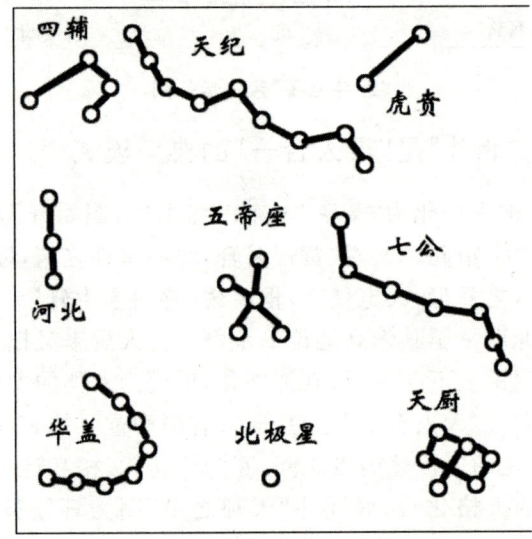

洛书九星图

三、天帝"紫微垣"与三皇五帝"昆仑山"天人合一

1. 紫微垣"天之中"对应地上的昆仑山"地之中"

据清代学者乔松年《尚书纬》记载："七星在人为七瑞。北斗居天之中，当昆仑之上，运转所指，随二十四气，正十二辰，建十二月，又州国分野、年命，莫不政之，故为七政。"[19] 其中"七政"，是地上的黄帝以"地之中"昆仑为核心管理"春、秋、冬、夏、天文、地理、人道"（一说为"金、木、水、火、土、日、月"）。

汉代纬书《河图括地象》记载:"昆仑者,地之中也。"又称"地中央曰昆仑,东南五千里名曰神州,中有五山帝王居之"。说明北斗在天上所居住的"天之中""紫微垣"(见下图),与黄帝在地上居住方圆约"五千里"的"地之中""昆仑山",彼此是上下对应的关系,也符合太极"天地人合一"、"天地人之中"的理论。其中"北斗"与"黄帝"对应,"天之中"与"地之中"对应,"紫微垣"与"昆仑山"对应,象征着作为"天之中""北斗七瑞"的"黄帝"居住在"地之中""昆仑山"。

所以,战国时期哲学家庄周《庄子·至乐》认为:"昆仑之虚,黄帝之所休。"而"北斗""天之中"、"黄帝""地之中",也就是太极"天地人合一"的"天地人之中"。

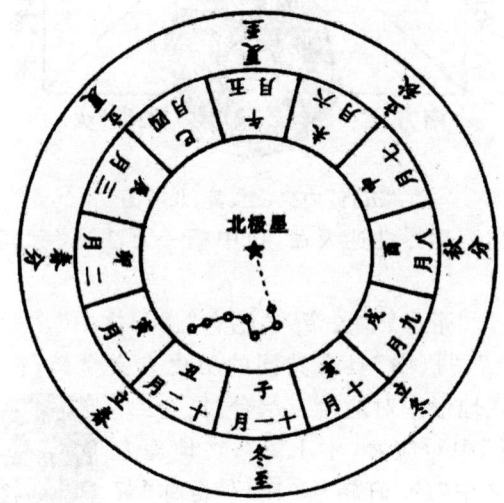

七星十二辰十二月图

2. 黄帝居住的昆仑山在"五行"中、土、黄方位

西周文王《周易·坤》认为:"君子黄中通理,正位居体,美在其中,而畅于四肢,发于事业,美之至也。"其中的"黄中",也是指太极"五行"的"中"方位,属"土",色"黄",故称"中央"、"中土",或"黄中",道家称"黄中"为"黄庭"。"黄庭"也指"黄宫"、"黄室"、"天庭"、"天宫"等(见下图)。在"中央"、"黄中"、"黄庭"称帝者,又称"中央帝"或"黄帝"。

因此,"黄帝"居住在九州的"中央",称帝于"五行""黄中"方位,执中精一,枢转"昆仑",参悟"宇宙自然育化天地万物、万物回归自然"的原理,穷理尽性,穷神知化,将人道理性与自然真气合而为一,创造了太极"天地人合一"的最高理念。

"五行"中央、土、黄、北斗图

古代圣贤所说"穷理尽性达天命,执中精一万法通"者,就是指黄帝、舜帝等人文先祖。

这表明,"北斗"、"帝车"、"黄帝"、"昆仑"、"天之中"、"七瑞"、"七政"、"黄中"、"中央"、"中土"、"执中"具有共同的历史人文含义,在天象中对应着太(泰)室"紫微垣";在地形中对应着三层台"昆仑山"(见右图);在"五行"中对应着"中土黄";在地理方位中对应着"九州之中"的"轩辕楼(丘)",也称"黄帝宫室"、"黄台之丘"等。

这里便是三皇五帝共同居住建都的"中央之国",也称"天地人之中",是太极"天地人合一"理论发源的地方。所以,我们认为三皇五帝"天地之中",必定会有伏羲、女娲、炎帝、黄帝、颛顼帝、帝喾、尧帝、舜帝以及禹王等共同居住和建都的人文遗址存在。

3. 探讨"天地人合一"理论给我们的启示

从上述"天地人合一"和"天地人之中"的探讨

日月昆仑山图

中,我们受到很多启发,感到地上的"昆仑山"、"中央之国"、"中土黄"、"天地之中"、"轩辕楼(丘)"、"黄帝宫室"等是一个不可分散的整体,确定它们的地理方位必须符合以下条件,才符合古人思维观念和史料记载要求。

一是三皇五帝居住和建都在黄河中下游流域的"中土",即后来的"中原"之内;

二是"天地之中"最早产生于三皇五帝时期,并以三皇五帝"中央之国"为中心地区;

三是黄帝帝都轩辕丘、黄台之丘与天地之中、昆仑、三皇五帝"中央之国"同在一地;

四是建立在昆仑山的三皇五帝"中央之国",就是古代最早的"九州"之地,整体轮廓为三层、黄色、土质平台,而非锥形石头山;

五是黄帝帝都轩辕丘在"五行"东、西、南、北、中的"中央",称"中央帝";居青、白、炎(赤)、黑、黄"五帝"中的"黄帝"方位。三皇,尤其黄帝与东、西、南、北"四方"各帝所居方位大体对应,彼此均在直线距离一百公里范围之内,甚至更近。

这是研究太极"天地人合一"理论和古人思维观念、史料记载中得出的基本结论。相信不久的将来,河南在打造华夏历史文明传承创新区过程中,一定会把三皇五帝、人文先祖发源和传承的来龙去脉发掘出来。

文献来源:

[1](汉)刘安:《淮南子》,郑州:中州古籍出版社,2010年版。

[2](汉)司马迁撰,(宋)裴骃集解,(唐)司马贞索隐,(唐)张守节正义,顾颉刚领衔点校,赵生群主持修订:《点校本二十四史修订本〈史记〉》,北京:中华书局,2014年版。

[3](汉)班固撰:《汉书》,北京:中华书局,1962年版。

[4](战国)甘德、石申撰:《甘石星经》,清嘉庆(1796~1820)刻本。

[5](晋)郭象注,(唐)成玄英疏,曹础基、黄兰发点校:《庄子浅注》,北京:中华书局,出版时间2011年版。

[6](汉)王逸注,(宋)洪兴祖补注:《楚辞》,长春:吉林人民出版社,2005年版。

[7]曹文心:《宋玉辞赋》,合肥:安徽大学出版社,2006年版。

[8]武汉大学简帛研究中心、河南省文物考古研究所编:《楚地出土战国简册合集》,北京:文物出版社,2013年版。

[9]班固撰,颜师古注:《汉书》,北京:中华书局,1962年版。

[10](东汉)许慎:《说文解字》,上海:上海古籍出版社,2007年版。

[11]《大学·中庸·尚书》,哈尔滨:哈尔滨出版社,2009年版。

[12](春秋)李耳等:《老子 庄子 墨子 列子》,呼和浩特:远方出版社,2002年版。

[13](战国)荀况:《荀子》,上海:上海古籍出版社,2014年版。

[14](魏)王弼、(唐)孔颖达正义:《周易正义》,北京:中国致公出版社,2008年版。

[15](宋)朱熹:《周易本义》,北京:中央编译出版社,2011年版。

[16](宋)俞琰撰:《周易集说 读易举要》,上海:上海古籍出版社影印本,1990年版。

[17]黄怀信撰:《鹖冠子汇校集注》,北京:中华书局,2004年版。

[18]《纬书集成》,石家庄:河北人民出版社,1994年版。

[19](清)乔松年辑:《尚书纬》,上海:上海书店出版社,1994影印本。

第五章　太极"天地人合一"与昆仑"天地人之中"

"太极"理论"天地人合一"思想,是中华民族五千年来人文思想的核心内容,体现了人与天地自然的唯物辩证统一关系,体现了人类则天、希天、求天、同天的开拓进取精神,体现了中华民族世界观、价值观思维模式的科学性和系统性。这种"天地人合一"的人文思想,贯穿于华夏历史文明产生和发展的全过程,无时不有,无处不在,构建了中华传统文化的主体。

春秋时期老子《道德经·道经》认为:"人法地,地法天,天法道,道法自然。"[1]就是说,人们依据于大地而生活劳作,繁衍生息;大地依据于上天而寒暑交替,化育万物;上天依据于天道而运行变化,排列时序;天道则依据自然之性,顺其自然而成其所以然。

因此,只有认真研究上古时期华夏先民"天地人合一"思想的基本原理,才能深化对"天之中"、"地之中"、"人之中"和"天地人"同一性的了解,客观把握华夏先民"人法地、地法天、天法道、道法自然"在历史文化中的运用,弄清三皇五帝共同创建"中央之国"与"天地之中"的原因和地理方位,进而为寻找华夏历史文明发源地、打造华夏历史文明传承创新区提供理论依据和地理方位支撑。

一、"天地人合一"是对华夏先民世界观的具体表述

所谓"天地人合一",也称"天人合一"。古人认为它所包含的内容,一是天地与人类可以发生感应关系,具有彼此依存和制约性;二是天地赋予人类以吉凶祸福,是人类敬畏的对象;三是天地按照固有的"天道"规律行事,赋予人类仁义礼智的本性;四是人类按照天地固有规律生存发展,由被动地敬畏天地到能动地适应天地。

现代观点认为,天地就是人类赖以生存和发展的客观自然界,是客观自然规律及其表现形式的载体。

1. "天地人合一"是道家、儒家遵循的道德规范

不仅先秦道家信奉"法天居地,天地人合一"的太极宇宙观,而且先秦儒家也主张按客观自然规律办事,顺应自然,谋求天地人和谐的"天地人合一"理论。西汉儒学家戴德《礼记·中庸》认为:"诚者天之道也,诚之者,人之道也。"[2]大意是说,人只要追随天所固有"诚"的德性,便可达到天道"诚"的境界,而成为与"天之道"相和谐的"人之道"。春秋战国时期著名思想家、孔子之孙子思(孔伋)《中庸》认为:"盖天之生人,既与之气以成形,即赋之理以成性。故在天则为元亨利贞,而四时五行庶类万化莫不由是而出。在人则为仁义礼智,而四端五典万事万物之理无不统于其间。"[3]大意是说,"道"无处不在。在天为天道,在地则为地道,在人则为人道。人在其后天的行为中,只有专执其先天人性之善,才能顺应天道而昌;只有顺应自然法则,爱人爱物,才能达到"天地人"和谐一体,世世代代生生不息。

对此,汉代著名儒学家董仲舒也认为:"天人之际,合而为一。"[4]这些都已成为两千多年来儒家遵循天道的行为准则和重要理论观点。

在中国思想史中,"天地人合一"是一个基本的人文信念。现代学者认为,"天"是指大自然;"人",是指人类;"合",是指互相依存;"一",是指"万物之本",指"天道"。关于"一",传说黄帝所撰《阴符经三皇玉诀》认为:"一者,天地之根,阴阳之祖,万物之首,乃生神也。"[5]东汉原始道教重要经典《太平经》认为:"一者,乃道之根也,气之始也,命之所系属,众心之主也。"[6]宋代道教学者曾慥《道枢·真一篇》也认为:芸芸万物"其变化之源,始生于一,终复于一,所以历万变而不穷"。[7]

总之,古人认为抱守"天道"之法,观天之道,执天之行,可以得到天地开辟的要谛,不仅可以求得自身的长生,而且可以使人类实现社会太平。

2. "天地人合一"是华夏民族最早的唯物世界观

"天地人合一"是伴随华夏历史文明出现而形成的一种朴素唯物主义哲学观,最早起源于华夏原始先民时期,经过后人的传承和总结逐步成为一种道德观念和理论学说,其精神核心之一是:人类政治、伦理等社会现象是天地自然规律的直接反映。因此,上古时期的华夏先哲们告诫自己的子孙,人类只是天地万物中的一部分,人与天地自然是息息相通的一体,彼此应该和谐共处,相互依存。

"天地人合一"作为华夏历史文明起源的基本精神,是中国哲学最显著的

特征,意蕴广远,言之精要,包含着人类由被动适应天地到能动改造天地两个方面。华夏先民的"天地人合一"思想,不偏于单一被动地适应天地,也不偏于单一主观地改造天地,而是在被动适应和主观改造中寻找一个最佳的切入点,这就是客观地认识天地进而能动地改造天地。这种对存在与意识、客观与主观、自然与人类社会关系的准确把握,是华夏历史文明应有的重要内涵。

古人认为,天道有常,不为尧存不为桀亡。就是说,"天道"具有聪明正直,专一执着的固有秉性,永远会遵循客观规律和广大民众的客观意愿行事,不会随任何人背离客观规律和民众客观意愿的主观愿望而改变。因此,任何统治者的行为,都应该符合"天道"客观规律和广大民众的正当要求。这种道德观念,从本质上体现着华夏先民太极"天地人合一"学说的"天道"精神。

3. "天地人合一"是符合客观自然规律的科学理论

"天地人合一"学说,是华夏先民对客观世界反复探索、深入认识的结果。它要求人类的行为规范要顺应天地的自然规律,向天地客观世界看齐,既要敬天畏地,遵循客观自然规律,又要通过人类的积极行为去探索天地间的道德法则,使自己的主观认识在遵循天地客观自然规律下具有能动性。假如人类不遵循或者破坏了客观世界的自然规律,即"天道",自然也背离了"天命",必然会受到客观自然规律的惩罚,给人类带来意想不到的灾难。这就是古人所说的"天谴",就是受到天地自然规律的惩罚。

因此,三皇五帝及其后世圣哲们无不以继承和弘扬太极"天地人合一"的"天道"为己任,俯仰天地,象法万物,开天道之源,使人与天地合而为一,以天地之道贯通人事,正性命以明道德修身之原。这说明华夏先民创造的朴素唯物主义哲学理论,即"天道"思想,是符合天地客观自然规律的科学理论,值得我们认真深入地进行研究、继承和弘扬。我们不应该一味地将其当作唯心主义的封建迷信对待,而应该将其作为华夏先民最早探索人与天地宇宙彼此关系的学说,探索天地人自然和谐的理论加以深入发掘。

二、天帝宫室、行政"三垣"的布局与星官人文含义

1. "三垣"之一的"紫微垣"是天帝"中宫"

在华夏先民创造的"太极"天象理论中,"紫微垣"位于北天的"中央"位置,故被称作"三垣"之一的"中垣",或"紫微宫"、"中宫",并以"北极星",即"紫微星"为"中央"核心。"紫微垣"东西有"左垣"、"右垣"两列,具有拱卫天地宫室

"中宫",即"中央"的象征意义。

对此,元代丞相脱脱在《宋史·天文志》中认为:"紫微垣在北斗北,左右环列,翊卫之象也。"[8]其中"翊卫",为弼辅护卫的意思。东汉文字学家许慎《说文解字》认为"卫,宿卫也"。[9]就是在帝王的宫室内值宿、护卫。

西周时期,"卫"被作为诸侯之一的国名使用。公元前十一世纪周公封周武王弟康叔于卫,先后建都于朝歌(今河南淇县)、楚丘(今河南滑县)、帝丘(今河南濮阳)等地。公元前209年在野王(今河南沁阳)为秦国所灭。"卫"字,繁写为"衞",从"行"从"韋","韋"声通"围"。"韋"是夏商时期黄河下游古国"豕韋"名称的简称,故址在今河南滑县东南60华里万古乡妹村。西周时期的"卫"国由夏商时期"豕韋"之"韋"文化传承而去。"豕韋"是"四象"北方"玄武"七星之一,又称"室"、"营室"、"玄武"、"定星"。

据汉代史学家司马迁《史记·天宫书》记载:"天则有列宿,地则有州域。"[10]可见,古人是把天上的星宿和地上的州域,即"天地合一"联系起来辨认的。在春秋战国时期,人们根据地上的区域来划分天上的星宿,把天上的星宿分别指配于地上的州国,使它们互相对应。在表述时,说某某星是某某国的分星,某某星宿是某某州国的分野。这种看法,便是古代府、州、县地方志中所谓"分野"观念形成的原因。

"上卫"、"少卫"、"豕韋"星名的产生,和长垣县"长垣"地名一样,与天上"三垣"之"垣"和"紫微垣""天帝宫室"北(上)部左右环列,弼辅护卫的"上卫"、"少卫"、"营室"星宿有关。在天为"营室"、"东壁"星宿之间;在地为古"卫"国、"并州";在十二星次中为"诹訾";在十二地支配称十二个月中为"建亥",即"十月"(如下图)。

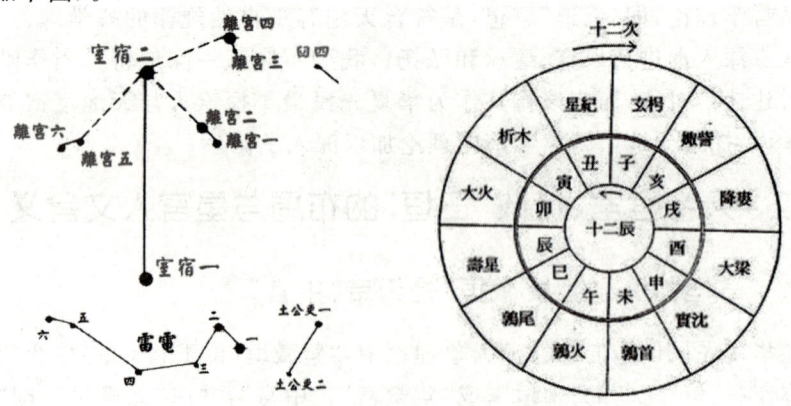

营室、豕韋星座与建亥、诹訾方位图

第五章 太极"天地人合一"与昆仑"天地人之中"

按照"太极"观念中关于天帝"紫微星",即"太一"乘坐"北斗帝车"运"行"于中央,临制天下四方之说,这一带是天帝"太一"周"行"必经之地,简称"太行(xing)"。尧舜时期,大禹曾在"太行"一带治理济水、漯水、沮水、丰水、漆水等,并修建了疏导鸿水的"金堤",又称"太行堤"。可见,"太行"之名源自天帝"太一"乘坐"北斗七星车"周"行"天下的"太极"文化之传承。

古代"太行堤"较长,自河南原阳、延津、封丘、滑县、长垣、东明进入山东诸县,绵亘数百里,至今在延津县胙城乡至长垣县大车集堤防一带仍有残堤遗存,实际上只管理到封丘县黄德镇。目前,这里已被地方政府当作历史文物加以保护。其中"延津"之"延",东汉文字学家许慎《说文解字》认为"延,长行也",与天帝出巡"长行"有关;"胙城",传说为黄帝"祚土封氏"之地;"长垣县"之"长垣",为"太微右垣"附近的"长垣"星座之名;"大车集"之"大车",与天帝"太一"长时间出行乘坐的"北斗帝车"之"车"有关;"东明"之"明",为"金星",因早上出现在东方,又叫"启明"、"晓星"、"明星"、"太白"。傍晚出现在西方,也叫"长庚"、"黄昏"、"昏"星。又被秦始皇出行时改作"东昏"。这说明河南原阳、延津、封丘、滑县、长垣、东明的许多地理名称,均与"太极"理论传承和"三垣"星宿名称相关,人文历史久远。

按照"天地人合一"理论,"天之中""紫微垣左、右垣"下方应该与"地之中""昆仑"相对应,而"地之中""昆仑"就是人间三皇五帝居住的"宫室"(包括"黄帝宫室"),其方位也应该在滑县、长垣县、延津南(下)部的封丘、开封一带。

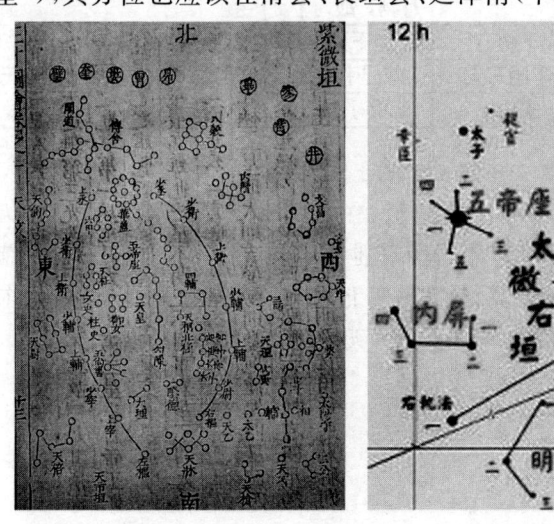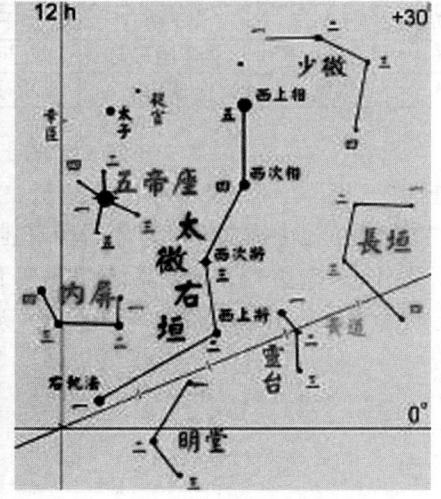

紫微左右垣、太微右垣、长垣星图

古人认为,三皇五帝去世升仙后居住在天宫"紫微垣""五帝内座",位置在"紫微垣左右垣"上方之间的"华盖"之下位,"北极星(勾陈一)"之上位,五颗星呈十字状排列,预示着三皇五帝在名义上的地位高于其他帝王。

古人还认为,"紫微垣"之内是"天帝"居住的"宫室",皇后、太子、宫女等命星皆居这一区域内。因此,若要预测"天帝",或"帝王"的宫廷、后宫之事,就应该观察这一区域内星象的变化情况,以掌握天帝宫廷、后宫内的动态,如流星现则预示着内宫有丧,星象异则预示着内宫不宁,等等。由于古人一直严格遵循"人法天"和"天地人合一"的天道规则,因此,天上"紫微垣"宫廷、后宫"星象"和地上"紫禁城"宫廷、后宫"人事"具有一致性,是"人法天"的必然结果。

2. 紫微垣"北极星"代表着中央帝廷的"帝王"

"紫微星"号称"斗数之主",古人将其当成"帝星",又称"北极星",是小熊座的主星,为官禄主,有解厄、延寿、制化之功。占卜中,认八字命宫主星是紫微的人为帝王之相。"紫微星"在"天干"与"五行"配属关系中属"己土",为"天干"第六位"己",相配"五行"属"土"(见下图)。

天干	甲乙	丙丁	戊己	庚辛	壬癸
四时	其时为春	其时为夏	其时为季夏	其时为秋	其时为冬
五行	万物触地而生,故为木	炎火向上,故为火	得黄极之气,含黄中之得,包罗万物,故为土	阴气始盛,万物停止,故为金	阴化淖溺,流失潜行,故为水
方位	木于东方	火于南方	土于正中	金与西方	水于北方
配属	甲乙东方木	丙丁南方火	戊己中央土	庚辛西方金	壬癸北方水
六神	青龙	朱雀	勾陈,腾蛇	白虎	玄武

天干配五行"己土"位置图

作为"三垣"之一的天帝之座紫微垣,在黄河中下游流域可见于北天的上空,以"北极星"为中央核心,集合周围其他各星合为的一个星区。在紫微垣"中央"之外,东南方"星、张、翼、轸"宿西北的一个星区是"太微垣";东北方"房、心、尾、箕、斗"宿西南的一个星区是"天市垣"(见下图)。

第五章　太极"天地人合一"与昆仑"天地人之中"　　89

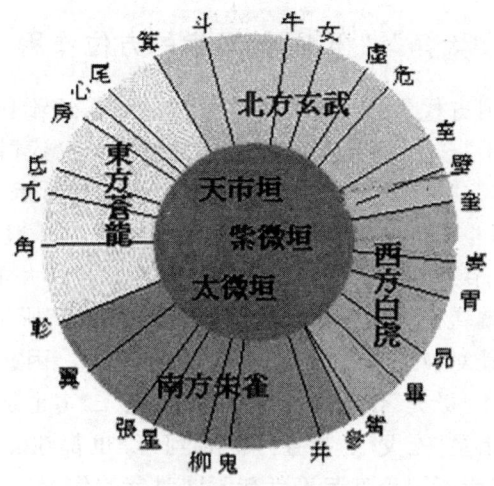

"三垣"方位图

对于"紫微垣",唐朝现实主义诗人杜甫《秋日送石首薛明府》认为:"紫微临大角,皇极正乘舆。"[11]其中"大角",为北天之亮星,古人以为是"天王座"。"大角"星为"格"星,"格"即"帝座"。列于"大角"星左右两侧的为"摄提",为"岁星",即"木星"的别称,是辅助帝王的大臣。"大角"星又名"天栋",被看作是上天帝王的帝廷。汉代史学家司马迁《史记·天官书》认为:"大角者,天王帝廷。"唐代宰相房玄龄《晋书·天文志》也认为:"大角者,天王座也,又为天栋。"[12](见下图)

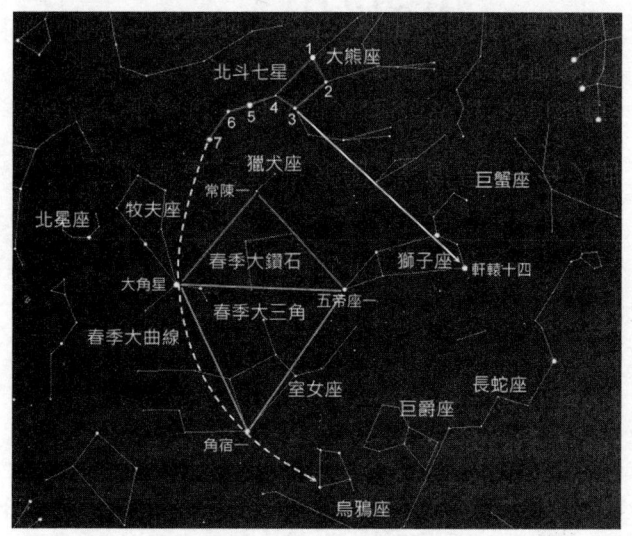

大角、五帝(天王)座位置图

3. "北斗"及"大角"、"摄提"等星宿的方位作用

"大角",在中国古代天文学中有着特殊的地位,这不仅是全天第四大亮星,更重要的还在于它是北斗七星指示方向的标志。汉代司马迁《史记·天官书》认为"昏建者杓"、"杓携龙角"、"大角者……直斗杓所指,以建时节"。这就明确记载了古人用斗杓指向来确定时节的具体方法。一般来说,仅凭斗杓所指的方向来确定时节还不太明确,但若在斗杓的下方以大角和摄提星官为标志,其所指的方位就变得更加具体明确了。按照"斗杓"所指,再沿着"大角"、"摄提"方向往南,其对应的星官便是"角宿"和"亢宿"。因此,"斗杓"所指的方向,不仅有"大角"和"摄提"作为方位标志,"角、亢"二宿也是其方位标志星。

此外,"斗杓"诸星"玄戈"、"招摇"和"梗河"等也都在北斗星的延长线上,都可以在不同时期或不同角度起着判断不同时节的作用。

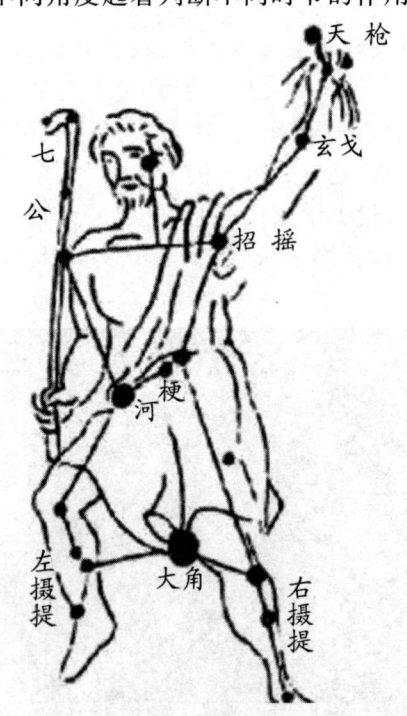

大角、摄提、玄戈、招摇、梗河诸星图

因此,古代文献中不仅有以"北斗星"指向来确定时节的记录,而且还有以北斗第八星"招摇"指向来确定时节的记录。汉代淮南王刘安《淮南子·时则训》认为:"孟春之月,招摇指寅;仲春之月,招摇指卯;季春之月,招摇指辰。孟

夏之月,招摇指巳;仲夏之月,招摇指午;季夏之月,招摇指未。孟秋之月,招摇指申;仲秋之月,招摇指酉;季秋之月,招摇指戌。孟冬之月,招摇指亥;仲冬之月,招摇指子;季冬之月,招摇指丑。"[13]这与战国时期楚国人《鹖冠子》载"斗柄指东,天下皆春;斗柄指南,天下皆夏;斗柄指西,天下皆秋;斗柄指北,天下皆冬"[14]的记载是一致的。也与汉代学者戴德《大戴礼记·夏小正》"正月初昏,斗柄悬于下;六月初昏,斗柄正在上"[17]的记载相吻合。其中《夏小正》记载的"昏",也称"缗",是夏代桀王时期有缗氏的居住地,秦代称"东昏",在开封东部兰考一带,后改作"东明"。这些方位和地名都是用北斗及其招摇的指向来判断季节,制定历法的。

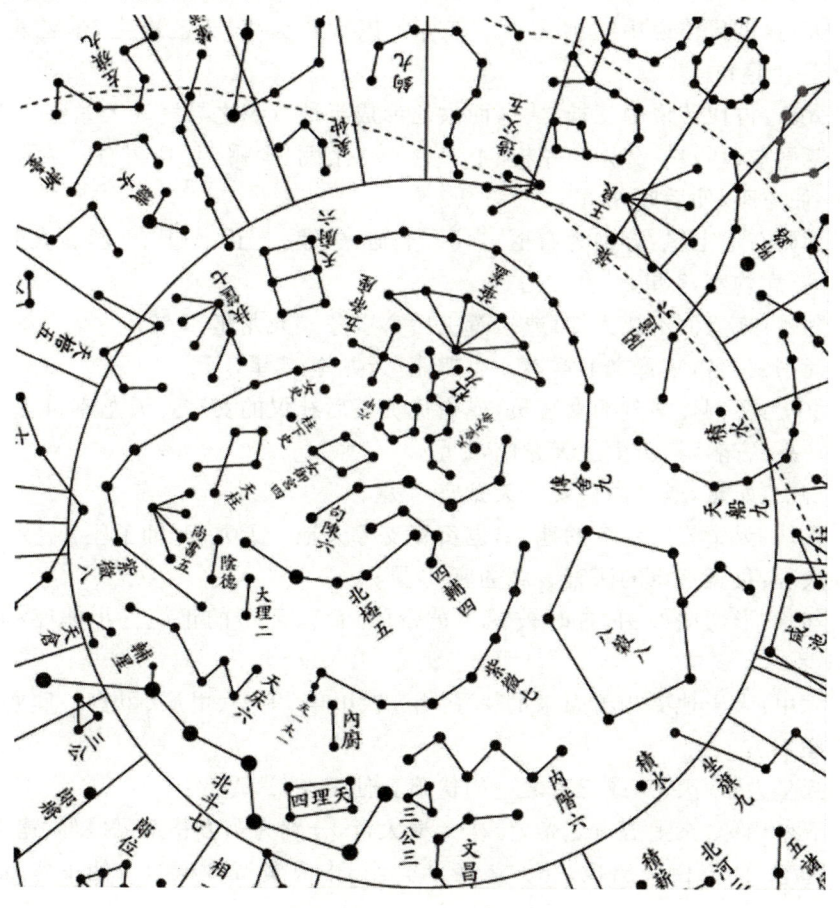

紫微垣帝王宫室图

4. "紫微垣"星官的组成和代表意义

上古时期为了区分天文星象,将星空划分成"三垣"、"二十八宿"。"紫微垣"也称"紫微宫",有"皇宫"、"天室"、"帝王宫室"的意思。"紫微垣"有以官名命名的三十九个星官组成,分别代表的含义是:

紫微垣之内是天皇、天帝居住的宫室,除了天皇、天帝之外,皇(帝)后、太子、宫女都在此居住。

北极五星:分别为太子、帝、庶子、后宫、天枢。小熊座/鹿豹座,5 星;

四辅:古代天子左右四个辅助之臣。小熊座/鹿豹座,4 星;

天乙:古代传说中三神之一。三神中以太乙为尊,天乙次之,地乙再次。天龙座,1 星;

太乙:古代传说中三神之一,而太乙形成天地万物之灵气。天龙座,1 星;

紫微左垣八星:分别为左枢、上宰、少宰、上弼、少弼、上卫、少卫、少丞。天龙座/仙王座/仙后座,8 星;

紫微右垣七星:分别为右枢、少尉、上辅、少辅、上卫、少卫、上丞。大熊座/天龙座/鹿豹座,7 星;

阴德:施惠而不让人知,或指帝王后宫事务。天龙座,2 星;

尚书:官名,掌管文书章奏。小熊座/天龙座,5 星;

女史:主铜壶漏刻的女官员,或指负责王后礼仪的女官。天龙座,1 星;

柱史:官名,记历史。天龙座,1 星;

御女:妃嫔,或宫内侍女。天龙座,4 星;

天柱:天帝张贴政令的地方,也负责支撑天地。天龙座/仙王座,5 星;

大理:负责审讯的法官。鹿豹座,2 星;

勾陈:形弯曲如钩,古时被视为黄帝的后宫、天帝的正妃。小熊座/仙王座,6 星;

六甲:天干地支相配而来的甲子、甲戌、甲申、甲午、甲辰、甲寅。鹿豹座/仙王座,6 星;

天皇大帝:天帝,或三皇之一的伏羲。仙王座,1 星;

五帝内座:天上五方之帝,位次天皇大帝,分别为东方苍帝灵威仰、南方赤帝赤熛怒、西方白帝招拒、北方黑帝汁光纪、中央黄帝含枢纽。仙王座/仙后座,5 星;

华盖:帝王所用的伞形遮蔽物。仙后座,7 星;

杠:华盖的柄(杠,粤音江)。仙后座 1 星;

传舍：古代迎宾的处所。鹿豹座/仙后座/仙王座，9星；
内阶：连接紫宫与文昌宫的天梯。大熊座，6星；
天厨：为一般官员而设的厨房。天龙座，6星；
八谷：指稻、黍、大麦、小麦、大豆、小豆、栗、麻，或指管理土地的官员。鹿豹座/御夫座，8星；
天棓：用来打谷的农器（棓，粤音棒）。天龙座/武仙座，5星；
内厨：为后宫而设的厨房。天龙座，2星；
文昌：六星，指六个政府部门或官员，分别为上将、次将、贵相、司命、司中、司禄。大熊座，6星；
三师：指太师、太傅、太保。大熊座，3星；
三公：指太尉、司徒、司空。猎犬座，3星；
天床：左子的睡床。小熊座/天龙座，6星；
太尊：皇亲国戚，或指始祖。大熊座，1星；
天牢：监禁贵族的牢狱。大熊座，6星；
太阳守：大臣或大将。大熊座，1星；
势：太监。小狮座，4星；
相：宰相。猎犬座，1星；
玄戈：一种武器。牧夫座，1星；
天理：监禁贵族的牢狱或执法官。大熊座，4星；
北斗：七星，分别为天枢（七星枢纽）、天璇（美玉之意，主旋转）、天玑（耀珠之意，主变动的机构）、天权（主权衡）、玉衡（衡平轻重）、开阳（开阳气）、摇光（摇光芒）。大熊座，7星；
辅：辅助北斗的大臣。大熊座，1星；
天枪：守卫紫微垣的武器。牧夫座，3星。

5．三垣"天之中"和三皇五帝"地之中"上下对应

在紫微垣、太微垣、天市垣"三垣"中，每垣都是一个比较大的天区，内含若干（小）星官（或称星座）。据清代所修《清会典》记载，甘氏、石氏、巫氏的划分互有不同。各垣都有东、西两藩的星，左右环列，其形如墙垣，故曰为"垣"。

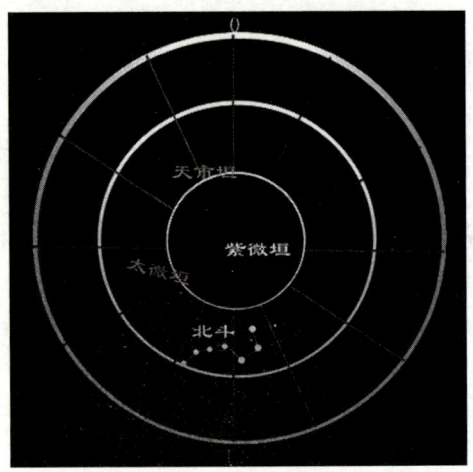

紫微垣、太微垣、天市垣方位图

紫微垣是"三垣"的中垣,以北极为中枢,东、西两藩共十五颗星。两弓相合,环抱成"垣"。据宋皇祐年间的观测记录,整个紫微垣共计37个星座,附座2个,正星163颗,增星181颗。它的天区大致相当于现今国际通用的小熊、大熊、天龙、猎犬、牧夫、武仙、仙王、仙后、英仙、鹿豹等星座。

太微垣是"三垣"的上垣,位居于紫微垣之下的东北方,北斗之南。约占天区63度范围,以五帝座为中枢,共含20个星座,正星78颗,增星100颗。它包含室女、后发、狮子等星座的一部分。"太微"即政府的意思,星名亦多用官名命名,例如左执法即"廷尉",右执法即"御史"大夫等。

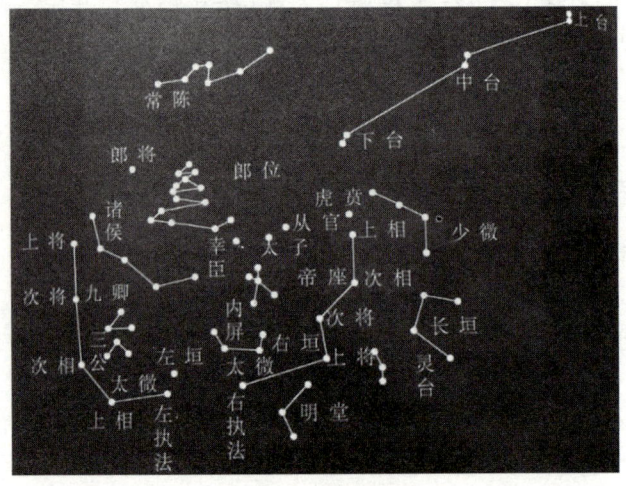

三垣之一太微垣图

第五章　太极"天地人合一"与昆仑"天地人之中"　　95

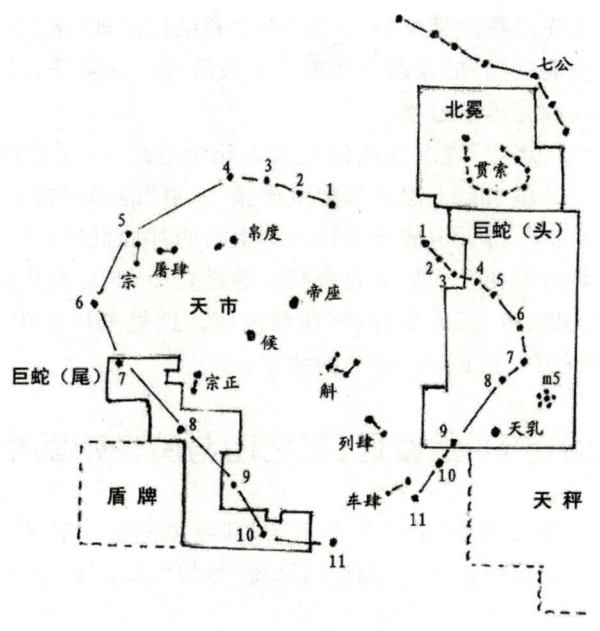

三垣之一天市垣图

天市垣是"三垣"的下垣,位居紫微垣之下的东南方向,约占天空的57度范围,大致相当于武仙、巨蛇、蛇夫等国际通用星座的一部分,包含19个星官(座),正星87颗,增星173颗。它以帝座为中枢,成屏藩之状。天市即集贸市场,唐代房玄龄《晋书·天文志》认为:"天子率诸侯幸都市也。"故星名多用货物、量具,经营内容的市场命名,如《晋书·天文志》记载:帝座"立伺阴阳也",斛和斗"立量者也",斛用以量固体,斗则用以量液体,列肆"立宝玉之货",是专营宝玉的市场,车肆"主众货之区",是商品市场,市楼"市府也,主市价、律度、金钱、珠玉"等。

关于"三垣"的创始年代,尚无肯定的结论。从典籍来看,紫微垣和天市垣作为星官,首见于唐代《开元占经》辑录战国时代魏国天文学、占星学家石申所著《石氏星经》中,而太微垣的名称始见于唐初《天象诗》。但在汉代《史记·天官书》中已载有与"三垣"相当的星官名称。天市垣东、西两藩的星均用战国时代的国名命名,亦是"三垣"创始年代的一个佐证。其实,这不过是对上古时期华夏太极、历法等文化的传承和演变而已。

由上述情况来看,这就是上古时期华夏先民所创造的三皇五帝建立"中央之国"(简称"中国"),也称"天之中"、"天国"的最早雏形。尽管随着华夏先民对"天之中"和"地之中"认识的深化,紫微垣"天国"的名称和布局会不断作出某些微调,但华夏先民按照紫微垣"天国"观念和结构原理,来认识"地之中"和建设三皇五帝"中央之国"的实践却从未停止或改变。这就是太极、"天地人合一"理论不断形成和完善的过程。

所谓紫微垣"天之中"观念应该包含以下几个意思:一是紫微垣在上古时期被称为"天国",是皇、帝、王建立都朝所遵循"天道"的理想模式;二是在道教文化中,紫微垣是指人得天道成神升仙后所生活的神仙世界;三是在华夏文化和民间信仰中,是指人死升天后灵魂所归宿的昆仑山;四是自华夏三皇五帝及其夏商中期,历代皇、帝、王居住、建都在紫微垣。这里是昆仑山三皇五帝"地之中"与三垣"天之中"上下对应合一的地方。

三、"天地之中"紫微垣、昆仑山与黄帝帝都相对应

汉代纬书《诗纬》认为:"星唯北辰不动,其余俱随极以转旋。"[16]其中"北辰",即紫微垣中的"北极星",而"随极以转旋"则以"北斗"居于首位(见下图)。

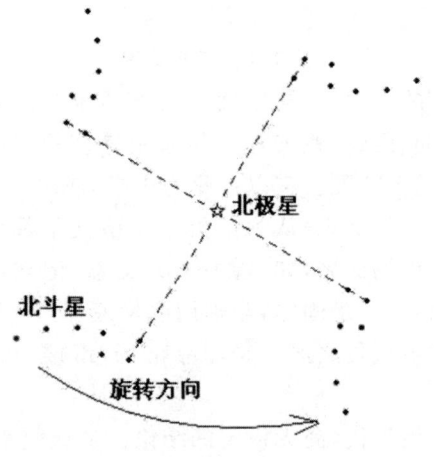

北斗七星围绕北极星旋转图

所以,古人便用"北斗"七星来确立"北极星"的位置,辨别列宿的方向,以判定节气和时间。我国二十四节气与七十二物候相照对应的历法名称,都是随着"北斗"所指方位并结合当时的自然气候与景观命名所形成的。这也是古人制定黄历以"北斗"为标志的根本原因;也是"北斗"围绕"北辰"旋转,而被称作"天枢",或"七星枢纽"、"北斗枢"等名称的根本原因。

1. 黄帝出生于北斗"枢纽"之下的昆仑寿丘

在古代史典中经常可以看到"枢纽"的名词,并且往往和中央黄帝密切相关。西晋学者皇甫谧《帝王世纪》认为:黄帝之母"附宝见大电光绕北斗枢,星照都野,感而有孕,孕二十五月,生黄帝于寿丘"。[17]说明"北斗枢"和"寿丘"都是黄帝出生、居住和帝都方位的标志。古人认为,伏羲承传了《上元太初历》,黄帝调历,移填星于"紫微"中宫,设五正天文官为五星,即:东方岁木星、南方荧惑火星、西方太白金星、北方辰水星、中央填土星,中央也是黄帝行北斗"七政(星)"之地。汉代史学家司马迁《史记·天官书》认为:"北斗七星,所谓'旋、玑、玉衡,以齐七政'。……斗为帝车,运于中央,临制四乡。分阴阳,建四时,均五行,移节度,定诸纪,皆系于斗。"其中"七政",唐代司马贞《史记索隐》引《尚书大传》认为是指"春、秋、冬、夏、天文、地理、人道"。战国思想家、哲学家庄周《庄子·说剑》认为:北斗七星"中和民意,以安四乡"。唐代初期道士成玄英解释说:"四乡,犹四方也。"[18]大意是说,自然界的天地运转、四时变化、五行分布,以及人间世事吉凶否泰皆由北斗七星所决定。

汉代纬书《尚书纬》认为:北斗"七星在人为七瑞。北斗居天之中,当昆仑之上,运转所指,随二十四气,正十二辰,建十二月,又州国分野、年命,莫不政之,故为七政"。[19]这说明"七瑞"、"七政"均指"北斗七星"。据战国时期《穆天子传》记载:穆"天子升于昆仑,观黄帝之宫,而封丰隆之葬"。[20]说明西周穆天子所登上的"黄帝宫室"和"丰隆之葬"地,就在北斗七星下方的"昆仑之邱"。唐朝晋安县主簿、学者王瓘《广黄帝本行纪》记载:"玄圃在昆仑上,有黄帝宫。"[21]战国思想家庄周《庄子·至乐》记载:"昆仑之虚,黄帝之所休。"(见右图)汉代刘安《淮南子·地形训》记载:"昆仑之丘,或上

北斗居天之中,昆仑居地之中图

倍之,是谓凉风之山,登之而不死;或上倍之,是谓悬圃,登之乃灵。"南朝梁齐时期上清派第九代宗师陶弘景《真灵位业图》记载:"玄圃真人轩辕黄帝。"[22]东汉著名文学家王逸注释:"县圃,神山,在昆仑之上。"[23]

可见,"黄帝之宫"、"玄圃"、"黄帝宫"、"悬圃"、"县圃"等,同在地上"昆

仑"、天上"北斗"方位。也说明"北斗七星"所在的"天之中",按照"天地人合一"理论也在"七政"的"地之中"、"人之中",就是三皇五帝的"昆仑"、"州国"最早分野和一年"年命"元始方位。古人认为,"天地人合一"以帝王为枢纽,在天上的"北斗七星"之位,在地上的"昆仑"山之位,在人间为"三皇五帝""中央之国",简称"中国"之位。这里又是华夏原始先民最早认定的天地自然界的核心,也是人类社会最早的发源地。所以,道教相传黄帝《阴符经三皇玉诀》也记载:"神室者,万神聚会之乡,在昆仑之中。"[24]其中"神室",也指三皇五帝诸位神仙居住的"太室"、"黄帝宫室"。在《穆天子传》中是指"黄台之室"。

2. 黄帝所立"五始"是"太极"元始之地

因此,古人把"太极"天地出现的元始方位和时节作为黄帝受"天命"的"五始"聚集之地。

据汉代刘歆《春秋纬》记载:"黄帝受图,立五始。"[25]其中"受图",是指天赐元始历法之图,即"河图";"五始",东汉历史学家班固《汉书·王褒传》记载:"共唯《春秋》法五始之要,在乎审己正统而已。"[26]唐初儒家学者、历史学家颜师古《汉书注》记载:"元者,气之始;春者,四时之始;王者,受命之始;正月者,正教之始;公即位者,一国之始,是为五始。"[27]辽代翻经沙门希麟《续一切经音义·卷五》引三国吴人徐整《三五历记》记载:"气象未分,谓之太易;元气始萌,谓之太初也。气象之端,谓之太始;形变有质,谓之太素也。质形已具,谓之太极也。斯为五始也。"[28]可见,"五始"是指上古时期黄帝对当时物质构成五种变化过程的认识和描述,是"太极"文化孕育的元始之时。

因此,古人把"太极"天地出现的元始方位和时节作为黄帝受"天命"的"五始"聚集之地。东汉经学家何休《春秋公羊传解诂·成公八年》认为:"德合元者称皇,德合天者称帝,仁义合者称王。"还认为:"《河》《洛》受瑞。可放仁义,合者称王,符瑞应天,天下德归。"[29]其中"河、洛"为河图洛书。古人认为,河图为天垂之象,洛书是地显之文,天圆为河图之数,地方为洛书之形,正是天地合一之图,是远古天文历法图,也是三皇五帝等"王者"、"神仙"们治理"天下"的方位图。

春秋时期孔子《春秋·文耀钩》认为:"王者,德也,神所向德,人所乐归。"[30]由于皇、帝、王与"天"、"地"、"人"、"元"、"神"、"德"合为一体,自然就成为"天命"的传授者和世界万物的统治者。

3. 中央黄帝执政于太微宫"含枢纽"之位

关于黄帝所居住的方位,可从天地两方面来认识。上古时期以"轩辕黄帝"来命名星官,定位在"北斗七星"之北"太微宫"中的"含枢纽",为"五帝座一星"(见下图)。汉代谶纬之书《诗含神雾》记载:"黄帝座一星在太微中,含枢纽之神。"[31]汉代谶纬之书《河图》记载:"中央黄帝,神名含枢纽。"东汉纬书《尚书帝命验》也记载:"黄帝含枢纽之府,而名神斗。斗,主也。土精澄静,四行之主,故谓之神主。"可知,紫微垣中"枢纽"、太微垣中"含枢纽",分别代表着中央黄帝行政的紫微垣"北斗"和位座太微垣"黄帝座一星"的神名星宿,而"五帝"与中央黄帝同在"三垣"之中。

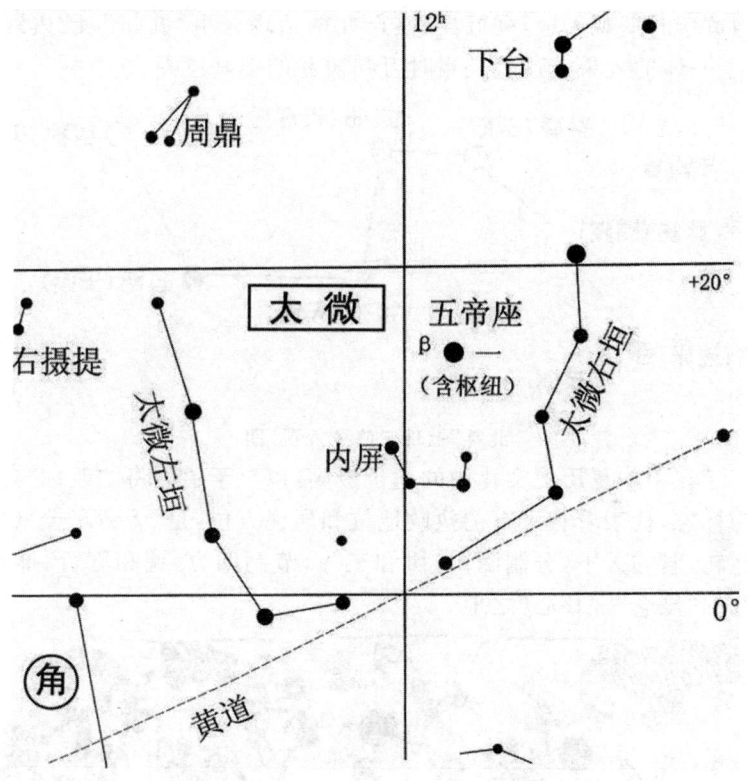

太微宫含枢纽五帝座一星中央黄帝图

按照太极"天地人合一"理论,天上的太微垣"黄帝座一星"与地上黄帝居住地昆仑山是彼此对应的。据汉代司马迁《史记·轩辕本纪》记载:"黄帝始划野分州,有青鸟子善相地理,帝问之以制经。"这说明华夏上古时期历法度量的制定,是我国地理位置划野分州的依据,也是按照自然环境来确定的。

北斗共有"九星",其中"七现二隐"。"七现"为:天枢、天璇、天玑、天权、玉衡、开阳、摇光;"二隐"为:洞明星、隐元星,又称左"辅"和右"弼"星(见下图)。

在相书、风水、运术等命理解释中,"辅"、"弼"星是大富大利,上上之相。因为是隐星,一般用肉眼是看不到,如果有人能够看到,则是碰上大吉大贵的大时运了。这也是传统华夏文化中对"九"尊崇的首要原因。

由于"北斗"在天有九颗星,故称"九天";在地为"昆仑之上",故称"昆仑山"为"九层台",或"九州";"昆仑山"之地的水也称为"九河"、"九江"。东晋方士王嘉志怪小说《拾遗记》认为:"(黄帝)使九行之士以统万国。九行者,孝、慈、文、信、言、忠、恭、勇、义。以观天地,以祠万灵,亦为九德之臣。"[32]可见,古人认为黄帝时期观天地,祠万灵,盛行九德治理天下"九州",已达到协和天地、生灵于一体的效果。这就是当时万邦协和的美好世界。

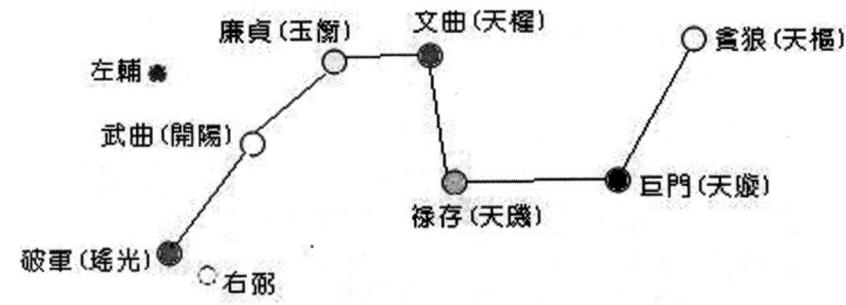

北斗"七现二隐""九星"图

"北斗"在中华夏历史文化中的地位极高,以至于道教将之改称"九星",并以黄帝为标志,代表着在天下的执政地位和居住方位,是"天帝车子"(见下图)在中央运转,君临天下,分制阴阳,协和三才,节制四方,调和五行,推移节气,审定星纪的"昆仑"、"核心"之地。

北斗"天帝车子"图

4. 北斗"魁""杓"与开封魏国大梁彼此印证

关于"北斗"前四星"魁"和柄部玉衡、开阳、摇光后三星(杓)的位置,北宋欧阳修、宋祁《新唐书志·第二十一》认为:"杓以治外,故鹑尾为南方负海之国。魁以治内,故陬訾为中州四战之国。"[33]

其中"负海之国",词典中解释一是背靠大海;二是指边远国家,蛮夷之地。可是,西汉刘向整理《战国策·齐策一》认为:"南有韩魏,负海之国也。"[34] 说明"负海之国"是指战国时期的郑州新郑"韩国"和开封大梁"魏国",也是"鹑尾"之位。这说明词典关于开封大梁"魏国"是"背靠大海"的第一种解释是正确的,而词典关于郑州新郑"韩国"和开封大梁"魏国"为"边远国家"的第二种解释值得深入探讨。

由于古人认为"负海"在"南方",故也应称作"南海",是上古时期的"四海"之一。据中国古代第一部词典《尔雅·释地》解释:"九夷、八狄、七戎、六蛮谓之四海。"[35] 这就和词典中关于"负海"是指"边远国家,蛮夷之地"的第二种解释相吻合。可见,上古时期地处"边远国家,蛮夷之地"的"负海",并没有远离中原地区,它与"蛮夷"一起同在郑州新郑"韩国"和开封大梁"魏国"之地。

又由于内陆的"海",也称"大湖"、"大泽"、"大池",因此"负海"也可称作"负泽"。而"负泽"又称"服泽"、"逢泽"、"平泽"、"蓬池"等等。据东汉历史学家班固《汉书·律历志》记载:"太阳者南方。南,任也,阳气任养物,于时为夏。"上古时期的"南方"、"南海"在太极"五行"中是指"太阳"、"老阳"方位,在"四象四季"中称"夏",故"负海"也称"负夏"、"服夏"、"阳夏"、"平台"、"平阳"、"阳城"等。

对于"负海"、"负夏"的具体地理位置,西汉礼学家戴德《礼记·檀弓》有记载:"……负夏。又阳夏,在开封(见下页图)。"[36] 其实,"负海"、"负泽"、"服泽"、"逢泽"、"平泽"、"蓬池"均为一地多名,同在上古时期的开封南部至尉氏北部一带,也在开封昆仑山"天地之中"黄帝帝都轩辕楼(丘)的南方,这里正是太极"四象五行"中的"太阳"、"老阳"和"阳夏"之地。

开封"服泽"还是尧帝推举舜继帝位、大禹推举伯益执政夏朝的"服泽之阳"和"九州""阴方(地)之中",因在太极"四象"和"服泽"之"阳"地,故也称"阳城"。对此,战国时期墨子《墨子·尚贤上》记载说:"故古者尧举舜于服泽之阳,授之政,天下平。禹举益于阴方之中,授之政,九州成。"[37] "阳城"就是"九州"的中心,也是三皇五帝居住的昆仑山"天地之中"。

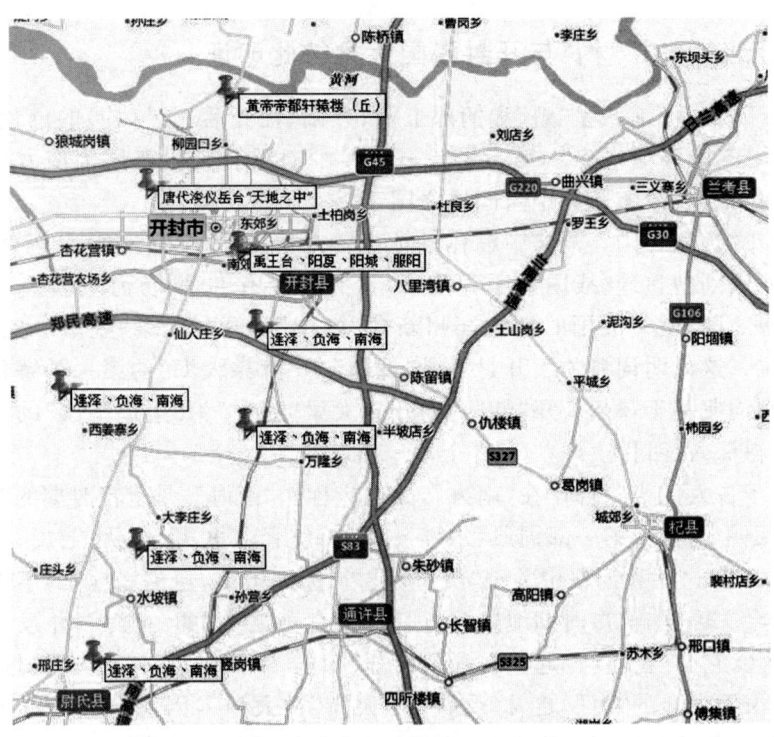

开封黄帝都轩辕楼、阳夏、服泽位置图

其中"四战之国",词典中解释是指四面平坦,无险可守,容易受攻击的地方。三国时期魏国郎中鱼豢《典略》认为:开封"陈留地平,四面受敌,故谓之四战之地也"。[38]这与北宋《新唐书志·第二十一》记载的"北斗"前四星"魁""为中州四战之国"的地理方位相一致。

可见,"北斗""魁"、"杓"均在开封古陈留上空的"紫微垣",是上古时期的"负海之国"、"服泽之阳"、"阴方之中"、"中州四战之国"、"黄帝都轩辕楼(丘)"、"天地之中"所在地,也是太极理论"天地人合一"之地。

"紫微垣"中的"北斗"围绕"北辰"旋转于"天之中",天上众宿依从北斗斗柄所运而转,所以北斗为众星的首脑。古人把众星拱卫"北辰",即"天之中"的"太极星"当作为政之"道、德"来加以规范。春秋时期孔子《论语·为政》认为:"为政以德,譬如北辰,居其所而众星拱之。"[39]东汉文学家陈琳《大荒赋》认为:"建皇极以连衡兮,布辰机而结纽。"[40]其中"纽"为"枢纽",是指"北辰"、"北极星"的纽星天枢"北斗",用以比喻帝王。这说明枢纽"北斗"是帝王行政的象征,也是三皇五帝,包括"中央黄帝"建立帝王都之地。

这个"天地人合一"、"天地人之中"上下对应之地,就是天上"紫微垣"中的"北斗",地上的"昆仑山"中的"四战之国",也就是开封古陈留之地。

四、太极"天地人之中"理论与实践的传承、发展

应该承认,华夏先民关于太极"天地人合一"、"天地人之中"理念,无论在原始理论探索上,还是在最早客观实践中都没有停止脚步,并且得到了不断完善和广泛传承。

1."天地之中"学说是对"太极"理论的传承和运用

华夏先民创造和利用"太极"理论测景,观测日月星辰运行规律,制定历法,指导人类生存发展,是一个理论指导实践的过程,并且具有可操作性。

传说为周公所作《周礼·地官·大司徒》记载:"以土圭之法测土深,日至之景,尺有五寸,谓之地中,天地之所合,四时之所交也,风雨之所会,阴阳之所和也,然则百物阜安,乃建王国焉。"[41] 三国时期吴国数学家赵爽《周髀算经注》解释说:"四和者,谓之极。"[42] 就是说,古人在夏至正午时,以8尺圭表测量日影,影长1.5尺的地方就是"地中",即"天地之中"。"天地之中"是"天地合"、"四时交"、"风雨会"、"阴阳和"的两仪、四象中央"太极"之位,是民众安定、物资丰富的太平景象,也是三皇五帝共同建立"中央王国"的地理方位。这也是在上古时期三皇五帝的"天地之中"遗失后,周人运用太极理论探索"天地人之中"方位的具体实践。

对于上述观点,春秋战国时期著名思想家、孔子嫡孙孔伋(子思)《中庸》也认为:"中也者,天下之大本也;和也者,天下之达道也。致中和,天地位焉,万物育焉。"南宋著名学者、教育家王应麟《困学纪闻·天道》引南北朝经学家崔灵恩《三礼义宗》记载:"天有四和。昆仑之四方,其气和暖,谓之和。"[43] 所谓"天下之本"、"天下之道"、"天地位"、"万物育",都是对"太极""天地人之中"理论以及天有"太一四象"、地有"昆仑四方"学说的不同释义和文化传承。

2."天地人之中"可以用测量的方法获取

通俗地讲,周公旦所探索的"天地之中",就是太极"天地人合一"的"天地人之中"。对此,公元724年唐代天文学家、佛学家一行,也按照这一理论在中华大地上对"地中",即"天地之中"进行了大范围的天文地理测量,最后认定开封古浚仪岳台是天下的中心,即"天地之中"。

(1) 对唐人测量方法科学性的分析。唐人测量过程中,开封古浚仪岳台圭表与日影之间自然也符合周人 1.5/8 的比例关系。就是说在夏至正午时太阳高度角的正切值应为 8/1.5。此时,太阳的高度角实际上为 90°＋回归点的纬度数－观测点的纬度数:

① 在直角三角形中,对边与邻边的比值叫作正切,即 Tan:8/1.5＝79.38°。说明开封古浚仪岳台观测点的夏至太阳高度角为 79.38。

② 唐代测量数据记载,开封古浚仪岳台景台纬度为北纬 34.8°。

③ 由上述①②结果可得出开封岳台"天地之中"回归点的纬度＝太阳高度角＋观测点纬度－90°＝79.38°＋34.8°－90°＝24.18°。

就是说,在不考虑"回归线漂移"等因素的情况下,公元 724 年唐代在开封古浚仪岳台测景台测量回归纬度的理论数据大致应该为 24.18°左右。

对这一理论数据,我们还可以用现代天文学中"回归线漂移"理论,作出时间上的求证:

现代天文理论认为,南、北回归线并不是人们想象中那样固定不变的。地球悬浮在太空中,受到太阳、月亮以及其他星体的引力作用。在引力作用下,地球的空间姿态产生微小的变化,变化体现在黄赤交角连续微小有规律的变动;北回归线总是在纬度 23°26′附近正负一度之间摆动,摆动周期约有 4 万年,平均幅度为:0.43″/年。

已知公元 724 年的唐朝在开封岳台测量的时间距今为 1291 年,期间回归线摆动纬度累计变化为:0.43″×1291 年＝555.13″＝0.154°

1976 年第十六届国际天文学联合会决定将 2000 年北回归线位置定为 23°26′21。那么,公元 724 年唐朝的北回归线位置应为:23°26′21＋0.154°＝23.41°。根据这一数据,我们可以推知 1291 年前唐朝回归线纬度为:

现在回归纬度数＋1291 年来累计变化数＝23.41°＋0.154°≈23.564°。

由此可得,现代北回归线纬度 24.18°与 1291 年前唐朝回归线纬度 23.564°之差约等于 0.616°。

由于每年太阳到达北回归线的位置或时间点是不一样的,这就会使上述结果必然产生一些误差。

(2) 唐人测量数据接近于古人理想中的"圣数"。对于唐人测量数据是否合乎古人理想中的"圣数"要求,由以下方法可以求得:

① 已知唐人在开封岳台测景台的纬度为北纬 34.8°,唐朝回归纬度 23.564°;已知圭表高 8 尺,夏至午时影长 1.5 尺,太阳高度角为 79.38°。

② 已知冬至时太阳的高度角为 31.81°;它的正切值 Tan:0.6202258,则

日影长度为 12.86 尺。通过勾股定理算出:冬至时由阳光、圭影、圭表围成的直角三角形的弦长为 15.15 尺。

③ 日影由夏至点到冬至点长度为 12.86－1.5＝11.36 尺。

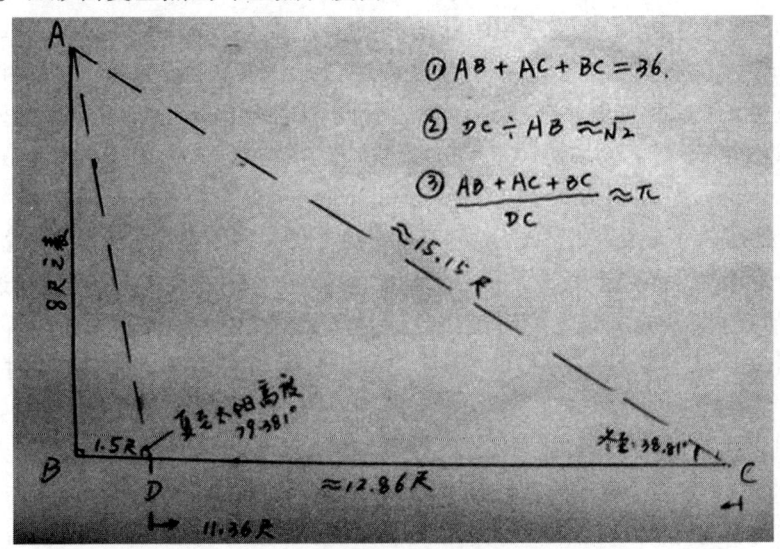

夏至、冬至八尺圭表测地中示意图

由以上数据,可以得出以下结果:

(1) 冬至时整个三角形的周长合计为 8 尺＋12.86 尺＋15.15 尺＝36.01 尺,约合 360 寸。而"360"是"周天"之数,即"圆周率"之数,符合"太极"理论关于天帝一年之中御驾北斗车周天长行的观念。

(2) 日影在一年"周天"中变化的长度 11.36 尺,与圭表 8 尺的比值约为"根号 2",即 $\sqrt{2}\approx 1.414$,为正方形对角线的基本值,即边长为 8 尺的正方形其对角线长约为 11.36 尺。古人称 $\sqrt{2}$ 之为"方周率"。

(3) 日影在一年"周天"中变化的长度 11.36 尺,与三角形周长 36 尺的比值约为"派",即 $\pi\approx 3.17$,是圆周率 3.14 的近似值。古人称之为"圆周率"。

以上结果,体现了古代"圣人设表,为天下之规矩"的原则。古人用八尺圭表所作测占日影之术,真实反映了华夏先民测景技术的科学性和客观性。可见,天地"太一"乘北斗七星车长行 360 度,是古人以 8 尺圭表追求所得的周天之数,也是古人理想的"圣数"。从中所得出"方周率"和"圆周率",与北斗在"天地之中"作周天运行时的"圣数"是吻合的。

3. "盖天说"、"浑天说"都是对太极理论的不同继承

"天地之中"的理念，本是华夏先民太极"天地人合一"理论的产物，是天上紫微垣、地下昆仑山、人中三皇五帝居住地共同轴心方位，也是道教、儒教文化产生和发展的根本依据。它在华夏民族朴素唯物主义认识观和主观认识追随客观世界的实践中，是一个真实存在。因此，太极理论产生之后的"盖天说"、"浑天说"等天文学说，都无法否定"天地之中"在理论和实践中存在的客观事实。

无论是"盖天说"关于"北极之下为天地之中"的结论，还是"浑天说"采用天文计算和测量确定"天地之中"的结果，两者本来应该有互为印证，殊途同归的结局，但由于"盖天说"关于"北极之下为天地之中"之说过于笼统，"浑天说"采用天文计算和测量登封阳城"天地之中"也发生了失误，加之上古时期"昆仑"、"三皇五帝中央之国"、"黄帝帝都轩辕丘"、"夏禹阳城"等重要华夏历史文明参照物或被遗失，或被错判，结果导致"天地之中"地理方位多次遭到人为主观错判，与客观实际不相符合。

甚至到了公元724年，唐代天文学家、佛学家一行在"求其土中，以为定数"的天文大地测量中，在已经重新测得"天地之中"不在登封阳城，而在开封浚仪岳台正确方位的情况下，仍然受到各种因素影响而不敢公开承认和大胆否定周公旦关于"地中"所作出的错误结论。直到五代后周枢密使王朴时期，才以这一正确测量结果为依据，最终认定"天地之中"在开封古浚仪岳台之地。

其实，虽然"盖天说"和"浑天说"在实践中具有难度或操作失误，但后人对其理论学说并没有采取完全否定的态度。东晋天文学家虞喜在继续对"盖天说"和"浑天说"关于"天地之中"理论深入分析的基础上，进一步提出了"安天说"，认为"宇宙是无边无际，却也相对安定；所有天体都有自己运动周期，以自己轨道运行，并不是附着在一个固定球壳上"。到了南北朝时期，著名天文学家、无神论思想家何承天又提出"天顶之下为地中"的学说。

所有这些理论学说，都是对太极"天地人合一"、"天地人之中"理论的传承和发展。

4. 太极"天地人合一"理论产生于黄河流域

现代专家研究发现，北纬34度接近35度附近地域，是地球南北两个重力带之一，人类历史上主要文明活动几乎都出现在这个地带。由于接近北纬35度地带正处在黄河东西向的中下游流域，是上古时期华夏先民最早生活居住

的地理纬度,因此也成为华夏先民观测日月星辰天象,进行星宿区划,制定历法最早、最受重视的天区。其中北极星所在的北天区和黄道、赤道附近的星宿,又是华夏先民观测天象重点中的重点地区。

因为华夏先民居住的黄河中下游流域接近于北半球北纬35度附近,所以,他们只能看到北天极而无法看到南天极,自然也只有以北天极的北极星作为观测天象,区划星宿,制定历法的参考点。而太极理论和"三垣"星宿方位的区划,也无法脱离黄河中下游流域和接近北纬35度的附近地域。

据有关计算表明,二十八宿与天球赤道相吻合的年代大约也在五千年前,这可认为是二十八宿体系创立时代的上限,也与华夏历史文明产生于三皇五帝时期的历史年代大体一致。

华夏先民居住在黄河中下游流域的北纬34～35度之间,是中国古都群分布最为密集的地方,也与上古时期三皇五帝居住和建都的地理方位完全一致,是华夏历史文明传承的核心区域。如河南开封在北纬34.8度,郑州在北纬34.8度,登封在北纬34.24度,洛阳在北纬34.6度,陕西西安在北纬34.23度,陕西岐山在北纬34.37度,山西运城在北纬35度。

尽管这些城市在北纬34～35度之间,但具体情况又不完全相同。如由于陕西西安、岐山离黄河较远,被周文王在《清华竹简·保训》中认定为是"天下之中"西部"日不足,唯宿不详"[44]的少阴之地,所以无法认定其为上古时期三皇五帝居住建都、观测天象、区划星宿、制定历法的地理方位。又如山西运城、郑州、洛阳虽在黄河流域,但不在古人用土圭测景确定的"天下之中",所以也不是上古时期三皇五帝居住建都,观测天象,区划星宿,制定历法的地理方位。再如登封虽然是周公树圭表,测日影,定方位,确立"天地之中"的地方,但却遭到了唐代著名天文学家一行测量结果的否定,并将"天下之中"重新改定在了开封古浚仪岳台,因而也不是三皇五帝时期的"天地之中",自然也不是"太极"理论"天地人合一"的"天地人之中"。

5. 三皇五帝时期"天地之中"在开封岳台附近

唐代在开封古浚仪西北部测量确认的岳台"天地之中",距离开封北部的黄帝帝都轩辕楼(丘),也称"黄帝宫室"、"黄台之丘"仅约9公里(见下图),而黄帝轩辕楼距离北部封丘古黄泽、古黄池仅约7公里。

这里还是伏羲皇都黄柏山(开封南北神岗)、女娲皇都平逢山(开封禹王台)、炎帝帝都空桑(杞县葛岗)、颛顼帝帝都高阳(杞县高阳)、帝喾有莘国(开封县杜良乡东辛庄)、尧舜帝都"服泽之阳"(开封西北青丘山)、大禹王都阳城

（开封禹王台）、夏杼王都老丘（开封县杜良乡国都里）的共同建都之地。在天地象形中，正好处在卫国朝歌（紫微右垣上卫、少卫方位）、延津胙城（传说黄帝"祚土封氏"之地）、滑县豕韦（玄武座营室宿）、长垣（太微垣长垣宿）、长垣大车（名源于北斗帝车）、东明（启明、太白、金星）、太行堤（名源于太一帝乘北斗车长行）的南部下方，其方位与天象"三垣"、"四象"等星宿的方位完全相合。

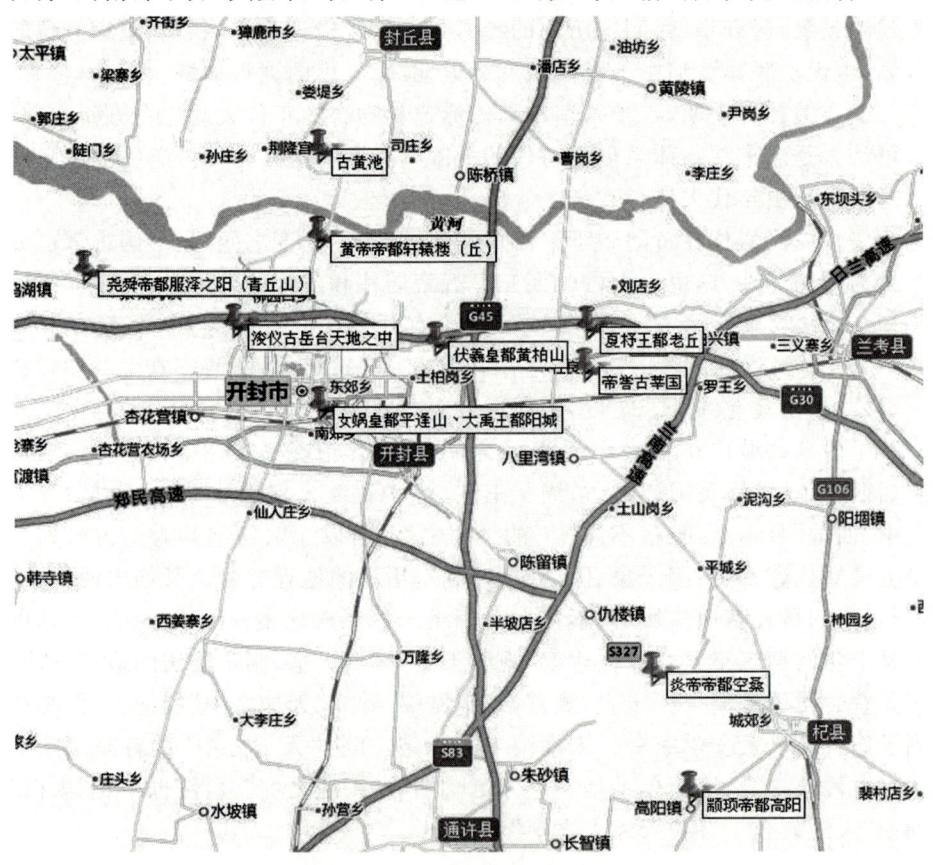

开封岳台"天地之中"三皇五帝建都分布图

综上所述，"天地人合一"与"天地人之中"在华夏先民创造的"太极"理论中，彼此在本质上具有同一性，从各自角度阐述了上古时期朴素唯物主义的世界观，是解释华夏历史文明发源和三皇五帝世代传承的科学理论。

文献来源：

[1](春秋)李耳等:《老子·庄子·墨子·列子》,呼和浩特:远方出版社,2002年版。

[2]黄怀信:《〈大戴礼记〉汇校集注》,西安:三秦出版社,2005年版。

[3](战国)子思:《中庸全集》,北京:海潮出版社,2009年版。

[4](汉)董仲舒著,周桂钿译:《春秋繁露》,北京:中华书局,2011年版。

[5]《阴符经三皇玉诀》,济南:齐鲁书社,1997影印本。

[6]龙晦等译注:《太平经全译》,贵阳:贵州人民出版社,1999年版。

[7](宋)曾慥:《道枢》,上海:上海古籍出版社,1990年版。

[8](元)脱脱:《宋史》,北京:中华书局,1985年版。

[9](东汉)许慎:《说文解字》,上海:上海古籍出版社,2007年版。

[10](汉)司马迁撰,(宋)裴骃集解,(唐)司马贞索隐,(唐)张守节正义,顾颉刚领衔点校,赵生群主持修订:《点校本二十四史修订本〈史记〉》,北京:中华书局,2014年版。

[11]萧涤非等编:《杜甫全集校注》,北京:人民文学出版社,2014年版。

[12](唐)房玄龄:《晋书》,北京:中华书局,1974年版。

[13](汉)刘安:《淮南子》,郑州:中州古籍出版社,2010年版。

[14]乐后圣编:《鹖冠子》,长春:时代文艺出版社,2003年版。

[15]黄怀信:《大戴礼记汇校集注》,西安:三秦出版社,2005年版。

[16]刘明:《两汉诗纬研究》,北京:学苑出版社,2012年版。

[17](晋)皇甫谧:《帝王世纪》,沈阳:辽宁教育出版社,1997年版。

[18]崔珍哲:《成玄英〈庄子疏〉研究》,成都:巴蜀书社,2010年版。

[19](清)乔松年辑:《尚书纬》,上海:上海书店出版社,1994影印本。

[20]王天海译注:《穆天子传全译》,贵阳:贵州人民出版社,1997年版。

[21](唐)王瓘《广黄帝本行纪》载于《道藏》,文物出版社、上海书店、天津古籍出版社,1988年版。

[22](梁)陶弘景撰:《灵宝真灵位业图》,上海:商务印书馆,丛书集成初编,影印本。

[23]许子滨:《王逸〈楚辞章句〉发微》,上海:上海古籍出版社,2011年版。

[24]《阴符经三皇玉诀》,济南:齐鲁书社,1997影印本。

[25]《纬书集成》,石家庄:河北人民出版社,1994年版。

[26](汉)班固撰:《汉书》,北京:中华书局,1962年版。

［27］施丁主编:《汉书新注》,西安:三秦出版社,1994年版。

［28］(辽)释慧琳、释希麟:《正续一切经音义》,上海:上海古籍出版社,1986年版。

［29］(汉)何林解诂,(唐)徐彦疏:《春秋公羊传注疏》,北京:商务印书馆,2013年版。

［30］(春秋)孔子:《四书五经》,长春:吉林出版集团有限责任公司,2011年版。

［31］《纬书集成》,石家庄:河北人民出版社,1994年版。

［32］(东晋)王嘉撰:《拾遗记》,上海:上海古籍出版社,2012年版。

［33］(宋)欧阳修、宋祁撰:《新唐书》,北京:中华书局,2013年版。

［34］(汉)刘向:《战国策》,上海:上海古籍出版社,1978年版。

［35］胡奇光、方环海撰:《尔雅译注》,上海:上海古籍出版社,1999年版。

［36］黄怀信:《〈大戴礼记〉汇校集注》,西安:三秦出版社,2005年版。

［37］(春秋)李耳等:《老子·庄子·墨子·列子》,呼和浩特:远方出版社,2002年版。

［38］鱼豢:《典略》,(晋)陈寿撰,(宋)裴松之注:《三国志》引,北京:中华书局,2011年版。

［39］(南朝梁)皇侃:《论语义疏》,北京:中华书局,2013年版。

［40］(清)张玉书等编撰:《康熙字典》,上海:上海古籍出版社,1996年版。

［41］(汉)郑玄注:《周礼》,北京:北京图书馆出版社,2003年版。

［42］(吴)赵爽注:《周髀算经》,钱宝琮校点《算经十书》,北京:中华书局,1963年版。

［43］(宋)王应麟著,(清)翁元圻等注,田松青等校点:《困学纪闻》,上海:上海古籍出版社,2008年版。

［44］清华大学出土文献研究与保护中心:《清华大学藏战国竹简〈保训〉释文》,《文物》,2009年第六期。

第六章　天地"五帝"对应"太极五行"方位

　　在华夏历史文明探讨过程中,我们发现数字中的"五",与"太极五行"、"河图洛书"文化有着密切的关系,也是"天地人之中"的内在含义和外在象征,比如"五星"、"五行"、"五方"、"五色"等等。那么,"五"在理数和华夏历史文明中如何产生? 代表着什么? 它在"天地人之中"的象征意义和方位如何呢?

　　为了弄清这个问题,我们从理数的产生开始,对其与华夏历史文明的关系作一些探讨和分析。

一、"五"来源于"太极五行"、"河图洛书"理数

　　"理数",即"天理、天数"。华夏民族最初认识理数,是在上古时期原始社会生产实践活动中产生并逐渐发展起来的。随着华夏原始先民对理数知识的不断增加,总结出了早期、初级奥妙的理数规律。理数是华夏原始先民走向文明的向导,否则就不可能正确分析和掌握客观事物,也就不可能正确认识和理解客观世界。

1. 理数"五"源于太极五行、河图洛书理论

　　上古时期原始社会,三皇之一的伏羲创造了"太极五行"、"河图洛书"学说,向华夏原始先民昭示了理数文明的启蒙。因此,华夏历史文明最早的理数来自"太极五行"、"河图洛书"学说。

　　按照这一学说原理,当客观世界处于无极之时,理数为零,即"0";当客观世界处于太极之始,理数为一,即"1";当太极化生"天地"、"阴阳"之时,理数为二,即"2";当太极化生出"天地人"之时,理数为三,即"3";当太极化生出"东西南北"、"阴阳少阴少阳"之时,理数为四,即"4";当太极化生出"东西南北中"、

"金木水火土"之时,理数为五,即"5",如此类推。

"五"是个会意字。从"二",从"乂",是"二"字与"乂"字的组合"㐅"。其中"二",代表"天地"、"阴阳";"乂"表示"天地"、"阴阳"互相交错与轮回,也有"治理"、"安定"、"太平无事"的含义。中国古代第一部词典《尔雅》认为:"乂,治也。"[1]由于"乂"介于"天地""阴阳"的"二"上下之间,具有"治理"、"安定"、"调和""天地""阴阳"世界的象征含义。

"五"是"阴阳"在"天地""二"上下之间"交午"的象形字。所以,甲骨文"交午"写成纵横交错的叉"乂"。"乂"字的本义为"五"字,"五"字古代也通"午"字。东汉文字学家许慎《说文解字》记载:"五,五行也。五,阴阳在天地之间交午也。"[2]清文字训诂学家、经学家段玉裁注释:"阴阳交,午也。""午",也就是"五"。

2. 理数"五"与历法中的时节相关

上古时期,华夏先民把北斗星斗柄指向南方为"端午",也是一年的"夏至"之时。根据古代历法对四季的划分,"夏至"是夏天过了一半的盛夏之时。农历四、五、六月为夏季,"夏至"节气大致在农历五月中旬。后来,随着历法运算的日益精密,"夏至"与"端午"分离,不再确定是五月初五,但是五月初五端午节的习惯却留下了。据汉代史学家司马迁《史记·封禅书》记载:"夏至日,祭地,皆用乐舞。"[3]"夏至"在宋代被作为节日,百官放假三天。

从华夏先民的"太极"哲学理论来看,一年中夏至、端午时节和一天中的正午时刻,是阳气最旺盛的时期,又是阴气初生阳气转衰的时期,"午"、"五"代表"天地"、"阴阳"由"天、阳"向"地、阴"方向转化的开始,故用象形字"乂"交错来表示这种变化和时机。因此,"五"是"天阳"扭转为"地阴"方向的开始,具有"治理"、"平定"、"调和""天地"、"阴阳"的内在含义。

"五"是"夏至"的象征。在西周文王《易经》六十四卦第44卦中,"夏至"为"姤卦",即"☰☴"。[4]这个卦上有一阴,代表着阴气始出,下有五阳,代表着夏至阳气强盛,是异卦(下巽上乾)相叠。乾为天,巽为风。天下有风,吹遍大地,阴阳交合,万物茂盛。但下五阳爻上一阴爻不能长久相处,代表着"夏至"之时,阴爻初显,逐渐侵蚀阳爻,白天从最长开始慢慢变短,黑夜开始逐渐延长。因此,明代学者程登吉《幼学琼林》记载:"夏至一阴生,是以天时渐短;冬至一阳生,是以日晷初长。"[5]大意是说,夏至这天,一阴始生,其日道与北极渐远,故白天开始变短,黑夜开始变长。这一阴爻说明,一阴始生于五阳强盛之时,既柔弱又微小,故取象为"嬴"。中国古代经典著作《国语·周语》认为:"此嬴者阳也。"注:"弱也。"[6]具有此时一阴微弱和未来阳极转向衰弱的双重含义。

由上述情况可知,在一年之中"五"代表着"端午"、"夏至",是阳极生阴变化的开始;在一天之中"五"代表着太阳"午时",是太阳由白昼"午时"转化为夜间"子时"的开始。两者都是阳极转弱的开始阶段,也在"一年",或"一天"时空中处于"中间"位置。因此,"五"与"中"同义。

3. 理数"五"源自"太极五行""五行数"的应用

关于"太极五行"、"河图洛书"理数"五"在"天地"极数的应用,西周文王《易经》有记载:"天一,地二;天三,地四;天五,地六;天七,地八;天九,地十。"其中包含生数和成数。西汉易学著作《周易乾坤凿度》也记载:"天本一而立,一为数源,地配生六,成天地之数,合而成性,天三地八,天七地二,天五地十,天九地四,运五行,先水次木,次土及金。"[7]古人认为,"一"是太极创立之时"天"的元始,是理数的开端。一至五为生数,六至十成数。一三五七九为天阳奇数,二四六八十为地阴偶数。这说明古人认为,"一"是太极创立之时"天"的元始,是理数产生的开始。

西汉经学者伏生《尚书大传·五行传》记载:"天一生水,地二生火,天三生木,地四生金。地六成水,天七成火,地八成木,天九成金,天五生土。"[8]这说明在"太极五行"、"河图洛书"理数中,"五"为"天"、为"木"。

可见,"理数"中"生数"和"成数",也就是"五行数"。所以,约成于春秋战国时期《黄帝内经素问·六元正纪大论》认为:五行"金、木、水、火、土,运行之数"[9]。"五行数"起名于"五行"的物质元素,即:金、木、水、火、土。中国古代朴素唯物论者或阴阳家都认为,金、木、水、火、土五种物质是万物起源的依据,这与"五行数"的起源从根本上是一致的。

对此,宋代常豫《易源》认为:"两仪天地也,天以一生水,三生木;地以二生火,四生金。水、火、木、金,有其似而无其体,是之谓象。本其象所出而言,故曰:两仪生四象也。"[10]就是说,"四象"只是四种自然现象或形象而已,它们有其似而本其体、只有虚数而并没有实在的内容。一、二、三、四只是按照一定的次序分立四时,而主四季之性,它们是不变的。因此称为原始的"四初数"。

4. 理数"五"位居"太极五行"、"河图洛书"中央

虽然一、二、三、四是"虚"数,但是组成一切事物的基本单元,是一切事物产生和发展的根据,故而被称为"生数"。

古人认为,任何事物都是"阴阳"相交而成,如不相交融则为"虚象"而无"实形"。天一北方水,天三东方本,地二南方火,地四西方金,它们各得其位,静则不相交感,而必须通过流变之数五,即同时具有阴阳两种属性的中数五,才可"明阳相得"、"杂而成物"。天一杂五以成六,地二杂五以成七;天三杂五以成八,地四杂五以成九。六、七、八、九由此而得,是从四象中产生出来的实有成分,是不断的演变之中的"成"数,就是成就万物之数。四象至此才言之有物,故此得名而为"成数"。

从"四象"到万物生成,必须有一个重要数"五"的参与。"五"是天地之中数,虽然是天数,但其体却为土,为地数。因此,它具有"杂四行以成五行"的性质,故称"五"为"五行数"。

"生数"和"成数"象征着客观世界运行变化的纲领。约成于春秋战国时期的《黄帝内经素问·六元正纪大论》认为:"此天地之纲纪,变化之渊源。""五行数"是指生数和成数相合而言。木、火、土、金、水五行的偏盛偏衰谓"太过不及"。太过是五行的气盛,用成数表示;不及是五行的气衰,用生数表示。

这些描述为"河图洛书"作出了文字解释和规范。就华夏"太极"文化而言,从一到十的数字并不仅仅是一组理数符号,而是整合了某些时间和空间的信息在其中。从文献上看至少在周代,五方、五行和理数的对应关系就已经形成了一种比较稳定的模式。这个模式就是"河图洛书",它从本质上对于后世的各门科学技术都产生了深远的影响。

从以上所述来看,天地之至数一、二、三、四、五、六、七、八、九皆依"河图洛书"九宫位为说。在"洛书"中,"五"居"中央宫";在"河图"中,阳五阴十居"中土"。

"五行"是指金、木、水、火、土。据上古时期政事史料汇编《尚书·洪范》记载:"五行:一曰水,二曰火,三曰木,四曰金,五曰土。"[11]"五行"派生出"五色":木代表青色,火代表红色,土代表黄色,金代表白色,水代表黑色。又派生出"五方":木为东方,火为南方,金为西方,水为北方,土为中央。因此,木,青色,为东方;火,红色,为南方;土,黄色,为中央;金,白色,为西方;水,黑色,为北方。"五",在"洛书"中居"中央宫",在"河图"中居"阳五阴十"的"中土",与"五行""土"、"五方""中"、"五色""黄"方位相照应。

因此说,理数"五"居于"河图洛书"的"中央宫";在"五行"中、土、黄方位。

二、理数"五"与天地之中"五帝"的对应关系

天象中以"五"命名的星宿,也与"太极五行""中、土、黄"方位,"河图洛书""中央宫"之间具有对应的人文关联。

1. 天宫"三垣"中"五帝"星与"太极五行"对应

天的中心为"三垣","五帝"居住于"三垣"之中。

如"五帝内座"星,属于"三垣"之一的"紫微垣"。紫微垣,也称"天营"、"长垣"、"日旗"、"天宫"、"紫宫"。"紫"有"此"的含义,"宫"有"中"的含义。由于天神运动,阴阳开合(开封)都在此宫之内,古称"紫宫",象征着天帝朝会和居住的宫殿,位置在华盖与北极星(勾陈一)之间,五颗星排列呈十字状,意为"五帝室内之座位"。"五帝内座"临近"天皇大帝",即"北极、天一"星。"五帝内座"中的"五帝",是指天上的"五方之帝",即东方苍帝灵威仰、南方赤帝赤熛怒、中央黄帝含枢纽、西方白帝招拒、北方黑帝汁光纪。此星官在西方天文学则分别属于仙王座与仙后座。元代丞相脱脱《宋史·天文志》记载:"五帝内坐五星,设序顺,帝所居也。"其中"黄帝内坐"五星中的第一星,居其他四星的"中央"方位。

又如"五帝座"星,属于"三垣"之一的"太微垣",象征着天帝大臣行政和居住的政府,意为"五帝宫廷之座位"。"五帝座"指的是天上"五方之帝",中间一星居五帝座正中,也居太微垣正中,是黄帝的御座。唐代学者张守节《史记正义》记载:"黄帝坐一星在太微宫中,含枢纽之神,四神夹黄帝坐,苍帝东方,灵威仰之神;赤帝南方,赤熛怒之神;白帝西方,白招矩之神;黑帝北方,汁光纪之神,五帝并设,神灵集谋者也。"其中"黄帝坐一星"居"太微垣",以"五帝座"为中枢,东藩五星为左垣,西藩五星为右垣。"垣"指护卫"五帝座"的宫墙。

再如"帝座"星,属于"三垣"之一的"天市垣",又名"天赋"、"长城",是五帝治水之宫,也象征着天帝货贽之府,即百姓交易的集贸市场,意为"天皇大帝在天市垣的外座",由一星组成。元代丞相脱脱《宋史·天文志》记载:"帝座一星在天市中,天皇大帝外座也。""天市垣"以"帝座"为中枢,东藩十一星为左垣,西藩十一星为右垣。

还有如:"五佐"星,谓佐天行德的五星;"五括"星,也称"五车"、"五潢",属"毕宿",共有五星。唐代宰相房玄龄《晋书·天文志上》记载:"五车者,五帝车舍也,五帝坐也,主天子五兵,一曰主五谷丰秏……其中五星曰天潢"[12];"五

纬"星,为金、木、水、火、土的"五行星";等等。

天上的"五帝",也称"五方天帝",并配有属神:东方天帝太昊伏羲,属神勾芒;南方天帝炎帝神农,属神祝融;西方天帝少昊金天,属神蓐收;北方天帝颛顼高阳,属神玄冥;中央天帝黄帝轩辕,属神后土。他们名称的含义与他们在天象、地形中所处的方位或季节是密切相关的,也是与天地上下对应着的。

2. 古人认识"五帝"有差异但文化本质相同

由于上古时期历代皇、帝历史和传承的先后不同,不同历史时期的氏族认可的皇、帝也不一样。因此,对于三皇五帝认可也是有区别的,如:

(1) 三国魏经学家王肃《孔子家语·五帝德》中,认为"五帝"为:黄帝、颛顼、帝喾、尧、舜;[13]

(2) 周文王《周易·系辞》中,提出"五帝"为:宓戲(伏羲)、神农、黄帝、尧、舜;[14]

(3) 战国时期吕不韦《吕氏春秋·十二纪》、汉代礼学家戴德《礼记·月令》中,所载"五帝"为:太昊、炎帝、黄帝、少昊、颛顼;

(4) 汉代易学著作《礼纬·稽命征》等书之说,把黄帝升为三皇之一;西晋学者、医学家皇甫谧《帝王世纪》也认同,就是以少昊以下五人为"五帝"。于是,隋唐年间的儒家学者、经学家孔颖达在《尚书序》中,据此将西汉经学家刘歆《世经》前面三名伏羲、神农、黄帝为"三皇",三名以后的少昊、颛顼、帝喾、尧、舜为"五帝";[15]

(5) 北宋史学家刘恕《通鉴外纪》、南宋学者罗泌《路史·发挥》引南北朝时期梁朝武帝萧衍画像碑述,以黄帝、少昊、颛顼、喾、尧为"五帝",似是最晚的一说[16]。然而,此说的依据来自汉代画像石,仍然为汉代历史之说;

(6) 战国末期流行"五色帝"之说,秦代设有祭祀白、青、黄、赤"四帝"之祠,汉代高祖刘邦增祀"黑帝"之祠。但是,直到西汉末期经学家在《春秋纬·文耀钩》中,才开始记载有"五色帝"的名字,即:"苍帝曰灵威仰,赤帝曰赤熛怒,黄帝曰含枢纽,白帝曰白招拒,黑帝曰汁光纪。"[17]东汉末年经学大师郑玄注释《礼记·大传》中的"王者禘其祖之所自出"[18]之句,就是引此诸帝名字为"太微五帝"。现代人一般习惯将太微"五色帝"混同汉代戴德《礼记·月令》中的太昊、炎帝、黄帝、少昊、颛顼。而夏、商、周时期及后来道家,也用三清五气结形的说法来解释天地之间的"三皇五帝"。

此外,古代还有把"五方天神"合称为"五帝"的神话。东汉著名文学家王逸所注《楚辞·惜诵》中的"五帝",就是指"五方神",即东方太皞、南方炎帝、西方少昊、北方颛顼、中央黄帝;而唐代儒家学者、经学家贾公彦疏解《周礼·天官》中所"祀五帝",则是东方青帝灵威仰、南方赤帝赤熛怒、中央黄帝含枢纽、西方白帝白招拒、北方黑帝汁先纪。[19]

"五方上帝",即东、南、西、北、中的"五帝",又称为"五方帝"、"五天帝"、"五方天帝"、"五方天神"等。早在周代,人们就依据周礼设天官冢宰、地官司徒、春官宗伯、夏官司马、秋官司寇、冬官司空"六官"分掌邦政,以"六辂"祭祀昊天上帝和东、南、西、北、中"五方上帝"。六辂祭祀:一曰苍辂,以祀昊天上帝;二曰青辂,以祀东方上帝;三曰朱辂,以祀南方上帝及朝日;四曰黄辂,以祭地祇、中央上帝;五曰白辂,以祀西方上帝及夕月;六曰玄辂,以祀北方上帝及感帝、神州。其中,"昊天"是天帝的同义词,也指苍天、自然上帝;"五方上帝",即东方青帝太昊(伏羲氏),南方炎帝(神农氏),中央黄帝(轩辕氏),西方白帝(少昊),北方黑帝(颛顼),为人格化的五位上帝。

3. 天地之间"五帝"与"太极五行"文化彼此照应

"五帝"有"先天五帝"和"后天五帝"之分。"先天五帝"为统治东西南北中五个方位之"天神"、"天上之帝",即天上的东方青帝太昊、南方赤帝炎帝、西方白帝少昊、北方黑(玄)帝颛顼、中央黄帝轩辕。"后天五帝"即"地神"、"天下之帝",为上古时期华夏先民尊奉的五位圣王贤君,即伏羲(东方青帝)、炎帝(南方赤帝)、黄帝(中央黄帝)、少昊(西方白帝)、颛顼(北方黑帝)。古人认为,地上五位圣王贤君死后升天成为天神,辅佐昊天天帝(天皇),而成为"先天五帝"统治天地五方。当然,"先天五帝"在儒教和道教信仰中有不同的称呼。

在中华传统文化中,祭祀"五方上帝"是极为重要的宗教祭祀。以三国曹魏时期著名经学家王肃为代表的宗教学说认为,五行"人帝"可称为"上帝",但不可称为"天"。只有昊天上帝可称为"天",祭祀昊天上帝才能代表祭"天"。唐代宰相魏征在《隋书·礼仪》中也记载:"五时迎气,皆是祭五行之人帝太皞(昊)之属,非祭天也。天称皇天,亦称上帝,亦直称帝。五行人帝亦得称上帝,但不得称天。"[20]说明"五行人帝"不是"皇天"、"天帝"、"天皇",而只是"天帝"辅佐一方的"上帝"。

对此,汉代史学家司马迁在《史记·封禅书》中也记载:"天神贵者太一,太一佐曰五帝。"说明"太一"不是"五行人帝",即"五帝",而是"皇天"、"天帝"。西汉经学家刘向《五经通义》记载:"天皇大帝亦曰太一。"[21]东汉末年经学大师郑玄认为:"昊天上帝谓天皇大帝。"[22]说明"五帝"受托于天帝而非天帝。元代丞相脱脱《宋史·礼志》认为:"人之所尊,莫过于帝,托之于天,故称上帝。"可见，"五方上帝"是"昊天上帝"的辅佐，或执政，是执行天帝"天命"的替天行道者。

因此，"五方上帝"也被称作"皇天"之子或"天帝"之子，即"天子"，是受天帝之命，即奉天命治理天下的"行者"。

古人认为，地上的帝王、朝代都是受天宫"五方上帝"轮流感应而化生的，彼此是相克相生的关系，故也称"感生帝"。

汉代史学家司马迁《史记·天官书》认为："天有五星，地有五行。"其实，"五行上帝"、"五方上帝"、"五色上帝"都是分别配以"五行"金、木、水、火、土，"五方"东、西、南、北、中，"五色"白、青、玄、赤、黄之后，形成的人文称呼。所以，白帝少昊金德、青帝太昊木德、玄帝颛顼水德、赤帝火德、黄帝土德。天上的"五行帝"，也称"五方帝"、"五色帝"，又皆与地上的"人帝"彼此对应，故也称"五行人帝"。

虽然，中国古代儒教、道教对"五方上帝"有不同称呼，但在人文含义的本质方面却是一致的。

4. 儒教"五方上帝"、道教"五老天君"与天地"五帝"吻合

儒教、道教都是中国本土文化的历史传承者。尤其是周代以后形成的儒教，继承了周代以前的华夏历史文化传统。儒教中的"五方上帝"为：中央黄帝含枢纽、东方青帝灵威仰、南方赤帝赤熛怒、西方白帝白招拒、北方黑帝汁光纪。

道教以五方五老天君，对应儒教的五方五大天帝。道教"五灵五老天君"为：东方安宝华林青灵始老九炁天君、南方梵宝昌阳丹灵真老三炁天君、西方七宝金门皓灵皇老七炁天君、北方洞阴朔单郁绝五灵玄老五炁天君、中央玉宝元灵元老一炁天君。

道教的五方五老天君又按五行之法，化为儒教的五方五大天帝后，赋予各自职能和名号：青灵始老化为东方青帝，主木司春，名曰灵威仰；丹灵真老化为南方赤帝，主火司夏，名曰赤熛怒；中央玉宝元灵元老化为中央黄帝，主土司四季，名曰含枢纽；七宝金门皓灵皇老化为西方白帝，主金司秋，名曰白招拒；五灵玄老化为北方黑帝，主水司冬，其名汁光纪。

道教中"中央玉宝元灵元老一炁天君"的"炁"，音同"气"，是中国哲学、道教和中医学中常见的概念，是一种形而上的神秘能量，不同于气。"炁"为先天之炁，"气"为后天之气。在中医学术语中，炁与不同的文词相组合，可以用来表达各种不同的意义，如五脏之炁，六腑之炁，经脉之炁等。虽然中医、风水著作中常写作"气"，但实际上应是"炁"的概念。养生学中，"炁"是一种疗愈能

量,是存在于宇宙万物之间一股生生不息的能量流。

道教中有"一炁化三清"之说。其中"一炁",为天君的"一炁",也叫"先天一炁",或"元始祖炁",是指生天、生地、生人、生万物的原始之炁,是构成天地万物的基本元素。"一炁"由"道"衍生而来。据北宋道教南宗紫阳派鼻祖张伯端在《悟真篇》中记载:"道本虚无生一炁,便从一炁产阴阳,阴阳再合成三体,三体重生万物光。"[23]明代气功学家尹真人在《性命圭旨》中解释说:"道也者,果何谓也?一言以定之,曰炁也。"[24]

可见,"一炁",也指"道"、"太极"、"太一"。而儒教"中央黄帝含枢纽"、道教"中央玉宝元灵元老一炁天君",就是"一炁",即"太极"、"太一"行使天命、天道的象征,是代替"昊天天帝"主管天道和"五帝"运行的"枢纽"与行者。因此,"枢纽"之地被视为"中央黄帝"所在的"中枢"之地。"中枢"也指四通八达的"天下要冲"。古人认为,"冲"为形声,从"行",重声。"行"的意思是路,本义是指交通要道。

因此,黄帝被称作运行于北天的"北斗",它周转不息地运行于北天五行之间,通过北斗七星斗柄所指引的方向,告诉华夏子民一年气候、季节、时间、方位的循环变化,指导华夏子民生活、劳作、繁衍和发展。

5. "五行"由"天道"、"一炁"化生而来

道教认为,因五老天君性情与天帝相同,只想静养怡神,不喜调御作为,于是就按"五行"之法,化为"五方"、"五帝"。五老天君是"五行"之精,为"五行"之体;"五帝"是"五行"之气,为"五行"之用。道教"一气化三清"表明,"五行之气"是构造道教最高神的基本要素。最高神之下的众神仙,也由"五行之气"所构成。如玉皇大帝,在道教中为三清祖气,即"五行之气"所化。说明五老天君是"五行之气"的根宗,也是"五行"的本始,玉皇大帝和五老天君的"气"也是直接源自"五行"之"气"的。用"道"与"气"造构神灵时,道教遵循其"化"的原则,是太极易、道变化思想的反映。这是道教的一大特色,也是华夏民族用道教来解释华夏历史文明发源和文化思想的基本理论、方法。

古人关于天上"五帝"神与地上"五帝"人的观念,史典中均有记载。西周《易经·系辞上传》认为:"在天成象,在地成形,变化见矣。"明末清初著名地理风水学家蒋大鸿《水龙经·卷五总论》认为:"在天成象,在地成形,地有斯形,实与天象遥相应合耳。"[25]这是对五老天君为"五行"之精之体,"五帝"为"五行"之气、之用理念的不同表达形式。所以,天地"五帝"所居住的天象"三垣"、地形"昆仑"的"天地之中",均可用"仰观天象、俯察地理,中参人事"的方法求

知,因为这是由华夏先民"天地人合一"基本理论和实践方法决定的。

其实,道教太上老君就是"天皇"、"太极"、"天道"、"一炁"的化身。东汉道教创始人、第一代天师张道陵《老子想尔注》认为:"一者道也……一散形为气,聚形为太上老君。"[26]南宋道士谢守灏《混元圣纪》也认为:"大道之气,造化自然,强为之容,即老君也。"又说:"太上老君者,大道之主宰,万教之宗元,出乎太无之先,起乎无极之源……终乎无终,穷乎无穷者也。"[27]由此,把太上老君之道、教与太极、无极联系在了一起。

南宋道教学者金允中在《上清灵宝大法》中,以道教气说解释五老君的存在时指出:"五老上帝者,五气之根宗,五行之本始也。及其见于天文者,则为五星,或为五帝座。……凝质具体,遂为五岳……是为五岳之帝。……下至于物,为金木水火土,于事为帝,于人为五脏,皆此五气也。""五老上帝"因而成为了万物之本。所以,他总结说:"以理言之,莫若随五气之所寓而称,在天中则称五老上帝,在天文则称五帝座及五方五星,在神灵则称五方五帝,在山岳则称五岳圣帝,在人身则称五脏神君,岂不通理而易行。"[28]因此,五方五星、五方五帝、五岳圣帝、五脏神君等,均起源于"五气之根宗","五行之本始"的五老上帝。

可见,"五行"的"五"也起源于华夏先民对"五方"的尊奉和崇拜。

三、"昆仑"、"正炁"在河南开封之北"天下之中"

明末著名文学家冯梦龙《警世通言》记载:"始炁为大道于日中,是为'孝仙王'。元炁为至道于月中,是为'孝道明王'。玄炁为孝道于斗中,是为'孝悌王'。夫孝至于天,日月为之明;孝至于地,万物为之生;孝至于民,王道为之成。是故舜、文至孝,凤凰来翔。"[29]其中"大道",是天地交合、阴阳和谐、帝王建都、万物阜安、太平吉祥的政治理念和地理环境,即"太极"之道;"日中"为"天之中";"月中"为"地之中";"斗中"为"北斗"运转的"中枢"之中;"王道",为帝王治理天、地、人要遵循的自然规律,也称"天道";"舜、文"为舜帝、文命(大禹)。这里正是天上"三垣"与地上"昆仑"相互对应,三皇五帝居住和建都的"天地人之中"。儒教称之为"中央黄帝含枢纽",道教称之为"中央玉宝元灵元老一炁"。

据化名天真皇人《灵宝无量度人上经大法·隐书玄象品》记载:"乾坤开辟,五行三才之象,皆有形质……迨我皇人得之浮空,立象至精之中,日月星宿,风雨四时,正炁之内,卞璇玑玉衡,轮回昼夜。"[30]其中"正炁之内",就是指

"天地（阴阳）"交合、"风雨四时（四象）"相会、"五行中土"的核心"中央"之位，也是"太极"、"昆仑"、三皇五帝的"天下之中"。

"太极"即"道"，是道教的最高信仰和教义枢要，也是道教创神的基本依据。不赋予三皇五帝神灵以道性，就无法使其成为道教神仙。所以，他们对上古时期华夏先民创造的神灵重新加工后，创造出了新神，这就是道教中的诸位神仙。

天有天之道，在于"始万物"；地有地之道，在于"生万物"；人有人之道，在于"成万物"。道教在加工创造人之道和新神的过程中，所遵循的一个共同教理依据和原则，就是"道"、"炁（气）"互化互生，完全符合中国古代"天人合一"、"神人合一"、"物质精神合一"、"主观与客观合一"象形、唯物的哲学世界观。古人不仅以此构建了中国传统文化的主体，甚至以此为人生追求的最高理想与精神境界。这是古人对天地自然造物主最高权威的描述，在中国传统文化中占有举足轻重的主导地位。

清代五十四代天师张继宗大真人《崆峒问答》记载："炁者，乃阴阳二炁，各分右左，共成二十四炁。修炼者能明此五炁，然后按时焚修。治者，理也，即治事之谓仙品职之衙门也。天有二十八宿，降炁于治，发生万物俱在蜀中，修炼者能知何治、涵何炁，即可调和六炁矣。"[31]其中"阴阳二炁"，即"太极阴阳之气"；"五炁"，又名"五炁真君"、"五德星君"、"五星君"、"五曜星君"，是道教信奉的五位星神，其居住地在天象中的"三垣"之中，也在地形中的"昆仑"之中。传说周代函谷关令尹喜道家著作《关尹子·六匕》记载："我身五行之炁，而五行之炁，其性一物。"说明"五炁"，也称"五行之气"。[32]

关于"昆仑"、"天下之中"、"五行正炁"在人间的地理方位，一代天师张继宗在《崆峒问答》中也作了具体回答，说："地脉以昆仑为首……北邙治在河南开封之北，当天下之中，受天下之正炁，如人之五脏居于胸腹，脉则行四肢也。"对《崆峒问答》主要地名和人文历史情况，我们的理解如下：

（1）"昆仑"：是"天一"、"太极"和道教"太上老君"及"五位星神"的居住地，也是中国古神话中的神山。据东汉道教创始人、第一代天师张道陵《老子想尔注》记载："一者道也……一散形为炁，聚形为太上老君，常治昆仑，或言虚无，或言自然，或言无名，皆同一耳。""虚无"即"崆峒"，故"昆仑山"也可称"崆峒山"。据战国时期魏国襄王墓中出土的竹简《穆天子传·卷二》记载：西周穆"天子升于昆仑之丘，以观黄帝之宫"。[33]"昆仑之丘"，也称"昆仑虚"、"昆仑山"，与黄帝帝都、宫室同在一地。这说明"昆仑"一直到西周初期仍然存在，战国时期还被居住在魏国国都大梁（开封）的魏襄王所传承，并且就在魏国大梁北部的昆仑山轩辕丘上的"黄帝之宫（室）"。

（2）"北邙治"："邙"即"亡"。据东汉文字学家许慎《说文解字》记载：邙"山名亡山，故加邑为邙，亦名其邑也"。[34]传说"邙"是黄帝亡命后下葬的"亡山"之地。"邙"也称"芒"。1915年12月陆尔奎等《辞源》记载："北邙，山名。一作北芒，即邙山，也叫芒山、郏山、北山。"[35]传说由黄帝"姬芒"之"芒"居住和下葬此地而取名。"北邙治"之"治"，又与"始"同义。清代史学家、汉学家钱大昕认为："古文故治与始通，《尚书》：'在治忽。'《史记·夏本纪》作'来始滑'，《汉书·律历志》作'七始咏'，是'治'即'始'字。"[36]可理解为最原始的"邙山"之地。

可见，最早的"北邙治"是指黄帝姬芒居住、建都和下葬的原始之地。因其地在开封黄帝帝都北部，也称"北芒"；又因后人在其地建荆隆宫城邑，"亡"字右边加"邑"字称"邙"，故也称"北邙"；还因这里是"天地之中"，又称"昆仑虚"、"崆峒山"等等。

古人"葬在北邙"名言的深刻历史文化内涵在于，这里是华夏人文始祖黄帝的去世和下葬之地，是黄帝后裔子孙叶落归根的祖地故土。关于《崆峒问答》记载"邙治在河南开封之北"，唐代王瓘《轩辕本纪》有记载说："……轩辕。以土德王，曰黄帝。帝娶西陵氏于大梁，曰嫘祖，为元妃。"[37]其中"大梁"，即开封北部的战国时期魏国国都，黄帝娶西陵氏"嫘祖"作"元妃"，就在"大梁"城北的"北邙山"轩辕楼（丘），因而去世后也葬在此地。

（3）"天下之中"：即"天地之中"，是公元724年唐代天文家僧一行对大唐国土进行全面测量后，最终认定的开封古浚仪太岳台"唐之地中"。"浚仪"在开封北部，是战国时期魏国"大梁"的旧地，也在黄帝娶嫘祖的"大梁"城北轩辕楼（丘）之地。

（4）"正炁"：南宋道士王契真《上清灵宝大法·卷十》认为："三天（皇）五帝功曹，亦非胎化有形之类。皆三五自然真炁所化，以天真道炁召录身中三田五脏正炁，造化而成。"[38]其中"三五"，在人文历史中是指"三皇五帝"，在道教医学中是指"三田五脏"，在古代天文学中是指"三辰五星"，在周易历法中是指"三正五行"，具有"太极中心"、"昆仑核心"的深刻文化内涵。这说明"正炁"是"太极"、"昆仑"、"五行"的"中央"，也是三天（皇）五帝居住、建都、"真炁"、"造化"的"天下之中"，即"天地之中"。

可见，开封是太极"五行"的"中、土、黄"之地，是三皇五帝居住建都的"中央宫室"，是天上"三垣"与地上"昆仑"彼此对应的"天地之中"。其地理方位就在开封"大梁"老城北部、唐代浚仪岳台"天下之中"和黄帝帝都——轩辕楼

第六章　天地"五帝"对应"太极五行"方位

之地。

开封是理数"五"、太极"五行"、河图洛书"中央宫"的发源地。

文献来源：

[1](晋)郭璞注,(宋)邢昺疏,王世伟整理:《尔雅注疏》,上海:上海古籍出版社,2010年版。

[2](汉)许慎撰,(清)段玉裁注:《说文解字》,上海:上海古籍出版社,1988年版。

[3](汉)司马迁撰,(宋)裴骃集解,(唐)司马贞索隐,(唐)张守节正义,顾颉刚领衔点校,赵生群主持修订:《点校本二十四史修订本〈史记〉》,北京:中华书局,2014年版。

[4]周振甫译注:《周易译注》,北京:中华书局,1991年版。

[5](明)程登吉:《幼学琼林》,西安:三秦出版社,2008年版。

[6]上海师范大学古籍整理研究所校点:《国语》,上海:上海古籍出版社,1988年版。

[7](明)范钦:《天一阁藏范氏奇书》引《周易乾坤凿度》,北京:线装书局出版社,2010年版。

[8](汉)伏胜著,(汉)郑玄注,陈寿祺辑校:《尚书大传》,上海:上海商务印书馆,1922年版。

[9]《黄帝内经素问》,北京:人民卫生出版社,2012年版。

[10](元)脱脱等撰:《宋史》引(宋)常豫:《易源》,北京:中华书局,1985年版。

[11](汉)孔安国传,(唐)孔颖达正义,黄怀信整理:《尚书正义》,上海:上海古籍出版社,2008年版。

[12](唐)房玄龄:《晋书》,北京:中华书局,1974年版。

[13](三国·魏)王肃编著:《孔子家语》,郑州:中州古籍出版社,1991年版。

[14](秦)吕不韦撰,(汉)高诱注:《吕氏春秋》,上海:上海古籍出版社,1989年版。

[15](汉)孔安国传,(唐)孔颖达疏:《尚书正义》,北京:北京大学出版社,1999年版。

[16](宋)刘恕:《通鉴外纪》,上海:上海古籍出版社,1987年版。

[17]《纬书集成》引《春秋纬》,石家庄:河北人民出版社,1994年版。

[18](汉)郑玄注:《礼记正义》,上海:上海古籍出版社,2008年版。
[19](唐)贾公彦注释:《周礼疏》,北京:北京图书馆出版社,2003年版。
[20](唐)魏征:《隋书》,北京:中华书局,1997年版。
[21](西汉)刘向:《五经通义》,载于(清)朱彝尊:《经义考》,北京:中华书局,1998年版。
[22](汉)郑玄等注:《十三经古注》,北京:中华书局,2014年版。
[23]张伯端译,石明辑:《悟真篇三家注》,北京:华夏出版社,1989年版。
[24](明)尹真人高弟:《性命圭旨》,北京:中央编译,2013年版。
[25](明末清初)蒋大鸿:《图注秘传水龙经》,呼和浩特:内蒙古人民出版社,2010年版。
[26]饶宗颐:《老子想尔注校证》,上海:上海古籍出版社,1991年版。
[27]《道藏》载(宋)谢守灏编:《混元圣纪》,文物出版社、上海书店、天津古籍出版社三家联合,1988年影印版。
[28]《道藏》载(宋)金允中:《上清灵宝大法》,文物出版社、上海书店、天津古籍出版社三家联合,1988年影印版。
[29](明)冯梦龙:《警世通言》,北京:人民文学出版社,1956年版。
[30]《道藏》载天真皇人撰集:《灵宝无量度人上经大法》,文物出版社、上海书店、天津古籍出版社三家联合,1988年影印版。
[31](清)张继宗大真人:《崆峒问答》,中国江西《龙虎山道教网·文献经典》,2013年11月2日。
[32]朱海雷:《关尹子·慎子今译》,杭州:浙江大学出版社,2012年版。
[33]王天海译注:《穆天子传全译》,贵州:贵州人民出版社,1997年版。
[34](东汉)许慎:《说文解字》,上海:上海古籍出版社,2007年版。
[35]陆尔奎等编:《辞源》,郑州:中州古籍出版社,1993年版。
[36]王显:《诗经韵谱》载钱大昕:《诗经韵谱序》,北京:商务印书馆,2011年版。
[37]《道藏》载(唐)王瓘:《轩辕本纪》,文物出版社、上海书店、天津古籍出版社联合重新印影涵芬楼本,1988年版。
[38]《道藏》载(宋)宁全真授,王契真撰:《上清灵宝大法》,文物出版社、上海书店、天津古籍出版社联合重新印影涵芬楼本,1988年版。

第七章　炎黄氏族的发源地——逢泽

上古时期,古都开封南部有一个天然大湖"逢泽"。逢泽地区是黄河、济水流过荥阳以东地区的下游后,与上古时期的海水相互作用形成的洪荒之地。随着海水水位逐渐降落,地平面开始升高,在荥阳以东的三角地区留下了一个海水、河水环形围绕高阜丘台四周的沼泽水国。最初,逢泽与郑州北部的荥泽、东部的圃田泽,尉氏西南部的渐泽、制泽,延津西南的乌(黑)泽,山东西南部的菏泽、巨野泽等彼此相连,把以开封为中心的中牟、原阳、封丘、长垣、陈留、杞县等高阜丘台包围在中间。后来,由于海平面不断降低,各个湖泽之间靠沟渠河道相通。所以,这里是"沟"、"渠"二字的最早发源地。

由于上述几个较大的湖泽分布在开封的周边地区,古人称开封南部的"逢泽"为"南海",开封西部的"圃田"为"西海",开封北部的"乌泽"为"北海",开封东部的"菏泽"、"巨野"为"东海"。

"四海"之内的开封周边一带地势较高,水草肥美,物华天宝,是华夏原始先民和各类动植物生存、繁衍的天堂。随着开封南部高地许昌灵井人和西部高地郑州樱桃沟人逐步迁徙到这里,华夏原始先民得到了快速进化,繁生了华夏历史上最早的文明萌芽,也为三皇五帝"中央之国",包括南方炎帝、中央黄帝政权的形成奠定了基础。

下面我们就根据历史资料和开封人文传承,对逢泽产生和传承的历史原因作以分析和论证,以了解开封被称作华夏历史文明发源地的历史必然性。

一、逢泽之"逢"字具有多种文化含义

"逢泽"之"逢"字,在古代具有较多的历史文化内涵,自然也衍生出了许多历史文化故事。

1. "逢"字的不同含义

"逢"为"大"。东汉著名经学家马融认为:"逢,大也。"这与古代"逢泽"面积广阔、茫茫无边的情境相符。

"逢"为"迎"。中国最早的国别体著作《国语·周语上》记载:"道而得神,是谓逢福。"[1]三国时期著名史学家韦昭注释:"逢,迎也。""逢福"的意思是遇到了好时运。其中"道",指"太极"理论中的自然规律,即"天道";"神"为居住于地形昆仑山上的帝王先祖,被安置到天象"三垣"后称作"神仙"。大意是说按照"太极"理论中"天道"即自然规律办事,加上有天上"神仙"帮助,就会迎来安定、顺利和幸福的时运。

"逢"为"历"。东汉文学家王逸《楚辞注》认为:"历,逢也。"[2]"历"具有游历、经过和推算年、月、日、节气的方法,即古代历法的含义。因为最早的历法产生于三皇五帝建都的昆仑山,故昆仑山也称"历山"。

"逢"为"强势"。据中国最早的史书《尚书·洪范》记载:"身其康强,子孙其逢吉。"[3]"逢"具有势头强盛之象。

"逢"为"遇"。汉代史学家司马迁《史记·司马相如列传》记载:"大汉之德,逢涌源泉。"[4]唐代《史记索隐》记载:"逢源泉。(三国时期文字训诂学家)张揖曰:逢,遇也。"东汉文字学家许慎《说文解字》也记载:"逢,遇也。"[5]

"逢"与"缝"通。西汉礼学家戴德《礼记·玉藻》记载:"深衣缝齐倍要。"[6]东汉经学大师郑玄《礼记注》认为:"缝,或为逢。""逢"也为"峰"、"烽"。唐代著名史学家司马贞《史记索隐》记载:"逢……读曰烽。"[7]"烽",也与"夆"、"蜂"、"逢"、"峰"、"凤"同音相通。大意是"逢"象像刚刚燃烧起的烽火一样强势。

2. "逢"字与多字音同义通

"逢"与"丰"古代声义相通,具有强壮、茂盛、吉祥的含义。据西周文王《周易·丰卦疏》记载:"丰者,多大之名,盈足之义。财多德大,故谓之丰。"[8]

"逢"与"封"、"风"、"丰"音同义通。"封"、"丰"与"逢"都具有声势"大"的含义。清朝训诂学家朱骏声《说文通训定声》记载:"封,假借为丰。"[9]三国时期魏人张揖《广雅·释诂一》认为:"封,大也。"[10]东晋训诂学家郭璞《尔雅注》认为:"万物锋芒欲出,壅遏未通也。"[11]"壅遏未通",其义为"封"。三国时期著名史学家韦昭《吴语注》认为:"壅本曰封。又富厚也。"[12]因此,"壅"、"封"同义。"丰采"也作"风采",故"丰"、"风"相通。"封"、"丰"与"逢"都具有声势"大"的含义。所以,古代"封人"、"防(方)风氏"、"逢蒙",都是"大人氏"同族或后裔,也称"封伯"、"风伯"等。

3. "逢"字与多字音异但义通

汉代刘向《楚辞·九叹》认为:"登逢龙而下陨兮,违故都之漫漫。"[13]南宋秘书省正字王逸《楚辞注》认为:"逢龙,山名。逢,一作逄(旁),古本作蓬(彭)。"[14]说明"逢龙"山,也称"逄山"、"逢山"、"蓬山",是指离别很久以前的"故都"。

"逢"、"夆(同蜂)"通"芳(同方)"。汉代司马迁《史记·项羽本纪》记载的"蠭(同蜂、逢)午"[15],东汉历史学家班固《汉书·霍光传》"作旁午"[16],表明"蜂"、"午"相通。古人以十二支配方位,"午"为正南的夏阳方位,因以为南方的代称。"蜂"从"夆"声,"旁"从"方"声,故"夆、芳"也相通。"逢"是帝喾妃子陈锋氏庆都的居住地。陈锋氏,又名陈丰氏、陈逢氏等,是放勋即"尧"帝的母族。

"逢"为"宽大"。据汉代礼学家戴德《礼记·儒行》记载:"衣逢掖之衣。"[17]郑玄《礼记注》认为:"衣掖下宽大也。""逢"有宽大之意。

"逢"为"太岁"。"逢"又称"阏逢"、"阏蓬",为岁星(木星)之名。据我国最早解释词义的专著《尔雅·释天》记载:"太岁在甲曰阏逢。"也是中国古代的历法"十天干"第一位"甲"的别称,用以纪年。西汉淮南王刘安《淮南子·天文训》记载:"寅,在甲曰阏蓬。"[18]古时候将"太岁"视为君王,东汉王充的《论衡》说:"太岁之意,犹长吏之心也。"[19]南宋数术名家祝泌《六壬大占》认为:"帝王系命于太岁,后妃系命于岁之阴。"[20]清代通用历书《协纪辨方书》认为:"太岁,君象,其方固上吉之方,而非下民之所敢用。"[21]可见,太岁也称木星、岁星,为东方贵神,其所在上吉之方自然是尊贵吉利的,"逢"为"太岁"。"寅"在地支的第三位,属虎;"甲"在天干中排第一位。在"太极阴阳"学说里为阳,在"太极五行"学说里属东方"木",可表示万物生长周期的开始,是阴衰阳兴的萌芽阶段。说明"逢"在天象、天干、地支中都具有兴盛、吉利的涵义。

"逢"与"蓬"、"彭"古音相同。北宋大型官修韵书《集韵》记载:"蒲红切,音蓬。鼓声也。"[22]战国时期《诗经·大雅》记载:"鼍鼓逢逢。"[23]"鼍"为"鼍龙",即鳄鱼。"鼍鼓"为鳄鱼皮做成的鼓。"逢"音"蓬",是"鼍鼓"发出的声音。"蓬"与"彭"音同,"彭"的本义为鼓声密集。东汉文字学家许慎《说文解字·壴部》记载:"彭,鼓声也。"[24]"壴"为"鼓"声,"彡"即"三",表示"多"、"繁多"。"壴"与"彡"联合起来表示"乐声密集"。战国时期《诗经·囊壹》记载:"鼍鼓逢逢。""逢"、"蓬"与"彭"不仅音同义也同,都是古老的姓氏。因此,炎帝时期逢公的后裔,就是夏商时期的彭公。

"逢"、"彭"也通"旁"、"逄"。东汉经学家刘熙《释名·释兵》记载:"彭,旁也。"[25]宋元之际史学家胡三省注释《资治通鉴注·晋安帝义熙八年》记载:"彭排,即今之旁排。"[26]说明"彭"和"旁"可以互通。"彭"、"旁"与"逢"、"丰"一样,具有逢泽(彭泽、逄泽、丰泽)广大无边、强壮茂盛的含义。所以,北京中南海有建筑称"丰泽园"。

4. "旁薄"、"彭魄"是太极、昆仑、浑沦的状态

"彭"、"旁"与"逢"、"丰"均与"太极八卦"理论、昆仑山"天地之中"有关。西汉大儒、文学家扬雄《太玄经·中》记载"昆仑旁薄幽"[27]。晋代学者范望注释《太玄经·中》记载:"昆,浑也,仑,沦也,天之象也。旁薄,犹彭魄也,地之形也。幽,隐也。言天浑沦而包于地,地彭魄而在其中。"说明"彭魄"在"天地"太极昆仑即"浑沦"状态之中。战国时期哲学家庄周在《庄子·逍遥游》中记载:"之人也,之德也,将旁薄万物以为一。"[28]"一"为阴阳二仪未分的混沌之时。唐代初期道士成玄英疏解:"旁礴,犹混同也。""混同",即"混沌"或"浑沦"的太极状态。汉代刘安在《淮南子·俶真训》中记载:"浑浑苍苍,纯朴未散;旁薄为一,而万物大优。""一",即"太一",是"太极",即"浑沦"原始状态;也指肇始华夏历史文明太极、河图的伏羲即盘古。

据传说周文王所作的《周易·大有》记载:"九四,匪其彭,无咎。"[29]"九四",为"太极八卦"中的"九四爻",是未济卦之"蒙"卦。蒙,是朦胧、蒙蔽、承蒙,也是太极未分的鸿蒙状态。虽处未济之时,但能承蒙天子之丰厚的恩泽,也称"丰泽",即"逢泽"。魏晋时期经学家王弼注释:"匪其旁,则无咎矣。"隋唐时期经学家孔颖达疏解:"匪,非也;彭,旁也。谓九三在九四之旁……能弃三归五,故得无咎也。"清代经学家王念孙认为:"彭与旁通。"[30]

从以上"逢"字含义分析来看,"逢"、"蓬"、"彭"、"篷"、"旁"、"逄"不仅是事物广大无边、强壮茂盛、恩泽丰厚的象征,而且具有太极时期昆仑鸿蒙未开、旁礴混沌原始状态的含义。

从上述"逢"字的音义来看,它与"丰"、"大"、"迎"、"蓬"、"逄"、"缝"、"蜂"、"风"、"封"、"方"、"芳"、"旁"、"夆"、"历"等字相通或相同。

二、"逢"为炎帝后裔的姓氏和居住地

"逢"字与"逄"、"蓬"字同义。"逢"读作"旁"(páng)。"逢"姓属稀姓,人们往往容易把它错读作"逢"(féng),或"蓬"(péng,彭)。其实,"逢、蓬(彭)"二

字也还有一个共同的读音"逄"(旁,páng)。现在彼此是两个分别不同的姓氏,但上古时期"逢"与"逄"、"蓬(彭)"本为一字,来源于同一个古老的氏族。因此,开封逢泽,也称"逄泽"、"旁泽"、"逄水"等。

1. 开封逢泽是炎帝儿子逄伯陵居住地

"逢"姓始于"逄伯陵"。"逢"姓出自炎帝的姜姓,起源于6000年前的炎帝之子逄伯陵,以国名为氏。据明朝著名文学家凌濛初之父凌迪知《万姓统谱》记载:"炎帝有子名叫陵,商朝初年受封于逢,建立了逢国,为伯爵,世称逄伯陵。"[31]"逢伯陵",也称"逄伯陵"、"逄伯明"等。

据先秦古籍《山海经·海内经》记载:"炎帝之孙伯陵。"[32]"伯陵"是其后代封爵之称,其本名为"姜陵"、"姜伯陵"。据宋代学者罗泌《路史·后纪四》记载:"炎帝器,器生(封)钜及伯陵、祝庸(融)。"[33]"伯陵"因居住在"逢泽"、"逄泽"之地,又称"逢伯陵",或"逄伯陵"。罗泌《路史》又记载:"逢伯陵,姜姓。炎帝后裔,太姜所出,始封于逢泽,后改封于齐。"这说明神农氏炎帝器的三个儿子封钜、逄伯陵、祝庸(融)最早都居住在开封逢泽一带。

对于罗泌《路史》所记载的"齐",后人颇有争议,一些人认为"齐"为"齐鲁"之"齐"。其实,古人也称"齐"为"脐"。民国教育家周克昌认为:"赍通齐,又假作'脐',引申为中心、中央之义。"象征着人体和天地"中央"的凹凸之处,又称"天齐"。上古时期的"天齐"与西周之后的"齐国"并不在一地。西周之后的"齐国",由上古"天齐"之地的姜太公及其后裔迁徙、传承而去。

据汉代史学家司马迁《史记·封禅书》记载:"八神将自古有之,或曰太公以来作之,齐所以为齐,以天齐也。其祀绝莫知起时。"西周姜"太公"受封的"齐国"之"齐",不是上古时期的"天齐"之地。对此,宋代学者罗泌《路史·卷二十四》记载:"齐之先有逄伯陵。盖伯陵前封逢,后改于齐。"又记载:"逢,伯爵,伯陵之国,黄帝所封。夏有逢蒙,《穆天子传》逢公其后也。地今开封逢池,一曰逢泽。"说明"齐国"之"齐",源于逄伯陵居住的开封逢池之"天齐"。上古时期华夏民族所祭祀的"天齐",就是炎帝姜姓后裔祭祀居住在开封"逢泽"的三皇五帝,包括炎帝及其儿子封钜、逄伯陵、祝庸(融)之地,而不是祭祀西周时期"姜太公"的"齐国"之地。由于时代久远,以至于汉代史学家司马迁也对"天齐"之地"莫知起时"了。

2. 逢泽在"太极五行"南方炎帝的赤朱之地

关于炎帝及其儿子封钜、逄伯陵、祝庸(融)居住"天齐"、"逢泽"的地理位置,史料有据可查。西晋史学家皇甫谧《帝王世纪》记载:"'炎帝居空桑'。空桑为陈留,故归藏启筮云,蚩尤伐空桑,帝所居也。"[34] 从地理位置来看,开封古陈留空桑(今杞县空桑村)为炎帝帝都,在逢伯陵居住地"逢泽"东部之地。到了黄帝取代炎帝,在"空桑"、"逢泽"北部一带称帝,建立轩辕丘帝都后,逢伯陵的后裔世袭了逢伯陵在"逢泽"北部"逢山"一带的封地,建立了"伯陵国",也称"逢国"。

"逢国"所在地为"逢山",在"逢泽"之北,古称"负阳"。"负阳"之"负"与"背"义通,具有"逢泽"背靠、依傍"逢山"的含义。数学源自"太极理数",古代数学家采用"五行五色"来区分数字的地理方位,认为"正算黑,负算赤"。"正、黑"在太极"五行中央"的北方,是玄武颛顼帝之地;"负、赤"在太极"五行中央"的南方,是赤雀炎帝之地;太极为"一",传承于无极"0",在"五行"北黑、南赤之间的"中、黄"方位,为中央之国黄帝建都开封北部的轩辕楼。

清代文字学家朱骏声《说文通训定声》记载:"人坐立皆面明背暗,故以背为南北之北。"清代经学家段玉裁《说文解字注》也认为:"北者,古之背字。又引申之为北方。"[35] 可见,"负"与"背"、"北"本义相通。"北",也写作"邶",为商人居住地。商人也称"殷"人。"殷",也写作"依"、"阴"。"阴"与"北"、"背"、"邶"同义,位置在太极五行北部,也在开封黄帝帝都轩辕楼北部方位。因此,商殷氏族居住、建都在昆仑山"天地之中"、"逢国"、"逢山"、"逢泽"的北部地区。而"逢山"、"负阳"则在"逢泽"北部的"阳地"(水北为阳),又在太极五行"中土"、昆仑山黄帝轩辕丘南方的"赤地"(山南为阳)。这里正是炎帝后裔逢伯陵居住的"逢国",即"逢山"之地。

"逢山"至今尚在汉代梁园、开封禹王台之内,也称"蓬山"、"逢山"、"封山"、"蜂山"、"蠭山"、"锋山"、"丰山"等。因为"逢山"上部是平缓的台地,又在逢泽之北的"阳地",故也称"平台"、"平阳"、"平丘"、"平逢山"。"平台"之"平",音苹,具有太极文化"和"、"正"、"成"、"治"、"服"、"均"、"易"等含义。宽阔而平坦称"平原",天下平和称"太平",高大而平整称"平陆",平陆泽广称"原"。这些都是上古时期开封"逢山"、"逢泽"地理地貌的不同描述。

由于"平逢山"是伏羲皇、女娲皇建都之地,伏羲、女娲去世升仙为天象中的"太一"、"勾陈"之后,也可称这里为"太平山"、"太一山"、"龙马谷堆"等。这里既是太极五行"中土"南方炎帝的赤地,也是太(极)山,即"太一"、"昆仑"神仙之山的一部分。因此,这里也被称作昆仑山东南的"神州"、"神岗"、"赤县"、"空桑"。

南宋史学家罗泌认为,逢伯陵为黄帝臣,后受封于逢邑。隋唐时期经学家孔颖达《左传·昭公十年》认为:"伯陵之后,世为逢君。蓬姓源于姬姓。"[36]"蓬姓",也指"逢君"之"逢"姓,"逢伯陵"之"逢"姓。说明"逢伯陵"归顺轩辕氏黄帝后,成为了黄帝的大臣,后裔与黄帝轩辕氏母系融合后为"姬"姓。

宋代学者罗泌《路史·国名记甲》也记载,"逢,伯爵,伯陵之国,黄帝所封。夏有逢蒙,《穆天子传》逢公其后也。地今开封发池,一曰逢泽"。"逢蒙",为夏王太康失国、后羿篡政时期"逢国"的著名射手,也称"逢蒙"国,或"逢伯陵国",又称"逢门"、"蠭门"等,继承了炎帝后裔逢伯陵的"逢山"之地;《穆天子传》逢公,是指周朝五世周穆王东游昆仑山黄帝帝都轩辕丘,即"黄台之丘"和"夏启之居"阳城时,在开封"范宫"、"逢山"一带接待周穆王的"逢国"国君"逢公"。

3. 逢泽北邻黄帝岳父"封钜"的封地

炎帝的另一位儿子"封钜",也被黄帝在"祚土封氏"时封在开封逢泽北部一带。据战国时期赵国史典《世本·氏姓篇》记载:"封氏,炎帝之后,封钜为黄帝师,胙土命氏,夏封父侯国君也,今封丘是。"[37]"封钜"、"封父侯国"受封之地,就是开封北部封丘县西南的"封山",也称"长丘"。宋代学者罗泌《路史·炎帝后姜姓国》记载:"封钜国,黄帝封之,是为封胡。《通典》云:'封丘,古封国也,今隶开封。'有封父亭,封丘台,即封父国。""胡"也称"葫"、"湖"、"扈"、"瓠"等,最早与"封钜"同义。

"封父国"是夏代初期诸侯后夔"封伯"世袭黄帝时期封钜国的旧址。北宋史学家欧阳修《新唐书·宰相世系表》也记载:"封氏出自姜姓,炎帝裔孙钜为黄帝师,胙土命氏,至夏后氏之世,封父列为诸侯,其地汴州封丘有封父亭,即封父所都。"[38]"汴州"为唐代开封由"汴河"所得的地名,逢泽在"汴州"之南。

封丘地方志较为仔细地传承了这一历史。据《封丘县志》记载:"上古自唐虞三代至夏商两朝,封丘为封父侯国;春秋东周隶属京畿、郑、宋、陈、卫;战国隶属魏、韩、梁;秦朝郡县天下,以其地置延乡,隶三川郡。西汉初刘邦始置封丘县,东汉仍旧;三国属魏;晋属陈留郡;隋属东郡;唐属陈留郡;宋属开封府;元属汴梁路;明清属开封府。"又记载:"封氏出自姜姓,炎帝裔孙钜为黄帝师,胙土命氏。"[39]说明"炎帝裔孙钜",即"黄帝师""封钜",又称"丰沮"、"方雷氏"、"封狐(胡)"、"犬封国"等。其中"封钜"之"封"、"丰沮"之"丰"、"方雷氏"之"方"、"防风氏"之"防"四字本义相通,本地相同。

其实,"封钜"、"丰沮"、"方雷氏"、"防风氏"就是黄帝元妃嫘祖的父亲、神农氏炎帝榆罔的长子。因为"封、方、风"音同互通,所以"封钜"所居住的"封山",也称"方山"、"房(防)山"、"防风山"等。"方雷氏"传承给黄帝的"雷池",

也称"黄池"、"黄泽"、"方池"、"丰泽"、"鼎湖(胡)"等。北京清代故宫中南海瀛台之北的"丰泽园",具有明清皇帝仿效黄帝铸宝鼎、开天田、种禾桑,行演耕礼、恩泽天下的文化内涵。

4. 黄帝火正"祝融"封在南海逢泽、古启封之地

炎帝的第三位儿子"祝融",又称"祝庸",也居住在开封逢泽一带。炎帝时期"祝融"的封地在"江水",即"姜水"、"泽水",即"逢水(逢泽)"之滨,黄帝赐姓"祝融氏",担任火正官。正官最早居住在"太极五行"南方赤地,即杞县炎帝帝都空桑、颛顼帝封地高阳之地,后迁徙到开封朱仙镇古启封城一带。"朱仙镇"之"朱仙",最早由"太极五行"南方赤朱之地、南海逢泽神仙"朱雀"、"祝融"、"丹朱"传承而来。

炎黄时期的"江水",因在太极五行"中土"和昆仑山黄帝帝都开封轩辕丘的南部赤地,故称"赤水"、"丹(朱)水";又因"赤水"之地的"赤(炎)帝"为"姜"姓,"赤水"又称"姜(江)水"。古音"江"与"鸿"通,"江水"即"鸿水"。"鸿水",即流经开封西部后南北分流的"赤水"、"鸿沟"、"浪荡渠"、"丹水"、"汴水"。此水也曾流经开封东南部的炎帝帝都空桑、颛顼帝初都高阳和南部丹朱居住的朱仙镇一带。

炎黄两大氏族融合后,"祝融"为轩辕氏黄帝、高阳氏颛顼帝、高辛(莘)氏帝喾的火正官,名"重黎",又称"祝诵"、"祝和"等。据汉代史学家司马迁《史记·楚世家》记载:"高阳者(颛顼帝),黄帝之孙,昌意之子也。高阳生称,称生卷章(老童),卷章生重黎。"又记载:"重黎为帝喾高辛居火正,甚有功,能光融天下,帝喾命曰祝融。"说明高阳氏颛顼帝的曾孙祝融,已世袭为高辛(莘)氏帝喾时期的火正官职。

对于祝融居住在太极五行"中土"和昆仑山黄帝帝都开封轩辕丘的南方赤地,古籍也有记载。据唐朝学者孔颖达《左传正义》引三国曹魏名臣贾逵之说:"夏阳气明朗。祝,甚也;融,明也;亦以夏气为之名耳。""夏阳",与太极理论中的"负夏"、"阳夏"、"诸夏"同义,在太极五行的南方"赤"地,又称"阳夏"之地。对此,西汉礼学家戴德《礼记·檀弓》记载:"负夏。又阳夏,在开封。"[40]"夏阳"、"阳夏"的实际地理方位应该在开封黄帝轩辕丘和老城的南部地区。"夏阳"在太极五行中均为南方、赤(朱、炎)、火方位,而开封就是太极、昆仑的发源地,故"火正"、"祝融"也在开封的南部地区。这里也理应成为后来夏朝大禹建立王都阳城的核心位置。

据王晓明校注战国时期吕不韦《吕氏春秋通诠·审分览·勿躬》记载:"祝

融,神名。帝喾时的火官,后尊为火神,命为祝融。"[41]这就进一步证明"祝融"为太极五行南部朱雀方位的"火神",也称"朱神仙"、"朱仙"。宋代学者罗泌《路史·卷二十四》也记载:"伯陵之子尧代,有戕,即齐地淳也。一作朱,故传作朱戕。江水祝庸之封地。今朱提。""齐地",最早是指上古时期的昆仑山"天齐",而不应理解为现在的"齐鲁"之"齐";"朱戕"、"朱提"应指居住在江水、赤水,即鸿沟、丹水一带的尧帝儿子丹朱。因为"朱提"之"提"是围棋中的术语,其意是指围棋盘上的棋子所通连的交叉点都被封掉时,被包围的棋子便要被"提"掉。而丹朱即"朱提",正是父亲尧帝创造围棋后培训出来的下棋高手。据西晋文学家张华《博物志》记载:"尧造围棋以教子丹朱。"[42]而宋代学者罗泌《路史》也记载:"丹朱庶弟九,其封于留者为留氏。""留",指开封古陈留。"陈留"之"陈",在天象紫微垣中是指"勾陈"之"陈",为华夏民族母系女娲的象征,后裔为居住于开封"留"邑观测天象运行规律的羲和氏,后为"陈"姓。"留"邑是春秋时期郑国最早的东迁之地,后被迁徙到陈国的女娲、羲和后裔所并,更名为"陈留"。

高辛氏帝喾在开封古陈留建都"高辛氏"政权,即"古莘国"后,祝融氏在开封尉氏县西部、新郑县东北部、密县东北部建立郐国,故称"祝融墟"。春秋时期,"祝融墟"与开封朱仙镇"启封"城同为郑国之地,秦汉时期为苑陵县,晋代新郑县并入苑陵县,隋代苑陵县又并入新郑县。据春秋时期左丘明《左传·昭公十七年》记载:"郑(国),祝融之虚也。"这说明春秋时期祝融氏早已迁徙到开封西南部的郑国之地,这与火正官祝融在"五行"南、赤、火的方位是一致的。东汉经学家郑玄《诗谱》记载:"春秋有郐城,其地在溱洧间,今新郑东北三十里有古郐城是也。"[43]唐代魏王李泰《括地志》记载:"故郐城在郑州新郑县东北二十二里。"[44]清代地理学家顾祖禹《方舆纪要》也记载:"郐城在密县东北五十里,周郐国也。"[45]一说为新密东35公里处曲梁乡樊庄东古城角寨村。这些不同记载,证明祝融氏郐国历史上确实在开封南部、西南部一带存在,只是不同历史时期在开封周边地区有所迁徙而已。

三、"逢泽"是中央黄帝帝都轩辕丘之地

东汉文学家王逸《楚辞注》中,认为古代"逢泽"之"逢",本作"蓬"。"蓬"姓源于黄帝"姬"姓。所以,逢泽也称"蓬泽"。"蓬泽"之"蓬",也有"蓬泽"沼泽中生长的"蓬草"之意。

"蓬草"在我国大部分地区均有分布,生于河湖岸边潮湿的环境中,为越年

生草本植物,绿色或带紫色,叶对生,聚伞形的花序顶生或腋生,花期在春季。"蓬草"聚伞形的花序随风而飘,如车轮飘动旋转。

1. 黄帝轩辕氏受蓬花旋转启发而造车

上古时期的黄帝轩辕氏在"蓬泽"一带发现了"蓬草",并受蓬草花序风吹如轮旋转特点的启发,发明了"如轮旋转"的运载工具轩辕"车"。

对此,南朝刘宋时期历史学家范晔《后汉书·舆服志》记载:"上古圣人,见转蓬始知为轮。轮行可载,因物知生,复为之舆。舆轮相乘,流运罔极,任重致远,天下获其利。"[46]大意是说上古时期的帝王圣人在蓬草花序如轮旋转中受到启发,发明了车子。车轮像转蓬一样转动,周而复始地运载东西,使天下人受益。"舆",指运载东西的部分,后泛指"车"。

上古时期的"车",最早是用人、牛、马作为驱使动力的,称作"服牛乘马"。据西周文王《周易·系辞下》记载:"服牛乘马,引重致远,以利天下。"而"车"使用的时间是在轩辕氏黄帝时期。据北宋史学家欧阳修《新唐书·王求礼传》记载:"自轩辕以来,服牛乘马,今辇以人负,则人代畜。"[47]"辇",就是古代用人、牛、马作动力行使的车子,后多指天子或王室坐的车子,也称"大辂"。

据说,汉代以前"车"字不读"chē"音,而读"jū",即"居"音。因为黄帝一年四季居北斗车巡守天下,指引天象季节和方向运转。所以,古代"车"与"居"同字同义。"居"也写作"踞"。"踞"从尸,古者"居"从古,俗"居"从足,是"蹲"的意思,合称"蹲踞",是上古时期华夏民族的一种居坐、休止方式。这一生活习俗也被中原人所传承:"河南一大怪,凳子不坐蹲起来(蹲在凳子上)。"这一习俗又被黄帝、后稷的后裔不窋、公刘、亶父、周人传承到了陕西等地。汉代以后,"车"一般不再读 jū,即"居"音,而多读为 chē,即"车"音。现在的人们,只有在象棋中才能听到古代保留下来"车"的古音"居"。

2. 夏代奚仲造车源于轩辕氏蓬泽造车

关于黄帝造车,历史上多有争议。据南朝梁时期太学博士顾野王《玉篇·车部》记载:"车,夏时奚仲造车,谓车工也。"[48]民国时期《辞海》也认为:"奚仲,传说中车的创造者。任姓,黄帝之后。"[49]但是,我们认为奚仲作为夏代时期的车正(掌管车的官),无论是从夏代大禹建都开封"阳城"之地来讲,还是从氏族血脉关系来看,都与黄帝及其居住的"蓬泽"具有人文传承关系。

对此,战国时期赵国史典《世本》记载:"夏后居阳城,本在大梁之南,于战国大梁魏都,今陈留浚仪是也。"夏代"阳城",上古时期也称"蓬山"、"逢山"、

"平台"、"平逢山"等,商代称"繁台"、"潆台"等,也就是现在的开封禹王台。

到战国时期,禹王台是魏国国都大梁接待各国使者的"范宫",也称"范台"。在战国时期编撰于魏国大梁的竹简《穆天子传》中,记载着西周五世穆天子东游昆仑山时,曾经多次在魏国大梁的"范宫"居住、观桑、占卜、狩猎和会盟诸侯。在战国诸侯国中,魏惠王首先在逢泽北岸的"范宫",即"范台"之地仿照夏代大禹"乘夏车、称夏王",是"逢泽之会"的所在地。魏惠王之所以"乘夏车",是因为夏代车正奚仲在这里继承了黄帝时期原始的造车传统,创造了新型的"夏车";魏惠王之所以自"称夏王",因为魏国大梁南部的"范宫",即"范台"是夏王大禹称夏王、建夏都的"阳城"之地。

应该指出,夏代车正奚仲创造的新型"车",是对黄帝时期首创"蓬车"原理的继承和发展,而不能否定黄帝时期已经发明车的历史存在。据明代史学家王世贞《纲鉴会纂·卷一三皇编》记载:黄帝"作大辂以行四方,大辂,天子所乘车也。"[50]"大辂",是指古代车辕上用来挽车的横木,是"轩辕氏"创造"车"的象征,也是黄帝"轩辕"二字中离不开"车"字偏旁的原因。

对此,古人史典中也多有记载。东汉文学家王逸在《楚辞注·远游》中记载:"轩辕,黄帝号也,始作车服,天下号为轩辕氏也。"东汉经学家刘熙在《释名》中也记载:"黄帝造车,故号轩辕氏。"这都是黄帝因发明轩辕车而名称"轩辕"的明确记载。

3. 轩辕氏造车在开封黄帝帝都轩辕楼一带

关于黄帝时期造车的历史,史典中不仅记载有直接负责造车的人名,还记载有与造车人同时代仓颉造字的地理位置,以供参考。据宋代学者高承《事物纪原》引《黄帝内传》记载:黄帝"命仓颉造文字以变质,命邑夷造车以便民"[51]。仓颉为黄帝史官,其造字台、仓颉庙、仓颉墓就在开封逢泽北部、黄帝轩辕楼东南部直线距离约5公里的刘庄一带,并在开封铁塔之下的夷门山繁衍了"夷门氏",或称"夷人"。黄帝时期造车的车正官"邑夷"之名,与春秋时期开封古"仪邑"之名同音,也在"夷门氏",即"夷人"居住的"夷山",即"夷门山"之地。"仪邑"同在开封仓颉"夷门氏"居住地"夷门山"(今开封铁塔一带)附近。这一人文地理现象貌似奇特而巧合,其实,却是华夏历史文明在开封传承的必然结果。

可见,轩辕氏黄帝时期车正官"邑夷"最先造车,与夏代车正官"奚仲"创造新车一样,也同在开封逢泽、夏禹王都阳城一带。据汉代史学家司马迁《史记·轩辕本纪》记载:黄"帝又观转蓬之象以作车。时有神马出,生泽中,因名泽马。一曰吉光,又曰吉良,出大封国"。其中的"大封国",是轩辕氏黄帝称帝开封北部轩辕楼时,在元妃嫘祖父亲封钜之地"祚土封氏",大封诸侯的地方。当时,"封钜"受封的封丘"封钜"国也称"大封国"。

古人认为,封钜在天是"奎星"。汉代史学家司马迁《史记》记载:"奎曰:封豕。"因其状如大豕(猪),又称其为"大封",封钜的封国也称"大封国"。我国著名史学家和古文字学家丁山《古代神话与民族》认为:"黄帝之臣大封、封钜、封胡皆风后(防风氏)别名。"[52]说明"封"、"风"音同义通,"大封国"、"封钜氏"、"防风氏"也同样居住在开封、封丘中间地带。

关于轩辕氏黄帝建都在开封"逢泽"和封丘"封钜"之地,古人也持有类似观点。据宋代学者罗泌《路史·前纪七》记载:"轩辕氏,作于空桑之北,绍物开智,见转风之蓬不已者,于是作制乘车,柜轮璞较,横木为轩,直木为辕,以尊太上,故号曰轩辕氏。""作于空桑之北",是指轩辕氏黄帝"兴起于空桑之北"。这一史典记载不仅认为黄帝因"作制乘车"而名称"轩辕氏",而且也指明了"轩辕氏"居住的地理位置在炎帝帝都杞县"空桑之北"。

据潘振注释先秦史籍《逸周书·尝麦解》记载:"赤帝,指神农九世孙帝榆罔也,居空桑。"[53]"榆罔",就是轩辕氏黄帝元妃嫘祖的爷爷、方雷氏的父亲八世炎帝。据宋代罗泌《路史》引南朝梁时期文学家任昉《地记》记载:"空桑,南杞而北陈留,各三十里,有伊尹村。""空桑"在杞县西北部、陈留镇东南部的葛岗空桑村,在开封南部偏东。"空桑"北部(偏西北)便是开封古大梁,而黄帝帝都就在古大梁和鸿沟北部的轩辕楼。据汉代史学家司马迁《史记·封禅书》记载:"黄帝且战且学仙,常游天下名山与神相会,修五城十二楼以候神人,百余岁得。"由于黄帝轩辕氏时期在开封大梁轩辕丘上修建了"五城十二楼",所以黄帝帝都轩辕丘也称"轩辕楼"。

建都于逢泽"中土"的黄帝,为太极"混沌"时期的"帝鸿"。"逢泽"之"逢",与"逄"、"彭"、"旁"相通。"旁薄"、"彭魄"是太极时期昆仑山天地鸿蒙未开,旁礴彭魄合一,万物混成的原始状态。这一状态就称作"太极"、"昆仑",或"浑沦"。

据先秦古籍《山海经·西次三经》记载:"混沌无面目。是识歌舞,实为帝江也。"[54]古音"江"与"鸿"通。清朝学者毕沅《山海经新校正》注释:"江读如鸿。"所以"混沌"即"帝江","帝江"即"帝鸿"。南朝刘宋时期学者裴骃《史记集解》引东汉著名经学家、天文学家贾逵之说:"帝鸿,黄帝也。"[55]唐代学者张守节《史记正义》记载:"黄帝为有熊国君,号有熊氏。及曰缙云氏,又曰帝鸿氏。"

混沌氏即帝鸿氏,帝鸿氏即黄帝,也称"中央帝"。因"中央"也称"中土",

所以中央黄帝有"土德"。据战国时期庄周《庄子·应帝王》记载："南海之帝为
儵，北海之帝为忽，中央之帝为混沌。"[56]我们的理解是：南海之帝儵，居住在
"五行"的南方赤火、南海逢泽之地，这里阳光明媚，是日当午时的白昼，帝儵也
称"赤（朱雀）帝"；北海之帝忽，居住在"五行"的北方黑水、北海乌泽之地，这里
幽静昏暗，是日当子时的黑夜，帝忽也称"黑（玄武）帝"；而中央之帝混沌，居住
在开封南海逢泽与延津北海乌泽之间的封丘西南之地，这里正是南北相交，天
地合一、阴阳相会的"太极"，即"混沌"之地。

在上古时期的"太极"文化中，天象中有"天皇"、"紫微"、"太一"；地形中有
"地皇"、"昆仑"、"帝一"；人文社会中有"人皇"、"五帝"、"天子"。这种历史文
化观，是华夏民族从"太极""天地人合一"、"天地人之中"学说中传承而来的象
形、唯物的世界观。

可见，黄帝就是混沌，即浑沌。混沌是宇宙生成、哲学架构乃至一切人文
科学的开始。所以，黄帝也被认为是中华民族的始祖。华夏民族认为，自己的
历史文明开始于黄帝，而宇宙鸿荒、混沌黄帝则始于天地"启封"之时、"开封"
之地。

"开封"、"逢泽"在华夏文明中的原始地位和历史意义，由此显露出有别于
"太极中央"之外的本质特征。相比之下，"太极中央"之外的所谓"炎帝陵"、
"黄帝陵"、"黄帝故里"、"夏都阳城"又该如何审视其人文历史，实在值得
大家作认真、深入的探讨。

文献来源：

[1]（三国吴）韦昭注：《国语》，上海：上海古籍出版社，1995年版。

[2]（宋）洪兴祖补注，卞岐整理：《楚辞补注》，南京：凤凰出版社，2007年
版。

[3]（清）孙星衍：《尚书今古文注疏》，北京：中华书局，1986年版。

[4]（汉）司马迁：《史记》，北京：中华书局，1975年版。

[5]（东汉）许慎撰，（清）段玉裁注：《说文解字注》，上海：上海古籍出版社，
1981年版。

[6]（汉）郑玄注，（唐）孔颖达正义，吕友仁：《礼记正义》，上海：上海古籍出
版社，2008年版。

[7]《史记·三家注释版》，上海：上海古籍出版社，1997年版。

[8]（魏）王弼、（晋）韩康伯注，（唐）孔颖达等正义：《周易正义·十三经注
疏本》，北京：中华书局，1980年版。

[9] (清)朱骏声:《说文通训定声》,北京:中华书局,1984年版。
[10] (魏)张揖撰:《广雅(丛书集成初编)》,上海:商务印书馆,1935年版。
[11] (晋)郭璞注:《尔雅》,杭州:浙江古籍出版社,2011年版。
[12] (吴)韦昭:《国语》,上海:上海古籍出版社,2008年版。
[13] (西汉)刘向:《楚辞》,南京:凤凰出版社,2012年版。
[14] (宋)洪兴祖:《楚辞补注》,北京:中华书局,1983年版。
[15] 《史记·三家注释版》,上海:上海古籍出版社,1997年版。
[16] (东汉)班固:《汉书》,北京:北京中华书局,1964年版。
[17] (汉)郑玄注,(唐)孔颖达正义,吕友仁:《礼记正义》,上海:上海古籍出版社,2008年版。
[18] (汉)刘安:《淮南子》,桂林:广西师范大学出版社,2010年版。
[19] (汉)王充著,陈蒲清校:《论衡》,长沙:岳麓书社,2006年版。
[20] 续修四库全书编委会:《续修四库全书》,上海:上海古籍出版社,2006年版。
[21] 王玉德主编,刘道超译注:《协纪辨方书》,桂林:广西人民出版社,1993年版。
[22] (宋)丁度等:《集韵》,北京:国家图书馆出版社,2003年版。
[23] 周振甫:《诗经译注》,北京:中华书局,2002年版。
[24] (东汉)许慎:《说文解字》,北京:北京中华书局,2004年版。
[25] (东汉)刘熙:《释名》,长春:吉林出版集团有限责任公司,2005年版。
[26] (宋)司马光编著,胡三省注:《资治通鉴》,北京:中华书局,2011年版。
[27] (汉)扬雄撰,(晋)范望注:《太玄经》,上海:上海古籍出版社影印,1990年版。
[28] (晋)郭象注,(唐)成玄英著,黄兰发校:《庄子注疏》,北京:中华书局,2011年版。
[29] (魏)王弼、韩康伯注,(唐)孔颖达等正义:《周易正义》,北京:北京中华书局,1980年版。
[30] (清)王念孙:《读书杂志》,南京:江苏古籍出版社,2001年版。
[31] (明)凌迪知:《万姓统谱》,上海:上海古籍出版社,1994年版。
[32] (先秦):《山海经》,沈阳:万卷出版社,2008年版。
[33] (宋)罗泌:《路史》,北京:国家图书馆出版社,2003年版。
[34] (晋)皇甫谧:《帝王世纪》,沈阳:辽宁教育出版社,1997年版。

[35](漢)许慎撰,(清)段玉裁注说:《文解字注》,上海:上海古籍出版社,1988年版。

[36](晋)杜预注,(唐)孔颖达:《春秋·左传·正义》,北京:北京大学出版社,2000年版。

[37](汉)宋衷注:《世本》,长春:时代文艺出版社,2009年版。

[38](宋)欧阳修:《新唐书》,北京:中华书局,1975年版。

[39]封丘县志编纂委员会:《封丘县志》,郑州:中州古籍出版社,1994年版。

[40](汉)戴德:《礼记》,南昌:江西美术出版社,2012年版。

[41]王晓明:《吕氏春秋通诠》,南昌:江西人民出版社,2010年版。

[42](西晋)张华:《博物志》,北京:中华书局,1985年版。

[43](清)戴震校:《戴震集·诗谱》,上海:上海古籍出版社,1980年版。

[44](唐)李泰:《括地志》,北京:中华书局,2005年版。

[45](清)顾祖禹:《读史方舆纪要》,北京:中华书局,1955年版。

[46](南朝宋)范晔:《后汉书》,北京:北京中华书局,2007年版。

[47](宋)欧阳修、宋祁撰:《新唐书》,北京:中华书局,1995年版。

[48](梁)顾野王:《玉篇》,北京:中华书局,1985年版。

[49]《辞海》,上海:上海辞书出版社,1979年版。

[50]《重订王凤洲先生纲鉴会纂》,宝兴堂,1862年版。

[51](宋)高承:《事物纪原》,北京:中华书局,1989年版。

[52]丁山:《古代神话与民族》,南京:江苏文艺出版社,2011年版。

[53]黄怀信:《逸周书彙校集注》,上海:上海古籍出版社,2007年版。

[54](清)毕沅校:《山海经》,上海:上海古籍出版社,1989年版。

[55]《史记·三家注释版》,上海:上海古籍出版社,1997年版。

[56](战国)庄周:《庄子》,沈阳:万卷出版社,2009年版。

第八章　开封古陈留是河洛文化之源

中原汉民族的南迁,使江西、福建、广东交界地区的人口激增,形成了一个特殊的群体——客家民系,即客家人。客家人从中原带去先进的农业、手工业技术,更带去中原悠久灿烂的河洛文化。他们在与土著居民的不断融合中,促进了赣、闽、粤地区的社会进步和经济发展,也促进了客家文化的创新与发展。

明清时期,闽、粤沿海一带的客家人又流向台澎列岛,进而促进了台湾地区的发展。有调查认为,闽南及台湾地区陈、林、黄、郑等比较著名的大姓族谱中,都明确记载着先祖是河洛人。著名国学大师章太炎在《客家方言序》中认为:"客家人大抵来自河南。"[1]河南就是中原河洛文化的发源地。

可见,客家文化就是以汉民族传统文化为主体,融合了古越族和畲族、瑶族等少数民族文化而形成的一种新文化,是从中原河洛文化母体中衍生的一种亚文化,其核心、精髓和根发源于中原河洛文化。因此,不管客家人走到哪里,他们世代不忘根在中原河洛之地,世代传承中原河洛文化,至今依然自称"河洛郎"。

这就提出了一个根本性的问题:中原"河洛文化"的本义是什么?中原的"河洛"到底在哪里?"河洛文化"有何历史传承?

一、中原"河洛文化"的本义是什么

河洛文化是中华文化的源头,是中华民族的核心文化,在中国古代文化史上占有十分重要的地位。中国太极八卦图形和符号文字的产生,是上古时期华夏先民进入文明时代最重要的标志,而河图、洛书就是太极八卦图形和符号文字的主要表现形式。

1. "河洛文化"并非源于洛阳南北的黄河、洛河之间

有人解释说,太极图是河、洛交汇的自然现象,这是因为太极图很像是黄河、洛河交汇形成的旋涡,通过这个自然现象触发灵感,人祖伏羲才创造出太极八卦。这种认为河洛文化发源于现代黄河、洛河交汇地的解释,是不符合上古时期太极八卦、河图洛书文化内涵的,也是值得商榷的。

众所周知,现代"黄河"之名的出现,大致始于西汉张骞出使西域后,有黄河发源在于阗(现新疆和田),东流至盐泽,再潜行地下,南出为河源的说法而来。这说明汉代之前的"河",并非专指"黄河";现代"洛河"之名的出现,大致也在西周周公卜洛,建东都洛邑之后。西周之前这里既无洛邑,也无洛河。

但是,"河洛文化"真正出现的时间,至少可以追溯到商代之前。而商代之前"河洛文化",不可能用西周以后才出现的"黄河"、"洛河"去命名,所在地理位置也不可能特指现代洛阳南北的洛河与黄河。

混淆两者之间存在的历史时差,是造成现在"河洛"文化发源地,甚至一些中国历史失误的重要原因。

2. 河洛之"河"是太极文化中的银河"天汉"

上古时期发源于中原的华夏民族,也称"汉人"。汉人之"汉",原指太极文化中的天河、银河,也可泛指"浩瀚星空"。成集于西周初年至春秋中叶的《诗经》中认为:"维天有汉,监亦有光。"[2]因此,"天"、"汉",也指天象中的银河"天汉",并且还有"天津"星宿作为银河"天汉"的渡口。

"天汉"是天宫天帝紫微垣、太微垣、天市垣"三垣(宫)"中的星宿,对应天干的第七位"庚",是西方庚、酉、辛三个坐山中的第一位,风水中称为"天汉星"(见右图)。

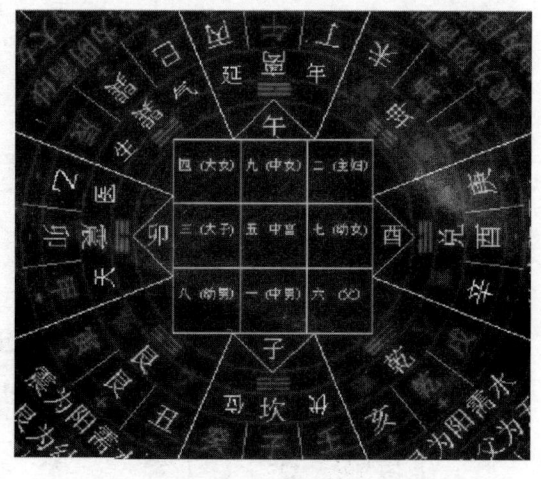

天干庚、天汉方位图

"天汉"的实质,是天帝居住的天宫、天国之水,也称"天水"。所以,天宫中还有江、河、淮、汉"四渎"星座,后来以"济"等同于"汉","四渎"又改称江、河、

淮、济。可见,济水为太极河洛文化和"四渎"中最早的"汉水",既不是西周时期淹死周昭王的汉水(约在今颍水一带),更不是现在长江北部的"汉水",而是环绕三皇五帝昆仑山"天地之中"的水。

天河、天汉也好,大河、银河也罢,反正上古时期华夏民族和后来汉族都泛称其为"河",也与天宫"四渎"之一的"汉"水,又称"济"水含义相同。这说明华夏人文历史上最早的"河"并非专指"黄河",自然"河图"也非专指"黄河之图"。对此,汉代易学著作《河图括地象》中解释说:"河之精上为天汉。"[3]因此,"河图"应该称作"天汉之图"、"天河之图",泛称"河图"。

3. 河洛之"洛"是洛书"九宫"中出入水方位

古人通过观测北天星象,认为北极星(太一)恒居北天紫微宫的中心。九宫是根据北斗斗柄所指,从周边天体中找出九个方位上最明亮的星为标志,便于配合北斗斗柄以辨方定位的星座。

九个方位被称作北斗运行的"九宫",是将北天天宫以"井"字形状划分为:一宫坎(北),二宫坤(西南),三宫震(东),四宫巽(东南),五宫(中),六宫乾(西北),七宫兑(西),八宫艮(东北),九宫离(南)九个等份。上古时期,与九个术数相关的"九宫图",是对"洛书"或"河图"的一种表述方式,也在中国太极文化的范畴之内。

东南 阴洛宫 辰巳	木巽四	长女 弱风 立夏	南 上天宫 丙丁午	中女 火离九 大弱风 夏至	西南 玄委宫 未申	土坤二	母谋 风 立秋
东 仓门宫 甲乙卯	木震三	长男 婴儿风 春分	招摇宫 戊己 辰戌 丑未	中央 土 五	西 仓果宫 庚辛	金兑七	少女 金刚分 秋分
东北 天窗宫 寅丑	土艮八	少男 凶风 立春	北 叶蛰宫 壬子癸	中男 水坎一 大刚风 冬至	西北 新洛宫 戌亥	金乾六	父折 风 立冬

九宫图

在"九宫图"中"乾"为"天",在西北方位,是"九宫图"内天水流入的"新洛宫";"巽"为"风",在东南方位,是"九宫图"内天水流出的"阴洛宫"。可见,天水自西北流入新洛宫,并由东南阴洛宫流出,符合中国河流自西向东,自北向南流向的自然规律,故称"洛水"。背离九宫图"洛水"流向的自然规律,即使名为"洛水",而实非原本的"洛水"。

二、中原的"河洛"到底在哪里

目前,对于河洛文化发源于中原地区,在国内外学者中基本是没有争议的。但是,河洛文化发源于中原何地,却存在认定在西周后洛阳洛河与黄河之地的一边倒倾向。事实果真如此吗?

1. 洛阳的"洛水"背离洛书九宫图原则

洛阳南部的"洛水",发源于陕西华山南麓,在崤山、熊耳山之间广纳百川,然后自洛阳西南部卢氏、洛宁、宜阳、洛阳、偃师向东北而流,最后在巩县神堤村北注入黄河。此"洛水"背离了洛书九宫图中,关于天水出自西北新洛宫,经中宫、流向东南阴洛宫方位的走向原则,也与中国西高东低、北高南低的水流规律不符。实是西周之后出现的新"洛水"。

那么,旧"洛水"又在哪里呢?

我们认为,郑州荥阳黄河下游分支的"鸿沟"(见下页图),流经中牟北、开封南北、开封县、杞县等地入淮水、睢水,为东南流向,符合"洛书九宫图"天水方位流向,应该是名副其实的"洛水"。据北魏地理学家郦道元《水经注》记载:古鸿沟、汳(汴)水下游的"睢水又东,水积成湖,俗谓之白羊陂。陂方四十里,右则奸梁陂水注之。其水上承枝水,东北径雍丘(今开封杞县)城北,又东分为两渎,谓之双沟,俱入白羊陂。陂水东合洛架口,水上承汳水,谓之洛架水,东南流入于睢水。"[4]

杞县东北的"洛架水",也称"洛水"、"鸿沟"、"浪荡渠"、"汳(汴)",是大禹治水的龙门所在地。为此,北魏郦道元在《水经注》中还记载:"汳水又东,龙门故渎出焉。渎旧通睢水,故《西征记》曰:龙门,水名也。门北有土台,高三丈余,上方数十步。汳水又东径济阳考城县故城南,为获渠。"

这里的"洛水"和"龙门",至少应该在夏、商时期之前就已存在,也是大禹治水的浪荡渠下游之地。

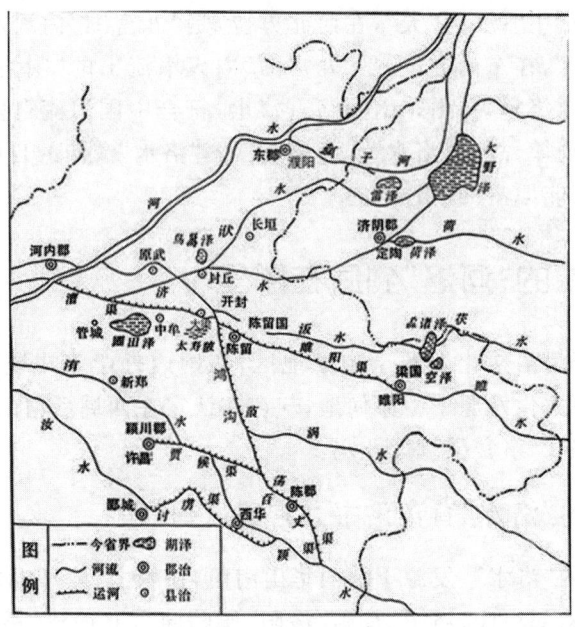

鸿沟位置图

2. "洛"本为"鸿"鸟"隹"类的分支"雒"

其实,无论"洛邑(阳)"之"洛",或是"洛水"之"洛",古代都称作"雒邑"、"雒水"。据西周公旦在《周礼·复官职方化》中记载:"河南曰豫州,其川荥雒,其浸波溠。"[5]其中"荥雒",应指上古时期荥阳以东的"荥泽"水、"鸿水(沟)"之水,与下游的"淮水"、"雒水"相通。

"荥雒"之"雒"、"雒水"之"雒",后来读作"淮"。据东晋散骑常侍徐广《史记集解》中记载:"'雒',一作'淮'。"[6]说明"淮水"也称"雒水"。唐朝著名史学家司马贞《史记索隐》也记载:"雒阳汉书作'淮阳'。"说明在历史文化渊源方面,"淮"、"洛"字源于"雒"字。

可见,"雒阳"之"雒"字,使用的时间也最早,后来也称作"淮"字,再后来又称作"洛"字。

"雒水"之"雒",最早是鸿水的分支。鸿水之"鸿",本为"江水"之"江"。因为"江"边有很多鸟类栖息,"江"字加"鸟"字为"鸿"字。所以,"江、鸿"同义,"江水"也称"鸿(洪)水",即"鸿(洪)沟"。上古时期的"鸿沟"流域,有大泽圃田、逢池,江河水陂、沼泽草丛遍布,鱼虾蛛虫很多,是鸟类栖息和觅食的天堂。因此,鸿沟下游水的分支,都冠以含鸟类"隹"字的水名。如鸿沟流经兰考东南、民权北部、山东曹县南部的水,称作"濩(获)水";流经杞县、睢县、睢阳南部的水,称作"睢水";流经太康、淮阳南部的水,称作"淮水"等。而"淮水"就是"雒水"。

这说明中国最早的淮水发源于江水,即鸿水、鸿沟和雒水,并与荥泽水、济水相通,且逐步向淮阳及南部迁徙;也说明"江水"在开封的"东"部,"淮水"在开封的"南"部。

3. 古雒阳之"雒"由殷商"雒"文化发展而来

最初的"雒"字,为发源于鸿沟一带的鸟类,在史典中有证据记载。据东汉文字学家许慎《说文解字》解释:鸟(隹)部:"雒,鵋鶀也。怪鸱。今称鸺鹠,也叫横纹小鸮。"[9]因此,雒应该是一种小猫头鹰的名字,后被用作氏族名和地名。

鸺鹠、怪鸱图

尽管雒氏并非因封得氏,也未在甲骨文和其他铭文中发现"雒"字,但国内许多学者却认为,"雒"字始于周公所营"雒邑"。殷商人崇拜鸟类,包括鸱鸟"雒"。"雒"是殷商时期以"雒鸟"为图腾的部落。周公旦平定三监叛乱后,曾大量地将"殷商顽民"迁往成周,崇拜"雒鸟"的部落开始活动于成周地区,以殷商"雒人"为文化标志的"雒邑"、"雒水"随之出现,成为殷商雒人又一新的居住地。

所以,在春秋史典《左传》中,"洛"皆作"雒"。周朝灭亡后,古人按太极五行学说,秦国为水德,故"雒阳"之"雒"去"隹"加"水",称作"洛阳"。至东汉时期,汉光武帝刘秀认为汉为南方赤地火德,又将"洛阳"之"洛"去"水"加"隹",改回为"雒阳",说明"雒"源于南方赤地。

由此可知,现在的洛阳、洛水,周代为"雒阳"、"雒水",是由东部的殷商"顽民"传承而去的五行方位地名,也具有殷商民族雒鸟图腾文化的鲜明色彩。

4. "雒"、"江"、"鸿"由炎黄氏族文化发展而来

"雒"不仅为鸟类"鸺鹠"或殷商"雒"人图腾,也是居住在开封古陈留空桑炎帝氏族的"鸺鹠氏",并与"江(姜)"姓和黄帝"帝鸿"有着密切的历史渊源。

雒,为"鸺鹠",又称"鸱枭"、"鸱鸺"。东汉文字学家许慎在《说文解字》中解释:"鸱,旧留也,从萑臼声。鸺或从鸟休声。"所以,鸱枭又名"鸺鹠"。"鸺鹠"之"鹠",也称"留"。"留"由"卯"和"田"组成,后来演变为"劉",即"刘"(见下图)。"刘"姓是上古时期开封陈留炎帝帝都空桑一带鸺鹠氏繁衍的部族名称。"劉"姓图腾是由一位长者手持刻刀契刻春天和秋天天气到达地球的运行规律,简作"留",本义是开封昆仑山"中央之国"占卜掌管测定春分点的氏族。夏代末期,炎帝、尧帝、丹朱后裔刘累在昆仑山"中央之国"一带为开封老丘夏王杼的八世孙孔甲养龙,有功而封于"留"聚,即刘国,后人以"留(刘)"为姓,与炎帝帝都空桑同在开封古陈留一带。

可见,"雒",与"鸱"、"鸺"、"留"、"刘"彼此相通,有时甚至互用。

上古时期开封陈留有古雒国,是黄帝之子任(妊)所建之国,位置在古雒水,即江水、鸿水(沟)、汳(汴)水、洛(㮚)水岸边。而生活在开封江水、鸿水(沟)北岸轩辕楼的黄帝,也称"帝江"、"帝鸿"。战国时期赵国史书《世本》认为:"黄帝又曰帝鸿氏。"[8]西晋著名政治家、学者杜预《春秋左氏经传集解》也认为:"帝鸿,黄帝。"[9]而"帝鸿"与"帝江"同义。

黄帝在战国时期魏国大梁鸿沟北部的轩辕楼称帝、成婚、育子。唐代医学家王瓘在《轩辕本纪》中记载:黄"帝娶西陵氏于大梁,曰嫘祖,为元妃。生二子玄嚣、

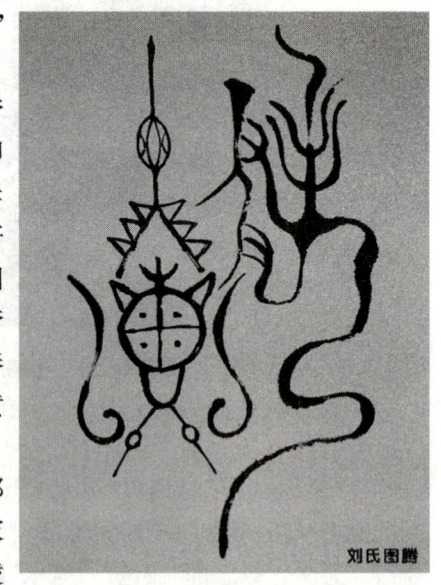

刘姓图腾

昌意"。[10]并曾封十二姓,其中就有"雒"、"刘"、"田"的母姓"任"姓。对此,春秋时期晋国教育家胥臣,在中国最早的国别体著作《国语·晋语》中解释说:"黄帝之子二十五宗,其得姓者十四人,为十二姓,姬、酉、祁、己、滕、箴、任、荀、僖、姞、儇、衣是也。"[11]说明黄帝所封之地与开封大梁的江水、鸿水(沟)、汲(汴)水、洛(雒)水同在一地。

黄帝在帝都开封轩辕楼"胙土封氏",留下了丰富的人文遗存,故开封周边一带古今都有封钜、封父、封丘、启封、胙城等古地名存在,黄帝之子任(妊)所建古"雒"国,也可称古"留"国或"留"地、"留"邑。"留",战国时期曾属郑国,后被陈国所并,更名为"陈留"。对此,北魏地理学家郦道元《水经注》也记载:"留,郑邑也,后为陈所并,故曰陈留矣。"

可见,中原"河洛"文化的最早发源地,应该是炎帝、黄帝、空桑、江水、鸿水(沟)、汲(汴)水、陈留、雒(洛、淮)水历史文化传承的结果,也同在开封古陈留一地。

三、"河洛"文化发源于开封有何历史凭证

"河洛"文化,也称"河图洛书"文化,就其发源地来讲,它产生于中原,以开封古陈留为核心的周边地区;就其人文传承来讲,它是三皇五帝居住、建都的"中央之国";就其文化本质来讲,它反映的内涵是华夏民族最根本的唯物史观,即"太极"文化。

因此,认定"河洛"文化发源地问题,必须具备这些最主要的特征。而开封的古陈留地区,恰恰具备这些最主要的文化特征传承,是其他地区所不能比拟的。

1. 太极时期的伏羲皇都与太一星、太一山上下对应

伏羲在古陈留"太山"创造了太极"八卦"。古人歌颂伏羲说:开天地万物,演八卦文明立。并认为,伏羲、太一,一音之转。太一者,太极之初一,天地万物之始,也就是盘古开天地的太极之时,伏羲因此而称为"太一"、"太极"、"泰帝"、"泰一"(见下图)。

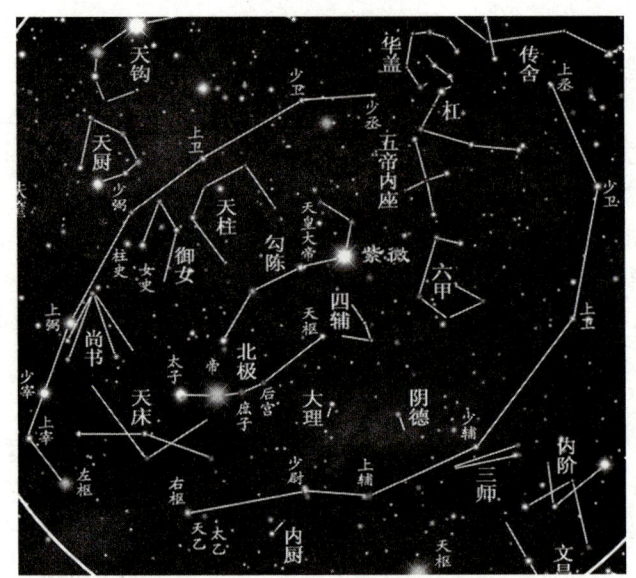

紫微垣北极（太一、太极、泰帝、泰一）星位置图

按照太极"天地人合一"文化理解，"太一"大致有以下含义：一是华夏唯物哲学概念中"太一"，为天地混沌未开时期的太极；二是天之中紫微宫的天皇（帝）"太一"星，也称"太极"星；三是与天之中紫微宫"太一"星对应的地之中"太一山"，也称"泰山"、"太山"；四是人之中的三皇之一伏羲皇都之地"太山"，也称"昆仑山"、"泰山"。

总之，哲学天上、地下、人间的中心都对应于太一、天皇、伏羲，也称"天地人之中"。

可见，伏羲是中华民族最早的人文始祖，是中国古籍记载最早的天王，或称天皇、天帝。他根据天地万物的自然变化，发明创造了八卦学说，创造了符号文字，结束了"结绳记事"无文字的历史，开启了中华民族的文化之源。

传说周文王所著《周易·系辞下》中记载："古者包牺氏之王天下也……于是始作八卦，以通神明之德，以类万物之情。"[12]隋唐时期儒家学者、经学家孔颖达在《尚书序》中记载："古者伏羲氏之王天下也，始画八卦、造书契，以代结绳之政，由是文籍生焉。"[13]这里伏羲（包牺）始画的"八卦"、"书契"，就是河图洛书的一种表现形式。

伏羲太极八卦"天地人合一"学说的唯物辩证思想，是中华文化的原点。

2. 伏羲在开封古陈留创造太极"八卦"

三皇之一的伏羲（见下图），为黄柏氏，其后裔或为"黄"姓，或为"柏"姓。中国百家姓"柏"氏认为伏羲是自己的先祖，也认为伏羲皇都黄柏山在古陈留开封之地。

伏羲八卦图

居住开封黄帝轩辕楼东南部黄柏山的伏羲，受到龙马背负"河图"的启示而演成了八卦图。因此，柏姓的族谱认为，黄柏氏伏羲，即柏芝居住在河南开封陈留皇柏山，也称"黄柏山"上。

据柏氏家谱记载：相传远古时代有黄柏氏（一称柏皇氏），是东方部族的首领，名叫芝，因为以柏木为图腾，所以称为柏芝。据说，柏芝曾担任伏羲的助手，勤劳于天下而不居功，造福于民众而无所求，所以深得百姓拥护，并继承了伏羲的皇位，"黄柏"也被尊为"皇柏"。他住在河南陈留黄柏山，也称皇柏山，他的子孙就姓柏。

柏氏家谱还记载：有一次，洛河中突然出现了一只怪兽，龙首而蛇身，遍身长满龙鳞，高八尺五寸，形状像鱼又像驼，左右各生一个肉翅，在波涛中游来游去。伏羲闻讯后,赶到洛河边。那怪兽看见伏羲后,更是精神抖擞,背上的龙鳞闪闪发起光来,似乎组成一种图案。伏羲似有所动,知是神灵指点,忙命摆香案顶礼膜拜。当时黄柏随伏羲在一起,见此灵机一动,赶快捡起一块烧过的木炭,迅速把怪兽身上的图案画在一块大石上。等伏羲祀拜完毕,那怪兽即沉入河水中不见,伏羲这才想起怪兽身上的图案没有记下来,十分遗憾。这时,黄柏已把图案抄在木板上献给伏羲。

伏羲大喜,回去后和黄柏日夜钻研,终于画成对后世产生极大影响的天下第一图:太极八卦图,因八卦图受灵感于洛河中龙马身上的图书形状,所以也称"龙图"、"河图"、"洛书"。

3. 伏羲居住在开封东部的"黄柏山"

柏氏族谱记载黄柏氏伏羲居住在开封古陈留,并发现河图创造八卦,只是一个历史传说,辨其真伪还要和开封古陈留的人文历史相吻合。尤其关键的是,开封陈留历史上到底有没有"黄柏山"和"河图"文化的历史传承。这对于认证柏氏家族的世代传说尤其重要。

令人欣慰的是,开封东部的南北神岗、小黄一带确实有"黄柏山"的史典记载。据北宋史学家乐史《太平寰宇记》记载:"大梁城东三十里,汴水北五里,有黄柏山。"[14]"汴水",也就是上古时期的"江水"、"鸿水(沟)"、"雒水"、"洛水"。宋代学者罗泌《路史·后纪一》也记载:"天皇伏羲都陈留。"[15]这说明伏羲的皇都在开封古陈留并不仅仅是太极学说理论上的论证,而且有史典记载的客观历史事实。

关于伏羲后裔为什么称"柏"姓,皇都为什么会在古大梁城东三十里的问题,窃以为这与伏羲作为太昊居住、建都、下葬在太极五行和"天地之中"的东部,后人在当地建社庙祭祀"柏"氏先祖有关。据中国现存最早的皇室文献《尚书·逸篇》记载:"太社唯松,东社唯柏,南社唯梓,西社唯栗,北社唯槐。"说明古人把东社作为祭祀"柏"氏先祖伏羲之地,自然伏羲皇都和社庙应该在"天地之中"开封的东部。

关于伏羲"黄柏山",被称作"太一山"、"泰山"、"太山"之说,史典中也有记载。唐代著名史学家司马贞在《史记·补三皇本纪》中记载:"太皞庖牺氏,风姓,代燧人氏继天而王……都于陈,东卦太山。"其中"都于陈",是指伏羲皇都在古陈留黄柏山,也称"太山"、"泰山";"东卦",也指"泰山"所在的"泰卦"(见下页图),是天地相交,三阳开泰、否极泰来的方位,正是吉祥亨通、好运降临之地。

第八章　开封古陈留是河洛文化之源　　　　　151

泰卦图

古人认为,泰卦是阳气上升、阴气下降的"三阳开泰"位置。此时"天地相交",太极阴阳二气乾下坤上,交合往来,双向互动,由此而促使万物生长发育,调适畅达,生机蓬勃。这是宇宙自然遵循的普遍规律,也是伏羲居住的"太极"之地,故"太山"也称"泰山"。

有人认为,太山是指山东泰山,不能凭唐代司马贞一家之言就认定"太山"、"泰山"在开封。其实,山东泰山不过是由中原华夏太极八卦文化传承而去,不然后人怎么会明知大名鼎鼎的泰山在山东泰安,却偏要说开封陈留有"太山"、"泰山"。

事实上,汉代陈留也有"泰山",即"太山"的史典记载。据东汉著名学者荀悦《前汉纪·前汉孝宣皇帝纪卷第十八》记载:公元前65年(东汉元康元年),"凤凰集太山陈留"。[16]其中"太山陈留",也是对开封古陈留伏羲皇都黄柏山的又一明证。

四、开封古陈留"河图"文化的历史传承

从上述分析来看,开封古陈留是伏羲皇都太山之地,是河出图画八卦之地,也是太极"泰卦"吉祥亨通、好运降临之地。

1. 开封有柏皇氏驯养"六龙"的独乐岗

东汉史学家班固在《汉书·礼乐志》中记载:"柏皇独乐六龙。"[17]其中"柏皇",也称"黄(皇)柏",是伏羲的同族;"六龙",就是六匹高大的骏马,指伏羲皇出巡时的车驾规格,柏皇氏是负责驯养骏马、驾驶御车的大臣。由于氏族分工需要,柏皇氏喜欢上了驯养骏马、驾驶御车的职业生涯,故称其"独乐六龙"(见下页图)。柏皇氏驯养骏马"六龙"之地,正在伏羲黄柏山,即皇伯山南部的"独乐岗"。独乐岗现在开封县北,岗长约三里。独乐岗小学为古"祖师庙"遗址,是祭祀柏皇氏先祖的社庙所在地。

相传神农氏炎帝立国开封古陈留空桑之初,有凤鸟飞来,因感祥瑞,便以鸟类作为官名。这就是"龙师火帝、鸟官人皇"的来历。其中"龙师",为"独乐六龙"的祖师、伏羲氏族的柏皇氏;"火帝",就是居住开封黄帝轩辕楼南部古陈留空桑的"赤帝"即"炎帝"。

六龙御驾图

2. 开封是黄帝史官仓颉画河图造文字之地

开封是黄帝帝都轩辕楼和史官仓颉造字及下葬(今刘庄北)之地。黄帝时期,陈留之地再次"河出图"和"凤凰至",仓颉曾受命到那里绘制河图和凤凰,受河图、凤凰启发,创造了图画性的象形文字,并在史典中留下了记载。

据战国魏国编撰的《竹书纪年》记载:"黄帝东巡河过洛,修坛沉璧,受龙图于河,龟书于洛。"[18]南朝梁文学家沈约《宋书》说:"黄帝坐于玄扈、洛水之上,有凤凰衔图置帝前。"[19]孙国中主编的《河图洛书解析》中转载宋代学者罗苹注《河图玉版》认为:"仓颉为帝南巡,登阳虚之山,临于玄扈洛之水,灵龟负书,丹甲青文以授之。"[20]由于陈留出现这些历史现象,古人称仓颉为"凤凰"造字之地的陈留为"凤凰城";称仓颉画河图之地为"河图庄"、"仓王村"以示纪念,至今地名仍在。造字始祖仓颉还在开封创造了华夏最早的象形字《仓颉书》,现已传承至全国各地。

3. 开封是孔子叹"惜不生于斯"之地

据陈留民间传说,公元前489年,最后一次周游列国的孔子,眼看自己的政治抱负无法实现,只好自楚国返回卫国,并在卫国南部小城仪邑(今开封北)采访当地淳朴的民风,拜访仓颉墓碑,了解开封文化。途中,正好路过仪邑东南部的陈留之地。当孔子在陈留听到、看到凤凰栖息的高台和河图出现的传说和遗址时,无不遗憾地说:"河出图、凤鸟至,惜不生于斯。"孔子的无奈之言,恰恰证明了陈留是"河出图、凤鸟至"的吉祥之地。

4. 开封古地名传承着河洛文化内涵

公元前 65 年,即西汉元康元年三月,当汉宣帝刘询得知凤凰再次栖息伏羲太(一)山之地的开封古陈留时,马上下诏说,凤皇(凰)集太山陈留,甘露降未央宫,其赦天下。说明直到汉代,开封古陈留仍是"凤凰至"的重要人文之地,不然怎么会让汉宣帝如此看重。

战国时期,陈留属魏国大梁之地,秦灭魏后设置陈留县。汉承秦制,仍置陈留县(今开封县老丘一带)。公元前 122 年,汉武帝(元狩元年)移济川郡治于陈留县,故改名为陈留郡,郡治改称浚仪。后浚仪县迁至大梁城旧址,陈留郡撤销改称汴州,郡治也迁至浚仪(今开封西北部)。公元 712 年,唐玄宗李隆基(延和元年)登基后,将朱仙镇一带的开封县治移置陈留郡,与浚仪县同廓,自此开封与陈留郡连在一起。公元 742 年(天宝元年),唐代又改汴州为陈留郡,治浚仪。公元 758 年(乾元元年),唐代陈留郡再复为汴州。

到了公元 1010 年,宋真宗大中祥符三年,浚仪县改称祥符县。浚仪县之"浚仪",也称"鷫鸘",是指凤凰一类的吉祥鸟;祥符县之"祥符",是指"河图洛书"一类的吉祥物,两者都是指发生在开封古陈留"河出图、洛出书、凤鸟至"之地的吉祥征兆。于是,宋真宗仿照古陈留一带"河出图、洛出书"的华夏文化传承,人为地制造了"天书",即"祥符"运动。后来,又将陈留、浚仪,改作"祥符",还在皇都开封宫廷之内取"龙马负图"之意,建立了"龙图阁",设置了龙图阁学士的"加官"、"贴职",用以加文学之士,备顾问,与论议,以示尊崇。

吉祥鸟鷫鸘图

可见,"仪"邑、"浚仪"、"祥符"之名,都是由伏羲时期古陈留"河图洛书"、"龙马负图"、"凤凰来仪"等太极、和谐、吉祥文化延续而来。

5. 宋代皇都开封河洛文化传承不断

公元1057年,宋仁宗嘉祐二年三月,龙图阁直学士、开封府尹包拯受开封古陈留"河图洛书"、"龙马负图"文化传承的影响,为祥符县东北仓颉庙撰写了"龙马负图处"的石碑(见下图),以示认证和尊崇这一历史文化传承。此碑后被迁徙到开封西北黑岗口大王(禹)庙内,现存于开封市北大寺内。

开封市北大寺宋代包拯"龙马负图处"碑图

公元1101年(宋建中靖国元年),供职于宋徽宗翰林图画院的画师张择端,所创作举世闻名的现实主义风俗画卷《清明上河图》,反映的正是自宋都开封外城东南,即古陈留"河出图、凤鸟至"一带,逆汴河而上的郊外春光、汴河场景、城内街市、清明盛世的社会和谐和人民安康的吉祥景象。张择端选择"河出图、凤鸟至"的古陈留方位作为《清明上河图》画卷的出发地,既是对陈留为上古时期"河出图、凤鸟至"文化传承的认可,也是对宋徽宗前期吉祥盛世的赞颂。

其做法与包拯书刻"龙马负图处"石碑具有文化本质上的一致性,而两者的区别在于:包拯的"书法"比较低调、含蓄;而张择端的"图画"比较张扬、直白。

为此,宋徽宗赵佶为张择端所画在卷首亲自题写瘦金体"清明上河图"之名,并加盖双龙小印(已佚),以表赞赏,也具有"清明"时节张择端"上"贡吉祥物"河图"之意。

5. 开封河洛文化明清时期仍有在延续

开封古陈留作为太极文化的发源地,地处阴阳和谐、四时交会的"天地之中",是三皇五帝居住、建都的风水宝地,令世代生活在这里的开封人无比自豪。对此,明代大学士、宰相刘忠荣归故里开封陈留时,在《登凤凰台抒怀》的诗中写道:"凤凰城里藏龙虎,陈留繁华胜京都。纵目览胜欲陶醉,风景奇观天下无。"[21]足见其以陈留为骄傲的荣耀心情。

开封古陈留作为"河出图、凤凰至"之地,在当地史志中也有明确的记载。据公元1695年,清代康熙三十四年《开封府志·祥异》记载:陈留在"伏羲时:龙马负图出于河(其图之数,一六居下,二七居上,三八居左,四九居右,五十居中;伏羲则之,以画八卦)"。[22]开封县地方史志办公室校注的公元1910年《清·宣统二年陈留县志校注·陈留县志卷之首·弁言》记载:"吾邑父老相传,城以凤凰名,堪舆家言。"[23]"堪"为天道,"舆"为地道,泛指天地、阴阳。"堪舆家言",是指古代懂天地之道的阴阳学家之言。

由上述历史分析可知,开封古陈留太极文化是多么的深厚与悠久;河图洛书的人文地理传承是多么的丰富多彩。

现代中国人把"河图洛书"看作是中华文明的源头,誉为"宇宙魔方"。我们认为,"河出图、洛出书,凤凰至"之地在开封古陈留。这里作为"河洛郎"客家人河洛文化的发源地,是当之无愧的河洛文化的发祥地。地处开封陈留河洛文化发祥地的孙老庄,作为中国民主革命先驱、客家人孙中山先祖孙俐的故乡,也是有依据的。

文献来源:

[1]朱维铮点校:《章太炎全集》,《訄书》初刻本,上海:上海人民出版社,2014年6月1日。

[2]周振甫译注:《诗经》,北京:中华书局,2002年版。

[3](日)安居香山、中村璋八编:《纬书集成》,石家庄:河北人民出版社,1994年版。

[4]王国维校,袁应光整理:《水经注校》,上海:上海人民出版社,1984年版。

[5](汉)郑玄注:《周礼》,北京:北京图书馆出版社,2003年版。

[6](南朝)裴骃、(唐)司马贞、张守节注:《史记三家注》,北京:人民出版社,1985年版。

[7](东汉)许慎撰,(清)段玉裁注,黄勇译:《说文解字》,北京:中国戏剧出

版社,2008年版。

[8](汉)宋衷注,(清)秦嘉谟等辑:《世本八种》,北京:中华书局,2008年版。

[9](西晋)杜预:《春秋左氏经传集解》,上海:上海人民出版社,1977年版。

[10](宋)张君房编:《云笈七签》,北京:书目文献出版社,1992年版。

[11]韦昭注:《国语》,上海:上海古籍出版社,1998年版。

[12]黄寿祺、张善文:《周易译注》,上海:上海古籍出版社,1989年5月版。

[13](唐)孔颖达:《尚书正义》,(清)阮元校:《十三经注疏》,北京:中华书局,1980年影印本。

[14](宋)乐史:《太平寰宇记》,台北:文海出版社,1979年版。

[15](宋)罗泌撰:《路史》,北京:国家图书馆出版社,2003年版。

[16](汉)荀悦:《前汉纪》,长春:吉林出版集团,2005年版。

[17](汉)班固:《汉书》,郑州:中州古籍出版社,2003年版。

[18](战国)魏国:《竹书纪年(古本)》,长春:时代文艺出版社,2008年版。

[19](梁)沈约:《宋书》,北京:中华书局,2003年版。

[20]孙国中主编:《河图洛书解析》,北京:学苑出版社,1990年版。

[21]马冠林、马文田:《凤凰城怀古》,郑州:河南《中州今古》杂志编辑部,1994年版。

[22](清)《开封府志》,北京:北京燕山出版社,2009年版。

[23]开封县地方史志办公室:《陈留县志(清·宣统二年)校注》,北京:北京燕山出版社,2011年版。

第九章 从南阳《麒麟岗墓顶天象图》探开封太极昆仑

南阳《麒麟岗墓顶天象图》

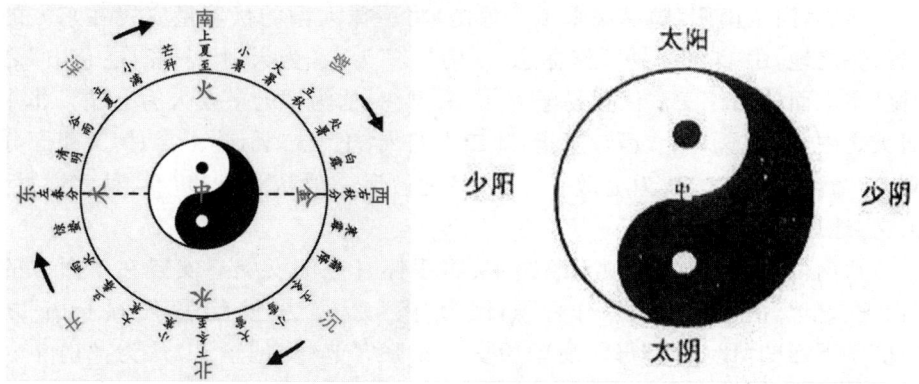

太极五行节气图

由上图可知,"太极",即"昆仑山",在东木、少阳,西金、少阴,南火、太阳,北水、太阴和阴阳鱼的核心位置,也在"天象""天极星"及"北斗星"之位。据战国末期韩国法家集大成者韩非《韩非子·扬权》记载:"事在四方,要在中央。"[1]陈奇猷所撰《韩非子集释》引旧注认为:"四方谓臣民,中央谓主君。"宋代文学家宋祁《宋景文笔记·杂说》也记载说:"欲正四方,先定中央。中央,君也。"[2]说明"五行"、"四象(方)"的"中央",是皇君、帝君、王君建都和居住的"昆仑山"之地。

这就是河南南阳《麒麟岗墓顶天象图》将"太极"、"昆仑",即头戴"山形冠"的"中央天神",安置在阴阳"两仪"、"四象"、"五行"的"中央"位置的原因所在。

一、"阴阳"图画

上古时期的华夏先民认为,"昆仑"之"昆"由上天"日"父和下地"比(妣、月)"母组成。父为考,为上、天、阳;母为妣,为下、地、阴。所以,"昆仑"之"昆",上为"日"下为"比(妣)"相结合的象形字。因此,"昆仑山"也称"阴阳山"、"天地山"、"父母山"、"日月山"等等,不过是太极昆仑文化的一种传承方式而已。

总之,"昆仑山",即"太极山",是华夏民族最早的人文发源地。

上古时期三皇之一的"伏羲",为天皇、天父,也称"日父"、"阳考";女皇"女娲",为地皇、地母,也称"月母"、"阴妣"。在太极阴阳"两仪"中,"阳"在东方,"阴"在西方;在"天象地形"中,日、父(考)在东木青龙方位,月、母(妣)在西金白虎方位。

所以,河南南阳《麒麟岗墓顶天象图》将手捧太阳的伏羲皇安置在东方的"青龙"之地,由"北斗七星"作标志,因为"北"为上,为天,代表着"昆仑山"之"昆"字上面的"日"父。汉代易学著作《尚书纬》认为:"七星在人为七瑞。北斗居天之中,当昆仑之上,运转所指,随二十四气,正十二辰,建十二月,又州国分野、年命,莫不政之,故为七政。"[3]其中"七政",一般认为是指:春、秋、冬、夏、天文、地理、人道。

河南南阳《麒麟岗墓顶天象图》又将手捧月亮的女娲皇安置在了西方的"白虎"之地,由"南斗六星"作标志,因为"南"为下,为地,代表着"昆仑山"之"昆"字下面的"比(妣)"母。唐朝历史学家张守节《史记正义》认为:"南斗六星,在南也。"[4]说明南斗星位在南方,为六星组成,形状似斗,所以名叫"南斗"。古人把"南斗"方位也称作"越",在上古时期的"扬州"方位。所以古"扬州"、"越国"在"昆仑山"的东南方,因"越国"繁衍的部落众多,又称为"百越族",是居于现今中国南方和古代越人不同族群的总称。

"百越族",大多是从开封"太极"、"河图洛书"发源地"昆仑山"、"鸿水（沟）"、"汴水"地区迁徙到南方各地的三皇五帝的后裔,现分布在浙、闽、粤、桂、越南等地,因部落众多,故统称"百越"。在"百越族"之后的宋代前后,迁徙到赣、闽、粤、桂等地的三皇五帝后裔,被称作"客家人"。两者之间的差异,仅仅是从开封"昆仑山"地区迁徙的时间早晚不同而已,其实都是不同历史时期开封"昆仑山"地区三皇五帝的后裔。

 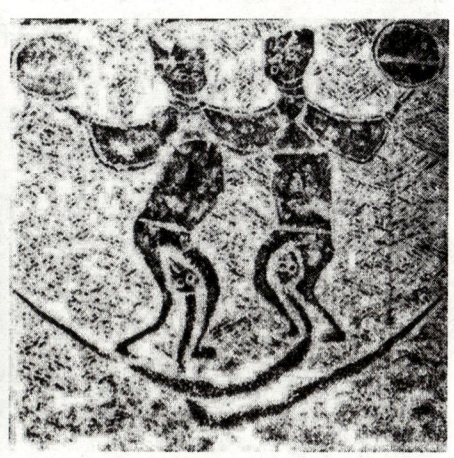

伏羲女娲像

上图为重庆璧山县蛮洞坡崖墓等地出土的伏羲女娲画像。图中伏羲（男）左手持太阳,位居旭日升起的东方；女娲（女）右手持月亮,位居玉兔（蟾蜍,均为潜居土巢类动物）升起的西方。伏羲左手持有太阳和女娲右手持有月亮之说,其实就是"左青龙、右白虎"、"男左女右"的不同表现方式。

传说中华民族的始祖盘古氏在昆仑山化仙之后,他的身体器官化为日月星辰、四极五岳、江河湖泊及万物生灵。这个神话为我们提供了一份研究中华民族日神和月神的参考资料。三国吴人徐整《五运历年记》认为：华夏民族的日月二神是盘古氏双眼所化。日神是盘古氏的左眼所化,月神是盘古氏的右眼所化,民间流传的"男左女右"习俗[5],就是由此而来。华夏民族的日神是伏羲,月神是女娲,均是上古时期传说中的昆仑山之神。

这说明伏羲、女娲是居住在太极、昆仑山盘古氏的后裔,上古时期的伏羲父系和女娲母系两个氏族分居在太极、昆仑山的东阳（左）西阴（右）"两仪"之地。

从河南南阳《麒麟岗墓顶天象图》和《重庆璧山县蛮洞坡崖墓画》等出土的

画像中,也可以看出:华夏民族的父系、母系氏族的代表人物"日父"伏羲和"比(妣)母"女娲,分别被安置在"昆仑山"的东西、阴阳"两仪"居住。因此,"昆仑山"的东部地区古代有"考城"、"兰考"、"城父"等地名存在。据南宋文学家、朱熹外祖父祝穆《方舆胜览》中记载:"考城东有蒙泽,乃庄周之故里也。"[6]南宋学者罗泌《路史》中也记载:"蒙即考城,为庄子生处。庄周故里必有所据。"[7]"考城"为秦代"甾"县,东汉称"考城",旧址在今兰考县东南一带;"昆仑"山的西部地区古代有"妭城"、"邲城"、"邲水"等地名存在。据民国《郑州志》记载:"古邲城,在(郑)州东十里铺。"[8]流经开封西部的贾鲁河,《禹贡》中称作"涌河",春秋称为"邲河",战国称为"鸿沟"。

可见,上古时期父系、母系氏族分居在开封昆仑山东西、阴阳"两仪"的观点,不是虚构的神话,至今还有着人文地名传承来作印证。

"昆仑山""考妣"、"阴阳""两仪"之地,是上古时期三皇五帝的居住之地,是"太极阴阳""一生二"的"鸿蒙"开封之地。这里还是三皇时期的"鸿荒"之处、黄帝"胙土封氏"的始封之地,帝喾、舜帝出生的"浚水"流域,大禹治理的"涌河(浪荡渠)"之滨,夏代"逢蒙"逢国等地名的最早产生地。春秋时期,这里称作"仪"邑,战国时期称作"启封",汉代称作"浚仪",现在称作"开封"。"开封"地处今兰考古"考城"西部和郑州古"邲城"东部之间,也就是太极五行"中土"、"中央"之地。

可见,"开封"、"仪邑"、"启封"、"浚仪"等地名,均从上古时期的"太极"、"阴阳""两仪"等文化传承而来。

二、"四象"图画

古人把东、北、西、南"四方"中各自的"七星宿",想象为"青龙、白虎、朱雀、玄武"四种动物的形象,叫作"四象"。在中国传统文化中,"四象"(见下页图)源于华夏先民对星宿的信仰,分别代表东、西、南、北四个方向。"四象"又包含"少阴、太阳、少阳、太阴",分别代表"春、夏、秋、冬","生、长、老、死"等四类事物和现象。"象",就是以"象"类物的唯物、象形观,是华夏先民对客观世界中不同事物分类的一种方法,也是华夏先民认识客观事物的世界观和方法论。"四象"学说的出现,是华夏先民主观思维认识客观世界所取得的精神成果,对提高华夏先民的生存、繁衍和发展能力具有重要的指导作用。

第九章 从南阳《麒麟岗墓顶天象图》探开封太极昆仑

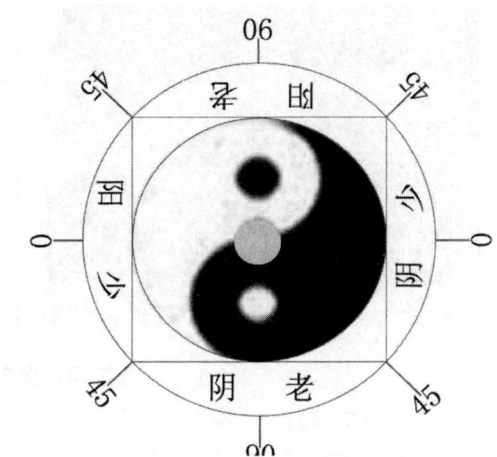

四象图

从上面"四象图"可以看到,"太极"、"天极",即"天帝"、"中央帝"居住在"天象地形"核心的"太一"、"昆仑"位置。这一位置,正是华夏先民和三皇五帝按照"太极"学说建立的"中央之国",简称"中国"之地。因此,"中国"的核心地区,就是三皇五帝建立皇、帝之都的"天地之中",是"天象"中的"太一"、地形中的"昆仑"、"人事"中帝王建都的"中央"、"中国"。这正是"天地人和"学说在华夏历史文明发源、传承的具体体现和直观表述。

三、与山东大汶口文化中"昆仑山"图画同一含义

二十世纪六七十年代,山东大汶口文化遗址出土了多个墓葬陶器刻划图纹。其中就有下图"日、月、山"类型的图画(见下页图)。我们认为,这是典型的"太极"、"日月(阴阳)"、"昆仑(三层台)山"图画,与河南南阳《麒麟岗墓顶天象图》"太极昆仑"、"伏羲女娲""日月"和"四象"图画具有异曲同工的文化内涵。

图画分别由三个组成部分:最上层为"日、阳、父"伏羲;中层为"月、阴、母"女娲;下层为"昆仑山(三个层台、五个山顶)",或称"三层台",表示"昆仑"是日月出入的"日月山",是阴阳会聚的"阴阳山",是"父母"伏羲女娲繁衍华夏子孙的"父母山"。自然,也是华夏民族发源之地的"万祖之山"。所以,"昆仑山"有"中国第一神山"之称。

汉代刘向《淮南子·地形训》认为:"昆仑之丘……登而不死……登之乃

 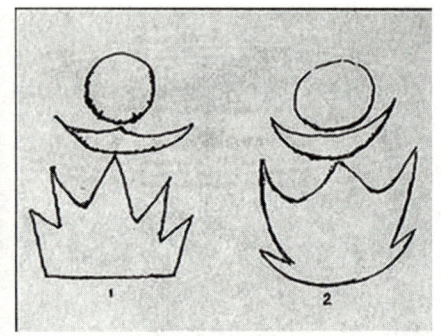

大汶口墓葬文物图

神,是为太帝之居。"[9]其中"太帝",也指"太极"、"太一"、"昆仑神",居住在不死之山"昆仑之丘",即"昆仑山"。

在中国道教文化中,"昆仑山"被誉为"万山之祖"、"万神之乡"。古人尊称"昆仑山"为"万山之宗"、"龙脉之祖"、"龙山"、"祖龙之地"等等,而"龙"就是伏羲、女娲图腾的象征。这些都在说明"昆仑山"是华夏历史文明的根源所在。

据西周时期的《周礼·春官·大宗伯》记载:"以黄琮礼地。"[10]汉代学者郑玄注释:"礼地以夏至,谓神在昆仑也。"东汉著名经学家、天文学家贾逵疏解:"云'礼地以夏至,谓神在昆仑也'者,昆仑与天相对,苍璧礼昊天,明黄琮礼昆仑大地可知。"其中"黄琮",是指古代黄色的玉器,外边八角,中间圆形,是常用作礼地的礼器。因昆仑为"地之中",在太极五行为"黄"色,故"礼地"用黄色的玉,即"黄琮";"礼地",是指敬"地祇",即祭祀大地之神,因夏至之时"神在昆仑",也称"昆仑神"。后人以封山、方丘、地坛作为祭祀昆仑山之地神的标志,故北京紫禁城至今仍有方丘"地坛"文化传承。

北宋学者李昉等《太平御览》引《河图》记载:"昆仑山为柱气,上通天;昆仑者,地之中也。昆仑,天柱也。"[11]由此可知,"夏至"之时"礼地",就是敬"地祇",即祭祀大地之神。因"大地之神"居住在三皇五帝的"地之中",所以也称"昆仑神"。"地之中"就是三皇五帝居住地、五行"中黄土"方位和昆仑山"中央"、"中国"的同义词。

由于"昆仑山"是华夏人文历史上最早的山,又是"三层台",所以,后来便用三个峰顶来写意象形、唯物的"山"字,或用"五个对称的山峰"来表示"三层台"。而"山"字最早是指"昆仑山",后来泛指所有的山。因月母女娲母系氏族的后裔居住在"昆仑山"西部白虎之地,后人称母系氏族的领袖人物为有虎形虎声一般的"西王母";又因日父伏羲父系氏族的后裔居住在"昆仑山"东部,后人称他们的领袖人物为"东王公",彼此分别管理父系氏族和母系氏族以及男女修仙登引之事。

对于山东大汶口文化遗址出土有"日、月、昆仑山"标志的陶器,经碳-14 测定为公元前 2780±145 年的遗物,距今约 4790 年。这些刻符图形相似,可以认定是同一时期、同一纹样在不同地点刻写的图案。

四、与河南濮阳西水坡墓葬文化含义一致

令人感到意外的是,河南濮阳西水坡墓葬(见下图)发现了上古时期"太极"、"阴阳"文化的墓葬。据说,在墓中的东边为塑龙,西边为塑虎,中间为上古时期人类的遗骸,经过碳-14 测定为公元前 4460 年的遗物,距今约为 6460 年。

从河南濮阳西水坡墓葬的四个人类遗骸(脚部)、"北斗"位置图与"天象"的"北极星"、"仙后座(下星)"、"小熊座(下星)"、"大熊座(天枢)"位置图(见下页图)对比中,我们可以看出:天上的北极、仙后、小熊、大熊星宿与地上四个墓葬遗骸上下之间是对应的,符合"天人合一"学说的规范。

据分析,该墓葬的时期大约要比仰韶文化早期略晚,但要比山东大汶口文化遗址出土"日、月、昆仑山"标志的陶器要早 1670 年,或许这一时期濮阳、山东的华夏先民只传承了开封三皇五帝"中央之国"的阴阳、龙虎两仪文化,"四象"中的"东木青、西金白、南火赤、北水黑"文化还没有传承到这里。对

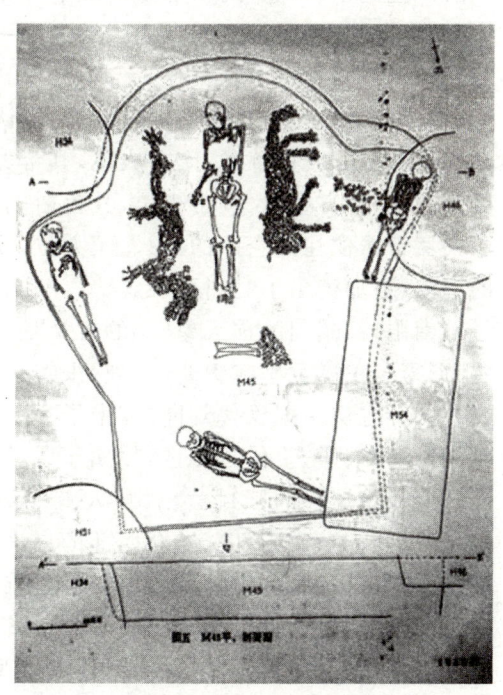

濮阳西水坡墓葬图

此,尽管我们无法确定,但是这一时期的"太极""阴阳"和"昆仑"文化已经被开封东部的东夷人接受,已有上述遗存可以充分作证。

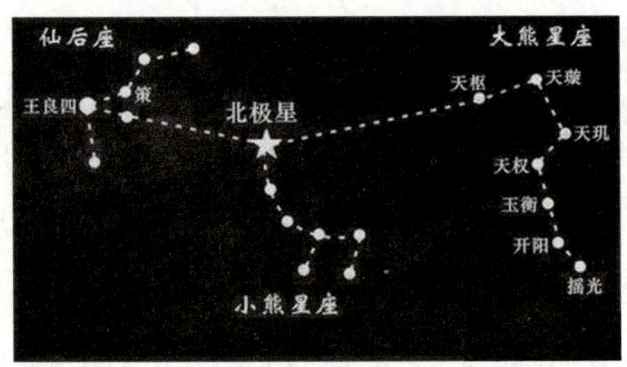

北极星象图

"太极"、"阴阳"、"四象"学说出现之后,华夏先民又创造了"五行"学说。"五行"就是在"四象"的核心部位加上一个"中、黄、土",表明这里就是三皇五帝"中央之国"的建都之地,是"天地人合一"的"天地人之中",也是"中央帝"、"黄帝"建都的昆仑山轩辕丘。

西汉淮南王刘安《淮南子·天文训》认为,"五行"也称"五星",即:"东方木也,其帝太皞,其兽苍龙;南方火也,其帝炎帝,其兽朱鸟;中央土也,其帝黄帝,其兽黄龙;西方金也,其帝少昊,其兽白虎;北方水也,其帝颛顼,其兽玄武。"因中央黄帝居住在昆仑山的"中、土"方位,故中央黄帝被刻画为头戴昆仑山形冠的形象,更加突出了"五行"观念。

南阳《麒麟岗墓顶天象图》的含义是:三皇五帝等"中央天神"头戴昆仑山"山形冠",正襟危坐在青龙、白虎、朱雀、玄武"四象"即"四神"的"天地之中",即"昆仑"之位。据汉代刘向《淮南子·天文训》记载:"毛羽类,飞行之类也,故属于阳;介鳞类,蛰伏之类也,故属于阴。"昆仑东部的青龙阳地是父系氏族伏羲及北斗星居住的开封黄柏山,人首蛇身的伏羲怀中抱一日轮,日中有太阳鸟,即"毛羽类"、"阳鸟";昆仑西部的白虎阴地是母系氏族女娲及南斗六星居住的中牟瓦坡(古称"西陵",今在"青谷堆"西南),女娲为人首蛇身,怀中抱一月轮,月中有蟾蜍或玉兔,即"蛰伏类"、"蟾兔"。

这幅集天象、地形、人文为一体的大型图画,是上古时期的原始先民对华夏历史文明发源情况的实践认识和理论总结,充分体现了上古时期原始先民通过不断实践和进化,逐步加深对自然界认识的朴素唯物主义世界观,为我们研究上古时期华夏历史文明的发源和传承提供了形象、唯物且直观的文史资料,是太极、昆仑、三皇五帝"中央之国",即"中国"发源于中原开封一带的直接证据,对打造中原华夏历史文明传承创新区具有极高的历史文化价值。

文献来源：

[1]陈奇猷:《韩非子集释》,北京:中华书局,1964年版。

[2](宋)宋祁:《景文集》,上海:商务印书馆,1936年版。

[3]《纬书集成》,石家庄:河北人民出版社,1994年版。

[4](汉)司马迁撰,(宋)裴骃集解,(唐)司马贞索隐,(唐)张守节正义,顾颉刚领衔点校,赵生群主持修订:《点校本二十四史修订本〈史记〉》,北京:中华书局,2014年版。

[5]《艺文类聚》卷一引徐整:《三五历年记》据袁珂:《古神话选译》,北京:人民文学出版社,1982年版。

[6](宋)祝穆撰,祝洙增订,施和金点校:《方舆胜览》,北京:中华书局,2003年版。

[7](宋)罗泌:《路史》,北京:北京图书馆出版社,2010年版。

[8](清)张钺、毛如诜:《郑州志》,清乾隆十三年(1748年)刻本。

[9](汉)刘安:《淮南子》,郑州:中州古籍出版社,2010年版。

[10](汉)郑玄、(唐)贾公彦疏,彭林整理:《周礼注疏:十三经注疏》,上海:上海古籍出版社,2010年版。

[11](宋)李昉:《太平御览》,北京:中华书局,2000年版。

第十章 "天地人和"与开封三皇五帝"中国"

在中华民族独有的处世观念中,有一个核心的"天地人和"文化思想。经过中华民族五千多年的世代相传,"天地人和"思想已演变为一种民族精神,升华为一种文化境界。

古人认为,"和",鹤也。鹤(和)翔(祥)千年,往返于天地之间;百鹤齐翔,秩序井然,群栖群落,互助互爱,俨然一个温馨祥和的社会群落。这种认识观诠释了古人"天地人和"的基本理念,阐述了顺应天地之间自然规律的一种思想,颂扬了一种分合有道、互为依存的社会人文道德观念,指明了人类社会发展的理想趋势,更是我们实现美丽中国梦、世界梦的历史文明的积淀。

"天地人和"的文化思想,与上古时期天象太极"太一"、地形五行"中黄土"和开封三皇五帝"中央之国"、"天地之中"的学说、认识是一致的,并且有地方史料《开封府志》作为依据和支撑。

一、"天地人和"是华夏先民对自然规律的主观认识

春秋时期的思想家、哲学家老子在《道德经·道经》中认为:"人法地,地法天,天法道,道法自然。"[1]意思是说,人们依赖于大地而生活劳作,繁衍生息;大地依赖于上天而寒暑交替,化育万物;上天依赖于大"道"而运行变化,排列时序;大"道"则依据自然之性,顺其自然而成其所以然。

可见,老子的"道"就是顺应天地之间的自然规律。这说明,道家文化是信奉客观事物发展规律的,并将其作为道家理论的最高精神境界来追求。

春秋时期的思想家孔子在《论语·学而》中,对"天地人和"的认识是:"礼之用,和为贵。先王之道斯为美。"[2]意思是说,礼的应用,以和谐为贵。古代君主的治国方法,其宝贵的地方就在这里。但是,古人还认为,不论大事小事

只顾按和谐的办法去做,凡事为和谐而和谐,不受礼文的约束也是行不通的。所以,顺应天地之间的客观规律,一分为二,合二为一,和而不同,分合有道,互为依存的人文精神,才是"和"道德思想的完整表现。

这说明道家文化和儒家文化都是信奉自然之道,即客观事物发展规律的,并将其作为自己理论的最高精神境界来追求。不仅古代著名思想家、哲学家把遵循客观事物自然发展规律作为最高精神境界来追求,而且古代著名战略家、军事家也把遵循客观事物自然发展规律作为军事战略理论的最高境界来看待。

春秋末期著名军事家孙武在《孙子兵法·始计篇》中认为,"天地人和"在军事上是指"兵者,国之大事,死生之地,存亡之道,一曰道,二曰天,三曰地,四曰将,五曰法,凡此者,将莫不闻,知之者胜,不知者不胜"。[3]意思是说,战争是国家的大事,它关系到士兵和国家的生死存亡,是不可不认真考察研究的。应该以五个方面来探讨战争胜负的情形:一是"道",就是从政治上使民众与君主的思想一致,这样民众就能与君主同生死共患难,誓死效命,毫无二心;二是"天",就是气候的阴晴、寒暑、四季节令的更替规律等;三是"地",就是指行程的远近、地势的险峻或平易,战地的广狭,是死地还是生地等;四是"将",就是看将领们是否具备智、信、仁、勇、严五种素质;五是"法",就是指部队的组织编制制度,军官的职责范围规定,军需物资的供应管理制度等。以上五个方面,将领们没有不知道的,但只有透彻掌握的人才能取胜。

一个伟大的思想家、哲学家,受"天地人和"道德思想的影响,必然也是一个卓越的战略家、军事家。无论中国上古时期的三皇五帝,夏商周时期著名帝王、政治家以及近代伟人孙中山和毛泽东,占据了"天地人和"的政治优势,则事业发达昌盛,自古以来莫不如此。正所谓"世界洪流浩浩荡荡,顺之者昌逆之者亡",就是这个道理。

因此,古人认为"天地人"之间是相互感应、相互矛盾、相互依存的一个整体,应该和谐共处,自然发展。

二、对"天地人和"含义和彼此关系的认识

在"天地人和"的相互关系中,古人把"天"放在第一位,"地"放在第二位,"人"放在第三位。因为人生长于"天"之下,"地"之上,上敬奉于"天",下祭祀于"地",并在"天地"之间休养生息。所以,作为天地之间精灵的人,必须顺应天地之道而谋取生存发展。而"天地"既是客观世界自然存在的方式,也是古

人对"天地"客观世界的主观认识,具有人为的主观规定性。

1. 关于"天象"的含义

我国古代天文学家把"天"称作"天体"、"天象"。"天象"由"星宿"组成,"星宿"可划分为"三垣二十八宿"。

(1) 关于"三垣"

"三垣"是天体中的恒星即"太微垣"、"紫微垣"、"天市垣"的合称。宋代学者王应麟《小学绀珠·天道·三垣》中认为:"三垣:上垣太微十星,中垣紫微十五星,下垣天市二十二星,三垣,四十七星。"[4]明代宰相张居正在《宫殿记》中解释"三垣"说:"鸿图华构,鼎峙于南北,譬之三垣丽天,太乙之所更居也。"[5]其中"太乙",也称"太一",原意为"太极"时期原始"一"的状态。

(2) 关于"太极"、"太一"

古人认为"太乙"神居住于"北极星"。因此,"北极星"也称"太极"、"太乙"、"太一",在"三垣"之一的"太微"之中。"太一",在古典中又记作"大一"、"泰一"、"泰帝"等,位居"天体"的中心位置,也称"天之中",是天帝的象征。汉代史学家司马迁《史记·天官书》记载:"中官天极星,其一明者,太一常居也。"[6]又记载:"泰一,天帝之别名也。天神之最尊贵者也。"其中"天极星",即"太极"、"太一"、"天神"、"天帝"。战国时期道学家庄周《庄子·天地篇》认为:"主之以太一。"[7]唐初杰出道教学者、道教理论家成玄英注解说:"太者,广大之名。一以不二为称,言大道旷荡,无不制围,囊括万有,通而为一,故谓之太一也。"东汉著名文学家王逸注解说:"太一,星名,天之尊神。祠在楚东,以配东帝,故云东皇。"[8]"东皇",也称"东王公"。

可见,古人认可"太一"也指"天帝"、"天皇"、"天神"、"上帝"。

(3) 关于"二十八宿"

"二十八宿"是古人为观测日、月和金木水火土五星运行,而在天象中划分的二十八个星区,用来说明日、月、五星运行的位置。"二十八宿"作为中国传统文化中的主题之一,广泛应用于中国古代天文、宗教、文学及星占、星命、风水、择吉等术数中。不同的领域赋予了它不同的内涵,相关内容非常庞杂。目前,它的最初起源时间尚无定论,以文物考查应不晚于战国时期。我们认为,"二十八宿"最早应源于华夏先民时期创造的天文知识。所以,它在天文学史上的地位相当重要。

"二十八宿"在区划星官归属时,将"二十八宿"分为四组,即"四象"。"四象"为:东方苍龙七宿(角、亢、氐、房、心、尾、箕),北方玄武七宿(斗、牛、女、虚、危、室、壁），西方白虎七宿（奎、娄、胃、昴、毕、觜、参），南方朱雀七宿（井、鬼、柳、星、张、翼、轸）。古代观测"二十八宿"出没的常见方法有多种，如在黄昏日落后的夜幕初降之时，观测东方地平线上升起的星宿，称为"昏见"，因位于东方故又称"东昏"；再如在黎明前夜幕将落之时，观测东方地平线上升起的星宿，称为"晨见"，或"朝觌"，因位于太极东方苍龙方位，故又称"东明"。"东昏"、"东明"为秦汉时期开封东部兰考的古地名，与地形中的开封东方苍龙方位相对应。

(4) 关于"九野"、"中央钧天"

古人还将"二十八宿"分为"九野"，夏代"九州"地名由此划分而起。汉代刘向《淮南子·天文训》中记载："中央钧天：角宿、亢宿、氐宿；东方苍天：房宿、心宿、尾宿；东北变天：箕宿、斗宿、牛宿；北方玄天：女宿、虚宿、危宿、室宿；西北幽天：壁宿、奎宿、娄宿；西方颢天：胃宿、昴宿、毕宿；西南朱天：觜宿、参宿、井宿；南方炎天：鬼宿、柳宿、星宿；东南阳天：张宿、翼宿、轸宿。"[9]这是古代史志划分天象与地理位置对应关系的根本依据。"中央钧天"，在夏代也称"钧台"，在夏朝"中央"，即夏禹王都阳城（今开封禹王台）的北部，也称"砚台"、"宴台"，也是大禹涂山会盟和宴请诸侯之地。

(5) 关于太极五行"中土黄"

"四象"加上"九野"的"中央钧天"，也称"五行"，即东青木，西白金，南赤火，北黑水，中黄土。"九野"的"中央钧天"与"五行"的"中、黄、土"在同一方位。战国时期秦国宰相吕不韦《吕氏春秋·有始》认为："中央曰钧天。"[10]东汉学者高诱注解说："钧，平也。为四方主，故曰钧天。"说明"中央"和"钧天"之地有较大范围的平地或平台。其中"四方主"，就是协调地形"四象"的"中央"，也是三皇五帝居住地的代称。这是辨别古代三皇五帝居住地昆仑山五行"中、黄、土"和"九野""中央钧天"方位的理论依据和原始资料。

2. 关于"地形"的含义

我国古代天文学家把"地"，称作"地形"。"地形"是指地势高低起伏的变化，即地表的形态。相传西周时期的《周易·系辞上》认为："在天成象，在地成形……"又说："古包羲氏之王天下也，仰则观象于天，俯则观法于地……"[11]其中"在天成象"，即指"天象"，就是日、月、星所分布的位置，而北极帝星为天地之枢纽，北斗临锋，权威众星；"在地成形"，即指"地形"，是三皇之一包羲氏，即伏羲氏的"天下"，即太极五行"中黄土"和三皇五帝"中央之国"、"昆仑"之地。

由于"天地人合一"以及彼此感应的结果,天有其象,地必有其形。"地形"文化也是人类对"天象"文化的投影,或复制品。"地形"中的"昆仑"山,就是古人对应"天象"核心位置在"地形"核心位置创作的人文遗产。同时,又是黄土平台之山丘,而非石头尖峭之山丘。

(1) 关于"昆仑"与"中央"

西汉著名学者刘歆认为:"太极中央元气"。东汉哲学家王充引易学家的话说:"元气未分,混沌为一。"战国时期道学家庄周《庄子·应帝王》中认为"中央之帝为混沌"可见,"太极"是指"中央之帝"、"中央元气"。"中央元气"又指"太极阴阳"未分时期的"混沌"状态,而"中央之帝"就是指居住在昆仑山的黄帝。因黄帝居住在"鸿水"之阳,又称"帝鸿"。"帝鸿"也称"混沌"即"混沌"。"昆仑"之名由"混沌"转音而来,彼此同义有时可以互称。

汉代易学著作《河图括地象》认为:"地中央曰昆仑,昆仑东南,地方千里,名曰神州。"[12]又说:"昆仑者,地之中也。"汉代易学著作《尚书纬》认为:"北斗居天之中,当昆仑之上。"说明"地中央"、"昆仑"之上为"天之中",两者天上地下相互对应。

汉代易学著作《春秋纬·命历序》也认为:"天体始于北极之野,地形始于昆仑。"以上情况说明,"太极"、"中央"、"元气"、"混沌"、"混沌"、"天之中"等,也代指"地形"之始的昆仑山"地之中"。这种与天体之始的北极"天之中"上下对应的现象,被称为"天地之中",也是北极"太一"与"昆仑"、"泰(帝)一"等上下对应,可以混称的原因。所以,"昆仑山"、"地中央",也可以被当作"太极山"、"太一山"、"太山"、"泰一"、"泰山"等。

(2) "泰山"最早是指地形"昆仑山"

"泰山"最早不是指现在山东泰安的泰山,而是指山东巨野"东海"、郑州圃田"西海"、开封尉氏逢泽"南海"、新乡延津乌(黑)泽"北海"四海之内,即开封一带的"昆仑山",即"泰一山",又称"天中山"、"中山"、"天山"、"中天台"、"太岳台"等。

上古时期,山东泰安的"泰山"还处在菏泽巨野,即"东海"的东北部一带,山东陆地和海岛当时也主要集中在泰安泰山及其东部、南部的丘陵地区,这里是三皇五帝后裔——东夷民族的主要栖息地。大约到了舜禹时期,随着华北平原被黄河冲积而升起及海水的退潮下降,三皇五帝"中央之国"东北部逐渐与山东西南部、河北东南部连成了一片,三皇五帝的后裔才开始自"中央之国"向东北部地区的山东、河北较大规模地迁徙,居住的人口也逐步开始增加。炎黄活动的核心范围向北不大可能越过河南北部、河北南部的"北海"一带。山东境内考古发现的北辛文化(前5300年～前4300年)、大汶口文化(前4300年～前2500年)、龙山文化遗址(前4350年～前3950年),就是对三皇五帝后裔——东夷民族文化传承和地域迁徙的有力证据。

被儒家尊为"五经"之首的《易经》认为:"天地交,泰。"其中"泰",就是天地中心上下相交的"泰一",即"太一"。这里是"天象""太极、太一"恒星(天帝)和"地形""昆仑、帝一","五行""中、黄、土"上下交会的中心,也是"河图洛书、九宫""五、十、中央宫","九野""中央钧台"之位。

在"洛书九宫"学说中,"帝一、昆仑"有"九五"之尊,意思是说"九宫第五宫"是"中央宫",象征着天帝、三皇五帝居住"太极"、"太一"、"泰一"、"中央"、"帝一"、"昆仑"的位置。"泰一"、"昆仑"、"泰山"之尊位,由"太极"、"五行"、"河图洛书"、"九宫图"等文化传承产生,其传承的地域范围也十分广阔。

宋代著名经学家胡安国《春秋传》认为:"天子有大社焉,东方青色,南方赤色,西方白色,北方黑色,上冒以黄土。"[13]其中"天子有大社",就是指"五行""黄土"、"帝一"、"河图洛书""五、十、中央宫"的方位,也是地形"昆仑"之地。因"五",与"吾"谐音,寓意着以"太极"、"昆仑"为本,因此"昆仑"也称"昆吾"。又因"昆仑"、"泰山"为"五行""中、黄、土"之地,所以它位于山东西南巨野(东海)、郑州东圃田(西海)、开封尉氏北逢泽(南海)、延津北乌泽(北海)的"四海之内",是三皇五帝"中央之国"(中国),其山为"黄"色的"土"台,而不是像山东泰山、河南嵩山一样峭立的石头山。

(3)"昆仑"与三皇五帝"中央之国"同义

"昆仑"、"泰山"是三皇五帝居住、建都的"中央之国",即"中国"之地,是"中国"人共同的祖地和精神家园。因此,"中国"人生前尊崇、祭祀"昆仑"、"泰山",死后灵魂皈依"昆仑"、"泰山",具有"认祖归宗"的含义。

对此,南北朝时期著名史学家范晔《后汉书·乌桓传》认为:"中国人死者,魂神归岱山也。"[14]其中"岱山",既是指"泰山"、"昆仑",即"泰一山"、"太一山",也是指上古时期炎帝后裔逢伯明最早的居住地,即开封逢泽之阳的"逢山",又称"蓬(莱)山"。这里是天帝、天主和三皇五帝、地主的祭祀和封禅之地,也是中国最早"丰都鬼城",故又称"玉门丰沮"、"封钜"、"丰山"、"方山"、"房山"、"逢山"、"蓬山"、"封山"等,既是三皇五帝等神仙升仙下葬之地,也是三皇五帝子民死后归宿的阴曹地府,即"丰都鬼城"。

"丰沮"与"封钜"同音通用,"玉门丰沮"即是"玉门封钜"。因此,"昆仑"、"太一"、"逢山"、"丰沮"、"封钜",同在开封、封丘之地。南朝宋时期何承天《姓苑》认为:"炎帝裔孙名钜,曾为黄帝之师。"夏朝时,封钜的后代居于封父(今河南省封丘县西封父亭),为诸侯国,后人曾经称他为封父。[15]先秦古籍《山海经》也记载"大荒之中,有山名曰丰沮玉门,日月所入"。[16]其中"日月所入"的"丰沮玉门",就是"日月"出入、"阴阳"会合、鬼神同居的"太极"、"昆仑"、"逢山"、"丰沮"、"封父"之地。而"大荒",就是上古时期青蓝色海水与黄浊色河水相汇聚的三皇五帝"中央之国",即黄河下游首端的开封、封丘"中国"之地。

3. 关于"人和"的人文历史发源

古人认为,一天、二地、三人为"三才";一日、二月、三星为"三光"。"三才"、"三光"两者相配为"天日"、"地月"、"人星",整个物质世界都是由"三"生万物而来的。所以,春秋时期思想家老子《道德经》认为:"道生一,一生二,二生三,三生万物,万物负阴而抱阳,冲气以为和。""道",是宇宙的本源,是形而上的本体,它永远生生不已,这是"道"的第一层功能;所形成的天地宇宙,是"道"的第二层功能;地球上出现的人类社会则是"道"的第三层功能。所以,宇宙开始于零、开始于一。先秦古籍《山海经》中记载的"大荒"、"零陵"、"太一"最早均在"道"的发源地昆仑山地区。

(1) 道教"一、二、三"与"天、地、人"

对于"三生万物"之说,道教也有自己的解释。汉代原始道教重要经典《太平经》认为:"元气恍惚自然,共凝成一,名为天也,分而生阴成地,名为二也;因为上天下地,阴阳相合始生人,名为三也。"[17]此为对老子上述思想的运用和发挥。我们从上述观点可以看出,"一"为元气,"二"为阴气和阳气,"三"为天、地、人"三才"。天是阳气,地是阴气,人在天、地之间,必然就是阴阳调合的"和气"。

道教还认为"人法地,地法天,天法道,道法自然",从人类生存的自然界来解释,"三才"天、地、人都在"道"中运行。运行的规律是:人取法于地,地取法于天,天取法于"道","道"取法于自己的本然,即"自然"。"道"是自然界的总规律,总括整个宇宙物质形态运行的法则。而"天、地、人",仅仅是相对于人类生存的"特定"时空而言的。"三才"中的"人",是顶天立地的精灵。古人讲究"天地人和",所阐述的是一种哲学思想,更应该是一种处世的境界。

(2) 三皇五帝在"天象地形"中的位置

人应该效法"天象"、"地形"的位置,来安排自己在自然界中的位置。所以,"天象"是"地形"效法的榜样,"地形"是人效法的榜样,三皇五帝应该居住和建都于"天象"的"太极"、"太一"之地,"地形"的"昆仑"、"中央之国"之地。用"太极五行"学说表示就是"中黄土",用"河图洛书"表示就是"五、十、中央之宫"。因此,居住在"中央之国"的伏羲、女娲,称作"黄柏氏"、"土(塗)山氏"等;居住在"中央之国"的轩辕氏,也称作"黄帝"、"中央帝"。

唐代著名史学家司马贞《史记索隐》认为:黄帝"有土德之瑞,土色黄,故称黄帝,犹神农火德王而称炎帝然也"。黄帝与炎帝都是华夏民族的始祖,因居住在太极五行的"黄"、"赤(炎)"不同方位而有"黄帝"、"赤(炎)帝"的不同称呼。宋代方志学家高似孙《纬略·卷八》认为:"《洛书》曰:苍帝起,青云扶日;赤帝起,赤云扶日;黄帝起,黄云扶日;白帝起,白云扶日;黑帝起,黑云扶日。"[18]这说明"黄帝"、"炎帝"都是以太极五行,即《洛书》中"黄"、"赤(炎)"方位名称命名的"五帝"之一。

(3) 炎黄二帝同居"昆仑"、"太极五行"之地

战国初年的《国语·晋语》也认为:"昔少典娶于有蟜氏,生黄帝、炎帝。黄帝以姬水成,炎帝以姜水成。成而异德,故黄帝为姬,炎帝为姜。"[19]意思是说,由于黄帝生于开封昆仑山轩辕丘北部"姬水",即"济水"、"积水"、"沮水"流域,故其母系为"姬(济、吉、姞)"姓;由于炎帝出生于开封昆仑山轩辕丘南部"姜水",即"江水"、"赤(茧、羊)水"、"逢(逢、封)水"、"鸿(洪)水(沟)"流域,故其母系称"姜(江、羊、茧、逢)"姓。

《国语》之言是目前中国历史上最早记载炎帝、黄帝诞生地和原因的史料,说明炎黄二帝都是起源于太极五行"中央、黄、土"和"南、赤、火"地区的华夏原始部落首领,是我国上古时期"三皇五帝"之一。

太极五行中的"黄帝"是指"中央"之神。汉代礼学家戴德《礼记·月令》记载:"(季夏之月)中央土,其曰戊己,其帝黄帝,其神后土。"[20]唐代学者张守节《史记正义》认为:"黄帝,中央含枢纽之帝。"说明"黄帝"居住在太极五行"中央"、"土"的位置,又在赤水(鸿水)北部的"昆仑山"地区。

对此,战国时期道学家庄周《庄子·天地》认为:"黄帝游乎赤水之北,登乎昆仑之丘。"《庄子·至乐》同样认为:"昆仑之虚,黄帝之所休。"黄帝登昆仑的原因,在于回到轩辕氏族的居住地,那里是自己的帝都和下葬地。

(4) 黄帝帝都在开封北部的轩辕楼(丘)

其实,轩辕氏族居住地称"黄帝宫室",或称"黄帝之宫",是开封赤水,即鸿水、汴水北部黄帝帝都所在的"轩辕楼"之地。战国时期在魏国大梁编撰的《穆天子传》认为:西周穆"天子升于昆仑之丘,以观黄帝之宫"。这说明战国时期魏国编撰《穆天子传》记载的"黄帝之宫",与开封赤水,即鸿水、汴水北部昆仑丘"轩辕楼"的位置相一致,有历史地理依据作支撑。

先秦古籍《山海经·西次三经》也认为:"昆仑之丘,是实唯帝之下都。"这也证明昆仑丘(山)"黄帝之宫"就是黄帝在"天象"之下、"地形"之中的帝都。

(5) 神农氏炎帝帝都在开封昆仑山南方之地

唐代崇文馆学士、著名学者徐坚《初学记·卷九》引《帝王世纪》认为:"神农氏姜姓也,母曰妊姒,有娇(蟜)氏之女,名女登,游于华阳,有神龙首感女登于常羊,生炎帝。"[21]其中"华阳",在开封太极五行南部,即开封古陈留万隆岗仰韶文化遗址"华阳寺";"常羊",为太极八卦中的东南维,就是开封古陈留,即杞县一带的"白羊陂"、"常羊(徜徉)山",也是夏代"九州"中的"扬(羊)州"方位。这里是炎帝母系有娇(蟜)氏女登居住和炎帝出生、建帝都的"空桑"之地,也是夏禹母系"妊姒"之地。

据宋代学者罗泌《路史·后纪》引《帝王世纪》记载:"炎帝参卢是曰榆罔,居空桑。"[22]还记载:"榆罔居空桑,空桑为陈留,帝所居也。"其中古"陈留"的"空桑",现为开封杞县葛岗镇空桑村,这里曾是神农氏炎帝的帝都,也是有莘氏帝喾的古莘国和商代元圣伊尹的出生地。

从"太极五行"学说来讲,黄帝帝都的"中央"位置在炎帝帝都"空桑"和"姜水",即"鸿(江)水(沟)"的北部,现实中的地理位置与"太极五行"学说完全一致。对此,唐初儒家学者、经学家颜师古在注释汉代史学家班固《汉书·武帝纪》中,引用《淮南子》证明:"禹治鸿水,通镮辕山,化为熊。"[23]其中"鸿水",即开封古城北部的"赤水"、"江(姜、降)水"、"鸿沟"、"汴水";"镮辕山"即开封古城和"赤水"北部黄帝帝都"轩辕楼(丘)",后传承到河南偃师东南、巩县西南、登封西北一带,古称"镮辕道";"熊"为三足鳖,即黄帝、大禹氏族的图腾"天鼋"、"玄武"。

宋代学者罗泌《路史》记载得更加明白:"轩辕氏,作于空桑之北。"其中开封古陈留"空桑之北"的"轩辕氏",与开封古城和"赤水"北部"轩辕楼(丘)"黄帝帝都同指一地,也和上述史料记载的方位完全一致。

总之,通过对天象、地形、人和三者进行具体分析,可以看出:开封、封丘一带就是太极"太一"、五行"中黄土"、昆仑山"中央黄帝"帝都所在地,是上古时期三皇五帝建都生活的"天地之中",是华夏民族最早的人文发源地。

三、清代《开封府志》对太极、五行、昆仑位置的认证

或许有人会认为,这些关于"天地人和"的历史文化的分析,只是对地理位置巧合的一种解释,无法与开封人文历史传承相衔接。事实却不是这样,从清代《开封府志》史料记载来看,开封地方史志与上古时期"天地人和"人文历史

之间具有惊人的一致性,也是对我们上述研究结果的最好旁证。

1. 开封在"天象"角、亢、氐之中

据清代康熙三十四年(1695年)《开封府志·卷三星野》记载:开封"大梁主星分野:考星垣,开封府系在角、亢、氐,而以房、心及柳、星、张掺入焉。……角、亢在辰,郑分野。唐《天文志》曰:'角、亢寿星也。'"[24]说明开封正处在昆仑山"中央之国"、太极"太一"、五行"中黄土"、九野"中央钧天",即"角、亢、氐"星宿的核心位置。

无论开封东部兰考"东昏"、"东明"的星宿之名,或是开封在"中央钧天"、即"角、亢、氐"之位,均证明开封就在昆仑山"中央之国"、太极"太一"、五行"中黄土"、九野"中央钧天"之地。这种现象的出现,也是华夏先民将"天地人和"、"天地人合一"理论与实践相结合在"天地人之中"的结果。

(1)《开封府志》关于"天象"的其他记载

据清代《开封府志·卷三星野》记载:"大梁在兖豫之区,其分野,则角、亢、氐、房、心。五者皆东方宿也。"其中"大梁",是指战国时期魏国大梁城,即开封;"兖豫",是指古代开封在天象中归属兖州和豫州星野范围;"角、亢、氐、房、心",是指"四象"之一东方青龙七宿"角、亢、氐、房、心、尾、箕"中的前五宿,说明"地形"中的开封"大梁"位置与天象"四象"中"角、亢、氐、房、心"位置上下相对应。

在"四象""二十八宿"所分的"九野"中,"角、亢、氐"三宿为"中央",即"钧天"方位。其中的"中央",就是天象"太一"、地形"昆仑"、五行"中黄土"、三皇五帝"中央之国"(中国)之地,也就是开封一带黄帝轩辕丘所在之地。

(2)开封在兖、郑之间

清代《开封府志·卷三星野》又记载:"《(兰)台秘典》以开封下属兖郑之分,上属角、亢之墟。考诸《禹贡》荆河,唯豫州开封,自应属豫。"意思是说,开封地处古代兖州、郑国之间,《禹贡》中认为"荆河"唯独在豫州开封之地。说明豫州开封在三皇五帝"中央之国"的"钧台"之地,这里的昆仑山是古代"荆河"流经的"荆山"、"景山",也是后来商汤建都观测日景的"西亳"、"景亳"之地。

2. 开封在"地形"之上

古人认为,开封与昆仑、九河、夏禹姒氏有着密切的关系。

(1)开封在东海、西海之间的昆仑之地

在清代《开封府志·卷五山川》中,明代薛瑄赋诗说:"入大陆而北徙兮,迷

不辨夫九河之故形。经两海而纪众流兮,擅净沉之濯灵。揽颓波而怀明德兮,又何莫非姒氏之所经营。登昆仑而俯视兮,固仿佛其初迹。"其中"大陆"、"九河"、"两海"、"姒氏"、"昆仑",皆指郑州东部开封、原阳、封丘、长垣、杞县一带古黄河等"九河"冲击形成的大面积"陆地"、"原圃",地处郑州圃田"西海"、山东巨野"东海"的两海之间,是"姒氏"大禹治水的三皇五帝"中央之国"昆仑山之地。此诗大意是说,进入开封一带向北部行走,已经辨不清河水、济水、沮水、白水、沙水、鸿水、雍水等古代水流的故道,只看见很多水道流经郑州东部至山东巨野西部之间后,慢慢沉淀而形成清澈有灵气的湖泊。当看见被废弃的大禹河堤时就想起他治水的功德,这一带莫不记载着姒氏大禹所付出的辛勤劳作。于是,我登上当地的昆仑山向下瞭望,就好像看到了大禹当年治水修建河堤的情景一般。

这首诗从一个方面印证了大禹治水、昆仑山、九河、两海等华夏人文遗址,在郑州至山东巨野之间开封一带的人文历史。

(2)开封"五丈河"流经昆仑之地

明代诗人林厚铭也在《开封府志·卷五山川》中认为,昆仑在郑州、开封"广济"河流域,并写诗记载说:"郑河之水,其流泱泱。桥曰广济,实居昆仑。"其中"郑河",在郑州东二十五里的梅山东北,流入中牟、开封的贾鲁河。说明"郑河"是贾鲁河的上游;"广济",自河南济源县北分沁水东南流,经沁阳、温县,又东南入黄河,即"古沙(沟)水",也称"广济渠",再流经郑州荥阳至开封一带。

五代、宋代时期,"广济渠"东流入济水,以通齐鲁之漕,河床被展拓至五丈,俗称"五丈河"。公元973年,即宋开宝六年改名为"广济河"。因"广济"自郑州流经开封至山东菏泽一线,正是开封"昆仑山"的核心地区。所以说"广济""实居昆仑"之地。

3. 开封主要河流的人文历史

古代地方志史料认为,开封河流的历史与上古时期的三皇五帝"中央之国"有着密切的关系。

(1)《开封府志》关于"汴河"的记载

"汴河"发源于河南荥阳,旧称"阪水"、"汳水"。"阪水"经开封流经杞县东北部的"蒲口"、"龙门"后,分为三流入泗水、淮水、睢水。所以,"汴河"也称"阪蒲"之流。炎黄时期著名的"阪泉之战"就发生在"阪蒲"流域中牟北部的"逐鹿营"之地,至今地名尚存。

据清代《开封府志·卷五山川》记载:"汴河:本作汳(阪),即浚仪渠也。一名茛荡渠。源自荥阳大周山下,受西南诸山溪,京、须、索、郑之水东流至中牟县,北与沙水同流,东南至浚仪而分。一渎南注为沙,一渎东注为汴。"其中"茛荡渠"就是大禹治水的"鸿水",又称"汳(阪)水"、"汴水"、"浚仪渠"等。此水流经开封西北部和黄帝帝都轩辕楼(丘)南部而东去,在舜帝、商均下葬的"鸣条"(今封丘黄陵岗平街)和夏杼王都"老丘"(今开封杜良国都里)一带,与伊水、巴河、睢水(也称堤河)相连后,转向东南部的开封县八里湾、杞县阳堌古"蒲口"、"龙门"分流而去。

(2)《开封府志》关于黄河下游鸿水泛滥的记载

古人认为,黄河下游的开封地区是鸿水泛滥和大禹治水的主要地区,也是三皇五帝"中央之国"的核心地区。

黄河的中、下游以洛阳孟津、郑州荥阳一带为分界线。对此,《开封府志·卷六河防》有记载说:"长河万里西来,其势湍猛,至孟津而下,地平土疏,移徙不常,失禹故道,为中国患不知几千百年矣。自古治河,处得其方,则用力少而患迟;事失其宜,则用力多而患速。"其中"孟津而下",就是黄河的下游地区,而孟津以上则为黄河中游地区,说明黄河经常泛滥于黄河下游的开封古"中国"地区;"失禹故道",是指由于黄河泛滥的缘故,导致大禹在上古时期三皇五帝"中央之国"即"中国"修建的河堤被冲得无影无踪,所以数千年以来开封三皇五帝"中央之国"即"中国"一带的黄河经常改道,水患连续不断,难以治理。

这说明上古时期三皇五帝的"中国"、黄河泛滥、大禹治水均在黄河下游孟津、荥阳以东的开封南北地区,而不是在黄河中游孟津、荥阳以西的洛阳、山西地区。

4. 开封是天象太一、地形昆仑、三皇五帝中国之地

古人认为开封与天帝、三皇五帝居住、建都同在一处。

(1)开封与夏代"中央钧台"相关

据春秋时期左丘明《左传·昭公四年》记载:"夏启有钧台之享。"[25]这说明夏代王启之都在"钧台",与太一、昆仑、中黄土、三皇五帝"中央之国"同为一地。

"钧台"是大禹、启在"中国"、"黄帝之宫(台)"、"土(垏)山"铸造九鼎,大宴诸侯的"宴台"之地。据战国时期《竹书纪年·卷上》记载:"帝启元年癸亥,帝即位于夏邑,大飨诸侯于钧台。"[26]"大飨诸侯",就是以盛宴款待夏朝诸侯。所以,开封轩辕丘中央黄帝之地至今仍有夏启"大飨诸侯"的"宴(砚)台"地名存在。

现在的"宴台"在开封古城曹门外约5公里处。"宴台"东北方向的"土柏

岗",即"塗(土)山"一带,正是大禹妃子女娇"塗山氏"的封地,也是大禹治理"鸿水(沟)"即"莨荡渠"、"汴河",娶妃子女娇的"塗山"之地。

大禹称夏王前后的"阳城",也在"土柏岗"西南部约9公里处,现称开封"禹王台"。据战国时期赵国史书《世本·居篇》记载:"禹都阳城。"[27]说明夏禹称王建都之地在"阳城"。中国最早的国别史著作《国语·周语》记载:"有夏之兴也,融降于崇山。"三国时期吴国史学家韦昭注释:"夏居阳城,崇高所近。"[28]汉代史学家司马迁《史记·夏本纪》也记载:帝舜"三年丧毕,禹辞辟舜之子商均于阳城。天下诸侯皆去商均而朝禹。禹于是遂即天子位,南面朝天下。国号曰夏后,姓姒氏。"说明大禹"即天子位"称夏王之前和之后的"阳城",与"崇山"、"崇高山"同在一地,而非多地。"崇山"、"崇高"山应该就是指"昆仑山",也与开封古城、鸿水北部黄帝帝都轩辕楼(丘)同在一地。

(2) 关于史料"禹都阳城"在开封的记载

南宋学者王应麟《通鉴地理通释》说得很明白:战国时期的赵国史书"《世本》言,'夏后居阳城,本在大梁之南,今陈留浚仪是也'"。[29]说明开封古"陈留浚仪"就是大禹称夏后(王)时期的居住地"阳城"。对此,西晋大学者皇甫谧《帝王世纪》也记载说:"禹避商均浚仪(开封)。"[30]我们认为上述两个史料记载是一致的,也是正确的,两者之间的区别在于:一个是记载大禹称王建都之后在浚仪阳城,一个是记载大禹称王建都之前在浚仪阳城,如此而已。

关于这一点还可以从舜帝和儿子商均死后,一同下葬在开封夏杼王都老丘北部、舜帝陵墓所在的鸣条苍梧山得到印证。据先秦古籍《山海经·大荒南经》记载:"赤水之东,有苍梧之野,舜与叔均之所葬也。"东晋著名学者郭璞注释说:"叔均,商均也,舜巡狩,死于苍梧而葬之,商均因留,死亦葬焉,墓今在九疑之中。"其中"赤水",即开封的"鸿水(沟)"、"莨荡渠"、"汴水";"苍梧山"在开封"鸿水"东北部、夏王杼"老丘"北部的"鸣条"一带,是尧帝儿子丹朱、舜帝、商均共同的下葬之地;"苍梧之野"、"九疑之中",即封丘黄陵镇平街村鸣条南部的"苍梧山"及其山南的"广野"之地。"广野",又称"广陵之野"、"苍梧之野"。"苍梧",古称"善木",是盛产于开封广野、空桑、高阳之地粗壮高大、青黑色的梧(泡)桐树,凤凰喜欢在此树上栖息,古人也喜欢取此树之材制作琴瑟乐器。这里的南部,是杞县高阳氏颛顼帝后裔三苗氏的居住地,是舜帝巡狩臣服三苗后去世的"苍梧之野",也是汉代刘邦封陈留"高阳酒徒"郦食其为"广野君"的地方。

由此可知,"禹都阳城"、"宴台"、"崇(高)山"、"赤水"、"鸣条"、"苍梧山"、尧帝儿子丹朱、舜帝和商均等人的下葬地,都在开封古浚仪、陈留"中央"、"钧台"之地。这里是天象"太一"、地形"昆仑"、五行"中黄土"、三皇五帝"中央之国"(中国)之地,是伏羲黄柏山、炎帝空桑、黄帝轩辕丘等皇、帝建都之地。同时,也从侧面证明,这里是尧、舜、禹建都及其子孙居住之地。

(3) 史料证明"禹都阳城"与"黄帝轩辕丘"同在一地

西周时期的周穆王曾经东巡开封一带,打击占领西周聃国之地的东夷人,并在开封"范宫"(范台、禹王台)、"邴"邑(朱仙镇启封)、"塗山"(土柏岗)一带居住、下棋、占卜、狩猎、观摩桑舞,与开封逢国公饮酒,奏广乐于"黄泽"(封丘黄池),大会诸侯于"塗山",并祭祀"黄帝宫室"、夏王"启之居"。据战国时期魏国编撰的《穆天子传》记载:"丙辰,天子南游于黄(帝)室之丘,以观夏后启之所居。乃(人)于启室,天子筮猎苹泽,其卦遇讼。"其中"黄(帝)室之丘",为开封北部的黄帝帝都轩辕楼(丘)。对此,战国时期道学家庄周认为黄帝帝都轩辕楼(丘)在昆仑山。他在《庄子·天地》记载说:"黄帝游乎赤水之北,登乎昆仑之丘。"还在《庄子·至东》记载说:"昆仑之虚,黄帝之所休。""休",就是黄帝的居住地轩辕楼(丘);"夏后启之所居",指黄帝帝都轩辕楼(丘)南部夏启出生和居住地"少室"之居;"苹(平)泽",指大禹王都阳城(太室、平台)南部逢公国之地的"逢(平)泽"。

(4) 大禹、周穆王大会诸侯的"塗山"在开封

春秋时期左丘明《左传·昭公四年》记载的"穆有塗山之会",就是指西周穆王,在开封塗山大会诸侯这件事。其中"塗山"即"土山"、"泥(尼)山"(圣人居住的尼山文化由此传承而来),在开封黄帝帝都轩辕楼(丘)南部的"土(梓)山"、"土柏岗"、"禹王台"一带。东汉史学家皇甫谧《帝王世纪》也记载:周"穆王修德教,会诸侯于塗山"。上述两份史料记载的"塗山",均指开封"中央钧台"、昆仑山三皇五帝"中央之国",而不是安徽寿县的"涂山"。

据唐代文学家柳宗元《塗山铭》记载:"唯夏后氏建大功,定大位,立大政,勤劳万邦,和宁四极,威怀之道,仪刑后王。……万国既同,宣省风教,自塗山而会诸侯,大政立焉。……天命不去矣,兹山之会,安得独光于后欤。是以周穆遐追遗法。复会于是山,声垂天下,亦绍前轨,用此道也。"[31]其中周穆王大会诸侯的"兹山",与夏后氏"塗山"、"昆仑"山同义同地。

"兹山",又称"崦嵫山"、"弇兹山",是夏禹所分"九州"之一的"弇州",即"兖州"(今河南延津、封丘南部)之地,古人认为这里是日月出没的"阴阳"之地。据长垣县地方史志编辑委员会《明清民国长垣县志整理本·第二卷大事》注释记载:"奄,仲冬、月奄,即农历十一月。"[32]从地理方位来看,"弇兹山",即"兹山"、"子山",应该开封昆仑山"天地之中"的北部方位。事实上,卫辉东北部、延津西北部的"燕然之山"、即"南燕"、"奄山"、"兹山",也正在这一"太阴"方位。这里是"奄"、"燕"、"延"、"兖"、"崦"、"淹"、"焉""兹"、"兖州"等文化的最早发源地。

对此,战国时期的《穆天子传·卷三》记载:"天子遂驱,升于弇山,乃纪名迹于弇山之石,而树之槐,眉曰:'西王母之山。'"[33]东晋著名学者郭璞注释说:"弇,弇兹山,日入所也。"其实,"西王母之山"就是开封黄帝帝都轩辕丘所在的昆仑山,因"西王母"居住在黄帝帝都轩辕丘西部的"西陵",即中牟东北的青谷堆、瓦坡一带,又称"西陵氏"、"西王母",是女娲母系氏族的后裔。这说明夏代大禹、西周穆王大会诸侯之地,均在开封昆仑山,即"塗山"、"兹山"、"西陵"、"西王母之山"一带。

(5)夏禹、夏启建都之地同在开封昆仑山

中国最早的国别体著作《国语·周语上》中,把夏禹、夏启建都之地称作"有夏之兴也,融降于崇山"。这说明夏禹、夏启的"有夏之兴"于"崇山"。"崇山"的本义是指华夏民族的宗祖之山,也就是昆仑山,为大禹父亲"鲧",即"崇伯"的封地,也与夏禹阳城、夏"启之居",即夏朝王都同在开封"昆仑山"地区。

"昆仑山",是三皇五帝"中央之国"人文历史上最早的山,也是上古时期三皇五帝"中央之国"最高的山,故称此山为华夏先民的发源地和宗祖根地,也称其为"崇山"、"嵩山"。自然,"崇山"不是郑州西部登封之"嵩山",夏禹王都也不在登封"嵩山"南部之"阳城"。至于登封"嵩山"、"崇山"、"太室"、"少室"、"阳城"之说,不过是夏人有扈氏"殷商顽民"自河南原阳原武一带西迁至周公卜洛地,把开封周边之地的"昆仑"文化传承而去而已。

5.《开封府志》关于开封为"中土"、"天中"的记载

"中土"、"天中"都是由天象地形和太极五行等衍生而来的人文地名,并且与开封三皇五帝"中央之国"、昆仑山"天地之中"密不可分。

对此,清代《开封府志·卷五山川》中也有此类记载。公元1652年(清顺治九年),开封知府朱之瑶主持建造了"府儒文庙",东为文庙、西为儒学。据《知府朱之瑶碑记》记载:"豫与建侯称中土焉。开封为历代帝都,前朝以迄圣代。……庶几暗智悉清于逝水,光明重揭于中天其唯而邦人士勉乎哉!"其中"中土",为太极五行之"中土";"中天",为昆仑山三皇五帝的"天地之中"。

清代中宪大夫加知开封府事加五级三韩管竭忠,在《御书匾额颂并序》中,也认为开封为"天地之中"和"都会之胜"。他写道:"臣闻豫州居天地之中,梁园称都会之胜,河流岳峙为八方之奥区,圣迹贤宗实千载之名地。"其中"天地

之中"，也指开封三皇五帝及夏商时期的"都会之胜"地——"梁园"。

公元1689年，清代（康熙二十八年）河南巡抚阎兴邦在《重修鼓楼记》中，同样把开封作为"天地之中"，并为开封新修建的鼓楼撰匾"声震天中"。他认为："豫州曰天中，以当天之中。"其中"天中"、"天之中"，也指三皇五帝的"天地之中"。

6.《开封府志》关于开封为"九州之中"、"中国之中"的记载

清代之前，就有关于开封为"九州之中"、"中国之中"的史料记载。明代嘉靖进士、都御使章焕在《明章焕记》中认为："余涉禹迹，按舆图，知豫为九州之中，祥符又为豫州之中，祥符虽一邑，藩省置焉。内环八郡，外络八州，实天下枢也……今祥符中国之中，而礼让未行，教化未成……"其中大禹划分的"九州"，也称"九野"。战国时期秦国宰相吕不韦《吕氏春秋·有始》认为："天有九野，地有九州。"地上"九州之中"的"祥符中国"，即天上"九野之中"的"中央钧台"，是天的中央，也是天帝太一居住的地方；"中国"，是三皇五帝天下"中央之国"的简称，也是"九州之中"的"天下枢"地。意思是说，开封祥符的"中国之中"、"九州之中"，是三皇五帝"中央之国"、"中央钧台"、"天的中央"之地。

堂堂明代都御使章焕，不把明朝帝都当作"中央钧台"、"天的中央"，却把省府之地的开封祥符认作"九州之中"、"中国之中"，实在值得我们回味。这或许说明，在当时的明代朝野中，开封祥符作为"九州之中"、"中国之中"已经成为一个公认的事实，即便是明代京城也无法获此殊荣。

但是，到了清代之后，这种观念就基本消失了。难怪后人认为，大宋之后无中国，明亡之后无华夏。这种表述，呼出的无非是对太极五行"中土"、三皇五帝昆仑"中国"和华夏历史文明传承缺位和遗失的一种抱憾之声。

7.《开封府志》关于开封为太极"阴阳"两仪的记载

清代《开封府志·卷三十二艺文（二）》引宋代周邦彦《〈汴都赋〉并序》记载："臣翱翔乎天下，东欲究扶桑，西欲穷虞渊，南欲尽反户，北欲彻幽州。所谓天子之都，未尝历焉……今天下混一，四海为家。令走绝徼，地掩鬼区。唯是日月所会，阴阳之中，据要总殊。揭键制枢，拱卫环周，共安乘舆。而此汴都，禹画为豫，周封郑地。"其中"天下"，是指三皇五帝的天下"中央之国"；"天子之都"，是指三皇五帝之都，在帝王"四象"东扶桑、西虞渊、南反户、北幽州核心之地，也在昆仑山"四方"、"四渎"、"四海"之中；"日月所会，阴阳之中"，古人认为日为阳，月为阴。"日月所会"就是指日月出入和太极"阴阳"两仪交汇之地；

"禹画为豫",是指夏代大禹划分九州时,开封一带被划分为"豫州",而"豫州"正与太极"太一"、五行"中黄土"、三皇五帝"中央之国"同一方位。这里是春秋时期东周王朝所封的"郑国"之地。所以,周邦彦认为:开封为"天河群神之阙,紫微太一之宫。拟法象于穹昊,敞闉阖而居至尊"。这正好与太极"太一"之说相吻合。

8.《开封府志》关于认定开封为"天地之中"的记载

子午(中)线与北纬 34.8 度交汇图

据清代《开封府志·卷十二典礼》引《旧志论》记载:"开封为五方中,得天地清淑之气为最,所辖三十四州邑,在春秋为郑卫宋之地,其风已见于季札之观乐也。"其中"五方中",是指五行"中土"方位,也是"天象太一"、"地形昆仑"之地。

对于"五方中"的具体位置及其获取的方法,清代《开封府志·古迹·岳台坊》中有明确记载:"按《宋史》:京师岳台坊,地曰浚仪,近古候景之所。《洛诰》称'东土'是也。唐开元十二年(724年),遣使天下候景,南距林邑,北距横野,中得浚仪之岳台,应南北弦,居地之中。周都于汴,树圭置前,测岳台晷漏为中数,宋因之。皇祐三年(1051年),诏周宗候岳台晷景,冬至晷景,常数一丈二尺八寸五分。夏至晷景,常数一尺五寸七分。推衍步算,命曰《岳台晷景新书》。今其地失考。"

其中"浚仪之岳台"的位置已经遗失,我们分析大致可能在开封古"土城"与古"沙海(黑池)"之间一带;"夏至晷景一尺五寸",是上古时期华夏先民利用土圭木表测量和认定昆仑山三皇五帝"天地之中"地理位置的基本数据。这一测量方法和认定数据,一直传承到了西周时期。据西周《周礼·地官司徒第二·大司徒》记载:"日至之景,尺有五寸,谓之地中,天地之所合也,四时之所交也,风雨之所会也,阴阳之所和也。然则百物阜安,乃建王国焉,制其畿方千里而封树之。"[34]可见,"尺有五寸"的"地中",正是天地、四时、阴阳交汇的"太极、昆仑"之地,也是三皇五帝"建王国",即"中央之国"之地。

对此,唐初名相房玄龄《晋书·志第四·地理上》也记载:大禹"阳城有鄂阪关。此邑是为地中,夏至景尺五寸。"[35]说明大禹王都"阳城"就建在昆仑山三皇五帝的"地中",但不是郑州登封"阳城",而是开封浚仪"阳城"而已。

经考察《岳台坊》所记载的历史,西周时期周公旦曾利用土圭木表之法"测土深、正日景、求地中、验四时"。他发现登封阳城夏至时圭表影长一尺五寸,于是就认定那里为天地、宇宙的中心,即"天地之中",并在阳城西部建立周王的东都洛邑(阳)。

但是,到了科学进步的唐代开元十二年(公元724年),唐玄宗命太史监南宫说重新测量日晷及太极星后,发现登封阳城夏至时表影长一点四八尺弱一尺五寸,开封浚仪岳台晷长一点五尺微强,因而否定了西周测定的登封阳城"天地之中",确立开封岳台为唐朝"天地之中"。自此,帝王建都纷纷舍洛阳,重新东移开封"天地之中"故地。

到了北宋皇祐初年(约公元1049年),宋仁宗诏天文学家周琮用新表测量开封岳台圭表景长为一尺五寸七分半,不仅重新对唐代、后周测量开封岳台为"天地之中"予以确认,而且测量数据比唐代测圭表景长一点五尺微强和后周王朴算圭表景长一尺五寸一分更为准确。自此,圭表景长一尺五寸的开封"天地之中"没有再出现被否定的情况发生,直到现在。

唐、宋时期重新确认开封为"天地之中"的意义在于:开封是华夏人文历史的最早发源地,是天象太一、地形昆仑、三皇五帝共同建都的"中央之国",是"天地人和"之处。自商代末期、周、秦、汉等朝代,因"天地之中"被误判在登封阳城而遗失之后,唐、五代、宋等朝代,"天地之中"重新回到了华夏人文历史最早的发源地——开封。

三皇五帝"中央之国",即"中国"、"昆仑"在开封之地,也由此前后历史传承而来。

文献来源：

[1]（春秋）李耳等:《老子·庄子·墨子·列子》,呼和浩特:远方出版社,2002年版。

[2]（南朝梁）皇侃:《论语义疏》,北京:中华书局,2013年版。

[3]郭化若译注:《孙子兵法》,上海:上海古籍出版社,1984年版。

[4]（宋）王应麟编著:《小学绀珠》,北京:中华书局,1987年版。

[5]李炳卫编著:《韵典》,北平民社,京城印书局,民国二十三年（1934）出版。

[6]（汉）司马迁撰,（宋）裴骃集解,（唐）司马贞索隐,（唐）张守节正义,顾颉刚领衔点校,赵生群主持修订:《点校本二十四史修订本〈史记〉》,北京:中华书局,2014年版。

[7]（战国）庄周著,（晋）郭象、（唐）成玄英等注:《名家集注庄子》,北京:印刷工业出版社,2011年版。

[8]（汉）王逸注:《王逸注楚辞》,民国二十一年（1932年）扫叶山房印,1932年版。

[9]（汉）刘安:《淮南子》,郑州:中州古籍出版社,2010年版。

[10]（战国）吕不韦著,（汉）高诱注:《吕氏春秋》,上海:上海古籍出版社,1989年版。

[11]（商）姬昌:《周易》,北京:北京出版社,2006年版。

[12]《纬书集成》,石家庄:河北人民出版社出版,1994年版。

[13]（宋）胡安国:《春秋传》,长沙:岳麓书社,2011年版。

[14]（南北朝）范晔:《后汉书》,北京:中华书局,1965年版。

[15]（南朝宋）何承天:《姓苑》见于（清）王仁俊辑佚:《玉函山房辑佚书续编三种》,上海:上海古籍出版社,1989年版。

[16]张耘点校:《山海经·穆天子传》,长沙:岳麓书社,2007年版。

[17]立人编译:《太平经》,贵阳:贵州大学出版社,2012年版。

[18]左洪涛注解:《高似孙〈纬略〉校注》,杭州:浙江大学出版社,2012年版。

[19]上海师范大学古籍整理研究所校点:《国语》,上海:上海古籍出版社,1988年版。

[20]黄怀信:《〈大戴礼记〉汇校集注》,西安:三秦出版社,2005年版。

[21]（唐）徐坚:《初学记》,北京:中华书局,2004年版。

[22](宋)罗泌:《路史》,北京:北京图书馆出版社,2010年版。

[23](汉)班固撰:《汉书》,北京:中华书局,1962年版。

[24]孙富山、郭书学等校注:《康熙三十四年〈开封府志〉(整理版)》,北京:北京燕山出版社,2009年版。

[25](春秋)左丘明等:《左传·吕氏春秋·战国策》,北京:北京出版社,2006年版。

[26](战国):《竹书纪年》,长春:时代文艺出版社,2009年版。

[27]《世本八种》,北京:中华书局,2008年版。

[28](三国吴)韦昭注:《国语》,上海:上海古籍出版社,1995年版。

[29](宋)王应麟著,傅林祥校勘:《通鉴地理通释》,北京:中华书局,2013年版。

[30](晋)皇甫谧撰,(清)宋翔凤、钱宝塘辑:《帝王世纪 山海经 逸周书》,沈阳:辽宁教育出版社,1997年版。

[31]《柳宗元诗文选注》,长沙:湖南人民出版社,1979年版。

[32]长垣县地方史志编辑委员会:《明清民国长垣县志整理本》,新乡:华北石油地质局印刷一厂,1993年版。

[33](晋)郭璞注,张耘解说:《山海经·穆天子传》,长沙:岳麓书社,2006年版。

[34](清)孙诒让撰,陈玉霞点校:《周礼正义》,北京:中华书局,2000年版。

[35](唐)房玄龄等:《晋书》,北京:中华书局,1974年版。

第十一章　关于中原文化的"归中"和定位问题

　　河南正在做的两件大事有:打造中原华夏历史文明传承创新区与大力推进郑汴一体化进程。这两件大事对河南的发展都十分重要,因此也越来越引起社会各界的关注。

　　要做好这两件事也不容易,一则需要尽快解决中原华夏历史文明的发源地问题,以使河南传承华夏历史文明具有地域、资源、规划、建设方面的基本支撑;二则需要尽快解决郑汴一体化后核心文化定位问题,以为河南打造中国历史文化核心地提供历史根据。

　　说白了,两件事的关键在于:中原华夏历史文明和郑汴一体化的核心文化内容是什么？在哪里打造中原华夏历史文明传承创新区和郑汴一体化的城市文化中心？

　　毋庸置疑,河南华夏历史文明发源地和郑汴一体化文化研究和定位明显地处于落后状态,从而导致打造中原华夏历史文明传承创新区和郑汴一体化规划建设缺少可靠的华夏历史文化和资源支撑,更不用说形成华夏"中"文化共识了。

　　比如作为中原第一新城的郑东新区,它所展示的核心文化应该是什么？它的规划依照什么文化理念？它如何与华夏历史文明传承创新区的盛名相匹配？如果文化定位这一根本问题不解决,郑东新区建设不过是中洋参半、千城一面的又一规划滥觞而已。

　　从这个意义上来说,探索、发掘华夏历史文明发源和传承的核心文化,比打造中原华夏历史文明传承创新区和郑汴一体化本身更显得迫切和重要。如果没有正确的华夏历史文明传承观和核心文化作依托,即使打造一个中原华夏历史文明传承创新区和郑汴一体化的核心城市,也很可能会由于主观盲目性、没有中原文化特色、不符合中原客观历史等原因而造成重大文化定位失误,而无法担当起华夏子孙认祖归根的中原华夏历史文明发源地的盛名。

研究中原华夏历史文明发源使我们认识到,中国的华夏历史文明发源于中原,中原的华夏历史文明发源于"中国"。这个"中国"的核心文化内涵,便是太极"天地人合一"、"天地人之中"文化,也是三皇五帝共同创造的"中央之国",简称"中国"文化。

因此,有必要对中原华夏历史文明传承创新区和郑汴一体化建设的"中"文化问题加以深入探讨,以求共识。

一、何为中原的"中"文化

如果用一句话来概括中原的"中"文化本质内涵,那就是:居住在中原地区的华夏原始先民运用朴素唯物观,创造的关于"天地人合一"、"天地人之中"等太极文化学说。它既是中国华夏历史文化的基石,也是华夏先民和三皇五帝"中国"的最早发源地。

"天地人合一"的"一",是对太极产生原始状态的一种理数和时间表述形式;"天地人之中"的"中",是对太极文化核心内涵的一种方位和内涵表述形式。"一"、"中"在太极本义上,有着相同的文化特征。

1. 华夏历史文明始于"一"

太极文化认为,"一"是指太极处于阴阳未分时期的混沌状态,是阴阳、三才、四象、五行、六合、八卦等学说孕育的过程,是用太极学说来解释天、地、人发源、生成的一种观念。

从广义上说,"天地人合一"是对古人眼中整个"世界"的宏观概括。所谓"天",是指人依据客观自然现象形成的可望而不可及的主观认定物,也可称天帝神界;所谓"地",则是人依据客观自然现象形成的可望亦可及的主观认定形式;人则为用主客观方式和合天、地自然的主观能动性。"天、地、人"是构成客观世界的三个层面,这三个层面互相渗透的同一性就是"天地人合一",展示的就是"天地人之中"。如果以天为阳,以地为阴,人便是和合阴阳两种力量于一身的宇宙复合体。

从狭义上说,"天地人合一"是对三皇五帝"中国"客观世界的宏观概括。由于"天、地、人"是三皇五帝"中国"范围内的"天、地、人",因此,它是客观世界的一个组成部分,包括着"天、地、人"各自不同的客观世界,又合一于太极基本原理之中,这是解释客观世界与主观世界的哲学基础,也是研究古代"中国"历史与现代中国发源的人文基础。

"天地人合一"观念告诉我们,太极文化是华夏先民文化的支柱,是解释中国一切文化渊源的根本宗旨。

2. 中原历史文化始于"中"

"天地人合一"观和"天地人之中"观都是"太极"文化的本质反映,一个重在揭示太极所构成客观世界的时序范畴,一个重在揭示太极核心所处在客观世界的方位概念。

中原之"中"始于太极文化的"中",中原之"原"始于太极昆仑山原(夗)圉之"原(夗)"。这既是一个中原华夏文化起源问题,也是中原天地中央所处的方位问题。因此,认识"天地人之中",在于帮助我们解开太极核心、阴阳交汇点、五行"中土黄"、九宫"中宫"等与"天地人之中"文化、三皇五帝"中央之国"地理的对应问题。

3. 太极"一"、"中"的华夏人文内涵

"一"是天地开始,是一年、一月、一日的开始,是阴阳转换的开元,是四象的太阴、少阳交换之时,是八卦、十二地支的"坎"、"子"方位(见下图)。"中"是天地、昆仑的核心,是五行、九宫的中央,是三皇五帝居住的"中央之国"(以下简称"中国")。

八卦、十二地支"坎"、"子"之位图

无论怎么描述,它们在文化内涵、天地方位、三皇五帝建都方面都有着密切的内在关联性,甚至具有多名同义性。例如,只要说到昆仑山,就意味着这里是太极的核心发源地,是黄帝帝都轩辕丘之地,是三皇五帝"中国",也是"天地之中"。彼此具有不可分割性。只是由于华夏历史文化的不断传承,才造成了它们之间的分离或隔断,形成无数个单一、散乱、不系统的"昆仑"、"太极"、"轩辕丘"、"中国"、"天地之中"等地名。事实上,正是在这种不断分化、繁衍和发展中,小"中国"才发展成为了大中原和大中国。

但是,只有地处"中原"的"中",才是"昆仑"、"太极"、"轩辕丘"、"中国"、"天地之中"之"中"。这也是"中原"之"中"所包含的地理方位含义。

二、河南樱桃沟"郑州人"是"太极"文化的先声

2012年3月4日,《人民日报海外版》记者桂娟在《郑州现4万年前人类居住遗址》一文中报道:"考古人员在河南省郑州市西南郊的樱桃沟景区内,发现距今约4万年的老奶奶庙旧石器时代遗址,为认识中国境内及东亚地区现代人类及其文化起源与发展等一系列重要史前考古的关键课题,提供了非常重要的新资料。"报道说:"老奶奶庙遗址内发现非常繁荣的旧石器文化和人类居住中心营地,表明4万年前古人类在这里长期居住,这不仅为研究史前考古提供了新的重要证据,也将中华文明探源向前推进了三万至五万年。"[1]

这一报道的发布,对于苦苦寻觅华夏人文历史发源地在中原昆仑山地区的人们来讲,无疑是一个令人振奋的消息。

自古以来,人们都认为中原是华夏民族的发源地。自原始先民盘古氏"开天辟地"建立天国,即昆仑山"中央之国"以来,直到上古时期,"三皇五帝"均居住生活于"中央之国"的"天地之中",即中原的"中土"之地。但是,一个时期以来,有些现代人开始认为:大约在公元前7800年的燧人氏晚期文明时代,中国人类的祖先才开始走出青藏高原,向全国各地迁徙,并逐步发展成为以"帝"为核心的中央氏族联盟,即"中央之国"。国内外甚至还流行说,距今约五万年时,包括中国在内的东亚现代人类、华夏原始先民及燧人氏的先祖才发源于西部的青藏高原;距今约三万年时,燧人氏才自昆仑山向东部的祁连山、宝鸡、太行一带逐步迁徙而来。

这种观点不仅认可华夏文明历史源自青藏高原的观点,还认可了华夏民族的"万祖之山""昆仑山"最早起于青藏高原的说法,以至于各种"华夏人文历史西来说"盛行一时。

随着距今十万年左右的河南灵井"许昌人"遗址和距今四万年左右的河南樱桃沟"郑州人"遗址的相继发现,终于使"中国本土的远古人类消失"、"东亚现代人类外来"和"华夏人文历史西来说"等观点越来越站不住脚。这与最近《清华简》否定"长期来认为秦人出自西方"的史料记载,构成了两个不同时期华夏人文历史出自中原的历史见证,并有利于使"华夏人文历史西来说"的观点得到改变。

据史料记载,自盘古氏"开天辟地"在昆仑山建立"天国",距今大约有一万八千年的历史。这种传说和记载,应该是一种概数,但也并非空穴来风。对此,三国东吴太常卿徐整在《三五历纪》、《五运历年记》的书中记载:"天地混沌如鸡子,盘古生其中。一万八千岁,天地开辟,阳清为天,阴浊为地。盘古在其中,一日九变,神于天,圣于地。天日高一丈,地日厚一丈,盘古日长一丈,如此万八千岁。"[2]

这说明,民间传说和史料记载是一致的,应该为上古时期华夏先民共同认可的历史文化传承。只是华夏先民所认识的盘古开辟天地,要比史料记载伏羲创造太极八卦和符号文字的出现,要早很长时间,也正是人类不断进化、启蒙的必然结果。

这表明中国人类进化、启蒙是华夏历史文明发源的先声,既不能把华夏历史文明起源于中国人类进化启蒙的过程割裂开来,也不能把华夏历史文明起源于中国人类进化启蒙的过程等同起来。客观地说,华夏历史文明的起源,是中国人类进化启蒙进程中的更高阶段。

河南约四万年前樱桃沟"郑州人"遗址的发现,向世人宣告:早在盘古氏在昆仑山"开天辟地"建立"天国"的两万多年以前,华夏的古人类已经在中原地区长期居住,并随着郑州东部海水水位下降、河水冲积华北平原的产生,逐步向东部迁徙,最终在以开封为中心的昆仑山地区实现了中国古人类朦胧时期向华夏历史文明时期的质变,盘古氏"天国"开始出现,太极八卦图形和符号文字开始产生。

"郑州人"很可能就是古籍记载和神话传说中"开天辟地"盘古氏的先祖。这一发现,说明"郑州人"出现的时间与盘古氏"开天辟地"的历史更加接近,也为印证伏羲创造太极八卦文化,肇始华夏历史文明在中原中东部地区提供了实物参考。

河南樱桃沟"郑州人"遗址的发现,为深入研究和认识郑州至开封一带为上古时期"三皇五帝"的天国,即"中央之国"、"中土"、"大荒"之地,提供了非常重要的最新资料;也为"万祖之山"昆仑山"天地之中"和华夏原始先民自古发源于中原地区,提供了充分、翔实和客观的历史依据;更为华夏民族寻找中土、逐鹿中原、归根先祖之地奠定了先决条件。

三、周文王何以要"归中"河南

单就商末周人"归中"的本义而言,应指回归上古时期三皇五帝和周人夏代先祖后稷的"中国"。因为上古时期周人本来居住在"中国",后来被迫离开了"中国"居住地,故而才有回归"中国"之说。"归中",就是回归"中土"、"中央",即"中国"。

"中",是中原人自上古时期以来口中传承的太极文化,是对自己的华夏先祖三皇五帝居住建都"中国"的世代认可。"中国"之"中"字,既是中原华夏"太极"、"五行"等朴素唯物主义理论组成的核心内容,也是对中原华夏文化发源的最高和集中表述,更是对后来中原、中国最早产生地所做的方位坐标和历史文化定位。

上古时期的三皇五帝等华夏先祖,把最早共同居住的"中国"传承给了中原河南,中原河南又将其传承给了周、秦、汉、唐、宋、元、明、清和现在的大中国。因此,中原河南所代表的是上古时期"中国"人文历史的传承地,也是现代中国人文历史发源的核心地区。

中原人把"中"视作华夏文化的根、民族的宗、自己祖宗居住的地方,视作彼此口口相约的华夏文化定语。中原人世世代代咬定"中"字的人文历史和朴素唯物观不放,在思维和语言等方面深深打上了"中"文化的烙印,成了印证自己为中原人的一张历史标志和文化名牌。

"中"文化观念也影响整个中华民族,包括海内外的炎黄子孙,都在苦苦寻觅自己"中"文化的根,因为这里是他们先祖的故土,也是他们世代皈依的精神家园。

然而,当历史传承到商代中后期时,这个"中"的地理方位遗失了,这让当时追寻华夏文化本源、先祖居住之地的炎黄子孙感到忐忑不安。商代末期的西伯侯姬昌,即周文王,就是其中的一个典型代表。

周文王的先祖为黄帝姬姓后裔、高莘氏帝喾的儿子后稷。后稷的子孙不窋自夏王孔甲时期被迫离开中原不周山(在昆仑山西北)地区,历经公刘、亶父多代千辛万苦,把自己的后裔带领到甘肃庆阳和陕西邠县、岐山地区繁衍生存,自称"周人"。直到商代末期,周文王已发展成为实力强大的三公之一西伯侯。周文王虽远居在中原西部的陕西岐山"少阴"兑地,却时刻盼望着回归先祖的"中国",临死之前还为儿子周武王姬发留下政治遗训:一定要"求中"、"得中"、"归中"、"执中",回到黄帝、帝喾和夏代先祖后稷的故乡"中国"。

这一政治遗训,被记载在清华大学近年组织破译的《清华简·保训》之中。而"求中"、"得中"、"归中"、"执中"[3]分别包含着四个彼此关联的含义:"求中"是寻找夏代先祖后稷居住的"中国"之地,"得中"是夺回夏代先祖后稷居住的"中国"之地,"归中"是返迁夏代先祖后稷居住的"中国"之地,"执中"是控制夏代先祖后稷居住的"中国"之地。这是周文王希望儿子周武王努力实现的最大政治遗愿。

"中国"之"中",作为"太极"、"昆仑山"、"五行中央"方位的名称,代表着"东西南北中"的"中"、"金木水火土"的"土"、"青赤白黑黄"的"黄",也是天象紫微垣、地形昆仑山和中央黄帝轩辕楼(丘)"天地人合一"处。

周文王之所以一定要周武王"归中",源于周文王在中原汤阴羑里城被商纣王囚禁期间,通过观天象、察地形、演周易,学习"中"文化,深深认识到:只有中原地区才是太极阴阳合、四时交、风雨会,万物繁生,帝王建都之地,才是先祖居住的"中国"之地。对此,传说周公旦在所著的《周礼·大司徒》中传承说:"地中,天地之所合也,四时之所交也,风雨之所会也,阴阳之所和也。然则百物阜安,乃建王国焉。"[4]其中天地合、四时交、风雨会、阴阳和的"地中",便是"太极"发源的昆仑山(不周山)"天地人之中",也是三皇五帝共同建王国的"中国"之地。

于是,周武王消灭商纣王,为实现"求中"、"得中"、"归中"、"执中"创造了条件。之后,周公旦开始在中原之地"求中",并通过"尺有五寸"的土圭测量法占卜"求中"、"得中"于登封阳城,随后建东都"归中"、"执中"于雒(洛)邑。最后,把象征王者权力的夏朝"九鼎"迁到成周雒邑王城,以祭告周文王在天之灵,圆满实现了他的政治遗愿。

周公旦按照土圭测量法,所取"尺有五寸"的"地之中",又称"天之中"、"天地之中"、"天地人之中",也就是三皇五帝居住建都的"中土"、"中央"、"中国"。

但是,由于当时的科学技术水平不高,测量数据误差较大,导致"天地之中"、"中国"测量出现失误,不仅引发了登封阳城与雒邑(洛阳)之间出现"天地之中"和"建王国"地理之争,还给客观探索华夏历史文化发源地带来了一系列消极影响,这自然也受到不少历史学家的质疑。

公元724年,当时唐代组织最优秀的天文学家张遂(僧一行)(见右图)等重新进行天象测量,得出了开封古浚仪太岳台"尺有五寸微强",为"地之中"的历史新结论。之后,后周、宋、元朝均进行测量,只有古浚仪太岳台更接近"地之中""尺有五寸"的古老数据要求,之后再没有新的"地之中"出现。

按照太极理论,"中国"在太极五行的"中、土、黄"之位。在此称帝的氏族领袖被称作"中央帝"、"黄帝";流经"中国"的水称作"鸿水"、"黄沟(河)";地处"中国"的山称作"昆仑山"、"黄台之丘"。"黄帝"、"黄沟(河)"、"黄台(丘)"之"黄"字由此而来。"中国"在夏代之前被划分为小"九州",是三皇五帝以及夏商诸王居住和升仙成为神仙之地,故又称"神州"。神州的南方为太极五行"南、火、赤"之位,故也称"赤县",是炎帝建都的"空桑"之地。

"中国",最早是指三皇五帝的"中央之国"。"中央之国"的"中央",是指天、地的中

僧一行邮票

央,也指天帝、神仙居住的"宫室"之地。战国时期秦国宰相吕不韦在《吕氏春秋·有始》中认为:"中央曰钧天。"东汉学者高诱解释说:"钧,平也。为四方主,故曰钧天。"[5]天帝的"中央"和"钧天"在哪里?西汉淮南王刘安在《淮南子·天文训》中作出了解答,说:"中央曰钧天,其星角、亢、氐。"[6]大意是说,天上的"中央"区域叫"钧天",是"四象"东方七星青龙象中的角、亢和氐三星座所在的方位(见下页图)。

按照太极"天地人合一"原理,地上的"中央"、"钧天"方位应该与天上"中央"、"钧天"方位上下对应。根据这一原理,西汉史学家司马迁《史记·天官书》解释说:"角、亢、氐,兖州。"[7]说明地上的兖州对应天上角、亢、氐星座,是"中央"、"钧天"所在的方位。

开封古陈留郡曾归属兖州。公元前122年,汉武帝元狩元年置陈留郡,归属兖州。兖州陈留郡当时管辖陈留(治所,今开封东南陈留)、小黄、成安、宁陵、雍丘、酸枣、东昏、襄邑、外黄、封丘、长罗、尉氏、傿(今许昌鄢陵)、长垣、平丘、济阳、浚仪(古大梁,魏惠王自安邑徙此)等17县。公元416年,东晋义熙十二年置陈留为南兖州。说明开封在"中央"、"钧天"所在的"兖州"之地。

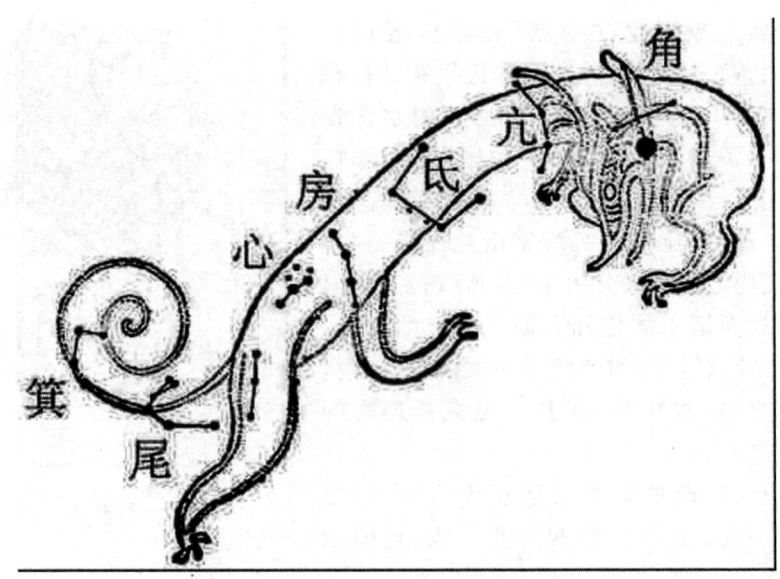

青龙象角、亢、氐星座位置图

东汉历史学家班固根据这一原理,在《汉书·地理志》中认为:"韩地,角、亢、氐之分野也。"[8]"韩",指战国时期的韩国。公元前375年(周烈王元年,韩哀侯二年),韩国灭掉郑国,迁都于新郑(今河南新郑)。汉代陈留郡的尉氏、鄢陵及荥阳郡的开封古启封城(今开封县朱仙镇古城)均属于春秋时期的郑国和战国时期的韩国。

这说明,地上的古"兖州"、"韩国"都与天上"中央"、"钧天"和角、亢、氐星座彼此对应,而开封地处"兖州"和"韩国"之间,被认为是与天上"中央"、"钧天"和角、亢、氐星座对应的核心之地。

早在战国时期,魏国人、著名政治家、秦国宰相范雎也持有这种观点。据西汉刘向编撰在《战国策·卷五·秦三》中记载:范雎对秦王说"今韩、魏中国之处,而天下之枢也。王若欲霸,必亲中国而以为天下枢,以威楚、赵"[9]。可见,楚、赵等地不是天地中枢"中国"。战国时期的天地中枢"中国"在韩国和魏国中间之地,与"中央"、"钧天"和角、亢、氐星座核心地是上下对应的。

对此,开封地方史志也持有类似观点。清代《陈留县志·星考》记载:"分陈留、豫州域,土孕角亢无疑。"[10]清代《开封府志·卷三星野》也记载:开封

"大梁在兖豫之区,其分野,则角亢氐房心五者皆东方宿也。而已土中当之"。[11] 多种史料证明,"中国"、"天下之枢"、"中央"、"钧天"、角亢氐星座核心地在开封一带(见下图)。

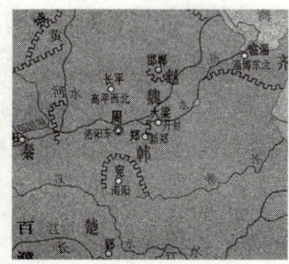

古地图中的星野角亢氐与兖州、韩国对应图

更让人欣慰的是,开封北部的黄帝帝都轩辕楼,正处在"中央"、"钧天"、角亢氐星座和唐代浚仪太岳台"地之中"对应的核心之地,也是黄帝成婚生子的黄台之丘,即"宫室"。根据唐代王瓘《轩辕本纪》中记载:黄"帝娶西陵氏于大梁,曰嫘祖,为元妃。生二子玄嚣、昌意"。[12] 这里的"大梁",是指战国时期魏国国都大梁城,正好地处战国韩、魏之地的"中国""天下之枢"和唐代开封浚仪太岳台"天地之中"。

虽然,周公旦误判三皇五帝"地之中"在登封阳城、建王都雒邑,导致周文王的后裔们没有回到自己先祖真正的"中国"之地,但却回到了春秋战国时期"中原"西部地区的河南登封、雒邑一带,距离三皇五帝真正的"地之中"开封浚仪太岳台,已经比较接近。

四、郑汴是炎黄子孙寻根"归中"之地

开封华夏历史文明发源地研究认为,以开封为中心的三皇五帝"天地之中",就是与天上紫微垣对应的昆仑山之地。昆仑山西起郑州中牟西北圃田一带,东至开封兰考东北堌阳一线。郑州中牟东北部鸿沟,即汴河北岸的青谷堆、瓦坡村一带,是昆仑山的核心地区。而地处开封西部太极四象"白虎"、五行"金、白"之地的郑州荥阳嚣(敖)山,则被认为是黄帝长子金天氏玄嚣的分封地。在太极文化中,郑州之"郑"繁写为"鄭";"鄭"中有"酉",为"酉"地。"酉"在地支的第十位,属兑,在正西方。因此,郑州之"郑"、玄嚣之"嚣"、金水河之"金",均为由开封太极和四象、五行中心的西部方位演变而来的地理名称。这些地名反过来也印证,开封在郑州东部太极四象、五行"中土黄"方位,也就是

三皇五帝"中国"、"天地之中"方位。

"参天之木,必有其根;环山之水,必有其源。"

追本溯源、寻根问祖是中华民族的传统美德。世界各地的穆斯林教徒每年都要到麦加朝圣,也算是拜祖吧。中国人常说"不能数典忘祖"。那么,炎黄子孙的祖宗的根在哪里? 不知道祖宗的根在哪里,又何谈祭祖敬祖呢?

有人说,我们祖宗的根在河洛之间。其实,河洛之间就是上古时期的"中国"。遗憾的是,河洛不是西周之后黄河中游末端的"河洛",而是夏商时期鸿水(沟)泛滥于"中国"的"河洛"。它在黄河下游首端孟津、荥阳之东的开封周边地区。

关于"中国",史典中往往将其与鸿水、尧舜、大禹、黄帝轩辕丘联系在一起,并作为一地看待。战国时期思想家孟轲在《孟子·滕文公下》中记载说:"当尧之时,水逆行,泛滥于中国。"又说:"当尧之时,鸿水横流,泛滥于天下。"[13]可见,尧帝帝都所在的"中国",又称"天下",是"鸿水"泛滥之地。

汉代淮南王刘安在《淮南子》中也记载说:"禹治鸿水,通轩辕山,化为熊。"[14]尧、舜二帝臣子大禹治理的鸿水,也称"浪荡渠",又称"鸿沟"、"汴河"等。"鸿沟"出自郑州荥阳,东流到地质下陷的开封时,海拔高度落差很大,故"鸿沟"也称"落(洛、落架)水",并且与黄河形成了东北、东南分道扬镳之势。"鸿沟"流经"中国"开封黄帝帝都轩辕山(丘),即轩辕楼的南部,又向东南经陈留、杞县等地,分流到山东曹县南称获水、商丘睢阳南称睢水、雎(淮)阳南称雎(淮)水。

这与河洛文化"九宫图"中的西北新洛入水、环绕中央(中国)、东南阴洛出水的方位相吻合,说明"洛水"之"洛"是源自洛书"九宫图"中新洛、阴洛之"洛"而来(见下页图)。而不是像豫西的洛水那样,自西南玄委出水、逆流中央、东北天留入水,背离了中国地理学北水南流、西水东流的自然规律。

可见,"中国"之地在开封,也就是黄帝帝都轩辕丘(楼)、"天地之中"。

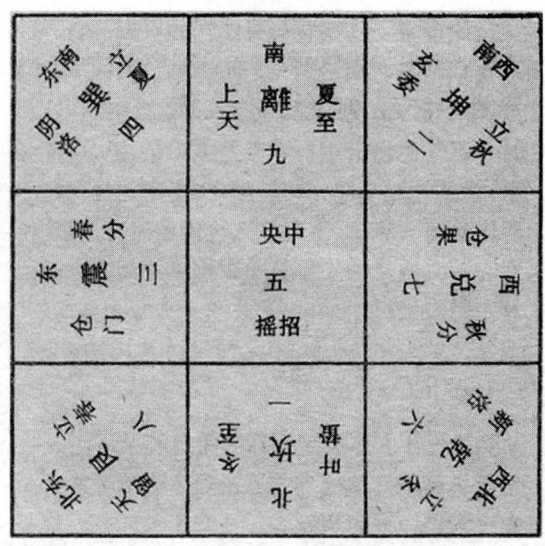

"九宫图"图

开封北部的轩辕楼和杞县葛岗的空桑村,是炎黄二帝的血脉、华夏民族的文脉传承之地,至今炎帝后裔娄氏、伊氏,黄帝后裔轩辕氏仍然居住在当地,五千年来居不改地,坐不改姓。正是华夏民族寻根问祖的地方,更是朝拜瞻仰华夏祖宗的圣地。

关于华夏民族"归中"的原因,西汉学者戴圣在《礼记·中庸》中作了回答:"中也者,天下之大本也;和也者,天下之达道也。致中和,天地位焉,万物育焉。"[15]大意是说,"中"是客观世界发源的根本之地,是把握客观世界自然规律的中和之地,是三皇五帝谐调万物兴旺发达的中央之国,是天地上下贯通、天人合一的中心之位。

传说周公旦所著《周礼·地官司徒》中也认为,自己寻找的"地之中",就是太极阴阳、四时和谐之地,也是万物繁茂的帝王建都之地。他指出:"日至之景尺五寸,谓之地中,天地之所合也,四时之所交也,风雨之所会也,阴阳之所和也。然则百物阜安,乃建王国焉。"这就是说,"地中"是太极阴阳和谐之地,是王者统治国家的地理方位和重要象征。这里不仅风调雨顺,四季分明,自然环境优越,更重要的是王者如果在"地中"建都,就可以像黄帝一样接受天地时运的安排,获得统治天下的中正地位,确保国泰民安。

所以,中原人尤其要学习和研究太极"中"文化,并将其运用于打造中原华夏历史文明传承创新区和郑汴一体化的文化建设中去。不能像河南在黄河南岸塑造炎黄二帝巨像(见下图)那样,一没建造在炎黄二帝居住的帝都,或炎黄两大氏族会盟之地;二不符合太极文化"山南水北"、"左青龙右白虎"、"负阴抱阳"的起码原则。难怪被有知识的华夏子孙不屑一顾,因为那里缺少太极"中"文化的基本内涵,无法让华夏子孙从文化上接受。

背离太极文化的炎黄二帝"山北水南"像图

由此可见,当前河南在华夏历史文明传承创新区规划、建设中,研究和发掘华夏历史文明发源地和人文历史资源,尽快进行华夏历史文明传承创新区和郑汴一体化历史文化定位有多么重要而紧迫。没有这种文化定位,打造华夏历史文明传承创新区就失去了文化资源的依托。

总而言之,"中"是古人选择建立都城最为理想的地点,是中国朴素唯物观太极文化的产生地,是炎黄子孙认祖归宗的地方,也是中华民族根本哲学和世界观的发源地。

华夏历史文明传承创新区和郑汴一体化城市核心的规划建设,应该采取行之有效的政策,尽快纳入河南社会科学、历史文化研究的重要课题,深入进行探讨。因为打造中原华夏历史文明传承创新区需要以华夏历史文明发源地的"中国"文化和地理方位作依据;需要以三皇五帝和夏商诸王人文历史作为文化资源支撑;更需要选择以太极阴阳和谐的"天地之中"作为华夏历史文明传承创新区和郑汴一体化建设的最佳地理方位。

一句话,打造郑汴一体化的中原核心城市,必须要以华夏历史文明最核心的太极"中"文化作资源支撑,具有华夏民族的太极"中"文化特色和"天下之中"的地理方位优势。

只有如此,打造的中原华夏历史文明传承创新区,才符合国务院关于继承和弘扬华夏历史文明的客观要求;也只有如此,中原郑汴一体化所打造的核心文化城市,才能真正成为炎黄子孙认祖归宗的祭拜圣地和精神皈依的故土家园。

文献来源：

[1]桂娟:《郑州现4万年前人类居住遗址》,《人民日报海外版》,2012年03月04日第04版。

[2](唐)欧阳询等编:《艺文类聚》引(三国吴)徐整:《三五历纪》,上海:上海古籍出版社,1982年版。

[3]清华大学出土文献与保护中心:《清华大学藏战国竹简〈保训〉释文》,北京:北京文物出版社,2009年6期。

[4](汉)郑玄注:《周礼》,北京:北京图书馆出版社,2003年版。

[5](战国)吕不韦:《吕氏春秋》,郑州:河南古籍出版社,2011年版。

[6](汉)刘向集录,高诱注:《战国策》,郑州:上海古籍出版社,1978年版。

[7](西汉)司马迁:《史记》,北京:北京燕山出版社,2007年版。

[8](汉)班固著,(唐)颜师古注:《汉书》,北京:中华书局,2005年版。

[9](汉代)刘向:《战国策(上下)》,上海:上海古籍出版社,1998年版。

[10]开封县地方史志办公室:《(清)宣统二年陈留县志校注》,北京:北京燕山出版社有限公司,2011年版。

[11](清)管竭忠修,张沐纂:《开封府志点校本》,北京:北京燕山出版社,2008年版。

[12](唐)王瓘:《轩辕本纪》,收入(宋)张君房撰:《云笈七签》,济南:齐鲁书社,2003年版。

[13](战国)孟轲:《孟子》,西安:陕西人民出版社,1998年版。

[14](汉)刘安主撰:《淮南子》,桂林:广西师范大学出版社,2010年版。

[15]杨天宇:《礼记译注(上下)》,上海:上海古籍出版社,2004年版。

第十二章 开封是三皇五帝"中央之国"发源地

我们关于太极、昆仑山三皇五帝"中央之国"发源于中原开封的文稿在媒体发表之后,许多朋友予以关注和支持。但也有一些朋友感到太离谱了,甚至明确表示,即便用太极、五行理论可以解释昆仑山、三皇五帝、"中央之国"发源问题,但要说三皇五帝"中央之国"均居住和建都在中原开封地区,也缺乏让人从心理和事实上接受的理由。

是啊,在长达数千年,甚至万年前的历史长河中,那么多的三皇五帝部落氏族及其领袖们怎么可能同居一地而不迁徙?但是,当我们研究开封历史文化发源、繁衍和传承的上古人文历史时却发现,自伏羲、炎、黄、颛顼、帝喾时期开始,直到尧、舜、禹、商汤、伊尹时期,他们共同居住和建都在开封古陈留一带却有着多方面的史料记载和人文传承为凭证。尤其是夏朝,自禹、启、太康、仲康到杼、槐、芒、泄、不降、扃、桀,至少有十一个夏王在开封古陈留空桑一带建立王都,开封古陈留是华夏历史文明发源的核心地区。

为了进一步弄清和回答大家提出的质疑,我们对上古时期华夏先民主要氏族领袖们居住和建都在开封地区的情况进行初步整理,形成的一些浅薄认识,现发表出来,与大家商榷。

一、三皇五帝与太极、昆仑、"空桑"同在一地

华夏原始先民的发源地在太极昆仑,这是三皇五帝居住的"中央之国",简称"中国"。"中国"之"中",是太极"五行"文化的一个方位概念,是指"东、西、南、北、中"的"中",即"中央"之地,也是上古时期历代皇、帝、王的建都之地。

直到商末、西周时期,尤其是周王朝政权建立于陕西岐山、周原地区之后,三皇五帝的"中央之国"才失去了历史文化传承,至今也无法将其与华夏文明

发源的客观历史相衔接,致使一代代炎黄子孙由此失去了皈依华夏民族的精神家园。因此,重新找回三皇五帝"中央之国",是摆在历史文化工作者面前的一件重要任务。

可是,三皇五帝的"中央之国"在哪里呢?我们认为,开封古陈留就是三皇五帝"中央之国"的发源地。

一些古人认为,历代三皇五帝均同居昆仑山"天地之中"一地。对此,我们是认同的。据明代学者陈士元《荒史》记载:"泰壹之后有空桑氏。"[1]其中"泰壹",也指居住在昆仑山"中央之国"的"泰一"、"太一"。据战国时期楚国隐士鹖冠子《鹖冠子·泰鸿》记载:"泰一者,执大同之制,调泰鸿之气,正神明之位者也。"[2]宋代尚书右丞陆佃解释:"泰一,天皇大帝也。"其中"天皇大帝",也称"天皇"、"天帝"。又因"上为天下为地","天帝"又称"上帝"。

据汉代司马迁《史记·孝武本记》记载:"皇帝敬拜泰一。"[3]唐朝学者张铣注释:"太一,天神也,居于紫微宫。"[4]后人认为,"太一"是人类在太极前后,"鸿钧"老祖升仙后在上天紫微宫的居住地,这里是天国的中心。也有后人认为,"太一"泛指"三皇",是"三皇"升仙后在上天紫微宫居住的中心。根据古人"天地人合一"观点,地上的紫微宫就在昆仑山核心地区,与天上的紫微宫彼此上下对应。

到了伏羲、女娲之后,"空桑氏"炎帝接替了天帝在人间昆仑山的行政和地理位置,管理天下。对此,传说周文王所作《周易·系辞下传》记载:"包牺(伏羲)氏没,神农氏作。神农氏没,黄帝、尧、舜氏作。"[5]因为炎帝神农氏自古居住在开封古陈留"空桑"一带,与"太一"同地。所以,"太一"之后才将执政权传承给空桑氏炎帝。对此,西晋学者皇甫谧《帝王世纪》也记载:炎帝"榆罔居空桑,空桑为陈留,故归藏启筮云:蚩尤伐空桑,帝所居也"。[6]说明炎帝"榆罔"居住在陈留"空桑"。

在上古时期,"太一"是一个表示世界本原的哲学范畴。中国古代的"太",又写作"大",或"泰";"一",又写作"乙"。"太"为最先最高,"一"是唯一无对和混一未分,是无极的一种状态。战国时期哲学家庄周在《庄子·天下》中,称老子的学说为"主之以太一"。[7]"太一",即老子所谓"道",又称为"无"。老子认为:"天下万物生于有,有生于无。""道生一,一生二,二生三,三生万物。"[8]"一"、"二"、"三"都是"有"。老子的"道"教学说具有否定上帝创世说的含义,是历史朴素唯物主义认识论在自然界中的反映。

我们认为,"上帝"即"天帝",不过是后人对上古"太一"时期人文始祖鸿钧、盘古、伏羲的一种称呼罢了,是华夏原始先民主观认识天、地、人等自然界的产物。与人类认识世界原始阶段的"无极"、"太极"具有异曲同工的表述含义。

在战国时期秦国宰相吕不韦《吕氏春秋》中,"太一"是指世界的物质本原。据《吕氏春秋·乐记》中记载:"音乐……本于太一。太一出两仪,两仪出阴阳","万物所出,造于太一,化于阴阳。"又说:"道也者,至精也,不可为形,不可为名,强为之名,谓之太一。"[9]这个"至精"的"道"或"太一",也就是"精气",即精细的原始物质。

在西汉礼学家戴德《礼记》中,"太一"也指"元气"。据《礼记·礼运》中记载:"夫礼必本于大一,分而为天地,转而为阴阳,变而为四时,列而为鬼神。"[10]唐朝经学家孔颖达认为,"大一"即"太一","必本于大一者,谓天地未分混沌之元气也"。"太一"、"元气"也是指"无极"。

可见,上帝、天帝、鬼神等,不过是上古时期的原始先民对天地、阴阳客观事物的一种主观表述和认识罢了。

"太一"范畴的提出,反映了中国古代哲学家对世界的统一性和事物由简单到复杂、由低级到高级发展过程的认识,也是古人对上古时期华夏历史文明发源的最原始解释。研究华夏人文历史,无法回避这些所谓的"唯心主义"的主观认识论,正像研究华夏人文历史,无法回避太极五行理论一样。否则,人类就无法找到自己人文历史发源的原点。

"太一"之时,也就是"太极"之时。"太极"有"阴阳"两仪组成。阳为日、天、上,为考父;阴为月、地、下,为妣母。"上日"、"下比(妣)"组成一个"昆仑"的"昆","昆仑"的"仑"指的是神仙。因此,"太一"、"太极",就是"昆仑"、"神仙"的同义词,可以互通。

既然"空桑氏"炎帝传承了"太一"、"太极",即鸿钧、盘古、伏羲和女娲在昆仑的天皇、天帝之位,那么,太极、昆仑就应该与鸿钧、盘古、伏羲和女娲一样同在"空桑"、"天地之中"。对此,史料也多有此类记载。

二、三皇五帝同居开封古陈留昆仑山"中央之国"

开封历史文化深厚,经过我们对上古时期开封的华夏历史文明研究和考察发现,这里是上古时期太极、三皇五帝、尧、舜、禹建立皇、帝、王都之地。

1. 柏黄氏伏羲建皇都于开封陈留"皇伯山"

伏羲,又称宓羲、庖牺、包牺、牺皇、皇羲、太昊、苍牙等,是三皇之首,百王之先。他和女娲同是中华民族的人文始祖。伏羲根据天地万物的变化，在太极、阴阳两仪的基础上发明创造了八卦，也称"河图洛书"。这是中国最早的计数文字图书，是华夏文明历史的发端。八卦后来被星象学家用作占卜，由此创造了历法和刑律等。伏羲教民渔猎、驯养家畜、烹饪食物、婚嫁仪式、始造书契、发明陶埙、琴瑟乐器、任命官员等，还创立了中华民族统一的图腾"龙"，龙的传人即由此而来。伏羲和女娲均被中国史典和神话描绘为"人首龙（蛇）身"之神，奉为中华文明的人文始祖。

古人认为，伏羲是华胥氏之子、少典之父、炎帝和黄帝之祖父，是女娲（也称女娲氏）的哥哥兼丈夫，为上古"三皇"之一，与女娲同被尊为人类始祖，与黄帝同被尊为人文初祖。在中国神话里，他与女娲一样，也是龙身人首，或蛇身人首。上古时期这种氏族的传世称呼，和现代意义上祖父、兄弟、丈夫的含义大致相同，是了解华夏人文历史发展的一个阶段和过程。

"三皇"之一的伏羲，曾建都在开封古陈留县柏黄氏皇柏山。据东汉史学家班固《汉书·礼乐志》记载："柏皇（氏）独乐六龙。"[11]其中柏皇（氏），也称"伏羲"，许多史料记载柏皇氏住在河南开封陈留的皇柏山上；"独乐六龙"，"六龙"指为天子驾车的六匹马，柏皇氏唯独喜欢养马，是专职为伏羲圈养大型动物、占卜天象运行的部族。开封古陈留皇柏山，即土山岗一带，至今还有"独乐岗"的地名存在。传说皇柏名叫"柏芝"，以柏木为图腾。皇柏曾协助伏羲治理天下，立了诸多功劳，但并不因此而自满。因此，他深得伏羲的信任，接替了伏羲氏东方部落的首领，即"皇"位。所以，史家又称他为"柏皇氏"伏羲。西晋学者皇甫谧《帝王世纪》也记载："太昊帝庖牺氏，风姓也。蛇首人身，有圣德，都陈。"[12]其中"都陈"，一般认为在淮阳陈州，但宋代罗泌《路史·后纪一》却引作"天皇伏羲都陈留"。[13]唐代著名史学家司马贞《补三皇本纪》认为："太皞庖牺氏，风姓，代燧人氏继天而王……都于陈，东卦太山"。"东卦太山"，在太极、昆仑山东北、地支"寅"、十二生肖"虎"方位。说明开封古陈留"伏羲都陈留"就是"都于陈"，在昆仑即"太山"之上，与炎帝帝都"空桑"同在开封古陈留，其人文历史早于淮阳陈州。而淮阳的太昊伏羲文化，不过是西周时期舜帝后裔陈胡公迁徙陈国后，自开封古陈留传承过去的而已。

这与太一、三皇五帝昆仑山"中央之国"和柏姓家谱记载伏羲皇都"皇柏山"、"独乐岗"在开封古陈留空桑的史料记载不谋而合。

2. 炎、黄居住在开封古陈留空桑之地

按五行之说，炎帝又称"赤帝"，也称"魁隗氏"、"神农氏"、"空桑氏"等，与

黄帝并称为中华始祖,是中国上古时期的部落首领。

上古时期的原始先民很少,而禽兽却很多,所以原始先人把捕猎的禽兽作为主食。到了神农氏炎帝时期,中央之国的原始先民得到了繁衍发展,而禽兽已经供应不足,近距离内野生素食能吃的也都吃了,还是不能解决人民的饥饱问题。于是,神农氏炎帝根据天时、地利和生存需要,制作了劳动工具,教导人民耕种田地,种植庄稼作物,逐步解决了温饱问题,原始先民得以更好地繁衍生息。于是,大家便赞炎帝说,神而化之、使民宜之,谓之神农。

开封古陈留是炎帝、黄帝建立帝都的空桑之地。清代学者潘振解释中国先秦史籍《逸周书·尝麦解》说:"赤帝,指神农九世孙帝榆罔也,居空桑。"[14]说明神农氏榆罔居住在开封古陈留空桑,就是开封县陈留东南约14公里的杞县葛岗空桑村。宋代学者罗泌《路史·后记》也认为"榆罔居空桑。空桑为陈留,故《归藏》启筮云:蚩尤伐空桑,帝所居也"。《归藏》相传为黄帝所著,是传说中的古易书,与《连山》、《周易》统称为《三易》,说明早在黄帝所著《归藏》中就已认为炎帝居开封古陈留"空桑"之地,也与伏羲、炎帝的"都陈留"地理位置是一致的。

神农氏炎帝在空桑削桐为琴,结丝为弦,发明了乐器。这种乐器后人称作"神农琴"。据西周时期的《周礼·春官·大司乐》记载:"空桑之琴瑟,咸池之舞,夏日至,于泽中之方丘奏之。"[15]其中"方丘"之"方",为天圆地方之"方",是指地的中心,也称"方山"。东汉历史学家班固《汉书·礼乐志二》记载:"空桑琴瑟结信成,四兴递代八风生。"[16]唐初经学家颜师古注释:"空桑,地名也,出善木,可为琴瑟也。"其中"神农琴",也称"琴瑟",是拨弦乐器;"善木",也称"桐木",又称"梧桐"、"泡桐",盛产于开封、兰考一带,自上古时期以来就是制作古代乐器的极好材质,制作技艺至今仍在当地传承。

西汉开封梁国孝王赠给司马相如的"绿绮"和东汉陈留蔡邕的"焦尾"琴,均制作于盛产梧桐的开封古陈留空桑一带。神农琴"长三尺六寸六分,上有五弦,曰:宫、商、角、徵、羽"。据说这种琴发出的声音,能道天地之德,能表神农之和,能使人们娱乐。

可见,炎帝氏族和三皇氏族,包括柏黄氏伏羲在开封古陈留居住具有历史传承性。

黄帝之"黄",也是太极五行五色"青、白、赤、黑、黄"中的一个方位名称,轩辕氏因居有"黄"色,故称"黄帝";浊水因流经"黄"地,故称"黄河";因居地昆仑为太极之"道",故称"黄道"。由于黄帝居住在太极五行的"东、西、南、北、中"的"中"地,故也称"中央帝"。又由于黄河的分支为江水,"江"与"鸿"互通,也

第十二章 开封是三皇五帝"中央之国"发源地

称"鸿水",所以黄帝也称"帝江"、"帝鸿"。鸿水也称鸿沟、浪荡渠、赤水、丹水、汲水、汴水等等。对此,《中国古今地名大辞典》记载说:"汴河,古亦称丹水,汴水的前身是丹水。"[17]

炎帝出生并居于江水南部,江水因流向昆仑山东南的"常羊"方位而又称"常羊水",或"羊水"。"羊水"有女性母系部落居住,故称"姜水",炎帝随母系姓"姜";黄帝出生并居于江水北部的"巨(钜、沮)水"之南,"巨水"又称"沮水"、"济水",济水有母系部落居住,故称"姬水",黄帝随母系姓"姬"。因此,最早的国别体著作《国语·晋语》记载说:"昔少典娶于有蟜氏,生黄帝、炎帝。黄帝以姬水成,炎帝以姜水成。成而异德,故黄帝为姬,炎帝为姜。二帝用师以相济也,异德之故也。"[18]这是我们目前所能看到最早记载炎帝、黄帝诞生地的史料。

轩辕氏黄帝都在开封古陈留空桑西北之地,即开封古城北部的轩辕丘(楼),两地相距约42公里。据宋代学者罗泌《路史》记载:"轩辕氏,作于空桑之北。"其中"作"又劳作、居住、兴起的意思,说明"空桑之北"为黄帝氏族劳作、居住和兴起的轩辕丘之地。其实,开封古陈留"空桑之北"就是魏国国都大梁之地。因此,唐代王瓘《轩辕本纪》记载:黄"帝娶西陵氏于大梁,曰嫘祖,为元妃,生二子"。[19]黄帝元妃嫘祖的父亲为封钜(巨)氏,被黄帝封在"大梁"北部、封丘西南部的"封钜",即"丰沮",也称"方山",在南济水之滨。"方山"又称"丰山"、"封山",距离开封轩辕楼约7公里。"丰"是打雷的声音"丰隆",故"丰山"也称"雷山",封钜氏也称"方雷氏"。"丰山"是黄帝铸鼎升仙的地方,也称"鼎山"、"釜山"。此地有泽,又称"鼎湖"、"黄池",也称"丰泽",含有"丰饶之地,恩泽于民"之意,是黄帝造福华夏先民的地方。因此,历代有作为的帝王、伟人均以"恩泽于民"为己任,有的取自己的居住地为"丰泽园"。如毛泽东主席居住的清代中南海"丰泽园"之名,也由此文化传承而来。

到了夏代,"封钜"为夏启所封的"封父国",后人将其传承为"冯妇(冯翊、冯夷)国"等。据河南《封丘县志》记载:"封氏出自姜姓,炎帝裔孙钜为黄帝师,胙土命氏。"又记载:"封丘地区是神农氏后人姜钜部落活动的区域,其先民已能制造石器骨器从事农业生产,生活上已使用陶器。"[20]其中"姜钜"在黄帝"胙土命氏"时被封在封丘南、开封北之地,故称"封钜",不仅是黄帝史官、帝师,也是黄帝的岳父大人,和居住于开封轩辕楼(丘)东南约5公里的开封柳园口乡刘庄的黄帝史官仓颉,在开封共同创造了华夏历史上最早的象形文字《仓颉书》。对此,宋太宗赵光义年间刻印的《淳化秘阁法帖》中有碑帖,《仓颉书》记载的正是炎黄两大氏族在开封会盟,和平发展的重大历史事件。[21]

3. 颛顼、帝喾居住在开封古陈留高阳、古莘国

炎、黄后裔的帝都在地理上一脉相承。

黄帝长子为玄嚣。玄嚣因居住在太极"五行"东方的"青（清）阳"之地，又称"青阳氏"。玄嚣称帝前，封地在开封古陈留空桑北部约 20 公里初留、东里（黎）一带的古"青阳"地。唐代，当地建有"清阳寺"，以祭祀青阳帝少昊，即玄嚣。玄嚣称帝后迁徙到了太极"五行"西方的"嚣山"，即郑州荥阳东北 28 公里的广武镇三皇山。玄嚣去世后葬在兰考红庙镇青陵岗。中国历史学家郭沫若也曾认为兰考青陵岗是少昊氏一酋长，而"少昊氏"，又称"青阳氏"、"金天氏"、"穷桑氏"、"云阳氏"，或称"朱宣"，被后世尊为西方"白帝"。

玄嚣二弟昌意的儿子为颛顼，他接替了"青阳氏"玄嚣的帝位。颛顼称帝前的封地在开封古陈留空桑南部约 10 公里的杞县古高阳，故称颛顼为"高阳氏"。据清代史学家顾祖禹《读史方舆纪要·河南二》记载："高阳城在（杞）县西二十五里。颛顼高阳氏佐少昊有功，封于此。"[22]后迁往北部濮阳一带，也称"黑帝"。去世后，葬在浚县东北约 20 公里、河南内黄梁庄镇的颛顼、帝喾陵。

据战国时期秦国宰相吕不韦《吕氏春秋·古乐》记载："帝颛顼生自若水，实处空桑，乃登为帝。"[23]开封古陈留"空桑"一带，是颛顼苗裔壮、侗、苗、黎、瑶等南方民族的发源地，壮、侗、苗、黎、瑶等南方民族也是伏羲女娲"蛇族"的传承人，至今"黎"在壮语中是"蛇"的意思和称呼。而在黎族中，"黎"还有开封古陈留"空桑"所在地杞县之"杞"的读音。

颛顼帝之后为高莘氏（有莘氏）帝喾，帝都在开封古陈留空桑北部约 24 公里的有莘国（今开封县东辛庄）。唐代地理总志《元和郡县（图）志》记载："汴州陈留县故莘城，在县东北三十五里古莘国地，此即汤妃所生之国，伊尹耕于是野者也。"[24]说明商王成汤的吉妃、太宰伊尹均出生在开封陈留古莘国。北宋著名地理总志《太平环宇记·卷一》也记载：开封浚仪有"青丘，亦曰玄池。女娀简狄浴于青丘之水，有玄鸟遗卵，吞之，生契。即此水也"。[25]其中"青丘"，是帝喾时期对昆仑山的别称；"玄池"之"玄"为黑色，是现在开封西北约 10 公里的"黑池"，在"青丘"之上；"简狄"是帝喾的次妃；"契"是帝喾和简狄的儿子，也是商人的始祖，曾经在昆仑山，即青丘一带出生、居住。所以，商人最早也称"青丘"为自己始祖出生的"商丘"，都是对昆仑山人文历史的不同表示形式。有人说开封此地无山，那是只是指现在，上古时期这里为岗、台、丘、陵地貌，最高的丘陵高达百米以上，黄河之所以南滚到此处不再继续南迁，就是由于昆仑

山,即青丘山阻挡的结果。虽然,上古时期的昆仑山不过百余米高,但在开封一带却是最高的土阜、丘台,也是三皇五帝等神仙居住的地方。因此,古人才说"山不在高有神则灵"。同时说明,黄帝后裔玄嚣帝、颛顼帝、帝喾均居住在开封古陈留一带。

4. 尧、舜、禹三代居住在开封古陈留服泽、负夏和阳城

尧帝是高辛氏帝喾的儿子,自然也与帝喾同居在开封陈留、空桑一带。据春秋末期思想家墨翟《墨子·尚贤》记载:"古者尧举舜于服泽之阳,授之政,天下平。"[26]其中"服泽之阳",也称"服阳"、"负阳"、"负夏"。"负夏(阳)"之"负"与"服泽"之"服"音同。据济南教育学院徐北文《大舜行迹考》记载:清末经学家"孙诒让以负夏与服泽当为一地"。[27]其中"服泽"之"服"又与"逢泽"之"逢"双声,可通假,故"服泽"也称"逢泽",是三皇五帝"中央之国"的南海。"负阳"和"服阳"在太极两仪中的含义相同,是指太极昆仑文化中"负阴抱阳",即阴阳交合之地,彼此调和而生万物的意思,也指太极阴阳交合的昆仑之地。

南北朝史学家裴骃《史记·五帝本纪·集解》引东汉经学大师郑玄的话说,"负夏,卫邑"。[28]其中"卫邑",是指春秋时期卫国的"仪"邑,即浚仪、开封。战国时期《孟子》也记载:"舜生于诸冯,迁于负夏,卒于鸣条。"[29]"负夏"本与开封东北部的"鸣条"同地。据西汉礼学家戴德《礼记·檀弓》解释说:"负夏。又阳夏,在开封。"[30]"鸣条"、"负夏"、"服阳"、"逢泽"、"阳夏"均在开封古陈留空桑一地。

帝尧在空桑之地禅让帝位于舜。据汉代司马迁《史记·五帝本纪》记载:"舜让辟丹朱于南河之南。诸侯朝觐者不之丹朱而之舜,狱讼者不之丹朱而之舜,讴歌者不讴歌丹朱而讴歌舜。舜曰'天也',夫而后之中国,践天子位焉,是为帝舜。"其中"南河",是指南、北济水中的"南济水"。"南河之南"是指开封一带的青丘山,即昆仑山;"中国",就是舜在"南河之南"昆仑山建都称帝的三皇五帝"中央之国"。春秋末期著名思想家墨翟《墨子·尚贤》也记载:"尧得(舜)之服泽之阳,举以为天子,与天下之政,政天下之民。"其中"服泽",即开封三皇五帝"中央之国"南部的"逢泽"。

舜帝也在开封陈留空桑之地禅帝位于大禹。据汉代经学家刘向《淮南子·本经训》记载:"舜之时,共工振滔洪水,以薄空桑。龙门未开,吕梁未发,江淮通流,四海溟涬,民皆上丘陵、赴树木。舜乃使禹疏三江五湖,辟伊阙,导廛、涧,平通沟陆,流注东海。鸿水漏,九州干,万民皆宁其性。"[31]"洪水",即流经开封古陈留"空桑"、"龙门"之地的"鸿水",也称"洪沟"、"鸿沟"。对此,宋

代学者罗泌《路史》也记载:"伊尹,莘人,故《吕(氏)春秋》、《古史考》等俱言(伊)尹产空桑,空桑故城在今陈留,固非鲁也。故《地记》言'空桑南杞而北陈留,各三十里,有伊尹村',而所谓穷桑则非此矣。(空桑)若乃伊尹之生,共工氏之所灌,则陈留矣。"大意是说,战国吕不韦《吕氏春秋》、魏晋史学家谯周《古史考》、西晋太康《地记》等史典均认为,伊尹为有莘氏,出生于开封陈留"古莘国"、"空桑"之地,而不是春秋时期的鲁国。这就为否定"空桑"东在"鲁国"曲阜、西在洛阳"伊川"之说提供了依据。

至于大禹建都在开封,史料上记载得更为清楚。清代学者马骕《绎史》引战国时期《随巢子》记载:"禹治洪水,通轘辕山,化为熊。"[32]其中"轘辕山",就是开封陈留、空桑北部盘旋往还,道路环曲的黄帝帝都"轩辕山(丘)"。大禹在开封夏杼王都老丘北部的"鸣条"为舜帝下葬后,为其守丧三年。对此,汉代《史记·夏本纪》记载:"舜荐禹于天,为嗣。十七年而帝舜崩,三年丧毕,禹辞避舜之子商均于阳城。天下诸侯皆去商均而朝禹。禹于是遂即天子位,南面朝天下,国号曰夏后,姓姒氏。"说明舜的葬地、大禹的阳城、商均居住地,同在舜帝下葬的开封东北部"鸣条",即开封昆仑山三皇五帝"中央之国",太极五行的"中、土"的东北方位。

汉代《史记·五帝本纪》还记载,"三年丧毕,禹亦乃让舜子,如舜让尧子。"意思是,大禹像虞舜谦让尧帝的儿子丹朱一样,谦让舜帝的儿子商均继承帝位,并主动告别舜都"负夏",回到自己的封地阳城以回避帝位。因此,南朝宋时期史学家范晔《后汉书志·郡国三·陈留东郡东平任城泰山济北山阳济阴右兖州东海》记载:"帝王世纪曰:'禹避商均浚仪。'晋地道记:'仪封人,此县也。'通俗文曰'渠在浚仪,曰莨荡'也。"[33]大意是说,西晋时期居住河南新安的著名史学家皇甫谧《帝王世纪》,晋代著名学者、陈留郡人王隐《地道记》,东汉经学家、荥阳人服虔《通俗文》均认为,大禹回避商均的"浚仪"与"仪封"、"莨荡"渠,都在开封古陈留之地。后来,天下诸侯皆离开舜帝的儿子商均,而去开封"中央之国"南部的夏地阳城,推举夏禹为王。在大臣、百姓的支持下,大禹才禅舜帝位于开封浚仪南部的阳城。宋代学者、开封人王应麟《通鉴地理通释》进一步引证认为:"《世本》言,夏后居阳城,本在大梁之南,今陈留浚仪也。"[34]其中"《世本》"为战国时期赵国史书,是记载大禹王都阳城在开封陈留最早的史料;"夏后",是指在开封轩辕山南部治理浪荡渠,即鸿水后,禅帝位于开封浪荡渠岸边阳城的夏王大禹。大禹是涂(塗)山氏女娇的丈夫,即"涂(塗)夫"。有的"涂"姓将"菟"、"土"、"屠"字互用,所以涂(塗)山氏的丈夫,也称"涂夫"、"屠夫"。开封禹王台东部有"屠夫坟",夏王启的封地开封旧址"启封"朱仙镇有"屠儿坟",现传均为战国时期的朱亥墓。但"屠夫"象征着凶残灾祸的不吉祥之意,并非是对朱亥的尊奉之辞。况且,用"屠儿"比作死于秦国的朱亥也于理不通。因此,"屠夫坟"、"屠儿坟"疑为涂山氏女娇的"涂夫"大禹和"涂儿"启的陵墓所在地。当然,这一推测还有待于考古发掘结果来认定。

因此,汉代司马迁《史记·封禅书》记载:"昔三代之君皆在河洛之间。"其中"河洛"之"洛",周代之前应指"雒",即"淮"。据南朝大学者裴骃《史记集解》引徐广云(东晋大学者)之说:"'雒,一作淮'。指淮阳国,地在今河南东部茨河上游南北一带,都于陈,在今河南淮阳县。"所以,最早的"洛水"为"雒水",而"雒水"也称"淮水"。至于"洛邑"之"洛"、"雒"应该是西周之后出现的地名,而"河洛之间"最早则应指黄河与淮河之间的开封古陈留地区,与西周之后出现的"河洛"不是一个地理方位。

西周时期,周武王封舜帝后裔、陶正遏父于古陈留舜帝帝都"负夏"一带建立陈国,以奉祀舜帝。周公旦平定三监叛乱后,为了拱卫周朝,重新将遏父之子陈胡公封到河南淮阳"陈国"一带,用以抵御开封东南部淮夷人的西进。同时,陈胡公也把舜帝"中央之国"及其先祖伏羲、女娲、"洛"、"雒"、"淮"等华夏文化,带到了淮夷人活动的淮阳"陈国"一带。而开封古陈留则被周公旦封给十弟老季载为"聃国",国都"老丘"。聃国西部的开封"仪"邑则归属卫国,被周公旦封给了九弟卫康叔封。卫康叔名字之所以称"封",是因为他的封地卫国"仪"邑一带为黄帝"胙土封氏"的胙城封地,是夏启时期的"封父国"旧址,也是"仪"邑"封人"的祖地。卫康叔以开封和封丘黄帝"姬"姓"封"地取名,故称"姬封"。

一般认为,华夏民族发源于洛阳黄河与洛河之间的"河洛"地区,但从史料分析来看,西周之前"河洛"应指淮河上游的开封古陈留地区,至今陈留尚有"河图村"村名、包拯"龙马负图处"石碑、伏羲皇都"伯皇山"、史料记载的"洛架水"、"伊水"为证,这里是名副其实的"河洛人"居住地。因此,古人说尧、舜、禹三代帝王之都均在三皇五帝昆仑山"中央之国"的开封古陈留,即"河洛之间"一带,并不是无端的传言,其深厚的华夏文化内涵值得我们进行认真、深入地发掘。

5. 商代元圣伊尹出生在开封古陈留有莘国空桑

开封陈留空桑(今杞县葛岗镇空桑村)既是商代元圣伊尹的出生地,也是伊尹辅佐商汤打败夏纣王"鸣条之战"的古战场。至今在"鸣条"北部的长垣梁寨村,仍有大约唐代遗留的"商汤夏桀鸣条之战旧址"古碑和因忠谏而被夏桀所杀的关龙逄墓及龙相村可以印证这个结论。

关于"伊尹生空桑",战国时期秦国《吕氏春秋·本味篇》有记载:"伊尹其母居伊水之上,孕,梦有神告之曰:'臼出水而东走,毋顾。'明日,视臼出水,告其邻,东走十里,而顾其邑,尽为水,身因化为空桑,故命之曰伊尹。此伊尹生空桑之故也。"开封县陈留东南的莘口为商代元圣伊尹祖上居住之地和亲耕的"有莘之野",当地史料也多有记载。"有莘之野"东部十余里处便是"空桑"之地。其地理环境与《吕氏春秋》记载完全吻合。

关于"鸣条"的地理位置,明代《长垣县志》有记载:"鸣条亭,舜崩处,陈留郡平邱县有鸣条亭。"[35]其中"陈留郡"治所地在开封县杜良乡国度里,也是夏杼王都"老丘";"平邱县",为东汉时期的陈留郡平邱县,大致在封丘县黄陵岗镇南部的平街村一带,也是"鸣条"旧地。夏商时期,商汤由山东曹县的"北亳"出发,越过葛伯国(今河南宁陵北部)的洛(雒)架水和古莘国(今开封县东部)的伊水,消灭了开封西南部的昆吾国。据清代《陈留县志》记载:"伊水,(陈留)县东北二十里,环绕伊尹故里。"[36]其中"伊水",就是现在的圈章河。然后,商汤自西向东讨伐夏桀,在古莘国北部的开封县"招讨营"一带发起"招讨"夏桀之战,夏桀败退夏杼王都老丘、鸣条。商汤又在老丘北部发起"鸣条之战",打败了夏桀,并在封丘县南部一带建立商都,因位置在山东曹县"北亳"的西部,而称"西亳";又因此地为"中央之国"观测日影、制作历法,册府纪传之地,而称"历山"、"纪山"、"影亳",即"景亳"等。

郭沫若先生在《中国史稿》中明确指出:"舜生于诸冯(今山东诸城),卒于鸣条(今河南封丘东)。"[37]汉代刘向《淮南子》记载:"舜南征三苗而遂死苍梧。"西晋学者皇甫谧《帝王世纪》也记载:"舜荐禹于天,使禹摄政。有苗氏叛,南征,崩于鸣条,殡以瓦棺,葬于苍梧九疑山之阳,是为零陵。"其中"苍梧"、"三苗"、"有苗"、"九疑"、"零陵"等,是指"鸣条"及其南部高阳氏颛顼帝的苗裔之地,也是开封古陈留"空桑"之地。"苍梧"之"苍",在太极五行中是指三皇五帝"中央之国"的东方之地,也写作"仓";"苍梧"之"梧"是指开封、兰考一带盛产的"梧桐"、"泡桐",即"桐树",其地理位置与开封相吻合。"鸣条"、"苍梧山"南部,为春秋时期的郑国"鸣雁亭"之地,在杞县西北的汴水北岸,也称"桐陵亭",古称"桐陵丘"。据开封《陈留县志》记载:"鸣雁亭:《左传》成公十六年,卫公伐鸣雁。杜预曰:在县西北。《陈留志》曰:桐陵亭,古桐丘。"[38]说明"苍梧山"一带为春秋时期的郑国"鸣雁亭"之地,在杞县西北的汴水北岸,也称"桐陵亭",古称"桐陵丘"。从开封古代地理方位、植物生长情况来分析,"桐陵"一则是指盛产"桐木"的"苍梧山",是舜帝、丹朱、商均、商汤(商均后裔)下葬之陵地;二则是指商朝宰相伊尹流放商汤嫡长孙太甲的"桐宫"之地;三则是舜、禹时期,在"苍梧之野"南部讨伐颛顼、帝喾、尧帝后裔三苗氏族的炎帝帝都"空桑"、颛顼帝封地"高阳"、帝喾"有莘"国之地。

陈留"空桑"的北部,也称"苍梧之野",在"鸣条"、"苍梧山"之南。据先秦古籍《山海经》记载:"赤水之东有苍梧之野,舜与叔均之所葬也。"[39]其中"赤水",因在三皇五帝"中央之国"东南部的赤、朱之地,在五行中被称作"赤水"、"丹(朱色)水"。此水是流经开封北部、开封县小黄铺一带,转向东南陈留、杞县方向的"江水",又称"鸿沟"、"浪荡渠"、"丹水"、"洛架水"、"伊水"、"汳水"、"汴水"等。北魏郦道元《水经注》记载:开封浚仪县浪荡"渠水东南径赤城北,即赤冈也。"[40]故浪荡渠在此段也称"赤水"、"丹水"。据东汉史学家班固《汉书地理志》记载:"获水首受甾获渠,亦兼丹水之称也。"说明"丹水"也称"获水"、"甾获渠",即"汳水"、"汴水"。战国魏国大梁时期撰写的《竹书纪年》也记载:公元前478年(鲁哀公17年),"宋杀其大夫皇瑗于丹水之上,又曰宋大水,丹水壅不流。盖汳水之变名也"。[41]文中"丹水",也指"汳水"、"汴水";"叔均",是指舜帝的儿子"商均",父子二人都下葬在开封赤水东部的鸣条"苍梧山",即"苍梧之野"。对此,晋代史学家王隐在《地道记》中解释说:"浚仪本大梁,仪封人此县也。"[42]其中"仪封人",是指春秋时期生活在开封"仪"邑一带的夏代封父国(今封丘西南)后裔"封人",其职责就是掌管修筑三皇五帝在昆仑山遗留下来的王畿、封国、都邑四周疆界上的封土堆(上古时期历代帝王都城遗址、陵墓)以及种植树木等。也是孔子周游列国时,在开封"仪"邑之地请见的"仪封人"。

开封古陈留"空桑"之地的"苍梧之野",又称"广桑"、"广野"、"广桑之野"等。南宋史学家罗泌在《路史》中解释:"空桑者,兖卤也,其地广绝。高阳氏所尝居,皇甫谧所谓'广桑之野'者。上古有空桑氏。"说明"空桑"与"兖"、"高阳"、"空桑氏"同在一地。明代学者陈士元《荒史》也记载:"泰壹之后有空桑氏。空桑,兖地也,一曰广桑。"其中"泰壹",即"泰一"、"太一",是天地的中心,也是指三皇之一伏羲居住的昆仑丘;"兖卤"、"兖地",是指古"兖州",开封在公元前122年(元狩元年)汉武帝时期为陈留郡,属兖州。公元416年(义熙十二年)东晋时期置陈留为南兖州,当地有很多风沙和盐碱化的"卤"地,故称"兖卤";"广桑之野"也称"广野",秦代为陈留县高阳乡。这里是高阳酒徒郦食其的家乡"广野"之地,他帮助沛公刘邦夺取陈留后,刘邦赐封他为"广野君"。

上述引用的史料记载,仅仅是浩瀚史典中的一部分,意在说明太极、昆仑山、三皇五帝"中央之国"与开封古陈留、空桑有连续不断的华夏历史文明传承,即使在千万年的历史长河中也源远流长,世世代代恩泽着华夏后裔。

三、三皇五帝同居昆仑山"中央之国"有史料可查

我们认为,既然三皇五帝共同居住、生活在昆仑山"中央之国",那么,昆仑山就是三皇五帝共同建都的"宫室"之地,彼此之间不应该被远距离相隔。

据清华大学破译的竹简周文王《保训》记载:"昔前代(黄帝)夗(苑圃)传宝(鼎),必受之以詷(铜)。……昔舜旧作小人,亲耕于历丘,恐求中,自稽厥志,不违于庶万姓之多欲。……昔,微(上甲,是商汤的六世祖)假中于河,以复有易,有易服厥罪。"[43]其中"夗",即"苑",指黄帝铸宝鼎升仙时的昆仑山居住地,又称"苑圃"、"玄圃"、"悬圃"等。据南朝刘宋时期历史学家范晔《后汉书·志第二十一·郡国三》记载:"陈留志曰:'有陵树乡,北有泽,泽有天子苑圃。'"其中"陵树乡",在开封尉氏庄头乡西北部、贾鲁河西南岸一带;"天子苑圃",就是陵树乡北部、中牟东北部的昆仑山核心地区,也是黄帝建都、铸鼎、升仙的"苑圃"之地。说明上古时期最早的"苑"文化,与黄帝"昆仑山"、"铸鼎升仙"的"苑圃"具有一致性。

据南朝梁齐时期著名高道、上清派第九代宗师陶弘景《真灵位业图》记载:"玄圃真人轩辕黄帝。"[44]"玄圃",也指"苑圃",在《山海经》等古籍中,是传说中的"黄帝之苑",是昆仑山顶神仙居所之地。汉代大儒扬雄《昭明文选·扬雄〈甘泉赋〉》认为:"配帝居之悬圃兮,象泰壹之威神。"[45]"悬圃",也指"玄圃"、"苑圃";舜称帝前"求中"和微假"假中"之"中",就是三皇五帝"中央之国"的"中",也是昆仑山"天地之中"的"中"。

这说明,"夗(苑)"和"中"同指昆仑山"中央之国"一地。也说明黄帝铜铸宝鼎、舜帝"求中""执中"、商人上甲微"假中于河"等事件,均发生在开封昆仑山三皇五帝"中央之国"的"天地之中"。

唐代学者张守节《史记正义》引《括地志》也记载:"自禹至太康与唐、虞皆不易都城。"[46]西晋时期著名学者杜预《春秋左氏经传·集解》记载:"唐虞及夏,同都冀州。"[47]其中上古时期"冀州",与西周之后的河北"冀州"、山西"晋州"无关。东汉河内太守宋均所注《河图括地象》认为:"冀州,昆仑之山也。"[48]可见,"冀州"为昆仑山小九州的核心地区,曾经是三皇五帝"中央之国"的代名词,也是有唐氏尧帝、有虞氏舜帝、有姒氏禹王三代和夏王禹、启、太康三世共同建立帝王都的地方,并且不曾远距离迁移。所有昆仑山三皇五帝"中央之国"以外的黄帝、颛顼、帝喾、尧、舜、禹居住地、帝王都、下葬地,除少数

属于皇、帝、王族游牧迁徙之地外,大多应该是其后裔传承华夏历史文明的结果,伏羲、炎帝、黄帝的皇、帝都、陵如此,尧、舜、禹、商汤的帝、王都、陵也不应例外。

因此,不仅伏羲、女娲、炎帝、黄帝、颛顼帝、帝喾、尧帝、舜帝、禹王、启王、太康王、仲康王建都在开封古陈留一带,而且夏杼王、槐王、芒王、泄王、不降王、扃王、桀王也建都在开封古陈留一带。对此,战国时期《竹书纪年》记载:"帝杼居原,自迁于老丘。"[49]其中"老丘",就是西周老季载国都老丘,今开封县杜良乡国度里。直到夏胤甲王时期,夏都才由老丘迁到河南内黄一带的西河。到了夏桀王时期,又由西河迁回开封古陈留之地。因此,才导致商汤、伊尹在开封古莘国北部的招讨营、老丘、鸣条一带与夏军决战,打败了夏桀王,并在封丘西南一带建立了商都"景亳",因位于山东曹县"北亳"的西部,也称"西亳"。

总之,开封陈留空桑之地,是三皇五帝"中央之国"和华夏历史文明发源的核心地区,有着源远流长的华夏人文历史传承。那种人为地将三皇五帝建都、居住和下葬地分开的情况,大多是三皇五帝后裔传承华夏历史文明的结果,而不是真正的三皇五帝建都、居住和下葬地。三皇五帝真正建都、居住和下葬地只有一个,那就是开封太极、昆仑、三皇五帝"中央之国"之地,也称"天地之中"。中原之名由此而出,中国之名也由此而出。"中央之国"、中原、中国的人文历史传承依次递进,三者之间不可或缺。

参考文献:

[1](明)陈士元:《荒史》,济南:齐鲁书社,1997影印本。

[2]杨家骆主编:《鹖冠子解》,台中:世界书局,1967年9月版。

[3](汉)司马迁:《史记》,北京:中华书局,1975年版。

[4](梁)萧统编,(唐)李善、吕延济、刘良、张铣、吕向、李周翰注:《六臣注文选》,北京:中华书局,2013年版。

[5]郭彧译注:《周易》,北京:中华书局,2006年版。

[6](晋)皇甫谧撰,(清)宋翔凤、钱宝塘辑:《帝王世纪·山海经·逸周书》,沈阳:辽宁教育出版社,1997年版。

[7](战国)庄子:《庄子全书》,北京:中国纺织出版社,2011年版。

[8]辛战军注:《老子译注》,北京:中华书局,2008年版。

[9](战国)吕不韦:《吕氏春秋》,北京:中国文史出版社,2003年版。

[10](汉)郑玄注,(唐)孔颖达正义,吕友仁整理:《礼记正义(十三经注

疏)》,上海:上海古籍出版社,2008年版。

[11](汉)班固:《汉书》,北京:中华书局,2007年版。

[12](晋)皇甫谧撰,(清)宋翔凤、钱宝塘辑:《帝王世纪·山海经·逸周书》,沈阳:辽宁教育出版社出版,1997年版。

[13](宋)罗泌等著,林辰主编:《开天辟地史》,沈阳:春风文艺出版社,2005年版。

[14]黄怀信:《逸周书汇校集注(上下)》,上海:上海古籍出版社,2007年版。

[15]《十三经注疏》,上海:上海古籍出版社,1997年版。

[16](清)王先谦:《汉书补注》,上海:上海古籍出版社,2008年版。

[17]臧励酥等编:《中国古今地名大辞典》,上海:商务印书馆,1931年版。

[18]上海师范大学古籍整理研究所:《国语》,上海:上海古籍出版社,1978年版。

[19]耿素丽:《先秦史参考资料八种(含轩辕黄帝传)》,北京:北京图书馆出版社,2007年版。

[20]封丘县志编纂委员会编:《封丘县志》,郑州:中州古籍出版社,1994年版。

[21]甘肃古籍文献整理编译:《明拓肃府本淳化阁法帖》,北京:学苑出版2011年8月1日版。

[22](清)顾祖禹、施和金、贺次君:《读史方舆纪要》,北京:中华书局,2005年版。

[23]张双棣等:《吕氏春秋译注》,长春:吉林文史出版社,1987年版。

[24](唐)李吉甫纂修:《元和郡县图志》,北京:国家图书馆出版社,2011年版。

[25](宋)乐史:《太平寰宇记》,北京:中华书局,2008年版。

[26]辛志凤译:《墨子译注》,哈尔滨:黑龙江人民出版社,2003年版。

[27]徐北文:《海岱居文存(含大舜行迹考)》,济南:齐鲁书社,2006年版。

[28](汉)司马迁著,(刘宋)裴骃集译:《史记》,南京:凤凰出版社,2011年版。

[29](战国)孟轲:《孟子》,长春:吉林美术出版社,2010年版。

[30](汉)戴德、戴圣:《礼记(含大学、中庸)》,长春:长春出版社,2013年版。

[31](汉)刘安主撰:《淮南子》,桂林:广西师范大学出版社,2010年版。

[32](清)马骕撰,王利器整理:《绎史》,北京:中华书局,2002年版。
[33](南朝)范晔撰,(唐)李贤等注:《后汉书》,北京:中华书局,2000年版。
[34](宋)王应麟:《通鉴地理通释》,北京:中华书局,1985年版。
[35](明):《长垣县志(天一阁藏明代方志选刊)》,上海:上海古籍书店,1981年版。
[36](清)钟定纂修:《陈留县志》,清康熙三十年(1691)刻本。
[37]郭沫若:《中国史稿》,北京:人民出版社,1962年版。
[38]开封县地方志办公室:《陈留县志·校注》,北京:北京燕山出版社,2011年版。
[39]《中华经典藏书(含山海经)》,北京:中华书局,2009年版。
[40](北魏)郦道元著,陈桥驿译注,王东补:《注水经注》,北京:中华书局,2009年版。
[41]方诗铭、王修龄:《古本竹书纪年辑证》,上海:上海古籍出版社,1981年版。
[42](晋)王隐撰:《晋书地道记》,番禺徐绍棨,民国九年(1920)版。
[43]清华大学出土文献研究与保护中心:《清华大学藏战国竹简〈保训〉释文》,《文物》2009年第6期版。
[44](南梁)陶弘景:《道藏·真灵位业图》,北京:文物出版社,1988年版。
[45]陈宏天等编:《昭明文选译注》,长春:吉林文史出版社,1987年版。
[46]应三玉:《史记·三家注研究(中国典籍与文化研究丛书·第三辑)》,南京:凤凰出版社,2009年版。
[47](战国)左丘明撰,(西晋)杜预集解:《春秋经传集解(全二册)》,上海:上海古籍出版社,1997年版。
[48]《河图括地象(纬书集成)》,石家庄:河北人民出版社,1994年版。
[49]李民、杨择令、孙顺霖、史道祥:《古本竹书纪年辑证》,上海:上海古籍出版社,1981年版。

第十三章 试论开封、洛阳伊水、洛水文化的根本区别

伊水、洛水是流经上古时期昆仑山三皇五帝"中央之国",即"天地之中"的著名河道,也是确定昆仑山三皇五帝"中央之国"、"天地之中"地理位置的基本坐标和重要依据,其华夏人文历史意义十分重要。

由于华夏人文历史传承过程中,出现了史典遗失、文化断代、洪水淹没、地理错位、四处迁徙等客观情况,导致华夏历史先后在开封、洛阳,以及陕西东北部出现数个以伊水、洛水命名的水系。这些水系彼此名称相同,文化交叉,但地理却各异,给后人判断上古时期真正的昆仑山三皇五帝"中央之国",即"天地之中"的地理位置造成迷惑,至今无法解决其源流、先后、传承等内在的关系问题。

本文在分析记载开封、洛阳两个伊水、洛水所在地重要史典资料、地理环境差别、人文传承依据的基础上,提出了我们对上古时期昆仑山三皇五帝"中央之国",即"天地之中"所在具体位置的一些看法。

一、上古时期洪灾多发生在黄河下游的开封之地

世界不同民族多有以史前大洪水为主题的史典记载和神话传说,并将这种洪水记载和传说作为自己民族发源的历史来对待。中国的洪水史典记载和神话传说,有着自己的特殊传承方式,既有古代文字、史料、地理、遗存等史典文献记载,也有不少地区、民族至今仍以口耳、风俗、习惯的形式相承着历史和神话。从史典遗存文献对于华夏史前洪水的记载来看,有些虽属神话传说性质,对于华夏人文历史的传承不免有夸大、虚构之处,但作为口耳、风俗、习惯相承华夏早期历史的曲折反映,仍可从中探寻到华夏民族早期形成的某些踪迹,发掘出丰富的历史文化内涵。

第十三章 试论开封、洛阳伊水、洛水文化的根本区别

关于华夏史前洪水传说,中国史典文献中具有较为丰富的记载内容。其发生的时间大致分为两个时期,即尧、舜、禹之前时期和尧、舜、禹时期。

对于尧、舜、禹时期发生的洪水,史典文献记载尤为丰富。中国现存最早的史书《尚书·益稷》中记载:"洪水滔天,浩浩怀山襄陵,下民昏垫。予乘四载,随山刊木,暨益奏庶鲜食。予决九川,距四海,浚畎浍距川;暨稷播,奏庶艰食鲜食。懋迁有无化居。烝民乃粒,万帮作乂。"[1]其中"洪水",在不同史典文献中也称"鸿水",为鸿沟与洪沟之水;"滔天",指"五行"学说"东方之风"起源的东方之天;"怀山襄陵",指发源于河南温县古怀庆府东部至河南睢县西部古襄邑一线的鸿水,即鸿沟流域;"浚畎浍距川",指开封浚水(鸿水)、浍水流经之地。这里的浚水是舜(浚、俊)帝出生地和舜帝氏族的发源地,是"舜发于畎亩之中"的地方,也是春秋时期浍(郐)国、浍水之地。据唐朝学者李泰《括地志》记载:"故郐城在郑州新郑县东北二十三里。"[2]后迁徙到新密曲梁乡大樊庄村溱水东岸古城寨,春秋时期的公元前769年前后被郑武公所灭。"浍水"也称"浍河",在东晋前称"溵水",源自开封陈留县境内的古鸿沟,南朝齐改称"涣水";"稷播",指后稷在新乡、原阳、中牟、开封、陈留鸿沟流域开发、种植稻子等农作物,它推动了中原地区农耕社会的进步和发展。

战国时期思想家孟轲《孟子·滕文公上》也记载:"当尧之时,天下犹未平,洪水横流,氾滥于天下……尧独忧之,举舜而敷治焉……禹疏九河,瀹济、漯而注诸海;决汝、汉,排淮、泗而注之江。"[3]其中"尧",指上古时期建都在三皇五帝"中央之国",即昆仑山"中土"之地的尧(垚)帝;"天下",指三皇五帝"中央之国",即"中国";"洪水",也指由郑州荥阳流经新乡、原阳、中牟、开封、杞县、兰考等地的"鸿水",也称"江水"、"鸿(洪)沟"等;"氾滥",指"氾水"泛滥。氾水发源于郑州荥阳西北氾水镇,古称"雄镇",向东流经原阳、中牟、开封、杞县、兰考等地;"九河",指黄河泛滥于下游的三皇五帝"中国"、"九州",即新乡、原阳、中牟、开封、杞县、兰考等地后,形成的多个支流,泛称"九河";"济、漯",指荥阳下游的济水、漯水。漯水,也称"漯川"、"漯河",古代读音有"湿"、"沓"等,是古黄河下游主要支流之一。唐代学者孔颖达《尚书正义》记载:"浮于济漯,达于河,从漯入济,从济入河。"其故道自黄河之北的河南武陟,经新乡、浚县、濮阳西北,至河北沧州,或山东寿光入海,后改流在黄河之南,向东流经原阳、封丘、长垣,注于山东菏泽、巨野(古称东海);"汝、汉、淮、泗",均为上古时期开封鸿水下游东部、南部的水名,与现代的汝、汉、淮、泗地理位置略有区别。

战国时期,道家学说创始人庄周《庄子·天下》记载:"昔者禹之湮洪水、决江河而通四夷九州也,名川三百,支川三千,小者无数。"[4]其中"江河",指上古

时期昆仑山南部的鸿水（也称江水、姜水）和昆仑山北部的黄河，为"四渎"之先；"四夷"，指开封炎帝后裔夷门氏及其开封以东的东夷各族，是魁隗氏、夔龙氏、后夔氏的后裔，也称"钜人"、"封人"、"防风氏"、"大人"等。"大人"氏族身材高大，善于使用弓箭。"大"人身上挎着"弓"箭，即为"夷"人。后也泛指分布在开封四方的炎黄后裔；"九州"，最早指黄河下游开封三皇五帝"中央之国"，即昆仑山、"九河"、"九江"、"九层台"地区，也是太古之帝伏羲在昆仑山（也称太一山、泰一山、泰山等）兴建"神鼎"，黄帝在荆山铸造天地人"三鼎"和大禹在九州铸造"九鼎"的地方。

对此，汉代史学家司马迁《史记·孝武本纪第十二》记载说："昔闻太帝兴神鼎一，一者一统，天地万物所系终也。黄帝作宝鼎三，象天地人也。禹受九牧之金，铸九鼎，皆烹于上帝鬼神。遭圣则兴，迁于夏商。"[5]其中太帝"神鼎一"、黄帝"宝鼎三"、禹王"九鼎"的铸造地，同在开封昆仑山，即三皇五帝"中国"的"天地之中"，也称"太一（极）山"、"釜（鼎）山"、"荆（景）山"、"塗（土、泥）山"、"宴（砚、鄢）台"等等。后世的"泰山"、"涂（菟）山"、"尼（泥）山"、"天台山"、"鲁山"、"燕（兖）山"、"天齐山"、"岐山"、"祁山"、"青丘山"、"钧台山"等地名，均由此上古文化传承而去；"夏商"本为昆仑山三皇五帝"中国"之地。

汉代淮南王刘向《淮南子·齐俗训》记载："禹之时，天下大水，禹令人民聚土积薪，择丘陵而处之。"《淮南子·本经训》还记载："共工振滔洪水以薄空桑。"[6]其中"禹"，指尧帝、舜帝之时治理开封浪荡渠，即洪（鸿）水的大禹；"共工"，指颛顼帝时期居住在新乡辉县共工城，治理昆仑山西北和南部鸿水的共工氏族；"空桑"，指开封古陈留炎帝帝都空桑，是鸿水流经之地。

共工是一位治水的传奇人物。战国前期郑国圃田人、道家思想代表人物列御寇《列子·汤问》记载："共工氏与颛顼争为帝，怒而触不周之山，折天柱，绝地维，故天倾西北，日月星辰就焉；地不满东南，故百川水潦归焉。"[7]其中"颛顼"，为黄帝之孙，昌意的儿子，初封之地在开封杞县高阳镇，故称"高阳氏"，称帝后迁徙到濮阳西南一带；"不周之山"，指昆仑山三层台西北鸿水流入"中国"之地，在今开封西北、中牟东北青谷堆西北部的鸿水、汴水故道一带；"天倾西北"，在太极后天八卦中西北方为"乾"，代表天、父，指黄河之天水由西北方向而来；"地不满东南"的"不满"，是指颛顼时期开封东南方的杞县、兰考一线由于地带断裂造成的土地下陷现象。在太极后天八卦中东南方为"巽"，代表"木、风"和"下部"，指黄河之天水由西北方流入东南方。这里对于洪水泛滥的三皇五帝"中国"而言，是一个吉利方位，具有顺势而行的象征意义，是百川之水归顺的地方。

此外,先秦古籍《山海经》等史典对于尧、舜、禹时期发生洪(鸿)水的时间、地点也有粗略记载。从诸多史典分析来看,尧、舜、禹同居昆仑山"中国"一地。尧、舜、禹之前发生洪(鸿)水的情况较多,主要在女娲氏、高阳氏、共工氏、陶唐氏、有虞氏、有姒氏等时期。尽管史典中关于尧、舜、禹之前洪(鸿)水的记载未必完全可信,但从史前时期气候变化分析来看,洪(鸿)水在黄河下游的开封一带不断泛滥却是一个基本的客观事实。直到元、明、清时期,黄河泛滥的地域仍以开封为中心。

最新地理气象资料研究表明,距今1万年前直到现在,全球气候变化呈现出温暖湿润与寒冷干燥交替出现的状态。在全新世的最初2000年间,全球气候由寒冷干燥逐渐转为温暖湿润,随后全球气候便进入温暖湿润期(距今约8000～3000年)。在仰韶温暖期(全新世中期)年平均温度比现代高2℃～3℃,气候带比现在稍向北偏移,北纬34～35度之间的开封、郑州、登封、洛阳、西安、岐山一线,最适合华夏民族生存,是华夏民族选择居住的最佳地域。但是,只有夏至午时用8尺圭表准确测得投影1.5尺的地方,才是三皇五帝"中央之国"真正的"地之中"。

新石器时代温暖湿润气候的出现和持续存在,为原始农业的开发和整个社会的进步提供了历史机遇。气候温暖、降雨量增多、冰山融化、海平面上升等带来了各种洪水灾害的发生。所以,战国时期孟轲在《孟子》中记载:"当尧之时,水逆行,泛滥于中国。""中国"就是三皇五帝治理的"中央之国",即"天下"。因此,汉代刘向在《淮南子·齐俗训》中记载说:"禹之时,天下大水。"可见,"天下大水"就是指三皇五帝"中国"发生的洪(鸿)水灾害。

尧、舜、禹时期发生洪(鸿)水灾害是符合历史实际的。而这一时期,我国继续处于温暖湿润期和降雨量较多的气候下,导致冰山融化使海水上涨倒灌内陆,"海侵"现象出现,而河水也滞留在黄河下游,无法向下游的大海排泄,这是造成洪(鸿)水频繁地发生在黄河下游冲积平原开封一带的根本原因。加之华夏先民部落选址多在黄土高原以东的黄河下游,居住在海水、河水汇聚的土岗、土台、土阜、土丘之上,自然就造成尧、舜、禹时期的"中央之国(中国)"地区无法避免洪(鸿)水灾害的频繁侵袭。

为此,先秦史典中对这个时期开封一带发生洪(鸿)水的记载是可信的。地理气象考古证据也说明,尧、舜、禹时期大洪(鸿)水发生与我国气候的变迁状况是相互一致的,洪(鸿)水灾害是真实存在的。

二、"洪荒"之地是华夏文明发源的"伊洛"流域

开封华夏历史文明研究表明,上古时期开封一带的三皇五帝"中国",就是"太极八卦"学说的产生地,是盘古开天地的"鸿蒙、洪荒"之时,是昆仑山列位神仙居住的"赤县、神州",是接近于太阳南北回归线中间的"地之中",是先秦古籍《山海经》中记载的"大荒之中"[8],也是上古时期"四渎"环绕、"四岳"耸立、"四海"之内、"四帝"护卫以及黄河、济水经常泛滥的开封之地。

在上古时期"中国"发生洪水灾害的诸多史典记载中,尽管彼此之间存在一些差异,但从综合分析来看,彼此又有许多共同之处。洪(鸿)水发生的史典记载和神话传说,可以使我们由表及里地发现一些客观真实的华夏人文历史渊源。

应该承认,洪(鸿)水泛滥所造成灾害是显而易见的,它使得华夏先民的农业生产和定居生活遭到严重破坏。但另一方面也说明,地处黄河下游首端的开封三皇五帝"中国",当时已发展到农耕定居生活阶段,氏族部落大规模的迁徙活动已不是"中国"正常情况下的生活习俗。上古时期发生(鸿)洪水、治理洪(鸿)水的过程,也反映出华夏先民此时已处于原始农业形成、发展阶段,并与稳定的定居生活相向而行。当然,我们也不能否认当时仍然存在着部族迁徙行为。但是,那不过是氏族斗争、部落繁衍、自然灾害等因素带来的副产品,并不改变三皇五帝定居开封"中国"基本历史事实。此时的华夏民族,经过漫长的采集渔猎,逐步过渡到以农耕、畜牧为主的原始农业和以家庭为中心的农耕社会。

中原东部地区,是上古时期农业最早的种植开发区,至今新乡、原阳、中牟、开封沿线仍然传承着种植优良稻米的习俗,与史典记载后稷开发农耕的地理环境也是一致的,而夏代历法在这一地区至今仍然十分准确和灵验。尽管有史料记载早在八千年之前,南方之地就发现有种植稻谷的历史遗存,但是,这种稻谷的存在与华夏人文意义上的稻谷是有区别的。从战国时期思想家孟轲《孟子·滕文公》中可以看到,由于尧、舜之时洪(鸿)水泛滥于"中国",造成上古时期新乡、原阳、中牟、开封鸿水流域的水稻等农作物种植区内"五谷不登"、"民无所定"。经过大禹有效治理原阳、封丘一带的禹堤(济水)和开封一带的浪荡渠(鸿沟),"然后中国可得而食也","然后人得平土而居之"。黄河下游的禹堤、浪荡渠记载着大禹治水、后稷开发"五谷"的丰功伟绩。

在这一时期,由温暖湿润气候所引发的频繁洪(鸿)水灾害,对于农业生产

和华夏原始聚落的破坏是巨大的,这给三皇五帝"中国"华夏先民们留下了前所未有的深刻记忆,以至于史典、传说、地理、遗存等人文历史同时代代相传,至今不绝。这在一定程度上也折射出华夏文明起源与形成的艰难发展历程。

一般认为,国家形成之时就是文明社会的真正到来之时。华夏民族在经历新石器时期漫长的发展之后,国家的真正形成是在奴隶社会时期夏代启王的"家天下"之时。而开封老丘200多年的夏杼六世王都,就是夏代发展鼎盛时期的最好证明,也是华夏人文历史发源于黄河下游开封一带的重要依据。

国家的起源与形成,自然会受到自然环境的重大影响,尤其是距今约8000年以来温暖湿润的气候条件,为华夏先民的社会进步提供了适宜生存、繁殖和发展的自然环境。气候变暖,正是原始农业开发的创始阶段。仓颉造字和原始农业在黄河下游开封地区的出现,可视为华夏文明起源的两个重要标志。伏羲时期的符号文字被仓颉时期的象形文字代替,是人类文明的一大进步,它使文化得以用文字来进行传承。仓颉象形文字是华夏先民最初记载文明起源的原始方法,也是史典记载文明起源最原始的人文信息。

仓颉象形字《仓颉书》,出现于上古时期"河图洛书"、"伊洛之水"文化发源之地的开封。当时,三皇五帝的"中国"正处在上古时期洪水灾害发生之时。到了尧、舜、禹时期,洪水灾害依然频繁发生,伴随着史前社会的飞跃式发展,导致了夏代国家、王朝在开封老丘一带建都约185年甚或217年之久,"中国"社会形态最终迈入了具有阶级对立性质的奴隶制文明社会。

尧、舜、禹时期关于洪(鸿)水发生的史典记载和神话传说蕴涵有丰富的华夏人文历史内容,同时也展现出华夏文明社会的巨大变化。气候变迁导致的史前洪(鸿)水泛滥,与华夏文明起源和形成的历史进程具有互为关联的主客观渊源。可以毫不含糊地说,华夏民族关于洪(鸿)水泛滥和治理的人文遗传,是华夏先民对自己人文历史的一种记忆和华夏文化的一种传承。它将自然与人文交织糅合在一起,具有上古时期真实的历史背景,是传承华夏人文历史起源、形成信息的特殊记载形式。

三、"伊洛"之水最早流经黄河下游的"中国"

黄河在孟津、荥阳以下地区形成了巨大的冲积扇,扇的北缘向东北直逼河北、鲁西南的山地丘陵,扇的南缘向东南直冲皖西北的丘陵平原。黄河冲积扇中轴东部的原阳东南、中牟东北、封丘、开封、古陈留、杞县、兰考一带为郑州邙山余脉,地势较高,但海拔高度低于郑州30～60米,这里是华北平原上的"分水脊",并将淮河、海河两大水系分隔南北。

这里正是我们认为上古时期的开封昆仑山、三皇五帝"中央之国"所在地,也是伊水、洛水的最早发源和流经之地。因此,昆仑山"天地之中"、三皇五帝"中央之国"不在黄河中游中端陕西东北洛水或末端的河南洛阳洛水及登封阳城一带。

上古时期以来,黄河频繁变迁,北至河北、山东、天津,南及安徽、江苏北部的广大三角地区遍受河水变迁的影响。黄河冲积扇以南的淮河平原,河、湖较密,曾为黄河泛道。黄河冲积扇以北的海河平原地貌差异明显,多有不同时期堆叠的河流沉积物。自黄河下游南、北冲积扇的轴心荥阳以东,至山东曹县以西之间为黄河泛流的主要受灾区,也是上古时期的"天地之中"。

渤海湾沿岸为低平的海积一冲积平原,海拔多在 5 米以下,多有以贝壳堤及其他海相沉积物为标志的古海岸线遗迹,这表明这一地区数千年前曾为海水所浸,一度倒灌黄河下游首端、三皇五帝居住地的开封地区,开封一带的海侵和河水滞留现象由此而引起。

正像三皇五帝的人文历史传承途径一样,黄河中游的伊水、洛水文化是对黄河下游伊水、洛水文化传承的结果。尽管彼此之间在人文、地理、史典、遗存等方面存在着很多的一致性,但是,经过深入研究分析之后,仍然会发现他们彼此之间依然存在着很多根本性的差异。

正是黄河中、下游伊水、洛水文化的相互差异,才为我们找回华夏民族的发源之地带来了希望。下面就分别讲述一下黄河中、下游伊水、洛水文化的具体差异。

1. 黄河中、下游伊水、洛水的发源不同

由于河洛文化传承的地域十分广泛,目前国内以伊水、洛水命名的人文地名较多,仅在黄河中游地区就有两个较大的洛水系统。

一个是黄河中游中端的陕西洛水。它发源于延安府西北,向西南流入黄河。此地不见有伊水的记载,说明其对上古时期东部"中土"伊水、洛水的文化传承并不完整。陕西黄陵县桥山的黄帝陵大致建于秦汉时期。秦始皇统一六国后称作"黄帝陵",汉朝初期在桥山西麓建起"轩辕庙"。这里的洛(雒)川、洛(雒)水、桥(蟜)山、沮(钜)水、防风氏巨人脚印、黄帝陵等地名文化,在上古时期的开封、封丘周边一带都有记载,也是对上古时期开封一带华夏"中土"地理文化传承的结果。因此,黄陵县桥山黄帝陵的地名文化,不是上古时期华夏先民"中土(国)"、伊水、洛水、桥(蟜)山、沮(钜)水、黄帝氏族的原始发源地。

第十三章 试论开封、洛阳伊水、洛水文化的根本区别

另一个是黄河中游末端洛阳的伊水、洛水。这里的伊水发源于洛阳西南部熊耳山南麓的栾川县,与洛水并流,流经嵩县、伊川,穿伊阙而入洛阳东南,东北至偃师南注入洛水。这里的洛水,发源于陕西的洛南冢岭山,东北流经洛宁、宜阳、洛阳、偃师南后,与伊水汇合,从巩义北部留入黄河。

由于洛阳的伊水、洛水没有长距离、高落差地流经黄土高原,所以与泥沙浑浊的黄河相比,水质较为清净,并且自西南向西北流入黄河。

黄河下游首端的开封一带,自上古时期就有伊水、洛水的地名存在。这里的伊水与洛水上游,为彼此交叉的黄河、济水,流经中牟东北部昆仑山三层台、开封北部的黄帝帝都轩辕楼(山、丘)南部、南北神岗之间、杜良乡国度里(夏杼王都老丘),东南又流向八里湾伊庄、圈章村、杞县阳堌南,经过阳堌东部的龙门后与洛水相接。洛水,也称"洛架水",又是自开封西北方向的原阳、封丘一带流向开封东南杞县北部的"曲洛"水。

对此,战国时期魏国《穆天子传·卷五》记载说:周穆王"东游于黄泽,宿于曲洛。废□使宫乐谣,曰:黄之池,其马喷沙,皇人威仪。黄之泽,其马喷玉,皇人受谷"。[9]对于"黄之池"、"黄之泽",封丘当地明清史料认为是指封丘和开封之间的古"黄池",西周穆王曾游于此地。据《封丘县志》记载:穆"天子东游于黄泽。歌曰:黄之池,其马喷沙,黄之泽,其马喷玉"。[10]这与战国时期《穆天子传》的记载完全一致。"曲洛",就是"黄泽"西北附近流向开封"洛水"的转弯处,今为封丘荆隆宫乡洛寨村。"洛水"承接伊水、浪荡渠、鸿水、汳(汴)水、陂水,东南流入于睢水、淮水,东北流入濩水、泗水。开封八里湾河道九曲十八弯,地势平衍,伊水下行流速缓慢,被称作"伊阙"、"伊圈"、"圈章"。大禹曾在伊水(现称圈章河)下游的土阜高台上,开挖"龙门",引伊水、浪荡渠、鸿水、汳(汴)水、陂水快速流入下游的濩水、睢水、淮水,使泛滥于开封三皇五帝"中国"的洪(鸿)水得到了治理。

关于"圈章"之"圈",宋代学者罗泌《路史·卷二十六》记载:"卷,即圈。陈留传云:'圈氏,本出其国。'"[11]"其国",就是指古"陈留国",后来圈氏文化传承到了原阳原武西北七里的古"卷"城,即"圈"城。据《河南通志》和康熙三十九年(公元1700年)《陈留县志》记载:"伊水(现称圈章河),(陈留)县东北二十里,环绕伊尹故里。"[12]"伊尹"为商代元圣,出生在开封古陈留"空桑"、"伊水"。伊氏后人居住的伊庄就是伊尹生长的故里,古代的伊庄周围被伊水环抱。流经伊庄的伊水与东部下游的龙门、洛水相接。

因为开封一带伊水、洛水源自黄河、济水,所以水的浊与清取决于上游水源。如果是黄河发水,则伊水、洛水是较为浑浊之水;如果是济水发水,则伊

水、洛水是较为清净之水。因此，开封之水有"黄（浊）河（沟）"、"清（若、弱）水"之分，开封之地"黄沟"、"清水"等水名也由此而来。由于济水自济源发源后三隐三现，又称"泉水"。"泉水"之"泉"字上下拆开后，也可称作"白水"，也就是流经河南原阳、封丘、开封境内"白沟"、"翟（狄）沟"、"湛渠"之水，下游与开封东南部的伊水相通。

据先秦古籍《山海经·西次三经》记载"灌举之山，洛水出焉"。"洛水出焉，东注于江，其中多雄黄，其兽多虎豹"。"泰冒之山，其阳多金，其阴多铁。洛水出焉，东流注于河，其中多藻玉，多白蛇"。此书关于"洛水"流向和地理方位的描述，与杞县阳堌南"鸿水（沟）"（即"江水"）流经之地的"铁岗"、东部获水的地理位置相吻合。其实，上古时期的伊水、洛水应同指一地之水，不同时期名称不同。

2. 黄河中、下游伊水、洛水所在"五行"方位不同

黄河中游末端洛阳一带的伊水、洛水，在登封嵩山，即所谓"昆仑山"、三皇五帝"天地之中"的西南部，与"太极五行"、"河图洛书"学说并无方位之间的必然关联，嵩山"西南部"甚至不符合帝王建都在"五行""中、土、黄"，即"天地之中"、"河图洛书"学说中规定的基本方位原则。这至少可以说明，洛阳一带的伊水、洛水，最早不是按照"太极五行"、"河图洛书"理论学说而得的地名，只不过是西周时期参照周朝"天地之中"测量结果，并由东部殷商"顽民"传承而来的"伊水、洛水"地名而已，不然不会与"太极五行"、"河图洛书"地理学说两不相照，更不会缺少"太极五行"、"河图洛书"理论的实质性内涵。

从实际情况来看，洛阳的伊水、洛水远离登封阳城所谓的嵩山"天地之中"，而且地势低于登封阳城、嵩山。一旦鸿水泛滥，伊水、洛水会直接、迅速地排泄到东北部的黄河之中，不至于对登封嵩山所谓的三皇五帝"天地之中"、大禹阳城构成威胁。

而黄河下游首端开封一带的伊水、洛水，因地处原阳、中牟、开封、陈留、杞县，即"昆仑山"地区，且由西北向东南全程流过，而横穿三皇五帝"天地之中"，即"中国"核心之地。这与"太极五行"、"河图洛书"西北方"乾"位的"新洛宫"、东南方"巽"位的"阴洛宫"的方位走向相吻合。这里的伊水、洛水在地理上处于"九河"分布的开封之地，是上古时期黄河经常泛滥三皇五帝"中国"，即"天地之中"的黄泛区。

3. 洛阳、开封伊水、洛水所处黄河地域不同

洛阳的伊水、洛水地处黄河中游，其地质特点与黄土高原上坡高沟深的地

理地貌很相像,接近于黄土高原的地质环境。当洪水到来之时,具有涨落快、流速急、洪峰高、历时短等特点。由于黄土高原的河流落差较大,且夹裹着大量黄土泥沙,每当洪水经大沟汇入黄河时,一直咆哮奔腾着流向河南孟津东部的开封下游地区,一般不会在黄河中游造成洪水流速缓慢或滞留的情况发生。居住在大沟之上黄土高坡的华夏先民,一般也不会遭受黄河泛滥的水灾之苦。

而开封的伊水、洛水因地处黄河下游,其地理地貌特征与黄土高原上坡高沟深的地理地貌相差很大。这里的岗、台、阜、丘一般较低,高的不过百余米,低的不过几十米。即便是地势最高的昆仑山三层台,海拔高度也不会到达200米,开封海拔高度在60米,整个地势低洼平缓。江、河、沟、渠之水受岗、台、阜、丘地势影响,不得不环弯绕行,流速较慢。一旦洪水到来之时,这里的河流因落差较小,夹裹着大量泥沙的河水流动缓慢,加上这里的岗、台、阜、丘多为土质结构,一旦坍塌就会造成河水堰塞,无法向下游排泄,极容易导致上游的水位上升,洪水灾害也会随之而发生,华夏先民遭受黄河、济水泛滥的水灾之苦无法避免。

4. 黄河中、下游伊水、洛水的地质状况不同

黄河中游洛阳一带伊水、洛水的地质环境条件复杂、地形地貌类型多样,地貌基本分为西南部山地地貌、东北部黄土丘陵地貌、川区平原地貌三大类。从西南到东北依次分布着中山、低山、丘陵、河谷与冲积平原等不同类型的地貌特征。海拔高度从2215.5米到112.8米不等,落差达2000余米。伊水、洛水从高山峡谷中飞流直下,一路狂奔,注入洛阳东北的黄河之中。

因此,洛阳一带的伊水、洛水自西南向东北而流的客观地理环境,是上古时期自然形成,人力无法改变的客观事实。但是,洛阳一带伊水、洛水的这种流向,与明代命理学家余春台《穷通宝鉴·五行总论·论水》中关于古代中国"天倾西北,亥(西北方)为出水之方,地陷东南,辰(东南方)为纳水之府"[13]地理方位和水流方向的解释,是完全背离的。

关于三皇五帝"中央之国"之水的流向问题,古人在史典中也是有定性说法的。如汉代刘向《淮南子》记载:"昔者,共工与颛顼争为帝,怒而触不周之山,天柱折,地维绝。天倾西北,故日月星辰移焉;地不满东南,故水潦尘埃归焉。"大意是说,上古时期共工与颛顼争夺部落首领,共工在大战中惨败后,愤怒地用头撞击三皇五帝昆仑地区的"不周之山",支撑着天的柱子折断了,拴系着大地的绳索也断了,结果三皇五帝"中央之国"的天开始向西北方向倾斜,日、月、星、辰也都向西北方向移动了;大地的东南角陷塌了。所以,江河积水

泥沙都自西北"天"水之位而出,并向东南"地"陷之位而流。

而黄河下游首端开封的伊水、洛水正是自西北方向的荥阳、原阳、中牟流到开封,再流入东南方向的陈留、杞县、淮阳,与"太极五行"、"河图洛书"和史典记载的流向完全一致。

这种记载,正是对"太极五行"、"河图洛水"地理方位学说的具体展现和文化传承。

5. 昆仑"层台"地貌在伊洛流域的炎黄帝都开封

对于三皇五帝"中央之国"特殊地理环境和具体位置,汉代刘向《淮南子·本经》有记载:"舜之时,共工振滔洪水,以薄空桑。龙门未开,吕梁未发,江淮遍流,四海溟涬。民皆上丘陵,赴树木。"可见,共工氏居住、洪(鸿)水泛滥、炎帝帝都空桑、大禹治水龙门和吕梁、江(鸿)淮(雒)水流经地、四海之中、土丘阜陵之地,就是舜帝帝都、三皇五帝的"中央之国"所在地。

"空桑"之地,在开封杞县葛岗镇空桑村。这里是三皇五帝"中央之国"的东南之地,也曾经是炎帝、颛顼帝的帝都。清代学者潘振在注释先秦史籍《逸周书·尝麦解》中认为:"赤帝,指神农九世孙帝榆罔也,居空桑。"[14]战国时期秦国宰相吕不韦在《吕氏春秋·古乐》也认为:"帝颛顼生自若水,实处空桑,乃登为帝。"[15]宋代学者罗泌在《路史》中记载得尤为清楚:"(空桑)若乃伊尹之生,共工氏之所灌,则陈留矣。……故《地记》言:'空桑,南杞(县)而北陈留,各三十里,有伊尹村。'"说明"空桑"均是指现在开封杞县西部、陈留东部的空桑村之地,南距高阳氏颛顼帝的封地杞县高阳镇约10公里。

关于"龙门",是指开封杞县北部阳堌一带洛(雒)水上游的龙门,在鸿水、伊水东部的下游一带。"龙门"东部因坳陷盆地断裂而导致阶梯形下陷,"龙门"阶梯、层台的地貌由华北坳陷盆地断裂而自然形成。据北魏地理学家郦道元《水经注》记载:"陂水东合洛架口,水上承汳水,谓之洛架水,东南流入于睢水。"还记载:"汳水又东,龙门故渎出焉。(会贞按:故渎在今考城县西南)渎旧通睢水,故《西征记》曰:龙门,水名也。门北有土台,高三丈余,上方数十步。(会贞按:《环宇记》,龙门台在考城县西南十五里。戴延之《西征记》,龙门,水名也。台南渠岸有门,与台下水相连)汳水又东迳济阳考城县故城南,为获渠。"[16]其中"陂水"、"汳水"、"洛架水"、"睢水"、"获(濩)渠",古代也称"汴水"、"伊水"、"鸿水"、"江水"、"洛水"等等。由于这里因盆地断裂,"地陷东南",而形成了以龙门为界限的阶梯形层台地貌,导致龙门上游的"伊水"、"鸿水"与龙门下游的"睢水"、"获渠"、"淮水"落差很大,故有"洛水",或"洛架水"

第十三章　试论开封、洛阳伊水、洛水文化的根本区别

之称。

上古时期的"洛水"之"洛",同"雒"相通,又称"雒水"。"洛水"、"雒水"也称"淮水"。据汉代史学家司马迁《史记·卷一十一》记载:"燔雒阳东宫大殿城室。(史记)集解徐广曰:'雒',一作'淮'。"唐朝学者司马贞《史记·索隐》也记载:"雒阳汉书作'淮阳'。"鸿水、伊水、洛水、雒水、淮水、睢水、汴水流经杞县西北、北部及东北部一带,留下了数条黄河泛滥时遗留的故道遗迹,故道沙丘至今尚呈现带沟形状,这显然是洪水自西北荥阳、原阳向东南开封陈留、杞县一路冲刷的结果。

上述的"空桑"、"龙门",是上古时期炎黄二帝的"赤县神州"之地,地势自西北向东南倾斜,符合汉代刘向《淮南子》关于"天倾西北,地不满东南"记载的地理地貌特点,也是上古时期昆仑东南的"五陵(岳)"所在地。据汉代易学著作《河图括地象》记载:"昆仑东南地方五千里,名神州,中有五山,帝王居之。"[17]其中"五山",就是昆仑东南"神州"之地的"五陵"。

"五陵"的具体位置分别是:杞县县城东为"桃陵",东南为"青陵",西南为"石陵"、"翟陵",东北为"武陵"。由于黄河多次泛滥,"五陵"基本被淤没,但遗迹现在仍可分辨出来。

杞县地处黄土高原东南残丘与华北坳陷交界带,在开封坳陷地的东部,属华北坳陷盆地,为新华夏第二沉积带的组成部分。县北部阳堌"龙门"一带隐伏褶皱断裂较多,处于兰考至山东聊城大断裂带之地。杞县阳堌"龙门"以东地势断裂下陷,造成台阶型地貌,与开封西部昆仑山三层台坳陷形成的台阶型地貌相一致。

关于"吕梁"之"吕",我们认为是开封之地昆仑山"二层台"的象形字。"吕梁"之"梁",为昆仑山"二层台"丘陵上部的梁坡,也具有开封"大梁"之"梁"的本义。开封北部的轩辕丘,南部的土柏岗、土梓山(土街),东部的南、北神岗,都在昆仑山"二层台"范围之内。"二层台"、"吕梁"与中牟东北部昆仑山"三层台"一样,是华北坳陷盆地断裂形成的地理现象。但比中牟东北部的昆仑山"三层台"要少一层,自然也要略低一些。开封南部的土柏岗至土梓山(土街)、土城(岗)一带,古代称"塗(土)山"、"泥(尼)山"。东部的南、北神岗、小黄铺,古代为"塗(土)山"的"东山"。宋代学者罗泌《路史·后纪一》记载:"天皇伏羲都陈留。"宋代乐史《太平寰宇记》记载:"大梁城东三十里,汴水北五里,有黄柏山……"[18]我们认为,这一带就是黄柏氏伏羲皇都皇伯山(也称黄柏山)、有娇(蟜)氏女娲皇都平逢山(也称平台、逢山)、大禹治水吕梁、大禹妃子塗山氏女娇的居住地。

上古时期,在开封东部南、北神岗,即"二层台"、"吕梁"河道和杞县阳堌"龙门"没有开通的情况下,洪水顺着狭窄的河道向南环弯绕流,就像一道高台门阙,在陈留八里湾、杞县阳堌一带缓慢通过,导致上游开封黄帝"轩辕山"、陈留炎帝"空桑"等地河水滞留、上涨,于是水灾就发生了。大禹治水时,在开封"二层台",即"吕梁"南、北神岗之间开通、疏浚了一条河道,故称作"浚水"。又在杞县北部、阳堌南部"一层台"挖开"龙门"之后,洪水迅速向东北、东南和南方下泄,三皇五帝"中央之国"的水灾很快得到解除。这就是大禹治理洪水时的客观地理环境,后人无法将其模拟出来。

对此,汉代刘向《淮南子》还记载:"禹治鸿水,通镮辕山,化为熊。"东汉学者应劭《汉书注》也有记载:"禹治鸿水,通轩辕山,化为熊"。[19]其中"镮辕山"和"轩辕山"同义,是指开封北部约8公里的黄帝帝都轩辕楼(丘),也在大禹治理"鸿水"、"鸿沟"即"洪水"、"浪荡渠"的北部;"熊",即"黄熊",是黄帝、大禹氏族的图腾。"熊"也指"能",星官名"三能"也称"三台",是昆仑山的同义词。唐代学者陆德明《经典释文》认为:"熊亦作能,作能者胜。"[20]"熊"也指三足鳖。我国最早的训解词义专著《尔雅·释鱼》认为:"鳖,三足能。"[21]东汉著名朴素唯物主义思想家王充《论衡·是应》也认为:"鳖三足曰能。"[22]汉代史学家司马迁《史记·天官书》记载:"魁下六星,两两相比者,名曰三能。"南朝史学家裴骃《史记集解》也记载:汉末魏初学者、开封陈留人"苏林曰:能音台"。所以,"能"音读"台"(tái),非读"能"(néng)音,两字古代为通假字。《史记集解》又记载:三国时期著名史学家"韦昭曰:'三能,三公。'"人间"三公",在天上指"三阶"、"三能"、"三台"。"三台"的"上台"起"文昌","中台"对"轩辕","下台"抵"太微"。每台各二星,相距不及半度,是人间黄帝及其三公居住地"昆仑山"、"黄台"的象形。因此,黄帝为"有熊氏",本指昆仑山"黄台"、"有台氏",而不是指大型哺乳动物"狗熊"之"熊"。黄帝"有熊氏"只会居住在太极五行"中土黄"方位和昆仑山"天地之中",而不可能居住在昆仑山南部、河南新郑的祝融之墟。大禹父子去世后,均化作三足鳖"黄熊",即葬于昆仑山"黄台"。而开封大禹王都阳城(今禹王台)也建在鳖形状的平台之上。至于洛阳偃师东南的"镮辕山",不过是西周之后对开封上古时期华夏文化的一种传承而已。

宋代学者罗泌在《路史》中,也有关于黄帝"轩辕氏"居住地"轩辕山"具体方位的记载:"轩辕氏,作于空桑之北。"其中"空桑之北"的"轩辕氏",就是居住在杞县、古陈留"空桑"稍偏西北方向的开封轩辕楼(丘)黄帝氏族。

北宋张君房编撰的《云笈七签(笺)·轩辕本纪》中,对于黄帝居住和成婚之地记载得更加清楚、准确:黄"帝娶于西陵氏于大梁,曰嫘祖,为元妃,生二子"。[23]其中"大梁",为战国时期魏国国都,即开封北部的"昆仑山"、"黄台",也称"小黄城"、"轩辕楼";"嫘祖"为八世炎帝榆罔的孙女,黄帝的元妃;"西陵氏"的"西陵",指开封西部的昆仑山三层台。这里是嫘祖母系有蟜氏女娲后裔西陵氏和西王母的居住地。因昆仑山三层台地处轩辕丘二层台的西部,又高于轩辕丘二层台,而被称作"西陵"。

综上所述,开封、洛阳洛水、伊水的主要区别在于:

开封地处黄河下游的首端,是三皇五帝"中央之国"、昆仑山"河洛文化"的最早发源地。这里是舜帝下葬、夏杼王都、商汤伐夏桀的"鸣条"、"老丘"和"古莘国"之地。东部地区的山东曹县、商丘宁陵的北部,便是商汤"北亳"、柏益后裔"葛伯国"之地。开封古陈留及其东部的洛水、伊水是商汤自"北亳"、"葛伯国"出发,讨伐昆吾国、夏桀的必经之地。

而洛阳则地处黄河中游的末端,是三皇五帝"中央之国"、昆仑山"河洛文化"的衍生地。无论商汤跨越洛水、伊水,在鸣条、古莘国与夏桀决战,还是商汤建都昆仑山西亳(景亳),命伊尹在洛水下游的"濩水"之上作商代著名乐舞《大濩》,都距离洛阳之地太远了一些,而距离开封的洛水、伊水、鸣条、老丘、古莘国、景亳、濩水,则有天时、地理和人文遗存等方面的优势。至于商汤在山西"鸣条"一带讨伐夏桀,更远离昆仑山三皇五帝"中国"之地。况且洛阳、晋东南两地都缺乏完整、系统的洛水、伊水、空桑、昆仑山、轩辕山、高阳、鸿水、龙门、鸣条、古莘国、濩水等文化的全面支撑,不是缺此便是失彼,尤其缺乏昆仑地区"太极五行"、"河图洛书"、三皇五帝、"中央之国"、昆仑山地理环境、系统理论和"天地之中"文化的系统佐证。

因此,我们认为:三皇五帝"中央之国"、昆仑山地区的洛水、伊水,其地理位置应在黄河下游的开封一带。这里才是"河图洛书"文化和华夏历史文明的原始发源地。

文献来源:

[1](汉)孔安国传,(唐)孔颖达正义,黄怀信整理:《尚书正义》,上海:上海古籍出版社,2008年版。

[2](唐)李泰撰,贺次君辑校:《括地志辑校》,北京:中华书局,1980年版。

[3](战国)孟轲:《孟子》,南京:凤凰出版社,2010年版。

[4](清)王先谦集解,方勇校点:《庄子》,上海:上海古籍出版社,2013年版。

[5](汉)司马迁撰,(宋)裴骃集解,(唐)司马贞索隐,(唐)张守节正义,顾

颉刚领衔点校,赵生群主持修订:《点校本二十四史修订本〈史记〉》,北京:中华书局,2014年版。

[6](汉)刘安:《淮南子》,郑州:中州古籍出版社,2010年版。

[7](战国)列御寇:《列子》,郑州:中州古籍出版社,2010年版。

[8]方韬译注:《山海经》,北京:中华书局,2009年版。

[9]王天海译注:《穆天子传全译》,贵阳:贵州人民出版社,1997年版。

[10]封丘县志编纂委员会编:《封丘县志》,郑州:中州古籍出版社,1994年版。

[11](宋)罗泌:《路史》,北京:北京图书馆出版社,2010年版。

[12]河南通志馆编:《河南通志》,北京:国家图书馆出版社,2004年版。

[13](明)余春台:《穷通宝鉴》,北京:世界知识出版社,2011年版。

[14]黄怀信等:《逸周书汇校集注》载(清)潘振:《周书解义》,上海:上海古籍出版社,1995年版。

[15](战国)吕不韦著,(汉)高诱注:《吕氏春秋》,上海:上海古籍出版社,1989年版。

[16](北魏)郦道元著,叶当前、曹旭注评:《水经注》,南京:凤凰出版社,2011年版。

[17]《纬书集成》载《河图括地象》,石家庄:河北人民出版社,1994年版。

[18](宋)乐史:《太平寰宇记》,北京:中华书局,2007年版。

[19]闫平凡:《杨守敬〈应劭汉书注钞〉校补》,贵阳:贵州大学,2014年版。

[20](唐)陆德明撰,张一弓点校:《经典释文》,上海:上海古籍出版社,2012年版。

[21]王世伟校点:《尔雅》,上海:上海古籍出版社,2015年版。

[22](汉)王充:《论衡》,上海:上海人民出版社,1974年版。

[23]《道藏》载(唐)王瓘:《轩辕本纪》,文物出版社、上海书店、天津古籍出版社联合重新印影涵芬楼本,1988年版。

第十四章 开封昆仑"中国"与黄帝铸鼎"荆山"

在学习党的十八大精神,打造"华夏历史文明传承创新区"大背景下,大力发掘华夏历史文明发源地和昆仑山黄帝"中央之国"文化,对于寻觅中华民族家园,弘扬华夏历史文化,促进文化旅游发展,实现小康社会奋斗目标,都具有重大的现实意义和深远的历史意义。

本文意在对黄帝荆山铸造宝鼎和昆仑山"中央之国"的人文历史作进一步分析,以探索华夏历史文明发源于开封的千古之谜。

一、黄帝铸鼎和羽化升仙在开封一带的荆山

上古时期,轩辕氏黄帝铸造日、月、星三个宝鼎和羽化升仙之地在荆山。据汉代刘向《淮南子·冥览训》记载:"黄帝采首山铜,铸鼎于荆山下。"[1]其中"首山"也称"首阳山"。在古籍记载中,荆山也指盛产铜矿的天下第一神山"昆仑"。昆仑山是黄帝与炎帝氏族会盟之地,更是轩辕丘帝都"黄帝宫室",存在着"一地多名"和"多名(字)互用"的现象。

炎、黄会盟后,黄帝将荆山北部的"封钜"封给元妃嫘祖之父方雷(又称"丰雷"、"丰沮"、"丰隆"、"方山"等),后人称之为"封父国"(今封丘西南);将荆山南部"夷门山"(今开封铁塔之下)封给次妃苍林之父仓颉,后人又称之为"夷门氏"。"夷门氏"是"夷人"的先祖,进入山东、朝鲜半岛后被称作"东夷人"。

"炎黄会盟"为各民族团结、和平发展做了楷模,中华民族因万邦融合而部落联盟形成,影响深远。此后,很多帝王、国君纷纷仿效,会盟昆仑山、荆山一带,指点江山,逐鹿天下共主之位。如大禹会盟于涂山,又称"钧台"(今开封土柏岗,即"平台")、商汤会盟于西都景亳(今封丘荆隆宫,即"景山",不在河南西部)、西周穆王会盟于涂山(不在安徽涂山)。虽史料对上述的地名所在地理位

置解释不同,但均有记载。东周时期诸侯争霸荆山、夷山、轩辕丘一带,多次会盟平丘(今封丘县黄陵岗镇平街村)、范台(今开封禹王台)、黄池(今封丘荆隆宫东)、践土(今原阳西南)等地,与"炎黄会盟"昆仑山、荆山的地理方位和人文渊源一脉相承。"黄池"因是黄帝铸鼎后羽化升仙之地,古也称"羽渊",也是黄帝后裔"羽民""羽人"的最早居住地。

二、黄帝铸鼎升仙荆山的人文地理环境

荆山一带,古称昆仑山"神州",是一个四季分明、神奇奥妙的神仙居住地,又是华夏先民"鸿蒙"开封的破晓之地。荆山地处太、华、衡、常、嵩"五岳"高阜之台,江、河、淮、济"四渎"环绕之中,巨野、圃田、蓬泽、北冥"四海"拱卫之土,"太极、两仪、四象、八卦"产生之源。它东起"青龙""考父(古考城)"少阳之地的兰考阳堌、外黄,西迄"白虎""妣母(古敞城)"少阴之地的郑州东古城、祭城,两地直线绵延百余公里,是名副其实的"中条山"。又南望伊洛(鸿沟、汜水、淮水),北依漆沮(济水、沮水、太行堤),郁然深秀,气势壮观,素有"中方外圆,通达四出,太室明堂,风水宝地"之称。

黄帝铸天、地、人"三鼎"于荆山,说明荆山正是"太极八卦"理论"天中""太一"与"地中""帝一"上下对应,天、地、人合一的地方,必定在太极、昆仑、中、土、黄的发源地和"三皇五帝""中央之国"的"天地之中"。

三、关于黄帝铸鼎荆山的人文传承和判断方法

鼎,是上古时期帝王获取天下的标志,是象征帝王政权的重器。据汉代司马迁《史记》记载:上古时期"帝王所都为中,故曰中国。"又记载:"鼎之所在,国都定焉。"[2]说明三皇五帝的"中国""国都",正是"鼎之所在"地。

鼎,是宗庙铭功记绩的礼器。据东汉许慎《说文解字·鼎部》记载:"昔禹收九牧之金,铸鼎荆山之下。"[3]说明黄帝、夏禹会盟诸侯都在昆仑山荆山一地。

鼎,也是诸侯会盟用来煮食烹肉的器具"釜",故荆山又称"釜山"。古人认为,食物是上天赐给的宝物,"鼎"是装载食物的宝器,故视其为"宝鼎",以祭祀上天的恩赐。夏启大摆乐宴庆贺诸侯会盟的"钧台之享",与黄帝、夏禹会盟的荆山同在一地。开封土柏岗南北"宴台"地名由此而来,传承至今。对此,战国时期《左传·昭公四年》记载:"夏启有钧台之享,商汤有景亳之命。"[4]其中夏

初"钧台"、商初"景亳"都指开封昆仑山一地。"景亳"之"景",是上古时期观测阳夏晷(日影)长,制定历法的"观景(影)台",也称"夏台",或"景山"。又因观测晷长的"景山"在三皇五帝"天地之中",故景山又称"钧台"。商汤灭夏桀后在景山建立王都"景亳",因地处山东曹县北亳之西,故称"西亳",不可能在开封昆仑山以外地区。

其实,上古时期昆仑山的华夏先民早已记下黄帝荆山铸鼎的地理方位,并找到了测量"中央之国"、"天地之中"的具体方法。这就是,夏至之日用八尺之表测影,当正午时刻影长为"一尺五寸"之地,便是黄帝铸鼎的荆山和昆仑山"天地之中"。

西周公旦在《周礼·地官·司徒》中,传承了荆山的方位特点及测量方法,即:"以土圭之法,测土深,正日景,以求地中……日至之景,尺有五寸,谓之地中,天地之所合也,四时之所交也,风雨之所会也,阴阳之所和也,然则百物阜安,乃建王国焉。"[5]其中"地中",就是黄帝铸宝鼎、夏禹"建王国"的"天地之中",也是太极、泰一等华夏人文历史发源地。但"地中"并非自然地理位置的"地中",而是人文主观规定的"地中",是"三皇五帝"生活实践与"太极八卦"朴素唯物主义理论结合的产物。

公元724年,即唐代开元十二年四月二十三日,太史监南宫说在开封浚仪西北的岳台测量晷(日影)长一点五尺微强,极高三十四点八度;而在登封阳城测量晷长一点四八尺弱,夜视北极出地高三十四点四度。为此,唐朝抛弃了周公卜洛确定的登封阳城"周之地中",遂以开封岳台"唐之地中"取而代之。至此,昆仑山"中央之国"的"天地之中"才重新回归开封一带。

昆仑山"天地之中"所承载的人文历史,自商代末期被遗失后,一直处于各自解释的混乱状态,这是造成华夏人文历史难觅、断代的重要原因之一。由于华夏人文历史断代,商末姜子牙曾经修道的开封昆仑山遗失后被当作神话看待,至今无法与历史和现实对接。

于是,黄帝铸鼎的昆仑山之地便有了陕西黄陵,山西东南,河南灵宝、登封、新郑等诸多说法,直把原本有史料记载可作依据,用技术方法可以测量,彼此同在一地的太极、昆仑山、中、土、黄、帝(泰)一、中央之国、天地之中、荆(景、釜)山、涂(菟)山等解释得面目全非,莫衷一是。

四、炎黄会盟荆山有《仓颉书》明确记载

依据孙中山先生建立中华民国时宣布用黄帝纪年的时间计算,距今约

4800年前的农历十月十二日,黄帝在昆仑山轩辕丘一带与炎帝氏族会盟融合后,开始在轩辕丘北部的荆山铸鼎。不管这一年限考查得是否准确,但其对农历月日的记载仍值得参考。

炎帝后裔仓颉曾在开封夷门建都称帝约一百一十年,历经五世,后退位与黄帝轩辕氏融合、联姻,为黄帝史官。他创造了上古时期的象形文字《仓颉书》。北宋初期,在开封轩辕楼东南约4公里仓王庙发现的《仓颉书》,记载着炎黄氏族会盟祭典的盛况。宋徽宗时期,《仓颉书》28字被宰相蔡京注释为:"戊己甲乙,居首共友,所止列世,式气光名,左互父家,受赤水尊,戈矛釜芾。"

本人对此注释的新解是:居于中央"戊己"土方的姬氏黄帝与居于东部"甲乙"木方的姜氏仓颉帝在此聚("居")"首"会盟,结为和舟"共"济的"友"好联盟,彼此愿以"所"有行"止",为天下众("列")多氏族做"世"代楷模。在会盟祭典仪"式"上,仓颉帝为行"气"安民,长存青土神社,"光"明("名")磊落地宣告:居于东方青龙下位"左"方的仓颉氏,发誓辅佐居于右方中、土、黄上位的轩辕氏黄帝,彼此("互")同心协力治理("父")"家"邦,共创民族繁荣。黄帝接"受"了仓颉氏献出的天下"赤"县之地和江(姜水、鸿沟)、河(大沟、黄河)、济(姬水、积水)三川("水"),"尊"仓颉为帝师,愿一道共创天下太平。参加会盟的臣民兵士身着蔽膝祭服,手扶着"戈矛",对着"釜"(鼎)祭器叩首祈祷,同祝家邦昌盛,人群像小树干和灌木叶("芾")一样密集。

黄帝荆山会盟铸造釜鼎,与开封龙亭区刘庄仓颉帝都夷门发现的《仓颉书》同在轩辕楼近地。王育民《中国历史地理概论》中所引用的金代诗人李汾"夷门自古帝王州"[6]名句,其深刻含义应在于此。

五、黄帝母系、成婚、铸鼎、升仙均在开封昆仑山

由于炎帝、黄帝的母系氏族同为女娲有蟜氏,根据黄帝时代母系社会向父系社会转化,儿子被封在母系领地的通常做法,黄帝也受封建都于开封昆仑山母系有蟜氏的轩辕楼。"轩辕楼"是汉代司马迁《史记·封禅书》记载的昆仑山黄帝"五城十二楼"[7]之一。

据清代陈廷炜《姓氏考略·柏姓》记载:"柏皇氏住在皇柏山上(皇伯山,今河南陈留),因此他的子孙后代就以先祖居地名称为姓氏,称柏氏。"[8]其中"柏",又读"伯"、"亳",古代与"繁(婆)"、"蒲"、"薄"、"溥"、"蕃"、"博"等音近互通。

古文献与古文字资料中的"亳"有两种用法:一是用作对社神的称呼,如

"亳社",又可称为"蒲社"、"薄社"等;一是用作对古都邑或宗邑的称呼,如"亳都",又可称为"蒲都"、"薄都"等。"亳"的异文很多,"柏"、"伯"、"繁(婆)"、"蒲"、"薄"、"溥"、"蕃"、"博"等。缓读则为双声联绵词,有"薄姑"、"蒲姑"、"番吾"、"盘瓠"、"盘古"、"扶(夫)余"等。东夷部族、殷商子嗣后裔都以亳土分封,把封地称为"亳",异文为蒲、蕃、盘,音转而为薄姑、蒲姑、番吾、盘古等。

周武王灭商后,殷人后裔比较集中的姬姓诸侯,均建有亳社。开封"繁(Pó 音婆)台"之名,源于殷商氏族的"繁"姓,就是西周灭亡殷商之后,封给卫国的殷商七姓遗民之一,后来很多"繁"姓都改为薄、蒲、潘、范等姓。繁台之"繁",音"蒲",因古代台北有牧泽,泽中盛产兰蒲(故牧泽北称兰台)而得名,也称"蒲关泽"。清末民初著名历史地理学家杨守敬《水经注疏·卷二十二》记载:"吹台,(会贞按:《类聚》六十二引《陈留风俗传》同。《御览》一百八十七引《郡国志》吹台,苍颉师子野所造)北有牧泽,(会贞按:《御览》引《郡国志》作西有牧泽,证以下层台孤立于牧泽之右,则作西是也。《一统志》,凝碧池在祥符县江南平台侧,唐牧泽也。宋真宗时凿为池,今淤。所云唐牧泽,殆即此牧泽故欤?)中出兰蒲,(戴中上增泽字)上多俊髦,(赵上改土,全改同。会贞按:《御览》一百八十三引《郡国志》汴州下有土多髦俊之文,此似当作士,然句与上下词意不贯,疑尚有脱误。)衿带牧泽,方一十五里,俗谓之蒲关泽,即谓此矣。梁王增筑以为吹台,(会贞按:此承上吹台言,因梁王增筑,故又谓之梁王吹台)城隍夷灭,略存故迹。今层台孤立于牧泽之右矣。"[9]这说明,繁台之"繁"音"蒲",与繁台东北部的"蒲关泽"盛产"兰蒲"相关。

近代以来,许多国内学者多以为中华民族创世主神盘古,与南蛮始祖盘瓠同为一人,只是传承的名称有所不同而已。笔者认为,此说是正确的,因为其一,在古代传说中,盘瓠虽说是南蛮始祖,但也是华夏民族的创世之神盘古,而盘瓠、盘古均是指肇始华夏文明,即太极八卦文化的始祖伏羲,又称"太一"、"泰一"等;其二,盘瓠是南蛮始祖,而南蛮先祖实际上也是自中原迁徙到南方的蛮越人、百越人、荆楚人等。因此,盘瓠也源于中原的创世之神盘古,即伏羲。

此外,昆仑山也称"县圃",又称"玄圃"、"玄蒲"、"弦蒲"、"悬圃"、"昆圃"、"昆吾"、"昆阆"、"阆苑"等。"阆苑"之"阆",读"浪",或"茛"、"梁","阆苑"也称"梁苑",汉代开封古"梁园"。

"县圃",即"悬圃",在昆仑山之上,传说为神仙所居之地。对此,西汉淮南王刘安《淮南子·地形训》记载:"昆仑之丘,或上倍之,是谓凉风之山,登之而不死。或上倍之,是谓悬圃,登之乃灵,能使风雨。或上倍之,乃维上天,登之乃神,是谓太帝之居。"[10]这里的"悬圃"即"玄圃"。又记载:"禹乃以息土填洪水以为名山,掘昆仑虚以下地,中有增城九重,其高万一千里百一十四步二尺六寸。"这说明,大禹所治的洪(鸿)水,即"蒗荡渠",在昆仑山地区的低洼之地,也就是"悬圃"、"玄圃"、"阆苑"、"梁园"之地。而"梁园"就是战国时期的魏国大梁、汉代的梁国国都之地。

战国时期魏国大梁人编撰的《穆天子传》中认为,昆仑山"玄圃"是西王母与西周穆王相会之地。可惜受西周文化的影响,书中把周穆王东巡魏国大梁当地的昆仑山,误认为西部青藏高原的昆仑山了。对于昆仑山"玄圃",西汉著名文学家东方朔在《海内十洲记》中也记载:"昆崚丘,昆仑山也。在西海之戌(五行'中、土'方位)地,北海之亥(五行'北、水'方位)地……积石圃南头,昔西王母告周穆王云,去咸阳四十六万里,山高平地三万六千里,上有三角,面方,广万里,形如偃盆,下狭上广。故曰昆仑山有三角。其一角正北,干辰星之辉,名曰阆风巅;其一角正西,名曰玄圃台;其一角正东,名曰昆仑宫。"(见下图)[11]这里的"积石圃",为昆仑山西北部河水与鸿水、蒗荡水、汴渠(河)分流处的河洲高地。

五行	木		火		土		金		水	
	陽木	陰木	陽火	陰火	陽土	陰土	陽金	陰金	陽水	陰水
天干	甲	乙	丙	丁	戊	己	庚	辛	壬	癸
地支	寅	卯	午	巳	辰戌	丑未	申	酉	子	亥
八卦	震	巽	离		艮	坤	乾	兑	坎	

昆仑山西海"戌"地、北海"亥"地对应五行、地支图

中原之地的昆仑山对应太极五行为"中、土"(见下图。),实际上也为土阜之山,并不产石头,即便上古时期这里盛产玉石,也是由黄河上游青藏高原冲刷、滞留而来,被称作"水精"、"土精"。华夏原始先民对"女娲炼制五色石补天"之说十分崇拜,视石头为土精,用以筑坝治水。因此,"积石"之地本为上古时期华夏先民筑坝治水之处。女娲被描绘成具有炼土成石、补天漏水和抟土造人的神奇本领,也具有以"五色石"筑坝治水的本质含义。

"积石圃"中的"积石",是自黄河上游青藏高原经过万年以上时间冲刷下来,并滞留在河道转弯处的河石,故称"积石",其中也含有"玉石"。直到公元69年,东汉著名水利工程专家王景治河以后,还曾利用荥阳、原阳之间的"积石",垒成石门,作为治水的堤堰,"积石"垒成的"石门"也称"浚仪渠口",使浚仪渠逐渐变成维系黄淮间漕运的骨干水道。"积石圃"的南部,就是女娲母系部落的后裔西王母居住的昆仑山"玄圃台",今在中牟东北、开封西北的青谷堆、太平堤一带,是鸿水、漉荡水、汴渠(河)、浚仪渠自西北荥阳、原阳流向东南开封、杞县的必经之地。

昆仑山不但是中国神话的诞生地,也是中国宗教的诞生地。老子见到周朝日益衰微,便一面在昆仑山西部的周朝国学府中牟圃田教学;一面在中牟东部的昆仑山求道传经,寻求救世良方,最终在西出函谷关之前写下了著名的《道德经》。因此,昆仑山被道教奉为神仙所居之地,也是老子求道、得道、传道的仙山。神话传说的昆仑山有三层(曾):曾(增、层)城、悬(县、玄)圃、阆(漉、梁)风。唐朝文学家柳宗元的诗文中也提到:"增城、悬圃、阆风,昆仑之山三重也。"三重,就是三层、三成、三曾的意思。曾城是三层之中最上一层,也称"层城",或"天庭",是太一帝伏羲居住的太一山、泰山、太岳之地,又称"昆仑宫",或"宫室"。西王母是伏羲与女娲后裔中的女系部落首领,一直传承到汉代不绝。

柏皇氏居住的"皇柏山'又称"皇伯山"、"亳台"、"繁台"等,便是柏皇氏伏羲和有蟜氏女娲夫妇(也称兄妹)共同居住的皇都,即"太一山"、"泰山"、"太岳"之地。据宋代乐史《太平寰宇记·卷一》记载:"大梁城东三十里,汴水北五里,有黄柏山陈元方祖父墓二十区,有碑存。"[12]东汉道德家"陈元方祖父"墓地开封古陈留"黄柏山",与黄柏氏伏羲皇都皇伯山同地,大致在开封土柏岗、南北神岗、小黄铺西部一带,也在昆仑山,即太一山的东部一带。

商汤西都"景亳"之"亳",由"柏皇氏"之"柏(伯)"传承而来,商汤自然也是柏皇氏伏羲、女娲、黄帝、帝喾、阙伯(契)、舜帝、商君的后裔。

先秦古籍《山海经·中山经》也记载:"有神焉,其状如人而二首,名曰骄(蟜)虫,是为螫虫,实唯蜂蜜之庐。"[13]东晋著名学者郭璞注释:"言群蜂之所集舍。蜜,赤蜂名。"这说明有蟜氏女娲以"蟜"为图腾,所居住的蟜(乔)山就是汉代《史记》记载的"黄帝崩,葬桥(蟜)山"之地,但其地不在陕西黄陵桥山,而在中原开封伏羲、女娲之都"桥(蟜)山",今为封丘古"陈桥"之地,与天象紫微垣中的皇后"勾陈"星宿对应。由于"蟜"是指"蜂",故有蟜氏之"蟜"图腾的具体象形为"蜂"。因蟜与蜂、封、逢、蓬、逢等字相通互用,蟜山又称"逢(封、蜂、蓬、逢)山";逢山一带的池、泽又称"逢(封、蜂、蓬、逢)泽(池)"。

蟜山在开封逢泽之阳(北),汉代仍然方圆三十余里,又称"梁(菟、涂)园",上古时期所指范围更大。皇柏山、蟜山、轩辕楼、涂山、土柏岗、夷山、宴台、南北神岗、禹王（繁、亳、伯）台等均在其中，是大禹的王都阳城和妃子涂山氏女娇的居住地。宋代学者王应麟在《通鉴地理·通释》中认为："夏（禹）后居阳城，本在大梁之南，今陈留浚仪也。"[14]

这里曾是夏代防风氏的"封父"国，西周称"长狄（翟、丘）"，春秋称"仪"邑，战国称"大梁"，汉代称"浚仪"。唐代王瓘在《广黄帝本行纪》中也记载：黄"帝娶西陵氏于大梁，曰嫘祖，为元妃"。[15]"西陵氏"，因有蟜氏西王母居住开封轩辕丘西部而得名。

黄帝采铜于首（阳）山，铸鼎于荆山，大致在农历"冬至"日（一说农历八月十六日）铸鼎成功，便羽化升仙于荆山黄池之阳（南）。尧舜时期，昆吾氏许由的后裔将荆山历史文化传播到南方，形成了荆楚文化，就像中土荆山的冀、齐、鲁人文历史传播北方、东方，形成中冀、天齐、夷鲁、虞吴等文化一样。大臣左彻为黄帝建衣冠陵宫，用木材削成黄帝像，供奉在神庙内祭祀，人称"荆隆宫"，或"景隆宫"、"景龙宫"、"金龙宫"等，与宋代开封北门之一的"景隆门"对应。后世多建"景隆门"、"景山"于皇城北部，其人文传承均受上古时期黄帝祭祀文化影响。黄帝按照东鼎祭日天，西鼎祭月地，南鼎祭星人的"五行"理论铸造三鼎，并在景（荆）山建东大宫、西大宫、南大宫相配置。后世将其传承为天坛、地坛、社稷坛（太庙）祭祀。

至今开封轩辕丘（楼）北部约6公里的封丘古黄池（也称鼎湖、雷池、丰泽）一带，仍有上古人祭祀黄帝升仙的荆隆宫、金龙口、东大宫、西大宫、南大宫等地名存在。"三大宫"在封丘荆隆宫东南直线距离约4公里处，按名称方位呈等腰倒三角形分布，东、西大宫与南大宫相距约500米，东、西大宫相距约1000米。郑州、长垣的"祭城"文化，由"祭祀"黄帝文化传承而来。

最近，从河南某大学传来"在开封、中牟昆仑山核心地区发现仰韶文化遗址"的消息。仰韶文化距今时间在7000～5000年之间，与伏羲、女娲、炎黄时期人文历史是吻合的。尽管这一结果早在预料之中，却也令人振奋，值得夏商周断代工程的研究者们以山西东南部和河南西部为华夏历史文明发掘重点的做法进行认真反思。它同时向世人表明，黄帝作为华夏民族的"人文始祖"，数千年以来仍然被开封昆仑山黄帝故都一带的炎黄子孙铭记和传承着。

华夏人文历史、地理名称传承的时间久远和准确的程度，真可谓是天下一大奇观。

参考文献：

[1]（汉）刘安：《淮南子》，郑州：中州古籍出版社，2010年版。

[2]《史记·三家注释版》,上海:上海古籍出版社,1997年版。

[3](东汉)许慎:《说文解字》,北京:中华书局,2004年版。

[4]李楠主编:《四书五经·左传》,北京:北京燕山出版社,2006年版。

[5](周)周公旦、吕友仁译注:《周礼译注》,郑州:中州古籍出版社,2004年版。

[6]王育民:《中国历史地理概论》,北京:人民教育出版社,1988年版。

[7]《史记·三家注释版》,上海:上海古籍出版社,1997年版。

[8](清)陈廷炜撰:《姓氏考略》,上海:上海商务印书馆,民国二十六年(1937年)版。

[9](清)杨守敬:《水经注疏》,北京:科学出版社,1957年正版线装书。

[10](汉)刘安:《淮南子》,郑州:中州古籍出版社,2010年版。

[11]《道藏》载(汉)东方朔:《海内十洲记》,文物出版社、上海书店、天津古籍出版社联合出版,1988年影印版。

[12](宋)乐史著,王文楚等校:《太平寰宇记》,北京:中华书局,2007年版。

[13]张耘校:《山海经·穆天子传》,长沙:岳麓书社,2007年版。

[14]王应麟注释,张保见解说:《通鉴地理通释校注》,成都:四川大学出版社,2009年版。

[15]《道藏》载(唐)王瓘:《广黄帝本行纪》,文物出版社、上海书店、天津古籍出版社影印本,1988年影印版。

第十五章　郑州、洛阳"北邙山"源自开封"黄台之丘"

北邙山，又名芒山、北芒、邙山、北山、平逢山、太平山等等。俗谚说："生在苏杭，死葬北邙。"邙山又是古代帝王理想中的下葬之地。

关于北邙山所在地，三门峡人说在三门峡、洛阳人说在洛阳、郑州人说在郑州，而且都有史料记载。《辞海》解释："邙，东西走向，西起三门峡，东止伊洛河岸。"[1]《中国古今地名大辞典》解释："北邙山，在河南洛阳县东北，跨孟津、偃师、巩县三县界，亦作芒山。"[2]郑州市建有邙山行政区，认为"广义的邙山起自洛阳市北，沿黄河南岸绵延至郑州市北的广武山"。[3]

这就提出了一系列问题，北邙山的本义到底是什么？北邙山的最早地理位置到底在哪里？帝王死后为什么要葬在北邙？下面就北邙山的人文历史发源及其传承情况，谈几点个人看法。

一、"北邙"之"邙"本义反映的是黄帝文化

邙，山名，也作"亡"、"芒"，又名"氓"、"䰣"，等等。北宋官修韵书《集韵》认为：邙"音亡，义同"。[4]说明"邙"与"亡"音同义同。清代陈昌治刻本《说文解字》认为："芒，宋本或作亡。或作土。玉篇，集韵，类篇作土。今定作芒。"[5]进一步说明"邙"具有"亡"、"土"、"芒"的内在含义。

1. "邙"是太极未分的一种状态

关于"邙"，即"芒"字，战国时期思想家、哲学家庄周《庄子·盗跖》记载："目芒然无见。"[6]"芒然"就是模糊不清的"混沌"状态。汉代易学、地理著作《河图括地象》记载："易有太极，是生两仪。两仪未分，其气混沌。"[7]"混沌"具有自然淳朴、未分化和朦胧模糊的多重含义。在我国哲学和道教中，"混沌"是

指宇宙万物形成以前模糊一团的太极状态。

混沌,又写作"浑敦",是中国古代神话中的人物。据中国先秦古籍《山海经·西山经》记载:"有神鸟,其状如黄囊,赤如丹火,六足四翼,浑敦无面目,是识歌舞,实唯帝江(见下图)也。"[8]其中"浑敦",即"混沌"。春秋时期老子《道德经》认为:"敦兮,其若朴……混(浑)兮,其若浊。"说明"敦"与"浑"可以连用。敦、朴和混、浊,都是形容太极状态的一种方式。春秋时期,老子弟子孔子造访"混沌"之地"仪"邑时,称这里"民风淳朴",这也是对这里深厚、自然民俗风情的一种表述。可见,"敦朴"、"浑敦"、"混沌"等,同样是对太极状态的不同表达形式。据道家学派代表人物、著名思想家列御寇《列子·天瑞》记载:"浑沦者,言万物相浑沦未相离也。"[9]"万物相浑沦未相离"的状态,就是阴阳两仪未分之前太极的状态。

帝江、帝鸿、混沌图

"混沌"的形象被先秦古籍《山海经·西山经》描写为识歌舞的"神鸟"。有的古籍将"神鸟"写作"神焉",原因是繁体的"鸟"与"焉"写法相近,在历史传抄中可能有差错所致,但"鸟"、"焉"彼此都可以讲得通。"浑敦"也指"太阳神",就其初义来说,因为只有太阳具有包纳一切、吞吐一切、涵盖一切的大光芒,只有把"太阳神"奉为中华民族的始祖,才是合理的。

2. 太极未分的混沌状态也指黄帝时期

先秦古籍《山海经·西山经》还把"浑敦"、"混沌"与"帝江"联系在一起。古音中的"江"与"鸿"通,"帝江"即"帝鸿"。战国时期思想家、哲学家庄周《庄子·应帝王》认为:"中央之帝为混沌。"那么"中央之帝"是指谁呢?

对此,西汉淮南王刘安《淮南子·天文训》认为:"中央土也,其帝黄帝,其佐后土,执绳而制四方。"唐代学者张守节《史记正义》也认为:"黄帝,中央含枢纽之帝。"[10]说明"中央之帝"就是黄帝。

"帝鸿"也指黄帝。春秋末年史学家左丘明《左传》认为,黄帝"亦号帝鸿氏也"。[11]唐代学者张守节《史记正义》进一步指出:"黄帝有熊国君,乃少典国君之次子,号曰有熊氏,又曰缙云氏,又曰帝鸿氏。""有熊国",也称"又能国"、"有台国","熊"、"能"、"台"本意相通,而黄帝有熊氏的图腾为"三足鳖"。可见,"混沌"、"混沌"、"帝江"、"帝鸿"、"中央之帝"均指黄帝。

由于"混沌"的本义为"芒",即"邙",所以"芒"也指"黄帝"。因此,黄帝姓"姬"名"芒"。黄帝姬芒就是"太阳神",即中华民族的始祖,也是客观世界万物生成开始的象征,是中华民族自黄帝开始的一种表达方式。

二、北邙山是黄帝帝都和下葬之地

1. 黄帝为天上"北斗"、地上"中央帝"

相传,有一天晚上,轩辕黄帝的母亲附宝看见一道电光环绕着北斗枢星,照于郊野,身感有感应,怀孕二十四月而生黄帝于昆仑山寿丘。古人认为北斗星是黄帝的象征,在天上紫微宫围绕北极星(也称太一星、泰一星、太极星)中枢运转。所以,北斗也称七星帝车(见下页图)。

黄帝也被称作"中央帝",不仅因为黄帝居住在太极五行的"中央、土、黄"方位,还因为黄帝居住在"地之中"。而"地之中"就是"天地人合一"的"天地之中",也称"天下之中"。"天地之中"在天为"紫微宫",是北斗七星黄帝围绕北极星"太一"运转的"中枢"方位,又称"天之中";在地为三皇和黄帝居住建都的昆仑山方位,又称"泰(太)一山"、"地之中"。"天地之中"上下对应,符合"太极"理论中关于"天地人合一"、"天地人之中"的基本理念,也与太极五行理论的"中央、土、黄"方位彼此贯通。

2. 黄帝居昆仑山"天地之中"

关于"地之中"是昆仑山之说,史料中多有记载。汉代易学、地理著作《河图括地象》认为:"昆仑者,地之中也。"宋代名相、文学家李昉《太平御览·卷36》认为:"昆仑山为柱,上气通天,昆仑者地之中也。"[12]说明三皇和黄帝居

汉代砖画帝一乘北斗车出行图

住、建都的"地之中"就是"昆仑山"。对此,先秦古籍《山海经·西次三经》记载:"……昆仑之丘,是实唯帝之下都。""帝之下都",就是黄帝在天下的帝都"昆仑之丘",即"昆仑山",也称"天地之中"、"天下之中"。

关于"昆仑山"、"天地之中"、"天下之中"的地理方位,古人采用土圭测量的方法可以获取。据传西周著名政治家、思想家周公旦所著《周礼·大宗伯》记载:"以土圭之法测土深,正日景(影),以求地中。……日至之景(影)尺有五寸,谓之地中:天地之所合也,四时之所交也,风雨之所会也,阴阳之所和也。然则百物阜安,乃建王国焉。"[13]"土圭"是一种测日影长短的工具。所谓"测土深",是通过测量土圭显示的日影长短,求得不东、不西、不南、不北之地,就是"地中"。夏至之日,"地中"土圭的影长为一尺五寸,是"天地"、"风雨"、"阴阳"、"四时(象、季)"交会的"天地之中"方位,也是宇宙万物协调合一的"太极"、"昆仑"中心。

3. 唐代"天地之中"在开封古浚仪

西周成王时期,周人按照这一理论测得郑州登封阳城土圭影长为一尺五寸,被定为周之"地中",并在西北部直线距离约 80 公里之外建立了周人的东都成周洛邑。由于"地中"为黄帝姬"芒"出生、居住、建都和下葬之地,也称"邙"。"北邙山"之说大概就是这一时期逐渐形成的。而郑州所认可的"天地之中"、"北邙山"、"昆仑山"和"黄台之丘",也与登封"周之地中"有着密切联系。至于三门峡称作"北邙"则另当别论,大概与黄帝铸鼎"灵宝"有关。遗憾的是,这些地区对于黄帝整体的人文历史缺乏一个完整说法。

因此,到了公元 724 年,唐代著名天文学家、佛学家张遂(一行)用科学方法测量子午线长度,得出开封古浚仪岳台为"唐之地中"的最新结论后,从客观上否定了郑州登封"周之地中"的准确性和科学性。自此之后的五代、北宋时期,帝王建都开始抛弃西安、洛阳之地,纷纷向唐代认定的开封"地中",即"天地之中"迁徙。而北邙在郑州以西地区的人文地名却被保留下来。

4. "天地之中"应为三皇五帝时期的"天地之中"

洛阳、登封被周人认定"天地之中",确曾是一个客观事实。但是,我们从太极"天地人合一"和"天地人之中"理论可知,"三皇五帝"在地理方位中本是整体"合一"的,而史料中却没有发现"三皇五帝"共同居住、建都在洛阳、登封、三门峡的史料记载,即便考古发现有"三皇五帝"时期人文活动的遗迹,但要证明是"三皇五帝"居住、建都之地却不足为凭。所以,西周之"地中"并不是"三皇五帝"时期的"天地之中",自然也不是真正意义上的"天地之中"(见下图)。

明清时期开封"声震天中"的鼓楼图

而开封古浚仪岳台之地却不一样,这里不仅是唐代测定的"天地之中",也是黄帝帝都轩辕楼(丘),即"黄台之丘",又是"三皇五帝"共同居住建都的"天下之中",甚至还是黄帝姬芒和道教最早的"北邙山"之地。

5. 开封大梁为三皇五帝的共同居住之地

据唐代王瓘《广黄帝本行纪》记载:黄"帝娶于西陵氏于大梁,曰嫘祖,为元妃,生二子:玄嚣、昌意"[14]。开封"大梁"就是唐代认定的古浚仪岳台"天地之中",也是开封古浚仪北部的黄帝帝都"轩辕楼(丘)",即"黄台之丘"。三皇五帝共同在开封建都也有史料记载可查:伏羲皇建都开封黄柏山,女娲皇建都开封平逢山(即禹王台一带的平台、逢山),炎帝建都杞县空桑,颛顼封地和初都杞县高阳,帝喾帝都开封古莘国,尧帝帝都开封服阳(平泽、苹泽、逢泽、服泽之北)(见下图),舜帝生于开封北部的浚水下葬在古陈留平丘鸣条,这里也是夏禹阳城(平台)、夏启之居、夏杼王都老丘(鸣条南)之地,等等。

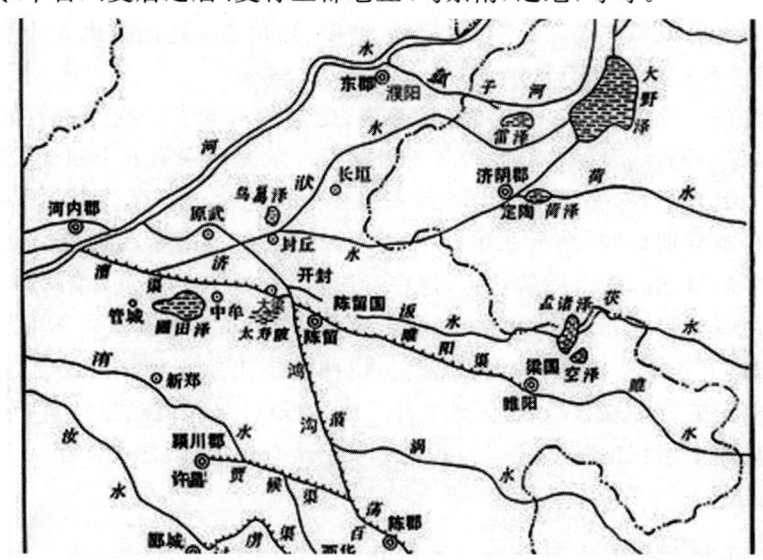

地处开封大梁太一山、寿丘南部的"太寿陂"逢泽位置图

6. 开封是黄老道教的发源地

由于"邙山"是黄帝姬芒成婚、建都、铸鼎和升仙、下葬之地,山上最早曾建有"玄元皇帝庙",即"轩辕黄帝庙"。道家将此地视作"黄老"文化的发源地,黄帝被南朝时期著名高道陶弘景《真灵位业图》记载为昆仑山"玄圃真人轩辕黄帝"。[15]"玄圃",古称"县圃"、"悬圃",后名称西移至"原圃"、"圃田"之地,是古代帝王逐鹿、狩猎的苑囿,至今中牟北部尚有"辕门"、"逐鹿营"的地名存在。

老子被罢免周朝"史官"后,也曾在中牟圃田和东部故国聃国一带的大梁居住、问道和传道,并炼丹于"北邙山"上。开封道教圣地"延庆观"便由老子讲学传道、会晤弟子杨朱传承而来,以奉祀老子。道家、儒家学说的重要代表人物老子、墨子(翟乌)、孔子、庄子、施惠、列子(御寇)、杨朱(阳子居)、管子等,多居住或周游于郑州以东的昆仑山地区。

三、黄帝北邙山是道家修道的圣地

1. 道教天师认可开封北邙为"天下之中"

西周之后,尽管"北邙山"在三门峡、洛阳、郑州之说逐渐被世人接受,传承至今,但道教对此却另有认定。

道教在形成初期,古人称其为黄老道,把黄帝与老子同视为道教的祖师。公元1681年,清代康熙(二十年)敕封道家正一道龙虎宗第五十四代天师张继宗为正一嗣教大真人。史载,当时有人争夺张天师之位。康熙令张继宗与其人分坛祷雨分别真假,结果张继宗获胜。张继宗按照黄帝道教文化传承,对"北邙山"最早发源地有明确认定,他在《崆峒问答·一二一问》中解释说:"北邙治在河南开封之北,当天下之中,受天下之正炁,如人之五脏居于胸腹,脉则行四肢也。"[16]古文中"治"也称作"始",说明北邙山始于河南开封之北,这里是唐代测定的古浚仪太岳台"天地之中",也是开封北部道教祖师黄帝姬芒帝都轩辕楼原始居住地"芒山";"天下之中",指昆仑山"天地之中",是天下的"正炁"、"心脏"。

2. 开封昆仑山"天地之中"与北邙、芒山文化内涵一致

据号称轩辕黄帝著作《阴符经三皇玉诀》记载:"万化者神也,精不散而神不离,神室者,万神聚会之乡,在昆仑之中,五炁聚于内(见下图)。"[17]这说明,无论是神聚会的昆仑山"天地之中",或是道教"五炁"正元之"炁",都与黄帝姬芒出生、成婚、建都的"北邙",即"芒山"同地。

可见,"北邙"、"芒山"就是"昆仑山"、"天下之中"的代称。

五炁真君、五帝图

由此可知,历代道教史料所传承的"北邙"、"天下之中",也理应指"河南开封之北"黄帝姬芒居住、成婚、建都、铸鼎和升仙的"芒山"、"昆仑山"、"轩辕楼"、"黄池"、"丰隆宫"、"荆隆宫"之地。这与战国魏国大梁编撰《穆天子传》记载的周穆王巡守中原"昆仑山"、"丰隆"、"黄池"、"黄台之丘"、"夏启之居"的地理方位相同,也与唐代测量开封古浚仪太岳台和黄帝娶元妃嫘祖于开封古"大梁"的历史事实是一致的。

3. 道教创始人、教祖张道陵祖茔在开封

道教教祖、第一代天师张道陵的八世祖、"汉初三杰"之一的张良,出生于廪延泰山天洲城,即古陈留延津泰山天洲城,今原阳县东齐街乡留侯村。当地人认为,古天洲城建在泰山南麓,天洲城既是相国府邸,也是张国国王府。泰山方圆十里,土山。四面环水,南为济水,北为白沟水,东部是古黄河、济水支流清水河。2004年春,在原阳县齐街乡西留侯村西孟繁铁责任田内(见下图),人们发现张良母亲周夫人墓,从墓志铭也可以证明张良的祖籍在泰山天洲。据西留侯村孟庆才讲,其家中世代相传,恭敬周家女周夫人,周夫人是张良的母亲,下凡人间,与韩国宰相张平成婚而生张良。在留侯村周围许多村庄及延津县农户家中,都有敬周夫人这种风俗。

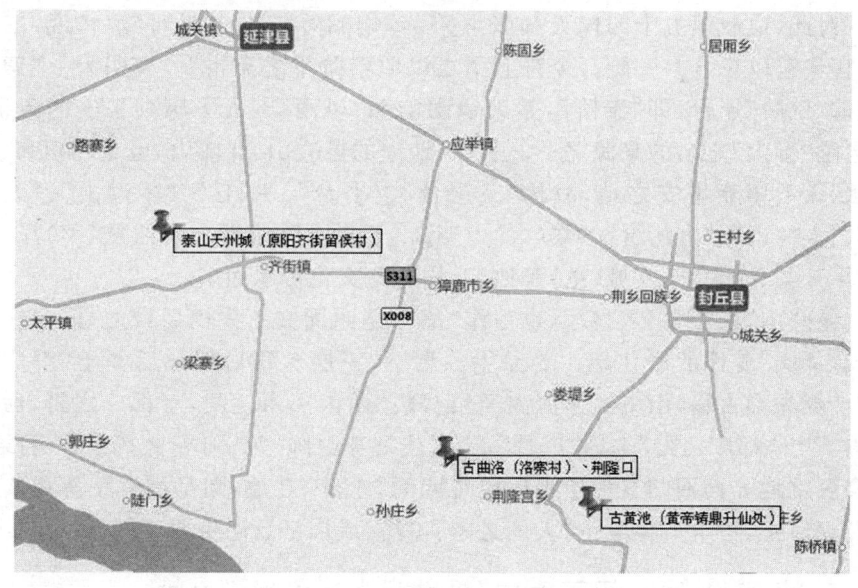

原阳县齐街乡西留侯村位置图

后来,张良携家眷迁居古陈留户牖三义寨(今开封兰考三义寨白云山张良坟一带),是道教陈留派的始祖,隐身修道也在"北邙",即开封古陈留之地。据北宋地理学家乐史《太平寰宇记·卷一》记载:"张良城,在(陈留)县东六十里。按(三国魏文帝时代古籍)《城冢记》云:'此城汉高祖为张良筑,亦名张良城。'良十三世孙德,为兖州刺史,袭封陈留侯,食小黄万户。至炀帝时,葬张城西南三百步。今呼为张光墓者是也。"[18]其中设在开封"小黄"(今开封县杜良小黄铺)一带的陈留郡,就是张良、张德"陈留侯"的世袭之地;"张光"为道教第十三代天师,帝封"太玄至德广妙真君",升仙后也归葬在开封古陈留白云山(今兰考三义寨)张氏世袭的祖茔之地。

4. 昆仑"三层台"是周人始祖"有邰氏"姜原祖地

张良祖籍原阳东部的"泰山",也就是天地中央的"泰(太)一"山,又称"昆仑"山。从地理地貌来讲,昆仑山有三层,也称"三层台",与天上"紫微宫"前的台阶上下对应合一。我国最早解释词义的专著《尔雅·释丘》认为:"三成为昆仑丘。"[19]北魏地理学家郦道元《水经注》引《昆仑说》记载:"昆仑之山三级,下曰樊桐,一名板桐;二曰玄圃,一名阆风;上曰层城,一名天庭,是谓太帝之居。"[20]"三成"、"三级"都是昆仑山"三层台"的意思。

对此,道教第五十四代天师张继宗《崆峒问答·九十四问》解释说:三台"天官星家以三合为三阶。今符上用之以取泰阶平之意也"。说明天上"紫微宫"前"三阶"层台,即"泰阶",是天地阴阳和、风雨顺、天下康泰平安的象征。这也是"泰山"之名的来源之一。所以,地上的昆仑山、北邙山,也是阴阳和、风雨顺、天下康泰平安之地,故称"三层台"、"平台"、"平丘"、"平逢山"、"太平山"、"太一山"、"太岳台"、"泰(太)山"等。开封古陈留郡一带的平(苹)泽、平台、平丘县、安平县、安城(邑)等地名,均有此文化传承而来。

昆仑山"三层台"之"台",也写作"邰",是西周文王先祖后稷之母、帝喾长妃"有邰氏"姜原的居住地。姜原生后稷于"三层台",后稷死后葬于"都广之野"。据先秦古籍《山海经·海内经》记载:"西南黑水之间,有都广之野,后稷葬焉。"[21]"都广之野"也称"广野",是汉代刘邦封陈留高阳郦食其为"广野君"的食邑之地。而回归夏代始祖后稷时期的"中土"之地,则是周武王等周人消灭商朝纣王,占卜三皇五帝"天地之中",建立成周洛邑的重要原因和结果。

5. 黄帝昆仑山"天下之中"是教祖张道陵得道之地

张良隐身修道的开封昆仑"白云山"之"白云",被道家视为道教圣地而冠以道教观名,如洛阳孟津"白云观"、北京"白云观"等。张良的行为,也对后世子孙在开封"北邙山"传承和弘扬道教产生了重大影响。张良八世孙张道陵,效仿先祖,隐居祖茔之地的开封北邙山,即昆仑山中,潜心修习黄帝、老子的长生之道,走访圣人后裔,获得《黄帝九鼎丹法》古籍一部,这使他的道术迅速完善,后去南方的龙虎山、青城山、巴蜀地区传道,创立了中国土生土长的道教。张道陵为纪念在开封黄帝帝都隐居修道成功,称开封北邙山为"北斗治"。

关于"北斗",古人认为是黄帝的交通工具"七星车",代表着黄帝御临天下四方。据汉代史学家司马迁《史记·天官书》记载:北"斗为帝车,运于中央,临制四乡"。古人将象棋中的北斗"车"读若"居",表明"北斗"、"中央"象征着"黄帝"在地上的居住地"昆仑山"、"天下之中"。

四、关于"北邙"与太极、黄帝的内在人文内涵

1. "帝鸿"、"鸿蒙"与黄帝姬"芒"同一含义

"北邙"之"邙",与黄帝"姬芒"之"芒"同义,而黄帝"姬芒"也称"帝鸿",为"混沌氏",是传说中开天辟地之前太极"鸿蒙"之时华夏原始先民。当时人们的智力思维尚不发达,认为客观世界为太极时期一团混沌的元气。这种自然的元气叫作"鸿蒙",或称"鸿濛",与"帝鸿"之"鸿"、"混沌"同义。所以"鸿"即"蒙",彼此最初同义同地。

2. "混"、"昏"与"缗"古字义相通

"混沌氏"也称"混沌氏"。关于"混"的含义,春秋时期老子《道德经》认为:"有物混成,先天地生。"[22]是指当时人的主观世界认为客观世界处于无极的混沌状态。因此,"混",也称"昏",是阴阳混合不分,男女合一的一种状态。男女合一也称"昏姻",即"婚姻"。战国时期庄周《庄子·在宥》认为:"当我,缗乎!远我,昏乎!"[23]清末学者王先谦《庄子集解》记载:"缗、昏字通。缗,亦昏也。"说明"混"、"昏"与"缗"也相通。

3. 逢氏、蒙氏均为炎黄后裔

夏商时期,逢蒙氏、鸿水、有昏(缗)氏均为开封黄帝"帝鸿"、"鸿蒙"太极未开之地的国名、水名、氏族名。如"逢蒙"之"逢",为炎帝后裔逢公伯的封地。宋代学者罗泌《路史》记载:"逢伯陵,姜姓。炎帝后裔,太姜所出,始封于逢泽,

后改封于齐。"[24]最早的"逄"地在"逄泽",就是炎帝帝都杞县空桑西部、开封南部的"平(苹)泽",或称"蓬池"等;"蒙"为"蒙氏",为轩辕黄帝的嫡系子孙。其后裔逄蒙,为开封夏代王都一带逄(伯陵)国善于射箭的人。宋代学者罗泌《路史·国名记甲》记载,"逄,伯爵,伯陵之国,黄帝所封。夏有逄蒙,《穆天子传》逄公其后也。地今开封逄池,一曰逄泽"。可见,"逄蒙"氏最早居住在开封逄池,即平(苹)泽北部的平(苹)台、逄山之地。

夏代太康失国时期,"逄国"的部分蒙氏迁徙到兰考东部的"蒙"地建有昏(缗)氏国,夏代末期为桀王所灭。据春秋时期左丘明《左传·昭公十一年》记载"桀克有缗,以丧其国"。后商汤自虞城谷熟"南亳"居住此地,称作"北亳"(山东曹县南)。秦代作"东昏"(兰考东北),汉代之后称"蒙县"(兰考东部)。这从一个侧面说明夏商时期的核心之地与黄帝帝都、昆仑、太极未开的"鸿蒙"之地文化同源,地在一处。

因此,最初的"蒙山"、"平逄山"当在黄帝帝都轩辕楼、昆仑山、"北邙山"、"芒山"之地。据《清华简〈尹至〉解析》记载:"'蒙'之缓读即是'汪芒'。"[25]"汪芒",即夏代初期汪芒之君"防风",也称"汪芒氏"、"汪罔氏",是夔龙氏、魁隗氏、封钜氏、方雷氏的后裔,世居开封、封丘,即黄帝帝都轩辕楼、"北邙山"一带,是黄帝元妃、炎帝孙女嫘祖的父系氏族或后裔。对此,《封丘县志》记载:封丘之"封氏出自姜姓,炎帝裔孙钜为黄帝师,胙土命氏"。[26]其中"炎帝裔孙钜",史称"封钜",是黄帝的岳父"方雷氏",也称"沮诵",其后裔为"封父氏"、"冯妇氏"、"防风氏"、"风(封)伯"、"巨(大)人氏"等。

4. 长丘、长狄、汪芒、大人在黄帝建都和封钜之地

关于"防风氏",战国初年《国语·鲁语下》有记载:防风氏乃"汪芒氏之君也,守封嵎之山者也,为漆姓。在虞、夏、商为汪芒氏,于周为长狄,今为大人"。[27]三国时期著名史学家韦昭注释:"汪芒,长狄之国名也。"窃以为,韦昭关于"汪芒"为"长狄"的解释是正确的,也与"长狄"先祖魁隗氏、封钜氏祖居之地相一致。

"长狄"古国在今封丘西南、开封北部的"鄭瞒",即黄帝岳父"封钜"的封地,因居住地临近南部开封"逄蒙"(逄泽,即苹泽北部)也称"蒙狄"。由于"汪芒"氏族人体高大而称"封钜"、"长狄"、"钜(巨)人"或"大人"。"长狄"人祖地也称"封父"、"鄭瞒"、"渠搜(鄭)"、"长丘"(今河南封丘西南)(见下图)。

第十五章 郑州、洛阳"北邙山"源自开封"黄台之丘"

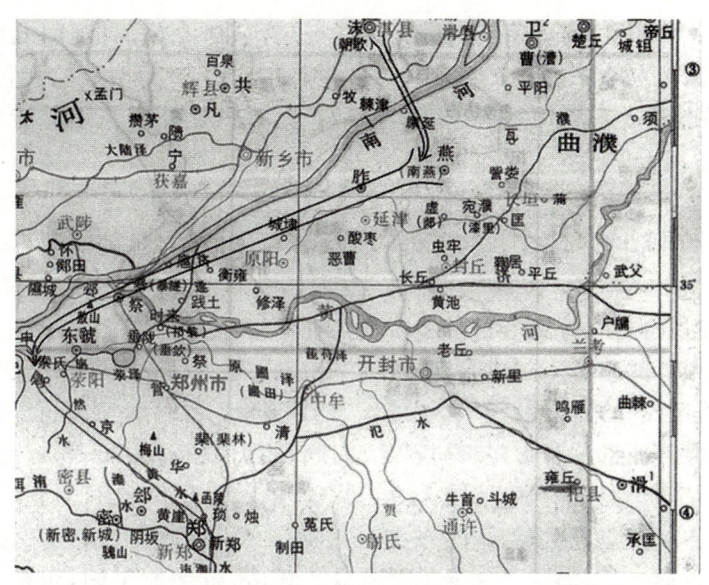

封丘县长丘(长狄)位置图

对此,春秋时期左丘明《左传·文公十一年》记载:"初,宋武公之世,鄋瞒伐宋。司徒皇父帅师御之,耏班御皇父充石,公子谷甥为右,司寇牛父驷乘,以败狄于长丘,获长狄缘斯,皇父之二子死焉。"这说明"长丘"是"长狄"国"鄋瞒"人居住地。北魏地理学家郦道元《水经注·济水》证实:封丘"其在《春秋》为长丘焉"。对此《封丘县志》认为,宋人获胜后,把阵亡狄人的尸体埋到了翟沟,后人称长狄的葬地名长丘。清初顾祖禹《读史方舆纪要》也证明:"翟沟在(封丘)县南八里。即白沟也。"[28]这说明黄帝和岳父封钜、元妃嫘祖以及夏代防风氏均居住在开封黄帝帝都轩辕楼"天地之中",即北邙山。

5. 有易氏、有扈氏和黄帝、夏朝王都同居一处

古代"易"、"道"源于《周易》,一阴一阳之谓"道",生生不息之谓"易"。据传说周文王所著《周易·系辞》记载:"天地设位,而易行乎其中矣。"[29]说明"易"是"道"运行的方式和过程,在"道"中运行。而"道"也称"太极","太极"即"昆仑"。因此,"易"在"太极"昆仑之中。按照"天道人合一"原理,"易"、"有易氏"、"有易国"应与开封黄帝帝都轩辕楼、昆仑、北邙山同在一地。

古代"易"与"狄"、"逖"通假;"狄"、"戎"、"仍"相通假。"通假"就是"通用、借代",即用读音相同或者相近的字代替本字的意思。因此,"有易氏"就是"有狄氏"、"有戎氏"、"有娀氏"、"有仍氏"。战国著名诗人屈原《天问》中称其为

"有扈氏"。[30]可见"有易氏"、"有狄氏"、"有扈氏"居开封、封丘的北邙山、"长狄"国"鄋瞒"、"狄山"之地。河南禹州的"阳翟"、"钧台"等夏朝文化,为公元前636年(周襄王十六年)的春秋时期,狄(翟)人自封丘迁徙当地后传承下来的人文地名。

据古文字学家高亨《古字通假会典》"惕与施"条认为:古"易"字与"施"字相通。[31]南朝时期著名史学家裴骃《史记集解》记载:"(曹魏时期)如淳曰:施读曰移。""移",即"易"。故"有易氏"也可认为是夏末"有施氏",又称"有喜氏",居于封丘西南、开封北部的黄帝帝都轩辕楼、昆仑、北邙山一带,后来向东部迁徙为齐鲁的东夷人,向西部迁徙为"有扈氏"。"有扈氏"本是大禹时期所诛杀的"防风氏",即"有易氏"、"有施氏"的同族,夏启时期又被驱赶到夏朝西部的原阳原武西部一带。"有易氏"为防风氏,即大(巨)人氏,喜欢弓箭,所以大人之"大"身上跨上"弓",为夷人之"夷"。夷人发源于开封、封丘一带,商代有古夷国。夷人东迁之后称作"东夷人"。

先秦古籍《山海经·海外南经》记载:"狄山,帝尧葬于阳,帝喾葬于阴。""狄山",是昆仑山的一部分,也称"帝台"、"黄台"。帝喾为玄武黑帝,居北方,故葬在封丘"狄山"之"阴",即昆仑山、"邙山"的北部。说明封丘"长狄"国之地"长丘",也称"狄山"、"邙山",是帝尧与帝喾共同下葬之地。这里也是舜帝时期大禹居住和后来建都的"阳城"之地。北宋史学家李昉《太平御览·州郡部一·叙京都》记载:"(战国时期史书)《世本》言'夏后居阳城,本在大梁之南,于战国大梁魏都,今陈留浚仪是也'。""夏后",即"夏王"大禹;"阳城"即开封大梁南部的禹王台,也称"逢山"、"平台(阳)"等。夏朝第七代王少康之子杼建都于开封北邙山东部的"老丘",夏杼的孙子继续称王于夏都"老丘"。由于此地是黄帝姬芒帝都"邙山",即"芒山"之地,故夏朝第九代王也称"芒",即"夏芒"。

这说明,夏禹、夏启至商汤初都也应在郑州东部的开封黄帝帝都轩辕丘、北邙山一带。

五、"北邙"承载着黄帝姬芒升天成仙的昆仑文化

1. 黄帝铸鼎升仙与昆仑山、芒山

按照史料记载,黄帝在昆仑荆山铸造三个宝鼎后,乘龙升天成为道家神仙。后人将黄帝的衣冠葬于铸造宝鼎之地,并建起了祭祀的陵墓荆(丰)隆宫(见下页图)。汉代史学家司马迁《史记·封禅书》记载:"黄帝采首山铜,铸鼎

于荆山下。鼎既成,有龙垂胡髯下迎黄帝。黄帝上骑,群臣后宫从上者七十余人,龙及上去。"其中"首山",指华夏人文第一山"昆仑山"。东晋史学家干宝《搜神记·卷十三》记载:"昆仑之墟,地首也,是唯帝之下都。"[32]"地首"即指"首山""昆仑山",与黄"帝之下都"开封轩辕楼同在一地。

黄帝在荆隆宫黄池铸鼎升仙图

"首山"也称"首阳山",在太极八卦"一阳生"的"复"卦,又称"一阳来复",指自然界和人体阳气初动的太极之时。昆仑"首阳山"也在太极"天地之中"和黄帝帝都轩辕楼北部的"子""复"卦"玄武"方位,在时节中为"冬至"。

关于黄帝在荆山所铸"三鼎",汉代司马迁《史记·封禅书》有记载:"黄帝作宝鼎三,象天、地、人。"古人把"天、地、人"称作"三才",代表着"天开于子(一阳生),地辟于丑(二阳生),人生于寅(三阳生)"的太极阴阳观,并与日、月、星"三光"相对应。后人在此修建东大宫、西大宫、南大宫"三宫"与"三鼎"相互对应配置。黄帝大臣左彻还将黄帝的衣冠、坐几和手杖等遗物,就地下葬在荆山的荆(丰)隆宫,供后人祭祀。对此,北宋史学家刘恕《通鉴外纪》记载:黄"帝采首山铜,铸鼎于荆山之隅,鼎成崩焉,其臣左彻取衣冠几杖而庙祀之"。[33]其中建在荆(隆)山之上祭祀黄帝的荆(丰)隆宫和安置天、地、人三个宝鼎的"三宫",也在昆仑山,即北邙山、芒山。

2. 开封北邙山有黄帝、夏启陵墓和帝王都遗存

至今开封轩辕楼北部数公里处仍有黄帝铸鼎的"鼎湖",也称"黄池""黄泽"遗址存在,还保留着安置三个宝鼎的东大宫、西大宫、南大宫"三宫"的地

名。在"黄池"、"黄泽"西北部,就是封丘荆(丰)隆宫乡,也称"金龙宫",附近便是黄河决堤的"金龙口"、古"曲洛"之地。

西周第五位王姬满,史称"周穆王",也称"穆天子",曾经在开封、封丘的昆仑山、北邙山一带举行会盟,寻访黄帝、夏王遗迹,祭祀自己的先祖。据战国时期魏国竹简《穆天子传·卷二》记载:穆"天子升于昆仑之丘,以观黄帝之宫,而丰隆之葬,以诏后世"。大意是周穆王自封丘西南部登上昆仑荆(隆)山的荆(丰)隆宫,在黄帝下葬的"丰隆"陵墓培土,举行"丰隆之葬",以昭示后人不忘他们的功德。周穆王还向南部观望"黄帝之宫"、"黄台之丘"帝都,即开封北部"天下之中"的"轩辕楼"。不久,周穆王再次到达荆(丰)隆宫附近黄帝铸鼎的"黄池",然后向南行进,首次拜访了开封北部轩辕楼"黄台之丘",即"黄帝之宫"和"夏启之居"的帝王建都之地。

对此,战国竹简《穆天子传·卷五》又记载:穆天子"东游于黄泽,宿于曲洛。废□使宫乐谣,曰:"黄之池,其马喷沙,皇人威仪。黄之泽,其马喷玉,皇人受谷。丙辰,天子南游于黄□室之丘,以观夏后启之所居。乃□于启室。天子筮猎苹泽,其卦遇讼,逢公占之……"。其中"黄之池"、"黄之泽",即古代盛产良马的封丘古黄池、黄泽;"曲洛",为封丘西南荆(丰)隆宫、"金龙口"古洛水转弯处的洛寨村一带;"黄室之丘",为黄池南部数公里的开封黄帝帝都轩辕楼,也称"黄台之丘"、"黄帝之宫";"夏后启之所居",为夏王大禹儿子启在开封的王都之地"夏启之居";"苹泽",为夏禹王都阳城,即开封禹王台南部的"逢泽",也称"平泽"、"服泽"、"负泽"、"蓬池"等。夏禹、夏启王都禹王台因在大湖"苹泽"北部之阳,又称"阳城",地处周穆王大臣逢公的逢国之地。

上述史料均印证了周穆王曾经在开封昆仑山、北邙山之地拜访、祭祀黄帝遗迹的历史事实。东晋著名学者、训诂学家、道学术数大师郭璞注释《穆天子传·卷二》记载:穆"天子□昆仑(郭璞注:此以上似说封人于昆仑山旁),以守黄帝之宫。南司赤水而北守春山之琎(郭璞注:欲以崇表圣德,因用显其功绩)。天子乃赐□之人□吾,黄金之环三五(郭璞注:空边等为环),硃带贝饰三十(郭璞注:《淮南子》曰贝带鵕䴊,是也),工布之四"。郭璞认为,守护在昆仑山的"(昆)吾"人,应指守护在"黄帝之宫"的"封人",而"封人"就是开封北部、封丘南部古封钜氏、封父氏后裔;"硃带贝饰",也应指出产于昆仑山一带的"贝带鵕䴊",而"鵕䴊"正是开封古"浚仪"的地名。这里是"封人"居住的"鵕䴊(浚仪)"之地。这些地名已传承数千年的历史,印证着开封、封丘一带夏代"防风氏"、"封父氏"后裔"仪"邑"封人",默默地守护自己先祖黄帝姬芒帝都轩辕楼和荆(丰)隆宫陵墓的历史事实。

3. 开封北邙山是华夏历史文明发源地

清代文字训诂学家、经学家段玉裁解释《说文解字》说:"芒山上邑。芒,宋本或作亡。或作土。玉篇,集韵,类篇作土。今定作芒。"[34] 其中"芒"为黄帝姬芒之"芒";"亡"为黄帝姬芒升仙下葬之"亡";"土"为黄帝居太极五行"中央、土、黄"之"土",也指黄帝出生、称帝、建都、去世的北邙山、昆仑山。不管迁徙到四面八方的黄帝后裔对北邙山的含义及所在地如何解释,都无法改变黄帝姬芒创造华夏历史文明的原始内涵,无法改变黄帝姬芒帝居住在昆仑山三皇五帝"中央之国"和"天下之中"的历史事实。

由上述分析,我们可以得出以下三点认识:

一是中原北邙山在地理上一脉相承。从地理方位来看,北邙山自三门峡向东,经洛阳、郑州,一直向开封绵延,是黄河南流的一道天然屏障。直到黄河流出郑州荥阳东部地区后,由于上古时期的海水、河水和泥沙淤积的相互作用,导致地层下陷,开封周边地区的海拔高度比郑州降低 40～60 米不等,河水开始在荥阳、原阳、封丘一带北邙山低洼处打开缺口,向南部、东南部的开封、陈留、杞县方向流去,也造成了郑州以东的开封地区北邙山高度从几十米到百余米的昆仑山、三层台地理地貌的出现。

可见,自西向东连绵不断的北邙山,在地理方位上是一脉相承。

二是中原的北邙山在历史文化上具有传承性。从人文意义上来看,北邙山的名称起源于黄帝出生、建宫室、铸三鼎和去世升仙之地开封、封丘一带的华夏文化传承,是黄帝后裔不断向西部地区迁徙、发展的产物。因此,只要地处黄河岸边的北邙山地区,就可能会随着黄帝后裔逆河而上,把东部黄帝文化逐渐向西部传承而去。由此,形成了黄河流域黄帝文化传承,形成了中原东西部相同的北邙山地理名称。

三是开封北邙山是黄帝文化的具体表现形式。由于开封之地的北邙山是黄帝出生、建宫室、铸三鼎和去世升仙之地,所以,它与黄帝时期的人文、历史、地理、地名等具有一致性的特点。比如开封的昆仑山、泰(太一)山、天地之中、黄帝、芒(邙)、封钜、封父、黄池、黄台之丘、黄帝之室、轩辕楼(丘)、平逢山、夏启之居、逢(莑)泽等,与开封的古陈留、启封、仪邑、大梁、浚仪、江水、鸿水(沟)、浚水、济水、白(狄)、翟)沟等都同在一地,并对郑州、洛阳、三门峡北邙山具有历史文化传承性。

因此,我们认为:开封北部的北邙山、昆仑山是华夏历史文明最早的发源地,是黄帝帝都轩辕楼和陵墓荆(丰)隆宫所在地,是黄帝子孙寻祖问根、祭祀朝拜的圣地,也是历代帝王死后希望"葬在北邙"、追随黄帝升天成仙的人文历史原因。

开封华夏历史文明发源的历史研究表明,中原最早的华夏历史文明源自上古时期黄河下游的分支鸿水(鸿沟、氾水、丹水、浪荡渠、汴水)流经的郑州荥阳、中牟和开封一带,而不是在郑州荥阳西部的黄河中游地区。

文献来源:

[1] 辞海编辑委员会编:《辞海》,上海:上海辞书出版社,1980年版。

[2] 戴均良:《中国古今地名大词典(全三册)》,上海:上海辞书出版社,2006年版。

[3] 郑州市地方史志办公室:《邙山》,郑州:郑州市情网(首页\\名山名水),2013年1月8日。

[4] 桑榆室藏书:《集韵》,上海:上海古籍出版社,1985年版。

[5] (汉)许慎撰,(宋)徐铉校定,王宏源新勘:《说文解字(现代版)》,北京:社会科学文献出版社,2005年版。

[6] (战国)庄子著,朱墨青整理:《庄子》,沈阳:万卷出版公司,2009年版。

[7] 《纬书集成》,石家庄:河北人民出版社,1994年版。

[8] (战国)无名氏著,王海燕译注:《山海经》,北京:中央编译出版社,2009年版。

[9] (汉)刘向:《淮南子》,郑州:中州古籍出版社,2010年版。

[10] 《史记三家注》,台北:洪氏出版社,1975年版。

[11] 杨伯俊编著:《春秋左传注(修订本)》,北京:中华书局,1990年版。

[12] (宋)李昉:《太平御览》,北京:中华书局,2011年版。

[13] (汉)郑玄注:《周礼》,北京:北京图书馆出版社,2003年版。

[14] 《道藏》载(唐)王瓘:《广黄帝本行纪》,文物出版社、上海书店、天津古籍出版社影印本,1988年影印版。

[15] 马书田:《中国道教诸神(精装)》,北京:团结出版社,2002年版。

[16] 张继宗大真人:《崆峒问答》,龙虎山道教网(知识·文献经典),2013年11月2日。

[17] 《阴符经三皇玉诀》,济南:齐鲁书社,1997影印本。

[18] (宋)乐史:《太平寰宇记》,北京:中华书局,2000年版。

[19] 胡奇光:《尔雅译注》,上海:上海古籍出版社,2004年版。

[20] (北魏)郦道元:《图解水经注》,西安:陕西师范大学出版社,2010年

版。

[21](东晋)郭璞著,张耘校:《山海经 穆天子传》,长沙:岳麓书社,2007年版。

[22]文选德:《道德经诠释》,长沙:湖南人民出版社,2005年版。

[23](清)王先谦集解,方勇整理:《庄子集解》,上海:上海古籍出版,2009年版。

[24](宋)罗泌撰:《路史》,北京:国家图书馆出版社,2003年版。

[25]《清华大学藏战国竹简(叁)》,北京:中西书局,2012年版。

[26]封丘县志编纂委员会:《封丘县志》,郑州:中州古籍出版社,1994年版。

[27]俞志慧:《国语·韦昭注辨正》,北京:中华书局,2009年版。

[28](清)顾祖禹:《读史方舆纪要》,北京:中华书局,2005年版。

[29]豫生:《周易全解》,长春:吉林大学出版社,2009年版。

[30]郭世谦:《屈原天问今译考辨》,天津:天津古籍出版社,2006年版。

[31]高亨、董治安:《古字通假会典》,济南:齐鲁书社,1997年版。

[32](晋代)干宝:《搜神记》,长春:吉林大学出版社,:2011年版。

[33](宋)刘恕撰:《通鉴外纪》,北京:北京图书馆出版社,2003年版。

[34](汉)许慎撰,(清)段玉裁注:《说文解字注》,上海:上海古籍出版社,1981年版。

第十六章　黄帝宫室在开封"天地之中"

通过学习研究华夏朴素唯物主义的"太极"理论,使我们对三皇五帝居住和建都地"中央之国"与"太极"理论的一致性有了全新的认识,进一步深化了对古人"天地人合一"观念指导现实生活实践客观性的理解,为探讨和寻觅华夏历史文明最早发源地找到了新的依据。

下面就以上古时期朴素唯物主义"太极"理论为指导,结合古代史典记载和中原人文遗存,主要探讨"五帝之首"黄帝居住、建都宫室的具体方位问题。

一、五帝之首的"黄帝"名号源于"太极"理论

黄帝,为"三皇五帝"中的"五帝"之首,是华夏上古时期一位著名的部落联盟首领,是中国上古时期华夏原始先民的共主,被华夏民族尊为"中华人文初祖"。传说黄帝是少典与附宝之子,本姓"公孙",居"轩辕丘",号"轩辕氏",建帝都、修宫室于"五城十二楼"之一"轩辕楼",因其在天上的星座为"三熊(能、阶、台)",民间也称其为"有熊氏"。黄帝以征服东夷、九黎族,统一华夏部落,建立华夏氏族联盟的伟绩而载入史册。

黄帝时代,农业生产得到快速发展,规定了中国农耕文化发展的基本方向,增强了华夏先民摆脱自然环境制约、与自然现象作斗争的能力,氏族联邦的整体实力得到新的提升,形成了建立在农耕文化基础上独特的中华文明,实现了华夏民族的大团结、大统一、大发展,为"中央之国"逐步走向强盛奠定了雄厚的物质基础。黄帝在位期间,还发明历数、天文、阴阳五行、十二生肖、甲子纪年、文字、图画、著书、音律、乐器、医药、祭祀、婚丧、棺椁、坟墓、祭鼎、祭坛、祠庙、占卜等,国势强盛,政治安定,文化进步。

"黄帝"的名声很大,但是,"黄帝"之名到底是如何而来的呢?

古人一般认为，黄帝有"土"德之瑞，以"土"德而称王。"土"色为"黄"，故称作"黄帝"。但"土德"之"土"为什么是"黄"色，而不是"黑"、"红"、"白"、"青"色的，这就与太极"五行"学说"金、白；木、青；水、黑；火、红(赤)；土、黄"密切相关。

太极"五行"代表着自然界物质、能量、信息的演化形式，是华夏先民朴素唯物世界观与自然科学观的反映。"五行"观念出现的时间在上古时期，但"五行"一词最早记载却被发现于战国时期《尚书》的《甘誓》、《洪范》之中，这应该与战国之前上古人文史典传承或遗失相关。据中国上古皇家档案文件汇编《尚书·洪范》记载："五行：一曰水，二曰火，三曰木，四曰金，五曰土。水曰润下，火曰炎上，木曰曲直，金曰从革，土曰稼穑。润下作咸，炎上作苦，曲直作酸，从革作辛，稼穑作甘。"[1]这说明在《尚书·洪范》中，"五行"已被明确为水、火、木、金、土，而且被认为是关乎华夏先民生存的首要之事。

华夏先民创造了"五行"，又在几千年的实践中证明了"五行"的有效性和正确性，认为一旦违背"五行"是要被惩罚的。因此，《尚书·甘誓》中记载夏启时期"有扈氏威侮五行，怠弃三正，天用剿绝其命"，就是一例。

"五行"还象征着"天道"运行的原则，意味着物质变化规律和万物之宗。同时，也在表达着一种法则，就是不遵循"五行"之道，将会像有扈氏一样，为天命所弃绝！这里的"天命"，表面上看虽有"唯心"之嫌，但实质却是指"天道"，即"自然之道"，即客观事物发展的规律和法则。

华夏先民把太极"五行"的方位与帝王居住地、帝都或神位联系在一起，并以"五行"方位为人文地理名称。如汉代淮南王刘安《淮南子·天文训》记载："东方木也，其帝太皞，其佐句芒，执归而治春……南方火也，其帝炎帝，其佐朱明(祝融)，执衡而牿夏……中央土也，其帝黄帝……西方金也，其帝少昊，其佐蓐收，执矩而治秋……北方水也，其帝颛顼，其佐玄冥(禺疆)，执权而治冬。"[2]孔子门人所撰《孔子家语》也记载："季康子问五帝之名，孔子曰：'天有五行：金木水火土。分时化育，以成万物，其神谓之五帝。'"[3]由此，把"五行"水、火、金、木、土，"五色"黑、赤、白、青、黄，"五方"北、南、西、东、中与所在方位的人文先祖"五帝"配置在了一起。

这说明，"五帝"之说最早源于太极"五行"理论，而太皞、炎帝、黄帝、少昊、颛顼等"五帝"，在"五行"中都是有明确地理方位的。其中"黄帝"，也是以"五行""中、土、黄"方位来称作名号的。

"中、土、黄"方位，在"五行"北、南、西、东、中"五方"里被称作"中"或"中央"，故说"中央"属"土"，色"黄"，也称作"黄中"，道家称作"黄庭"。因为"五行"的"中央"与"土、黄"同一方位,故黄帝也称"中央帝"。据汉代礼学家戴德《礼记·月令》记载:"孟春之月,其帝太昊,其神苟芒,其数八;孟夏之月,其帝炎帝,其神祝融,其数七;中央土,其帝黄帝,其神后土,其数五;孟秋之月,其帝少昊,其神蓐收,其数九;孟冬之月,其帝颛顼,其神玄冥,其数六。"还记载:"(季夏之月)中央土,其曰戊己,其帝黄帝,其神后土。"[4]这表明,"五行"和"天干"相配,在方位上形成了"东方甲乙木,南方丙丁火,西方庚辛金,北方壬癸水,中央戊己土"之说。所以,"中央"、"戊己"也称"中央土"。

古人认为,这是"天道"、"法则"规定的黄帝居住和建都的方位,乃自然规律"天命"所系,不可违背。不然,也会遭遇夏代有扈氏被"天用剿绝其命"一样的命运。

古人还认为,黄帝去世羽化升仙后,在天象中的神位临近于紫微垣"太一君"。孔子及弟子言行汇集《孔子家语》认为:"夫礼必本之太一,太一分为天地,转为阴阳,变为四时,列为鬼神。"[5]这里"太一",即指"太极",兼有天上"太极星"、"天帝"的含义。紫微垣为"太一君"执政的天庭,具有至高无上的权威。古书中往往将"紫微垣"、"太一君"互为使用,又当作"紫微宫"、"天帝宫廷"、"上帝执政"、"五帝大座"、"轩辕为权"、"土宫"来看待。所以,汉代思想家刘安《淮南子·天文训》认为:"紫宫者,太一之居也。"

唐代开国宰相房玄龄《晋书·天文志上》认为:"中央黄帝,玄灵黄老一天君。"[6]这里"玄灵、黄老、天君",是指"轩辕为权"的"黄帝"。宋代著作佐郎张君房《云笈七签·中央黄老君纪》记载:"《洞真九真中经》云:中央黄老君者,太上太微天帝君之弟子也,以混皇二年始生焉……施修道成,受书为太极真人。"[7]这里的"太一弟子",即"天子",也是指"黄帝"。道教称其为"太极真人"、"中央元灵元君"、"中央黄帝"、"日中黄帝"、"玄圃真人"等等。

宋末道士赵全阳(赵道一,号全阳子)《历世真仙体道通鉴·卷一》认为,黄帝根据转蓬之象,以作车,将神出生"泽中",又称黄帝作"屋宇"、"宫室",将此称作"处于中";黄帝在此地见河图则斋戒于"中宫","衣黄服,戴黄冕,驾黄龙之乘"。[8]所谓"作车"之地在"转蓬之象"的"泽中",也称"蓬泽"。唐代宰相杜佑《通典·州郡七》记载:"开封有蓬池,亦曰逢泽。故卫国之匡地。"[9]"蓬池"也称"蓬泽"。据开封地方志专家王宴春《三皇五帝与开封》记载:"榆冈炎帝都城空桑之地,即今杞县西12公里葛岗镇东、西空桑村,此村据河南省地方志原编委程广兴先生著《龙的传人》中云:'上古蚩尤当时曾率众从今中牟县西北古圃田泽乘筏东下,经今开封南二十四里古蓬泽(后蓬池)东去攻打炎帝都城空桑,榆冈炎帝率众西南逃入嵩山中。'"[10]窃以为程广兴先生所说古"蓬泽"在开封南部是对的,但是榆冈炎帝被蚩尤率众驱赶地"嵩山"不是指现在的登封嵩山,而是指开封西部中牟魏王台、逐鹿营一带,这里地处昆仑山三层台南部的赤水(贾鲁河、鸿沟)之地,在郑州古圃田的东岸。

二、黄帝居住和帝都在"天地之中"

所谓"天地之中",也称"天下之中",是指天象和地形的核心方位。"天地之中"观念来源于上古时期华夏民族的"天下观"、"中心观"。这种观念,既是上古时期华夏先民的文化观、地理观,也是华夏民族的世界观、价值观。它反映了上古时期华夏先民对于自己所处世界总的看法,代表着他们对世界秩序的看法。

1. 关于"天之中"的认识

在太极"五行"学说里,"天地之中"观念在"中、土、黄"方位得到了体现。"中、土、黄"的"中",即指天地之"中"。其中"天之中",在天象的"紫微垣"方位。上古时期的华夏先民认为"紫微垣"位于天体的最高处和中心位置,有恒星15颗,是天帝所居的宫殿。

"紫微垣",是紫微垣、太微垣、天市垣"三垣"的"中垣",居于北天中央,所以也称"中宫"、"紫宫"、"紫微宫"等,以北天极星为中枢。中宫北天极星,其一明者是天帝"太一"经常居住即天帝帝都方位。对此,南朝刘宋时期历史学家范晔《后汉书》认为:"天有紫微宫,是上帝之所居也。"[11]"上帝",即"天帝"。

2. 关于"地之中"的认识

与"天之中"相对应的是"地之中"。中国古代的一种宇宙学说,即"盖天说"主张天地分离,形体相似,天地相盖。如西周武王、成王时期的老君卫成子认为,天地之中,乃大气所充塞。天是圆的,如覆盖;地是方的。北宋大学者李昉《太平御览·卷二》引东汉哲学家、经学家桓谭《新论》记载:"天之卯酉,当北斗极天枢。枢,天轴也,犹盖有保斗矣。盖虽转而保斗不移。天以转周匝,斗极常在,知为天之中也。"[12]说明"北斗"旋转的紫微宫"天盖"范围之内,便是"天之中"。唐代宰相房玄龄《晋书·天文志》认为:"天似盖笠,地法覆盘,天地各中高外下。北极之下,为天地之中,其地最高。"意思是说,与"北极星",即"天之中"所对应的下方,就是"地之中",这里地势被认为是当时天下最高的山丘(指昆仑)。

3. "中国"在"天地之中"

"地之中"也在"五行""中央、黄、土"方位。北宋经学家石介在《中国论》中认为："夫天处乎上,地处乎下,居天地之中者曰中国,居天地之偏者曰四夷。四夷外也,中国内也。"[13]汉代史学家司马迁《史记·周本纪》也记载："土圭之长尺有五寸,以夏至之日,立八尺之表,其景适与土圭等,谓之地中。"[14]说明"天地之中"就是指"中国",并且古人可以用测量的方法获知。

4. "天地之中"也指三皇五帝居住和建都的"人之中"

"太极"学说还告诉我们,"天地之中"不仅是"天之中"、"地之中",也是"人之中",故可称"天地人之中"。由于人是有"主(领导)"的,"主"即为"皇、帝、王",所以"皇、帝、王"者居住和建都之地也在"天地之中"。这也因应了周易哲学思想与道家"天地人合一"的思想,体现了"太极"理论中的"道德观"。"天地人合一"的"道德观",把追求人与天、地自然的和谐统一作为人生理想的主旋律,把"天地人合一"的境界作为人文思想最高的审美境界。用现在的话说,这是一种良性的生态学取向,必将成为创造和谐人文居住和社会环境的理论基础。

可见,华夏历史文明中丰富而深刻的"太极"、"天地人合一"思想,是孕育、形成天地人相应论的文化母体。在这种思想指引下,三皇五帝居住和建都均选择在"中国",即"天地之中"。

"天地之中"也指三皇五帝居住和建都的"中央之国",即"中国"。用"土圭"测量方法获知的"地中",不仅与"中国"、"天地之中"在同一方位,也具有同一的人文历史内涵。

据传说周公旦所著《周礼·大司徒》记载："日至之影,尺有五寸,谓之地中。天地之所合也,四时之所交也,风雨之所会也,阴阳之所和也。然则百物阜安,乃建王国焉。"[15]其中三皇五帝"建王国"的"天地之所合"、"四时之所交"、"风雨之所会"、"阴阳之所和"之地,就是"两仪"、"四象"、"五行"的核心方位太极"中央"。

战国思想家荀况《荀子·大略篇》认为："欲近四旁,莫如中央,故王者必居天下之中。"[16]战国时期秦国宰相吕不韦《吕氏春秋·慎势》也认为："古之王者,择天下之中而立国。"[17]他们所认为的"中央",既是太极"五行"里中、土、黄"位置,也是三皇五帝等"王者""必居"和"立国"的"天下之中",即"天地之中"。

明朝朱元璋之子宁献王朱权《天皇至道太清玉册》也记载：黄帝"轩辕以配天，以中央之色曰黄，故其教也以天为主，故曰天道"。[18]其中"天道"，也称"黄道"、"中央道"，就是指大自然运动变化规律的学说，也是中国"道教"、"中庸之道"之源。道教始源于黄帝，发扬于老子，成教于张天师道陵。故尊称黄帝为始祖，老子为道祖，张道陵为教祖，是谓"道教三祖"。又记载："古者衣冠，皆黄帝之时衣冠也。自后赵武灵王改为胡服，而中国稍有变者，至隋炀帝东巡便为畋猎，尽为胡服。独道士之衣冠尚存，故曰有黄冠之称。"道教对汉族传统服饰的继承，有自己的衣冠制度，无论全真派和正一派都是如此。

5. 古人认为帝王居"天地之中"是天道、正道、大道

三皇五帝居住或建都在"天地之中"，自古被认为是自然的天道常理。北宋经学家石介认为："夫天处乎上，地处乎下，居天地之中者曰中国，居天地之偏者曰四夷。四夷外也，中国内也。"明朝朱元璋之子宁献王朱权《天皇至道太清玉册》记载：天道"此皆中国圣人之道也。故曰：正道。所谓正道者何？中国者，居天地之中，得天地之正气，其人形貌正，音声正"。明代太祖朱元璋在《谕中原檄》中的解释更为明确："自古帝王临御天下，皆中国居内以制夷狄，夷狄居外以奉中国，未闻以夷狄居中国而制天下也。"[19]

这说明，"古帝王"、即三皇五帝居住或建都的"中国"、"天地之中"，自华夏历史文明发源以来，就在东夷、南蛮、西戎、北狄等"四夷"之内，而"四夷"则在"中国"、"天地之中"之外，彼此共同组成了"天下"。三皇五帝居住和建都在"中国"、"天地之中"，管理着"四夷"，接受四方的供奉，临御天下。因此，"天地之中"也是"四夷"窥视、逐鹿的"五行""中土"、"中央"之地。

其实，"四夷"原本也居住在"中国"、"天地之中"，由于氏族的繁衍、争斗、分化、发展等原因，后来逐步向"中国"、"天地之中"之外的四面八方迁徙，并且把"中国"、"天地之中"的华夏文化传承到了"四夷"之地。于是，就如同物质中的分子、原子分级组合一样，在原始"中国"、"天地之中"之外出现了"四夷"衍生的"中国"、"天地之中"，或以别的什么名字称呼。但是，这些衍生的"中国"、"天地之中"之人都是原始"中国"、"天地之中"的后裔子孙，仍以原始"中国"、"天地之中"作为自己寻根问祖的精神家园。但也有原始"中国"、"天地之中"的后人迁离祖地故土后，为了自身利益或生存而改名换号，数典忘祖，甚至欺师灭祖，成为华夏民族忤逆之子的国与人。

6. "昆仑"就是"中国"、"天地之中"

上古时期的华夏先民还认为,"中国"、"天地之中"的"太极"之地,也是"昆仑"所在地,与"太极"、"中国"、"天地之中"可以互为代称,含义相通。东汉历史学家班固《汉书·律历志》记载:"太极中央元气。"[20]说明"太极",即"中央"。汉代易学著作《河图括地象》记载:"地中央曰昆仑,昆仑东南,地方千里,名曰神州。"又记载:"昆仑者,地之中也。"[21]

可见,所谓"昆仑"不过是"太极"、"中国"、"天地之中"的同义词,也与"太极"、"中国"、"天地之中"在同一方位,是华夏历史文明最早的发源地。

"昆仑"、"太极",也称"崆峒"。成书于春秋时期的《尔雅》记载:"北戴斗极为崆峒。"[22]大意是说"崆峒"为北斗七星正下方的灵气仙山,其上方也就是"太极"、"紫微垣"、"北斗"之位。说明"崆峒",即"太极"、"紫微垣"、"昆仑"。上古时期的"崆峒"山,是人文始祖轩辕黄帝登山向太上老君的化身广成子问道的圣地,道教典籍说老子的前身就是在崆峒修炼的广成子,而广成子又是黄帝的老师,意在说明"太上老君(太一、太极、昆仑)"、"黄帝"、"老子"所传承的道家文化学说是一脉相承的,也与老子参与周景王"铸无射"天道改革失败后,长期居住在开封大梁郊野之地的圃田东周学府"南之沛"传播道学,并由此骑青牛西出函谷关的历史是一致的。

道教始源于黄帝,传说他曾问道于广成子,修道升仙。可见,战国时期哲学家庄周《庄子·在宥》认为"黄帝闻广成子在空同(崆峒)之上,故往见之,问以至道之要"[23],不是神话妄说。因此,"太一"、"太极"、"昆仑"、"崆峒",也被誉为"天下道教第一山",是中国本土,即"中土"文化的根本所在。真正的"道教"文化,源于华夏先民创造的"太极"理论,不能用唯心、封建、迷信学说来一概否定之,应该作为华夏历史文明而加以深入研究、传承和弘扬,并受到应有的礼遇。

7. "九州"之地最早均发源于"昆仑"

上古时期,"昆仑"是冀州、齐州、兖州、豫州等"九州"之名的发源地。反过来说,冀州、齐州、兖州、豫州等"九州"之名最早均发源于"太极"、"昆仑"、"崆峒"、"中国"、"天地之中"。对此,汉代易学著作《河图括地象》记载:东汉"宋均谓:神州,中国;齐州,赤县也……正西州曰并土,正中冀州曰白土,均谓冀州,昆仑之山也。"说明"昆仑之山"在"神州、中国",而"神州、中国"、"冀州"的具体方位又在哪里呢?

对此,唐代宰相房玄龄《晋书·天文志》认为:"冀州于古,尧之都也。舜分州为十二,冀州析置幽、并。其于天文,自胃七度至毕十一度,为大梁(开封),属冀州。"这不仅说明同为"五帝"之一的尧、舜帝同在一地,也说明开封古"大梁"为"冀州"黄帝、尧帝、舜帝的帝都,还说明开封古"大梁"是"太极"、"昆仑"、"崆峒"、"天地之中"和三皇五帝的"中国"。

三、史典记载证明黄帝帝都、"天地之中"在开封

对于上述我们对"太极"、"昆仑"、"崆峒"、"天地之中"、三皇五帝"中国"及其黄帝帝都在开封的分析结果,或许一些人会不以为然,但请看以下史料记载。

1. 伏羲皇都伯皇山在开封古陈留

据明代学者陈士元《荒史》记载:"泰壹之后有空桑氏。"[24]其中"泰壹",即"太一",既是盘古、伏羲、女娲及后来黄帝在天象中位置的代称,也指伏羲在地形"昆仑山"、"崆峒"、"中央之国"、"天地之中"的黄柏山。对于"黄柏山"的地理位置,北宋史学家乐史《太平寰宇记·卷一》认为:"大梁城东三十里,汴水北五里,有黄柏山。"又记载:"黄,宋邑,汉县,属陈留。……今境内有山号黄柏山。"[25]其中"黄柏山",又称"皇伯山"、"皇人山"、"伏羲山"、"太一山"等。南宋学者罗泌《路史·前纪六》解释说:"皇人山,谓之伏羲山。"[26]

2. 炎帝帝都空桑在开封古陈留

炎帝是"太一",即伏羲氏皇权、人文和地理方位的继承者。据宋代学者罗泌《路史·后记四》记载:"炎帝参卢,是为榆罔,居空桑。"战国时期秦国竹简《归藏·启筮》记载:"蚩尤伐空桑,帝所居也。"[27]其中"榆罔",就是黄帝元妃嫘祖爷爷、方雷氏父亲的八世炎帝。罗泌《路史·前纪三》还记载:"伊尹,莘人,故《吕春秋》、《古史考》等俱言尹产空桑,空桑故城在今陈留,固非鲁也。故《地记言》空桑南杞而北陈留,各三十里,有伊尹村,而所谓穷桑则非此矣。"这表明开封杞县葛岗乡炎帝帝都"空桑村",不是在鲁国曲阜之地,而是与伏羲皇都"黄柏山"同在开封古陈留一地。

3. 黄帝帝都轩辕楼在开封古陈留

据唐代王瓘《广黄帝本行记》记载:黄"帝娶于西陵氏于大梁,曰嫘祖,为元

妃"。[28]其中"大梁",就是指战国时期魏国国都,即开封,黄帝、嫘祖成婚于古大梁城北的"轩辕楼"。南宋学者罗泌《路史》记载:"轩辕氏,作于空桑之北。"其中"作",为兴起;"空桑之北"的"轩辕氏",就是今杞县葛岗乡炎帝帝都"空桑"西北、开封古大梁城北的黄帝帝都"轩辕楼(丘)",也是西晋时期从魏国襄王墓中出土《穆天子传·卷五》中记载的"黄□室之丘",又称"黄台之丘"、"黄帝之宫"等。[29]这表明,炎帝、黄帝同居"五行"南、火和中、土之位的开封古陈留一带。

4. 颛顼帝都高阳在开封古陈留

据战国时期秦国宰相吕不韦《吕氏春秋》记载:"帝颛顼生自若水,实处空桑,乃登为帝。"[30]说明颛顼帝最初曾经在开封古陈留空桑为帝。北宋地理总志《太平寰宇记》引《图经》记载:开封"浚仪有高阳故城,颛顼高阳氏佐少昊有功,封于此城"。也表明,高阳氏颛顼初封之地在开封古浚仪"高阳故城",现为杞县葛岗空桑村南部约10公里的高阳镇,与伏羲、炎帝、黄帝建都同在开封古陈留一地。

5. 帝喾帝都有莘国在开封古陈留

据北宋地理总志《太平环宇记·卷一》记载:开封"浚仪:青丘,亦曰玄池。女娲简狄浴于青丘之水,有玄鸟遗卵,吞之,生契。即此水也"。说明高辛氏帝喾与妃子简狄在开封浚仪的"青丘"、"玄(黑)池"生下了殷商始祖"契",即"阏伯"。帝喾的居住地在开封陈留古莘国。唐代著名宰相李吉甫《元和郡县志》记载:"汴州陈留县古莘城,在县东北三十五里古莘国也。"[31]这里还是商代元圣伊尹的出生、耕作并协助商汤在古莘国北部打败夏桀的"鸣条"之地。

6. 尧举舜为天子在开封古陈留

据战国时期思想家墨翟《墨子·尚贤上》记载:"尧举舜于服泽之阳,授之政,天下平。"[32]说明舜称帝于尧帝帝都"服泽之阳"。其中"服泽"之"服"与"负夏"之"负"音同。清末经学家孙诒让认为"负夏"与"服泽"当为一地。西汉礼学家戴德《礼记·檀弓》记载:"……负夏。又阳夏,在开封。"[33]据明代《长垣县志》记载:"鸣条亭,舜崩处,陈留郡平邱县有鸣条亭。"[34]说明舜帝去世后,大禹将其下葬在古莘国北部的古陈留"鸣条"之地。

7. 夏禹王都阳城在开封古陈留

据西晋大学者皇甫谧《帝王世纪》记载:"禹避商均浚仪。"[35]其中"浚仪",

即汉代开封的旧称。据宋代学者王应麟《通鉴地理通释》记载:战国时期赵国史书"世本言,夏后居阳城,本在大梁之南,今陈留浚仪也"。[36]其中"夏后",即指夏代称王之后的大禹;"大梁之南"就是指开封古陈留郡浚仪县南部的夏禹王都"阳城",现为开封禹王台。

8. 尧、舜、禹、汤四代帝王都皆在天地之中

据唐初魏王李泰《括地志》记载:"自禹至太康,与唐虞皆不易都。"[37]唐代学者张守节《史记正义》也记载:"冀州者,天下之中州,唐、虞、夏、殷皆都焉。"意思是说,自尧、舜、禹到夏启、太康,甚至殷商中期之前,帝王建都均在"冀州",即开封黄帝帝都轩辕楼"中央"、"天下之中"一带,没有发生过远距离迁都的现象。

9. "天地之中"在开封黄帝帝都轩辕楼

令人称奇的是,公元724年夏至日(唐开元十二年四月二十三)午时,唐朝太史监南宫说和著名天文学家僧一行用最新科学方法测量日晷及极星方位为:河南登封阳城晷(日影)长一点四八尺弱,夜视北极出地高三十四点四度;河南浚仪(开封)岳台晷长一点五尺微强,极高三十四点八度。唐朝依照周公旦《周礼·大司徒》"尺有五寸,谓之地中"[38]的历史传统,认定开封浚仪岳台为新的"地之中",即"天地之中"。这说明西周公旦测定的郑州登封阳城"天地之中"有误,不是三皇五帝时期真正意义上的"天地之中",因而才会被唐朝所放弃。

更令人称奇的是,唐朝新认定的开封古浚仪岳台"天地之中",与开封黄帝帝都轩辕楼(丘)、夏禹王都阳城(禹王台)竟然同在一地,彼此相距都不足九公里。

作为道教原始发源地的开封"昆仑山"、"崆峒山"、"天地之中",是道家神仙的修炼之地,在道家文化中世代传承。黄帝修道成为开封昆仑山道家玄(原)圃真人;老子传道与孔子论道于开封大梁郊野南之沛原圃,即圃田;道教创始者张道陵(张天师)的八世先祖汉代张良,弃官后修道于开封兰考白云山(白云观之名由此而来);北宋著名道教学者陈抟老祖传道于宋都开封天庆观(后称重阳观);道教全真道创立者王重阳传道病逝于开封重阳观(后改延庆观);等等,证明开封是道教圣地。

东汉道家第一代天师张道陵传位于清代正一道龙虎宗第五十四代天师、大真人张继宗(1666～1715年)。康熙曾令张继宗与人分坛祷雨分别真假,结

果张继宗获胜受赏。据民国七年(1918年)张元旭《补天师世家》记载:张继宗"康熙二十年(1681年)袭爵入觐,上命祷雨,灵验,赐御书碧城额以为号。康熙三十三年(1691年)奉诏进香五岳,在汴京(开封)等地,以铁符镇水。三十五年上赐乾坤玉剑。四十二年诰授光禄大夫。四十六年赐第京师,五十二年赐帑银重修龙虎山殿宇。"[39]证明清代康熙时期,开封黄河泛滥,张继宗曾奉诏前来占卜,协助朝廷治水。

作为一代道家天师的张继宗也认为,"天下(地)之中",即"太极"在开封。他在《崆峒问答·一二一问》中明确指出:"北邙治河南开封之北,当天下之中,受天下之正炁,如人之五脏居于胸腹,脉则行四肢也。"[40]其中"开封之北"的"天下之中",正是古"大梁"、"浚仪"城北的黄帝帝都轩辕楼所在地;"五脏",出自"五行"也与"五行"对应。据魏晋之际的《黄庭外景经》记载:"宫室之中五炁集。"[41]对此,唐代隐居开封大梁夷门山的白履忠(梁丘子)解释说:"五脏之气,心为帝王,最居中央,众神来会。"又说:"黄者,中央之色也。庭者,四方之中也。外指事,即天中、人中、地中;内指事,即脑中、心中、脾中。故曰黄庭内者,心也。景者,象也。外象谕,即日月、星辰、云霞之象;内象谕,即血肉、筋骨、藏府之象也。心居身内,存观一体之象色,故曰内景也。"[42]说明帝王"宫室"乃"四方之中",即"中央",为黄庭外景,是"天下之中";"五脏、五气(元气)"汇集的"中",即"脑中、心中、脾中",为黄庭内景。黄庭外景,也是战国时期《穆天子传》记载的"黄帝之宫(庭)"、"黄台之丘"所在地。

为此,开封明代、清代、民国和现在鼓楼上的横匾,也被题名为"声震天中",以昭告天下:开封才是"天中"之地。相比于西安鼓楼横匾"声闻于大",是何等的自信和大气。

综上所述,我们有理由相信华夏朴素唯物主义"太极"学说具有科学性,有理由相信华夏人文历史最早的"太极"、"昆仑"、"崆峒"、"天地之中"、三皇五帝居住或建都的"中国"同在开封一地,而没有理由相信华夏人文历史最早的"太极"、"昆仑"、"崆峒"、"天地之中"、三皇五帝居住或建都的"中国"分散于西部的唐古拉山昆仑、陕西宝鸡秦岭、山西东南部运城、郑州登封阳城以及黄帝建都在新郑等地之说。

正因为如此,我们也实在难以赞同和认可现代中国历史学的某些大师们,背离华夏民族最根本的"太极"理论原则而作出的所谓"正统"中国历史结论。

文献来源:

[1](汉)孔安国传,(唐)孔颖达正义,黄怀信整理:《尚书正义》,上海:上海

古籍出版社,2008年版。

[2](汉)刘安:《淮南子》,郑州:中州古籍出版社,2010年版。

[3]王国轩、王秀梅译:《孔子家语》,北京:中华书局,2011年版。

[4]黄怀信:《〈大戴礼记〉汇校集注》,西安:三秦出版社,2005年版。

[5](春秋)孔子:《孔子家语》,北京:中国文史出版社,2003年版。

[6](唐)房玄龄等撰:《晋书》,北京:中华书局,1975年版。

[7](宋)张君房:《云笈七签》,北京:中华书局,2003年版。

[8]胡道静选辑:《道藏要籍选刊》载(宋)赵全阳:《历世真仙体道通鉴》,上海:上海古籍出版社,1988年版。

[9](唐)杜佑:《通典》,北京:中华书局,1988年版。

[10]王宴春:《三皇五帝与开封》,汴梁晚报,2010年版。

[11](南朝宋)范晔:《后汉书》,郑州:中州古籍出版社,1996年版。

[12](宋)李昉等撰:《太平御览》,上海:上海古籍出版社,2008年版。

[13](宋)石介撰:《石徂徕集》,北京:中华书局,1985年版。

[14](汉)司马迁撰,(宋)裴骃集解,(唐)司马贞索隐,(唐)张守节正义,顾颉刚领衔点校,赵生群主持修订:《点校本二十四史修订本〈史记〉》,北京:中华书局,2014年版。

[15](周)周公旦撰,吕友仁、李正辉译:《周礼》,郑州:中州古籍出版社,2010年版。

[16](战国)荀况撰:《荀子》,上海:上海古籍出版社,2001年版。

[17](战国)吕不韦著,(汉)高诱注:《吕氏春秋》,上海:上海古籍出版社,1989年版。

[18](明)朱权:《天皇至道太清玉册》,文物出版社、上海书店、天津古籍出版社等三家影印本,《道藏》第36册,1988年版。

[19]祖金玉编:《历代檄文名篇选译》载于(明)宋濂:《谕中原檄》,北京:中国青年出版社,1998年版。

[20](汉)班固撰:《汉书》,北京:中华书局,1962年版。

[21]《纬书集成》载于《河图括地象》,石家庄:河北人民出版社,1994年版。

[22](晋)郭璞注,(宋)刑昺疏:《尔雅注疏》,上海:上海古籍出版社,2010年版。

[23](战国)庄周著,(晋)郭象注:《庄子》,上海:上海古籍出版社,1989年版。

[24](明)陈士元:《荒史》,天津:天津人民出版社,1993年版。

[25](宋)乐史撰,王文楚等点校:《太平寰宇记》,北京:中华书局,2008年版。

[26](宋)罗泌:《路史》,北京:北京图书馆出版社,2010年版。

[27]廖名春:《王家台秦简〈归藏〉管窥》,《周易研究》,2001年第2期。

[28]《道藏》载(唐)王瓘:《轩辕本纪》,文物出版社、上海书店、天津古籍出版社联合重新印影涵芬楼本,1988年版。

[29](晋)郭璞注,张解说:《山海经 穆天子传》,长沙:岳麓书社,2006年版。

[30](秦)吕不韦撰,(汉)高诱注:《吕氏春秋》,上海:上海古籍出版社,1989年版。

[31](唐)李吉甫撰,贺次君点校:《元和郡县图志》,上海:中华书局,1983年版。

[32](战国)墨翟:《墨子》,上海:上海古籍出版社,2011年版。

[33]黄怀信:《〈大戴礼记〉汇校集注》,西安:三秦出版社,2005年版。

[34]《长垣县志》,郑州:中州古籍出版社,1991年版。

[35](晋)皇甫谧著,(清)宋翔凤、钱宝塘编:《帝王世纪·山海经·逸周书》,沈阳:辽宁教育出版社,1997年版。

[36](宋)王应麟著,傅林祥校勘:《通鉴地理通释》,北京:中华书局,2013年版。

[37](唐)李泰撰,贺次君辑校:《括地志辑校》,北京:中华书局,1980年版。

[38](汉)郑玄注:《周礼》,北京:北京图书馆出版社,2003年版。

[39]《道藏》载(民国)张元旭:《补天师世家》,文物出版社、上海书店、天津古籍出版社联合重新印影涵芬楼本,1988年版。

[40](清)张继宗大真人:《崆峒问答》,江西:《龙虎山道教·知识·文献经典》,2013年11月2日。

[41]《黄庭经今译·太乙金华宗旨今译》载南岳魏夫人:《黄庭外景经》,北京:中国社会科学出版社,1996年版。

[42]《道藏》载梁丘子注:《黄庭经》,文物出版社、上海书店、天津古籍出版社,1988年版。

第十七章　太极五行之"土"与开封"土山""卧牛城"

我们撰写的《鸿荒开封·〈穆天子传〉原文新解》[1]一书出版后，一些专家学者对书中关于开封为三皇五帝"中央之国"，"中央之国"在昆仑山"天地之中"，"中央"黄帝帝都在开封轩辕楼（丘）的观点，已逐步开始理解或接受。

中国科学院研究员王守春先生在来信中鼓励说："《鸿荒开封·〈穆天子传〉原文新解》一书不仅使我们对《穆天子传》有新的认识，而且对中华文明的发祥地和中华文明的中心有新的见解。在有关中华文明起源与郑州和开封的关系研究方面，取得令人们耳目一新的贡献。"

参加"院士专家开封行活动周"的国家艺术科学院院士段宝林先生，看到《鸿荒开封·〈穆天子传〉原文新解》一书后表示：关于三皇五帝、昆仑山在河南以及夏都阳城的研究，值得重视。

中国古都学会古都文化与旅游发展专业委员会主任、苏州科技大学教授叶骁军，在中国古都学会2013年开封年会发言中对《鸿荒开封·〈穆天子传〉原文新解》一书给予了高度评价，引起与会专家学者的热议。参会的陕西西安文理学院教授贾俊侠向作者表示"我们也持有'昆仑山'在中原地区的认识，赞成书中的这一观点"。一些专家学者还主动与作者进行交流、切磋，作者个人所带数十本《鸿荒开封·〈穆天子传〉原文新解》一书被索取一空。

河南大学文物馆馆长王德安还发表了《盛世想羲轩　传承仰文明》的书评文章，认为："鸿荒时期，华夏人文历史的发源地就在开封！历史的真相往往为勇于探索的至诚者所揭示，这一创新成果的时代意义无可估量。"[2]

受华夏历史文明发源于开封观点的影响，我们在大河网站的博客"kunlun"开通不过一年多的时间，浏览量已达500多万人次。所有这些，都是对开封华夏历史文明发源地研究工作的鼓励和支持，激励着我们把这一研究工作引向深入。

对于开封发源于太极五行"中央"、"黄"方位的观点,关于《鸿荒开封·〈穆天子传〉原文新解》一书我们在开封甚至河南媒体中已经作了一些介绍和报道,比较容易理解和接受,这里不再详述。但对于开封发源于太极五行"土"方位的观点,以及开封地处太极五行"土"地,黄柏氏伏羲建都开封"黄柏山"、"皇伯山",后人在开封太极五行"土"方位筑造"土山"、"土城"、"土柏岗"、"卧牛城"、"铁犀"的文化原因,还不为广大读者所系统了解。

在此,我们运用太极五行学说,结合开封人文历史传承,对开封是三皇五帝"中央之国"和五行"土"地,历史上以"土"为地名的建城历史传承整理成文,供大家参考。

一、太极五行理论关于"土"方位和含义解说

"五行"是由"太极、两仪、四象"发展而来的人文历史学说,是中国上古时期原始先民的一种物质观,是原始先民对客观世界形成的最初认识,其范围涉及原始先民生活、生产和发展的各个方面,应用十分广泛。后来,随着原始先民自然生活环境的变化或消失,后人多将其用于哲学、中医学和占卜等方面。

"五行",是指"水、火、木、金、土"。原始先民认为,大自然是由这五种要素构成的。随着这五个要素的此消彼长,大自然产生了不同的变化,不但影响到人类的生活、生产和发展,也使世界万物出现了周而复始、循环不已的"轮回"现象。

"五行"学说认为,世界万物是由"木、火、土、金、水(相生)"五种基本物质运动和变化所形成的。原始先民因受当时客观历史条件的制约,只能简单地将其描绘出"木、火、土、金、水"五种简单的结构关系和运动形式。事实上,上古时期"太极、阴阳、四象、五行"等学说,就是现代唯物主义"对立统一"理论形成的基础,也可以看作是人类社会最原始的一种世界观和方法论。

早在上古时期,华夏原始先民就有了"太极五行"认识。大约到了东周时期,便形成了"五行相克相生"的基本理念。之后,又出现了比较系统化的理论学说,把"五行相克相生"的次序固定下来,规范了"五行"之间矛盾、统一的模式,体现了事物内部的结构关系以及整体发展变化的规律性。这一学说不仅对人类生活、生产和发展具有重大的实践和指导意义,也为人类将此学说应用于研究和整理原始先民以来积累的大量医疗经验,对形成中医理论体系起到了重要的推动作用。

宋代开封有一位享有"内圣外王"之誉的哲学家、易学家邵雍,他在《五帝》

中记载:"……天有五行,水火金木土,分时化育,以成万物。其神谓之五帝。"还认为:"五帝之时似日中,声明文物正融融。"[3]其中"五帝",就是居住在太极"五行"、昆仑山"日中",即"天地之中"的三皇后裔,五方之帝。

"五行"一词,出现在中国现存最早史书《尚书》的《甘誓》、《洪范》之中,并且与大禹及儿子启在中原一带治水、治国的历史相关联。《尚书》相传为孔子编撰,孔子还曾把它用作教育学生的教材。该书所反映的道德理念,在儒家思想中具有极其重要的地位。其中《尚书·甘誓》之文,是居住开封的夏启在准备讨伐西部原阳原武一带的有扈氏时,在"甘"地发布的战争动员令。他认为:"有扈氏威侮五行,怠弃三正,天用剿绝其命。"还认为:"五行:一曰水,二曰火,三曰木,四曰金,五曰土。水曰润下,火曰炎上,木曰曲直,金曰从革,土曰稼穑。润下作咸,炎上作苦,曲直作酸,从革作辛,稼穑作甘。"[4]说明夏启"甘誓"之文发布在五行"五、土",五味"稼穑、甘"之位,也就是夏朝"中央"之位。

《尚书》中的《洪范》之文,又称"洛书",旧传为箕子向周武王陈述的"天地之大法"。东汉班固《汉书·五行志》认为:"禹治洪水,赐《洛书》,法而陈之,《洪范》是也。"[5]古人不仅认为《洪范》是天帝所"赐",而且还认为《洪范》文中较早记载了以"水"为首排列次序、性质和作用的"五行"学说。

这说明,"五行"学说早在大禹治水的尧、舜、禹时期就已经在客观实践中运用了。汉代大儒董仲舒在此理论基础上,又提出了"天人感应"之说。其实,"天人感应"就是指大自然变化给天地万物、人类的生活、生产和发展带来的影响及感受。

可见,不仅夏代《洪范(洛书)》中就已提出"水、火、木、金、土""五行"学说,而且"水"也被认为是"五行"之首。这就直接反映了"五行"存在于自然界的客观现实之中,也较早地反映了客观世界所固有的变化规律以及古人尊重、维护自然法则的重要性和严肃态度。据《尚书·洪范》记载:"鲧堙洪水,汩陈其五行;帝乃震怒,不畀洪范九畴……鲧则殛死,禹乃嗣兴,天乃锡禹洪范九畴,彝伦攸叙……"说明当大禹的父亲鲧实施堵塞洪水的治水行为时,不仅没有达到治水的目的,而且还引起天帝的震怒而招来杀身之祸,其原因在于这是违反自然法则的逆天叛道行为。之后,大禹受天帝之命,在治水中遵循自然法则,采取因势利导的疏水方法,终使治水取得了成功。这也反映了尧舜时期治理天下的太极五行文化和人文道德理念。

由此可见,"五行"之"水"其性是溢满而流,鲧阻流而治,自然违背了水的习性,也破坏了大自然的规律。所以,必定会引起天怒人怨和大自然的惩罚,招致身败名裂的结局。

据春秋《尚书·甘誓》记载："唯恭行天之罚,左不攻于左,汝不恭命。右不攻于右,汝不恭命……"这说明,夏启认为有扈氏"威侮五行"自然法则的做法,与鲧阻流治水一样是逆天叛道的行为,而自己讨伐逆天叛道的有扈氏,是符合当时人文道德规范,顺应自然规律要求的道义之举。

上述情况告诉我们,"五行"学说代表着客观物质的自然运动,代表着万物起源的根本规律,所表达的理念是按照客观规律办事的朴素唯物主义思想。如果不按"五行"客观规律而行,就会像有扈氏和鲧一样,为天帝、人民和大自然所弃绝。

关于"水、金、土"的辩证关系,"五行"学说中认为,"金生水、土生金"。其中"金"为会意字,上面的"人"字表示覆盖,下面的"一"、"土"字表示藏在地平线之下,"两点"表示地下的物质,本义是指金属。而"水"则为象形字,中间"竖"是表示水脉,两旁的笔画是表示流水。"水"的本义,是以"雨"的形式从天上降下无色无味并且透明的液体,是一切生物体的主要成分。所以,"水"才被安排在"五行"、"河图洛书"、"地支"、"生肖"中的第一位。

关于"土"的含义,古人也有很多解释。据清代《康熙字典》解释:"《集韵》《韵会》统五切,吐上声。五行之一。《说文》地之吐生物者也。二象地之下,地之中,土物出形也。"又记载:土,"又后土,取厚载之义。共工氏子句龙为后土,位在中央,主于四季各十八日。《礼·月令》中央土,其日戊己,其帝黄帝,其神后土。《周礼·冬官考工记》土以黄,其象方"。[6]这说明,"土"为"五行之一",在"中央土"、"土以黄",即"地之中"位置,这里是"中央帝",即"黄帝"建都的"中央、土、黄"之地。

"五行"之说"金生水,土生金"的观点,反映了我国上古先民对客观世界的原始认识。古人从金属矿物地理环境的实践中发现,金属矿藏大多在河流附近,即有金的地方必伴有水的存在。因此,南朝梁武帝时期周兴嗣,在《千字文》中认为"金生丽水,玉出昆冈"。[7]其中"昆冈",就是指太极五行的发源地、江河淮济"四渎"环绕的昆仑山,这里在上古时期是盛产玉的地方。

"五行"关于"金生水,土生金"的观点还说明,少阴(指西方,为金)之气,即金气温润流泽,金靠水生,销锻金也可变为液体的水,所以"金生水"。因为"金"隐埋在山岩里,山岩分化后为土,土聚成山,"金"津润而生。有山必生岩,有岩必化土。因此,土中有金属矿藏,"土生金"。

但是,"五行"的"生克"也是辩证的,有条件的。如金:金能生水,水多金沉。强金得水,方挫其锋。如水:水旺得土,方成池沼。水赖金生,金多水浊。如土:土旺得水,方能疏通。土能生金,金多土变。强土得金,方制其塞。土能克水，水多土流；水弱逢土，必为淤塞。这些认识都是上古时期原始先民对自然现象长期实践和观察得出的结果，是人类在客观世界不断总结经验后得出的历史结论。

由此，上古先民得出了"五行相生"的规律，即：水生木、木生火、火生土、土生金、金生水。继而又得出了"五行相克"的规律，即：水克火、火克金、金克木、木克土、土克水。其实，"五行相生相克"均出自天地之间客观事物对立统一的本性，也是古代朴素唯物主义认识论的产物。

二、三皇五帝建都昆仑山"五行""土"之地

我们认为，"太极五行"文化的最早发源地，与三皇五帝以及大禹、商汤建都的"中央之国"，在地理上具有完全的一致性。"五行"核心的"中、土、黄"方位，也就是昆仑山核心地区"中央帝"、"黄帝"的建都之地。"中、土、黄"与"中央黄帝"无论在"五行"学说中，或是在中国人文历史传承中，都是"多位一体"的关系。

对此，古人多有记载。西汉初年政治家贾谊《新书·属远》认为："古者天子地方千里，中之而为都。"[8]其中"中"，是指五行"中央"和三皇五帝方圆五千里建都的核心方位。春秋时期《尚书·周书·召诰》认为："王来绍上帝，自服于土中。"其中"土中"，是指五行"中、土"的方位。而"服于土中"的原因，在于这里是三皇五帝建都和统治的核心之地。东汉时期思想家王充《论衡·验符》认为："黄为土色，位在中央。"[9]其中"黄"、"土色"，在五行"中央"方位。春秋时期左丘明《左传·昭公十二年》认为："黄，中之色也。"[10]其中"黄"，是指五行五色中的"中央、土"之色。汉代礼学家戴德《礼记·郊特牲》也认为："黄者，中也。"[11]其中"黄者"，是指五行"中央、土"的位置。

以上情况说明，古人将"五行"与"五色"、"五方"相配，形成了"土"为"黄"，居"中"，以"土、黄"为"中央"正色的历史文化传统认识，并按照这种相配的学说和方式来安排三皇五帝建都在太极五行"中央之国"的位置。如：炎帝因生在五行南方"赤"地的开封县万隆华阳寺仰韶文化遗址，建都于开封东南杞县葛岗的"空桑"，故称"赤帝"或"炎帝"；清阳帝玄嚣(少昊)因生在五行东方"青"地的开封县八里湾初刘清阳寺，葬于开封东部、兰考红庙的"青陵"，故称"青帝"或"青(庆)阳帝"；颛顼帝因生在开封杞县高阳，建都于五行北方"黑"地，开封北部、濮阳西南的"颛顼陵"，故称"黑帝"或"玄帝"；黄帝因在开封五行中方"黄"地的轩辕楼(丘)建都，故称"中央帝"、"黄帝"、"土神"、"后土"等。因此，

西汉礼学家戴德《礼记·月令》认为:"中央土,其帝黄帝、其神后土。"

而这些在"五行五方"建都的上古"五帝",均是以开封黄帝帝都轩辕丘为"核心"的"中、土、黄"位置,向四方繁衍发展的。因为"昆仑"是太极日月、阴阳、父母"两仪"的象征,地处太极五行"中央"之位,所以黄帝也称"昆仑帝"、"混沌(指太极)帝"等;又因为黄帝帝都轩辕楼(丘)南部临近"江(姜)水","江水"又称"鸿水"(即鸿沟、浪荡渠、浚水、汴水等),所以黄帝也称"帝江"、"帝鸿"。对此,史料中多有记载,不再赘述。

可见,三皇五帝时期的帝名均与开封周边"五行"方位、江河、丘台等地理名称相吻合。这种较为系统的太极文化现象,在华夏人文历史上可谓是绝无仅有,是任何其他地理方位所不能复制和取代的。这也用客观事实说明,"三皇五帝'中央之国'在开封,华夏历史文明发源于开封一带"的观点不是痴人说梦。

南朝梁、陈时期文字训诂学家、史学家顾野王,在《玉篇》中也记载:黄,"中央之色也"。[12]其实,"黄"就是开封三皇五帝"中央之国""土"的颜色,是江水、鸿水的颜色,也是古今"中国"人的肤色。

这种"黄"色,早在三皇时期就在开封留下人文遗产,如三皇之一的伏羲柏芝就建皇都于开封皇柏山。"皇柏山"是柏芝黄柏氏族的居住地,又称"黄柏山"。

对此,柏姓家谱记载说,相传远古时代有柏皇氏,是东方部族的首领,名叫"芝",因为以柏木为图腾,所以称为"柏芝"。柏芝曾担任伏羲氏的助手,勤劳于天下而不居功,造福于民众而无所求,所以深得伏羲的信任和百姓们的拥戴。后来,他在开封三皇五帝"中央之国",即五行"黄、土"的东部之地当上了部落首领,称作"黄柏氏"、"土(塗)山氏"、"柏皇氏"等,尊称为"皇伯"。

黄柏氏居住的"黄柏山"、"土(塗)山",又称"皇柏山"、"皇伯山"。据宋朝学者罗泌《路史·前纪六》记载:"柏皇氏,姓柏名芝,是为皇柏,出搏之日之阳,驾六楷,以木纪德。为而不有,应而不求。立于正阳之南,是为皇人山。"又记载:"皇人山,谓之伏羲山。"[13]可见,"黄柏山",也称"柏皇山"、"皇柏山"、"皇人山"、"伏羲山"等,并在五行"正阳之南",也就是开封黄帝帝都轩辕楼(丘)"中央"南部,后迁于东南部一带。

对于黄柏山在开封古陈留之说,宋代地理学家乐史《太平寰宇记·开封府》也有同类记载:"陈陵,在县北二十里。按《城冢记》云:'大梁城东三十里,汴水北五里,有黄柏山陈元方祖父墓二十区,有碑存。'"[14]其中"陈陵"为上古时期伏羲的"陈都"之地,也为东汉道德家陈元方先祖的茔地,在古陈留县北二十里,也就是开封"大梁城东三十里,汴水北五里"的"黄柏山"一带。说明在东汉时期开封东南部确实还有伏羲皇都"黄柏山"的存在。

宋代学者罗泌在《路史》中记载说:"轩辕氏,作于空桑之北。"又解释说:黄帝在"空桑山北"造车,"横木为轩,直木为辕,故号曰轩辕氏"。其中"造车"于杞县葛岗"空桑(山)之北"的"轩辕氏",就是指开封古陈留"黄柏山"、"鸿水(沟)",即"汴水"北部的黄帝帝都"轩辕楼(丘)"。

西汉淮南王刘安《淮南子》也记载说:"禹治鸿水,通辍辕山,化为熊。"[15]其中"鸿水",即后来的"鸿沟"、"浪荡渠"、"汴水",流经开封北部、"黄柏山"南部;"辍辕山",为"土"山而非石头山,在"黄柏山"、"鸿(沟)水"北部,也称"轩辕丘(楼)";"熊",为"三足龟(鳖)",即"玄鱼"。大禹为黄帝"有熊氏"后裔,也称"有能氏"。我国最早解释词义的专著《尔雅释鱼》认为:"鳖三足,能。"[16]在中国神话中,三足鳖与三足蟾、三足鸟一样都是神。后来大禹称王建都于"熊(鳖、龟)"台,即开封禹王台"龟"山之上、蛇山之侧。

传说舜帝为表彰大禹治水的功劳,赐给他一块黑色的玉圭,上有77字"岣嵝文",又称"玉册(策)"。在北宋开封任职朝奉郎的刘跂,将玉圭上文字拓刻在湖南衡山上,客观上起到了向长江以南传承开封大禹文化的历史作用。对此,明代书法理论家丰坊《书诀·宋石刻》中证实:刘跂"官终朝奉郎。临夏大帝(禹王)玉册文变大,刻石在岣嵝山"。[17]这说明,开封的"鸿水(沟)"、"黄柏山"、"轩辕丘(楼)"、"禹王台"一带才是大禹治水的核心之地,因为治理三皇五帝"中央之国"帝都的水患,是尧、舜二帝交给大禹的首要任务。

开封北部的黄帝帝都"轩辕丘",也称"轩辕楼",是黄帝时期所建的"五城十二楼"之一。战国时期魏国编撰的《穆天子传》中称其为"黄帝之宫(室)"、"黄台之丘",在开封"夏启之居"的北部。据汉代史学家司马迁《史记·封禅书》记载:"方士有言'黄帝时为五城十二楼,以候神人于执期,命曰迎年'。上许作之如方,命曰明年。"[18]东汉史学家班固《汉书·郊祀志下》记载:"黄帝时为五城十二楼。"[19]唐初历史学家颜师古注引东汉学者应劭之说:"昆仑玄圃五城十二楼,仙人之所常居。"东晋道教学者葛洪《抱朴子·祛惑》也记载:"又见昆仑山上一面辄有四百四十门,门广四里,内有五城十二楼。"[20]这说明古人是认可黄帝昆仑山、玄圃"五城十二楼"存在的。黄帝时期,开封昆仑山、玄圃"五城十二楼"之一的"轩辕楼",至今仍称"轩辕楼",简称"轩楼"。因受黄河改道时修建黄河大堤影响,"轩辕楼"虽略有南移,但地名数千年不变。"轩辕楼"现归属开封北部的柳园口乡,古称"小黄城"、"轩辕城"等,后世称其为华夏"第一村"。村西柳池的北部有古"黄帝泉"一眼。村中居民自古双姓"轩辕",

自认为是黄帝后裔。

黄帝时期的"五城十二楼",是按照"五行五方""东(青龙)、西(白虎)、南(朱雀)、北(玄武)、中(帝一,主黄色)"学说布局筑建的。这种建设风格不仅为后世历代帝王建都时所仿效,而且至今开封仍有以"五行五方、五楼相向"为文化特色建筑的樊楼相传承。因伏羲、女娲为"凤(风)"姓,"凤",又称"阳离"、"火精"、"火鸟"、"凤凰",黄帝是伏羲凤凰的后裔,所以按照"五行五方"和"五城十二楼"风格筑建的"樊楼"也称"五凤楼"。

对于开封为三皇五帝共同建都之地和"樊楼"、"五凤楼"之说,金代沙陀族诗人李汾写诗评论说:"琪树明霞五凤楼,夷门自古帝王州。"其中的"五凤楼",即指古代开封按照"五行五方"学说建筑的"樊楼";"夷门",为炎黄时期仓颉后裔夷门氏的居住地,也是战国时期魏国大梁城的东门,今在开封老城北门铁塔一带。

从上述人文历史来看,金代李汾关于开封"自古"就是"帝王州"和"五凤楼"的论断,可谓是"慧眼识珠",有着深远的历史眼光。

其实,伏羲"黄柏山"、仓颉"夷门山"、黄帝"轩辕楼"一带,也是后来大禹在开封尧帝、舜帝"中央之国"治理鸿水、浪荡渠时,所娶涂山氏女娇的族地。女娇,也称"女蟜",为伏羲之后女皇女娲母系氏族有蟜氏的后裔,后称"九尾狐氏"、"涂山氏"。据先秦古籍《山海经》记载:"平逢山山神:骄虫。"[21]"骄虫",即"蟜虫",是女娲有蟜氏的图腾,说明女娲就是皇都平逢山的"山神",即"女皇"。据著名历史考古学家许顺湛考证:"蟜虫是居住在平逢山的有蟜氏家族的信仰图腾,有蟜氏是炎黄二帝的母族。"对此,我们深以为是。

"平逢山"由伏羲皇都"黄柏山"传承而来,且同在一地,又称"逢山"、"平台"、"古吹台"、"范台(宫)"、"繁台"、"禹王台"、"土(塗)山"、"兔台"、"土柏岗"、"梁园"等。至今开封禹王台内唯一的土山仍称作"逢山",即"蓬山"。清代康熙年间河南巡抚闫兴邦《重修禹王台记》中指出:"夫禹王台,昔名古吹,一名繁台,又曰平台。"[22]开封"梁园"之名,由战国时期的魏国国都"大梁"之名延续和演变而来。汉代开封"梁园"、"平台"之名,随着梁孝王东迁被带到商丘,故商丘也有"梁园"、"平台"之称。

"平逢山"、"梁园",还是夏禹王都和妃子女娇居住地阳城。宋代学者王应麟《通鉴地理通释》引战国时期赵国史书《世本》说:"夏后居阳城,本在大梁之南,今陈留浚仪也。"[23]其中的"阳城",就是大禹王都宫室之地,即开封南部的禹王台。对此,明朝兵部尚书毛伯温(1482年~1545年)记载说:"吹台故有禹宫,宫之后有空室,而栖非其鬼,伯温业撤其鬼而祠三贤矣。"这说明,明代毛伯温将唐代著名诗人李白、杜甫、高适"三贤祠"新建在禹王台"禹宫"之内,也说明战国、宋代和明代关于大禹王宫阳城在开封的记载是一致的。

后人把女娲当作创造人类的祖先,因此,称其为"老祖母"、"无极瑶池老母",并赋予神号"无极瑶池大圣西王金母大天尊"、"至尊至圣始母元君无极祖母圣天尊"等。相传农历七月初七是"无极瑶池老母"的诞辰,届时各大庙里香火鼎盛,异常热闹。民间传说"老母"女娲的道场在灵山,即女娲皇都之地,她的殿堂一般叫"安阳宫"、"老母洞"。其实,"老母"是后人对三皇五帝及其夏商母系氏族领袖人物的泛称,并在地域上具有传承性。

据开封地方志专家王宴春在《三皇五帝与开封》中介绍:"今南关(今禹王台区)纪念塔西南民生街路西昔日地下有一老母洞,始于何时失考。"[24]这与女娲皇都在"平逢山",即禹王台的历史相吻合。古代的"平逢山"、"梁园"的面积很大,方圆三十多里,范围大致包括"禹王台"、"老母洞"、"屠府(塗夫)坟"、"土(塗)山"、"宁(杼,夏王)陵"、"宴(钧)台"、"土柏岗"、"黄柏山"、"南北神岗"、"夏寨"、"治台"、"石牛"、"独乐岗"等。

"塗山"之"塗",也指开封古代"土山"、"泥(尼)山"、"土柏岗"之"泥、土",由五行"土"文化演变而来。据三国时期魏人张揖《广雅》记载:"塗,泥也。"[25]春秋时期《尚书·禹贡》也记载:"厥土唯塗泥。"可见,"塗"也指"泥"、"土",是鸿水、浪荡渠夹杂的泥沙在水南地势较平的开封一带沉积而成的浅滩,也称"滩涂",后堆积成山,称"塗山"。"塗山"地处三皇五帝"中央之国"和太极五行"土"地,也称"土山",即"塗山",而不是石头山。"土山"、"塗山"文化,由伏羲、女娲、黄帝"中央、土"方位的名称演变传承而来。"塗山"又称"泥山"、"尼山",是伏羲、女娲、大禹、女娇、逢伯明、逢蒙等上古圣人的居住之地。后人将这些文化经东夷人、孔子传播到山东曲阜"尼山"等地。

对此,清代康熙年间河南巡抚闫兴邦认为:"豫省当天下之中,道里所均,古圣先贤大半发迹于斯。"清代康熙年间陈留县知语溪钟进一步指出:"今日之有陈留,实洪荒初辟五千余年之陈留,非二千余年相仍文献之陈留也。"窃以为,古人关于开封为"古圣先贤大半发迹"地,是"洪荒初辟五千余年之陈留"之言,源于对开封人文历史的深刻认识,并不是故作高深,无感而发。

三、开封"土城"、"卧牛城"产生的历史渊源

许多人对开封之地古代被称作"土城"、"土山"持怀疑态度,认为不可能与太极五行之"土"和黄帝帝都"中央"如此巧合在一起,但事实却出人意料。

按照"五行"学说,开封为"土"地。"土"地之山自然称作"土山"。所以,从"五行"理论上来讲,开封应该有"土山",其人文历史也应该从上古时期的"五行"文化传承而来。

可是,开封的"土山"在哪里呢?

对此,古籍中是有记载的。据明代佚名氏《如梦录》记载:开封"又有三山:土街为一山,爪儿隅头为一山,夷山为一山。谓之三山不显"。[26]其中"土街为一山",在开封南北土街一带,称为"土山",又称"土梓山"。"土梓山"之"梓",是指楸树,也称"桑梓",被古人认作是"百木之长",故呼"梓树"为"木王"。"梓",也称"蟜梓"、"桥梓"。据春秋时期《尚书·大传》记载:"桥者,父道也。梓者,子道也。又桑梓,父之所树。"三国时期吴国学者陆玑在《草木疏》中说:"楸之疏理白色而生子者为梓。"[27]这表明,"梓"是父系氏族传承的象征,与上古时期天父伏羲、天母女娲在此地通婚造子,繁衍原始先民的历史文化传承是吻合的。

因此,"梓"树获得了华夏先民及其后人的敬重。据春秋时期《诗经·小雅》记载:"维桑与梓,必恭敬止。"这也说明,开封"土梓山"是父系氏族最早的居住地,是"三皇"之一的伏羲父系氏族文化传承的结果,也与三皇五帝"中央之国"在开封五行之"土"地的认识相一致。

伏羲时期传承了多位"皇",因此不可能仅仅居住在"土梓山"一地,他们会随着氏族的繁衍发展而在近距离内进行迁徙。因此,开封一带还有"土柏岗(黄柏山)"、"堌台"、"土城"等地名的存在。开封以"土"之名建城的人文历史,目前至少可以追溯到战国之前。如魏国惠王时期迁都开封,临梁沟、鸿沟(宋代汴河)北岸阳地建立大梁城,当地人至今仍称其为"土城",位置在宋代万胜门一带,今西郊乡西北部。

或许有人会以为,在古代经济不发达的情况下,其城墙均用实土打夯而成,故均可称作"土城"。这种解释对一般古城而言是讲得通的,但对于开封来讲却是一个例外。事实上,开封古称"土城"并不仅仅从战国大梁"土城"一个事实中得到印证,开封古代"卧牛城"之说也可以印证与"土城"文化的历史渊源。

开封是上古时期江、河、淮、济"四渎"流经之地,自那时开始,开封便"兴于水也衰于水,成于水也败于水"。开封"卧牛城"之说,与开封上古先民与鸿水泛滥作斗争的历史密切相连。尽管由于历史久远已难以考证,但仍有一些史料将其保存下来。

据宋代史学家徐梦莘《三朝北盟会编·卷六六》记载:"先是术者言京城如

卧牛,贼至必击善利、宣化、通津三门,善利门其(牛)首也。宣化门其(牛)项也。"[28]说明宋代史学家和儒道术士仍认为开封为"卧牛城"。

元末著名文学家施耐庵《水浒传》记载:"一自梁王,初分晋地,双鱼正照夷门。卧牛城阔,相接四边村。"又记载"州名汴水,府号开封。……两晋春秋,梁惠王称为魏国。层叠卧牛之势,按上界戊中央;让华夷,太宗一迁基业。"[29]说明元代文学家也称开封为"上界戊中央"、"卧牛城"。

据明代佚名氏《如梦录·形势纪第二》记载:"东京地脉,原自西来,故唯西门直通,余四门皆屈曲旋绕,恐走泄旺气也。势如卧牛,故名曰卧牛城。"明代小说家冯梦龙《古今小说·宋四公大闹禁魂张》记载:"东京百八十里罗城,唤作卧牛城。"[30]明代中期蜚声于中原文坛的学者李濂《汴京遗迹志》也记载"汴京城势如卧牛状,登是冈(望牛冈)以望之,则居然可见,故名"。[43]说明明代仍然称开封为"卧牛城"。

可是,"卧牛城"的含义何在?与五行"土、金、水"是什么关系?

古代用来纪日、纪月、纪年、纪时的历法,是由太极五行学说演变而成的。历法中有"十二地支",即子丑寅卯辰巳午未申酉戌亥。古人又将"十二生肖",即鼠、牛、虎、兔、龙、蛇、马、羊、猴、鸡、狗、猪,与"十二地支"相配,形成了子鼠、丑牛、寅虎、卯兔、辰龙、巳蛇、午马、未羊、申猴、酉鸡、戌狗、亥猪的对应关系。"十二地支"和"十二生肖"来源于古人在自然界实践中长期观察、积累的经验。

其中"丑牛"之"丑",在五行为"阴土",有湿土、寒土之义,位在东北方,颜色为黑黄,为一年中冬季农历的十二月(即从小寒节之时起——立春节之时止),一天中的凌晨一点至三点之间。故开封东北方有"铁牛"、"沙牛岗"、"欧(牛)坦"等地名存在。古人认为,"丑"中有水、有金,水的沿岸是土堆成的,自然生长着许多柳树,可以阻止水流。因此,此地的河流沿岸适合大量种植柳树,形成了柳园、柳池、柳堤等特殊地理名称。

"丑牛"之地"水、金、土"三者相生相克的关系是,土生金,因为金要依靠山岩来储存;金生水,因为水要依靠铁器来开导疏通;土克水,因为土可以覆水。在古代传说中,老鼠咬开天地之后,因有"开天创世"之功,因而把"鼠"放在地支中的第一位"子",故有"子鼠"之称。对此,众生肖无话可说。而在老鼠咬开天地之后,万物得于滋生,但荒地连片,靠人力难于耕作养活自己,于是"牛"助人耕种,使人类得以生存繁衍。因而把"牛"放在地支中的第二位,称作"丑牛"。为避直呼其性,开封还将"牛"读作"欧"。所以,古人有"天开于子(子为鼠)"、"地辟于丑(丑为牛)",在东北方位之说。因为地开辟于"丑",而"牛"又是开地之物,故"丑"属"牛",称"丑牛"。

开封"卧牛城"之"牛",在"十二地支"中为"丑";在"十二生肖"中为"牛";在五行中为"土"。由于"土"能克"水",而"丑"、"牛"在五行"土"之方位,所以"牛"也一样能克"水"。上古时期三皇五帝的昆仑山"中国"被江河淮济"四渎"环绕四周,宋代开封"土山"、"土城"、"卧牛城"被汴、蔡、金、五丈"四河"包围之中。开封北部就是鸿水,即鸿沟、浪荡渠、浚水、汴水流经之地,经常发生鸿水、汴水泛滥的情况。为了阻止鸿水、汴水灾害的发生,古人把能克"水"的"牛"、"土"作为所建城邑的名称,以寄托抵御水灾,保护家园安宁的愿望,并将这种历史文化世代传承,直到近代。

对于上述解释,开封地方史料中也有据可查。据清代《祥符县志·建置志·城池条》中引郑之鎏《续东京梦华录》记载:"去城七八里许,有土城,仅有土基,周围四十余里。"又记载:"城以卧牛名者,城枕大河,牛土属,土能克水也。西城重门相向,其牛之首乎,直吞河雒而来王气也。余则三四重门,转折而冲向,其牛之足乎。盘曲卧镇,参差其形,唯静可以制动也。"[32]明代学者陈所蕴《增建敌楼碑记》记载:"相传东京卧牛城,三山不令显,五门不令相对也。城以'卧牛'名者,城枕大河,牛土属,土能克水也。西城重门相向,其牛之首乎,直吞河雒而来王气也。"两个史料都说明开封"卧牛"城之名,与牛、土能克水有关。

明代史学家顾炎武《历代宅京记》记载:开封"汴城卧牛之形,北视黄河为子,而子不敢来害其母"。[33]说明五行"土生金、金生水",所以"土"为"水"之祖,"水"惧"土"。我们认为这种解释有些牵强,还是应该与牛、土能克水的"五行"学说有关。

不仅如此,公元1446年,明代政治家、河南巡抚于谦为防治开封水患,在加厚黄河堤岸,修筑护城大堤的同时,还根据"五行"学说铸造一头"铁犀",祈求神灵庇护,以消水灾。于谦亲撰《镇河铁犀铭》铸于铁犀背后,内容为:"百炼玄金,溶为金液。变幻灵犀,雄威赫奕。填御堤防,波涛永息。安若泰山,固若磐石。水怪潜形,冯夷敛迹,城府坚完,民无的垫溺……"犀牛具有强壮、锋利、坚固的象征。铸造"镇河铁犀"应验了五行关于"强金得水,方挫其锋"的说法,表达了开封人民要求根除河患的强烈愿望,也是古代开封地区迭遭水患的历史见证。当然,这不过是对五行"土、牛克水"学说的另一种运用形式而已。

对此,明代《如梦录·附录》记载:"城外东北堤畔仍有一大铁牛(即'镇河铁犀'),遥望河浒镇之,是有取乎名之也。"说明其对古人关于东北"丑牛"方位的"铁犀(牛)",具有镇河功能的说法是认可的。

公元1691年(康熙三十年),清代河南巡抚阎兴邦改"回龙庙"为"铁犀镇河庙",撰文《改建铁犀镇河庙记》认为:"铁犀,有两义焉:铁者,金也,为水之母。子不敢与母斗,故蛟龙咸畏之。犀,牛也,牛,坤属。坤为土,性能克水。"我们认为,阎兴邦对于五行"土"文化和明代于谦铸造"镇河铁犀"含义的理解是准确和完整的。

总之,"铁犀"俗称"铁牛"。在上古时期太极五行"相生相克"学说中,"铁犀"之"铁"属金,金生水,为水之母,子不敢与母金相斗,故水蛟畏惧金牛。因此,古人认为金牛"铁犀"具有震慑河水泛滥的作用。"丑牛"地支为丑,生肖为牛,五行属土,"铁犀"宜安置在"八卦"的东北方或西南方的"艮坤"之位,也称"坤兽"、"坤牛"。"八卦"东北、西南"艮坤"之位属"土",取五行"土克水"之意。所以,"镇河铁犀"被安置在黄河泛滥的开封古城东北"丑"、"艮"方向的"铁牛村",也就是黄河西北、东南流向的南岸、西南方位,面向黄河。而"丑牛"、"坤牛"、"犀牛"和"土"一样,都具有克水的功能。

这才是开封古代被称为"土(塗)山"、"土城"、"卧牛城",铸造"镇河铁犀"的主要原因。其实,采用"镇河铁犀"的方法治水并非始自明代于谦,早在战国时代就有著名水利工程专家、秦国蜀郡(今成都一带)太守李冰以"石犀五头以压水精",建造都江堰,治理岷江的史料记述。但"土"和"犀牛克水"的文化却由三皇五帝"中央之国",即"太极五行"的发源地开封传承而去。

建造"土城"、"土柏岗"、"卧牛城"和"镇河铁犀",是开封古代先民与鸿水、浪荡渠、汴水、黄河等水患进行不懈斗争的见证,寄托着开封古代先民不怕困难、战胜水患的美好愿望。而开封"土"、"牛"文化的传承,也印证了上古时期太极五行学说和三皇五帝"中央之国"人文历史发源于开封的客观真实性。

文献来源:

[1]韩鹏、徐莉、乔建华:《鸿荒开封·〈穆天子传〉原文新解》,郑州:郑州大学出版社,2012年版。

[2]王德安:《盛世想羲轩、传承仰文明——评〈鸿荒开封·穆天子传原文新解〉》,河南文化网(中原访古·寻古探幽),2012年12月18日。

[3](宋)邵雍:《邵雍集》,北京:中华书局,2010年版。

[4]《尚书全集》,北京:海潮出版社,2013年版。

[5](汉)班固撰:《汉书》,北京:中华书局,1962年版。

[6](清)张玉书等编纂:《康熙字典》,北京:中华书局,2001年版。

[7]李小龙注解:《〈千字文〉全解》,北京:人民文学出版社,2009年版。

[8](汉)贾谊:《贾谊集》,上海:上海人民出版社,1976年版。

[9](东汉)王充:《论衡》,上海:上海人民出版社,1974年版。

[10](春秋)左丘明等:《左传·吕氏春秋·战国策》,北京:北京出版社,2006年版。

[11]黄怀信:《〈大戴礼记〉汇校集注》,西安:三秦出版社,2005年版。

[12](梁)顾野王:《大广益会玉篇》,北京:中华书局,1987年版。

[13](宋)罗泌:《路史》,北京:北京图书馆出版社,2010年版。

[14](宋)乐史:《宋本太平寰宇记》,北京:中华书局,1999年版。

[15](汉)刘安:《淮南子》,郑州:中州古籍出版社,2010年版。

[16]胡奇光、方环海:《尔雅译注》,上海:上海古籍出版社,2004年版。

[17]潘运告编,云告校:《明代书论》载(明)丰坊:《书诀》,长沙:湖南美术出版社,2002年版。

[18](汉)司马迁撰,(宋)裴骃集解,(唐)司马贞索隐,(唐)张守节正义,顾颉刚领衔点校,赵生群主持修订:《点校本二十四史修订本〈史记〉》,北京:中华书局,2014年版。

[19]班固撰,颜师古注:《汉书》,北京:中华书局,2000年版。

[20](东晋)葛洪:《抱朴子》,上海:上海古籍出版社,1990年版。

[21]张耘点校:《山海经·穆天子传》,长沙:岳麓书社,2007年版。

[22](清)《开封府志》,北京:北京燕山出版社,2009年版。

[23](宋)王应麟著,(清)翁元圻等注,田松青等校点:《困学纪闻》,上海:上海古籍出版社,2008年版。

[24]王宴春:《三皇五帝与开封》,汴梁晚报,2010年8月6日版。

[25]张揖、曹宪音、(梁)顾野王:《广雅·玉篇》,长春:吉林出版集团,2005年版。

[26]孔宪易校注:《如梦录》,郑州:中州古籍出版社,1984年版。

[27]周振甫译注:《诗经译注》,北京:中华书局,2002年版。

[28](宋)徐梦莘:《三朝北盟会编》,上海:上海古籍出版社,1987年版。

[29](明)施耐庵:《水浒传》,北京:中国社会出版社,2011年版。

[30](明)冯梦龙:《古今小说》,北京:人民文学出版社,1984年版。

[31](明)李濂撰,周宝珠、程民生点校:《汴京遗迹志》,北京:中华书局,1999年版。

[32](清)《祥符县志》,北京:北京图书馆出版社,1989年版。

[33]顾炎武:《历代宅京记》,北京:中华书局,2004年版。

第十八章　菊花节会传承着开封上古华夏文化

一年一度的开封菊花盛会，不由人便想起了关于中国菊花的历史文化和传承。

开封菊花历史悠久，但真正把菊花定为市花却始于改革开放后的一九八三年，以后每年举办一次菊花花会。但从开封历史来看，早在北宋时期，作为宋都的开封就已经有了举办菊花节会的习俗。如果要追溯开封盛产和种植菊花的历史，就更加久远了。以开封为代表的中国菊花文化，在我国花卉文化历史中十分悠久，古代经典史册、文学著作和民间传说中关于开封菊花的故事很多，并由此形成了丰富多彩的开封菊花文化。

菊花文化在华夏历史文明发展和传承中有着重要地位，并逐步形成了具有华夏历史文明的个性化特征。这种个性化特征，是由华夏先民认识和运用菊花自然属性发展起来的人文内涵，并且具有地域化、人格化的象征意义，是古人借以抒发情感，言情表志的载体。它的产生与发展与华夏历史文明相融，又与民族文化相互渗透、相互促进。

一、开封菊花文化产生的历史

国内学术界一般认为，菊花在我国自有文献记载已有三千余年的悠久历史。但是，这种表述是比较含糊和笼统的。原因在于：既没有说明我国自然繁育菊花源于何时，也没有说明我国人工开始繁育菊花起于何代，因而对菊花及其人文历史的认识并不完整。因此，有必要对其进行深入发掘和研究，使我们对菊花文化在传承华夏历史文明的重要作用有一个更加深刻的了解。

1. 菊花文化形成于上古时期的"河图洛书"文化

一代伟人毛泽东同志在《采桑子·重阳》的诗中写道:"人生易老天难老,岁岁重阳。今又重阳,战地黄花分外香。"诗中的"重阳",是指中秋过后的农历九月初九这一天。因"九月"与"九日"两个"九"重复出现,古人将其称之为"重九";"黄花",是指菊花。

菊花一般盛开于农历"重阳"季节,而"重阳"之"阳",最早是指太极理论中"阴阳"之"阳"。在我国华夏先民创造的"河图洛书"文化中,"九"是阳数。据托名为"九天玄女"的古籍《青囊海角经》记载:"图阳奇偶,唯数是最,阳数始一三五七九,阴数始二四六八十。"[1]

古人认为,天尊地卑、阳奇阴偶。以天、男、上为阳,为奇数,为尊位;地、女、下为阴,为偶数,为卑位。所以,华夏民族自古就形成了盲目效法自然的"天尊地卑"、"男尊女卑"、"上尊下卑"等陈旧观念。但是,毕竟天地具有客观自然属性,尊卑具有社会伦理属性,而奇偶理数则具有自然、社会两种属性,承载着许多华夏人文的东西。

这说明,古人早已用一至九之数代替自然界中的事物,是以理数代表客观自然界和社会伦理学说的一种方式,而不应该简单地将其理解为数学中的计算功能。由于古人用理数反映天地之间的奥秘,故也称"奇阳偶阴"之数为"天地数"。传说周文王所著《周易·系辞》中也记载:"天一地二,天三地四,天五地六,天七地八,天九地十。天数五,地数五,五位相得而各有合。"[2]此十进制自然数列,极简明易知,也包含阴阳在内。将这种"天地之数"应用于"河图洛书"之中,便形成了"河图洛书"中的数列规范。

因为"九"为"阳"中的数极,故称之为"老阳";"六"为"阴"变之数,又与九阳反之,故称为"老阴"。按照"河图洛书"中的数理学说,月和日两个"九"相逢,故称"重九",也称"重阳",是农历中的一个节日,又与二十四节气中第十八个节气"霜降"相近。

所以,"九"、"阳"之说均由"河图洛书"阴阳之数传承而来。

2. 菊花原产于华夏上古时期的中原

菊花被称之为秋华,或秋菊。秋菊花开的鼎盛时期大致就在"重阳"节前后,而"重阳"正是河图洛书文化传承的结果。由于"河图洛书"文化发源于华夏上古时期,"重阳"、"菊"之名也在上古时期就已经出现。据先秦古籍《山海经》记载:"女儿之山,其草多菊。"[3]一般认为,《山海经》中记载的事物,主要是

商代之前中原中东部"河洛"之间、"大荒"之中的人文历史。其中"菊",古代也写作"鞠",包含着多重含义:

一是具有"菊"的含义。据汉代礼学家戴德《礼记》记载:"鞠者何也,星名也。又与菊通。"[4]说明古人已经把"菊"放在天象地形之间的自然环境中,来思考"菊"文化问题。

二是具有古代足球活动的人文含义。据西汉经学家刘向《别录》记载:"蹙鞠,黄帝作,盖因娱戏以练武士。"[5]这说明,"蹙鞠"作为古代军中兵士习武的"娱戏",起源于上古的黄帝时期,时称"蹙鞠"。此后,一直传承和盛行于北宋开封,时称"蹴鞠",类似今之足球运动。据汉代史学家司马迁《史记·卫将军骠骑列传》记载:"骠骑尚穿域蹋鞠。"[6]唐代司马贞《史记索隐》解释说:"今之鞠戏,以皮为之,中实以毛,蹙蹋为戏。""蹙蹋"、"蹋鞠",就是指"蹴鞠"活动。这说明世界上"蹴鞠",即"足球"运动,最早发明和传承地在中国的中原地区。

三是"鞠"为姓,出自黄帝姬姓后裔。黄帝后裔帝喾的儿子名曰"弃"(后稷),是周人的始祖。"弃"的儿子"不窋"也有个儿子叫"陶"。"陶"生下来时,手上的掌纹很像古文"鞠"字,故起名叫"鞠陶"。后来,鞠陶做了周人的首领,他的后代子孙就以他的名字命姓,称"鞠"姓。"鞠"姓后来又演变成了"麴"、"曲"等姓。据唐代林宝谱牒姓氏专著《元和姓纂》记载:"麴,鞠氏之后。汉有鞠谭,生闷,避难湟中,因居西平,改姓麴氏"。[7]说明"鞠"、"麴"、"曲"等姓均由菊花"蹙鞠"人文传承和演变而来。

此外,一说菊花身姿为低头鞠躬式,在古代食其米,把米"鞠"起来,花朵十分紧凑,因此称叫"鞠花",即"菊花"。菊花是我国传统名花之一,赏菊历史悠久,名称很多。

"鞠花"是自然界野生的花卉,"蹙鞠"是黄帝时期人文活动的产物。早在上古时期,人文活动的"蹙鞠"就与自然界中的"鞠"有着内在传承的因果关系。据汉代戴德《礼记·月令》记载:"季秋之月,鞠有黄华。"[8]唐代经学家陆德明释文:"鞠,本又作菊。"按照生物学分类,鞠属于菊科,是多年生草本植物。上古时期野生菊花多为黄色,所以,菊花又得名为"黄华"、"黄花"、"金花"、"金蕊"等。说明"黄华",就是深秋盛开的"黄花"。可见,一代伟人毛泽东诗中"战地黄花分外香"之"黄花",理应指重阳时节遍地盛开的黄色野菊花。对此,先秦古籍《山海经·西山经》也记载:"崋(密)山,其上多丹木,圆叶而赤茎,黄华而赤实。"其中菊花"圆叶"、"赤茎"、"黄华"、"赤实"的个性特征,被后人赋予了"忠诚"的人文含义。

值得一提的是,至今人们仍将炎黄时期仓颉、黄帝与菊花联系在一起,称之为"仓颉菊"、"黄帝菊"。其中"仓颉菊",自古就盛产于河南开封、虞城等地的仓颉墓一带,与炎黄时期在开封称帝、巡游虞城一带的仓颉氏族有着深远的历史传承关系。而开封、封丘一带上古时期的地名,如黄帝史官仓颉之"颉"、黄帝岳父封钜之"钜"、黄帝起兵的玉门丰沮(洰水)之"沮"、翟(狄)人居住的渠搜(叟、蒐)之"渠"等,都与"菊"音相同或相近,说明彼此之间是有密切历史文化传承关系的。

3. 菊花是皇、帝、王权的象征

其实,无论"黄华"、"黄鞠"之"黄",或是"黄帝菊"、"黄花"之"黄",都是由太极五行"青、赤、白、黑、黄"之"黄"传承而来的。太极五行之"黄",与"中、土"同一方位,也是太极九宫图"中央宫"位所在。所以,菊花也称"黄华"、"黄花"、"黄菊"、"中央菊"。在此建都之帝也称"中央帝"、"黄帝",所建之都也称"黄台之丘"、"黄帝之宫(室)",流经此地之河又称"黄水"、"黄沟"。其实,都不过是以太极五行方位取名而已。

由于菊花中的"中央菊"、"黄华"与"中央帝"、"黄帝"发源之地相同,而"中央帝"、"黄帝"又建都于开封昆仑山三皇五帝"中央之国",因此,太极之地昆仑山便成了"中央"、"中国"、"黄帝"、"黄华"、"中央菊"的同义词。可见,菊花是太极"天道"、"中正"之位的象征。

三国时期著名书画家钟繇的儿子钟会,文武双全,曾写过一篇名为《菊花赋》[9]的文章,认为"菊"是天地之气交感所生,它让人感觉到天道的存在,也是天道的象征。因天帝的"中央之国"被夏禹分为方圆"九州",所以"九州"之地的菊花也称"九花(华)";又因天帝是"天、日"的象征,王母是"地、月"的象征,而菊花是天地之气交感所生的"精"气,所以"天国"的菊花也称作"日精"。还由于女娲母系氏族曾经在"中央之国"称"皇",被后人视作"王母"、"女皇",所以古人还称菊花为"女华(花)"。在华夏历史文明中,黄菊之"黄",是皇、帝、王,即"中央"的本色和专属,自古就为皇家帝王所专用。因此,"中华"也可理解为"中央之国"的"黄华"。

据汉代刘向《淮南子》记载:"中央土也,其帝黄帝,其佐后土,执绳而制四方。"[10]就是说,因为黄帝居住在"中央、土、黄",是管理"金、木、水、火"四方的中央首领,因此居住"中央、土、黄"方位之帝,也称"中央"、"黄帝"。有的古籍还将"黄帝"写作"皇帝",具有"皇天上帝"的意思。这是道家理论中,黄帝升仙后作为上帝象征和代表的神位所在。

上古时期的"三皇五帝"之"五帝",最初是以其在"五行"方位的不同,而称

"青帝、赤(炎)帝、白帝、黑帝和黄帝"的,并以"五色"地名而饰不同颜色的衣服。到了公元 618~626 年的唐高祖武德年间,开始在百官百姓中禁穿黄色衣服,黄袍遂成为皇帝专用之服。据北宋著名史学家宋祁《新唐书·车服志》记载:"至唐高祖,以赭黄袍、巾带为常服,接着天子袍衫,稍用赤黄,遂禁臣民服。"[11]从此,黄色就一直成为帝、皇的象征。五代后周时期,赵匡胤在陈桥驿发动兵变,谋夺帝位,诸将替他披上黄袍,拥立为帝。于是,"黄袍"就成了帝位的象征。

我国古代崇尚黄色,是因为黄色被看作君权的象征。这起源于古代农业民族的敬土尊帝思想,中土为黄色,黄帝又居中土,因此,从唐、宋时期以后,黄色便成了皇帝专用的颜色。同时,黄色也是中华民族文化和中华文明的象征,黄帝的"黄"色和炎帝的"赤(红)"色,都是上古"中国"和现代中国的主色调,表明中国人是炎黄二帝的后裔子孙。新中国红底黄星相结合的五星红旗,无论如何解释,就回避不了这一文化传承的客观事实。

此外,黄金的颜色也具有财富的含义。至于以黄色代表"色情",则是西方文化传承的结果。

可见,上古时期自然生长的黄华、菊花,被后人视为"中央帝"、"黄(皇)帝"君权的象征,也是华夏人文历史传承的结果。

二、开封栽培菊花不仅历史悠久而且独具特色

中国人工栽培菊花有三千多年的历史。据清代《康熙字典》解释:菊"古作蘜、鞠"。[12]宋代政治家陆佃《埤雅》记载:"菊本作鞠,从鞠。鞠,穷也。"[13]意思是说菊花的原名称"鞠"。到了一年的九月之际,各种花卉已开穷尽,菊花是最后之花,故称"穷",即"穷花"。

夏代太康时期,"有穷氏"后羿执政。"有穷氏"也称作"有菊氏",居住在开封昆仑山和五行北部"封钜",古称"丰沮"、"沮水"、"睢水"、"渠水"之地。据明代文学家陈子龙《皇明经世文编》记载:"灉沮会同。传曰灉即汴。沮即睢。今睢尚名州。"说明"灉、沮"二水,为流经开封西北部的汴水和东北部的睢水。

后羿所在的"有穷氏"身材高大,被称作"大人"、"钜(巨)人",或"防风氏"、"封人",他们善于制作和使用弓箭。当身材高大的"有穷氏""大人"把"弓"箭跨在身上时,也称作"夷人"。"夷人"自开封昆仑山、"封钜"、"丰沮"、"汴水"、"睢水"之地向东部迁徙后,被称作"东夷人",诸夷中以古"灉水",即"汴水"东南的"淮夷"为最强大。

"封钜"是炎帝之子,黄帝之师。黄帝"胙土封氏"时被封在"丰沮",故名称"封钜"。"封钜"与"丰沮"同音同义,在开封北部、封丘西南部之间,也是"灉水"、"沮(睢)水"、"渠搜(郑)"等地名最早的发源地。说明以"菊"为图腾的"有穷氏"(有菊氏)与炎黄时期的"封钜氏(丰沮氏)"、"沮(睢)水"、"渠搜"等地名不仅音义相同相近,而且最早也发源于三皇五帝"中央之国"的开封、封丘之地。对此,不仅"封"姓族谱有记载,"封"姓后人也是认可的。这是开封上古时期就有"菊"花和"钜(巨)"人繁衍的一个证据。

据中国最早搜集词语、解释词义的书《尔雅》记载:"鞠,治蔷也。"[14] 其中"治蔷",即现在的秋菊。后人大都认为,《尔雅》初稿成于战国末年,还有人认为春秋时期就有《尔雅》一类的古典,经过代代相传,各有增益,在西汉时期被整理加工初有定稿。这说明早在春秋战国时期秋菊已经被列入了词典之内。

战国时期,已经出现歌颂菊花的诗词。据战国时期著名诗人屈原《离骚》记载:"朝饮木兰之坠露兮,夕餐秋菊之落英。"[15] 意思是秋菊与木兰一样都是高洁的花草,吃了令人长寿,能够助人做成大事、树立美名。

许多学者认为,到了汉代,菊花早已进入人们的实际生活之中;晋代已配置菊花于人们的庭园之中;南北朝时期菊花已入药使用;唐代菊花已培育出黄、紫、白三色,并传播到国外。对此,我们深以为是。

事实上,汉代之后关于菊花的诵咏之词就开始大量出现,人们对菊花的兴趣更加浓厚,相信常吃菊花可以长寿是其原因之一。据汉代法学家应劭《风俗通义》[16]记载,河南内乡县西北有个叫甘谷的地方,小溪上游长有很大的菊花,水中含有了菊花的滋液,山谷里的三十几户人家长期喝这溪水,寿命长者一百二三十岁,少者亦有七八十岁。意在说明,菊花可以延年益寿是有根据的。

到了汉魏时期,古人对菊花已经相当重视。魏文帝曹丕在《九日与钟繇书》的信中,有对大臣钟繇谈论菊花的记载:说是秋天里只有菊花长得茂盛,说明它汲取了天地真气,能够使人延年益寿。曹丕还专门派人送给钟繇一束菊花。信中写道:"岁往月来,忽复九月九日。九为阳数,而日月并应,俗嘉其名,以为宜于长久,故以享宴高会。"[17] 其中"享宴高会",就是在农历"重阳"节气这一天,为祈求健康长寿而设置的喜庆宴会。这说明汉魏时期,已有了在重阳节举行饮宴的习俗。

古人举行"宴会"自然是少不了饮酒的。对此,西晋学者葛洪《西京杂记》[18]有记载说,汉初,宫中已有"重阳"节吃菊花酒的习惯。他们在菊花初放时连叶采下,和粟米捣在一起酿酒,到第二年重阳时才打开来喝。

其实,菊花入酒在晋代已是十分普遍的事情。西晋文学家、河南中牟人潘安在《秋菊赋》记载:"泛流英于清醴,似浮萍之随波。"[19]后人认为,"流英"是指生长茂盛被摘取的"菊花",而"清醴"则是指浸泡着菊花的"清酒"。

东晋大诗人、文学家陶渊明,不仅自己种植许多菊花,还经常采菊入酒。他在《饮酒·其五》的诗中写到:"秋菊有佳色,浥露掇其英。泛此无忧物,远我遗世情。"[20]意思是说,喝菊花酒能除祛各种烦恼,忘记各种忧愁。因此,喝酒、读书成了陶渊明躬耕隐居生活的两大嗜好。因为贫穷,陶渊明有时无钱去买酒喝,只好光吃菊花解馋。他在《九日闲居》的诗序中自叙说:"余闲居,爱重九之名,秋菊盈园,而持醪靡由,空服九华,寄怀于言。"其中"九华"为重九时节盛开的菊花;"醪",是"酒"。南朝史学家、文学家沈约在《宋书·隐逸传》中也记载了这一情景:陶渊明九月九日无酒,在菊丛中久坐。适值敬慕他的江州刺史王弘派人送酒来,他"即便就酌,醉而后归"。[21]

陶渊明虽然嗜好酒菊,但却因不事权贵而坚决辞官,并安守贫穷,洁身自好,甚至到了时常无酒喝的凄惨境地,这是很多人难以做到的。陶渊明的高贵品格由此跃然而出。

陶渊明爱菊与众不同之处,在于他不单看到菊花的药用价值,还赋予菊花人格的意义。陶渊明一直用"对待权贵宁折不弯,对待人生艰难直面不屈"的松菊精神来激励自己。尽管他热切希望为国家建功立业,但他决不与世俗同流合污,宁可辞官归田,过平淡而真实的人生,也决不"为五斗米折腰"。当他辞去彭泽县令官职返回家乡时,最想见到的就是"童仆欢迎,稚子候门。三径就荒,松菊犹存"的场面。晚唐诗人、诗论家司空图在《诗品》中,极力提倡陶渊明这种"人淡如菊"的典雅风格,菊花人格化也因此而达到了一个新的境界。

可见,晋代最爱菊花、最懂菊花、最似菊花品格的人,非陶渊明莫属,难怪后人把陶渊明称作"菊花痴"、"菊花神"了。

据南朝梁文学家吴均在《续齐谐记》[22]记载,相传在东汉时期,汝河有个瘟魔,只要它一出现,家家就有人病倒,天天有人丧命,这一带的百姓受尽了瘟魔的蹂躏。一场瘟疫夺走了青年恒景的父母,他自己也因病差点儿丧了命。病愈之后,他辞别了心爱的妻子和乡亲,决心访仙学艺,为民除掉瘟魔。他在东方有一座最古老的山上找到有一个法力无边的仙长,拜师学艺,终于学出了一身降服瘟魔的本领。当九月初九临近,瘟魔又要出来作恶时,恒景手持一包茱萸叶,一盅菊花酒,并且使用师傅密授的避邪用法,终于把家乡的瘟魔杀死。从此,人们就把重阳节登高的风俗看作是"驱灾避祸"的活动。

在中原人的传统观念中,"双九"还是生命长久、健康长寿的象征,所以重阳节也被立为"老人节"。

到了唐代，帝王不仅开始为菊花写诗作词，还在皇家花园里种植菊花。唐高宗李治在《九月九日》的诗中写道："满盖荷凋翠，圆花菊散黄。挥鞭争电烈，飞羽乱星光。"[23]这表明唐代种植菊花早已传播到了洛阳、长安等西部地区。

尽管当时菊花已有多种颜色，但开封的"白菊"却是诗中最早出现的"霜"花。第一个发现并诵咏开封白菊的诗人，当推唐代刘禹锡、白居易等人。刘禹锡在咏菊名篇《和令狐相公玩白菊》中，对开封"家家菊尽黄，梁国独如霜"的描述就是证明。"梁国"也称"梁园"，最早是指魏国惠王由山西安邑迁都开封大梁，故"魏国"又称"梁国"，"魏惠王"也称"梁惠王"。"梁国"也指汉代梁孝王的封国、开封"梁园"，后迁往商丘睢阳。白居易在游历杭州、洛阳、苏州"三处菊花同色黄"后，晚年在开封见到"白菊"不由得既兴奋又感慨，并在《重阳夕上赋白菊》的诗中说"满园花菊郁金黄，中有孤丛色似霜"。"似霜"颜色的菊花，即指"白菊"。

如果说中唐时期白菊还是珍稀品种，但到晚唐时期，白菊已经广泛种植了。对此，唐代著名诗人李商隐在《九日》的诗中说："曾共山翁把酒时，霜天白菊绕阶墀。"这说明白菊的数量已经相当可观了。

事实证明，尽管菊花在唐代已经种植繁衍到苏州、杭州、洛阳、西安等广大地区，但仍然只有开封的菊花品种最多，也最有特色。就是在这一时期，作为农历节气的"重阳节"，被唐朝正式定为民间节日。

三、以"节、会"为标志的宋代菊花文化空前繁荣

开封是北宋皇都和古代菊花的发源地，而北宋时期也是中国文化发展的一个高峰。北宋王朝信奉道教，道家与菊花有着深远和密切的历史关联。道家自上古时期形成"延年益寿"和"羽化升仙"教义，使得北宋时期对菊花的药用价值乃至用价值十分重视，而道家"清静无为"、"天人合一"的思想，对菊花观赏文化也产生了深远的影响。因此，北宋皇都开封关于菊花的观赏、诗词、药用、节庆、饮食等文化活动也达到了极高的程度。

北宋时期的开封菊花闻名遐迩，官方或民间都有农历重阳节气展示菊花的喜好，因此"重阳节"又称"菊花节"。此时，"菊花节"之"节"，已经有了"节气"和"节庆"两种含义。

每逢重阳佳节，不仅宋都开封民间有花市赛菊之举，而且宋朝宫廷内也种养菊花、插菊花枝、挂菊花灯、饮菊花酒，甚至还开"菊花会"。据宋代文学家孟

元老《东京梦华卷·八录》中记载:"九月重阳,都下赏菊,有数种。其黄、白色蕊者莲房曰'万龄菊',粉红色曰'桃花菊',白而檀心曰'木香菊',黄色而圆者'金龄菊',纯白而大者曰'喜容菊'。无处无之。"孟元老还记载:"重九都下赏菊,酒家皆以菊花缚成洞户。"[24]这些记载,不仅表明北宋皇都开封菊花的数量很多,还表明菊花的品种也很多,民间已达到普遍种植和规模化展示的程度。

北宋的菊花种植和栽培发展到了鼎盛时期。公元1104年,宋代艺菊家刘蒙在《菊谱》中收有菊花品种163个,这是我国最早记载观赏菊花的专著。《菊谱》主要记载了所收集栽培的菊花品种,并在菊花整形摘心、养护管理和利用种子繁育获得新品种等方面积累了不少经验。

古代赏菊是从菊花的实用性和观瞻性开始的。据古籍记载,菊花苗可以菜,花可以药,囊可以枕,酿可以饮。所以,高人隐士篱落畦圃之间,不可一日无此菊花。明代医学家李时珍在《本草纲目》中记载说,菊花有"利五脉,调四肢,治头目风热,脑骨疼痛,养目血,祛翳膜,主肝气不足"[25]的功效。菊花因有延年益寿的药用功能,因而得名"寿客"、"傅延年";因美丽而得名"女茎"、"帝女花";因上古时期只有单一的黄花,而名称"黄华"、"金蕊"。

作为"花中四君子"之一的菊花,以其冷艳傲寒、高洁清雅的品格,自古便备受中国文人骚客的青睐。人们咏菊、议菊,不仅留下了大量赞颂菊花的优美文字,而且还与文人故事相关联,流传至今,其中以北宋三大才子的"菊花门"事件最耐人寻味,从一个侧面反映了北宋社会的政治关系。

北宋时期有一位改革派叫王安石,一位保守派叫欧阳修,两人都曾分别任过宋朝的宰相或刑部尚书之职。他们有着不同的治国理念,也有着对菊花的不同观察和认识。据宋代权相蔡京之子蔡绦《西清诗话》[26]记载,一次,宰相王安石写了首《残菊》的诗,开头两句为"黄昏风雨瞑园林,残菊飘零满地金"。欧阳修读后,笑着纠正说:"百花都落,唯独菊花在枝上枯干。"接着,又带着嘲讽的口吻说:"秋英不比春花落,为报诗人仔细看。"王安石据理反驳说:"欧阳修难道不知道屈原的《楚辞》里有'夕餐秋菊之落英'的诗句吗,真是不学习啊"。欧阳修无以言对。

南宋道教学者曾慥《高斋诗话》[34]也有另一个版本的记载,只是将欧阳修与王安石菊花之争,演绎成了王安石与苏东坡菊花之争,其余则与《西清诗话》无异。后人认为此事为民间以讹传讹,并批评《西清诗话》与《高斋诗话》审稿不严格。到了明代,冯梦龙在小说《王安石三难苏学士》[27]中却有了更为传神的记载:

一次,苏东坡拜访宰相王安石,被宰相府的下人安排在书房里等候。苏东坡闲着无事,随意走动,看见一首题为《咏菊》的诗稿摆放在案头,上面只有"西风昨夜过园林,吹落黄花遍地金"两句。苏东坡认得这是王安石笔迹,但却想不通王安石怎么会吟出如此有悖情理的诗句来。以苏东坡的观点,黄花即菊花。菊花开于深秋,其性属火,最能耐久,老来焦干枯烂,并不落花瓣。王安石将其写成"吹落黄花满地金",岂不荒唐?

于是,苏东坡即兴而发,举笔舔墨,依韵续了两句,"秋花不比春花落,说与诗人仔细吟"。写后又觉得自己为宰相续诗不妥,担心王安石责怪,便不待晤面就一走了之。后来,王安石得知此事,决定煞一下苏东坡的傲气,将其贬至黄州为官。

苏东坡赴黄州上任那年正值重阳之后,恰有好友陈季常来访,两人便一道去后花园赏菊花。没想到连日大风过后,吹得花棚下满地遍洒黄灿灿的菊花花瓣,枝上全无完整的一朵菊花。见此情景,苏东坡猛然醒悟。陈季常见而疑问原因,苏东坡便坦诚说道:去岁在王荆公(安石)府中,见他《咏菊》诗二句,"西风昨夜过园林,吹落黄花满地金"。小弟以为写错了,便唐突续诗二句,"秋花不比春花落,说与诗人仔细吟"。却不知黄州菊花果然落瓣。因此王荆公左迁小弟到黄州,原来是让我来看菊花啊。难能可贵的是,苏东坡在事实面前终于认识到了自己的错误,从此变得谦虚多了。

值得注意的是,欧阳修、苏东坡同为王安石改革政策的反对派。故事本身从另外一个侧面反映了改革派与保守派之间不同认识的交锋。尽管冯梦龙的故事不过是一个美好的杜撰,但菊花确实有落花与不落花之分,而屈原《离骚》的"落英"也有菊花飘落与菊花初开两种解释。通过三大才子关于菊花生长情况的争论,为后人了解菊花文化留下很多启迪、醒悟和美好佳话。

宋代词人对于菊花的诵咏格调高远,寓意深刻。宋代女词人朱淑贞在《菊花》的诗中写道:"土花能白又能红,晚节犹能爱此工。宁可抱香枝头老,不随黄叶舞秋风。"[29]宋代大诗人苏东坡在《冬景》的诗中写道:"荷尽已无擎雨盖,菊残犹有傲霜枝。一年好景君须记,最是橙黄菊绿时。"宋代诗人陆游在《晚菊》的诗中也写道:"蒲柳如懦夫,望秋已凋黄。菊花如志士,过时有余香。"[30]诗人喜欢菊花,既赞菊花的品格,也隐喻自己的志向。因此,说菊花可以陶冶人们的情操,应不为谬言。

北宋的开封,金秋送爽,桂菊飘香,农历九月九日的重阳佳节文化活动丰富,情趣盎然,有登高、赏菊、喝菊花酒、吃重阳糕、插茱萸等等。就连远离宋都开封的梁山英雄们,也要举行菊花会庆贺。据小说《水浒传》[31]记载,重阳那天,宋江在梁山大摆筵席,会同众头领赏菊,"唤作菊花之会"。宋江大醉,作《满江红》一词,中有:"头上尽教添白发,鬓边不可无黄菊"的佳句。这段极为有名的描写,说明在宋代民间也有过菊花节,举行菊花会的风俗。

总地来看,宋代菊花会的风俗大致有以下几项。

(1)登高。在北宋开封过重阳节,民间有登高的风俗,故重阳节又叫"登高节"。据宋代孟元老《东京梦华录》记载:九月九日,"都城人多出郊外登高,入仓王庙、四里桥、愁台、梁王台、砚台、毛驼冈、独乐冈等处聚宴"。上述登高所到之处,没有划一的规定,一般是登高山、土台、阜岗、高塔等。而宋代开封仍为丘、陵、岗、台地貌,丘、陵、岗、台之上多为上古时期的人文遗址。如"仓王庙",为炎黄时期仓颉造字台遗址;砚台,也称"宴台",是禹王在涂山铸九鼎、大宴诸侯遗址;"独乐冈",是黄柏氏驯养驾驭伏羲御车六龙(马大五尺为龙)遗址;"梁王台",是大禹王都阳城,即汉代梁孝王"梁园"遗址。因此,登高还具有祭祀先祖的含义。

(2)吃重阳糕。重阳糕,又称"花糕"、"菊糕"、"五色糕"等。"糕"与"高"谐音。古人认为,这一天吃"糕",运气就会往上走,生活就会步步高。宋人吴自牧在《梦粱录》记载说:"九月九日,以糖面蒸糕,上以羊肉、鸭子为丝簇,插小彩旗,名曰'重阳糕'。"孟元老《东京梦华录》也对重阳糕作了详尽的描述:"各以粉(麦面)蒸糕馈送,上插剪彩小旗,掺订果实,如石榴子、栗子黄、银杏、松子肉之类。"

在开封民间,九月九日天明之时,人们以片糕搭儿女头额,口中念念有词,祝愿子女百事俱高。这大概也是古人九月做糕的本意之一。一些人们还将重阳糕做成九层,有的像座宝塔,上面还做成两只小羊,以符合"(九)重阳(羊)"之意;有的还在重阳糕上插一小红纸旗,并点蜡烛灯。这大概有用"点灯"、"吃糕"、"小红纸旗"代替"登(灯)高(糕)"、"茱萸"的意思。至今住宿在开封古城的老户,依然要在这一天蒸豆糕、枣糕,其文化传承不言而喻。

重阳糕做成"九层",除"九月九日"的含义外,也与祭祀昆仑山华夏人文始祖、列位神仙有关。据东晋学者王嘉《拾遗记·卷十云》记载:"昆仑山有昆陵之地,其高出日月之上。山有九层,每层相去万里。"[32]重阳登高"九层",具有开封人不忘盘古、伏羲在"九层"昆仑山开创华夏人文历史的感恩含义。因此,北宋皇都开封道教盛行,丘陵台岗之地神庙很多,宋人外出游宴、登高祭祀之风至今不绝。

重阳糕并无固定品种,口感以松软、易嚼为主,以便于老年人食用。

(3)赏菊并饮菊花酒。重阳节正是一年菊花盛开的金秋时节。据传,开封赏菊花、饮菊酒、赋菊诗与自古传承养菊、栽菊、爱菊有关,后人跟随仿效,便有重阳赏菊之俗。据明代著名医学家李时珍《本草纲目》记载:菊花"久服利气血,轻身、耐老、延年"。因此,文人士大夫还将赏菊与宴菊、饮菊相结合,以示对菊花高雅品行格调崇敬和延年益寿功能的偏爱。

北宋皇都开封的重阳赏菊之风盛行,菊花品种众多,千姿百态。为此,民间把农历九月称为"菊月"。在菊花傲霜怒放的重阳节里,皇城周边的百姓进城观赏菊花,成了享受佳节风光的一项重要内容。

(4)插茱萸和簪菊花。重阳节插茱萸的风俗,在唐代就已经很普遍,宋代更甚。宋人认为,在重阳节这一天插茱萸可以避难消灾;或佩带于臂,或作香袋把茱萸放在里面佩带。妇女、儿童将茱萸、菊花插在头上。一些地方的男子,也有头佩茱萸、菊花的习俗,寓意在于"解除凶秽,以招吉祥"。后来,人们将彩缯剪成茱萸、菊花,相赠佩带,以代替真实的茱萸、菊花,便于长时间保存。

菊花原产于我国。开封是中国菊花发源的中心,而中国又是世界菊花发源的中心。世界上许多国家的菊花都是由中国、开封传承而去的。大约公元386年,中国菊花由朝鲜传入日本,至今已有1600多年的历史,日本不仅栽培的菊花四季常开,品种繁多,而且还传承了中国古代"中央菊"、"天皇菊"等菊花文化。17世纪末叶,荷兰人来我国经商,将菊花带回欧洲。十八世纪中叶,法国商人又从我国搜集许多优良品种,引种到了法国。十九世纪英国植物学家福均,将我国和日本优良菊种进行杂交,在英国广泛传播。后来又从英国传入美洲。

开封的菊花繁殖历史悠久,菊花文化幽深厚重,是不可多得的华夏历史文化资源,值得我们去进行深入发掘、开发和利用。因此,我们不仅要展示种类繁多、花开似锦的菊花,更要大力传播内涵丰富、独具优势的开封菊花文化,用菊花的品格感化人、陶冶人、塑造人,使其成为开封又一个独具特色的文化旅游品牌。

文献来源:

[1](晋)郭璞:《青囊海角经》,北京:华龄出版社2014年版。

[2](商)姬昌:《周易》,北京:北京出版社,2006年版。

[3](晋)皇甫谧撰,(清)宋翔凤、钱宝塘辑:《帝王世纪·山海经·逸周书》,沈阳:辽宁教育出版社,1997年版。

[4]黄怀信:《〈大戴礼记〉汇校集注》,西安:三秦出版社,2005年版。

[5](汉)刘向、刘歆:《七略别录佚文·七略佚文》,上海:上海古籍出版社,

2008年版。

[6](汉)司马迁撰,(宋)裴骃集解,(唐)司马贞索隐,(唐)张守节正义,顾颉刚领衔点校,赵生群主持修订:《点校本二十四史修订本〈史记〉》,北京:中华书局,2014年版。

[7](唐)林宝:《元和姓纂》,北京:中华书局,1994年版。

[8]《礼记注疏·月令解》,上海:上海古籍影印,1987年版。

[9](清)严可均辑,马志伟审订:《全三国文》载(三国)锺会:《菊花赋》,北京:商务印书馆,1999年版。

[10](战国)吕不韦、(汉)刘安著,(汉)高诱注,杨坚点校:《吕氏春秋 淮南子》,长沙:岳麓书社,2006年版。

[11](宋)欧阳修、宋祁:《新唐书》,北京:中华书局,1975年版。

[12](清)张玉书等编纂:《康熙字典》,北京:中华书局,2001年版。

[13](宋)陆佃:《埤雅》,杭州:浙江大学出版社,2008年版。

[14]胡奇光、方环海:《尔雅译注》,上海:上海古籍出版社,2004年版。

[15]詹安泰:《离骚笺疏》,武汉:湖北人民出版社,1981年版。

[16](东汉)应劭撰,吴树平校释:《风俗通义校释》,天津:天津人民出版社,1980年版。

[17](魏)曹丕、易健贤注:《魏文帝集全译》,贵阳:贵州人民出版社,2009年版。

[18](晋)葛洪撰:《西京杂记》,西安:三秦出版社,2006年版。

[19](晋)潘安:《潘岳(安)集校注》,天津:天津人民出版社出版,2005年版。

[20](晋)陶潜著,龚斌校笺:《陶渊明集校笺》,上海:上海古籍出版社,2011年版。

[21](南朝梁)沈约:《宋书》,北京:中华书局,1974年版。

[22]《古今逸精确》载(南朝梁)吴均:《续齐谐记》,重庆:重庆出版社,2000年版。

[23]中华书局编辑部:《全唐诗》,北京:中华书局,1999年版。

[24](宋)孟元老:《东京梦华录》,上海:上海古典文学出版社,1956年标点本。

[25](明)李时珍:《本草纲目》,北京:人民卫生出版社,2004年版。

[26]郭绍虞编:《宋诗话辑佚》载(宋)蔡绦撰:《西清诗话》,北京:中华书局,1980年版。

[27]王楙:《野客丛书》载(宋)曾慥:《高斋诗话》,北京:中华书局,1987年版。

[28](明)冯梦龙编纂:《警世通言》,保定:河北大学出版社,2004年版。

[29]周笃文编著:《宋词》载(宋)朱淑贞:《菊花》,上海:上海古籍出版社,1980年版。

[30]周笃文编著:《宋词》载(宋)苏东坡《冬景》,上海:上海古籍出版社,1980年版。

[31]施耐庵:《水浒传》,北京:人民文学出版社,2005年版。

[32](前秦)王嘉等撰:《拾遗记》,上海:上海古籍出版社,2012年版。

第十九章　尧帝后裔在开封古陈留的人文传承

约在上古时期的夏代，开封一带的三皇五帝"中央之国"（以下简称"中国"）被分为"九州"。"九州"的"中央"之州，称作"冀州"，或"冀方"、"冀都"，也是唐尧、虞舜、夏禹三代帝王共同建都之地，不曾迁徙。

对此，五代时期南唐国师何溥《灵城精义》认为："冀都一时而尧舜禹三圣人出焉，千古莫盛矣。"[1] 意思是说唐尧、虞舜、夏禹三位圣人都出自冀州的帝王之都。唐初魏王李泰《括地志》认为："自禹至太康，与唐虞皆不易都。"[2] 唐代学者张守节《史记正义》认为："冀州者，天下之中州，唐、虞、夏、殷皆都焉。以郑近王畿，故举冀州以为说。"[3] 意思是说"冀州"是三皇五帝"中央之州"，即"中州"。春秋时期的"郑国"，地处上古时期的"中州"，即"冀州"之地，并且西距周朝"王畿"成周洛邑较近。夏代三王大禹、启、太康和尧、舜等帝一样，均建都在"冀州"，即"中州"，并不曾移都。一般人认为"中州"为"豫州"。其实，三皇五帝的"中央之州"也就是"中央之国"，应该在"豫州"东北和"冀州"东南交界的开封之地，故两州均可称自己是"中州"，即"中央之州"。只是三皇五帝的"中央之州"，最早只局限于昆仑山、小九州地区，而大大小于西周之后大九州，或大中原的范围。

关于"郑近王畿"的地处"冀州"之说，中国汉代经典著作《谷梁传》有记载："郑，同姓之国也，在乎冀州。"[4] 为什么"郑国"在"冀州"？因为归属"郑国"的开封古陈留，是太极五行的"中土"、三皇五帝的"中国"，这里正是夏代"中央之州"与"冀州"交界处，同为"中国"之地。

对此，宋代学者罗泌《路史》认为："中国总谓之冀州。"[5] 先秦古籍《淮南子·地形训》也记载："正中冀州曰中土。"[6] 说明"中国"、"冀州"、"中土"、"郑国"，均在昆仑山"中央"之地。

可见，冀都、冀州、中州、郑国、中国、中土，就是唐尧、虞舜、夏禹、启、太康

(甚至殷商之初)共同居住、不曾迁徙的建都之地。为此,明末清初著名学者顾炎武《日知录·卷二》认为"古之天子常居冀州,后人因之,遂以冀州为中国之号"。[7]说明上古时期冀州就是中国、中州的同义词,而不是后来大九州意义上"冀州",更不能把近代意义上"冀州"之地与上古时期"冀州"混为一谈。

西晋著名医家皇甫谧《帝王世纪》也记载:战国时期的"世本又言:夏后居阳城,本在大梁之南,于战国大梁魏都,今陈留浚仪是也。按经传曰:夏与尧舜,同在河北冀州之域,不在河南也。……言自禹至太康,与唐虞不易都域也"。[8]在此,皇甫谧一方面认为夏后(王)大禹的王都阳城在开封大梁南部一带的禹王台;另一方面又认为"夏与尧舜,同在河北冀州之域",不在"河南"。难道陈留浚仪之南夏禹王都阳城不在河南?这看似彼此前后矛盾的说法,其实具有统一性。因为这"河"不是指后来的"黄河",而是指分流于开封南北的"鸿水",也称"鸿沟"、"狼荡渠"、"汴河"。尧、舜二帝和夏禹、启、太康三王的"中国"、"冀都"就在"鸿沟"流域。

关于尧、舜二帝和夏禹、启、太康三王,共同建都在开封浚仪三皇五帝"中国"的观点,我们已在《荒古开封》、《鸿荒开封》的专著中作了论述,在此不再赘述。最近,夏代王杼(公孙曼、帝宁)等六世建都开封老丘约216年的历史,已被中国古都学会宣布为开封的第"八朝古都",标志着大家对开封是名副其实的夏文化核心地区的认可,也与我们关于唐尧、虞舜二帝和夏禹、启、太康三王共同建都开封三皇五帝"中国"的历史认识相一致。

本文意在通过对唐尧、虞舜、夏禹儿子丹朱、商均、夏启及其后裔,在开封一带生死存亡人文历史的发掘,来印证唐尧、虞舜二帝和夏禹、启、太康三王共同建帝王都于开封古陈留一带的人文历史传承。

一、开封古留国是尧帝之子丹朱的封地

对于尧帝建都在开封三皇五帝"中国"的人文历史,过去我们已作过论证。从理论上讲,既然尧帝建都在开封三皇五帝"中国",那么他的嫡系子孙也应该生活在开封一带,并且会有他们进行活动的人文遗传。

下面我们就围绕这一关键问题进行调查研究,以证实我们的观点。

1. 尧帝之子丹朱出生在开封汴水流域

我们认为,开封北部约八公里的黄帝帝都轩辕楼(丘)一带,是太极、昆仑、五行和三皇五帝"中国"的"中央"地区。按照"五行"学说,这里的南方为夏、

阳、炎、朱雀之地,因此与"五行"夏、阳、炎、朱雀相关的古地名也较多,如开封县朱仙镇、通许县朱砂镇、尉氏县朱曲镇等。这些地名产生,不仅是后人对"五行"文化传承的结果,也与古代当地实际存在的赤红色水、土地理地貌密切相关。

据史料记载,帝尧生有十个儿子,嫡长子名称"丹朱"。"丹朱"出生时,因全身红彤彤的颜色而取名"朱",为赤色的意思。"朱"自小灵通聪明,智慧极高,受到了尧的宠爱。但"朱"个性刚烈,做事坚决有主见,欠缺和顺,被帝尧视为"不肖乃翁"。

据汉代司马迁《史记·五帝本纪》记载:"尧曰:'吁顽凶,不用。'"对此,唐代历史学家张守节《史记正义》解释说:"凶,讼也。言丹朱心既顽嚣,又好争讼,不可用之。"意思是说,尧帝知道丹朱不适合做天子,没有打算让他继承自己帝位,而选择让舜执政,作为今后天子的人选。

"朱"成人之后被封于丹渊,又称"丹水",故"朱"又称"丹朱"。对此,我国最早的记言体史书《尚书·逸篇》记载:"尧子不肖,舜使居丹渊为诸侯,故号曰丹朱。"[9]其中"丹渊",即"丹水",就是宋代流经开封的汴河之水。据《中国古今地名大辞典》记载:"汴河古亦称丹水,汴水的前身是丹水。"[12]"丹水"自郑州荥阳流经开封后分为两路:一路走开封北、杜良乡小黄铺一带,然后向陈留、杞县方向流去;另一路走开封西南沙水,经仙人庄、朱仙镇入蔡水。所以,西晋皇甫谧所记载的开封浚仪在"河北"之"河",应该是指开封浚仪南部的"鸿沟"、"汴水"。

"丹朱",还有"朱砂"、"辰砂"、"丹砂"、"赤丹"、"汞沙"等名称,具有硫化汞天然矿石的含义。"朱砂"存在于"丹水"淤泥层堆积的土质之中,古代鸿沟、睢水、淮水中出产"朱砂",且含量较高,黏性很大,被称为"朱砂红",非常适合作为制作陶器的原材料。而开封古陈留鸿沟流域,自尧帝陶唐氏、舜帝甄氏、虞阏父妫氏时期就有制作陶器的历史,一直到五代柴窑、宋代官窑传承不断。

"丹朱"的封地及后裔大致分布在"丹水",即"鸿沟"、"汴水"流经的开封县陈留镇、朱仙镇、杜良乡、大李庄以及尉氏朱曲、通许朱砂等地。说明尧帝在选定舜为天子继承人之后,把儿子丹朱封到开封南部"丹水",即汴河一带的。

2. 开封古陈留是帝尧、丹朱的祖地

据宋代罗泌《路史·前纪》记载:"朱或作株,(南北朝萧梁时期学者)刘昭云:陈留株邑,朱襄氏之地也。"其中"朱襄氏之地",在开封古陈留一带确实是存在的。对此,清代大型汉语工具书《辞源》中认为,"朱襄氏"是"炎帝的别

号"。[11]这不仅说明尧帝、丹朱为"朱襄氏"炎帝的后裔,而且也与炎帝帝都在开封古陈留鸿沟流经的空桑之地和"五行"南部的"炎"、"赤"、"朱雀"方位相一致。

3. 开封启封一带是帝尧传授丹朱围棋之地

帝尧虽然没有让丹朱做自己天子之位的继承人,但并没有放弃对丹朱的教育。他亲自发明了石子围棋教给丹朱学习,以稳其性,以励其志,以娱其心。丹朱一学就会,下棋的技术十分了得,并将围棋带到了自己的封地传承。

战国时期赵国史书《世本·作篇》记载说"尧造围棋,以教丹朱";又记载"尧造围棋,丹朱善之"。[12]"围棋",也称"博弈"、"局戏"等,在整个古代棋类中具有"鼻祖"的地位,相传已有4000多年的历史。

围棋在上古时期的一个重要作用是用于巫术占卜。上古时期运用巫术占卜择吉,是人们掌握和支配自己命运的一种方式和手段,在当时政治、宗教、经济、军事、生活中占有十分重要位置。据史料记载,帝王祭祀先祖、选择太子、任命大臣、确定战争,甚至婚丧嫁娶、求子问病、岁时劳作、出门远行等,都要从事占卜和择吉活动,靠占卜可以用来消除疑惑、预测凶吉。尧将帝位禅让给了舜,却把巫术占卜传给了爱子丹朱,后世认为尧帝传舜以王权,授丹朱以神权。

可见,丹朱善于下围棋是帝尧教育的结果。围棋的制作相当简单,只要有一块木板作棋盘,再加上黑白棋子就构成整个一副围棋了。黑白棋子分别代表着太极的阴、阳两仪。黑为阴,白为阳。黑白棋子相交,阴阳千变万化,又合"阴阳之道"。围棋的圆形棋子代表天,方形棋盘代表地。围棋这种黑白、阴阳两仪相对相称的结构,暗示着宇宙自然阴阳运动变化永不休止。上古时期"太极"文化的思维方式,在围棋中得到了具体表现。小小一盘围棋,把天地阴阳动静变化等的道理简洁明快地包含在其中。

但是,越简单的东西,其包含的内容往往越复杂。如此简单的围棋棋盘和棋子,却能上演一幕幕激烈的钩心斗角大戏,一旦置身其中,往往难以自拔。

这种围棋,即占卜之术,在丹朱封地的开封古陈留朱仙镇周边一带得到了广泛流传。据魏国襄王墓出土的竹简《穆天子传》记载:"天子北入于邴,与井公博,三日而决。"[13]其中"天子",是指西周时期东征开封的周穆王;"邴",指郑国庄公时期大将"邴"所建的城邑,现为朱仙镇"启封"古城;"井公",指井公利,一称共公利,是周穆王的重臣,为西周三公之一;"博",就是下围棋"博弈";"三日而决",是说周穆王与井公利下棋三天才决出胜负。由此可知,周穆王东征开封时在朱仙镇"邴"邑,即"启封"城整整下了三天围棋,其痴迷程度令人咋舌。

在朱仙镇"邴"邑,即启封城下围棋"博弈"痴迷的人,还有南北朝时期开(启)封县令阮简,西晋时期的狂士、开封尉氏人阮籍等。他们对尧帝创造围棋的嗜好,都已经达到了痴迷的程度,并且被写入了史典之中。始于上古时期朱仙镇的中国围棋文化,不仅是华夏棋类发源的鼻祖,也是上古时期尧帝、丹朱在开封传承华夏历史文明的佐证。

二、丹朱曾封在嫘祖父亲方雷氏"方(封)山"之地

1. 尧帝年老后一度德衰

据战国时期魏国《竹书纪年·尧帝》记载:"昔尧德衰,为舜所囚。舜囚尧,复偃塞丹朱,使不与父相见也。"[14]对于"德衰"的含义,三国时期嵇康《大师箴》解释说:"下逮德衰,大道沉沦,智惠日用,渐私其亲。"[15]宋代著名理学家朱熹《孟子集注·万章章句上》也在解释大禹"德衰"时说:"人有言:'至于禹而德衰,不传于贤而传于子。'"[16]可见,"尧德衰",是指帝尧到了老年之后,开始糊涂起来,已经到了"大道沉沦"、"渐私其亲"、"不传于贤而传于子"的地步。

在此种情况下,舜帝为了维护天下的稳定,不得不将年老糊涂的帝尧与有继帝位之心的丹朱隔离开来。

于是,丹朱便联合居住在开封古陈留高阳(今杞县高阳镇)一带的颛顼、帝喾苗裔"三苗氏",共同出兵讨伐执政的舜,双方在封丘西南的"丹、蒲(浦)"二水交汇之地展开大战。据东晋著名学者郭璞《山海经注·大荒南经》记载:"昔尧以天下让舜,三苗之君非之。"这从侧面说明了大战的原因。因为舜有以射箭闻名的大羿部落助阵,在与丹朱、三苗发起的战争中取得了胜利,并且宽恕了丹朱,从而进一步树立了自己执政官的威信。

2. 舜帝避丹朱于南济河之南的开封

帝尧老死之后,执政的舜才允许丹朱回到尧都奔丧。由于尧帝指定天子继承人舜的"谦让",丹朱才在治丧期间登上了天子的位置,开始称帝。所以,《竹书纪年》、《山海经》等古籍中称丹朱为"帝丹朱"。三年丧期结束后,执政的舜躲避丹朱到南济河之南的九成台,不答应朝野上下希望他继承帝位的要求,以不与丹朱争夺帝位。据宋代思想家朱熹《孟子集注·万章章句上》记载:"南河在冀州之南,其南即豫州也。"这说明"南河"在"冀州"与"豫州"的结合部,也

就是上古时期开封昆仑山三皇五帝"中国"的"冀都"之地。但是,帝尧的大臣们都跑到南河之南的昆仑山九成台朝觐舜,而不朝觐丹朱。丹朱自知无力管理天下,只好放弃帝位。于是,舜便顺应天意和人民的呼声,登上了帝位。

之后,帝舜把丹朱改封到尧帝旧都"房"地为诸侯。对此,战国时期《竹书纪年》却称"丹诸(朱)辟(避)舜于房"。我们认为,"房"地在封丘西南、原阳东南约14公里的汉代"阳武"城,在夏代方雷氏后裔的封父国范围之内。丹朱避帝舜于"房"地,也是其尊父命而不得不让天下于舜的结果,而丹朱居"房"地也是舜地重新分封的结果。

3. 丹朱"房"地是开封轩辕楼黄帝岳父方雷氏的封地

"房邑"之"房",也称"封"、"防"、"方"等,是指天圆与地方上下对应的昆仑山中心之地,也在"中央黄帝"居住地开封轩辕楼(丘)西北部一带。轩辕楼是黄帝和元妃嫘祖成婚之地。据唐初王瓘《轩辕本纪》记载:黄"帝娶西陵氏于大梁,曰嫘祖,为元妃,生二子:玄嚣(青阳)、昌意"。[17]其中"大梁",就是战国时期的魏国国都开封。"方"地,由黄帝元妃嫘祖父亲方雷氏的封地而得名。据中国最早国别史《国语·晋语》记载:"'青阳(玄嚣),方雷氏之甥也。'雷通作嫘。"[18]因为"雷通作嫘",所以方雷氏之女、青阳之母也称作"嫘祖"、"雷祖"。

"方"姓是燧人氏"风"姓分支,所居住的昆仑山也称"方"山、"封山"。"方"指"地",土地面积也称"方圆"。"方"通"房","房"以土、地为基,作承天之势。方雷氏是"方(房)"姓的始祖,继承者为方夷、防风氏、房氏、封人等。

方雷氏部落以国为氏,又分为"方"和"雷"两个氏族部落,春秋战国时期一些部落早已迁离开封昆仑山中心区域,分布在南北各地,如河南禹州方山、遂平吴房、湖北十堰房县、北京房山、广东雷州等地。

4. 丹朱受封的"房"地人文历史悠久

丹朱封地"方(房)",就是方雷氏之"雷"。古代称"雷"为"丰隆"。据汉代经学家刘向《淮南子·天文训》认为:"季春三月,丰隆乃出,以将其雨。"[19]东汉学者高诱注释:"丰隆,雷也。"[20]因此,方雷氏又称"丰隆"氏。"方山",也称"丰隆山",或"丰山"。

方雷氏为八世炎帝榆罔的长子,曾随黄帝在"玉门丰沮",即"丰山"一同起兵,打败了篡夺炎帝帝位的蚩尤。关于"玉门丰沮"之"玉门",南朝刘宋时期学者裴骃《史记集解》记载:东晋史学家徐广曰"北门名玉门"。而"北门"应指上古时期开封昆仑山、五行"黑、冥、玄武"方位和黄帝帝都轩辕楼北部"北(冬)天门"。黄帝姬芒在开封轩辕楼称帝后,将"玉门丰沮"封给了方雷氏。所以,方雷氏也称"丰沮"氏,又称"封钜"氏。"方山"也称"丰山"、"封山"、"防山"、"房山"等,夏代是防风氏居住的"封山",即"封父国"。

"封钜"是炎帝"魁隗氏"、"神农氏"和"封钜氏"的后裔,也是"防风氏"、"大人氏"的先祖。因"大人"之"大"与"长子"之"长"同义,所以也称炎帝的后人尧帝、丹朱为"长子"氏。"长子",即"大人"。"大人氏"善于身挎弓箭,射杀羽鸟,所以也称"夷人"、"羿人"、"羽人"、"翟人"等,与射杀太阳鸟的著名英雄大羿及其子孙后羿同居"封钜"之地。"大人氏"也与帝喾的先祖同族,姜原践履大人脚印而生后稷之"大人",本指姜原的男人帝喾。所以,古籍中多认为尧、舜、禹是"大人氏"、帝喾氏族的后裔,或称"东夷人"。

可见,方雷氏之"方",与方雷氏之"雷"同族同义。方雷氏居住地是黄帝岳父"丰沮氏"、"封钜氏"的封地。对于"玉门丰沮"、"封钜"的实际地理位置,南北朝时期史学家何承天《姓苑》中有记载:"炎帝裔孙名钜,曾为黄帝之师。夏朝时,封钜的后代于封父(今河南封丘西南封父亭),为诸侯国,后人曾经称他为封父,实际上是以地名为人名。"[21]封丘西南"封父亭"旧址就是"封钜"、"玉门丰沮"。这与开封昆仑山、黄帝帝都轩辕楼北部、太极五行"黑、太阴、玄武"的方位相一致。

以上情况说明,在帝尧去世后,帝舜将丹朱改封在开封黄帝轩辕楼(丘)西北部的"方(也称房、防、封、风、丰、逢)山",这里是黄帝岳父和帝师方雷氏,即"封钜"旧地,也是后来夏王启所封的"封父国"之地。开封、启封、封丘之"封"的地名由此文化传承而来。

5. 丹朱与舜帝同葬开封东北部鸣条苍梧山

宋代学者罗泌《路史·国名纪丁》记载:"帝尧崩,有虞氏帝舜封丹朱于房,为房侯。"又记载:"以奉其祀,服其服,礼乐加之,谓之虞宾,天子弗臣。"说明因帝尧"禅让"之故,虞舜对丹朱及其家族不敢以臣下视之,对"房侯"丹朱相敬如宾、优礼有加。

上古时期有"四海"之说,即东海山东巨野,南海开封逢泽,西海郑州圃田,北海延津乌(冥)泽。"四海"之内就是昆仑山三皇五帝的"中国",都是炎黄子孙。因此,春秋时期的《论语·颜渊》记载孔子认为"四海之内皆兄弟"。[22]丹朱最后在南海,即开封古逢泽一带去世,传说丹朱死后化为鴸鸟,即"朱雀"。他的子孙在南海一带建立了"丹朱国"。"丹朱国"人长相很奇特,长着人的脸,鸟的翅膀。其实,不过是后人以其在昆仑山、太极五行南部"赤、炎、朱雀"方位,为其所勾画的象形神罢了,而"鸠鸟"也正居住在《山海经·南山卷一》"南山"方位,说明《山海经》之"山海",对应的正是开封"昆仑山"、"四海"的总称。

丹朱去世后,葬于开封古陈留夏杼王都老丘北部的鸣条苍梧山之阴(北);舜帝去世后,葬于开封古陈留夏杼王都老丘北部的鸣条苍梧山之阳(南)。传说,大禹治水时,曾建造多座四方台型金字塔建筑物,作为祭祀下葬在当地帝喾、帝尧、帝丹朱和帝舜的灵台。据先秦古籍《山海经·海内北经》记载:"帝尧台、帝喾台、帝丹朱台、帝舜台,各二台,台四方,在昆仑东北。"《山海经·大荒南经》记载:"帝尧、帝喾、帝舜葬于岳山。"《山海经·海内南经》也记载:"苍梧之山,帝舜葬于阳,帝丹朱葬于阴。"其中"昆仑"、"帝台"、"岳山"、"苍梧之山",与开封昆仑山、舜帝帝都"九成台"同义。"昆仑东北"方向的四帝"帝台",正是开封东北、封丘黄陵岗鸣条苍梧山"四帝"下葬的祭祀地。

从各类史料记载的综合情况来看,"鸣条"、"苍梧山"、"陈留平丘",与开封昆仑山、岳山、太岳台、太山、广野、古莘国、空桑、高阳、陈留同在一地。战国时期思想家孟轲《孟子·离娄下》认为:舜"卒于鸣条"。[23]战国时期《竹书纪年》认为:"鸣条有苍梧之山,(舜)帝崩遂葬焉。"西晋学者皇甫谧《帝王世纪》记载:"舜卒鸣条。乃在东夷之地,或言陈留平丘,今有鸣条亭。"明代文学家何孟春《家语注》认为:"陈留县平邱有鸣条亭。"[24]其中"陈留平丘"、"鸣条",也被视为"东夷之地";"苍梧"之"梧",就是盛产于开封之地的"梧桐",即"泡桐"。传说"舜好生恶杀,凤凰巢其树"。因此,开封古"仪"邑高大的"梧桐",便成了舜帝"箫韶九成,百兽率舞,凤凰来仪"的栖息地。由于"梧桐"是凤凰来"仪"邑栖息的吉祥之树,上古时期也称其为"善木",是舜帝乐正官夔制作"琴瑟"等古乐器的最佳木料,古称"响木"。

至于江南所谓舜帝下葬的"苍梧"之地,应该是公元417年,即西汉平帝刘衎元始六年出现的地名。据宋代学者罗泌《路史》记载:"苍吾县,元始六年,开苍梧郡,地广,东至湘潭。"苍梧郡的舜帝陵墓,不过是汉代前后舜帝后裔迁徙南方之地传承的中原文化罢了。

三、丹朱受封的"唐国"在开封古"留"国

据五代史学家刘昫《唐书·宰相世系表》记载:"帝尧之子丹朱被舜封为唐侯,建立唐国。"[25]其中"唐国"的"唐侯"与开封古陈留的"房国"的"房侯"同义同地,不过是一地多名罢了。

1. 丹朱的"唐国"在开封昆仑山

"唐国"之"唐",在甲骨文中与商朝太祖"成汤"之"汤"同字。西汉经学家刘向注释《楚辞·离骚》中解释:"汤作荡。"[26]清代文华殿大学士张玉书《康熙字典》解释:砀《正韵》待朗切,音荡。又《集韵》徒郎切,音唐。义同"。[27]说明"唐"与"汤"、"荡"、"砀"相通。"成汤",即"成唐","汤山",即"唐山"。上古时期的"盘古氏",也称"汤古氏"、"唐古氏"、"蒗荡氏",或称"汤狼氏"、"狼汤氏"。

"蒗荡氏"居住在大禹治理的"蒗荡渠"沿岸,也称"狼汤渠"、"狼荡渠"等。据北魏郦道元地理著作《水经注》记载:"蒗荡渠,东南径赤城至浚仪。"[28]"赤城"、"浚仪"均在开封,而"狼荡"人就居住在开封"狼荡渠"北岸的狼城岗(今属中牟)。因为开封是昆仑山三皇五帝"中国"之地,所以狼城岗的西部便是母系氏族西王母居住的"西陵",今为中牟县"青谷堆"、"瓦坡"一带,当地传承着"青谷堆"西北部周天洪水泛滥,女娲(瓦)炼五彩石补天的神话,并有明代之前的"瓦坡"古窑址为凭。昆仑山西北部,也称"唐古山"、"唐山"、"狼荡山"、"不周山"、"天柱山"、"汤山"等等。而"汤山",就是商汤始祖契(阏伯)出生的"商丘"。

高莘氏帝喾有四个妃子、四个儿子,分别为:元妃鞠訾氏,名常仪,生帝挚;次妃陈逢氏,名庆都,生放勋(帝尧);次妃有娀氏,名简狄,生契(商人始祖阏伯);次妃有邰氏,名姜源,生弃(周朝始祖后稷)。帝喾四妃四子均居住或出生在昆仑山,也称"青丘山"(帝挚青阳氏)、"唐山"(帝尧陶唐氏)、"不周山"(后稷周天氏)、"汤山"(阏伯狼荡氏)。

西晋皇甫谧《帝王世纪》也记载:"帝喾有四妃,卜其子,皆有天下。"所以,尧帝后裔称自己先祖的封地为"唐山(国)"就像契、弃的后裔称自己先祖的封地为"商丘"、"周原"一样。中国最早的史书《尚书·夏书·五子之歌》记载:"唯彼陶唐,有此冀方。《疏》韦昭云:陶,唐皆国名,犹汤称殷商也。按书传皆言尧以唐侯升为天子,不言封于陶唐。"说白了,上古时期唐国、商丘、周原最早的发源地与开封三皇五帝"中国"、"冀都"的昆仑山同为一地,是不同氏族对华夏人文发源地昆仑山的代称。

2. 开封的古"留"国早于徐州彭城古"留"城

开封古"陈留",春秋时期属宋国邑或郑国邑,名"留"地,后被陈国所并,更名为"陈留"。东汉历史学家班固《汉书·地理志》、北魏郦道元《水经注·卷二十二》均记载:"留,郑邑也,后为陈所并,故曰陈留矣。"

唐代历史学家张守节《史记正义》记载:"括地志云:'陈留,汴州县也。在州东五十里,本汉陈留郡及陈留县之地。'孟康云:'留,郑邑也。后为陈所并,故曰陈留。'臣瓒又按:'宋有留,彭城留是也。此留属陈,故曰陈留。外黄。'"而唐代宰相张九龄《姓源韵谱》则记载:"留姓,出自周封内大夫食采王畿之留,以邑为氏。春秋郑国邑,后有人为姓。"[29] 这与东汉班固《汉书》、北魏郦道元《水经注》中的记载基本上是一致的。

客观地讲,西晋臣瓒将彭城宋"留"与开封"陈留"混为一谈也是有原因的。因为战国末期秦国占领魏国国都大梁之后,开封一带的"陈留"、"南之沛(郑州圃田)"、"彭邑(郑州圃田北)"、"微子启(开封启封)"等地名,便随着魏国大梁人的东迁逃亡而带到了江苏徐州的彭城一带,当地的"留城"、"彭城"、"微山"、"沛县"、"丰县"等地名随之产生,包括汉高祖刘邦的"刘(留)"姓,也是由开封陈留之"留"传承而去的。

3. 开封古陈留是汉高祖刘邦祖地

开封为留(刘)氏先祖之地,也是汉代刘邦先祖和母亲刘媪昭灵宫所在地。唐代学者张守节《史记正义》记载:"《陈留风俗传》曰:'沛公起兵野战,丧皇妣于黄乡,天下平定,使使者以梓宫招幽魂,谥曰昭灵夫人';引括地志云:'小黄故城在汴州陈留县(今河南开封附近)东北三十三里。'"其中"小黄故城"在今开封县杜良乡小黄铺、马尾村一带,刘邦母亲刘媪的昭陵宫就在此地。

关于刘邦祖地在开封大梁之说,南北朝刘宋时期史学家裴骃《史记集解》引李斐的话说:"沛,小沛也。刘氏随魏徙大梁,移在丰,居中阳里。"唐代史学家司马贞《史记索引》记载:"刘氏随魏徙大梁,后居丰,今言'姓刘氏'者是。"这几段话的意思是说,汉代刘邦先祖随魏国移民从开封大梁向东部迁移,居住在沛郡丰县。陈苏镇先生在《汉代政治与〈春秋〉学》[30]中认为,刘邦是秦昭王五十一年(前256年)生于魏都大梁(河南开封),在秦王嬴政灭亡魏国后,于公元前225年随魏国遗民东迁丰地(江苏丰县),这时他已经32岁了。据唐代学者张守节《史记正义》记载:"《帝王世纪》云:'汉昭陵后含始游洛池,有宝鸡衔赤珠出炫目,后吞之,生高祖。'"其中"洛池(水)"、"宝鸡"、"赤珠"之名,最早均源自汉高祖刘邦出生的魏国大梁之地,而不是指西部洛阳洛水、陕西宝鸡。

战国时期,刘邦的曾祖刘清为魏国大夫,任职于国都大梁。秦灭魏后,由开封大梁迁徙到了丰邑西北离城十二里的力村疃(今丰县赵庄镇金刘寨村)避祸。这与韩国后裔、刘邦谋臣、汉代留侯张良的经历有很多相似之处。开封兰考县三义寨乡(古陈留)和山东微山县(古留城)都建有留侯张良墓,彼此也同为"留"地,就是来源于这一历史传承。

据东汉史学家班固《汉书·高帝纪第一》记载:"刘向云,战国时刘氏自秦获于魏。秦灭魏,迁大梁,都于丰,故周市说雍齿曰:'丰,故梁徙也。'"其中"刘向",是西汉著名经学家,也是汉高祖刘邦之弟楚元王刘交的四世孙,属于汉室皇族成员。"周市",时为魏国宰相。"雍齿",沛县刘邦的沛县同乡,汉初武将。他们关于刘邦先祖是从战国魏国国都大梁迁到丰邑的记载,应该是具有说服力的,也是可信的。这从间接证明了"留"地在开封大梁,即古陈留的历史是真实的。

4. 开封古"留"国是丹朱封地

据南宋学者罗泌《路史》记载:"尧有子丹朱,其庶兄名九,封于留。"又记载:"尧子封于留,一作镏,刘氏所自出。"可见,开封"留"是丹朱和"庶兄名九"的出生地和封地,至今已有四千多年的历史。

古人认为,帝尧陶唐氏为炎帝之后,丹朱为帝尧陶唐氏之后。丹朱之后有刘累,是为夏王孔甲养龙的龙师,也被以先祖的封地之名赐予"刘(留)"姓。据龚书群《鲤城姓氏资料汇编》记载:"昔帝尧登高山观洪水,一妃袁氏从焉,因见日累累而行,遂有孕而生子。子生七日而左手不开,帝曰:'朕之适子,何令有疾'。取水噀之其手乃开,中有八字文云'戴卯玄系,重田在中'。帝曰:'戴卯者在其上,玄系者在其下,而重田居焉。以文拆之,则一田属上卯为留字、一田属下系为累字。'"又记载:"帝曰:'天降其子,蕃我苗裔,宜以留为姓,以累为名。'"[31]"留(刘)累"的姓名由此而出。

可见,"留(刘)累"是丹朱或兄弟的又一称呼,不过是被夏王孔甲时期的丹朱后裔刘累沿用而已。

留(刘)累之"累",即"嫘",表示尧帝的妃子"袁(辕)氏"是黄帝"轩辕(袁)氏"和炎帝孙女"嫘祖"的后裔。刘累的封地与丹朱出生地同在开封古陈留一地,也与上古时期炎、黄建都开封空桑、轩辕楼,黄帝嫘祖成婚开封大梁的历史文化传承相符。

唐代史学家司马贞《史记索引》记载:"高祖,刘累之后,别食邑于范,士会之裔,留秦不反。更为刘氏。"说明汉代高祖刘邦为开封古陈留刘累之后,也是丹朱、帝尧、炎帝的后代。炎帝为"赤帝",所以汉高祖刘邦以火德为王,火为赤色,故称刘邦为"赤帝子",也称为"赤帝"。

5. 开封丹朱封地"留"与"陈"、"唐"相通

"留累"之"留"字,是古代"羲和氏"用圭表观测太阳运行的象仪台,位于开封"五行"的东方"卯"、"田"之地。因"卯"在"田"上,故称"留"。"留"与"田"、"卯"同地。东汉文字学家许慎《说文解字》认为:"田,陈也。"[32]清代学术大师、史学家、汉学家钱大昕《十驾斋养心录》也认为:"古读陈如田,古田陈声同。"[33]可见,开封"陈、田"二字的含义相通,"陈"与"田"、"卯"、"留"同在一地,故称"陈留"。古人认为"天下姓氏出陈留",就是对华夏历史文明发源于开封昆仑山、三皇五帝"中国",即开封古"陈留"的另外一种表述。

据东汉经学大师郑玄作笺、唐朝经学家孔颖达作疏的《毛诗正义·卷七》记载:"唐之与陈,庙庭之异名耳,其实一也,故云'唐,堂涂也'。"[34]最早训解词义专著《尔雅·释宫》也记载:"庙中路谓之唐。堂途谓之陈。"[35]古代庙堂前或宗庙内的大路称"唐"或"陈"。这说明"唐"与"陈"古代也是同义字,彼此可以互相代替,都在上古时期三皇五帝帝都内。"庙庭"、"堂涂"是三皇五帝进行朝会、宣明政教、祭祀、庆赏、选士、养老的"明堂"之地。宋代著名乐曲家郭茂倩《乐府诗集·木兰诗》记载:"归来见天子,天子坐明堂。"[36]说明"庙庭"、"堂涂"、"明堂"就是上古时期三皇五帝行政的地方。这为我们把"陈"、"留"认作丹朱封地"唐"找到了依据。

6. 丹朱后裔"留"地后为夏代王杼老丘之地

开封现为"八朝古都",其中一朝在夏朝王杼时期。夏杼王都在开封老丘,老丘曾经为"陈留郡"治地。清代顾祖禹《读史方舆纪要·河南》记载:开封"夷门之下,新里之东,浚水之北,象而仪之,以为邑名。后魏陈留郡治浚仪"。[37]其中"陈留郡治浚仪",就是夏杼王都老丘之地,后来浚仪才迁徙到了开封老城西北部。这说明夏杼王都老丘也在上古时期尧、舜、禹建都的"中国"之地,直到汉代设置浚仪县时期,仍然是陈留郡治之地。

7. 开封古"陈留"为帝喾的古"莘国"

"留"的本义,是掌管测定春分点的羲和氏。"刘"姓图腾,是由一位长者,即羲和氏手持刻刀契刻春天天气到达地球的运行标记,简作"留"。

上古时期,羲和氏在开封陈留用金属刀契刻占日的圭表,其后裔被称作"镏"氏。"镏"氏"契刻"之"契",与高莘氏帝喾时期出生在开封浚仪的商人始祖"契"同义,也同族,部分"镏"氏也为商"契"的后裔。据宋代地理总志《太平

寰宇记》记载：开封浚仪有"青丘，亦曰玄池。女娲简狄浴于青丘之水，有玄鸟遗卵，吞之，生契。即此水也"。[38]其中"青丘"，为上古时期的昆仑山；"玄"为黑色，"玄池"即为开封西北方向约十公里处的"黑池"，在商人始祖"契"出生的"青丘"山，也是史料中最早记载的"唐山"、"汤山"、"商丘"；"简狄"，为高辛氏帝喾的次妃。

可见，商"契"及其后裔舜帝、商均、商汤及宋人始祖微子启的封地，都应传承在开封陈留及其东部一带。

高辛氏帝喾的古辛国（今开封县陈留镇莘口）与高阳氏颛顼的封地古高阳（今杞县高阳镇），都在开封古陈留之地。他们去世之后，又同葬于开封北部约110公里的内黄县梁庄镇三杨庄土山之阳。对此，史料中多有记载。

其实，开封古陈留也是高辛氏帝喾与有邰（邵）氏姜嫄所生儿子后稷、与陈锋（有逢）氏庆都所生儿子帝尧、与訾陬（訾枝）氏嫦仪所生儿子帝挚的出生地。据南北朝时期史学家沈约《乐府诗集·郊庙歌辞九·梁宗庙登歌七首之二》记载："殷兆玉筐。周始邠王。于赫文祖。基我大梁。"其中"殷兆玉筐"，是指殷商人的始祖"契（阏伯）"；"周始邠王"，是指姬周人的始祖"弃（后稷）"；"于赫文祖"，是指陶唐人的始祖"放勋（尧）"，他们都是开封古辛国帝喾的儿子。此诗说明，陶唐、殷商、姬周的根基均发源于开封"大梁"。

"留"字去"田"加"刀、金"，为发源于古陈留的"劉（刘）"姓；"留"加"鸟"为"鹠"，是古陈留空桑炎帝神农氏"鸺鹠族"的族称。这也与"劉"姓和神农氏炎帝出生地、帝都在开封古陈留的人文历史相符。

8. 开封三皇五帝"中国"在"四象"、"地支"中心

"留"由"卯"、"田"组成。"卯"为春天的天门，简称"春门"，在五行"东"和地支"卯"方位，由上古时期测定春分点的羲和氏掌管，后由有虞氏后裔"陈"、"留"姓主管；"田"为立圭表天杆的天象台"叀"，博、甫、浦、囟皆为其象形，汳浦、阪蒲、阪泉等上古时期的地名最早均发源于三皇五帝"中国"，即开封古陈留。陈留的西方为"秋门"，在五行"金"和地支"酉"方位，由上古时期测定秋分点的嫦仪氏掌管，后由祝融氏邻人"郑（鄭）"姓主管。

由于"鄭"在开封三皇五帝"中国"的"酉"方。因此"郑国"、"郑州"也在开封古陈留的西部。古人把东、南、西、北"四象"方向的正中点，分别用相应的卯、午、酉、子四个"地支"代表。太阳每天早晨出于"卯（东、陈留）"位，中午运转于"午（南、空桑）"位，黄昏入于酉（西、郑州）位，半夜运转于"子（北、延津、幽州）"位，在上古时期的三皇五帝"中国"上空周而复始。而春门、夏门、秋门、冬

(幽)门之间"中国"之地,便是"四象"、"五行"、"八卦"的"中央",也是开封昆仑山"天地之中"。

9. 夏王孔甲和桀豢龙氏传承于开封古陈留东北部

据春秋时期《左传·昭公二十九年载》记载:"陶唐既衰,其后有刘累,学扰龙于豢龙氏,以事孔甲。孔甲赐之姓曰御龙氏,以事孔甲,能饮食之。夏后嘉之,赐氏曰御龙,以更豕韦之后。"[39]就是说,到了陶唐氏尧帝、有虞氏舜帝、有姒氏禹王之后的夏王孔甲时期,丹朱的后裔刘累跟着豢龙氏学习豢龙,被赐御龙氏,封于开封刘(留)国,后为"豕韦国"。"豕韦国"在今河南滑县东南六十里的万古乡妹村,夏王朝末期被商汤讨伐夏桀时乘机消灭。"豕韦国"的南部为河南长垣,是丹朱、刘累御龙氏后裔、夏朝大臣关龙逢的下葬地。

关于"御龙",一般认为是指驯化龙的本领。但是"龙"到底是什么?历史上多有争议。我们认为"龙"就是为天子驾车的"马"。据西周时期《周礼·夏官司马·庾人》记载:"马八尺以上为龙。七尺以上为騋,六尺以上为马。"[40]可见,古人认为,马大为龙。为天子驾车的马必然是品种优良、体格雄壮的高头大马,故称"御龙"。

到了夏王桀时期,丹朱、刘累的御龙氏后裔关龙逢为夏朝大臣,居住地在开封陈留北部的长垣龙相村一带。关龙逢因犯颜直谏荒淫无道的夏桀而遭囚杀,龙相村是御龙氏族人下葬关龙逢的地方。这里原有祭祀关龙逢一座大墓,唐代人们曾为关龙逢树"夏直谏臣关公之墓"碑一块。二十世纪八十年代龙相村西北约四公里梁寨村民,曾在村东南陶北河中发掘出"商汤夏桀鸣条之战旧址"篆字旧碑刻一块,印证着在这里夏商文化传承的历史。

10. 商周时期丹朱豢龙氏后裔灭国后东迁

到了商代,丹朱、刘累的豕韦氏后裔,在河南滑县万古镇中妹村重建豕韦国(今长垣龙相村北部约36公里处)。商王武丁时期古豕韦国再次被消灭。

周初,古豕韦国后裔韦伯遐协助周武王灭商纣王有功,被封于夏商祖先的豕韦国旧地,仍称"韦伯国"。又封其同宗的彭伯国后裔于今河南原阳南,复立"彭伯国"。豕韦国为帝喾后裔,彭伯国为颛顼后裔,两族同为黄帝、嫘祖长子玄嚣和次子昌意的后人。因嫘祖为炎帝孙女,所以颛顼、帝喾同为炎黄后裔。

周成王时期,迁封韦伯国于"防"(今山东成武),以加强对东夷人的统治,韦伯国与彭伯国的贵族还有入朝任史官的。

春秋时期,韦伯国弱小,被鲁国逼迫,又迁于同宗的河南原阳彭伯国(彭邑)一带,也称"韦伯国",仍有国君或贵族被召入东周雒邑王室任史官。

公元前256年,东周赧王去世,韦伯国与彭伯国逐步被秦国灭亡,两国所在地民众纷纷向东方逃亡。公元前225年,魏国被秦国大将王贲引鸿沟水灌大梁而灭亡,彭姓人和韦姓人逃亡东部的彭城(徐州)地区。

上述历史告诉我们,尧帝之子丹朱的封地,最早在开封古陈留,而古陈留就是三皇五帝"中国"、"冀州"、"中土"、"中州"。这里是唐尧、虞舜、夏禹、启、太康,甚至殷商初期的建都之地,自然也是唐尧之子丹朱祭祀先祖的封地,又称"唐"、"留"、"陈"、"房(方、防、封)"、"丹"等等。近人王利器在校注西汉著名思想家陆贾《新语》中,记载说:"淮南地形篇:'正中冀州曰中土。'(东汉学者)高诱注:'冀,大也。四方之主,故曰中土也。'案:冀州,古以为中州,中土与中州同义。谷梁传桓公五年:'郑,同姓之国也,在乎冀州。'(唐代学者)杨士勋疏:'冀州者,天下之中州,自唐、虞及夏、殷皆都焉。则冀州是天子之常居。以郑近王畿,故举冀州以为说。故(战国时期阴阳家学派创始人)邹衍着书云:九州之内,名曰赤县。赤县之畿,从冀州起。故后王虽不都冀州,亦得以冀州言之。'"[41]其中"赤县",在"太极"、"五行"中的南方,即"赤"、"炎"、"朱雀"方位,也是炎帝帝都开封古陈留空桑、尧帝帝都开封昆仑山(也称垚山、三层土台)、丹朱封地丹水留国之地。"尧帝"之"尧",古为"堯"、"垚",正是开封太极五行"中土"和昆仑山"三层台"的象形。

因此,我们认为,"赤县"、"中国"、"冀州"、"中土"、"中州"和唐尧、虞舜、夏禹、启、太康,甚至殷商初都,同在开封古陈留一地。

文献来源:

[1](南唐)何溥著,郑志斌注:《灵城精义》,线装书局,2010版。

[2](唐)李泰撰,贺次君辑校:《括地志辑校》,北京:中华书局,1980年版。

[3](汉)司马迁撰,(宋)裴骃集解(唐)司马贞索隐(唐)张守节正义,顾颉刚领衔点校,赵生群主持修订:《点校本二十四史修订本〈史记〉》,北京:中华书局,2014年版。

[4](晋)范宁注,(唐)杨士勋疏:《春秋谷梁传注疏》,上海:上海古籍出版社,1990年版。

[5](宋)罗泌:《路史》,北京:北京图书馆出版社,2010年版。

[6](汉)刘安:《淮南子》,郑州:中州古籍出版社,2010年版。

[7]顾炎武著,黄汝成、栾保群、吕宗力注:《日知录集释》,上海:上海古籍出版社,2006年版。

[8](晋)皇甫谧撰,(清)宋翔凤、钱宝塘辑:《帝王世纪 山海经 逸周书》,沈阳:辽宁教育出版社,1997年版。

[9]李民、王健:《尚书译注》,上海:上海古籍出版社,2004年版。

[10]《中国古今地名大辞典》,上海:上海辞书出版社,2005年版。

[11]《辞源》,上海:商务印书馆印制,1933年版。

[12](汉)宋衷注,(清)秦嘉谟等辑:《世本八种》,北京:北京图书馆出版社,2009年版。

[13](晋)郭璞:《穆天子传》,上海:上海古籍出版社,1990年版。

[14]方诗铭、王修龄:《古本竹书纪年辑证》载王国维:《今本竹书纪年疏证》,上海:上海古籍出版社,2005年版。

[15]戴明扬校注:《嵇康集》,北京:人民文学出版社,1962年版。

[16](宋)朱熹:《孟子集注》,杭州:西泠印社出版社,2008年版。

[17]《道藏》载(唐)王瓘:《轩辕本纪》,文物出版社、上海书店、天津古籍出版社联合重新印影涵芬楼本,1988年版。

[18]俞志慧:《〈国语〉韦昭注辨正》,北京:中华书局,2009年版。

[19](汉)刘安:《淮南子》,郑州:中州古籍出版社,2010年版。

[20](战国)吕不韦、(汉)刘安著,高诱注,杨坚点校:《吕氏春秋·淮南子》,长沙:岳麓书社,2006年版。

[21](南北朝)何承天著,王仁俊辑:《姓苑》,上海:上海古籍出版社,1989年版。

[22]杨伯峻译注:《论语译注》,北京:中华书局,2006年版。

[23](战国)孟轲:《孟子》,南京:凤凰出版社,2010年版。

[24]王肃注,张绵周标点:《孔子家语》,上海:上海古籍出版社,1990年版。

[25](后晋)刘昫:《旧唐书》,北京:中华书局,1975年版。

[26](西汉)刘向:《楚辞》,南京:凤凰出版社,2012年版。

[27]张玉书:《康熙字典》,上海:上海书店出版社,1985年版。

[28](北魏)郦道元:《水经注》,北京:华夏出版社,2006年版。

[29](唐)张九龄撰,熊飞校注:《张九龄集校注》,北京:中华书局,2008年版。

[30]陈苏镇:《汉代政治与〈春秋〉学》,北京:中国广播电视出版社,2001年版。

[31]龚书群:《鲤城姓氏资料汇编》,泉州:泉州市图书馆存,2007年版。

[32](东汉)许慎:《说文解字》,上海:上海古籍出版社,2007年版。

[33]钱大昕:《十驾斋养心录》,上海:上海古籍出版社,1983年版。

[34](汉)毛公傅、郑玄笺、(唐)孔颖达等:《毛诗正义》,上海:上海古籍出版社,1990年版。

[35](晋)郭璞注:《尔雅》,杭州:浙江古籍出版社,2011年版。

[36](宋)郭茂倩编,傅增湘藏:《乐府诗集》,北京:人民文学出版社,2010年版。

[37](清)顾祖禹撰,贺次君、施和金点校:《读史方舆纪要》,北京:中华书局,2005年版。

[38](宋)乐史:《太平寰宇记》,北京:中华书局,2007年版。

[39](春秋)左丘明等:《左传·吕氏春秋·战国策》,北京:北京出版社,2006年版。

[40]郑玄注,孔子修撰,陈戍国点校:《周礼·仪礼·礼记》,长沙:岳麓书社,2006年版。

[41](汉)陆贾撰:《新语》,上海:上海古籍出版社,1990年版。

第二十章　开封是《夏禹碑》和夏都阳城初现之地

建筑在鳌(龟)背形土台上的开封禹王台,有一座禹王庙。在禹王庙的西厢房内,有一通"夏禹碑"。夏禹碑,也称"岣嵝碑"、"岣嵝禹书"、"蝌蚪文"或"岣嵝文"等。目前,国内学者普遍认为,此碑原刻于湖南境内南岳衡山的岣嵝峰上,故称"岣嵝碑"。由于相传此碑内容是颂扬夏禹治水的丰功伟绩,所以也被后人称为"禹碑"、"禹王碑"、"大禹功德碑"等等。

包括开封在内,全国各地的"夏禹碑"原刻果真出自湖南衡山岣嵝峰吗?夏禹王都阳城和治水之地果真在江南衡山或是山西阳城等地?还是另有更深厚的历史文化背景?这是长期以来国内学术界难以定论的一个棘手问题。它如同夏、商、周历史文化断代一样,貌似存在却查无实据。

通过对开封历史的探讨,本人对"夏禹碑"产生、内容、传承的历史情况和夏禹王都阳城及治水之地有了一些浅薄的认识。现整理出来与世人商讨,以取得共识,也为尧、舜、夏、商的中心地区在开封提供一点证据。

一、《夏禹碑》产生和传承的历史脉络

1.《夏禹碑》的来由

尧帝时期,出现在中原的大洪荒海水反弹,再次倒灌内陆,泛滥成灾,百姓愁苦不堪。尧帝的执政官虞舜巡视天下,选用大禹主持治水之事。大禹接受任务以后,立即召集百姓前来协助。他视察河道,改革治水方法,变堵截为疏导,亲自翻山越岭,淌河过川,背着工具,从西向东,一路测度地形的高低,树立标杆,规划水道。他带领治水的民工,走遍九河下游之地,根据标杆位置,逢山开山,遇洼筑堤,以疏通淤塞的水道,引洪水入海。大禹为了治水,费尽脑筋,

不怕劳苦，从来不敢懈怠。他与涂山九尾狐氏女娇新婚不久，就离开妻子，又踏上治水的道路。一次，他路过家门口，听到妻子生产，儿子呱呱坠地的声音，由于治水形势严峻，他咬着牙却没有进入家门。第三次经过家门的时候，他的儿子启正抱在其妻子怀里，启已经懂得叫"大大（爹爹）"，挥动小手和大禹打招呼。大禹只是向妻儿挥了挥手，表示自己看到他们了，但仍顾不上停下来和妻子亲热。三过家门而不入，正是他劳心劳力治水的最好证明。

在治水的过程中，大禹走遍天下，对各地的天文、地理、习俗、物产等了如指掌，重新将天下规划为九个州，并制定了各州的贡物品种。由于大禹治水成功，继承了尧帝地位的舜帝在隆重的祭祀仪式上，把一块名称"理水"的黑色玉圭赐给大禹，以表彰他治水的功绩，并向天地万民宣告治水成功和天下大治。不久，又封大禹为夏伯，以夏地为其封国。

舜帝在位三十三年的时候，正式将大禹推荐给上天，把帝位禅让给大禹。十七年以后，舜帝在南巡中逝世。三年治丧结束，大禹避居夏地阳城，将帝位让给帝舜的儿子商均。但天下诸侯都离开商均去朝见大禹。在诸侯们的拥戴下，大禹正式即天子位，但他却坚持不称帝，谦逊地称王。最初以阳城为都城，国号为"夏"。他改定历日，以建寅之月为正月，又收取天下的铜，铸成了九鼎，作为天下共主的象征。

夏禹治水时，河水中浮出了神龟，背负文字，有数一至九，大禹用它制成了以"五行"居首，治理国家必须遵循的九类根本大法，即"洪范九畴"，后人称之为"洛书"。"河出图"、"洛出书"表示太平时代的祥瑞。现在人们往往以为"洛书"、"河图"出自于豫西一带，岂不知开封自古就是"龙马负图"、"神龟负图"历史文化的发生地。开封陈留东北的"河图村"和市内北大寺包公石刻"龙马负图处"就是"洛书"、"河图"曾经出现在开封的明证。

禹王在位十五年后逝世，葬在距离王都阳城不远的会稽山，终年一百岁。窃以为，会稽山应在大禹治水时与九尾狐氏女娇在涂山桑社野合之地，也就是"灉水"、即古汳（汴）水沿岸一带。清代文字训诂学家、经学家段玉裁《说文解字注》"灉"条认为："凡首受河之水皆可名之矣。在宋。说者以汳水当之。"[1] "汳水"，即流经开封汴州、商丘宋国的古"汴水"。战国吕不韦《吕氏春秋·察今》记载："荆人欲袭宋，使人先表灉水。"[2] "荆人"，指"楚人"；"宋"，指"宋国"；"灉水"，指"汴水"或"灉水"。此自黄河分流后，经河南封丘西南流向开封、陈留、杞县、睢县、商丘、虞城一线"灉水"，后堙。杞县古称"雍丘"，由"灉水"之名而来。

关于九尾狐氏的居住地，古人也有表述。据先秦时期《山海经》记载："青丘之山,有兽焉,其状如狐而九尾,其音如婴儿,能食人,食者不蛊。"[3]可见,"会稽山"在大荒之中的"青丘之山"一带,而大洪荒之地就是被洪水淹没的中原地区。至于九尾狐氏居住的"青丘山"位置,北宋史学家乐史《太平环宇记·卷一》记载:开封"浚仪:青丘,亦曰玄池"。[4]"青丘",即"青丘山",在"濉水",即"汴水"之滨。

汉代石刻画像及砖画中,常有九尾狐(氏)与白兔(氏)、蟾蜍(氏)、三足乌(氏)列于西王母座旁,与母系氏族有关,以示祯祺。"祯祺"就是吉祥的意思。因此,大禹治水时和女娇所居之城,大多被称为"祺"城,或同音字"丌"、"期"、"萁"、"杞"、"启"等城。说明"九尾狐氏"的居地在西王母的昆仑丘,即"青丘之山"一带,这与《山海经》中的记载相符合。据汉代司马迁《史记》记载:"夏后帝启,禹之子,其母涂山氏之女也。"[5]东汉班固《白虎通》记载:"德至鸟兽,则九尾狐见。九者,子孙繁息也;于尾者,后当盛也。"[6]也说明"涂山氏",即"九尾狐"的出现,是吉祥之兆。至于现在传说会稽山在浙江绍兴,不过是《山海经》中的中原"会稽山"消失和汉代中原华夏文化大传播的结果。后人为了怀念夏禹治水的功德,便在中原夏禹"会稽山"的"祺"城建庙祭祀,并篆刻了"夏禹碑"纪念大禹。

2. "夏禹碑"随着中原华夏文化而传承

从历史考证的层面上来探讨,我们认为:大禹治水的地区主要在河北东南部、河南中东部、山东西南部,以及淮河北部一带。之后数千年,大禹作为我国古代伟人中最受人们崇敬的偶像,民间也到处流传、建立或保留着他的故事和遗迹。但是,"夏禹碑"被普遍认为出自湖南境内南岳衡山的岣嵝峰,却有着很深历史背景的。

据中国最古老的地理书《山海经·山经·中山经》中记载:"又东四十五里,曰衡山,其上多青雘,多桑,其鸟多鹳鸠。"同时还记载:"东南五十里,曰衡山,上多寓木、穀、柞树,多黄垩、白垩。"说明"衡山"在"大荒"的"中山"东南部。但是,"大荒"、"中山"具体在何地,人们至今也没有弄清楚。

又据西汉《战国策·魏策一》记载:"昔者,三苗之居,左彭蠡之波,右洞庭之水,文山在其南,衡山在其北。恃此险也,而禹放逐之。"[7]其实,"彭蠡"、"洞庭"、"文山"、"衡山"以及"长沙"、"九嶷山"、"苍梧"等,全是《山海经》所记载"大荒"中的地名。可是,由于夏、商、周文化断代,后人不知这些地名的具体方位在哪里。到了战国或汉代时期,江南之地的"彭蠡湖",及"鄱阳湖"、"洞庭湖"和"长沙"等地名开始出现,人们自然便将两者联系起来。既然"长沙"在湖南,那么"衡山"、"九嶷山"、"苍梧"等地名在广西苍梧、湖南长沙一带才符合历史记载。于是,《山海经》"大荒"中的地名便顺理成章地安置在南方的湖广地区。

经考察,湖南"长沙"之名,为公元前206年项羽灭亡秦朝,分封诸侯国之后,由"临江"改名而来。说明战国之前,"长沙"并不在湖南之地。而"洞庭湖"、"苍梧"、"衡山"等地名大致也出现于吴起在楚国变法,中原氏族及其文化向江南大迁徙、大传播的时期,或者在更晚的秦汉时期。

公元292~372年,东晋长沙相罗含在湖南衡阳最早的文学作品《湘中记》中记载:"岣嵝山有玉牒,禹按其文以治水,上有禹碑。"[8] 公元474年前,南北朝时期具有"南岳九仙"之一徐灵期在《南岳记》中也记载:"云密峰有禹治水碑,皆蝌蚪文字。""夏禹导山通渎,刻石名山之巅。"[9] 虽然两者所记的地点不一,一说在岣嵝峰(即祝融峰),一说在云密峰,但也相差不大。而同一时期的南梁浔阳太守刘显(公元481~543年)在《粹玑录》中记载得更为详细:"萧齐高祖子铄封桂阳王,有山人成翳游衡岳,得禹碑,摹而献之。王宝之,爱采佳石翻刻,始见于世。"[10]

这些史料均记载,通过战国和汉代中原文化大传播之后,长沙的衡山上出现了禹王封禅、郊祀的玉简文书——"玉牒"或称"蝌蚪文字"、"禹碑"的记载。但"长沙"、"衡山"未必专指湖南的"长沙"、"衡山",故一直不见湖南长沙、衡山有实物出现。

3.《夏禹碑》历史隐现之谜及其文化价值

直到北宋末期的千百年间,无数人访遍湖南长沙衡山,谁也没有见到《夏禹碑》,即《岣嵝碑》存在的实物依据,使人大失所望。唐代散文家韩愈登上衡山,因未见到禹碑而大发感慨,赋诗发牢骚说:"岣嵝山前神禹碑,字青石赤形朴奇。蝌蚪拳身薤叶披,鸾飘凤泊拿蛟螭。事严迹秘鬼莫窥,道人独上偶见之。我来咨嗟涕涟洏,千搜万索何处有?"[11]

唐代文学家刘禹锡也因未曾见到《岣嵝碑》而无不遗憾地赋诗说:"常闻祝融峰,上有神禹碑。古石琅玕姿,秘文螭虎形。"他们都为不见此碑在衡山的踪迹而深表惋惜。

宋朝著名金石家欧阳修和赵明诚,曾遍搜天下著名碑刻,将其汇编成文,其中也不见《岣嵝碑》的记载。

公元992年,北宋王朝完成了的最重要、最庞大的文化工程之一——《淳化秘阁法帖》的搜集和编印工作,此帖为遍搜天下著名碑刻而集大成。其中,虽然有《夏禹书》的存在，但同样没有"禹王碑"，即《岣嵝碑》的记载。按照常理，如此重要的碑帖不应该被北宋王朝遗漏。北宋太常寺奉礼郎沈辽(1032～1085)也在《奉赠玉笥王尊师》的诗中埋怨说："欲上九嶷望南极，岣嵝不见神禹碑。"[12]这只能说明"禹王碑"，即《岣嵝碑》当时还没有被发现或被认可。

直到公元1079年前后，才有北宋朝奉郎(文散官名)刘跂将"禹王碑"，即《岣嵝碑》刻石在岣嵝山上的记载。据明代书法理论家丰坊在《书诀·宋石刻》中证实：刘跂"官终朝奉郎。临夏大帝玉册文变大，刻石在岣嵝山。"[13]"临"为临摹；"夏大帝"，即指夏王大禹；"玉册"，即"玉策"，是帝王祭祀告天的册书，旧谓"天书玉册"，为天子受命的瑞征，藏于开封大禹阳城(即禹王台)北部的玉册府，又称"兰台"。"兰台"为帝王藏书之处，以御史掌管，后世称"御史台"，就相当于现在的国家档案馆。可见，"禹王碑"，即《岣嵝碑》出自北宋皇都开封的朝奉郎刘跂。自此以后，衡山岣嵝峰上才开始出现"禹王碑"，即《岣嵝碑》的实物踪迹。

关于"朝奉郎刘跂"，字"斯立"，生于公元1048年，死于公元1117年，享年70岁。祖籍东光(今河北省东光县)，由东平(今山东省东平县)外祖父母养育成人。为宋代右仆射兼中书侍郎(宰相)刘挚(公元1030～1098年)之子。公元1079年，即宋神宗赵顼元丰二年进士，刘跂历官州学教授，知江州彭泽县、朝奉郎。刘跂自幼得父精心训教，善为文章，又通金石学，与北宋理学家、教育家孙复、石介齐名，著有《学易集》八卷，曾为宋代著名金石学家赵明诚(李清照之夫)《金石錄》作序。他曾分别于公元1108年(大观二年)、公元1113年(政和三年)两次登上岱顶对秦泰山刻石进行考察，第二次得秦泰山刻石的完整拓本，共计二百二十二字。公元1113年(宋政和三年)，刘跂对秦泰山刻石进行了全面细致的捶拓，得刻石大部分内容，其中可以识读的一百四十六字，并与《史记》所录内容相比较，补出了碑刻所缺内容，同时也发现了《史记》录入的错误，制成拓本，并撰有《秦篆谱》一文，是发现并传拓《泰山秦刻石》的第一人。

据说刘跂获得《岣嵝碑》图画时，十分高兴，并写诗《古器图赞》示人："想古之人，悠哉邈乎。我获其器，赋象在图。有客见之，笑此展转。阅斯勤斯，其人云远。我欲晓客，耿不能言。退观古人，恍独如存。千载寥寥，不在图外。谓不信者，取器以对。"[14]这说明《岣嵝》文字，很可能是刘跂从古器上"赋象在图"的。对于《岣嵝》文字的真实性，当时有人是"不信"的，或许这就是《岣嵝》文字没有编入北宋碑帖的一个重要原因。

刘跂的岳父为北宋端明殿学士、工部尚书王巩，世居开封府开封县新里乡大边村。王巩(1048～1117年)为宋朝宰相王旦之孙，得到很多人的赏识，宋副宰相冯京、翰林学士司马光、苏轼兄弟更是对他青眼有加。丞相刘挚甚至与之结为姻亲,让其子刘跂娶了王巩唯一的女儿。公元1079年,即宋神宗元丰二年八月,王巩受到好友苏轼"乌台诗案"牵连而被贬到宾州(今广西宾阳)去监督盐酒税务。据说,此时的刘跂也受牵连,还到宾州看望岳父,并曾到过地处长沙的南岳衡山。有人反驳说,刘跂乃北方宋人,不曾到过湖南长沙之地,更不可能把《岣嵝碑》图画摹刻在衡山之上。但是,刘跂却在七言绝句《恩赦放还集句先寄乡中弟侄三首》中,明确告诉"弟侄"自己曾在"长沙住岁余"。诗中写道:"去年当日别东都,鱼鸟犹疑畏简书。诏恩许逐阳和至,只向长沙住岁余。"说明刘跂确实到过长沙、衡山一带居住和游览。

今浙江绍兴《会稽刻石》、《泰山颂》等石刻,均为元世祖忽必烈至元时期行台侍御史李处巽由刘跂摹本中所得。据开封当地传说,古代《岣嵝碑》存放在开封大禹祀庙之中,不仅传承到了湖南长沙衡山,还传承到了福建漳州等地,至今已有四千多年的传承历史。公元1573~1620年(明朝万历年间),逃亡到福建漳州赵家堡的宋代赵氏皇族后裔,仿照北宋故都开封皇城的立意布局建造成了赵家堡,以祭祀和不忘先祖。其中也包括仿照开封禹王台大禹庙《岣嵝碑》摹刻而成的赵家堡古大禹碑。这说明,即使到了明代开封《岣嵝碑》仍继续向南方传承。

公元1212年,即南宋嘉定五年,四川人何致游湖南南岳衡山时,将《岣嵝碑》全文临拓复刻于长沙岳麓山云麓峰。明代长沙太守潘镒于岳麓山找到此碑,拓印后传播全国各地,自此岣嵝碑开始以拓本流传而闻名于世。之后,云南大理、四川北川、江苏南京栖霞山、河南禹州、陕西西安碑林、浙江绍兴、湖北武汉均有翻刻。

据湖南方面史料记载,《禹王碑》即《岣嵝碑》碑文记述和歌颂了大禹治水的丰功伟绩,是中国最古老的碑刻,与黄帝陵、炎帝陵同为中华民族的"三大瑰宝",曾被称为南岳衡山的"镇山之宝"。碑上奇特的古文,因字体奇古,难以破译,现代著名历史学家、甲骨文专家郭沫若钻研其拓本三年仅识得三字。

据说,衡山上"禹王碑",即《岣嵝碑》曾在历史上长期失踪,直到2007年7月上旬,这块南岳衡山的"镇山之宝"才在尘封多年后重见天日。如果情况属实,确实是盛世中的一件幸事,只可惜至今我们无缘前去考察,一睹其文物风采。

二、《夏禹碑》叙述着大禹在开封一带治水的历史

据现有开封文献记载，历遭黄河水灾的开封人为怀念治水功绩卓著的禹王，根据他治水时在"吹台"附近住过的传说，于公元1523年，（明代正德嘉靖二年），在吹台上挖建了神龟形状的高台，还在龟背的高台上修筑禹王庙和大殿，铸造了高八尺的大禹铜像，企望大禹的神灵佑护开封免受水害。据说"禹王台"之名由此得来。

禹王台龟背上所立的"禹王碑"，即《岣嵝碑》和南岳衡山"镇山之宝"文字内容一样，共有七十七个字。

明代学者杨慎曾解释碑文，其释文为：承帝曰咨："翼辅佐卿，洲诸与登，鸟兽之门。参身洪流，而明发尔兴。久旅忘家，宿岳麓庭，智营形折，心罔弗辰，往求平定，华岳泰衡，宗疏事裒，劳余神禋，郁塞昏徙，南渎衍亨。衣制食备，万国其宁。窜舞永奔！"[15]

河北唐山现代考古学者马贺山先生也解释了碑文，其释文为："承帝冢然，翼辅雕卫。灾泽矢发，沮恒往行，三河飞涌。北过冀而奠，姒若忘鸟。宿岳麓庭，昶溢酉祈，水庐弗长，往求永定。华岳泰衡。崇楚事裒，劳余神禋，邕曼吉徙。南渎衍昌。衣则食备，万邦皆宁，疆无漾漭。"[16]

按照马贺山先生对"岣嵝碑"解释的释文，大致可理解为：

受帝命冢宰答应，辅助舜帝治理潍水卫水。水灾降临，誓师出发。在沮水、恒水之间奔忙。三河洪水泛滥，北过冀州而祭奠祖先神灵，姒忙于治理浚水忘记故乡鸟地。治水在外常宿高山庭院，用酒祭祀天地，祈望河水畅通不在外溢，水到房前不要再涨了，希望洪水平定。从华山到恒山再到泰山、衡山，非常推崇有才智的人疏导河流，从此洪灾减少。平时治水之余以烟祭祀神灵，用芬芳的美酒以享神，神灵昭示，迁徙大吉。南方的沟渠已经顺畅，草木兴盛，丰衣足食，万邦安宁，从边疆到中原，再不见洪水泛滥。

为帮助大家理解"禹王碑"即《岣嵝碑》的有关内容，现对马贺山先生释文中的一些名词解释如下：

"冢宰"：官名，即太宰，殷商置，位次三公，为六卿之首。太宰具有总领宫内百官，辅佐舜帝治理邦国的职能。是后人对舜帝太宰大禹的称呼。

"潍水"：为古水名，是流经开封的汳（汴）水。自开封向东流经河南杞县、睢县、商丘、虞城的一段被称作"潍水"，是汳（汴）水的下游地区。据东汉文字学家许慎《说文解字》记载："河潍水，在宋。"[17]"宋"即开封东部的宋国，今商

丘一带。又据中国古代最早的词典《尔雅》记载:"灉反入。又水自河出为灉。"[18]就是说流经开封的汳(汴)水,从上游的黄河流出以后就称为灉水。再据战国时期魏国《尚书·夏书·禹贡》记载:"灉沮会同。又或作滩,亦通作雍。"[19]

其中"雍",即开封杞县,古称"雍丘";"灉水",即"雍水",经"雍丘"北东流到"宋",即商丘。

"沮":为《山海经》"大荒之中,有山名曰丰沮玉门,日月所入"中的"沮"。"丰"与"封"、"沮"与"钜"相通,所以"丰沮"也称"封钜"。据唐代司马贞《史记索隐》中引著名学者应劭在《汉书集解音义》中记载:"封钜,丰沮黄帝师。"传说,"丰沮"为黄帝之师,是昨土为姓,他当时封在"丰沮",所以他起名叫"封钜"。在封钜的后裔子孙中,有以先祖名字为姓氏者,称为"封钜氏",后繁衍为"封"、"钜"二氏。后来,"钜"氏一族省去"钅"旁,简改为"巨"氏,也称"大人氏",世代相传至今,是非常古老的姓氏之一。"封钜",即夏代"封父国"之地,在开封北部的封丘西南。"灉沮会同"之地在开封西北,即封丘西南一带,这里古为济水、兖州、济阴(阳)、九河分流之地。其中"兖州",为上古时期九州之一的"兖州",直到东汉时期,开封一带的陈留郡、济阴郡仍同归兖州。济阴西部的原阳、封丘南北一带,即为"灉沮会同"和南北济水分流处。据明朝内阁首辅大臣李东阳《李西涯文集》记载:"稽据典籍,得之书曰灉沮会同。传曰灉即汴,沮即睢。今睢尚名州。"[20]李东阳所说的"灉即汴,沮即睢",是指在开封西北部的原阳、封丘汴水与睢水的汇合处。

"卫水":为古水名,即卫河,是源于太行山流经武陟、新乡市区、浚县,东入山东境内的一条古老河道。它就是隋代所开大运河的永济渠。通常所称的"卫河",是指上游的河南新乡合河乡到山东馆陶秤钩湾一段。广义上讲,卫河包括上游的卫河,以及中游的卫运河、下游的南运河,统称为"卫河"。在这里主要指流经河南武陟、新乡、浚县及其东北部古卫国一线的"卫水"。

"沮水":为古水名,即封丘西南一带的睢水,也称长翟渠、白沟、湛渠。

"恒水":为古水名,上古时期恒水地跨河、济,辖区分属冀、兖二州。上古时期的恒山是"恒水"的发源地,后来恒山北迁,因避讳汉文帝刘恒名讳改"常山"。当地人称之为"横河",其实是对上古"恒水"的附会。"恒水"与"卫水"或有交叉。

"沮水恒水之间":大致是指流经河南开封、杞县以北的"沮水"、"睢水"至古卫国上古"恒水"以南地带。

"三河":指上述的"灉水"、"沮水"与"卫水恒水"之间的古河流。

"飞涌":指三河水势汹涌澎湃。

"冀州":上古冀州大致在开封昆仑山、"天地之中"的北部,现为封丘、原阳、延津、滑县一带。后延伸到今河北冀州一带及河南沁阳一带。

"姒":大禹母系之姓,泛指大禹。

"浚水":即疏通堵塞的河水,也指开封北部的浚水。

"鸟地":夏商时期,居住在开封一带的氏族部落有着浓厚的鸟崇拜观念,如汉代司马迁《史记·殷本记》记载:"殷契,母曰简狄,有娀氏之女,为帝喾次妃。三人行浴,见玄鸟堕其卵,简狄取吞之,因孕生契。契长而佐禹治水有功。帝舜乃命契曰:'百姓不亲,五品不训,汝为司徒而敬敷五教。五教在宽。'"大意是说,殷的始祖是契,其母亲叫简狄,是有娀氏的女儿,帝喾的次妃。简狄等三人到河里去洗澡,看见燕子掉下一枚蛋,简狄就捡来吞吃了,因而怀孕,生下了契。契长大成人后,帮助禹治水有功,舜帝于是命令契说:现在老百姓们不相亲爱,父子、君臣、夫妇、长幼、朋友之间五伦关系不顺,你去担任司徒,认真地施行五伦教育。施行五伦教育,要本着宽厚的原则。后人认为"玄鸟生商",故商人也以"鸟"为图腾,称作"羽人"、"鸟夷"等。据北宋乐史《太平寰宇记》记载:开封"浚仪青邱亦曰玄池,女简狄浴于青邱之水,有玄鸟遗卵吞之,生契,即此水也。"[21]"契"为帝舜的司徒,虽然被封在商地,赐子姓,但商地同在尧、舜、禹帝王都附近,以便于担负起管理民众、土地及教化等司徒职责。契在唐尧、虞舜、夏禹时代兴起,为百姓做了许多事,功业昭著,百姓们因而得以安定。可见,在商人的心目中,鸟就是他们氏族的图腾,生商的"玄鸟"就是他们先祖"图腾的标志",而开封"天地之中"正是"玄鸟生商"之地,也是商人的祖地和故乡。

"从华山到恒山再到泰山、衡山"中的"四岳",这是后人所理解和认同的"四岳",上古时期不大可能有如此大范围的"四岳"之称。原释文中的"华岳泰衡"很可能是对山岳的泛指,也可能仅在开封周边地区,如郑州东南部的华阳山、开封西北部的太岳台(昆仑)等。

从以上对《夏禹碑》,即《岣嵝碑》的解释和分析来看:大禹治水的最大范围,南到豫皖的淮水、北到古卫国的恒(卫)水、西到河南焦作温县以东、东到山东菏泽巨野之间,基本是在开封"玄鸟生商"氏族的祖地,也就是大禹王都为中心地带。通过治水,大禹从前辈治水失败中吸取了教训,变堵塞洪水为疏导洪水,体现出他带领人民战胜困难的非凡勇气和聪明才智。大禹治水的精神和业绩,使他赢得了天下民心,为继承舜帝帝位奠定了基础。

三、《夏禹碑》首现地禹王台就是禹王夏都阳城

开封禹王台,也称"繁台"或"古吹台"等。目前,我们仅仅知道"繁台"为商代后裔的居住地,详情尚待进一步探讨。同时,它也是战国时期诸侯中第一个"称夏王"、"乘夏车"的魏惠王,在魏国大梁会盟和宴请各国诸侯的"范台",或称"范宫",又是春秋时期著名音乐家师旷到开封拜师善于演奏《九韶》的舜帝后裔学习吹奏乐曲的"吹台"。但是,开封人至今仍然喜欢称呼其为"禹王台",这是为什么哪?

我们认为,春秋时期著名音乐家师旷和战国时期率先称王的魏惠王固然对后世有着很大影响,但他们的影响比不过大禹那样巨大而深远。禹王台和《夏禹碑》建立在这里不是随意而为,而是有着鲜为人知的深刻历史原因。

1. 禹王台是大禹的故乡——鸟夷人之地

开封一带上古时期是炎帝、黄帝、仓颉帝,直到帝喾、尧帝、舜帝的帝都或居住地,也是东夷人的一支——长翟(狄)人的祖地。帝喾、帝舜,也都称"帝浚"、"帝俊",其原因:一是帝舜出生在开封北部的浚水,古人以地为名,称其为"浚"。所以,古代"浚"与"舜"相通;二是舜帝将"俊"鸟,即传说凤凰一类的鸾鸟、鶢䴈(浚仪)作为自己氏族的图腾,所以"舜"与"俊"也相通,并将这一文化传承到汉代开封"浚仪"时期。

先秦时期的《山海经》中也有"帝俊之台"的记载:"有五采之鸟,相向弃沙,唯帝俊下友,帝下两坛,采鸟是司。"大意是说,有两只五彩鸟,相对而舞,他们是帝俊在人间的后臣(友),帝俊在人间的两个祭坛,便是由他们管理的。东夷人祭天祀日的圣地——开封青丘山九成台(舜帝帝都)和封丘黄陵冈鸣条苍梧山(舜帝陵墓),就是帝舜后裔五彩鸟氏族在人间的两个祭坛。长翟氏族为东夷人,东夷文化的典型特征是"崇日崇鸟",即以太阳鸟,即"玄鸟"为图腾,以太阳神为祖先神。太阳鸟被后人称为"凤凰",即"鸾鸟"、"凤鸟"、"鶢䴈"、"逢(蜂)鸟"等。无论怎么称呼,都与开封的浚水、逢泽、阳城等地名密不可分。所以,帝舜的后裔"长翟人",即"长狄人",甚至"东夷人"的故乡都在开封,他们都是以太阳鸟为图腾的鸾鸟部落的族人。因此,在上古时期"鸟人"不是骂人之词,不过是其他氏族对东夷氏族的一般称呼而已。中国元末明初作家施耐庵(约 1296~1370)《水浒》中,李逵之所以要"杀去东京(开封),夺了鸟位",[22] 恐怕就与东夷人文历史渊源有关。

2. 开封是大禹治水的重要地区

除了上述《夏禹碑》记载大禹治水的地方之外，开封还有很多大禹治水留下的遗迹。据东汉时期《水经·河水》记载：河水"又东过荥阳县北，蒗荡渠出焉。"[23]北魏郦道元注释说："大禹塞荥泽，开之以通淮、泗，即《经》所谓蒗荡渠也"。开封一带的先民最先使用火、最早驯化野狼为家犬，因此世人又称其为"狄"人，也称"天狼"或"汤狼氏"、"狼汤氏"。因"狼"从"良"字，所以"狼汤氏"即"良汤氏"。大禹在开封治水修建蒗荡渠，就因狼汤氏，即狄人居住此地而得名。"蒗荡渠"就是鸿沟，即汳（汴）水，这表明开封的浪荡渠，最早曾是大禹治水的地方。

开封杞县古称"雍丘"，是《夏禹碑》中所叙述的"灉水"流经之地。据北宋《太平寰宇记》记载："肥阳城，县东北二十里，按《城冢记》云：'禹治洪水时，在肥之阳所筑。'"其中"县"为雍丘，在今杞县东北古浪荡水南岸；《城冢记》为三国魏文帝时代的一部古籍。据说雍丘西北还有鸣雁亭，鸣雁亭一带有"夏后祠，祠中有井，能兴云雨，祈祷甚应"。

《太平寰宇记》还有不少类似的记载。如杞县雍丘有"祺城，在县西北一十八里。按《陈留王袭封雍丘王表》云：'禹祠原在此城，汉光武迎其神，移在雍丘城内。植城于雍丘，作宫，请迁其神于旧馆。'其赞曰：'悬仰圣业，功济唐虞，微君之勤，吾其为鱼。'《尔雅》曰：'祺者，吉祥名。'"其中"禹祠"，原来修建在雍丘西北的"祺城"，后迁到雍丘城内，被后人认为是吉祥的城。这说明大禹确实曾在"灉水"一带治水，给当地人民带来了恩惠，受到了人们的爱戴，才修建了"禹祠"，以表怀念、感恩之情。

又如：开封北部的封丘有"期城，在封丘西南七里。按《城冢记》云：期城者，夏禹理水时所筑"。"期城"，也称"长狄"、"长翟"人居住的"长丘"，是《夏禹碑》中叙述"灉沮"汇合处和舜帝授予大禹黑色"玉圭"之地，还是后来为禹王酿酒大臣仪狄的封地。说明大禹治水是在东夷鸟夷氏族封地内进行的，自然也给鸟夷氏族的长翟部落带来了恩惠，得到他们的支持。

再如：开封古考城县有"簸箕城，在县北四十六里。按《城冢记》：禹治水时所筑。"考城县簸箕城大致在现在兰考县城东北方向。这里历史上河水频繁泛滥，是大禹治水的一个重要地段。

开封周边关于大禹治水的记载还有很多，充分说明这些地段处于上古时期《夏禹碑》中所叙述的"三河"地区，也是虞舜帝都畿地，自然也是治水的重点地区。大禹治水的成功，直接给上古时期的开封人民带来了安居乐业的幸福生活,所以开封人民爱戴大禹,不仅有很多赞扬大禹治水的历史传说,而且还修建了多处祭祀之地缅怀他的功德,开封禹王台,杞县禹祠就是其中的重要证据,只是建立的时间可能要比现在传说早得多。

3. 大禹居住地在开封东南部的阳城

舜帝出生于开封北部的浚水,又是开封俊鸟氏族之人,他和尧帝之女娥皇、女英在开封九成台成亲。他的另外一位妃子羲和,即常羲,出自对历象观测具有较长历史和丰富知识的母系部落——羲和之国,与舜帝有虞氏互为婚姻关系。这些母系部落中,出现了让现在的人们迷惑不解的西王母,开封人称之为"老母"。由于西王母长着一对虎齿,又被俗称为"母老虎",曾穴居于开封南关一带的"老母洞"。据先秦古籍《山海经·大荒南经》记载:"羲和之国。有女子名曰羲和,方曰浴于甘渊。羲和者,帝俊之妻,生十日。""十日",即舜帝后裔的十个太阳鸟夷部落,其中包括长翟人,印证着舜帝帝都也在开封一带。

舜帝晚年,先到开封南部的逢泽苑囿巡狩,然后赴开封东南部征伐戴着长长羽翎的三苗人时去世,下葬在三苗部落居住地北部的鸣条苍梧山之阳(南)。这里距离夏代七世王杼的王都老丘,即开封县杜良乡国都里直线不足15公里。大禹称王后,接着对三苗进行了更大规模的讨伐,但效果也不理想,最终以情感动了三苗,终使其臣服。

大禹作为舜帝臣子和执政官,其封地和居住地必然不会距离舜的帝都太远,否则,无法行使执政管理职能。据明代《如梦录》记载:开封"西门内大街,有大爪儿隅头、小爪儿隅头。又有三山:土街为一山,爪儿隅头为一山,夷山为一山"。[24]现代语言学家杨伯峻在《列子集释·卷第五》中认为:"禹与隅同。"[25]西南大学汉语言文献研究所毛远明教授在《中国文字研究》发表的《汉魏晋南北朝碑刻同形字举证》中认为:"'禺'与'禹'音近相通。"[26]因此,可以认为"隅"与"禺"、"禹"相通。这些相通的文字既表示猿猴类动物,也表示地名,还是大禹不同部落的代称。"爪儿隅头山",也称"隅头山"、"隅山"、"禺山"、"禹山",正是大禹治水和大禹氏族的居住地。

大禹王都在阳城。阳城在商代称"繁(婆)台",春秋时期称"吹台",战国时期称"范台(宫)",汉代称"梁园"或"兔苑",西晋时期称"婆台城",明代称"禹王台"。后因"繁台"和"吹台"、"禹王台"分开管理,西面称"繁台",东面称"吹台"或"禹王台"。

阳城位于"爪儿隅头山"的东南方向,彼此相距约5公里。上古时期,阳城的南面就是人文历史深厚的逢泽。逢泽也称"逢忌"、"逢池"、"蓬池"、"服泽"、

"百尺陂"等,是洪荒时期海水退潮后,在中原地区遗留下的几个大泽之一,古称"南海"。起初,逢泽与郑州中牟西部的圃田泽,即"西海"连成一片,方圆数百里之广。后来逐步被淤积,水面减少,但彼此水路相通。由于气候适宜,荒无人烟,且植物茂盛,便成为麋鹿、鸿雁等各种海陆空动物的乐园,先秦时期的《山海经》对此有充分的描写。由于适合人类居住且动植物食物丰富,也成为自盘古、伏羲女娲氏、炎黄,直至帝喾、帝尧、帝舜建立"中央之国"和都城的首选之地,也是华夏母系西王母及其巫教、河图洛书、易经占卦,包括后来道教、儒教、佛教发源或传播的主要地区。

为了控制自己赖以生存的自然资源,保证皇、帝、王族充足的衣食供给,历代帝王都将这一地区划为帝王苑囿,禁止其他氏族或诸侯国到此狩猎。因此,争夺逢泽一带对麋鹿、鸿雁等各种海陆空动物的狩猎权,实质上就是争夺有利于本氏族发展的生存权,自然也是争夺帝王特权的重要象征。所以,自上古时期开始,一场逐鹿帝王苑囿,进而逐鹿"中央之国",简称"中国"的大幕徐徐拉开。"逐鹿"争夺的目的,就是独自掌握对上古"中国"、昆仑山"苑囿"的支配权,正所谓得"麋鹿"者得"中国"天下。"麋鹿",由此上升为象征天下共主帝王权力的标志。这就是自三皇五帝,到宋金元明,开封称帝建都时间达数千年之久的重要原因。

战国时期的《竹书纪年》记载:"禹都阳城。"[27]同时期赵国史书《世本·居篇》也记载:"禹都阳城,在大梁之南。"[28]阳城地处大梁隅(禹)山之南、逢(服)泽之北,按照"山南水北为阳,是上等风水"的古代习俗观念,大禹称王之后,便在这里建立了第一个王都阳城,升封后人一直将其称之为"禹王台",以表达对这位先祖的爱戴和敬重。

目前,开封禹王台和繁台正在合并开发,希望能深入发掘当地丰厚的人文历史资源,把这一古代圣地建成为展示和弘扬开封华夏历史文明的"平台"。

文献来源:

[1] 段玉裁:《说文解字注》,上海:上海古籍出版社,1981年版。

[2] (战国)吕不韦:《吕氏春秋》,郑州:中州古籍出版社,2010年版。

[3] 方韬译注:《山海经》,北京:中华书局,2009年版。

[4] 乐史:《太平寰宇记》,北京:中华书局,1985年影印本。

[5] (汉)司马迁撰,(宋)裴骃集解,(唐)司马贞索隐,(唐)张守节正义,顾颉刚领衔点校,赵生群主持修订:《点校本二十四史修订本〈史记〉》,北京:中华书局,2014年版。

[6](清)陈立:《白虎通疏证》,北京:中华书局,1994年版。

[7](汉)刘向集注:《战国策》,上海:上海古籍出版社,1985年版。

[8](清)纪昀:《四库全书》载(元末明初)陶宗仪:《说郛》,长春:吉林大学出版社,2011年版。

[9](宋)陈田夫:《南岳总胜集》载(南北朝刘宋)徐灵期:《南岳记》,南京:江苏古籍出版社,1988年版。

[10]绍兴市志编纂委员会:《绍兴市志》,杭州:浙江人民出版社出版,1996年版。

[11]《全唐诗》,上海:上海古籍出版社,1986年版。

[12](明)丰坊撰:《书诀》,北京:商务印书馆,2013年版。

[13]《宋词》,上海:上海古籍出版社,2011年版。

[14](宋)吴开、吴沆:《优古堂诗话 环溪诗话》,上海:商务印书馆,1936年版。

[15]《文渊阁四库全书》载(明)杨慎:《升庵集》,上海:上海古籍出版社,1987年版。

[16]马贺山:《寻找夏朝文字》,百度文库,2011年版。

[17](东汉)许慎:《说文解字》,上海:上海古籍出版社,2007年8月1日版。

[18]胡奇光、方环海撰:《尔雅译注》,上海:上海古籍出版社,1999年版。

[19]《尚书全集》,北京:海潮出版社,2013年版。

[20](明)陈子龙等辑:《皇明经世文编》载(明)李东阳:《李西涯文集》,北京:北京出版社,1998影印本。

[21](宋)乐史著,王文楚等校:《太平寰宇记》,北京:中华书局,2007年版。

[22](元末明初)施耐庵:《水浒》,北京:作家出版社,1958年版。

[23](汉魏)桑钦著,(北魏)郦道元注:《水经注校证》,上海:中华书局,2007年版。

[24]孔宪易校注:《如梦录》,郑州:中州古籍出版社,1986年版。

[25]杨伯峻撰:《列子集释》,北京:中华书局,1979年版。

[26]毛远明:《汉魏晋南北朝碑刻同形字举证》,《中国文字研究》,南宁:广西教育出版社,2005年版。

[27](战国)《竹书纪年》,长春:时代文艺出版社,2009年版。

[28]《世本八种》,北京:中华书局,2008年版。

第二十一章　开封夏杼王都老丘的历史传承和文化意义

中国古都学会2013年(开封)年会宣言中把开封老丘定位为夏杼王都,这是对开封华夏历史文明的科学认定和客观评价,是开封文化界同人多年来共同探索和努力的结果,也是开封人民期盼已久的一件喜事。用可喜可贺之词来表达开封文化界同人的心情是比较贴切的。

对于开封文化界同人所付出的辛勤努力,是许多业外人士无法知道的。在开封被认定为夏杼王古都之际,开封人民将铭记他们默默为开封历史文化发掘和夏杼王都被认定做出的积极贡献。

开封老丘被认定为夏杼王都,已定格在开封历史之中。可是,夏杼建王都于开封的历史原因和意义何在?这是应该回答社会各界的一个现实问题。

对此,我们也对这一问题进行了认真反思,并产生了以下想法:

一、夏杼王都老丘的历史传承

夏朝是中国进入奴隶社会之后第一个王朝,夏都也被史学界认定为中国开始建立王朝的第一个王都。无论这一界定是否符合中国华夏历史文明发源的实际状况,但就目前来讲,中国正统历史就是这样定位和区分的,中国古都学会自然也应该以这种定位来对中国各大古都进行评价和名序排列。不管中国古都学会是否有意或无意这样做,但中国各大古都城市建都朝代时间的早晚,理应成为评价其历史文化深厚悠久以及名序排列的一个重要因素,也是世人判断其在传承华夏历史文明中重要地位和作用的一个参考依据。

正因为如此,开封夏杼王都老丘在夏代王朝中的历史地位才尤为引人注目。这也是开封历史文化工作者应该对社会说明的一个客观事实真相。

1. 夏朝王都老丘是夏朝的鼎盛之都

自大禹创建夏代王朝之后，历经夏王启、太康之世。由于太康喜好狩猎，不务国事，导致被执政的后羿驱逐出国都，不久去世。太康失国之后，中康、相先后继位，但不过是被后羿控制的木偶而已。后羿死后，寒浞篡夺夏王之位达四十年之久。夏杼的父亲少康在杼的大力协助下，夺回了夏朝的王位，为夏朝复兴奠定了基础。可惜，少康即位后不过二十年便因身心交瘁而告别人世，振兴夏朝大业的历史责任便落在了夏杼肩上。

夏杼不负众望，带领华夏子民艰苦奋斗，把夏朝迁到开封东部的杜良乡国都里，即"老丘"一带，不仅打败了企图返回尧、舜旧都的尧舜后裔——东夷人，还以德施政，赢得了东夷人的信任和支持，重新与上古时期女娲母系后裔"九尾狐"族建立了通婚关系，把夏朝带入了一个和平安定、快速发展的鼎盛时期，为夏杼之后六位夏王在开封老丘建都称王，推进夏王朝繁荣发展奠定了牢固的物质和政治基础。

因此，夏杼及其之后的"五王"被后人认定为夏朝发展的关键阶段，也是夏朝复兴后的鼎盛时期。夏杼王都老丘也在事实上被后人认定是夏朝的"复兴之都"、"鼎盛之都"。这种历史评价是恰如其分的，也是名副其实的。

2. 夏杼王都老丘在夏代王都中建都时间最久

关于夏朝建都老丘的时间，史料记载情况并不一致，大体在 185～216 年之间。即使这样，也比战国时期魏国建都开封大梁 139 年，宋代建都开封 168 年要长久。仅从其对开封乃至中国历史文化的影响而言，不亚于魏国大梁和北宋东京时期，只是因为夏朝时间过于久远，人们渐渐地将其淡忘了。

尽管目前国内不同地区，不同民族对夏代历史文化的发源、地理、方位有不同解读，但夏朝在开封老丘建邦国、建都城 185～216 年的历史却无人相争，夏杼王都老丘对中国华夏文化的影响，也是夏朝其他王都所无法比拟的。按照夏朝建都 471 年并减去寒浞篡夺夏朝政权 40 年的大致情况来分析，夏朝实际建国、建都城的历史不过 431 年（以《古本竹书纪年》夏朝建国历史为准计算）。在这 431 年的夏朝建立邦国和都城历史中（不考虑后羿实际控制夏朝政权约 27 年），夏王杼等六王在开封老丘建都时间就达 216 年的历史，占整个夏朝历史的 50% 以上，而其他 11 王建都历史则不足 50% 的时间。这一现象值得历史文化工作者认真深思。

在夏王实际执政的 431 年间，共传位 14 代 17 王（不含后羿、寒浞），其中夏朝在开封老丘建都216年间仅传6后,约为夏后总数的35%;夏朝在其他地方建都215年间则历经11王,约为夏后总数的65%。这说明夏朝在开封老丘建都时期,政治统治方面是稳定的。只有稳定了,才能为发展创造良好的内外部环境。

开封老丘在夏朝所建各个王都的历史记载中,是时间最长的王都。无论大禹阳城、夏启之居、太康斟寻、仲康斟灌、少康原,还是夏杼王都之后的夏廑西河、夏桀河南(一说斟寻)等,都无法与夏杼六王之都老丘建都的时间相比。夏杼王都老丘堪称"夏朝建都时间之最",其他夏朝各个王都均望尘莫及。

3. 夏杼建都老丘是夏朝发展的关键时期

按照《今本竹书纪年》[1](《古本竹书纪年》没有细分)记载,夏朝大禹建都阳城,时间大致为8年。夏禹去世之后,夏王启继位,并迁都"启之居",夏王启在位时间约为16年。夏王太康继位后迁都"斟鄩",实际称王不过4年(名义上在位29年),因喜好饮酒狩猎,不务政事,被执政的后羿驱逐出国都斟鄩。之后,中康继位7年,迁都斟灌,直到夏王相继位28年,后逃奔开封东北地区的斟灌氏、斟鄩氏居住地一带被杀。

这一时期,夏朝王都在政治上是不稳定的,甚至遭遇"太康失国"的重大动乱,没有可能出现大的发展机遇期,也与发展的鼎盛阶段失之交臂。到了夏杼"六王"之后的夏王孔甲时期,因经常进行祭祀鬼神活动,大肆搜刮民财,过荒淫无度的生活,招致人民怨愤,诸侯离叛,夏朝从此日渐衰落。从事农业管理的大臣后稷子孙不窋,在夏王孔甲时期自中原逃亡甘肃庆阳,就是一个明证,也已为世人所公认。到了夏桀时期,天怒民怨,夏朝子民宁愿与"太阳"夏桀一起灭亡。结果导致商汤在开封老丘之北著名的"鸣条之战"中,一举打败夏桀,夏王朝灭亡,商王朝建立。

这说明,"鸣条"之地是夏朝灭亡之地,也说明夏朝真正稳定和发展的时期是在夏杼"六王"建都开封老丘阶段,而不是夏朝其他时期。一个朝代如果像太康、夏桀时期一样,没有一个长期、安定发展的社会环境,是不可能建立一个稳固、强大、繁荣王朝的。此理古今相同。

夏朝建立的历史表明,只有夏杼"六王"时期,才是夏朝稳定发展和繁荣的最佳时期,也使夏朝发展达到了鼎盛阶段。而夏朝的其他历史时期,根本不具备这种长期稳定发展的良好环境。因此,说开封老丘是夏代王朝发展的关键时期和鼎盛阶段,是符合历史事实的,并非无稽之谈。

4. 夏杼老丘是承接禹都、传国商汤之地

夏朝大禹建都之地的阳城,至今有山西阳城,登封阳城、开封阳城等地之争。从夏、商、周断代工程结果和山西、登封二里头文化的年代来看,目前还不足以支持夏朝禹王建立初都阳城在这两个地区。

与此不同的是,夏杼王都老丘一带的开封禹王台之地,被不同时期历史资料记载为夏禹(后)建都的阳城之地。对此,开封和外地专家、学者多有论证,却一直被忽视。即使中国古都学会 2013 年(开封)年会也没有涉及这一重要的历史争论问题,不能不令人遗憾。

商汤革夏的"鸣条"在开封东北方向,又在夏杼王都老丘北部直线距离约 15 公里处,其华夏文明历史与老丘一样悠久,古人把"鸣条之战"比作夏朝灭亡、商朝建立的决定性战役。可见,"鸣条"地理位置的重要性。

"鸣条"一词与"太极八卦"中的"八风"有关,是指昆仑"中央之国"东北部在腊月(农历十二月)发出尖锐声响的"条风"。据汉代前后易学著作《易纬通卦验》记载:"八节之风谓之八风。立春条风至,春分明庶风至,立夏清明风至,夏至景风至,立秋凉风至,秋分阊阖风至,立冬不周风至,冬至广莫风至。"[2] "条风",在地支中为"丑",在星宿的"斗、其(古字为竹子头)"之间。说明"条风"为二十四节气大寒过后立春之时的春风。西汉散文家桓宽在《盐铁论·水旱》中写道:"周公载纪而天下太平,国无夭伤,岁无荒年。当此之时,雨不破块,风不鸣条。"[3] 其中"风不鸣条",是指立春的条风轻拂,树枝不发出声响。比喻社会安定,正处于万象更新的变化过程中。而"鸣条"之意则与此意相反,是指夏桀时期民怨沸腾,社会不安定,正好与商汤讨伐开封三皇五帝"中央之国"东北部夏桀王都,商汤王朝取代夏桀王朝的政治环境和地理位置相吻合。

从开封华夏历史文明研究的成果来看,商汤打败夏桀的出发之地应在山东曹县南部的"北亳"之地。至于夏朝羽翼韦国、顾国、葛伯国、昆吾国、三㚇国、盛(成)国,无不都在以开封夏杼王朝老丘为中心的周边地带,商汤讨伐夏桀经过的葛伯国(今河南宁陵北)、洛(架)水(今开封杞县东北)、伊水(今开封县国都里,即老丘西北大康村至杞县平城一带)、古莘国(今开封县莘口或东辛庄)、鸣条(河南封丘黄陵岗镇平街村南)、三㚇国(今山东定陶东北)、成国(今山东菏泽北)等地,以及商汤建都的西亳、景亳(应在封丘南部一带)之地,也大致在开封及其周边地区,不大可能到达郑州西的洛阳或山西地区。

当然,山西、河南洛阳的夏朝文化层年代考证和断定也比较重要,可令人失望的是即使著名的"二里头"文化也没有达到夏朝初期的认定年代。这就为

人们怀疑登封阳城或山西阳城作为夏禹王都阳城的真实性提供了口实,也为人们重新审视开封禹王台、古莘国、老丘和夏祀封地杞国(县)为夏朝诸代王都之地提供了反思的理由。

5. 开封夏杼王都老丘是尧、舜、禹三代禅让之地

据许多古籍记载,尧居住的"服(逢)泽之阳"是禅让帝位于舜之地,舜回避尧帝儿子丹朱之地在"南河之南",即济水之南的开封一带。舜去世后,与丹朱一起下葬在开封老丘北部的"鸣条苍梧山"之地。舜居住的"浚水"之地,是禅让帝位于大禹的开封北部的古浚水,大禹回避舜帝儿子商均之地也在"浚仪"之地,并建王都于大梁之南的阳城,即开封南部的禹王台。商均死后也下葬在舜帝、丹朱陵墓所在的"鸣条苍梧山"。北魏地理学家郦道元《水经注·渠水》引汉代圈称《陈留风俗传》之说:开封浚仪"县北有浚水,象而仪之,故曰浚仪"。[4]南北朝末期顾野王所编《舆地志》也记载:"夷门之下,新里之东,浚水之北,象而仪之,以为邑名。后魏陈留郡治浚仪。"[5]北宋乐史《太平寰宇记·卷一·河南道一》也记载:"古浚仪城二:一在县东三十里,一在县北四里。"[6]可见,顾野王《舆地志》所说"浚仪",一处应在现开封东15公里的小黄铺一带;而尧舜时期羲和氏占日的"象仪台",则应在"浚水之(东)北"的陈留郡治地,就是距离开封大约25公里的开封县杜良乡国都里(老丘)一带。这里也是黄帝帝都昆仑山的东天门,即"春门"所在地。"老丘"之地在华夏历史文明中的厚重和地位,由此可见一斑。

这说明尧、舜、禹居住、建都之地,与炎帝建都的陈留空桑(今杞县葛岗空桑村),黄帝建都的大梁轩辕丘(今开封柳园口乡轩辕楼),少昊帝(黄帝之子玄嚣、又称青阳)封地的青阳(今开封县八里湾初刘"清阳寺"),颛顼帝封地和初都高阳(今杞县高阳镇),帝喾建都的古陈留有莘国(今开封县莘口,东辛氏)都在开封古陈留一地,具有连续的历史人文传承性。也证明作为三皇五帝的炎帝、黄帝、少昊帝、颛顼帝、帝喾、帝尧、帝舜的帝都,与开封夏禹王都阳城、夏杼王都老丘,同在开封昆仑山"中央之国",简称"中国","天地之中"一带。

所有这些,都可以在史料中找到依据,并非空穴来风。尽管上述开封人文历史目前还尚不被国内学术界所普遍认同,但开封历史遗存和中国古籍的客观记载却清晰可寻,不容忽略。

二、夏杼建都开封老丘是三皇五帝建都"中国"的继续

三皇五帝同居的"中央之国",简称"中国"。说明"中国"就是"中原"地名出现之前上古时期"中央之国"的代称,也是"太极五行"、"河图洛书"理论产生的昆仑之地。道教把三皇五帝去世羽化升仙后称作"神仙",三皇五帝升仙的昆仑山东南部称之为"神州(岗)"、"赤县(悬)",并曾在开封禹王台建有"列仙吹台"的神位祭祀。对此,北魏郦道元《水经注》引汉代圈称《陈留风俗传》之说:浚仪"县有仓颉师旷城,上有列仙之吹台"。"吹台",是祭祀"列仙"的"吹台"。"吹台"之"吹",具有人死亡,举行丧事或祭祀时吹奏鼓乐之意,要比春秋时期晋国乐师师旷在开封"吹台"学习吹奏鼓乐的理解深厚得多。这说明,早在春秋时期师旷在开封吹台拜师学习演奏鼓乐之前,"吹台"就已是三皇五帝等列位神仙演奏乐曲的地方。而居住开封、封丘之地的夔龙氏,就是尧、舜时期司掌音乐声律、教化子民的著名乐正官"夔",也就是封父侯国的"封伯"。

从古代"五行"和历法学说来看,这里地处昆仑山和黄帝轩辕丘"中央、土"方位,其南部的"赤、炎"之地也可称作"夏"、"阳"之名,而"华夏"一词大致也产生于夏朝。因此,开封又有"阳夏"之称。又因为"夏阳"地处开封南部大泽逢池(即服泽)之北,是开封陈留河图村的"龙马负图"之地,故又称此地为"负图"、"浮图"、"负泽"、"服泽"等。按照古人"山南水北为阳地"的观点,开封"服泽"北部的禹王台一带,又被古人称作为"负阳"、"服阳"、"阳城"。正是尧、舜、禹居住、称帝、建都之地,也是夏朝政权的核心之地,自然夏禹、夏启、夏太康三代以及夏杼等均要建都于开封"中央、土"一带。

这些事实告诉人们,夏杼建都的老丘之地,正是对三皇五帝建都和夏禹王都阳城的"中央之国"(中国)的历史继承,符合上古时期华夏先民创造的太极五行和河图洛书学说关于"中央"、"四象"方位的地形规范,也是对太极五行和河图洛书理论的运用与传承。

值得注意的是,商汤讨伐夏代最后一位王桀建都之地,也在开封老丘周边一带。而商代元圣伊尹就出生在开封老丘南部的古莘国空桑之地,后来他辅佐商汤执政,自东部的山东曹县北亳出发,越过葛伯国(今宁陵北)、洛(架)水(今杞县阳堌东)、伊水(今开封县圈章河)、古莘国(今开封县招讨营南部的东辛庄),向西打败了夏桀羽翼昆吾国,继而回马向东,在古莘国北部、老丘南部的招讨营一带的首战中,打败了夏桀之师。后又一路追击夏桀残部至封丘鸣条、长垣恼里镇龙相村、兰考堌阳古有娀城、定陶东北古三㚇国、菏泽北部古成

（盛）国，生俘夏桀并将其流放南巢之地。之后，商汤在山东曹县北亳西部地区的开封，即夏杼王都老丘西部的封丘南部一带，建立商朝初都"西亳"，又称"景亳"。其中"景亳"之"景"，也称"影"，是三皇五帝时期为制定历法所建立圭表观测太阳运行规律所投下的阴影，也是上古时期仪象台所在地。

令人惊奇的是，在开封、鸣条一带，至今还有夏桀误国招致商汤讨伐的"招讨营"、商汤讨伐夏桀经过的"伊水"和"古莘国"、太康"斟寻氏"建都的"大（太）康"、中康"斟灌氏"后裔"湛"姓和"湛渠"（宋代称五丈河）的地名存在。而夏杼王都老丘之地的国都里村，至今还有夏人"斟灌氏"后裔"湛"姓的存在。开封东新曹路北1.2公里有"宁陵"地名，"宁陵"之"宁"，即夏王"宁"，是夏王"杼"的又一称呼，故"宁陵"传说为夏杼的葬地。居住在开封土柏（伯）岗的夏代伯益后人，将"宁陵"地名文化传承到了东部的葛伯国，即宁陵县。

上述情况表明，直到夏朝桀王末期和商汤革夏建立商朝初都，他们的主要活动地区仍在开封昆仑山三皇五帝"中央之国"的核心位置，而没有远离这一地区。

三、夏杼王朝老丘作为开封大古都的历史意义

目前，河南正在打造中原华夏历史文明传承创新区。而打造华夏历史文明传承创新区，尤其需要华夏历史文明资源的支撑，不然传承和创新华夏历史文明就去了历史依托和基本前提。这次开封老丘被认定为夏杼王朝，从一个侧面证明，夏杼"六王"建都长达200多年的开封老丘，无论从夏朝建都的时间来讲，还是从夏朝发展鼎盛的历史来看，都已担当起了夏朝核心地区的盛名和夏文化核心地位的使命。

在目前中国"八大古都"中，开封夏朝王都老丘建都时间之早、历时之久、历史地位之重要，以及对今后中国华夏人文历史发展的影响和研究的意义，都具有其他古都无法取代的重要作用。目前仍被一些学者称之为夏禹王都的登封阳城和洛阳斟灌氏太康王都，其建夏都的真假暂且不谈，仅以建都时间长短，对夏朝发展鼎盛时期所做的贡献，以及对东夷部落发展的影响而论，都难与开封夏杼王都老丘相比。由此，开封理所当然地在中国"八大古都"建都时序排列和中国华夏文化的历史作用方面，处于前列位置。

多年以来，开封一直被定位于"七朝古都"，其建都的时间约为公元前364年战国魏国的大梁时期，距今2400年左右的历史；建城的时间约为公元前743至前701年间的春秋郑庄公时期，距今也不过2750年的历史。而开封夏

杼王都老丘的确认,使开封首次建都、建城的时间大致被定位在公元前1941年前后(以夏代建国公元前2070年和《今本竹书纪年》记载为准,《古本竹书纪年》没有详细记载),夏朝王杼建都老丘的时间前后约216年,历经六后。由此,将帝王建都、建城开封的时间向前推进了1200年左右,距今约3954年的历史。这一变化,对开封乃至河南历史文化传承和创新的意义重大而深远,不可小觑。

夏朝被古人视作"华夏"文化出现的标志。"华夏",也称"中国"、"汉国"、"中华"、"中夏"、"阳夏"、"夏阳"、"诸夏"、"诸华"、"神州"、"中土"等。按照东汉文字学家许慎《说文解字》释义,"华,荣";"夏,中国之人"。说明"夏"、"华"与"中国"具有相同的含义。清末学者王先谦《尚书孔传参正》解释《尚书·舜典》"蛮夷猾夏"时认为:"夏,华夏。"[7]也说明"夏"、"华"同义。战国吕不韦《吕氏春秋·察今》认为:"东夏之命(注:东方也)。"[8]"东夏"即"东方",在中原东部、黄河下游之地。清代学者梁履绳在《春秋左传贾服注辑述》中,解释"此之谓夏声"时记载:"与诸夏同风。"[9]说明中原东部、黄河下游的"东夏",即"诸夏"。

由此可知,"夏"如同"中国"、"中央"、"中土"一样,是以太极五行"中央、土"南部"夏、阳、赤"方位来取名的。它相对于后来形成的大中原而言,仍被称作是中国、华夏、东夏、诸夏之地。夏代的统治中心,本应在上古"九州"中的豫州、冀州、兖州交叉之地,也是夏初的"戈"地。据西晋著名政治家、学者杜预注《左传》记载:"戈在郑、宋之间,即今太康一带。"[10]传说,夏王太康失国后迁都于此,把"阳夏"文化带到这里,死后也葬在此地。因此,后人又称"阳夏"为"太康"。"太康"县名即源于此。

其实,最早"郑、宋之间"的"阳夏",本在郑国与宋国之间的开封之地,而不是太康。因此,西汉礼学家戴德《礼记·檀弓》解释说:"曾子弔于负夏。又阳夏,在开封。"[11]说明太康县"阳夏"之说,是由开封文化传承而去。直到公元587年,隋文帝开皇七年才首置"太康县",后经世代沧桑之变,隶属虽有变化,但仍在陈州(淮阳)、陈留(开封)管辖范围之内。

汉代孔安国《尚书正义》注释"华夏"为:"冕服华章曰华,大国曰夏。"[12]按照这一说法,"华"是指如花一样华美的服饰,"夏"指行礼仪的大国,而"华夏"的意思就是"身穿华美服饰的礼仪之邦"。汉语"中国"一词,是三皇五帝"中央之国"的简称,最早是指天下的"中心",即"天地之中"。对此,开封刚刚复建的鼓楼之上,传承明代匾牌新撰的"声震天中"之"天中",就是对三皇五帝"中央之国"在开封,三皇五帝建都于开封"天地之中"的历史印证。

对此,清代康熙时期正一派第五十四代天师张继宗(1666~1715年)在《崆峒问答》中,对"天下(地)之中"在开封也有明确记载:"……河南开封之北,当天下之中,受天下之正炁,如人之五脏居于胸腹,脉则行四肢也。盈天地间不过五行,在天为五帝,在地为五岳。"[13]其中"开封之北","天下之中",就是指三皇五帝"中央之国"和昆仑山太极五行的"中央"之地,也是黄帝帝都轩辕丘所在地"天下之中";"五岳",也称"五陵",自开封昆仑山向东南的杞县方向延伸,是三皇五帝等列位神仙居住的"神州"和炎(赤)帝帝都空桑"赤县"之地。对此,北魏地理学家郦道元《水经注·卷二十四·睢水、瓠子河、汶水》记载说:"(杞)县有五陵之名,故以氏县矣。"开封至杞县一带的"五陵",即"五岳",是古代郑州邙山向东部开封延伸的岗、台、丘、陵地带,后被黄河淤没,与开封上古时期的地理方位和史料记载吻合。

因此,三皇五帝"中央之国",即"中国"的地理位置和夏朝"中夏"、"负夏"、"阳夏"、"夏阳"、"诸夏"、"诸华"、"神州"、"中土"同在一地。

关于大禹建立夏朝王都"阳城"之地,西晋大学者皇甫谧《帝王世纪》和南宋学者王应麟《通鉴地理通释》均引战国时期《世本》解释说:"夏后居阳城,本在大梁(开封)之南,于战国大梁魏都,今陈留浚仪是也。"[14]而开封古"大梁"、"浚仪"之南的禹王台"阳城",正是大禹在夏杼王都老丘北部"鸣条"之地下葬舜帝后,回避帝位和舜帝儿子商均的地方。对此,西晋大学者皇甫谧《帝王世纪》记载说:"禹避商均浚仪(开封)。"[15]说明开封不仅是夏朝"中国"、"中夏"、"负夏"、"阳夏"、"夏阳"、"诸夏"、"诸华"、"神州"、"中土"之地,也是大禹、夏启、太康、夏杼六王和夏桀建都之地,彼此具有历史传承性。

所以,唐代学者张守节《史记正义·括地志》记载:"自禹至太康与唐、虞皆不易都城。"[16]就是说,作为"五帝"之一的尧帝、舜帝以及夏王大禹、启、太康的都城,均在开封"中国"之地,都没有在地理上发生大范围迁移的历史事件。

对此,古籍中也多有记载。东汉历史学家班固《汉书》认为:"冀州,尧所都。故禹治水从冀州始。"[17]说明大禹治水,主要在于保证尧帝帝都"冀州"、"冀都"的安全。唐代学者杨士勋《谷梁传·杨士勋疏》解释说:"冀州者,天下之中州,自唐虞及夏殷皆都焉,则冀州是天子之长居。"[18]说明"冀州",就是尧、舜、禹共同建都的"天下之中",就是上古"九州"之一的"中州"。明末清初史学家顾炎武《史记正义》也认为:"冀州者,天下之中州,唐、虞、夏、殷皆都焉。以郑近王畿,故举冀州以为说。"其中"郑",应该是指春秋时期与卫国、宋国相接的郑国,包括中牟、开封、封丘、原阳等地均曾归属过郑国。因为郑国北部的"冀州"为"中央之国",即"九州"之一,又与唐尧、虞舜、夏朝和殷商的帝王都同在一地,所以也被称为"天下之中州"。因此,顾炎武认为"郑"国"近王畿",就是与开封尧、舜、夏和商帝王都相距很近的意思。

以上情况说明,上古时期的"冀州"不是指现在河北、山西或河南西北部的"冀州",而是指开封三皇五帝"中央之国"内的"冀州",也就是上古时期的"中国"、"天下(地)之中"。这从又一个侧面印证了三皇五帝昆仑山、"中央之国"和尧、舜、夏、商帝王均建都在开封一带的观点;也印证了夏杼王都老丘同在三皇五帝"中央之国"和夏禹、商汤王都同在一地的客观真实性。

夏杼"六王"王都在开封老丘的历史定位,进一步印证了开封历史文化的深厚、悠久,也为我们从理论上认定尧、舜帝都和夏王禹、启、太康、桀王都在开封一带奠定了基础、提供了历史支撑。

显而易见,夏朝王都在开封老丘的历史定位,对于提升开封在国内外以及全国历史文化名城、中国八大古都中的地位和影响,确立开封在河南建设华夏历史文明传承创新区中的核心区域地位,都具有十分重要的意义和作用,也为开封建设文化旅游名城提供了深厚、重要和不可多得的历史文化资源。

这一文化探索成果,必将作为一个重要的历史事件而载入开封史册。

文献来源:

[1]方诗铭、王修龄:《古本竹书纪年辑证》载王国维:《今本竹书纪年疏证》,上海:上海古籍出版社,2005年版。

[2]安居香山、中村璋八编:《纬书集成》载(东汉)《易纬通卦验》,石家庄:河北人民出版社,1994年版。

[3](汉)桓宽:《盐铁论》,上海:上海人民出版社,1974年版。

[4](汉魏)桑钦著,(北魏)郦道元注:《水经注校证》,北京:中华书局,2007年版。

[5]顾野王著,顾恒一注,顾德明、顾久雄解说:《舆地志辑注》,上海:上海古籍出版社,2012年版。

[6](宋)乐史著,王文楚等校:《太平寰宇记》,北京:中华书局,2007年版。

[7]王先谦著,何晋整理:《尚书孔传参正》,北京:中华书局,2011年版。

[8]陆玖译:《吕氏春秋》,北京:中华书局,2011年版。

[9](清)梁履绳等:《左通补释等二种(左通补释、春秋左传贾服注辑述)》,台北:鼎文书局,1973年版。

[10]《春秋左传集解》,南京:凤凰出版社,2010年版。

[11]黄怀信:《〈大戴礼记〉汇校集注》,西安:三秦出版社,2005年版。

[12]孔安国传,孔颖达疏:《尚书正义》,北京:北京大学出版社,1999年版。

[13](清)张继宗大真人:《崆峒问答》,江西《龙虎山道教·知识·文献经典》,2013年11月2日。

[14](汉)宋衷注,(清)秦嘉谟等:《世本八种》,北京:书目文献出版社,2008年版。

[15](晋)皇甫谧:《帝王世纪》,沈阳:辽宁教育出版社,1997年版。

[16](汉)司马迁撰,(宋)裴骃集解,(唐)司马贞索隐,(唐)张守节正义,顾颉刚领衔点校,赵生群主持修订:《点校本二十四史修订本〈史记〉》,北京:中华书局,2014年版。

[17](汉)班固撰:《汉书》,北京:中华书局,1962年版。

[18]《春秋谷梁传注疏》,上海:上海古籍出版社,1990年12月版。

第二十二章　开封"八朝古都"是历史传承而非"移花接木"

中国古都学会在《2013 年(开封)年会宣言》(以下简称《宣言》)中认为:"根据古文献记载和文化遗存,早在四千多年以前,开封就是人文始祖带领部族生存活动的主要地区。公元前 21 世纪夏朝建立后,至第七位夏王杼时,将国都设在位居中原腹地的老丘(开封),历时二百余年之久,对推动中原地区的开发和夏王朝的兴盛,发挥了十分重要的作用。"[1]由此,开封由原来的"七朝古都"被正式认定为"八朝古都"。

自战国时期至今,"老丘"就是中国史典和专家学者唯一公认的夏杼六王建都之地。历史学家也一直将"老丘"遗址定位于开封古陈留一带,没有听到不同意见争论。因此,在中国古都学会 2013 年(开封)年会通过《宣言》时,除个别学者出于对开封的关心,提出希望开封进一步加强对夏杼王都老丘的文物勘探、遗址保护和历史文化研究的建议外,也没有对夏杼王都老丘遗址在开封提出异议。

其实,对于由国内各高等院校、社科和文化机构自愿组成、在国内外具有较大影响的全国性学术团体——中国古都学会来讲,即便出现对开封夏杼王都老丘遗址存在不同意见的争论,在学术上也是正常的。但是,这种情况没有发生的原因,表明国内专家学者对夏杼王都老丘遗址在开封的意见是较为一致的。

令人意外的是,《宣言》正式发布之后,我们在网站上看到了袁某某先生发表《开封荣升"八朝古都":牵强附会,利益为上》[2]的批评文章。文中对"开封依靠从文献中提取的片段资料,来证明开封曾是夏朝都城"的情况提出了质疑,认为无论从考古学还是文献资料方面,夏朝的真实存在性都无法确认。开封"七朝古都"之名也只是在"六朝古都"的不同版本上"移花接木"而来,等等。

袁文对中国历史文化、中国古都文化的关心和直言,我们是欣赏的,但对其文中的不少论点、论据却不敢恭维。因此,愿就上述问题与袁先生商榷,希望能通过交流达成一些共识。

一、考古学实物的含义值得全面、科学理解

袁先生在批评文章中,首先表示出对中国夏、商、周断代工程取得成果的不满,甚至根本不承认夏、商、周断代工程关于夏朝存在的基本结论,认为:"按照考古学的标准,在有力的文物出土之前(如证明商朝存在的甲骨文),学术上不承认夏朝的存在,夏朝的存在仅限于后人的记录或者杜撰。"

对于袁文这种说法,我们认为应该作具体分析。比如考古学的标准应该不应该仅仅以出土文物实物作为考古的唯一标准和依据?历史传承下来的书籍、古人研究的历史成果、古代社会历史发展的规律等,应该不应该作为考古学的重要依据来对待?

再比如,在商朝甲骨文发现和破解之前,不承认或者否定古人关于商朝文字或商朝存在的历史,已经被事实证明是错误的做法。在有前车之鉴背景下,继续在夏朝文字发现和破解之前,仍然采取不承认或者否定夏朝文字或夏朝存在的态度,是否可取?

从辩证唯物主义认识论的角度来看,人类对世界的认识是从有限向无限发展的,不可能一次或者几次就完成对整个世界的认识过程。通过考古来认识和发现历史也是同样道理。因此,我们不能把古人已经认识和记载的历史研究成果,在目前自己还没有能力发现和理解的情况下,一味地加以否定,甚至采取"只要我没发现,就是事物不存在"的历史唯心主义态度。不然,我们的考古学和历史文化研究就失去了动力和希望,也不会取得由过去仅仅承认周朝存在到现在已经承认商朝存在的一大历史进步。

至于考古学,应该是根据古代人类活动遗留下的实物资料,来研究人类古代社会历史的一门学科。其中对于考古学"实物资料"的理解,也至少应该包含有以下三个方面的内容:

一是指考古研究所得到的历史知识,还可以引申为记述和传承这种知识的历史或现代书籍;

二是借以获得这种知识的考古方法和技术,包括搜集和保存的资料,审定和考证的资料,编排和整理资料的方法和技术;

三是指理论性的研究和解释,用以阐明包含在各种考古资料中的因果关系,论证存在于古代社会历史发展过程中的客观规律等。

总之,考古学实物资料所包含的内容应该是系统、完整和科学的。

事实上,考古学的年代范围包括史前时代、原史时代和历史时代,即没有文字记载的古代和有文字记载的古代。当然,历史越古老,文字记载越少,考古学实物资料研究的重要性也越显著。在这种情况下,要探明人类没有文字记载史前时代的社会历史,就必须在极大程度上依靠考古实物作凭证,这是客观历史现实所造成的无奈之举。

但是,在有文字传承和记载的古代,把古人考古研究所取得的历史成果,包括历史书籍作为考古学研究的重要依据,也是考古学实物资料和内容凭证的应有之义。如果对古人考古研究的历史成果一律采取历史虚无主义的态度加以否定,恐怕背离了考古学的基本原则,自然也不可取。

事实上,中国夏商周断代工程已经对夏代存在于公元前2070年至前1600年的大致历史阶段作了基本结论,尽管其中的一些论据或结论还存在一些缺陷,但绝不完全是由"后人的记录或者杜撰"而得来的结果,其中既包含着古人研究的历史成果,更包含着当代人用现代科学方法研究历史、文化、地理、天象、遗存等所得出的最新综合研究成果在内。

我们没有理由也不应该对中国夏商周断代工程研究成果采取完全否定态度。相反,中国夏商周断代工程研究中取得的不少成果,已经在为后人深入研究、发掘华夏历史文明及华夏象形文字方面,提供着动力支持和理论支撑。

我们不赞成袁文对中国夏商周断代工程结果所采取一概否定的态度。我们认为,中国夏商周断代工程应该被当作一次重要的历史文化探索、发掘、实践总结过程来客观对待。

二、开封"七朝古都"是历史传承不是"移花接木"

袁文在批评中国"夏朝的存在仅限于后人的记录或者杜撰"的大前提下,也对开封历史上探讨和发掘古都历史文化所付出的努力,以及历史上早已形成的"七朝古都"定论进行了抨击,说:"事实上,开封'七朝古都'之名也只是在'六朝古都'的不同版本上'移花接木'而来。"

袁文认为:"开封'六朝古都'之说,最早可追溯到明清之际的学者顾炎武之《历代宅京记》。该书为我国第一部辑录古代都城历史资料的专书,在论述开封时,记载有五代梁、晋、汉、周、北宋和金六朝建都于开封的史事,而并没有魏都大梁之载;另一部有关开封史事的地方史书,清人周城所撰的《宋东京考》则记述有魏都大梁,五代后梁都东都,后晋、后汉、后周、北宋都东京,却找不到'金都南京'的记载。"

因此，袁文还认定："编印于20世纪50年代的《开封市历史沿革及名胜古迹述略》一书在记述开封为魏、五代梁晋汉周和北宋'六朝古都'之后，又不忘补充到'公元1161年（应为1214年）金曾将国都迁都于此'。"甚至认为："知名的历史地理学界专家谭其骧院士为《中国七大古都》一书所作序中，在阐释我国七大古都之一的开封建都时，提到'战国时代魏及五代时的梁、晋、汉、周、北宋和金七朝建都开封'。从此，开封'七朝古都'一说似成正统的权威的定论。"

袁文上述观点，给人的印象有两点，一是开封原本是"六朝古都"，"七朝古都"是后人移接上去的，使他无法接受；二是对"七朝古都"中"魏都大梁"和"金都南京"的存在，持有怀疑态度，因为这是"移花接木"的结果。

他关于"开封原本是'六朝古都'，'七朝古都'是后人加上去"的说法，我们是认可的。因为在中国东周敬王（？～前477年）前期，曾经发生过国家史典遗失和历史传承断代的不幸历史，尽管夏商周时期王朝侯国多次在开封建都是一个客观存在，但是却很少有史典传承下来。因此，传承和弘扬开封古都历史既需要继承前人的研究成果，也需要后人不断地进行深入研究和发掘。这其中就包括明清学者顾炎武、历史地理学专家谭其骧的研究成果在内。只要他们关于开封"七大古都"的研究成果是客观、科学、符合开封历史事实的，开封就应该予以认可、支持和采纳，这才是尊重知识、尊重科学的应有态度，何过之有？

因此，这不应该成为袁先生批评开封将"六朝古都"变为"七大古都"的理由。

关于袁文"开封七朝古都之名为移花接木而来"的指责，我们查了字典中"移花接木"一词，其含义大致是指把一种花木的枝条或嫩芽嫁接在另一种花木上，比喻暗中用手段更换人或事物来欺骗别人。按照这一含义来理解，袁先生大致是说：开封本来是六朝古都，不应该是七朝古都。因为七朝古都是开封暗中使用手段，从不属于开封历史的别处移接而来的名称，是骗人的行为。

如果这一理解不错，那么，我们会认为袁先生这一比喻实在不当，其说法既不符合历史事实，也是对包括明清学者顾炎武、历史地理学专家谭其骧研究开封古都历史成果的否定。因为开封不仅从来没有通过暗中"移花接木"，来否定顾炎武、谭其骧两位大师的历史研究成果，反而是公开承认和宣传两位大师对开封古都历史研究成果所做出的积极贡献，并对他们的研究成果存有敬重之心。

因此，开封未曾有过偷偷"移花"的行为，却存在光明正大地运用包括顾炎武、谭其骧在内前人历史研究成果，认定开封为"七朝古都"的事实，并且这一认定的事实已经被世人所公认。倒是袁先生关于开封"七朝古都""移花接木"的表述，给人以不承认顾炎武、谭其骧研究开封古都历史成果之"花"，是符合和针对开封"六朝古都"、"七朝古都"之"木"本意之嫌。这种混乱的逻辑论证恐怕与两位先生的初衷相背离，也让看过袁先生文章的人哭笑不得。

袁先生之所以有这样的思维和批评，大概仍来源于他对开封成为"魏都大梁"、"金都南京"事实的抵触。事实上，无论公元前364年前后战国时期的魏国，自山西夏县魏都安邑向东迁徙开封所新建的"魏都大梁"，还是南宋时期的公元1161年金国废帝完颜亮、公元1214年金国宣宗完颜珣，先后两次自中都燕京向南迁徙、建都开封的"金都南京"（袁先生似乎不知道金国两次迁都开封，把公元1161年完颜亮迁都开封纠正为"应为1214年"完颜珣迁都开封），国内出版的许多史典中均有记载，也是中国史学界早已形成的共识。只要袁先生费举手之劳，便可查知。

因此，即便是明清时期的顾炎武先生或是近代的谭其骧先生，他们关于开封为"六朝古都"、"七朝古都"之说，也不过是对上述开封古代历史事实的发掘、总结和传承而已。既然古人和顾炎武、谭其骧先生可以对开封古代历史事实进行发掘、总结和传承，难道现代的中国古都学会和开封人就不能依照客观事实，将前人认可夏杼王都在开封老丘的历史加以发掘、总结和传承吗？袁文以此来断定开封在"七朝古都"问题上"移花接木"，甚至不承认开封"八朝古都"及其之前"七朝古都"的逻辑不通，也缺少道理。

我们认为，这种对待华夏历史文化只能照搬照抄，不能发掘创新的认识，有悖于国务院关于把河南打造成为"华夏历史文明传承创新区"战略发展目标所提出的要求，更难于被世人赞同和效行。

三、历史和考古论证夏杼王都在开封老丘是正确的

从袁文来看，他对于"开封被史学界公认为是'有古难觅'之地，古都研究者往往只能通过文献资料证明历史的存在"的客观原因是清楚的，自然也应该对开封考古成果取得的难度予以理解。但事实不是这样。

尽管袁先生知道开封夏杼王都老丘大量引用了《竹书纪年》、《春秋地名考》、《大清一统志》、《春秋大事表》、《中国历史地名辞典》、《中国历史地图册》等史典并以《诗经•商颂》、《左传》、《古本竹书纪年（辑本）》、《世本（辑本）》、《史记•夏本纪》等大量原始史料作依据，又引用了开封市文物工作队在位于国都里村（即老丘）北部一带探明一处较大型、有明显夏、商时期文化特征残碎

陶片的古文化遗址作实物依据,却依然发出了"这些在时间维度上非连续的、不靠谱的、片段性的文献资料,根本无法形成完整的证据链来证明老丘与开封同地"的论断。

其实,关于夏杼王都老丘在开封的史料记载并不止于袁先生所列举的那些,而夏杼王都老丘在开封的历史记载和传说也比前述记载得更为具体。如春秋末期史学家左丘明《左传·定公十五年》中记载:公元前495年,"夏五月,郑罕达败宋师于老丘"。[3]对此,西晋时期著名军事家、学者杜预注曰:"老丘,宋地。"其中"罕达"为郑国上卿(相当于宰相);"老丘"在郑国东部启封城(今开封朱仙镇启封古城)和宋国西部之间的开封之地,原为宋国所有,因为郑国东扩才经常与宋国发生争夺开封东部老丘一带的战争。这说明,春秋时期的开封夏杼老丘,仍被当时的史学家左丘明、西晋著名军事家杜预所明确认可。

夏杼王都老丘在开封的历史一直传承到清代以后,依然得到中国史学界广泛的一致认可。对此,史料记载也很多。

清代左都御史并兼任《一统志》编纂局总裁徐乾学(1631~1694)《一统志》认为:"老丘在开封府陈留县北四十里,有老丘城。"[4]

清初礼部侍郎、著名学者高士奇(1645~1703年)《春秋地名考略》认为:陈留"县有老丘城,见《陈留风俗传》"。[5]说明清代高士奇还见过东汉大史学家圈称在《陈留风俗传》中有此记载。

清朝经学家徐文靖(1667~1757年)《今本竹书纪年统笺·卷三》认为:"按:定十五年郑罕达败宋师于老丘。杜注:《宋地一统志》,老丘在开封府陈留县北四十里,有老丘城。"[6]

清朝官吏顾栋高(1679~1759年)《春秋大事表·卷六上·列国地形犬牙相错表》中解释说:"陈留县东北四十里有老邱城,为宋老邱地。定(公)十五年'郑败宋师于老邱',即此。"[7]

清代著名经学家江永(1681~1762年)《春秋地理考实·卷三》引《纂》云:"今河南陈留县北四十五里有老丘城。"[8]

现代著名语言学家杨伯峻《春秋左传注》认为:"老丘,当在今开封市东南(应为北),陈留镇北45里。"[9]

值得重视的是,对于上述夏杼王都老丘在开封的历史传承,史学界基本上是异口同声地认可,并无实质性的争议。

而袁先生却在自己文章中指出:开封"八朝古都""在文献资料方面,目前主要是依据两部史书,一是号称西周初期的《尚书》,里面提到了历史上'有夏'或'夏'"。袁先生这一说法不仅排除了《竹书纪年》、《春秋地名考》、《大清一统志》、《春秋大事表》、《中国历史地名辞典》、《中国历史地图册》、《诗经·商颂》、《世本(辑本)》、《史记·夏本纪》等古籍记载,还排除了《春秋左传》、晋代杜预直到清代以来关于夏杼老丘在开封的历史文化传承,显然是不公允的。

袁文中还指出:"经考证,《尚书》中提到夏朝的那几篇文章其实是春秋战国时期的人伪造的,而郭沫若认为《尚书》是晋人所伪。"意在说明,中国考古学家郭沫若(1892～1978年)也是不承认有夏朝存在的。但事实也不是如此,郭沫若不仅认可夏朝以及王杼的存在,还认可夏杼王都老丘在开封的观点。他在自己主编的《中国史稿》中明确写道:夏"杼为了扩大夏朝的统治范围,首先北渡黄河,迁都于黄河北岸的原,不久又东迁到老丘(今河南开封陈留北)"。[10]这就明确驳斥了袁先生关于郭沫若不承认有夏朝,夏杼王都老丘不可能在开封问题上的某种误导。

至于袁文批评开封拿"部分探孔在距地表12米到13米的深度,出土有明显具有夏、商时期文化特征的残碎陶片"作为假证据的观点,更缺乏基本常识,难以让人认同。

袁文认为:"魏大梁城深深地埋在地下12～14米处,唐汴州城距地表10～12米,北宋东京城则掩埋在地下8～10米深处,金代汴京城深约6米,明代周王府深约5米,清代开封城深约3米。由此可见,魏大梁城即在地下12～14米,即便夏朝真的存在,比魏早几千年的夏朝肯定会处于更深处。"这种观点貌似不否认开封"夏朝真的存在",而实质上则认为开封勘探结果是不可信的假话。因为在袁先生看来,夏朝在地下的文化遗存,肯定会比几千年后的魏大梁城处于地下更深处。所以,开封勘探部门将部分探孔在距地表12米到13米魏大梁城的深度,出土有明显夏商时期文化特征残碎陶片的说法,是不可能的,自然也是不可信的。

袁先生这种对开封地理环境理想化的认识,实在让人吃惊。

据开封地方志和中国历史地理记载,开封上古时期为丘陵地貌,这里山、岗、台、丘、陵、阜、陂遍布,至今仍留下了许多岗、台、丘、陵、阜、陂的地名,如开封的市区内就有夷山、土山、土柏岗、摩天坡(今轩辕楼)、宴台、禹王台、繁台、天地台等等。这些山、岗、台、丘的海拔高度一般在百余米至数十米之间不等。直到元明时期黄河泛滥,河道南移开封后,这些山、岗、台、丘才基本淤平,被埋入地下。这也是袁先生文中所述"开封被史学界公认为是'有古难觅'之地"的又一个重要原因。

试想,仅用同一深度的标准,去断定地下建立在高低不同山、岗、台、丘之上历史文化遗址的位置,岂不幼稚可笑。袁文以此论据来否定开封考古勘探深度不到位,老丘一带所探夏、商时期文化特征不真实的观点,难怪会漏洞百出,贻笑大方。

纵观袁先生《开封荣升"八朝古都":生拉硬扯,利益为上》全文,可以看出:其对考古学理论的理解和运用是不完整、不慎密的,对开封夏杼王都老丘历史文化传承的了解是有局限的,所列开封历史文化方面的论据存在着很多自相矛盾和偏颇之处,形成的关于开封"七朝古都"、"八朝古都"由"移花接木"而来的结论也是站不住脚的。

我们无意对袁先生的批评进行发难,也不会因为袁先生不当的批评而影响彼此间进行历史文化交流和切磋。事实上,这种批评也不会影响世人对夏杼王都老丘在开封的既定认可,却给澄清社会上对开封深厚、悠久历史文化和古都历史传承的误解,提供了一个难得的机会。同时,也使我们清醒地认识到:正确引导社会舆论,大力发掘、宣传和弘扬开封历史文化和"八朝古都"的历史地位、作用和意义,是十分重要的,也是十分必要的。

文献来源:

[1]《中国古都学会 2013 年(开封)年会宣言》,《开封日报》,2013 年 10 月 21 日版。

[2]袁晓彬:《开封荣升"八朝古都":牵强附会,利益为上》,《网易新闻》,第 937 期。

[3](春秋)左丘明撰,(晋)杜预注:《春秋左传集解》,上海:上海人民出版社,1977 年版。

[4](清)徐乾学:《憺园文集》载《一统志》,上海:上海古籍出版社,2003 年版。

[5]贾贵荣、宋志英辑:《春秋战国史研究文献丛刊》载(清)高士奇撰:《春秋地名考略》,北京:国家图书馆出版社,2009 年版。

[6](清)徐文靖:《今本竹书纪年统笺》,上海:上海古籍出版社影印本,1986 年版。

[7]贾贵荣、宋志英辑:《春秋战国史研究文献丛刊》载(清)顾栋高撰:《春秋大事表》,北京:国家图书馆出版社,2009 年版。

[8]贾贵荣、宋志英辑:《春秋战国史研究文献丛刊》载(清)江永撰:《春秋地理考实》,北京:国家图书馆出版社,2009 年版。

[9]杨伯峻:《春秋左传注》,北京:中华书局,1990 年版。

[10]郭沫若主编:《中国史稿》,北京:人民出版社,1977 年版。

第二十三章　商汤伐夏桀人文地理渊源解析

夏朝末期,亡国之君夏桀(一名癸)荒淫无度,暴虐无道。商汤在名相伊尹谋划下,起兵讨伐夏桀,先攻灭了夏桀的党羽葛国、韦国、顾国,然后采取迂回包抄战略和声东击西战术,击败昆吾国,占领夏都斟灌,直逼夏都东部夏桀监视东夷人的军事重镇鸣条。夏桀仓促起兵,在有娀氏旧地古莘国打了败仗,向北逃奔到老丘、鸣条,商汤乘胜追击夏,夏军再次溃败,向东逃亡至三朡国,并将舜帝赐予夏禹的黑色玉圭和夏朝九鼎等宝器存放在那里。商汤接着攻打三朡国,缴获了象征夏朝政权统治标志的玉圭、九鼎等宝器,商汤的臣子义伯、仲伯写下了《典宝》,将夏桀驱逐到了南巢之地,夏朝由此灭亡。商汤战胜夏桀后,想从夏人神社之地迁移,但是没有办成,写下了《夏社》(今佚)。伊尹颁布了一系列仁政措施,天下平定,诸侯归服于商汤,组织召开了"涂山盟会",推举商汤登上天子尊位,商王朝自此建立。

在商汤讨伐夏桀的战役中,涉及讨伐的出发地、方向、线路、主要地理名称等问题不容易破解,给后人分析夏商人文历史带来了不便,甚至误解。根据本人掌握的开封人文历史和古文献记载,现对商汤讨伐夏桀战争的出发地、方向、线路、主要地理名称进行了考查研究,提出一些新的看法。

一、商汤讨伐夏桀之战出发地、方向、线路问题

欲了解商汤讨伐夏桀之战出发地、方向、线路问题,首先要了解商汤讨伐夏桀之战的基本过程,才能对整个情况有所把握。

1. 战前准备和决战

商汤为了取得讨伐夏桀之战的胜利,在与夏朝决战之前做了充分的准备

工作，主要有：

一是派重臣前往夏桀王都刺探政治、军事信息。商汤首先派遣伊尹充当间谍，进入夏都斟鄩，掌握了夏王朝"上下相疾，民心积怨"、夏桀顾忌"西边太阳打败东边太阳"等政治信息，及时把握了夏桀调动九夷之师，准备讨伐商汤和后来夏桀指挥失灵、九夷之师不起、有缗氏公开反抗的军事信息，为发起战争提供了及时、准确、可靠的情报。

二是剪除夏朝侯国的羽翼和亲信。商汤讨伐夏桀之时，夏王朝的总体力量仍然大于商汤部落。于是，商汤采取"先弱后强、绝其羽翼"的方法，逐渐削弱夏朝实力。他把第一个打击目标指向夏桀的属国葛（今河南宁陵北），以替为商国送饭童子被葛国杀害而复仇的名义，起兵占领了葛国，继而又集中兵力逐次灭亡了韦（即豕韦，今河南滑县东南）、顾（即鼓，今河南范县东南），最后攻灭了实力较强的昆吾（今河南中牟东北部），使夏桀王朝处在商汤东西南北的环形包围之中，战争胜负的格局已基本明朗。

三是灵活把握讨伐夏桀的有利战机。起初，当商汤停止向夏桀纳贡，以试探其反应时，夏桀立即调动九夷之师，准备讨伐商汤。商汤则视情马上"谢罪请服，复入职贡"。不久，传来了夏桀诛杀忠谏重臣、众叛亲离的消息，商汤再次停止向夏桀的贡奉。这次夏桀的指挥完全失灵，九夷之师调动不起，有缗氏公开反抗。商汤认为伐桀的时机完全成熟，于是，他果断下令起兵，讨伐之战迅速展开。

四是善于造势相机而动地指挥战争。约公元前1600年，商汤兴兵讨伐夏桀，选良车70乘，"必死之士"6000人，联合各方国军队，采取战略大迂回的包抄战略，自山东曹县南部的商汤北亳之地出发，经过占领的葛国、商汤元妃娘家有莘国，渡过伊水、洛水（今开封陈留东部一带），绕道至夏都以西，突袭昆吾国和夏都安邑、斟灌，攻其不备。

战前，又举行了隆重的誓师仪式，据中国现存最早的史书《尚书·序》记载：汤"与桀战于鸣条之野，作汤誓"。[1] 决战中，商汤率军奋勇作战，一举在有莘国、夏杼王都老丘、舜帝下葬的鸣条连续击败夏桀的主力部队，迫使夏桀逃奔其属国三朡（今山东定陶东一带）。商汤乘胜攻灭了三朡国，夏桀率少数残部向南巢（一说在安徽巢湖北，也可能在开封一带有巢氏故地，待考）逃亡，不久病死。商汤回师西亳（今河南封丘南部一带），在黄帝铸鼎升仙之地，仿照夏禹"涂山会盟"的模式，召开了各方诸侯参加的盟会，受天帝"景亳之命"称王，成为天下的共主。

2. 商汤讨伐夏桀的线路问题

关于商汤讨伐夏桀的路线,国学大师王国维在《观堂集林·说亳·〈三〉以汤之经略北方证之》中记载:"汤所伐国,韦、顾、昆吾、夏桀皆在北方。然则亳于汤之世居国之北境,故汤自商丘迁此,以疆理北方。"[2]说明商汤为讨伐夏桀做了准备,自商丘东南直线距离约23公里的虞城谷熟南亳城迁居山东曹县西南二十里的北亳城,由此揭开了商汤经营北亳、讨伐夏桀战略行动的序幕。

河南省社科院考古所马世之先生认为:"商汤灭夏,从伐葛开始。史称商汤灭夏的作战顺序为葛—韦—顾—昆吾—夏桀,从其进军路线来看,葛国也应在宁陵一带。"[3]我们认为上述说法虽然正确,但过于笼统,无法回答商汤讨伐夏桀战略迂回的具体线路和讨伐地点问题。

对此,台湾三军大学《中国历代战争史·商代战争史》进一步解释说:"汤之灭夏,系先取蚕食政策,逐次并吞附近拥护夏朝之诸侯,以自壮大,并以孤立夏朝。《孟子》载汤始征自葛载。鸣条之战,汤取大迂回之行动。由黄河南岸西进,至潼关附近始渡河而北,然后由河曲部迂回夏都之西方,绝其后退之路,出其不意,迫桀仓促应战,实为大迂回作战、切断后方退路之创例。"[4]

我们对商汤从北亳(曹县)起兵,讨伐葛国(宁陵县)等国,然后向西进行大的战略迂回包抄,再向东讨伐夏桀军事重镇鸣条的观点是赞同的。但对其关于商汤"由黄河南岸西进,至潼关附近始渡河而北"的说法,难以认可。因为当时的黄河不在北亳(曹县南)、葛国(宁陵县)、昆吾一带,北亳、葛国至荥阳黄河一带,只有开封古陈留的获水(汳、汴、甾水下游)、伊(圈章)水、洛(淮、睢水上游)水、济水,况且古籍中只有商汤渡过水位很浅的伊水和洛水的记载。至于商汤率领6000精锐之师及其诸侯援军,驾车七十乘轻装前进,深入到距离约九百里外的夏朝腹地安邑(今山西夏县)西部的鸣条一带作战,无论是从当时交通、后勤补给状况还是从人文地理、战争能力来分析,几乎都是不现实的。

我们认为,商汤讨伐夏桀前,先灭了北亳西北部(夏桀王都北部)的韦国(今河南滑县东南)、北部(夏桀王都东北部)的顾国(今河南范县)、西南部(夏桀王都东南部)的葛国(今河南宁陵北);然后自北亳、葛国一带出发,向西经过商汤元妃娘家、伊尹出生地的古莘国(今开封县陈留东北约18公里的东辛庄),渡过洛水(睢水上游)、伊水(圈章水),向西讨伐昆吾国、安邑;再,向东北登上陑(今开封西北的昆仑丘)占领夏朝太康王都斟灌(在封丘西南部、开封西北或北部一带),在古莘国北部与夏桀之军相遇。由于夏军猝不及防,仓促应战,败退后向北部的夏杼王都老丘(今开封县杜良乡国都里,即高门)溃退;商汤冒雨跟踪追击,迫使夏桀之军再向北部的鸣条(今封丘黄陵岗镇平街)逃跑;商汤在夏桀的军事重镇鸣条再次打败了夏桀军,夏桀军只好带着夏朝传世瑰宝九鼎和玉圭,经过有娀之墟(今兰考堌阳东南一带)向属国三朡(今山东定陶东一带)逃亡,失败后逃奔南巢(一说在安徽巢湖,一说在开封有巢氏居住地)。

这是我们依据开封华夏人文历史,对商汤讨伐夏桀线路作出的基本判断。

二、对商汤讨伐夏桀沿线重要地名的历史分析

由于商汤讨伐夏桀的出发地在北亳和葛国,因此,我们便从北亳和葛国开始对商汤讨伐夏桀沿线的重要地名进行人文历史研究。

1. 北亳和葛国的人文历史和地理位置

葛国是夏初柏益,又称"伯益"后裔的封地,在河南宁陵北部一带。据中国最早的史书《尚书·尧典》记载:柏益为虞官,"掌管山泽,繁育鸟兽"。战国时期《墨子·尚贤》也记载:"禹举益于阴方之中,授之政,九州成。"[5]柏益为涂山氏首领,是开封陈留皇柏山(今开封东土柏岗)伏羲氏的后裔,大禹娶涂山氏女蟜(娇)为妻。所以,汉代司马迁《史记》记载:"夏之兴也以涂山。"[6]这表明柏益辅佐大禹治水大获成功后,得到大禹的赏识,获得了与禹王联姻的殊荣,政治地位进一步提高。

关于"葛国"的地理位置,据汉代司马迁《史记·集解》记载:"葛,今梁国宁陵之葛乡。"东汉历史学家班固《汉书·地理志》记载:"宁陵莽曰'康善'。孟康曰:'故葛伯国,今葛乡是。'"[7]南朝刘宋时期历史学家范晔《后汉书·郡国志》也记载:"宁陵故属陈留,有葛乡故葛伯国。"[8]北魏郦道元《水经注》又记载:"汴水(也称汳水、洛水、获水等)又东经宁陵之沙阳亭北,故沙随国矣;汴水又东经葛城北,故葛伯国也。"[9]表明"葛国"在汴水流域的河南宁陵北部一带。

战国时期思想家孟轲《孟子·滕文公下》也记载:商"汤居亳(今山东曹县南部的北亳),与葛为邻"。[10]其中"葛",为"葛国",也称"葛伯",是夏代最早的封国之一,位于今河南宁陵葛伯屯,与商汤国都北亳互为邻国。虞舜在开封昆仑山九层台(今中牟青谷堆)称帝时期,大禹为司空,受帝命治水,让高阳氏颛顼帝(封地在杞县高阳镇)的后裔伯益做他的助手辅佐治水。据《尚书·舜典》记载:"帝舜之时,禹为司空,皋陶作士,伯益为虞。"伯益,又称"柏益",是"三皇"之一的柏皇氏伏羲的后裔。据清代陈廷炜《姓氏考略·柏姓》记载:"柏皇氏住在皇柏山上(皇伯山,今河南陈留),因此他的子孙后代就以先祖居地名称

为姓氏,称柏氏。"[11]柏氏族人认为,柏姓祖宗在河南开封古陈留土柏岗(皇伯山)一带,后大部分南迁,现主要分布在安徽、湖南、陕西、江苏等地。

柏益居住的皇柏山,又称"涂山",是大禹元妃、涂山氏女蟜的娘家。柏益和父亲皋陶跟随大禹在开封昆仑山"中央之国"的涂山周边一带治水13年,左准绳,右规矩,定山川,图博物,察民俗,功绩卓著。因治水有功,大禹晚年便把柏益定为自己的接班人,欲仿效尧、舜二帝,将王位禅让给他。大禹去世后,柏益却谦让不就,避于箕山。于是大禹的儿子启继位,建立了中国第一个世袭奴隶制政权夏朝。夏朝建立后,启王封柏益的二儿子飞廉(一作大廉)为葛伯(中国古代分为公、侯、伯、子、男五等,伯是第三等爵位),此为葛伯被封国之始。

上古时期,开封昆仑山是"三皇五帝"的发源地和居住地。葛伯的先祖是有"皇"号之称的有巢氏葛天皇、伏羲氏柏皇的后裔,也是开封昆仑山"三皇五帝""中央之国"的原始先民之一。据战国时期吕不韦《吕氏春秋》训解:"葛天氏,三皇时君号也。"[12]1921年6月,商务印书馆《中国人名大辞典》中记载:葛天氏"上古帝王"。[13]公元1908年,商务印书馆《辞源》中也记载:葛天氏"传说中远古帝号,在伏羲之前"。[14]晋代皇甫谧《帝王世纪》又记载:"有巢氏之后有葛天氏等,皆袭伏羲之号。"[15]说明葛天氏在"三皇"时期的有巢氏、伏羲氏之后,曾经为昆仑山"中央之国"的天帝,这也是我们怀疑夏桀逃亡的"南巢"地名在开封一带昆仑山"中央之国"、"有巢氏"发源地的原因。

葛天氏传授、推广用葛纺织生产、生活用品的技能,如搓经绳、编篮筐、制葛履、织葛布等,为人们用葛布缝制葛衣、葛衫、葛巾等,以遮羞蔽体、御寒防暑,使族人告别蛮荒,为步入文明奠定了基础。葛天氏草创了道德规范——礼,使天、地、人和谐相处。葛天氏还利用当地盛产竹子、苍梧(今开封、兰考一带称梧桐、泡桐)木的优势制作乐器,创制了"葛天氏之乐"。据汉代司马迁《史记·司马相如传》记载:"奏陶唐氏之舞,听葛天氏之歌,千人唱,万人和。"战国时期吕不韦《吕氏春秋·古乐篇》也记载:"昔葛天氏之乐,三人操牛尾,投足以歌八阕:一曰'载民',二曰'玄鸟',三曰'遂草木',四曰'奋五谷',五曰'敬天常',六曰'建帝功',七曰'依地德',八曰'总禽兽之极'。"

后人认为,"葛天氏之乐"是我国音乐、舞蹈、诗歌、剧目、农牧业和养生学的重要源头之一,葛天氏是中华民族的人文始祖之一。因为"葛天氏之乐"最早发源于昆仑山"中央之国"的开封一带,所以开封一带也称"乐都",是上古时期器乐制作的诞生地,也是古人学习演奏乐曲的圣地。春秋时期卫国乐师高扬、晋国乐圣师旷均曾在开封的夏禹王都阳城即禹王台学习或演奏过乐器,至今禹王台仍有"古吹台"之称。"吹乐"是古人演奏乐器的主要形式之一。

夏启继位后，封柏益的儿子若木为徐伯（东部徐夷的先祖）、飞廉（一作大廉）为葛伯，此为葛伯受命封国之始。葛国与商汤之国均为伯爵侯国，也都是柏益的后裔。据说，夏初之时葛国的面积比商国要大，北到三兖（今山东定陶）、南到戈（今河南太康）、西到老丘（今开封杜良乡国都里）、东到虞（今河南虞城、夏邑芒砀一带）。到夏末时期，葛国已经衰弱变小，周边的近邻大致有北辛、南厉、西杞、东商等侯国。

传说，商汤为帝喾和简狄之子"契"（也有称"阏伯"，居商丘，即最早的昆仑丘）的十世孙，继承了商伯的封国。夏末之时，他志高气满，图谋天下。因夏朝有四百年根基，且商汤与夏桀有臣君关系，只好耐心等待时机，徐徐图之。他借仁、德收揽民心，用贤、能增强实力，自荐方伯，千方百计地为兴商灭夏做准备。夏末时期发生的"葛伯仇饷"事件就是一个证明。

关于"葛伯仇饷"一事，汉代司马迁《史记·殷本纪》有记载："汤征诸侯，葛伯不祀，汤始伐之。"战国时期孟轲《孟子·藤文公》也记载："汤居亳，与葛为邻。葛伯放而不祀，汤使人问之曰：'何为不祀？'曰：'无以供牺牲也。'汤使遗之牛羊，葛伯食之，又不以祀。汤又使人问之曰：'何为不祀？'曰：'无以供粢盛也。'汤使亳众往为之耕，老弱馈食。葛伯率其民，要其有酒食黍稻者夺之，不授者杀之。有童子予以黍肉饷，杀而夺之。《书》曰：'葛伯仇饷'，以之谓也。为其杀是童子而征之，四海之内皆曰：'非富天下也，为匹夫匹妇复仇也。'汤始征自葛载，十一征而无敌于天下。"中国现存最早史书《尚书·商书·仲虺之诰》又记载："成汤放桀于南巢，唯有惭德。曰：'予恐来世以台为口实。'仲虺乃作诰。曰：'呜呼！乃葛伯仇饷，初征自葛。东征西夷怨，南征北狄怨。'"其中"南巢"，应为尧帝时期昆仑山"中央之国"隐士巢父的居住地。因其"山居不营世利"，在树上筑巢而居，当时的人称其为"巢父"。"巢"字从"巛"从"果"。"巛"音义同"川"，昆仑山一带的江、淮、济水是华夏历史上最早的"三川"；"果"本指"瓜果"，转义指"鸟蛋"。"巛"与"果"联合起来是指高筑在树上的用于下蛋孵蛋的鸟窝。1992年湖北辞书出版社和四川辞书出版社出版的《汉语大字典》记载："巢，古地名。在今河南睢县南。"[16]我们分析，河南睢县南部的"巢"地，应为"有巢氏"自昆仑山较早向南迁徙早的居住地，后又迁徙到了安徽巢湖一带。据西汉礼学家戴德《礼记·礼运》记载："昔者先王未有宫室，冬则居营窟，夏则居橧巢。"[17]东汉经学大师郑玄注释："寒则累土，暑则聚薪柴居其上。"[18]上古时禽兽多而人民少，于是人民就在树上筑巢居住以避野兽。传说尧帝以天下让给巢父，巢父不肯受，又让给许由，许由亦不肯受，都躲到了山野之中当隐士。河南睢县南巢，夏代应为葛伯的封地，巢父、许由、柏益均有辞帝王当隐士的历史传承。

由上述记载可知,"葛伯仇饷"不过是商汤为了夺取夏朝天下所实施的谋略而已。一是因为商伯汤、葛伯为同等诸侯,葛伯不祀应由夏桀裁处,不该由商汤出面责罚;二是因为假如商汤征伐葛国是为葛国杀商国送饭的童子而复仇,但为何要对他国进行十一次征伐,并对祭祀无错的韦、顾等诸侯国进行讨伐,其真实目的不过是剪除夏桀的羽翼而已;三是商汤表面在捕猎时"网开三面仁及禽兽",赢得了民心,但十一次征伐天下,却视人民生命死伤之多于不顾,其仁、德何在;四是商汤流放夏桀于南巢之后,心中却惭愧不已,既怕后人指责他犯上作乱,不忠不孝,又怕臣子学他犯上作乱,做乱臣贼子。左相仲虺,又叫"莱朱",连忙作诰,劝商汤向天下解释说"东征西夷怨,南征北狄怨",没遭到商汤征伐战乱的侯国反而要怨愤商汤,在道理上也讲不通。

商汤征伐葛国后,虽然占领了葛国之地,但仅仅处置了葛伯国君一人,葛人祠祀仍然得到了保存,商周时期依然如故。据战国时期《春秋·桓公十五年》记载:公元前697年,"邾人、牟人、葛人来朝"。这证明直到春秋时期,"葛人"仍然存在。

近代大学者王国维《说亳》一文认为:"皇甫谧、司马彪、杜预、郦道元均以宁陵县(前汉属陈留郡,后汉属梁国)之葛乡为葛伯国。(皇甫)谧且谓'偃师去宁陵八百余里,不能使民为之耕',以证汤之所都当为谷熟之南亳。"[19]意思是说,洛阳偃师斟灌距离宁陵葛国路途较远,商汤无法帮助那里的民众农耕,也无法管理那里的民众。居住在山东曹县北亳的商汤尚且无法帮助和管理洛阳偃师斟灌一带的民众,帮助和管理山西东南"鸣条"、"安邑"、"斟灌"一带的民众更是鞭长莫及了。所以,夏桀王都"安邑"、"斟灌"、"西亳"和军事重镇"鸣条"不会远离开封一带,也不可能在洛阳及其以西地区。

柏益的儿子"飞廉",飞廉的后裔为商纣王的大臣"蜚廉",嬴姓,赵氏,是春秋战国时期秦国、赵国两国国君的先祖,也是赵姓、马姓、缪姓、梁(魏)姓及部分秦姓(秦氏大宗为姬姓,周公之后)祖先。汉代梁孝王在开封所修建的"缪堤",便是以当地"缪"姓命名的,正是柏益氏最早的受封之地。

周武王消灭商纣王时,蜚廉正在山西霍山为纣王办事。办好事准备回商都时,得知商朝灭亡,纣王自杀的消息,便只好留在霍山居住,不久就病死在当地。夏桀王都安邑、斟灌、军事重镇鸣条在山西东南一带的说法,应该是居住山西霍山的蜚廉后裔于西周时期在当地传承中原华夏人文历史的结果。

2. 古莘国和伊洛水的人文历史和地理位置

古莘国,是一个自上古时期传承下来的华夏文明古国,其传承大致为:居住在开封昆仑山轩辕丘的黄帝和元妃嫘祖传承给次子昌意,居若(妊)水(即湛水,在封丘南,流经开封东南部);至昌意和妻子昌仆的儿子高阳氏颛顼,居高阳(即杞县西南部高阳镇);至颛顼的侄子有莘(辛、沈、姺、侁、妊、若等)氏帝喾,居有娀国,即古莘国;至帝喾和妃子陈锋氏的儿子尧,居原阳东南14公里处的汉代阳武,又称"三阿"(即昆仑山三层台);至夏禹儿子启封支子于"莘"国,也称"有莘国",与夏商时期的"雍丘",即"杞国"(今河南杞县)相邻,为大禹母族"姒"姓古国。

据汉代司马迁《史记·五帝本纪》记载:"黄帝居轩辕之丘,娶于西陵之女,谓之嫘祖氏。嫘祖为黄帝正妃,生二子,其后皆有天下。其一曰玄嚣,是为青阳,青阳降居江水(鸿沟、汴水),其二曰昌意,降居若水(湛水、伊水)。昌意娶蜀山氏女,曰昌仆,生高阳。高阳有德盛焉。黄帝崩,葬桥山(有蟜氏居住地),其孙昌意(常仪)之子高阳立,是为帝颛顼也。"晋代著名医学家皇甫谧《帝王世纪》也记载:"帝颛顼高阳氏,黄帝之孙,昌意之子,姬姓也。母曰嫘仆,蜀山氏女,为昌意正妃,谓之女枢。金天氏之末,女枢生颛顼于若水。昌意虽黄帝之嫡,以德劣,不足绍承大位,降居若水为侯。及颛顼生,十年而佐少昊,二十而登帝。"唐代王瓘《轩辕本纪》明确记载:"帝娶于西陵氏于大梁,曰嫘祖,为元妃,生二子:玄嚣、昌意。"[20]其中"大梁"就是战国时期魏国国都,地在开封。

由上所述可知,黄帝、昌意、颛顼、帝喾、唐尧、夏启之子"莘",皆居住在开封昆仑山的轩辕丘及其周边地区。大禹的母系部族有莘(姒)氏,即古"有莘国",也在今开封陈留一带。据汉代司马迁《史记·夏本纪》记载:"按《系本》鲧取有莘氏女。"中国唐代谱牒姓氏专著《元和姓纂》记载:"姒姓,夏后启别封支子于莘,子孙去草为辛,遂为辛氏。唐代张守节《正义》引《括地志》云:古莘国在汴州陈留县东五里,故莘城是也。《陈留风俗传》云:陈留外黄有莘昌亭,本宋地,莘氏邑也。"[21]可见,开封陈留有莘氏出自有姒氏,应该是同一个女系氏族部落。这个女系氏族的女子修己吞下神珠薏苡而生禹,禹生启,启生莘,仍然被封在有莘氏姒姓旧国,在今开封古陈留一带。

据先秦史籍《逸周书·度邑解》记载:"自洛延于伊,居易无固,其有夏之居。"[22]说明"夏之居"在上古时期的洛水和伊水之间,但由于这里水患频发,居住地也作小范围变动。中国最早的国别史《国语·周语上》也记载:"昔伊洛竭而夏亡。"[23]三国时期吴国史学家韦昭注释:"禹都阳城,伊洛所近也。"汉代《史记·封禅书》还记载:"昔三代之君皆在河洛之间。"从上述史料中可知,上古时期的尧、舜、禹三代帝王均在"河洛之间","有夏之居"也在洛水和伊水之间。夏朝灭亡之际,天下发生了大旱,洛水和伊水枯竭了。山西、洛阳依照河、洛、伊三川水在当地的客观现实,解释"有夏之居"在山西安邑、洛阳斟灌一带,并以三川郡治洛阳东北的"雒阳"为证。

对于山西安邑"夏之居",为夏代伯(柏)益后裔蜚廉传承中原文化的历史,前面已经分析,在此不再赘述,但对伊、洛二水的来源,有必要加以探讨。

首先分析一下伊、洛二水的上游湛水。湛水,又称"翟渠"、"若水"、"弱水",在开封北汇入"浚水"、"伊水"、"汳(汴)"、"洛水"等。湛水的下游为"洛水"、"伊水"。夏朝第三代王太康被执政的后羿驱逐出王都斟灌后,仲康称王后成为傀儡,后羿实际篡位。不久,开封蓬泽一带蓬伯明氏族的寒浞取代后羿称王,他派遣儿子浇率兵攻灭斟灌国。斟灌氏族为躲避迫害,隐姓埋名,约定把国姓"斟灌"二字合并,去"斟"的"斗"字,去"灌"的"藋"字,各取一半,合成一个"湛"字,遂成湛姓,子孙沿袭,传延至今。

对此,宋初钱唐老儒《百家姓》注释记载:湛"系出姒姓,夏同姓诸侯斟灌氏,其后子孙去斗去藋,合二字为'湛'氏。"[24]"湛",又称"妊",最早的"湛水",又称"若水",是原阳、封丘南部的"白沟"、"翟(狄)渠",此水流向开封的东南部,与古浚水、伊水(今称圈章河)、鸿沟、汳(汴)、洛水相通,汇入淮水。洪水未来之时,"若水"来自济水,水质轻净,据说连鸟的羽毛落在水上也要沉到水下。若水流经开封外城东南的上善门外,宋代张择端《清明上河图》所画的开封东南外城门楼就是"上善门",门外的河流即为"若水",也即"湛渠"、"伊水"、"汴水"。开封一带自古有"上善若水"、"从善如流"之说。曾经居住在开封、中牟一带的老子,在道家哲学著作《老子》中记载:"上善若水,水善利万物而不争。"[25]意思是说,最高境界的善行就像若水的品性一样,既可承载清澈的济水,又可以承载浑浊的鸿沟水,造福于人间万物,却不计得失,不争名利。《老子》中的"上善若水"文化,就来源于老子问道的开封、中牟之地。后来,此水被夏人后裔传承到了济源、平顶山等地,所以当地至今有"湛水"之名。

开封人文历史研究表明,开封轩辕丘的黄帝帝都,在伏羲女娲天国,即昆仑山"中央之国"的中东部一带,距离南部的"江(赤)水",即"鸿沟"、"汳(汴)水"不过数里之内。"江水"流经开封北部,也就是黄帝帝都轩辕丘的南部后,与"湛水"、"若水"、"翟(狄)渠"汇合后,改称"伊水",即"圈章河",转向东南部陈留、杞县之间的夏代有莘国,这里也是炎帝帝都空桑(在有莘国东部十余里处)之地,再流向杞县北四十里鸣雁亭。据北魏郦道元《水经注》记载:"汳水东径亭南。《春秋》成二年,卫侯伐郑,至于鸣雁。俗谓之白雁亭。"再流向杞县东北的白羊陂、龙门一带。帝喾妃子简狄为有娀氏,也称有莘氏,是夏代启王母系氏族和儿子莘的封国,也是商汤元妃"吉"的娘家和名相伊尹出生、耕作之地。这种儿子被封在母系氏族领地的做法,自黄帝时期就已开始。黄帝时期母系制度已经逐渐消亡,父系制度大规模兴起。黄帝采取派自己子孙到母系氏族做首领的方法,既扩大本氏族的领地和影响,又用和平手段扩大了父系氏族势力范围。这也是母系社会向父系社会转化的一个具体形式。

据北魏郦道元《水经注·卷二十四》记载:"睢水又东,水积成湖,俗谓之白羊陂。陂方四十里,右则奸梁陂水注之。其水上承肢水,东北径雍丘(杞县)城北,又东分为两渎,谓之双沟,俱入白羊陂。陂水东合洛架口,水上承汳水,谓之洛架水,东南流入于睢水。"还记载:"汳(汴)水又东,龙门故渎出焉。(会贞按:故渎在今考城县西南。)渎旧通睢水,故《西征记》曰:龙门,水名也。门北有土台,高三丈余,上方数十步。(会贞按:《环宇记》,龙门台在考城县西南十五里。戴延之《西征记》,龙门,水名也。台南渠岸有门,与台下水相连。)汳水又东迳济阳考城县故城南,为获渠。"其中"洛架水"、"睢水"、"肢水"、"白羊陂水"、"获(濩)渠"等,就是历史上的"江水"、"狼汤渠"和后来"汳水"、"汴水"的下游,而"获渠",即"濩水",在"汳水"的东北方下游,流经商汤北亳(今山东曹县南)一带,是伊尹作商汤之乐《大濩》的地方。

据战国时期出自"濩水"流域的哲学家庄周《庄子·天下》记载:"黄帝有《咸池》,尧有《大章》,舜有《大韶》,禹有《大夏》,汤有《大濩》,武王、周公作《武》。"获渠的上游又称"洛架水",即"洛水"、"汳水","洛水"东南方的下游名称"睢水"、"雎水"。

据汉代刘安《淮南子·本经训》记载:"舜之时,共工振滔洪水,以薄空桑。龙门未开,吕梁未发,江淮通流,四海溟涬,民皆上丘陵、赴树木。舜乃使禹疏三江五湖,辟伊阙,导廛、涧,平通沟陆,流注东海。鸿水漏,九州干,万民皆宁其性。"[26]《淮南子·修务》又记载:"禹沐(浴)淫雨,栉扶风,决江疏河,凿龙门,辟伊圈,修彭盆之防,乘'四载',随山刊木,平治水土,定于八百国。"其中"舜",为建都在开封北部昆仑山九层台"天地之中"、下葬在封丘"鸣条"一带的舜帝;"龙门",为北魏郦道元《水经注》记载杞县"雍丘"东北部"洛架水"上的"龙门",是舜帝时期大禹在天国东部地区开"龙门",使"江淮通流"的地方;"伊阙"、"伊圈"为伊水,在开封县陈留东北十公里处,因其水环绕伊尹故里,故称"伊阙"或"伊圈",现在改称"圈章河",也是大禹"辟伊阙(圈)",让"江水"流向东北"流注东海"的治水之地;"东海",即山东菏泽以东、定陶以北的巨野泽;

"江水"经兰考东南考城一带的"获水",东北注入"东海";"鸿水",即指"江水",也是"共工氏"引黄河水到鸿沟里的"洪水",故"鸿沟"就是"洪沟"。

关于上述历史,古籍中也多有印证。据《河南通志·卷之七·开封府》记载:"伊水,在陈留东北二十里,环绕伊尹故里。"[27] 南宋罗泌《路史》也记载:"(空桑)若乃伊尹之生,共工氏之所灌,则陈留矣。……乃若共工氏之振滔鸿水,以薄空桑,则为莘、陕之间。"[28] 唐代地理学家李吉甫《元和郡县志》记载:"汴州陈留县故莘城,在县东北三十五里,古莘国。此即汤妃所生之国,伊尹耕于是野者也。"[29]

由此可知,商汤名相伊尹的故里,就在陈留东部、杞县西部的"空桑",即"古莘国"一带。战国时期的秦国宰相吕不韦,在《吕氏春秋·本味篇》中对此事也有记载:"有侁氏女子采桑,得婴儿于空桑之中,献之其君,其君令烰人养之。"其中的"婴儿",就是指后来的商汤名相伊尹;"烰人",为庖人,即受命抚养"婴儿"伊尹的古莘国厨师。杞县西部的西空桑村,现仍存有"宋真宗皇帝空桑伊尹庙碑赞"石碑可以为证。战国时期秦国宰相吕不韦在《吕氏春秋·爱类篇》中,对此也有较详细的记述:"昔上古龙门未开,吕梁未发,河出孟门,大溢逆流,无有丘陵沃衍、平原高阜,尽皆灭之,名曰'鸿水'。禹于是疏河决江。"可见,上古时期从河南孟津(门)、荥阳流出的河水直灌中牟、开封一带的舜帝"中央之国",而杞县东北一带的龙门尚未挖开,开封东部南北神岗两台"吕梁"之间尚未发掘出河道,"鸿水"滞留在昆仑山九层台"中央之国"南部和东部地区,这才出现大禹"疏河决江"的情景。

大禹治水,成绩卓然,功绩非凡。据战国时期著名思想家荀子在《荀子》中称颂道:"禹有功,抑下鸿,辟除民害逐共工。"[30] 其中"鸿",指被大禹治理好的鸿水。汉代司马迁《史记·河渠书》也记载:"《夏书》曰:禹抑鸿水十三年,过家不入门。"这一则说明大禹治理洪水的时间很长,二则说明流经开封的"鸿水",即"浪荡渠"是大禹治理的主要水系。

汉代《史记·夏本纪》还记载:"禹治鸿水,通辕山,化为熊。"对此,清代马骕在《绎史·十二》中引《随巢子》也有此类记载:"禹娶涂山,治鸿水,通辕山,化为熊。"[31] 其中"涂山",为居住在开封东部土柏岗的"涂山氏",即"柏皇氏"封地,是大禹元妃"女蟜(娇)"的娘家,也是黄帝母族有蟜氏的后裔,与"鸿水"、"轩辕山"同地;"鸿水",即"江水"、"浪荡渠"水;"轩辕山",即"涂山"北部,也是开封北部的黄帝帝都轩辕丘(楼)的简称。大禹治水成功,舜帝禅让天子之位于他。大禹谦逊地在开封蓬泽之北的阳城不称帝而称王。阳城就是开封的"繁台",也称"禹王台"。台上至今还有一块水淋淋的大青石,光洁的表面上有一些自然形成的纹路,颇似美丽的图画,传说是河伯冯夷献给大禹治水的河图;"熊",指"黄熊"。据中国最早训解词义《尔雅·释鱼》记载:"鳖三足,能。"[32]明代著名科学家方以智《通雅·四十六》解释说:"能,即熊,又为三足鳖之名。"[33]可见,有熊氏之"熊",并非狗熊之"熊",而是三足龟、鳖之"能"。所以,黄帝之"黄"姓的图腾为"天鼋",即"神龟"。郭沫若先生在研究了《献侯鼎》等铭文后,也认为:"天鼋二字,铭文多见,旧译为子孙,余谓当是天鼋,即轩辕也。"[34]大禹是黄帝的后裔,自然也以"天鼋",即"熊"为自己氏族的图腾。"化为熊"之"化",在道教中称作炼虚合道"羽化升仙",是指大禹死后升仙化为玄武神的意思。"玄武"在"五行"中为北方水神,具有治理水灾,保护江河安澜的职能。这也是开封南部的禹王台为何要建在"玄武山",即"龟蛇山"上的真正原因所在,也是康熙皇帝巡幸开封禹王台时,题字称赞大禹"功存河洛"、"灵渎安澜"功德的历史原因。

由上述情况可知,古莘国、伊水、洛水在商汤北亳和葛国的西部,而洛水则"延于"古莘国的伊水。洛水、伊水不像洛阳一带之水自西南向东北而流,而是自西北向东南而流。这里是商汤自北亳、葛国迂回到夏桀鸣条西部,征伐昆吾国的必经之地。由于古莘国与商汤有联姻关系,又是伊尹的母国,因此商汤借道古莘国讨伐夏桀合情合理。由于当时正好遇到夏季天气干旱,洛、伊河水近于干枯,商汤率军渡过伊、洛二水向西进军也比较容易做到。

洛阳的"洛水",其名来源于西周时期的"雒"字,"雒"与"洛"、"落"同义相通。"雒"字最早为鸟名"忌欺"。东汉许慎《说文解字》解释:"雒,鵋䳢也。怪鸱。"又称"鸺鹠",也叫"横纹小鸮"。[35]"鸺鹠"之"鹠",也称"留",由"卯"和"田"组成,后来演变为"劉"(刘)。刘姓是上古时期开封陈留魁隗氏炎帝鸺鹠部族的名称。刘(劉)姓图腾是由一位长者手持刻刀契刻春天和秋天天气到达地球的运行规律,简作"留",本义是开封昆仑山"中央之国"掌管测定春分点的氏族。夏代末期,炎帝后裔刘累为夏王孔甲养龙,后人以刘为姓,与炎帝帝都空桑同在开封陈留一带。

据汉代司马迁《史记·卷二十九·河渠书第七》记载:"故道河自积石历龙门,南到华阴,东下砥柱,及孟津、雒汭,至于大邳。于是禹以为河所从来者高,水湍悍,难以行平地,数为败,乃畇二渠以引其河。"从上述记载来看,"雒汭",应在孟津的东部,上古时期与荥阳的济水、江水、鸿沟相通,是黄河的转弯处,也是开封西部"二渠"的分流处;"二渠",指江水,又称鸿水、鸿沟、汳水、汴河、伊水、雒(洛)水等等,在开封西部一分为二:一渠南经中牟西秦代阳武、中牟东官渡、开封、尉氏、通许,南流入淮水;一渠东经大梁(今开封)城北、南北神岗、小黄铺、陈留、杞县北,东南入睢水、洛(淮)水。

据汉代《史记·卷一十一》记载:"燔雒阳东宫大殿城室。《史记集解》(东晋散骑常侍,领著作)徐广曰:'雒',一作'淮'。"唐朝司马贞《史记·索隐》也记载:"雒阳汉书作'淮阳'。"《史记·夏本纪》又记载:"浮于雒,达于河。"

从上述史料分析可知,"雒汭"是指黄河向东北转弯处的分支鸿沟,也称汳(汴)水,因"雒汭"之"雒"被古人称作"淮",所以鸿沟、汳(汴)水也称"雒水"、"淮水";又因为"雒"与"洛"同义相通,鸿沟、汳(汴)水也可以称作"洛水",即北魏郦道元《水经注》记载的"洛架水"。因此,"淮水"之名最早大概发源于开封、中牟的鸿沟及其下游的"淮阳",即"雒阳"一带,并逐步向现在淮水的上下游传承。

古代河运交通,通过"淮水",即"雒水"、鸿沟、汳(汴)水,可以到达上游的黄河和洛阳。战国时期《今本竹书纪年》记载:"厉王三年,淮夷侵洛,王命虢长公伐之,不克。"[36]其中,"淮夷"就是淮南一带的东夷人。公元前875年,他们曾经利用鸿沟、汳(汴)水、淮水,即"雒水"之便,进攻西周王朝的东都洛邑。到了北宋时期,大臣李怀忠也认为"东京有汴渠之漕,岁致江淮米数百万斛,都下兵数十万人,咸仰给焉"。这也证明汴水可以直通东南江淮地区。

可见,洛阳之"雒"字,不过是昆仑山"中央之国"下游"淮"字的人文历史在西周之后传承的结果而已,甚至洛阳一带的"伊"姓也是由开封陈留"伊"氏传承而去的伊尹后裔。对此,开封陈留和洛阳伊川的"伊姓家谱"中均有记载可查。

3. 昆吾国的人文历史和地理位置

"昆吾国"是黄帝大臣许曰,即"陆吾"的封地。据先秦古籍《山海经·西山经》记载:"西南四百里,曰昆仑之丘,是实唯帝之下都,神陆吾司之。其神状虎身而九尾,人面而虎爪;是神也,司天之九部及帝之囿时。"[37]《山海经·海内西经》也记载:"昆仑南渊深三百仞。开明兽身大类虎而九首,皆人面,东向立昆仑上。"又记载:"海内昆仑之虚,在西北,帝之下都。昆仑之虚,方八百里,高万仞。上有木禾,长五寻,大五围。而有九井,以玉为槛。面有九门,门有开明兽守之,百神之所在。在八隅之岩,赤水之际,非仁羿莫能上冈之岩。"其中"陆吾",又被称作"开明兽",本是黄帝都城昆仑丘的守卫,他把老虎作为自己氏族的图腾,以借助老虎的威严和力量管理昆仑山。

中国神话学会主席袁珂校注:"开明兽即《西次三经》神陆吾也。"战国时期《庄子·大宗师》中称"肩吾"也称"开明"。可见,"肩吾"、"开明"皆指"陆吾"。

陆吾掌管"帝之下都"，还兼管"天之九部"，是昆仑山的神仙之一。我们分析认为，黄帝大臣许曰应与"陆吾"、"开明"同族，或是不同称呼的同一个人。

"陆吾"既是昆仑山轩辕丘黄帝的同族和大臣，也是高阳氏颛顼后裔吴回（也称吾回）的先祖。在帝喾高辛氏时期，吴回成为居住在昆仑山"五行"南、赤、火方位的祝融氏部落首领，吴回生陆终，陆终生子六人：昆吾、参胡、彭祖、会人、曹姓、季连，他们成人后各为一个氏族的首领，拥有自己的姓氏。

黄帝时期，"陆吾"以虎为图腾，而"白虎"在昆仑山"五行"中是"西"方之地。到了帝喾之后的唐尧时期，黄帝大臣许曰后裔许由也成为尧帝的大臣，封地仍在昆仑山"下都"一带。据我国第一部国别史《国语·郑语》记载西周太史伯说："夫（重）黎，为高辛氏火正，以淳耀敦大，天明地德，光照四海，故命之曰祝融。其功大矣！夫成天地之大功者，其子孙未尝不彰，虞、夏、商、周是也。其后皆为王公侯伯。祝融亦能昭显天地之光明，以生柔嘉材者也。其后八姓，于周未有侯伯。佐制物于前代者，昆吾为夏伯矣。"汉代《史记·楚世家》也记载："楚之先祖出自帝颛顼高阳。高阳者，黄帝之孙，昌意之子也。高阳生称，称生卷章，卷章生重黎。重黎为帝喾高辛居火正，甚有功，能光融天下，帝喾命曰祝融。共工氏作乱，帝喾使重黎诛之而不尽。帝乃以庚寅日诛重黎，而以其弟，吴回为重黎后，复居火正，为祝融。吴回生陆终。陆终生子六人，坼剖而产焉。其长一曰昆吾，二曰参胡，三曰彭祖，四曰会人，五曰曹姓，六曰季连，芈姓、楚其后也。"

由此史料可以看出，昆吾氏来源于昆仑山陆吾，即黄帝大臣许曰，是颛顼（高阳）、帝喾（有辛）、重黎（祝融）、吴回、陆终的后裔，后来逐步自昆仑山向南方迁徙，也是南方楚人的先祖。

舜帝、禹王时期，一部分陆吾氏，即重黎族人仍居住在开封昆仑山南部尉氏庄头乡一带的"平陆"。据北魏郦道元《水经注》引用东汉末年陈留郡人、议郎圈称《陈留风俗传》记载："陵树乡，故平陆县也。北有大泽，名曰长乐厩。"南朝宋范晔《后汉·书志》也记载："陈留志曰：（尉氏）'有陵树乡，北有泽，泽有天子苑囿，有秦乐（厩），汉诸帝以驯养猛兽。'"这说明昆仑山"天子苑囿"在尉氏西北30公里的平陆县陵树乡北部的开封、中牟一带，而平陆就是陆吾氏族迁徙的封地。其中"苑囿"，也称"苑圃"、"玄圃"、"原圃"等。"玄圃"的"玄"、"原圃"的"原"，与"轩辕"二字同音，为上古时期昆仑山、轩辕丘的代称。据西汉刘安《淮南子》记载："悬圃在昆仑阊阖之中。'玄'与'悬'古字通。"其中"阊阖"，为黄帝下都西方的"天门"，与昆仑山"陆吾"、"开明兽"之说相符；"大泽"，是指当时彼此相连的中牟圃田泽和开封蓬池；"长乐厩"，是指历代帝王行乐狩猎的禽兽苑圃、苑囿，其地理位置正好在昆仑山黄帝轩辕丘和南部的蓬池一带。

中国最早的国别体著作《国语·郑语》中记载西周太史伯说："昆吾为夏伯矣。"三国时期吴国史学家韦昭注："祝融之孙陆终第三子，名樊，为已姓，封于昆吾。昆吾，卫是也。其后夏衰，昆吾为夏伯，迁于旧许。"其中"卫"，是指昆吾氏被封在西周时期"卫国之地"的开封昆仑山，直到夏朝衰亡后，居住在"卫国之地"开封昆仑山的"夏伯""昆吾"氏才"迁于旧许"，即许昌的许国之地。因此，"夏朝衰亡"前的"昆吾"国所在地，应该在开封南部的平陆县陵树乡和开封县朱仙镇古城一带，而朱仙镇"朱仙"之"朱"，和"赤"、"南"、"朱雀"之义相同，正是昆仑山"五行"中的方位名称，即南方神仙祝融氏、陆终氏族的别称。所以，"朱仙"祝融氏居住的古城也以"朱仙镇"为名，其人文历史比魏国时期协助信陵君"窃符救赵"的大力士朱亥要早得多。

许昌东北部的"旧许""昆吾"国，与西周时期的男爵许国有关。西周初年，周武王打败商纣王后，为了稳定西周政权，访三皇五帝之后封之以奉祀，以护卫西周，后来找到了伏羲、炎帝之后，四岳柏益（也称伯益）的后世裔孙姜文叔，把他就地封在"旧许"，建立许男爵国（今河南许昌东），也称"昆吾"国。据春秋时期左丘明《左传·昭公十二年》记载："公元前530年，楚灵王说"昔我皇祖伯父昆吾，旧许是宅"。"[38]"旧许"就是指许昌一带"昆吾"国，即"许国"。后来，"昆吾"地名又迁往春秋时期卫国的帝丘（今河南濮阳）一带。对此，左丘明《左传·哀公十七年》记载："卫国有昆吾之观。"古今许多学者均认为四岳之一的柏益就是许由同族，或是许由本人。昆仑山的陆吾、许臼、祝融、吴回、陆终、昆吾、文叔和许由人文历史一脉相承。

昆吾是柏益的后裔，柏益是皋陶（古读yáo，今读táo）之子，皋陶是尧帝时期陶器制造业的发明者，是中国历史上的首任陶正。据东汉许慎《说文解字》记载："昆吾，圜器也。"[39]其中"圜器"，就是陶壶，"昆吾"用来比喻圆形物体，本意就是"陶壶"的别称。开封的官瓷、汝州的汝瓷、禹州的钧瓷，都是由昆仑山陶唐氏皋陶后裔传承和发展陶甄制作技术的结果。

在舜帝执政时期，皋陶被任命为掌管刑法的士师（最高司法长官），传说其长相为青脸鸟嘴，铁面无私，是古代传说中最公正的法官。他饲养有一只独角羊（兽），能知道谁是有罪的人，皋陶审理案件，遇到疑难时就牵来神羊，神羊只用其独角触有罪的人。"独角羊"与黄帝时期昆仑山的"独角兽"，又称"开明兽"陆吾的特征相吻合，是皋陶氏以官职为图腾的另一种表达形式。因此，皋陶、昆吾是黄帝时期昆仑山陆吾的后裔。

皋陶与陶唐氏帝尧同族。"尧"也写作"垚"，由"垚"字和"兀"（wū）组成。

"垚"是起于累土的昆仑山"三层台",也称"九层台";"兀"表示昆仑山"三层台"高耸突出。据东汉应劭《风俗通·皇霸》记载:"尧者,高也,饶也。"[40]所以,"尧"居住在富饶的昆仑山高台之上。战国末期著名思想家韩非《韩非子·显学》记载:尧帝"生于伊,嗣后耆,故称伊耆氏;初封陶,后徙唐,又称伊唐氏,长此戴尧天"。[41]其中"伊",即指开封昆仑山陈留一带的"伊水"。可见,陆吾、帝尧、皋陶、柏益、昆吾等,都是上古时期居住在开封昆仑山一带的华夏人文先祖。

其实,早在昆吾国迁徙到西周许国前的夏代,昆吾氏族就已经作为夏禹、夏启的同族或子民在开封昆仑山南部一带建立了侯国,如开封朱仙镇古城启封,就是夏王启封给夏朝侯国"封父"氏的封地。据《封姓》记载:"郑庄公因在封人聚居地建城,所以起名曰'启封'。"[42]其中"封人"就是指夏启所封的"封父"国人。夏朝王都"斟灌"临近封丘的封父国,太康王因迷恋在开封鸿沟南部的"天子苑囿"狩猎,不问国事,被执政的后羿驱逐出开封昆仑山一带的夏朝王都。封丘的"封父"国君因支持太康弟中康继位"斟灌",反对后羿称王,被后羿嫉恨而遭到杀害,封父国被灭。寒浞杀死后羿后,夏朝王都"斟灌"氏族隐姓埋名,改称"湛"氏,少康复国后重新恢复"封父"国名。所以,后人将夏代的"斟灌"氏、"湛"氏、"封父"氏、"封"氏(人)混称。因此,《封姓》中将夏启的封父国"封"人之地称作"启封"。

昆吾,最早为陆终之子樊的封地,处于西周时期卫国的开封昆仑山一带。据古籍《国语·郑语》记载西周太史伯说:"昆吾为夏伯矣。"对此,三国时期吴国史学家、经学家韦昭注释:"昆吾,祝融之孙,陆终第一子,名樊,为己姓,封于昆吾。昆吾,卫是也。"表明上古时期的昆吾,在西周卫国时期的开封昆仑山一带。商代、西周时期,昆吾迁徙到了许昌东北部的许(男爵)国,属于楚人最早的迁徙地。春秋时期,许国被郑国占有,被称作"旧许"。据春秋时期《春秋左传·昭公十二年》记载:公元前530年,"楚灵王曰'昔我皇伯父昆吾,旧许是宅'"。[43]可见,西周时期之前的昆吾氏"旧许",就是春秋时期被郑国占有的许国之地。

据春秋时期《春秋左传·哀公十七年》记载:公元前478年,"卫侯梦于北宫,见人登昆吾之观"。说明此时的昆吾已迁往卫侯的帝丘(今河南濮阳)一带,"昆吾"之名也自开封昆仑山传播到了卫国国都附近。所以,"昆吾"在许昌、濮阳,正像"钧台"、"阳翟"在禹州,"洛水"、"伊水"在洛阳一样,不过是开封昆仑山"中央之国""天地之中"华夏人文历史不断向东西南北传承的结果而已。

现在看来,"黄河"之"黄",最早也出自开封昆仑山"中央之国"的"中、土、黄"之地,这是合乎"太极"、"五行"等上古时期朴素唯物主义原理和客观存在。而北宋时期欧阳忞在地理总志《舆地广记》中,关于"(黄)河水出昆仑,自古言者皆失其实。《禹本记》、《山海经》固已迂怪诞妄",以及"古今言禹导河始于积石,而(黄)河源出自昆仑,其说皆荒诞"[44]的评说,既无助于客观解释华夏人文历史,也有失科学、真实和公正,值得人们反思,以作出正确的判断。

4. 桀王都"斟灌"、"倾宫"与商都"景亳"、"西亳"同在一地

(1) 禹氏族后代"湛"姓的来历

"斟灌"氏源于姒姓,出自夏代早期大禹氏族的后代,属于以国名为氏者。上古的夏朝时期,斟灌氏是大禹氏族中一支,后在开封一带建立侯国。太康失国后,后羿占领了斟灌氏领地,称作"斟灌"国。后来,开封南部蓬国的蓬伯明族人寒浞取代后羿称王,派遣儿子浇率兵攻灭斟灌国。原斟灌氏族为了避害,便约定把国名"斟灌"二字各取一半,即"斟"字去"斗"、"灌"字去"蘿",合成一个"湛"字,遂成湛氏,子孙沿袭,传延至今。据宋代《百家姓》中注释:"湛,系出姒姓,夏同姓诸侯斟灌氏,其后子孙去斗去蘿,合二字为湛氏。""湛"氏居住在最早的"湛水",又称"湛渠"一带。

据明代李濂《汴京遗迹志》记载:"五丈河在安远门(即内城封丘门)外,唐武后时,引汴水入白沟,接注湛渠,以通曹、兖之赋。因其阔五丈,名五丈河,即白沟之下流也。唐末湮塞。周世宗显德四年疏汴水入五丈河,自是齐鲁舟楫皆达于汴。"[45]可见,"湛水"、"湛渠"又称"五丈河"、"汴水"、"白沟"等,河在北宋时期的东京外城东墙含辉门外。河无山源,以潦涸为盈竭。《舆地广记》也记载:"河出自封丘县界,亦曰湛渠。唐载初元年,引汴水注白沟,以通徐、兖之漕,其色甚洁,故名。""其色甚洁"的"湛渠",就是上善之若水。

由上述情况可知,最早的"斟灌氏"居住在开封昆仑山北部封丘"湛渠"沿岸的"斟灌"国一带,后来被迫向四处迁徙,所以不少地方都有"斟灌"、"湛渠(水、河)"的地名传承。

(2) 倾宫、瑶台均在开封昆仑山一带

据战国时期《竹书纪年》记载:夏桀"筑倾宫、饰瑶台、作琼室、立玉门"。[90]其中"倾宫"为夏桀在昆仑山上修建的宫殿,"瑶台"为夏桀在昆仑山上装修的玉台。夏桀为博得美女妹喜的欢心,下令修建"倾宫"、"瑶台",因倾宫建在昆仑山九层台上,高耸入云,在下面望之有将要倾倒的感觉,故称"倾宫"。

据西汉淮南王刘安《淮南子·地形》记载:"禹乃以息土填洪水以为名山,

掘昆仑虚以下地,中有增城九重,其高万一千里百一十四步二尺六寸……倾宫、旋室、县圃、凉风、樊桐在昆仑阊阖之中,是其疏圃。疏圃之池,浸之黄水,黄水三周复其原,是谓丹水,饮之不死。"由此可知,不仅大禹在开封昆仑山(墟)下治理洪水(即"鸿水"、"鸿沟"、"浪荡渠")、黄水、丹水(即"聃水",指西周聃季载在开封杜良建立聃国国都老丘之南的汴水),而且夏桀修建"倾宫"、"瑶台"均在昆仑山一带。

关于"丹水",《中国古今地名大辞典》记载说:"汴河古亦称丹水,汴水的前身是丹水。"[46]"汴水"就是上古时期共工治理的"鸿水"、"鸿沟",也是大禹治理的"浪荡渠",均在开封的昆仑山之地。

"瑶台"为昆仑山"三皇五帝"所居的玉台。据战国时期《穆天子传》记载:"天子宾于西王母,天子觞西王母于瑶池之上。"[47]其中"天子"为春秋时期《左传》关于西周"穆王有涂山之会"记载中,东征昆仑山、涂山,即开封土柏岗一带的西周穆天子。西晋皇甫谧《帝王世纪》也记载:周"穆王修德教,会诸侯于涂山"[48];"西王母"为开封昆仑山、涂山一带母系氏族"女娲"有蟜氏后裔的酋长。据清代徐焕龙《楚辞洗髓》记载:"瑶台,砌玉为台。"[49]其中"瑶台"与"瑶池"同在一地。西汉刘向《淮南子·本经训》还记载:"晚世之时,帝有桀纣,为旋室瑶台,象廊玉床。"其中,"桀纣"是指夏王桀、商王纣。可见,夏桀在开封昆仑山的王都一带建有"倾宫"、"旋室瑶台,象廊玉床"的说法是有史料依据的。

"瑶台"是夏桀用大量玉石镶砌而成的,华丽无比,他与妺喜在此日夜寻欢作乐。夏桀登台可以俯视四方,自比高于天上的太阳,永远不落。夏桀造倾宫、旋室、瑶台等耗尽民力,人民怨火中烧,他们仇恨地说:"这太阳为什么不快陨落,我们宁愿与你一同灭亡。"

夏朝太史终古目睹桀王穷兵黩武,骄奢淫逸,使得众叛亲离,国势颓危,多次进谏,希望夏桀改弦更张,重振纲纪。夏桀充耳不闻,变本加厉地寻欢作乐。他征调大批民力,在倾宫一带修建大池,里面灌满酒,称为"酒池"。池中放置彩船,使歌女在船中演奏靡靡之音,池边成千男女起舞,或追逐嬉戏,或狂饮池中之酒。夏桀与妺喜通宵达旦地在此宴饮取乐,甚至一月不视朝议。终古苦苦劝谏,夏桀均不予理会,终古不忍目睹亡国悲剧,便逃奔商汤。

夏王朝大夫关龙逄,见终古劝谏夏桀不成愤而出走,十分伤感,但犹存一线希望。他手捧绘有大禹治水和涂山大会等故事的"皇图"进宫见夏桀,希望他以先王为楷模,节俭爱民,任用贤能,以求得国家长治久安。夏桀听后大怒,下令焚毁皇图,诛杀关龙逄,并警告朝臣,今后若再有进谏者,杀无赦。至此,夏朝言路完全阻塞,夏桀愈加肆虐。

长垣县城东南 10 公里处的龙相村，原有一座大墓，就是夏朝末年犯颜直谏的忠臣关龙逄的陵墓。这表明，关龙逄犯颜直谏的夏桀王都遗址，就在此西南部的开封一带。

(3) 商都"景亳"、"西亳"应在开封北部一带

据开封周边华夏人文历史分析，"景亳"应指商汤自南亳、北亳第三次迁徙的王都"西亳"，在开封昆仑山荆隆（景龙）宫（黄帝铸造宝鼎和升仙之处）一带；夏朝大庙"桐宫"，应在封丘县北 7 公里的桑村东北的牢坑一带。据周代古籍《周易》记载："君子以折狱致刑。"[50]大意是说，君子商汤因遭遇断决狱讼而被囚禁在了桐牢（宫）。东汉史学家班固《后汉·郡国志》记载："陈留郡封丘有桐牢亭。或曰古虫牢。"由于商汤曾被夏桀囚禁、太甲曾被伊尹囚禁在这里，后人又称其为"桐牢"，或曰"夏台"、"古虫牢"等。

商朝西都"景亳"，又称"西亳"，与夏王大禹召开的"涂山盟会"在同一地域。大禹"涂山盟会"与商汤受"景亳之命"一样，都是夏、商王朝建立政权的标志性事件。据春秋时期《左传》记载："禹会诸侯于涂山，执玉帛者万国。"汉代《史记》也记载："夏之兴也以涂山。"正是"涂山盟会"确立了大禹天下共主的地位。商汤也在昆仑山黄帝铸造宝鼎升仙的荆隆（景龙）宫，即荆山接受"景亳之命"，意在表明自己像黄帝、夏代大禹一样，秉承了天帝的意愿，征伐夏桀，目的是让百姓脱离暴政与苦难，得到诸侯们的拥护，取得了天下共主的地位，正式宣告了夏朝灭亡。因此，荆山和涂山、景亳、西亳同在开封昆仑山轩辕丘一地。

传说，昆仑山是盘古的师傅鸿钧居住之地。因此，昆仑山又是"鸿钧"帮助盘古开天地的"太极"、"钧天"，或"钧台"，因夏代王朝再次于昆仑山一带建都，又称"夏台"。昆仑山"钧台"是上古时期原始先民"五行"理论中认为的"中、土、黄、帝一"所在地，也是"三皇五帝"等列为神仙的"中央之国"，即"天地的中央"。

据春秋时期《左传·昭公四年》记载："夏启有钧台之享，商汤有景亳之命。"其中"钧台"、"景亳"虽不属同一时代，但却也是同地同义。在我国古代宗教观念中，天有九个分野，即"九天"，"钧天"是昆仑山九天之一的"中央之天"，也就是"三皇五帝"列位神仙居住的地方。

据南朝宋颜延之《三月三日曲水诗序》记载："怅钧台之未临，慨酆宫之不县。"[51]其中"钧台"，也指"钧天"；"县"古代同"悬"，指昆仑山天帝的"悬圃"，即"玄圃"、"县圃"之地。据汉代刘向《淮南子》记载："昆仑县圃，维绝，乃通天。言已朝发帝舜之居，夕至县圃之上，受道圣王，而登神明之山。县，一作悬。""酆宫"之"酆"，古文与"豐"、"丰"是同一个字，"酆宫"即"丰宫"。据三国时魏张揖撰《博雅》记载：丰，"云师谓之丰隆。一曰雷师也"。[52]汉代《淮南子·天文训》记载："季春三月，丰隆乃出。"中国最古老的占卜术原著《周易·六十四卦第五十五卦》记载：丰，"象曰：雷电皆至，丰。君子以折狱致刑"。可见，"丰"是打雷的声音，也称"隆"。"丰"是嫘祖之父方雷、丰沮（今封丘西南荆隆宫乡古黄池一带）的封地，也是轩辕氏黄帝在丰沮，即荆隆山（又称丰隆、荆山、景龙山、雷首山、首山、方山、封山等）雷池（又称鼎湖、黄池、黄泽、丰泽等）铸宝鼎升仙的地方，又是夏、商两朝王都"钧（夏）台"、"景（西）亳"之地。

"酆宫"也称"丰都"。据西周时期《周礼·职方》记载：昆仑山核心地区"东北曰幽州"。[53]因这里在夏代被定为"九州"之一的"幽州"之地，有夏商王都建在这里，所以又称"幽都"，是昆仑山"三皇五帝"诸位神仙的居住和下葬地，又是商代鬼（夒）侯的封地。因此，"酆宫"又被称作"鬼神之都"。后人受其华夏历史文化影响，在长江沿岸的重庆丰都县建起了"丰都鬼城"，又称"幽都"，"幽"为黑色，在"五行"和昆仑山的北部，即"玄武"之地，又称"玄都"。

据西汉时期扬雄《扬子·方言》记载："凡物之大貌曰丰。又赵魏之郊，燕之北鄙，凡大人谓之丰人。燕记曰：丰人杼首。杼首，长首也。"[54]说明古代称身材高大的人为"丰人"，即"大人"，"大人"身挎弓箭称作"夷人"，"夷人"东迁之后称作"东夷人"。其中"杼"，也指夏王少康的儿子夏王杼，说明"杼"王也是"大人"的后裔，即"东夷人"。所以，南朝刘宋时期刘义庆在《世说新语·言语二十二》中记载："大禹生于东夷"。[55]

（4）夏杼王都在开封东部杜良乡国都里，即"老丘"

据古籍《国语·鲁语下》记载，孔子追述防风氏史迹事情说："汪芒氏之君也，守封、嵎之山者也，为漆姓。在虞、夏、商为汪芒氏，于周为长狄，今为大人。"[56]三国时期吴国史学家韦昭注释说："汪芒，长狄之国名也。"《国语·鲁语下》又记载："禹致群神于会稽山，防风氏后至，禹杀而戮之。"其中"长狄"，也称"长翟"，世代居住在封丘南部的"长丘"一带。对此，春秋时期《春秋左传·文公十一年》有详细记载："宋武公（前765～前748年在位）时，长狄入侵宋国，宋武公派兄弟司徒皇父率军抵御，司寇牛父为皇父的车右，在长丘（今河南封丘县南）打败了敌人，并俘获了长狄首领缘斯。"[57]

"会稽山"，即"涂山"，因在开封昆仑山黄帝轩辕丘的东部，古籍中也俗称"东山"，在开封土柏岗一带，是大禹建都开封禹王台阳城后，召集天下诸部落首领会盟，铸造九鼎，确立大禹为天下共主的地方。

春秋时期《左传》还记载："穆（王）有涂山之会。"其中"穆"，就是指西周周穆王东征开封一带的东夷人时，在这里所召集的另一次涂山之会。这里北距封丘长狄（翟）人，即大人、丰人的"长丘"直线距离约 20 公里，北距黄帝下葬的丰隆，即荆隆宫约 20 公里；北距古黄池，即黄帝铸造和安置宝鼎的"三大宫"直线距离约 15 公里，北距黄帝帝都轩辕丘直线距离约八公里，且同在昆仑山之地。

据《封丘县志》记载：西周穆"天子东游于黄泽。歌曰：黄之池，其马喷沙，黄之泽，其马喷玉。"[58] 其中"黄泽"，也称"黄池"、"鼎湖"、"丰泽"、"雷池"，等等。

所以，昆仑山、"中央之国"、"钧台"、"夏台"、"涂山"、"会稽山"、"景亳"、"桐牢"、黄帝荆隆宫铸宝鼎升仙、大禹荆山下铸九鼎升仙的鄐（丰）宫、丰沮、荆（丰）隆宫、长丘等等，都在以开封昆仑山为中心的小区域范围之内。尽管洛阳斟灌一带出土了夏商时期的文物，但从华夏人文历史地理来看，证明商都"景亳"、"西亳"在洛阳斟灌一带的理由并不充分。正像登封阳城、嵩山不能作为夏禹王都阳城和昆仑山"天地之中"一样，夏商周断代工程研究必须排除多"中心"迷雾障碍，将发掘的重心向东部的开封、中牟、封丘一带转移。否则，在华夏人文历史发源地的研究，恐怕无法取得根本性进展。

三、开封"安城"、"安陵"、"陑"地的历史传承

1. 安城、安陵的地理位置

据古籍《尚书·孔传》记载："维都安邑，汤升道从陑，出其不意。陑在河曲之南。"说明夏桀王都为"安邑"，在"河曲"，即黄河的转弯处"之南"。唐朝初年孔颖达《左传正义》解释晋朝杜预《春秋左传集解》中说："将明陑之所在，故先言桀都安邑。桀都在亳西，当从东而往，今乃升道从陑，升者从下向上之名，陑当是山阜之地，历险迁路出不意故也。陑在河曲之南，盖今潼关左右。河曲在安邑西南，从陑向北渡河，乃东向安邑。鸣条在安邑之西，桀西出拒汤，故战于鸣条之野。"[59] 从上述记载可见，夏桀王都在山西夏县的安邑即"亳西"，黄河的转弯处"河曲"在夏桀王都"西南"，"鸣条之野"在夏桀王都安邑，即"亳西"之西。

这种描述，明显与战国时期《吕氏春秋》记载的不同。据战国时期吕不韦《吕氏春秋·慎大览第三》记载："伊尹又复往视旷夏，听于妹喜。妹喜言曰：'今昔天子梦西方有日，东方有日，两日相与斗，西方日胜，东方日不胜。'伊尹以告汤。商涸旱，汤犹发师，以信伊尹之盟。故令师从东方出于国西以进。未

接刃而桀走,逐之至大沙。"[119]用现在的话说是:伊尹又去观察夏国的动静,很受夏桀宠妃妹喜的信任。妹喜告诉伊尹:"昨天夜里天子梦见西方有个太阳,东方有个太阳,两个太阳互相争斗,西方的太阳胜利了,东方的太阳没有胜利。"伊尹迅速把这话报告了商汤。这时正值夏、商两国均遭遇旱灾,商汤没有顾及,还是发兵讨伐夏桀,以遵守与伊尹事先订立的盟约。他命令军队从北亳绕到夏桀国都的西部,然后向东部发起进攻。还没有交战,夏桀就逃跑了。商汤追赶他到大沙,夏桀身首离散。"大沙"应指风沙遍地的兰考古"东昏"之地,也是"大荒"之中的"长沙"之地。

这说明商汤根据伊尹获取的情报,为了从精神上打垮夏桀,决定自北亳出兵,迂回到夏桀王都的西部打击夏朝,最终实现"西边太阳战胜东方太阳"的目的。因此,唐朝孔颖达关于"鸣条之野"在夏桀王都安邑,即"亳西"之西的观点,明显地与战国时期吕不韦关于商汤自西向东讨伐夏桀的观点不同。

由此我们认为,唐朝孔颖达关于王都在山西夏县的安邑即"亳西"、黄河的转弯处河曲在夏桀王都"西南"的观点也值得反思和商榷。

事实上,关于夏桀王都在山西夏县"安邑"的观点也值得研究,因为仅仅在开封周边一带,有"安"字的城邑就不少于两个:

一为许昌鄢陵的安陵。鄢陵的安陵始建于春秋战国时期。传说春秋时期晋厉公(公元前580~573年在位)有大夫安是叔施,其安是氏原之始。据西汉刘向《战国策》记载:公元前369年,"楚王嬖臣封于安陵,是为安陵缠"。[60]就是说楚宣王熊良夫将自己宠爱的大夫熊缠封于安陵邑,后裔子孙以先祖封邑为安陵氏,后改为单姓安氏世代相传至今。明代万历年间凌迪知《万姓统谱》也记载:"安陵,小国也,其后氏焉,楚王妃安陵氏。"[61]安陵在今河南鄢陵西北,为楚、魏相交之地,是魏国的附庸小国。

尽管"安陵"也建于战国时期,但是由于此地距离开封昆仑山"倾宫"较远,又与商汤王都"亳西"的方位不对,故难于作为夏桀王都"安邑"加以考虑。

一为河南原阳原武镇东南一带的"安城"。传说安氏出自黄帝次子昌意的次子"安",居住在开封一带"若水",也称"湛水"、"汴水"一带,是安姓的得姓始祖。据中国教科文出版社《中华安氏通谱》记载:"大禹治水后启赐姓安。据《五侯昌后图书本传卷一》记载:'太祖禹,乃太昊黄帝之玄孙,姒氏也。娶妻涂山氏之女。德顺元年(公元前2205年)二月既望迁都安邑。将子姬宣,名启赐姓安。'以邑为姓安始此。在西南的重庆市、四川、贵州、云南和中南的广西、湖南、湖北恩施地区均有谱牒记载;在贵州德江县梨子坪、重庆市南川县安氏祠堂碑文亦有记载,均属中原安邑安姓。"[62]"安邑"的地理位置,在开封的西部直线距离约 40 公里处,这与大禹建都于开封大梁南部阳城、夏启建都与开封隅山"启之居"的历史相吻合,也与夏启在"甘之战"中西伐原武一带的"有扈氏"后,重新分封当地的夏土有关。

据汉代《史记·魏世家》记载:公元前 283 年(昭王十三年),"秦拔我魏安城"。又记载魏公子无忌(信陵君)对魏(安厘)王说:"通韩上党于共宁。使道安城。出入赋之。"其中"安城",在今原阳原武镇西南,战国时属于魏地。唐代张守节《史记·正义》引唐初魏王李泰《括地志》记载:"故安城在郑州原武县东南二十里。"安城,又称"安邑"。

可见,魏国开封大梁西部的安城早在战国时期就已经存在。有人认为,"安城"很可能是魏武公在公元前 391 年占领开封大梁之前的仪邑、尉氏大榆关时期,自山西夏县安邑带来的地名,但也不能排除此安城早于在夏商时期就已存在的可能。据后晋时期刘昫、张昭远《旧唐书·宰相世系表》记载:"黄帝生昌意,昌意次子安,(约在公元前 2515 年)居西方,自号安息国,复入中国以安为姓。"[63]"安城"正好在黄河向东北转弯的南部,在中牟、开封昆仑山"中央之国",即"中国"的西部,与"昌意次子安"的"安息国"位置相符,也与商汤向西要讨伐安邑的地理位置十分相像。"安城",应该就是上古时期的"安息国",即"安邑"之地。

2."陑山"为昆仑山的代称

据秦代博士伏生《书序》记载:"汤伐桀,升自陑,遂与桀战于鸣条,作《汤誓》。"[64]其中"陑(er)",又写作"陾"。此字的繁体部首为"阜",指土山;"阜"的右(东)部为"而、大",说明"陾"是指"高大"的土山阜。根据开封一带的地理地貌分析,应该是指当地最高的阜台"昆仑山"。

中国现存最早的史书《尚书·汤誓》也记载:"伊尹相汤伐桀,升自陑,遂与桀战于鸣条之野。"由此可见,"陑"是指"伊尹相汤伐桀"时,自西部向东部"鸣条之野"讨伐夏桀时所登上的"高大"土阜,即"昆仑山"。

我们在郑州大学出版社出版的《鸿荒开封》[65]一书中,对开封一带华夏人文历史进行了较为系统的分析后认为,开封西北部的"青谷堆"一带为"三皇五帝"居住的"中央之国"的"天地之中",即"昆仑山"的核心之地。昆仑山是开封一带最高的阜、山、台、丘,又称"三层台"、"九成台"等,而"昆吾"为昆仑山、陆吾(神兽,或氏族名)地名的简称。商汤按照伊尹制定的作战计划,自山东曹县南部的"北亳"出发,经过葛国、古莘国、伊洛水,绕过北部的夏桀防御东夷人的军事重镇鸣条,向西打败了昆吾国,继而又在西部占领了夏桀王都安城,之后转身向东,登上昆仑山,即"陑"地,经过"陑"地的倾宫、西亳(景亳),再走下"陑"地,出征到"有莘氏"古莘国北部的鸣条讨伐夏桀。所以,"陑"可以认为是"昆仑山"的代称或泛称。

据北宋《太平寰宇记》记载:"雷首山即陑山,汤伐桀所升也。"[66] 其中"雷首山"、"陑山",也称封丘西南部的"封山"、"方山",均在"昆仑山"之地,是商汤占领夏桀王都安城后,登上昆仑山向东南部讨伐夏桀的必经之地。

四、封丘鸣条之地的人文历史

关于"鸣条"的含义,后人一般是指风吹树枝的发声。据西晋文学家陆机《猛虎行》记载:"崇云临岸骇,鸣条随风吟。"[67] 汉代董仲舒《雨雹对》也记载:"太平之世,则风不鸣条,开甲散萌而已。"[68] 宋代梅尧臣《和人喜雨》又记载:"夕风不鸣条,甘润忽周普。"[69]

由上述史料记载的含义可知,"鸣条"是寒风吹动时引起树枝发出尖厉的自然声音,也指下层民众对世道不满所发出的悲哀之音,太平之世的"和风"不会引起"鸣条"现象,只有混乱之世的"寒风"才会导致大自然和人们心中发出这样的悲鸣之声。因此,"鸣条"在人文历史上必定是一个多国争夺的四战之地,当地的人们曾历经过多的战火和苦难,由此才留下了痛恨乱世寒风"鸣条"的人文地名存在。

据汉代刘向《列女传》记载:夏桀"昏乱失道,骄奢自姿,为酒池可以运舟……醉而溺死者,笑之以为乐"。还说他"自比于日。天之有日,犹吾之有民。日有亡哉?日亡吾亦亡矣!"[70] 夏桀在"鸣条"之地实施暴政,民心尽失,百姓对其恨之入骨,咬牙切齿地指着太阳咒骂他。因此,中国现存最早的史书《尚书·汤誓》记载夏民指着太阳诅咒,"时日曷丧!予及汝皆亡"。意思是说:你这个太阳什么时候灭亡啊!我愿意与你同亡。在夏人的心目中,夏桀就是天上的太阳,所以指桑骂槐,宁愿与太阳同归于尽,期盼尽快结束民不聊生的惨痛现实。哀莫大于心死,老百姓心死了,足见哀痛至极,甚至甘愿"世界末日"早些来临。这才是开封一带"鸣条"地名产生的真正原因。

1. 鸣条南部为尧帝征伐的颛顼后裔"三苗"之地

不仅商汤讨伐夏桀之战发生在"鸣条"之地,而且尧、舜、禹三代讨伐颛顼帝的三苗后裔也发生在"鸣条"之地。原因在于这里是天帝昆仑山"中央之国"所在地,华夏历代民族都不愿意失去自己富饶、宜居的祖地和家园,"逐鹿中原"一词由此而产生并传承。

"三苗",又称"三毛"、"有苗"、"苗民",是开封昆仑山最早的华夏先民之一,也是黄帝、颛顼帝的后裔。据先秦古籍《山海经》记载:"颛顼生驩头,驩头生苗民。"[71]而封地在开封杞县、陈留高阳镇一带的高阳氏颛顼帝,正是黄帝的直系后裔。《山海经·海外南经》还记载:"三苗国在赤水东,其为人相随。一曰三毛国。"东晋著名学者郭璞注释:"昔尧以天下让舜,三苗之君非之,帝杀之,有苗之民,叛入南海,为三苗国。"其中"赤水",为流经开封昆仑山南部或东南部的"江(姜)水",又称"鸿沟"、"汴水"。因在昆仑山"五行"中的南、赤、朱雀方位,又称"赤水"。"赤水"东部的"三苗国",大致在开封杜良乡苗营及其南部一带;"三毛国",为头戴羽毛的三苗氏族,大致在开封杞县"高阳"镇西南的"翟陵"之地;"南海",指上古时期开封昆仑山、赤水南部的蓬泽,是东夷人蓬伯明的祖地,也是华夏人文历史中最早的蓬莱仙人居住地。

可见,上古时期的三苗国在开封蓬泽以东或东南地区,与颛顼帝的封地杞县"高阳"镇有人文、历史和地理方面的传承关系。

2. 舜帝巡狩去世并下葬于三苗和鸣条之地

舜帝时期曾制止过自己的首辅执政大禹讨伐三苗国。据战国时期的《韩非子·五蠹》记载:"当舜之时,有苗不服,禹将伐之,舜曰:'不可。上(尚)德不厚而行武,非道也。'乃修教三年,执干戚舞,有苗乃服。"看来,舜帝对于三苗的修教政策是有效的。

舜帝晚年仍然坚持到三苗一带巡狩,即巡行视察,并在巡狩的途中突然去世在三苗北部的"苍梧之野"。对此,汉代司马迁《史记》记载:"(舜)南巡狩,崩于苍梧之野,葬于江南九嶷,是为零陵。"先秦古籍《山海经·海内经》也记载:昆仑山"南方苍梧之丘,苍梧之渊,其中有九嶷山,舜之所葬,在长沙零陵界中"。其中"长沙",就是夏桀逃亡时路过开封东部一带的"鸣条"、"大沙"之地。

两段史料说明三个问题:一是舜帝东南巡狩三苗,突然去世的地点在"三苗"之地;二是三苗北部就是鸣条"苍梧之丘",也称"苍梧之野"、"苍梧山",而"苍梧山之阳",则是舜帝去世后的下葬之地;三是"苍梧山"与"鸣条"同在一地。对此,很多古籍也将"苍梧山"与"鸣条"混称。如战国时期的《竹书纪年·帝舜有虞氏》记载:"五十年,帝陟……鸣条有苍梧之山,帝崩,遂葬焉。"其中的"帝",即指"舜帝"。

3. 大禹讨伐三苗建王都于昆仑山"中央之国"的阳城

大禹继位后,改变了帝舜的德化修教政策,聚合诸侯讨伐并驱逐三苗,三苗被迫向南部迁徙。对此,战国时期宋国思想家墨翟《墨子·非攻》有记载:"昔者三苗大乱……禹亲把天之瑞令,以征有苗,四电诱祇,有神人面鸟身,若瑾以待,搤矢有苗之祥,苗师大乱,后乃遂几(微)。禹既已克有三苗,焉磨为山川,别物上下,卿制大极,而神民不违,天下乃静。则此禹之所以征有三苗也。"

之后,大禹又击败了不愿协同出兵的九夷,划定九州,即冀、青、豫、扬、徐、梁、雍、兖、荆九个行政区域,还在开封轩辕丘北部黄帝铸三鼎后升仙处的荆山(也称荆隆宫、涂山)铸成了九鼎,作为统治九州天下的象征。其实,无论是黄帝铸造象征的日月星"三鼎",或是夏禹铸造象征九州天下的九州"九鼎",都不过是不同时期对开封昆仑山"三层台"或"九层台""中央之国"地理环境、方圆面积的不同理解和表述罢了。

汉代《史记·孟子荀子列传》引用战国时期阴阳家学派创始者邹衍之言称:"中国名曰赤县神州。"意思是天帝和大禹的"中央之国",就在"赤县"、"神州"之地。战国时期《诗·小雅·北山》也记载:"中国名曰赤县。赤县内,自有九州。"[72] 说明大禹划定的"九州"在天帝昆仑山"中央之国",即"中国"、"赤县"的范围之内。所以,大禹治水也在"九州",即开封昆仑山"中央之国"之内。

据战国时期《左传·襄公四年》记载:"芒芒禹迹,画为九州,径启九道。"因此,九道、九嶷、九夷、九江、九河、九天均可作为"中国"的代称,也均在开封昆仑山"中央之国""九州方圆"五千里的面积之内。开封大梁门内古称"大爪儿隅",即"禹山"。"禹山"之地也称"九道弯",或与"九道"、"九夷"有关。

4. 尧、舜和大禹、夏启、太康王都均在开封昆仑山一带

据古籍《尚书·夏书·五子之歌》记载:"唯彼陶唐,有此冀方,今失厥道,乱其纪纲,乃底灭亡。"这是说陶唐氏尧帝,居住在昆仑山"中央之国"内的冀州之地,即"天地之中",而不是现在的河北冀州之地。河北冀州之地不过是开封昆仑山华夏人文历史向"中央之国"的冀方,即北方传承的结果而已。

唐代学者张守节《史记正义》引《括地志》记载:"自禹至太康与唐、虞皆不易都城。"其中"禹至太康"是指大禹、夏启、太康三代夏王时期的王都;"唐、虞"是指陶唐氏尧帝、有虞氏舜帝时期的帝都;"皆不易都城"是指自唐尧、虞舜,到夏禹、启、太康均建帝王都于开封昆仑山"中央之国",即战国时期的大梁一带,不曾迁移;"冀方"为上古时期的"冀州",也称"中冀",是上古时期开封昆仑山

"天地之中"北部的代称之一,也是"中央之国"九州之一的"冀州"之地。

据战国时期《孟子·离娄篇》记载:"舜生于诸冯,迁于负夏,卒于鸣条,东夷之人也。"西汉礼学家戴德《礼记·檀弓》中,对舜帝迁徙的"负夏"解释说:"曾子吊于负夏。又阳夏,在开封。"史料不仅说明舜帝迁居的"负夏"、"鸣条"均在开封一带,而且舜帝及继任者夏禹都是开封一带的"东夷人",而不是昆仑山"中央之国"西部的"戎人"。

上古时期(一般指殷商王朝之前)的华夏先民,是严格依据"五行"所规定方位择地栖息的,尤其是"三皇五帝"及后世诸王,不可能居住在"五行"西部的洛阳和山西东南部的少阴至太阴之地。因为古人认为,那样做就会失去华夏民族中央的正统地位,这才导致"逐鹿中土"的出现,直到西周之后才改变甚至丢失了这一华夏人文历史传承,"逐鹿小中土"也演变成了"逐鹿大中原"。

此后,关于夏禹王都"负(阳)夏",即"阳城"的记载更加明确、具体。西晋大学者皇甫谧《帝王世纪》记载:"禹避商均浚仪(开封)。"就是说,大禹把舜帝下葬之后,为了让帝位于舜帝的儿子商均,自己离开了帝都,回到开封汉代时期的浚仪阳城封地加以躲避。宋代学者王应麟《通鉴地理通释》更加明确地记载说:"夏后居阳城,本在大梁(开封)之南,今陈留浚仪(开封)也。"[73] 上述人文历史记载前后贯通,也与大禹王都同在尧、舜帝都开封昆仑山"中央之国"的史料记载位置相一致。

不仅如此,少康王都原(即原圃、原武、安城,三者同在今中牟西北之地),杼、槐、芒、泄、不降、扃王都老丘(今开封杜良乡国度里),胤甲、孔甲、皋、发、履癸王都西河(古代黄河向东北转弯处的东部一带)均在开封昆仑山"中央之国"周边一带。因此,东汉许慎《说文解字》解释说:"夏,中国之人也。"所谓"中国",即开封昆仑山"中央之国",也是大禹所封建的"九州方圆"之地。

5. 夏桀在开封杜良乡"招讨营"、"老丘"一带败退

据唐代孔颖达《尚书正义·孔传·汤誓序》记载:"伊尹相汤伐桀,升自陑,遂与桀战于鸣条之野,作《汤誓》。"[74] 说明商汤、伊尹讨伐夏桀,是自北亳向夏桀王都西部大迁回后,再向东登上昆仑山,即"陑",然后"与桀战于鸣条之野"的。这一方向记载应该是正确的。

但是,汉末晋初的《孔传》却解释说:鸣条"地在安邑之西"。这与商汤自北亳向西部大迁回,再由西向东讨伐鸣条夏桀的历史记载和地理位置不符,恐怕是受西周之后历史文化影响的结果,把开封之地"鸣条"当作山西"鸣条"了。因此,与开封之地的历史、地理实际不相符合。

从开封人文历史记载和分析来看,当商汤自西部登上昆仑山,即"陑"地,向东部的夏桀军事重镇鸣条进发时,夏桀大概知道有莘国支持商汤借道讨伐昆吾国和夏桀王都安邑的消息,于是便仓促带领韦、顾两国的残余势力,越过南济水(今黄河),出兵夏杼王都老丘南部约 4 公里的有莘国(今开封县东辛村),打算先扫除商汤的支持者有莘国国君,然后再消灭商汤。商汤得到有莘国的急报后,改变直接进攻"鸣条"的既定计划,急奔有莘国予以支援,并与有莘国形成东西夹击夏桀军之势。讨伐夏桀的战争在此地拉开序幕。

夏桀军无士气,又腹背受敌,被迫向老丘(也称作高门、鬲山、历山)撤退。商汤率军冒雨追击,打得夏桀之军再次向北部的鸣条方向溃退,商汤占领了老丘。由于天气已晚,商军便在老丘南部一带扎营休息。所以,后人称商汤之师讨伐夏桀时扎营休息的开封老丘南部一带为"招讨营",至今地名仍在,应为后人纪念商汤讨伐夏桀而传承的地名。

第二天,商汤率军越过南济水,兵临"鸣条"城下,再次向夏桀军发起猛烈攻击。夏桀军心散乱,无力抵抗,携带夏禹留下的瑰宝九鼎、玉圭和重辐,向山东定陶一带的三兇国逃窜。

6. 鸣条一带的人文历史遗传

鸣条,在封丘黄陵岗镇南部的平街村一带。平街,古称"平丘",春秋战国时期,与开封的"仪"邑一样同属卫国。公元前 529 年,即周景王十六年,晋召公欲恢复先主霸业,请各国诸侯聚集卫地的平丘相会,诸侯闻讯赴约,史称"平丘会盟"。对此,战国时期《春秋·昭公十三年》记载有:诸侯"会于平丘"。[75] 古代会盟为什么大都在开封一带或周边举行,这与炎黄荆山会盟、夏禹涂山会盟、商汤景亳受命的历史传承和地理位置有着密切关系。

汉代在平丘设置了平丘县。据北魏郦道元《水经注·济水》记载:济水"又东过平丘县南。北济也,县故卫地也。诸侯盟于平丘,是也。县有临济亭,田儋死处也"。[76] 由此可见,平丘"鸣条"一带,在古代是一处重要的人文历史遗址。

平丘县北部至今有个梁寨村,现在归属长垣县。1980 年 10 月的一天,梁寨村有位村民去村子东南的太行堤河滩地里拉沙土时,挖出一块石碑,上面刻有"商汤夏桀"四个小字,下面刻有"旧址"两个小字,中间刻有"鸣条之战"四个大字,石碑上没有年代记载,从碑刻的小篆文字分析来看,大致为秦汉之前的遗物,是古代镶嵌在建筑物上的石匾。

类似的信息,长垣地方史料中也有记载。据明代《长垣县志》记载:"鸣条亭,舜崩处,陈留郡平邱县有鸣条亭。"[77]梁寨村东面太行堤外有一块地,叫作"两棵旗杆",当地人传说是商汤讨伐夏桀时进行战前动员、发布"商誓"的地方。村子东南部为"龙相"村和"恼里"镇,县志记载是夏桀谏臣关龙逄的墓地。

上述情况说明,商汤讨伐夏桀的"鸣条"确实在开封,即"负夏"东部一带,并且有许多历史遗迹和人文传承为证。

五、山东定陶古三㚇国是忠于夏桀的侯国

"三㚇",古国名,又作"靃"、"朡",在今山东定陶东北。据南朝宋裴骃《史记集解》记载:"孔安国曰:三朡,国名,桀走保之,今定陶也。"唐初魏王李泰《括地志》记载:"三朡在定陶东。"[78]唐代李吉甫《元和郡县图志》记载:"三朡在济阴东北四十九里。"[79]北宋初期地理总志《太平寰宇记》也记载:三朡"在定陶城东北三十里"。[80]夏末古国三朡在山东定陶东北,符合夏桀向东败逃的方向。

据汉代《史记·殷本纪》记载:"桀奔于鸣条,夏师败绩。汤遂伐三朡,俘厥宝玉。"就是说,夏桀携带了夏朝的国宝九鼎和黑色玉圭,败逃到了三朡,又被商汤打败俘获,并且缴获了夏朝的国宝九鼎和黑色玉圭。

其中"宝玉"的"宝",为大禹称王,建立夏朝后铸造的"九鼎"。民以食为天,"鼎"便是上古时期用来煮肉做饭的器具"釜"。因此,昆仑山、涂山也称"釜山"。据战国时期谋略家墨子《墨子·国之将亡·七患》记载:"故备者国之重也,食者国之宝也,兵者国之爪也,城者所以自守也,此三者国之具也。"因此,煮肉做饭的器具"鼎"又称为"国之宝"。由于黄帝、大禹"国之宝"均铸造在开封古陈留之"陈"地,也称"陈宝"。

夏朝初年,大禹划天下为九州,州设州牧。大禹令九州牧贡献青铜,铸造九鼎。事先派人把九州的名山大川、形胜之地、奇异之物画成图册,然后派精选出来的著名工匠,将这些画仿刻于九鼎之身,以一鼎象征一州。所刻图形亦反映该州山川名胜之状。九鼎象征九州,反映了全国的统一和王权的高度集中,显示夏王已成为天下之共主,是顺应"天命"的。正所谓:"普天之下,莫非王土,率土之滨,莫非王臣。"从此,"九州"成为昆仑山"中央之国"的代名词,"九鼎"成为夏朝政权的代名词。

"九鼎"在黄帝铸宝鼎升仙的开封北部的昆仑山荆山,也称"涂山"之地铸成。大禹把九鼎传给子孙,当夏朝王桀灭亡时,商汤在三㚇国获取"九鼎",象征着获取了夏朝的天下。据传,商朝灭亡又传于周朝,周朝灭亡又传于秦朝,

秦始皇将九鼎搬去咸阳,结果在路上有一个掉到河里遗失了,仅剩下八鼎。八鼎在秦始皇死后被埋在秦始皇陵内陪葬了。

由"九鼎"的人文传承历史可知,夏朝和夏人铸鼎是客观存在的历史事实,"九鼎"的铸造与黄帝荆山铸造日月星"三鼎"有着直接的人文历史传承。

其中"宝玉"的"玉",是指黑色玉圭,又称"玄圭"。上古时期的开封昆仑山一带盛产各种玉石,并且有从事加工玉石的工匠,所在的氏族为"有铣氏",也称"有侁氏"、"莘氏"、"刘(留)氏"。据战国时期《吕氏春秋·本味》记载:"有侁氏女子采桑,得婴儿于空桑之中,献之其君,其君令烰人养之,长而贤。汤闻伊尹,使人请之有侁氏,有侁氏不可。伊尹亦欲归汤。于是请娶妇为婚,有侁氏喜,以伊尹为媵送女。高诱曰:'侁,读曰莘。'有莘在今河南陈留县。括地志云:'古莘国,在汴州陈留县东五里,故莘城是也。陈留风俗传云:陈留外黄,有莘昌亭,本宋地,莘氏邑也。'或云在陕西郃阳,非。"可见,从事加工玉石的工匠"有铣氏",就是出自开封陈留古莘国,不在陕西郃阳之地。

大禹治水成功,帝舜在隆重的祭祀仪式上,开封陈留古莘国将"有铣氏"加工的一块黑色玉圭赐给大禹,以表彰他的功绩。此后,"黑色玉圭"成为夏朝功德和王权的象征。夏朝是一个崇尚玉文明的国度,大禹治水,需要有辨别时间、方位的用具,而玉圭就是古代测日影,辨别时间、方位的器具。"黑色",是"五行"中"北"、"水"的象征,帝舜赐给大禹"黑色玉圭",目的在于鼓励大禹继续治理好江河湖泽中的水,造福百姓。商汤缴获的"玉",便是舜帝赐给大禹的"黑色玉圭"。"黑色玉圭",也称"夏后氏之璜",一直在开封北部商朝王都的大庙里保存着,这里是夏、商时期的"封父国"(今封丘西南)所在地。到了西周时期,周武王打败商纣王后,灭亡了封父国,从商都大庙里缴获了"夏后氏之璜",将其赐给了鲁国国君。据春秋时期《春秋左传·定公》记载:"昔武王克商,成王定之,选建明德,以蕃屏周。故周公相王室,以尹天下,于周为睦。分鲁公以大路、大旂,夏后氏之璜,封父之繁弱,殷民六族。"其中"夏后氏之璜",就是舜帝赐给大禹的"玄圭",即黑色的玉圭;"封父之繁弱",就是舜帝赐给"封父国",也曾称"斟灌氏"后羿的神弓。

商汤得到"九鼎"、"玄圭"这两件"宝玉",象征着得到了夏后氏的天下。

商汤战胜了夏桀以后,本想重新建都,变换夏朝社稷的位置,但是,因为当时没有找到御龙者而没有施行。"御龙者"就是"占日"的羲和氏族。传说上古时期,日神乘车,驾以六龙,羲和为御者。据唐代徐坚《初学记》引载汉代刘向《淮南子·天文训》记载:"爰止羲和,爰息六螭,是谓悬车。注:日乘车,驾以六龙(马大为龙),羲和驭之。"[81]意思是说,羲和氏驾着六匹天马拉的御车,追随和观察太阳的运行规律,作为制订历法的根据。古人迷信天象地形,新建王都的时候必须按照"五行"和"历法"来选定"中、土、黄、帝一",即"天地之中"的位置,认为不这样做就会给王朝带来厄运,坐不稳江山。由于商汤没有改变"天地之中"的理由和依据,所以只好沿袭夏朝的制度,仍然在"三皇五帝"居住的昆仑山"中央之国",也就是夏桀旧都一带建立商都,即景亳,位置大致在封丘古桐牢一带。于是,诸侯会盟于封丘荆(丰)隆宫黄帝、大禹铸鼎升仙之地(又称涂山)。于是,商汤在伊尹的辅佐下,坐上了天子之位,君临天下,诰命天下,统治四海。商汤"始居都亳",即封丘古桐牢一带,这里又称"桐宫",不仅是商汤霸业的根基所在,也是伊尹囚禁商王太甲的反省之地,更是后世商王纪念先祖、乞求福佑的圣都。遗憾的是受黄河多次改道的影响,"景亳"圮于洪水,也可能被西周消灭封父国时所焚毁。但是,仍然为我们留下了许多有价值的史料、遗迹,也为分析、判断夏桀王都和商汤新都留下了依据。

关于夏桀王都和商汤新都的所在位置,尽管古人没有详细记载,但仍有蛛丝马迹可寻。战国时期谋略家墨翟在《墨子·国之将亡·七患》中就明确指出:"桀、纣贵为天子,富有天下,然而皆灭亡于百里之君者何也?有富贵而不为备也。"这说明夏桀王都"倾宫"、商纣旧都"北亳"两地相距不过百余里,为我们认定夏桀王都和商汤新都在距离山东曹县"北亳"西部"百里"之地的开封一带,提供了新的史料依据。

墨翟是春秋末期战国初期的宋国人,也是著名思想家、科学家、宋国大夫,且信奉道教,而开封古陈留东部便是宋国之地。他对发生在自己祖地的夏商人文历史是比较清楚的,故能够提出夏桀和商汤互为"百里之君"的详细见解,也为我们认定夏桀、商汤建都开封一带提供了依据。

文献来源:

[1](汉)孔安国传,(唐)孔颖达正义,黄怀信整理:《尚书正义》,上海:上海古籍出版社2007年12月1日版。

[2]王国维:《观堂集林》,石家庄:河北教育出版社,2003年版。

[3]马世之:《夏代葛国地望浅析》,《大河论坛·华商之都》,2009年版。

[4]台湾三军大学:《中国历代战争史》,北京:中信出版社,2012年版。

[5](战国)墨翟:《墨子》,北京:中华书局,2011年版。

[6](汉)司马迁撰,(宋)裴骃集解,(唐)司马贞索隐,(唐)张守节正义,顾颉刚领衔点校,赵生群主持修订:《点校本二十四史修订本〈史记〉》,北京:中华书局,2014年版。

[7](汉)班固撰:《汉书》,北京:中华书局,1962年版。

[8](南朝刘宋)范晔:《后汉书》,北京:中华书局,1982年版。

[9](北魏)郦道元:《水经注》,北京:华夏出版社,2006年版。

[10](战国)孟轲:《孟子》,北京:中华书局,2012年版。

[11](清)陈廷炜撰:《姓氏考略》,宜黄黄氏,清道光~咸丰(1821~1861)刻本暨木活字本。

[12](战国)吕不韦著,(汉)高诱注:《吕氏春秋》,上海:上海古籍出版社,1989年版。

[13]《中国人名大辞典》,上海:商务印书馆,1921年版。

[14]商务印书馆编辑部:《辞源》,北京:商务印书馆,2010年版。

[15](晋)皇甫谧著,(清)宋翔凤、钱宝塘编:《帝王世纪·山海经·逸周书》,沈阳:辽宁教育出版社,1997年版。

[16]汉语大字典编辑委员会:《汉语大字典》,湖北长江出版集团、四川辞书出版社,2010年版。

[17]黄怀信:《〈大戴礼记〉汇校集注》,西安:三秦出版社,2005年版。

[18](汉)郑玄注,(唐)贾公彦疏,王辉点校:《礼记注》,上海:上海古籍出版社,2008年版。

[19]彭林编:《王国维卷(中国近代思想家文库)》,北京:中国人民大学出版社,2014年版。

[20]《道藏》载(唐)王瓘:《轩辕本纪》,文物出版社、上海书店、天津古籍出版社联合重新印影涵芬楼本,1988年版。

[21](唐)林宝:《元和姓纂》,北京:中华书局,1994年版。

[22]黄怀信修订,李学勤审定:《逸周书汇校集注》,上海:上海古籍出版社,2007年版。

[23]俞志慧:《〈国语〉韦昭注辨正》,北京:中华书局,2009年版。

[24](宋)钱唐老儒著,周艺、王彬、喻岳衡注:《百家姓》,长沙:岳麓书社,1997年版。

[25](春秋)李耳等:《老子·庄子·墨子·列子》,呼和浩特:远方出版社,2002年版。

[26](汉)刘安:《淮南子》,郑州:中州古籍出版社,2010年版。

[27]王士俊等监修,孙灏、顾栋高等纂:《河南通志》,上海:上海古籍出版社,1987年版。

[28](宋)罗泌:《路史》,北京:北京图书馆出版社,2010年版。

[29](唐)李吉甫:《元和郡县图志》,北京:中华书局,1983年版。

[30](战国)荀况注译,蒋南华、杨寒清:《荀子全译》,贵阳:贵州人民出版社,2009年版。

[31](清)马骕:《绎史》,北京:中华书局,2012年版。

[32]《尔雅》,北京:中华书局,1996年版。

[33](明)方以智:《通雅(方以智全集)》,上海:上海古籍出版社,1988年版。

[34]《郭沫若全集·考古编》,北京:人民文学出版社,2002年版。

[35](汉)许慎撰,(清)段玉裁注:《说文解字注》,上海:上海古籍出版社,1981年版。

[36]方诗铭、王修龄:《古本竹书纪年辑证》载王国维:《今本竹书纪年疏证》,上海:上海古籍出版社,2005年版。

[37]陈成撰:《山海经译注》,上海:上海古籍出版社,2012年版。

[38]王守谦、金秀珍、王凤春:《左传全译》,贵阳:贵州人民出版社,1990年版。

[39](汉)许慎撰,(清)段玉裁注:《说文解字注》,上海:上海古籍出版社,1981年版。

[40](汉)应劭撰:王利器校注:《风俗通义校注》,北京:中华书局,2010年版。

[41](战国)韩非:《韩非子》,北京:北京燕山出版社,1995年版。

[42]刘海岑:《孔子访古中国最早的氏族——开封仪邑"封人"》,河南文化传播网,2012年版。

[43](春秋)左丘明撰,(晋)杜预:《春秋左传集解》,上海:上海人民出版社,1977年版。

[44](宋)欧阳忞撰,李勇先、王小红校注:《舆地广记》,成都:四川大学出版社,2003年版。

[45](明)李濂撰,周宝珠、程民生点校:《汴京遗迹志》,北京:中华书局,1999年版。

[46]戴均良:《中国古今地名大词典》,上海:上海辞书出版社,2005年版。

[47]王天海译注:《穆天子传全译》,贵阳:贵州人民出版社,1997年版。

[48](晋)皇甫谧:《帝王世纪》,沈阳:辽宁教育出版社,1997年版。

[49]游国恩:《天问纂义》载(清)徐焕龙:《楚辞洗髓》,北京:中华书局,1982年版。

[50]吴兆基:《周易》,长春:时代文艺出版社,2005年版。

[51]《文选》载(南朝宋)颜延之:《三月三日曲水诗序》,北京:中华书局,1977年版。

[52](三国魏)张揖撰:《博雅》,南京:江苏古籍出版社,1984年影印本。

[53](汉)郑玄注:《周礼》,商务印书馆,1919年版。

[54]王智群:《扬雄方言校释汇证》,北京:中华书局,2006年版。

[55](南朝刘宋)刘义庆著,沈海波译注:《世说新语》,北京:中华书局,2007年版。

[56]《〈国语〉研究文献辑刊》,北京:国家图书馆出版社,2012年版。

[57]杨伯峻:《春秋左传注》,北京:中华书局,1990年版。

[58]封丘县志编纂委员会:《封丘县志》,郑州:中州古籍出版社,1994年版。

[59](唐)孔颖达:《春秋左传正义》,北京:北京大学出版社,1999年版。

[60](西汉)刘向著,李德山、石磊注:《战国策》,南京:凤凰出版社,2009年版。

[61](明)凌迪知:《万姓统谱》,上海:上海古籍出版社,1994年版。

[62]安琰石、安志民编:《中华安氏通谱》,香港:中国教科文出版社,2010年版。

[63](后晋)刘昫、张昭远:《旧唐书》,北京:中华书局,2007年版。

[64](汉)伏生撰,郑玄注:《尚书大传》,北京:中华书局,1985年版。

[65]韩鹏、徐莉、乔建华:《鸿荒开封》,郑州:郑州大学出版社,2012年版。

[66](宋)乐史:《太平寰宇记》,北京:中华书局,2007年版。

[67]《文史》载(魏晋)陆机:《猛虎行》,北京:中华书局,1982年版。

[68](汉)董仲舒:《春秋繁露》载《雨雹对》,北京:中华书局,2011年版。

[69]周义敢、周雷编:《梅尧臣资料汇编》,北京:中华书局,2007年版。

[70](汉)刘向撰:《列女传》,哈尔滨:哈尔滨出版社,2009年版。

[71](晋)郭璞注、(清)毕沅校:《山海经》,上海:上海古籍出版社,1989年版。

[72]《诗经》,北京:华夏出版社,2006年版。

[73](宋)王应麟著,傅林祥点校:《通鉴地理通释》,北京:中华书局,2013年版。

[74](汉)孔安国传,(东晋)梅赜献,(唐)孔颖达正义,黄怀信整理:《尚书正义》,上海:上海古籍出版社,2007年版。

[75]吴静安撰:《春秋左氏传旧注疏证续》,长春:东北师范大学出版社,2005年版。

[76](北魏)郦道元:《水经注》,北京:华夏出版社,2006年版。

[77](明)《长垣县志》,上海:上海古籍出版社,影印天一阁藏明代方志选刊本。

[78](唐)李泰撰,贺次君辑校:《括地志辑校》,北京:中华书局,1980年版。

[79](唐)李吉甫:《元和郡县图志》,北京:中华书局,1983年版。

[80](宋)乐史著,王文楚等校:《太平寰宇记》,北京:中华书局,2007年版。

[81](唐)徐坚:《初学记》载(汉)刘向:《淮南子》,北京:中华书局,2004年版。

第二十四章　关于"商汤夏桀鸣条之战旧址"碑问题

2013年1月14日,辽宁学者魏某某在"新浪博客"中,对网友"梁寨布衣"转载的《"鸣条之战"碑是舜禹建都开封的重要证据》[1]一文及其"商汤夏桀鸣条之战旧址"碑文进行评述和"举报",他说:"作假的'名條(魏先生原文如此写法)之戰'碑,因为'戰'被写为'战',即'單'被写为'单',唐人是不会做这种事情的。'名條之戰'古战场遗址应该在湖南境内。只是为了地区利益又在作假!"[2]

河南长垣"商汤夏桀鸣条之战旧址"碑

从魏先生评述和"举报""梁寨布衣"转载《"鸣条之战"碑是舜禹建都开封的重要证据》一文的观点来看,大体可以归纳为三个方面的含义:

一是河南长垣"商汤夏桀鸣条之战旧址"碑是假的。因为"鸣条之战"碑中的"战"字,应该写作"戰"字,而在唐代是不会写作"单+戈"字或'戰'字的。因此,魏先生毅然对这块石碑作出了"作假"的判断。这是他要"举报"的理由之一;

二是"鸣条之战"不会发生在中原东部地区。魏先生认为,"名條之戰古战场遗址应该在湖南境内",发生在中原东部地区的开封、长垣一带是不能被接受的。因为"梁寨布衣"转载的《"鸣条之战"碑是舜禹建都开封的重要证据》一文不符合魏先生的观点,因此魏先生不仅极力反对,而且还要"举报"这种"作假"行为。这是他要"举报"的理由之二;

三是河南长垣"鸣条之战"碑"作假"的目的是"为了地区利益"。在魏先生看来,"梁寨布衣"转载的《"鸣条之战"碑是舜禹建都开封的重要证据》一文及其碑刻,不仅有追求"地区利益"的"作假"动机,而且还有碑刻文字"作假"的具体行为。这就构成了一个比较完整的文化"作假"案,量你在事实面前也无法辩解,只有老实承认"作假"才是出路。这是他要"举报"的理由之三。

尽管魏先生评述和"举报"的语言文字不多,却给人以目光犀利、点中要害的感觉,由不得读者不相信,也由不得被评述者和被"举报"者进行解释,似乎达到了一锤定音的效果。只是从其评述的言语中使人感觉,"真理"在手的魏先生,好像少了一些学者之间平等地进行学术探讨、交流和商榷的儒雅风度,而一种"权威"的气魄和"裁判"的果敢却跃然而出,给人以咄咄逼人之势。

我们无意采取魏先生的风格,来否定其对"梁寨布衣"转载《"鸣条之战"碑是舜禹建都开封的重要证据》评述和"举报"时所阐述的观点,因为历史文化研究本来就需要广大学者依据历史资料和考古成果,共同进行发掘、研究和论证,最后达成共识。但是,我们也想利用这次机会,叙述一些关于夏末商初"鸣条之战"发生地与魏先生不同的看法和观点,以达到彼此交流、学习和切磋的目的,并希望得到有识之士的赐教。

一、"鸣条之战"碑中"战"字"作假"之说值得商榷

魏先生关于河南长垣"商汤夏桀鸣条之战旧址"碑"作假"的论断,源于对唐代不会将"鸣条之战"石碑中的"战"字,写作"单+戈"字或"戰"字,而应该写作"戰"字的基本认识。因为河南长垣"商汤夏桀鸣条之战旧址"碑将"战"字写作了"单+戈"字,所以就被魏先生认定是"作假"了。

从这一论断的起因来看,唐代不会,或者有没有使用"单+戈"字或"戰"字问题,已成为魏先生所作论断的关键依据所在。在魏先生看来,唐代是不会使

用"单+戈"字或"戦"字的,更不用说在唐代之前使用"单+戈"字或"戦"字了。

事情果真是这样吗?

对此,我们请教了几位书法界的专家,试图验证魏先生所作论断的依据是否正确。书法界专家认为,古代书法和字体的运用不能仅仅从理论上一概而论,而应该从实际字体的使用中来加以辨别和证实。于是,专家们从唐代书法家字帖中找出了"战"字的实际书写字体,以供我们参考。

从书法界专家提供唐代书法家字帖中"战"字的实际书写字体来看,并不像魏先生所说唐代"战"字不应该使用"单+戈"字或"戦"字书写字体。相反,唐代一些著名书法家恰恰曾使用过"单+戈"字或"戦"字的书写字体。

现将他们所提供唐代书法家字帖中"单+戈"字或"戦"字的书写字体举例如下:

1. 唐代前期诗人、著名书法家贺知章"战"字的书法字体

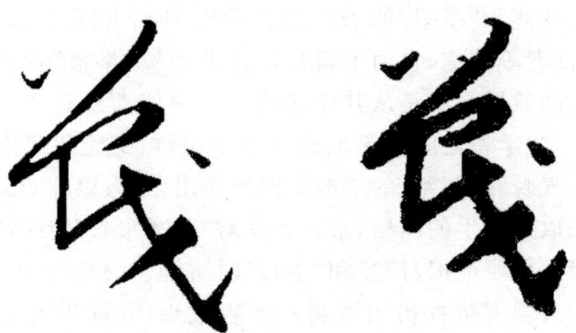

2. 唐玄宗时期知名书法家褚庭诲"战"字的书法字体

3. 唐代书法家颜真卿"战"字的书法字体

这说明,在唐代不同时期的书法家中,"战"字已经在实际书写作"单+戈"字或"戦"字了。那种认为唐代不应该将"战"字写作"单+戈"字或"戦"字的观点是站不住脚的,因为事实证明不是那样。

不仅如此,早在唐代之前,"战"字写作"单+戈"字或"戦"字的情况已经存在了。如晋代时期大书法家王羲之将"战"字书写成为:

再如篆文、金文、甲骨文中,"战"字已被书写成了:

上述事实证明,魏先生关于唐代不会将"鸣条之战"碑中的"战"字写作"单

+戈'字或'戰'字,而应该写作"戰"字的观点,是有片面性的,也说绝对了。他由此而作出关于河南长垣"商汤夏桀鸣条之战旧址"碑写作"单+戈"字或'戰'字是"作假"的论断,自然也是带有片面性的。

所以,我们认为魏先生评述和"举报"河南长垣"商汤夏桀鸣条之战旧址"碑"作假"的理由和论断不能成立。假如此说不谬,还请魏先生对自己的评述和"举报"进行反思。

二、"鸣条之战"发生在中原东部地区有史料依据

魏先生关于"名條(鸣条)之戰古战场遗址应该在湖南境内",不接受其发生在中原东部地区开封、长垣一带的观点,在学术研讨中是允许保留的。只要他的论据充足,也不妨称其为"一家之言"。但是,这不应被视作唯一不二的观点,事实上也不是如此。同时,魏先生的观点也不应该成为否定学术界探讨"鸣条之战"古战场遗址在其他地方存在的理由,尤其不能因为别人的观点与自己不同就贸然给别人戴上"作假"的大帽子。

其实,关于"鸣条之战"古战场遗址在何地之争早就存在,国内学术界也一直没有对此作出最后结论。既然如此,就应该允许不同观点进行充分的讨论和论证,以便于弄清这一历史真相。

事实上,在史典记载、文化遗存和地理分析中,"鸣条之战"古战场遗址在开封、长垣、封丘一带的证据也多有出现,即便是不同时期的历史学家,也持有不少类似的观点。

说到舜帝下葬和夏桀、商汤之战的"鸣条"之地,不能不提到尧帝去世后,舜帝回避尧帝儿子丹朱之地。据汉代学者孔安国、唐代学者陆德明《尚书注疏·舜典》记载:"孟子云,尧崩,三年丧毕,虞舜避丹朱于南河之南"。[3]其中"南河之南",应指南济水南部的开封一带。关于丹朱及其兄弟居住在开封陈留,南宋学者罗泌《路史》有记载:"丹朱庶弟九,其封于留者为留(刘)氏。"[4]其中"留",今为开封古"留"地,后称"陈留"。对此,北魏郦道元《水经注》有记载:"留,郑邑也,后为陈所并,故曰陈留矣。"[5]

后来,虞舜在服泽之阳继承了尧帝的帝位。据战国时期思想家墨翟《墨子·尚贤上》记载:"尧举舜于服泽之阳,授之政,天下平。"[6]因为"服"与"逢"双声,可通假,故"服泽"即"逢泽"。其中"服泽之阳",是指开封逢泽之北,水北为阳。服泽之"服"也与负夏之"负"音同。据济南教育学院徐北文所著《大舜行迹考》记载:清末经学家孙诒让认为"负夏"与"服泽"、"逢泽"当为一地。汉

代刘向《战国策·秦策四》记载:"魏(惠王)伐邯郸,因退为逢泽之遇,乘夏车,称夏王。"[7]其实,这等于在说明,魏惠王只是学着当年大禹的样子在开封夏朝王都阳城"乘夏车,称夏王"而已。南宋学者鲍彪《战国策注》认为:"开封之东北有逢池,或曰宋之逢泽。"[8]西汉礼学家戴德《礼记·檀弓》记载:"……负夏。又阳夏,在开封。"[9]

可见,开封是"南河之南"、"服泽之阳"、"服阳"、"负阳"、"负夏"、"逢泽"之地,也是舜帝回避丹朱、继承尧帝之位的"服阳"之地。清代学者金鹗《求古录礼说·卷三》认为:"(夏)桀都在今河南府(开封),汤自亳(今彰德府)往伐,桀出与汤战,则鸣条在河南府之东可知。"[10]清代翰林院士徐文靖《竹书纪年统笺》引明代文学家高攀龙《困学记》说:"舜卒于鸣条,东夷之地,或云陈留平丘县,今有鸣条亭是也。"[11]唐朝经学家孔颖达《书疏》也认为:"陈留平丘县有鸣条亭。"[12]其中陈留今属开封,平丘今属封丘县,古属陈留郡平丘县,在清代河南府(开封)之东部。

先秦古籍《山海经·海内经》对于舜帝下葬的地址也有记载:"南方苍梧之丘,苍梧之渊,其中有九嶷山,舜之所葬,在长沙零陵界中。"[13]《山海经·海内南经》也记载:"苍梧之山,帝舜葬于阳,弟丹朱葬于阴。"此外,战国时期魏国出土《竹书纪年·帝舜有虞氏》记载:"四十九年,帝居于鸣条。五十年,帝陟,义君封于商,是谓商均。后育,娥皇也。鸣条有苍梧之山,帝崩遂葬焉。"[14]汉代司马迁《史记·五帝本纪》记载:舜"践帝位三十九年,南巡狩,崩于苍梧之野,葬于江南九嶷,是为零陵"。[15]西晋学者皇甫谧《帝王世纪》记载:舜"南征,崩于鸣条,年百岁。殡以瓦棺,葬于苍梧九嶷山之阳。是为零陵,谓之纪市"。[16]

其中"苍梧"、"九嶷山"、"长沙"、"零陵"、"纪市",同为先秦古籍《山海经》记载的中原东部"大荒"之地,而不是战国时期楚国吴起向长江南部迁徙移民之后,或秦汉时期才出现的"苍梧"、"九嶷山"、"长沙"、"零陵"之地。东汉文学家赵岐注释说:"诸冯、负夏、鸣条,皆地名,负海也。在东方夷服之地,故曰'东夷之人'也。"说明负海与诸冯、负夏、鸣条等地名同在一个地区。

对此,唐代学者徐坚《初学记·卷一》引西周时期的《周礼》所述"三易"之《归藏》记载:"有白云出自苍梧,正入大梁(今河南开封)。"[17]其中地处鸣条之地的"苍梧",位于开封道教发源地开封魏国大梁和兰考白云山之间,大梁的延庆观和兰考的白云山分别是道教老祖老子、张良(东汉道教张天师先祖)传道之地。

战国时期魏国出土的《竹书记年》记载:"(禹)乃受舜禅,即天子之位。洛出龟书,是为《洪范》。三年丧毕,都于阳城。"[18]关于"阳城"之地,西晋大学者皇甫谧《帝王世纪》和南宋学者王应麟《通鉴地理通释》均解释说:"夏后居阳城,本在大梁(开封)之南,于战国大梁魏都,今陈留浚仪是也。"

上述人文历史记载前后贯通,也与大禹王都同在尧、舜帝都的史料记载位置相一致。所以,汉代司马迁《史记》记载说:"自禹至太康与唐、虞皆不易都城。"

这说明尧、舜、禹三代直到太康的建都之地,均在开封鸣条一带。不仅如此,尧帝儿子丹朱与舜帝、舜帝儿子商均去世后,也同葬于开封鸣条苍梧山南北、阴阳之地。

对此,先秦古籍《山海经》记载:鸣条"苍梧山(舜)帝葬于阳,丹朱葬于阴"。其中"苍梧"除为地名之外,也指盛产于开封、兰考之地的梧桐,即泡桐,是舜帝时期制作弹拨乐器琴瑟的"善木"。

战国时期思想家孟轲《孟子·离娄下》记载:"舜生于诸冯,迁于负夏,卒于鸣条,东夷之人也。"[18]其中"东夷",指自开封东迁的夷人部落,也是开封仓颉夷门氏、夏商时期防风氏、西周时期长狄、春秋时期大人、封人的同族或后裔。开封是东夷人的发源地,也是尧帝之子丹朱、舜帝之子商均和舜帝共同下葬的开封鸣条、苍梧、负夏之地。

西晋大学者皇甫谧《帝王世纪》记载:"禹避商均(开封)浚仪。"《山海经》也记载:"赤水之东有苍梧之野,舜与商均之所葬也。"其中"商均",即"义君",因封于"商"而称作"商均",为舜帝的儿子;"赤水",是指流经开封北部的"鸿水",也称"浚水"、"丹水"、"汴(汳)水"等,因方位在昆仑山太极"五行"的南方而称"赤"水。

从以上分析可知,一是舜的葬地同丹朱、商均同在鸣条苍梧一地;二是他们的葬地在尧、舜、禹传帝王之位、建帝王之都的"南河之南"、"服泽之阳"、"服阳"、"负阳"、"负夏"、"逢泽"之地,也是《山海经》大荒之中的"苍梧"、"九嶷山"、"长沙"、"零陵"、"纪市"之地;三是舜的葬地鸣条与"服泽之阳"、"服阳"、"负阳"、"负夏"、"逢泽"、"苍梧"、"九嶷山"、"长沙"、"零陵"、"纪市"密不可分;四是苍梧之野的西部有"赤水",即"鸿水"、"丹水"。

对此,中国历史学家范文澜在《中国通史》中认为:"舜生诸冯(今山东省诸城),卒于鸣条(今河南开封附近),东夷之人也。"[19]郭沫若在《中国史稿》中也认为:"舜生于诸冯(今山东诸城),卒于鸣条(今河南封丘东)。"[20]

可见,范文澜与郭沫若均认为鸣条是在开封与封丘附近,即古陈留郡平丘县鸣条。据唐代经学家孔颖达《尚书正义·汤誓第一》记载:"正义曰:郑玄(东汉经学大师)云:'鸣条,南夷地名。'《孟子》云:舜卒于鸣条,东夷之地,或云'陈留平丘县',今有鸣条亭是也。"说明"南夷"、"东夷"与"陈留平丘"同地、同义。其中"平丘县鸣条亭",就是现在开封东北部、长垣南部、封丘东南部黄陵岗平街村一带的"鸣条"之地。《中华百科全书》认为:"桀败走鸣条,汤率诸氏族之师追至,再大破之,是即鸣条之战,鸣条在今河南封丘县东北与河北长垣县交界处。汤又乘胜,又伐三兇,今山东定陶县,于是诸侯皆归服于商。"[21]说明"鸣条"不是孤独的"鸣条",而是由多处古地名和地理方位印证的"鸣条"。

这也告诉人们,"鸣条"在开封、封丘、长垣一带。

我们认为,上述关于"鸣条"地理方位的史料记载,不失为一种重要的参考依据,但更重要的是,商汤的国都北亳(今山东曹县南),以及商汤所击败的夏朝羽翼韦(即豕韦,今河南滑县东南)、顾(即鼓,今河南范县东南)、葛伯国(今河南宁陵北)、昆吾(今河南许昌东北)、三兇(今山东定陶东北)、郿国(今山东定陶北)、商汤王妃吉妃有莘国(今开封县莘口、东辛庄)、商代元圣伊尹出生地空桑(今开封杞县空桑村)、商汤伐桀经过的伊水(今开封县圈章河)、夏桀无道招致商汤讨伐的"招讨营"、夏王太康"斟灌氏"改为"湛"姓后的居住地"湛渠"(也称曲洛、白渠、狄渠、翟渠,宋代称"五丈河")、"湛渠"北岸传说中夏王康氏族居住的大康村以及夏启所封"封父"侯国(今封丘南部)、商汤逃跑经过兰考堌阳一带的"有娀城"、夏桀贤臣豢龙氏关龙逢葬地(今河南长垣县龙相村)、夏杼王都老邱(今开封县国都里,村中至今有"湛"姓存在)、夏禹王都阳城(今开封禹王台)、夏禹妃子女娇的涂山(今开封土柏岗,即黄柏山)、大禹涂山会盟诸侯的宴台(夏台、钧台)等夏朝附属国及其重要人文遗址,均在开封、长垣、封丘周边一带,而唐代时期的"商汤夏桀鸣条之战旧址"碑正好也出土在开封古陈留郡平丘县"鸣条",现封丘县黄陵岗平街村北部太行堤(一说为古济水或陶北河)之地,不应该仅是一种巧合。发现该石碑的人是长垣县魏庄镇梁寨村村民高太生先生,又有该村村民为证,况且该石碑至今仍然由高太生本人保存,没有"作假"的动机和必要。

当然,上述论证只是为说明舜帝下葬和商汤夏桀决战的"鸣条"之地所列举的一些理由,似乎要比辽宁魏先生关于"鸣条"之地在长江之南"湖南境内"的说法更具有说服力。

三、不存在"为地区利益作假"的问题

2012年初的某一天,作者无意中在网上看到了新乡发现"商汤夏桀鸣条之战旧址"碑的消息,并下载了消息中所附的石碑图片。根据自己对开封一带

华夏历史文明研究情况判断，认为这块石碑对于印证我们早已提出的三皇五帝"中央之国"、"天地之中"在开封昆仑山的观点，具有十分重要的历史价值。

于是，便约开封古都学会的郭书学先生，按照文章报道的地址和人名，一起赶赴长垣梁寨村进行走访。

长垣梁寨村在开封东北方向，距开封直线距离约44公里，实际行程约54公里。我们过了黄河，经过封丘曹岗乡、留光乡，向东北方向而行，过了太行堤内的桥，顺着太行堤北岸东行不远，下了堤就来到了长垣梁寨村。

在村的十字路口，我们向一位老大娘询问高太生先生的家。老大娘指着正在向北行走的一位老者说，他就是高太生。我们疾步追赶上去，与高太生打了招呼，并说明了来意。高太生热情地将我们迎进了他在路西边的家中。

高太生的家坐北朝南，大门向东开。院子里的墙上，竖着数十块根据当地人文历史篆刻的新石碑，其中有舜帝陵、匡地会盟、卫灵公墓、卫懿公好鹤处、孔子像、子路像等，唯独不见报道中的"商汤夏桀鸣条之战旧址"碑。正在我们纳闷的时候，高太生先生指着地上木头下压着的一块残破的石头说，这就是你们要看的那块石碑。于是，我们一起搬除石碑上的木头，用水冲掉了上面的浮土，这才看清了碑文的内容。

当我们问起石碑文字篆刻的年代时，高太生先生直率地说："我不知道"。但是，有懂行的专家根据腐蚀风化的程度和文字字体推断，大致为唐代前后的遗物。据高太生先生介绍，石碑发现于1980年10月，是他到村子东南太行堤内拉沙土窖红薯的时候发现的。于是就将其拉回家里，保存到现在。

高先生介绍说，梁寨村子东面太行堤外有一块地，叫作"两棵旗杆地"，传说是商汤伐夏桀时进行战前动员"商誓"的地方。梁寨村子东南约4公里的恼里镇龙相村，就是关龙逄的故里。关龙逄是夏王孔甲时期豢龙氏的后代。据说，豢龙氏是尧帝之子丹朱的后裔刘累，因从师豢龙氏为夏王孔甲驯养龙有功而封于"（陈）留"，赐"刘"姓。"（陈）留"也是汉代刘邦的先祖和母亲下葬的昭陵之地。关龙逄因进谏被夏桀囚禁、杀害，人们十分怀念他，便在其故里修坟建祠祭祀他。明、清时期，龙相村还有规模宏大的墓祠。明代中期，长垣在县南关建起了"双忠祠"，把关龙逄和被殷纣王剖心的比干一同纪念。明代著名文学家李梦阳为此撰写了碑文。梁寨村子西南约2公里处是大车村，民间传说有舜帝陵。

回到开封后，我们通过家在长垣县的开封市地方志原主任孙富山先生，找到了一本明代《长垣县志》。据《长垣县志》记载："鸣条亭，舜崩处，陈留郡平丘县有鸣条亭。"[22]陈留郡治曾在开封县夏杼王都老丘（今杜良乡国都里），北距平丘县"鸣条"直线距离约16公里,并且多次在开封县境内迁徙。历史上的平丘县归属陈留郡管辖,而古平丘县也管辖着现在长垣县西南部和封丘县东部地区。

根据到长垣梁寨村走访调查的结果,联系过去已经掌握的夏商人文历史情况,作者撰写了《"鸣条之战"碑是舜禹建都开封的重要证据》一文,在《河南文化产业网》、开封《议政网》上发表,随后又在郑州大学出版社出版的《鸿荒开封》[23]一书中发行。之后,一些网站进行了转载。高太生先生也在新浪网站以"梁寨布衣"的网名转发了这篇文章,由此引来了辽宁魏先生的评述和"举报"。

事实上直到现在,篆刻"商汤夏桀鸣条之战旧址"的石碑可能还在高太生先生的院子里,遭受着日晒雨淋的非礼待遇,并没有引起有关文物保护部门的重视,因此也不可能被当作筹码来图谋地区利益。魏先生显然把我们保护历史文物、图谋地区利益的程度和能力估计过高了,现实生活中我们的行为确实与魏先生的评述相比还存在不小的差距,值得商榷。

发表此文的目的,不仅是为了检讨、反思我们在发掘、宣传、保护华夏历史文明和历史文物方面存在的不足,还在于深入探讨、论证开封周边一带的华夏历史文明的发源问题,进一步充实我们在《鸿荒开封》一书中关于"三皇五帝'中央之国'、'天地之中'发源地在开封一带"的论据,并非有意向魏先生发难。

文献来源:

[1]韩鹏:《"鸣条之战"碑是舜禹建都开封的重要证据》,河南文化产业网(地市新闻),2012年3月26日版。

[2]梁寨布衣:《转载:"鸣条之战"碑是舜禹建都开封的重要证据》(评论),新浪博客,2012年4月25日版。

[3]《尚书注疏》,长春:吉林出版集团,2005年版。

[4](宋)罗泌:《路史》,北京:北京图书馆出版社,2010年版。

[5](汉魏)桑钦著,(北魏)郦道元注:《水经注校证》,北京:中华书局,2007年版。

[6](战国)墨翟:《墨子》,北京:中华书局,2011年版。

[7]徐北文:《大舜行迹考》载于《海岱居文存》,济南:齐鲁书社,2006年版。

[8](宋)鲍彪:《鲍氏国策》,北京:国家图书馆出版社,2003年版。

[9]黄怀信:《〈大戴礼记〉汇校集注》,西安:三秦出版社,2005年版。

［10］（清）金鹗撰：《求古录礼说》，济南：山东友谊书社，1992年版。

［11］（清）徐文靖：《竹书纪年统笺》，上海：上海古籍出版社，1986年版。

［12］（汉）孔安国传，（唐）孔颖达正义，黄怀信整理：《尚书正义》，上海：上海古籍出版社，2007年版。

［13］方韬译注：《山海经》，北京：中华书局，2009年版。

［14］方诗铭、王修龄：《古本竹书纪年辑证》载王国维：《今本竹书纪年疏证》，上海：上海古籍出版社，2005年版。

［15］（汉）司马迁撰，（宋）裴骃集解，（唐）司马贞索隐，（唐）张守节正义，顾颉刚领衔点校，赵生群主持修订：《点校本二十四史修订本〈史记〉》，北京：中华书局，2014年版。

［16］（晋）皇甫谧著，（清）宋翔凤、钱宝塘编：《帝王世纪·山海经·逸周书》，沈阳：辽宁教育出版社，1997年版。

［17］（唐）徐坚：《初学记》载周公旦：《周礼》，北京：中华书局，2004年版。

［18］（战国）孟轲：《孟子》，南京：凤凰出版社，2010年版。

［19］范文澜：《中国通史》，北京：人民出版社，1979年版。

［20］郭沫若主编：《中国史稿》，北京：人民出版社，1976年版。

［21］中国大百科全书出版社编辑部编：《中华百科全书》，北京：中国大百科全书出版社，1994年版。

［22］（明）《（嘉靖）长垣县志》，上海古籍出版社影印，天一阁藏明代方志选刊本。

［23］韩鹏、徐莉、乔建华：《鸿荒开封》，郑州：郑州大学出版社，2012年版。

第二十五章　开封鸣条舜帝陵与太极八卦学说

上古时期的华夏原始先民,不仅首先认识了天,还按照对天的认识适应了地,再按照对天地的认识育化了人。因此,把人看作天地育化的产物,是与天地相通的精灵。

这就告诉我们,在研究上古时期华夏历史文明发源地和三皇五帝及其"中央之国"的时候,必须考虑运用"太极"理论和"天地人合一"学说,顺应古人朴素唯物主义的思路来分析和研究问题。只有如此,才能找到华夏人文历史最初产生和传承的真谛。

下面我们就运用"太极"理论和"天地人合一"学说,以五帝之一的舜帝为例,尝试探讨舜帝在太极昆仑,即三皇五帝"中央之国"的名称和方位问题。

一、古人对舜帝其人的认识和评价

中国上古时期三皇五帝中"五帝"之一的舜,姓"姚",名"重华",字"都君"。舜为部落联盟首领,以受帝尧的"禅让"而称帝于天下。因国名"虞",故又称"有虞氏"、"虞舜"。帝舜、大舜、虞帝舜、舜帝,皆为"虞舜"之帝王号,后世简称为"舜"。

舜因品德高尚,在民间颇有威望和影响。他在历山耕田,当地人不再争田界,互相都很谦让。人们都愿意靠近他居住,两三年即聚集成一个村落。当时,部落联盟领袖尧年事已高,欲选继承人,众人一致推举舜。于是,尧将自己的两个女儿娥皇、女英嫁给舜,让九名男子侍奉于舜的左右,以观其德;又让舜职掌五典、管理百官、负责迎宾礼仪,以观其能。舜皆治理得很好,于是,尧命舜摄行政务。

尧去世后,舜即位。他选贤任能,举用"八恺"、"八元"等治理民事,流放

"四凶",任命禹治水,完成了尧未完成的盛业。传说他巡狩四方,整顿礼制,减轻刑罚,统一度量衡。要求人民"行厚德,远佞人","直而温,宽而栗,刚而毋虐,简而毋傲",孝敬父母,和睦邻里。在其治理下,政教大行,八方宾服,四海咸颂舜功。因而,汉代司马迁《史记·五帝本纪》称"天下明德皆自虞帝始"。[1]舜去世后,大禹葬舜在帝都附近的"鸣条"苍梧山之阳。

舜下葬在"鸣条"之地,与"太极"理论有密切的关系。

二、舜帝在天象太极五行"中"的方位

舜帝有一个美称,为"重华"。

据中国最早的历史文献《尚书·尧典》记载:"曰若稽古帝尧。"[2]西汉儒家学者、经学家孔安国解释说:"若,顺;稽,考也。能顺考古道而行之者帝尧。"《尚书·舜典》又记载:"曰若稽古帝舜,曰重华,协于帝。"西汉儒家学者、经学家孔安国解释说:"华,谓文德。言其光文重合于尧,俱圣明。"说明舜帝像尧帝一样能顺考古道,文采四射,功德高尚。

也有的说,因为舜帝两目重瞳,故名"重华"。如汉代史学家司马迁《史记·五帝本纪》记载:"虞舜者,名曰重华。"唐代学者张守节《史记正义》记载:"(舜)目重瞳子,故曰重华。"因此,后人也用"重华"来代称帝王。其实,这不过是以比喻帝王功德相继,累世升平罢了。

在上古三皇五帝"中央之国"时期,舜帝"重华"的名号还是"岁星"的别称。"岁星"又是"木星"的古称,它是太阳系最大、自转最快的行星,中国古代用它来纪年(岁),因而才称其为"岁星",又名"应星"、"经星"、"纪星"、"摄提"、"重华"。

"木星",即"重华",是金、木、水、火、土"五大行星"之一。星占家认为"重华"秉东方木德之精,管理春季时节,负责五谷生产,又负责道德教化之事。这与太极五行中"重华"所位居东方、春、木方位,故称"木星"的表述是一致的。

汉代司马迁《史记·天官书》记载:"察日月之行以揆岁星顺逆。"唐代学者司马贞《史记索隐》引三国时期吴国杨泉《物理论》认为:"岁行一次,谓之岁星,则十二岁而星一周天也。"唐代学者张守节《史记正义》引《天官占》认为:"岁星者,东方木之精,苍帝之象也。其色明而内黄,天下安宁。"这说明,"重华"在太极五行的东方,在天为"木星"、"苍龙"、"应龙"。

由于"重华"也指舜帝,所以舜帝也居住于"太极五行"的东方,在天为"木星"、"苍龙"、"应龙"。

关于"应龙",据先秦古籍《山海经·大荒东经》记载说:"大荒东北隅中,有山名曰凶犁土丘。应龙处南极,杀蚩尤与夸父,不得复上,故下数旱。旱而为应龙之状,乃得大雨。目开而日出,目闭而日落。"[3]其中"大荒",就是指三皇五帝"中央之国"、"中土",后称"中原"。"大荒东北隅"的"南极",正是"应龙""目开而日出"的东方,也是三皇五帝"中央之国"、"中土"的东部,与"木星"、"苍龙"同一方位。

三、舜帝在地形"太极八卦"中的方位

舜帝在天上为东方"木星"、"苍龙"、"重华",在地下又为什么呢?

我们认为,既然舜帝在天为太极五行东方的"木星",那么在地形中的位置也应从"太极八卦"中加以分析,而且应该符合"天地人合一"的理论原则,三者所在的方位彼此应该从根本上是相通、一致的。

"太极八卦"是三皇之一伏羲"仰则观象于天,俯则观法于地"所始作。因为"八卦"与"八方"、"八风"相通,成就"八节"之气,所以"卦"也有"八"之说。将"八卦"与"五行"相配,为:乾兑为金,坎为水,震巽为木,离为火,坤艮为土。若将"八卦"与"八方"相配,为:艮为东北,主立春;震为东方,主春分;巽为东南,主立夏;离为南方,主夏至;坤为西南,主立秋;兑为西方,主秋分;乾为西北,主立冬;坎为北方,主冬至。

"八卦"通"八风","八风"用以调理八个方向的气节。因此,古人认为,坎生广莫风,艮生条风,震生明庶风,巽生清明风,离生景风,坤生凉风,兑生阊阖风,乾生不周风。

对此,古人虽各有记载,但本义却相通。据汉代学者刘安《淮南子·墬(地)形训》记载:"何谓八风?东北曰炎风,东方曰条风,东南曰景风,南方曰巨风,西南曰凉风,西方曰飂风,西北曰丽风,北方曰寒风。"[4]共有八种气候季节的风。东汉学者郑玄注释的易学著作《易纬通卦验》记载:"八节之风谓之八风。立春条风至,春分明庶风至,立夏清明风至,夏至景风至,立秋凉风至,秋分阊阖风至,立冬不周风至,冬至广莫风至。"[5]

从以上记载"条风"的位置来看,"艮生条风"、"东方曰条风"、"立春条风至",大致都在"太极昆仑"的"东方"或"东北方",自然也是三皇五帝"中央之国"的"东方"或"东北方"。可见,"条风"也称"东风"、"东北风"或"融风",主宰立春季节的时间约为四十五日。据先秦古籍《山海经·南山经》记载:"令邱之山,其南有谷焉,曰中谷,条风自是出。"东晋著名学者郭璞注释说:"东北风为

条风。"其中"令邱之山",应指"条风"发源地"条山",地处昆仑山的东部。因为"条山"所在的"太极昆仑"为五行之"中",也就是三皇五帝天下的"中央",所以也称"中条山"。

又因舜帝,即"重华"葬于此山,而"重华"之"华"代表着"文"德,因此"条山"也称"文山"。到了西周初期,由于当地地表层抬高的因素,"条山"、"文山"已经分为东西两座土山,东为"文山",西为"条山"。因此此地有"大沙",也称"长沙",又称"长沙山"。

关于"条山(长沙山)"、"文山"的地理位置,郑州大学出版社出版的《鸿荒开封/穆天子传原文新解·卷四》中,有西周穆王"乙丑,天子东征。□□送天子至于长沙之山……己巳,至于文山,西膜之所谓□,觞天子于文山。西膜之人乃献食马三百,牛羊二千,穄米千车,天子使毕矩受之,曰:□天子三日游于文山"的详细记载和解释[6]。经史料考证,两山大致在开封黄帝帝都轩辕楼东北部,即封丘东部的黄陵岗古平丘"鸣条"至兰考三义寨"老文"一带。

四、天地之间"木星"、"条风"方位对应

汉代学者刘安《淮南子·天文训》记载:"距日冬至四十五日条风至。"东汉著名经学家高诱注释说:"艮卦之风,一名融。""条风"也称"融风"。

汉代史学家司马迁《史记·律书》记载:"条风居东北,主出万物。条之言条治万物而出之,故曰条风。"唐太宗在《正日临朝》的诗中说:"条风开献节,灰律动初阳。"[7]说明"条风"为"初阳"之风,或称"东风"。

"条风",又称"明庶风"。汉代刘安《淮南子·地形训》又记载:"东方曰条风。"东汉高诱注释说:"震气所生也,一曰明庶风。"北宋著名学者周邦彦《应天长·寒食》认为:"条风布暖,霏雾弄晴,池塘徧满春色。"[8]明代文学家汤显祖《紫钗记·春日言怀》记载:"青韶印,看条风拂水,画燕迎门,年年春色倍还人。"[9]可见,"条风"指化生万物的"春风"、"东风"是没有异议的。

"条风"还化生了天象中的星宿"摄提"。据汉代刘向《淮南子·坠形训》记载:"诸稽、摄提,条风之所生也。""摄提",属天象中二十八星宿之一的"亢宿",是东方青龙七宿第二星,位于青龙之颈,在大角星两侧,共六星:左三星,曰左摄提;右三星,曰右摄提。"左摄提"、"右摄提"皆为星官名,又为古代定季节官员的名称。

明代文学家徐渭在《春兴》的诗中认为:"二月四日吾以降,摄提尚复指苍龙。"[10]可知,二月二青龙抬头之后,二月四日"摄提"已位在"苍龙"的颈部。

"摄提",也称"岁星"、"木星"。汉代司马迁《史记·天官书》记载:"岁星,一曰摄提,曰重华,曰应星,曰纪星。营室为清庙,岁星庙也。"说明天上"木星"、"岁星"、"摄提"、"重华"与地上的"明庶风"、"春风"、"条风"是对应相通的。

由于"重华"是舜帝的又一名号,所以,天上的"青龙"、"木星"、"重华"的方位,就是地上的"明庶风"、"条风"、舜帝的方位。古人认为,人的行为规范要向天地看齐,即要敬天畏地,也要通过人自己的努力,达到天地人伦合乎道德、合乎人的法性。舜帝就是上古时期这一行为的典范,这完全符合周易哲学思想与道家"天地人合一"的原则。

五、"重华"、"条风"方位在舜帝下葬地古开封"鸣条"

"条风"之"条",是指柳、桑一类树木的小枝。在柔和的二月春风,即"条风"吹动下,长出了嫩绿新叶的树木小枝曼长披拂,过着一种轻松、知足、幸福生活,和顺的小枝不会发出凄厉的鸣叫声音。这是社会政治清明、风调雨顺、万民安居乐业的象征,也正是舜(顺)帝时期政教大行,八方宾服,四海咸颂舜功的社会大环境。因此,"风不鸣条"。

一旦风"鸣条",就说明帝王所倡导的社会之"风"已成为残暴之风、凶恶之风,因而必然会引起万民百姓的悲愤呼号,以诅咒和怒斥统治者,就连树木的枝条也会跟着发出凄惨的"悲鸣"呼号,也称"鸣条"。天怒人怨、灾祸日深,往往预示着帝王的江山不保。这正是夏代末期桀统治下的社会大环境。夏王桀时期为政残暴,生活糜烂,破坏农业生产,对外滥施征伐,勒索小邦万民,置臣民百姓困苦、死活于不顾。百姓的生活十分悲惨,每年的收成难抵温饱,遇到天灾则妻离子散。夏代臣民百姓指着太阳咒骂夏桀说:"时日曷丧,予及汝皆亡。"意思是说:你几时灭亡,我情愿与你同归于尽。于是,舜帝时期四海咸颂之地"条风"之山,变成了夏民悲愤呼号的"鸣条"之山,由此招来商汤、伊尹在"鸣条"一带的讨伐。"鸣条"南部一带也留下了"招讨营"的地名,保留至今。

关于舜帝下葬"鸣条"的问题,史典中多有记载。战国时期魏国《竹书纪年》记载:"四十九年帝居鸣条,五十年陟。"[11]战国时期思想家孟轲《孟子·离娄下》记载:"舜生于诸冯,迁于负夏,卒于鸣条,东夷之人也。"[12]西晋学者皇甫谧《帝王世纪》记载:舜"南征,崩于鸣条,年百岁"。[13]其中"鸣条",就是舜帝时期的"条风"之山,夏桀时期的"鸣条"之山。

"鸣条"之山在太极五行的东方苍龙之地,故也称"苍山";又因这里盛产舜帝时期制作琴瑟的善木"梧桐",即泡桐,而称"苍梧山"。据先秦古籍《山海经》记载:鸣条"苍梧山(舜)帝葬于阳,丹朱葬于阴"。其中"丹朱"为尧帝之子丹朱,居住开封古陈留。南宋学者罗泌《路史》有记载:"丹朱庶弟九,其封于留者为留(刘)氏。"[14]这里的"留",即开封古"留"地,后称"陈留"。对此,北魏郦道元《水经注》有记载:"留,郑邑也,后为陈所并,故曰陈留矣。"[15]

《山海经》又记载"赤水之东有苍梧之野,舜与叔均之所葬也。"其中"叔均",即舜帝的儿子"商均",或称"义君";"赤水",是指流经开封北部的"鸿水",也称"浚水"、"丹水"、"汴(汲)水"等,因方位在昆仑山太极"五行"的南方而称"赤水"。可见,开封东部舜帝下葬的"鸣条"山"苍梧之野",也是尧帝之子丹朱、舜帝之子商均共同下葬的鸣条、苍梧之地。

舜帝去世后,辅佐其治理国家的太宰大禹,将他葬在了开封东北部直线距离约30公里的封丘县黄陵岗平街村所在的"鸣条"。为了避免与舜帝的儿子商君争夺帝位,大禹躲避到了自己的居住地开封阳城。西晋大学者皇甫谧《帝王世纪》记载:"禹避商均(开封)浚仪。"后来在大臣和万民的拥戴下,在开封阳城谦虚地称王。宋代学者王应麟《通鉴地理通释》解释说:"夏后居阳城,本在大梁(开封)之南,于战国大梁魏都,今陈留浚仪是也。"[16]其中"夏后",就是称王后的夏禹。开封"阳城",即现在的禹王台,因地处"太极五行"和开封黄帝帝都轩辕楼南部的"夏阳"之地,而称"夏王"、"夏朝",或"负夏"、"阳夏"、"服泽之阳"。

据战国时期思想家墨翟《墨子·尚贤上》记载:"尧举舜于服泽之阳,授之政,天下平。"[17]因为"服"与"逢"双声,可通假,故"服泽"即"逢泽"。其中"服泽之阳",是指开封逢泽之北,水北为阳。服泽之"服"也与负夏之"负"音同,清末经学家孙诒让认为"负夏"与"服泽"、"逢泽"当为一地。西汉礼学家戴德《礼记·檀弓》记载:"曾子吊于负夏。又阳夏,在开封。"[18]

古人认为,"负夏"在卫国之地。这与开封春秋时期的"仪邑"之地,在卫国初期的东南疆域、中期的西南疆域的历史相吻合。因此,北宋初年相继颁行的大型官修韵书《集韵》解释说:夏"音贾,地名。负夏,卫地"。[19]

华夏民族自称为"夏",也称"华夏"、"诸夏"、"负夏"、"阳夏"、"中夏"、"中央"、"中土"、"中国"、"中原"等等。其实,就是从舜帝有虞氏之国继承而来的地理方位和受封的国名。所以,我国第一部诗歌总集《诗经·周颂》中认为:"四于时夏,又国号。禹受舜禅,易虞为夏,又国名。"[20]这印证了"夏"地是由太极五行南方"夏"季和"虞"地变易国名而来,是舜帝传承帝位给夏禹之地。

太极南方的"夏"地与南方的树木也是对应的,所以"夏",也称"榎"、"檟"

(jiǎ)"、"梓"、"楸"木。汉代郑玄注《礼记注疏》中记载:"夏,榎也。"[21]"榎"也称作"檟",是"梓树"、"楸树"的别称。因此,开封黄帝"中央"轩辕楼的南部,有"土梓山"(今开封市南北土街一带),夏王大禹建都于黄帝"中央"南部夏地阳城,即禹王台之地。

这说明,舜帝居住、称帝、下葬的开封东北"鸣条"之地,在太极、五行、八卦之地的"条风"、"木星"方位,也是太极五行和开封黄帝帝都轩辕楼、大禹王都禹王台的东北方位。

这是我们认定开封是太极五行的"中央、黄、土"之地,也称"昆仑"、"天下之中"的重要原因之一;也是我们能够用太极、五行、八卦学说解释开封华夏历史文明的理论依据。同时可知,太极"天地人合一"学说不是盲目、虚无、迷信的东西,而是客观、真实、可寻的华夏历史文明传承。

文献来源:

[1](汉)司马迁撰,(宋)裴骃集解,(唐)司马贞索隐,(唐)张守节正义,顾颉刚领衔点校,赵生群主持修订:《点校本二十四史修订本〈史记〉》,(嘉靖)中华书局,2014年版。

[2](汉)孔安国传,(唐)孔颖达正义,黄怀信整理:《尚书正义》,上海:上海古籍出版社,2007年版。

[3](晋)郭璞注,袁珂点校:《山海经校注》,上海:上海古籍出版社,1980年版。

[4](战国)吕不韦、(汉)刘安著,高诱注,杨坚点校:《吕氏春秋·淮南子》,长沙:岳麓书社,2006年版。

[5]《纬书集成》,石家庄:河北人民出版社,1994年版。

[6]韩鹏、涂莉、乔建华:《鸿荒开封》,郑州:郑州大学出版社,2012年版。

[7]吴云、冀宇校注:《唐太宗全集校注》,天津:天津古籍出版社,2004年版。

[8](宋)周邦彦:《周邦彦集》,太原:山西古籍出版社,2007年版。

[9](明)汤显祖:《紫钗记》,北京:人民文学出版社,1982年版。

[10]中华书局编辑部:《徐渭集》,北京:中华书局,1983年版。

[11]方诗铭、王修龄:《古本竹书纪年辑证》载王国维:《今本竹书纪年疏证》,上海:上海古籍出版社,2005年版。

[12](战国)孟轲:《孟子》,南京:凤凰出版社,2010年版。

[13](晋)皇甫谧:《帝王世纪》,沈阳:辽宁教育出版社,1997年版。

［14］（宋）罗泌：《路史》，北京：北京图书馆出版社，2010年版。
［15］（汉魏）桑钦著，（北魏）郦道元注：《水经注校证》，北京：中华书局，2007年版。
［16］（宋）王应麟著，傅林祥校勘：《通鉴地理通释》，北京：中华书局，2013年版。
［17］（战国）墨翟：《墨子》，上海：上海古籍出版社，2011年版。
［18］黄怀信：《〈大戴礼记〉汇校集注》，西安：三秦出版社，2005年版。
［19］赵振铎：《集韵校本》，上海：上海辞书出版社，2012年版。
［20］《诗经》，北京：华夏出版社，2006年版。
［21］（汉）郑玄注，（唐）孔颖达等正义：《礼记正义》，上海：上海古籍出版社，1990年版。

第二十六章 商代元圣伊尹出生地在开封陈留的历史原因

河南省人民政府、中国烹饪协会曾在开封杞县葛岗镇空桑村举行商代"元圣"、中华"厨祖"伊尹塑像的揭幕仪式,开封《汴梁晚报》就此发表了伊尹在开封古代陈留空桑出生和耕作的纪念性文章。对此,洛阳伊川有读者反响很大,认为开封又在炒作历史文化名人了。甚至认为,伊尹本在伊川、嵩县,不应该在开封古陈留一带,并且呼吁当地政府采取有效措施,保护伊川人文历史资源的不可迁移性。这种爱护家乡历史传统文化的热情实在让人感动,也值得赞扬。

但是,赞扬归赞扬,事实归事实,赞扬不能代替事实。热情散去之后,还需回到现实中来。伊尹到底出生在开封的古陈留,还是出生在洛阳的伊川、嵩县,实在是华夏文化中一个值得关注的历史事件,有必要对此进行客观的、历史的分析和研究。

下面谈一谈商代"元圣"、中华"厨祖"伊尹在开封古陈留空桑出生的几个理由,与读者一起商榷。

一、伊尹出生在尧、舜、禹的帝王都之地

据春秋时期齐灵公(公元前581年~公元前554年)《叔夷钟铭》记载:"伊小臣唯辅,咸有九州,处禹之堵。"[1] 其中"伊小臣",即指"伊尹";"处禹之堵"之"堵"为"土"或"都",是指伊尹出生、辅佐商汤执政在夏王大禹的王土(都)和治水之地,而大禹的王都和治水之地就在开封古陈留郡的浚仪阳城。

对此,西晋大学者皇甫谧《帝王世纪》人记载说:"禹避商均浚仪(开封)。"[2] 宋代学者王应麟《通鉴地理通释》也记载:"夏后居阳城,本在大梁(开封)之南,今陈留浚仪(开封)也。"[3] 上述人文历史记载前后贯通,也与大禹王

都同在尧、舜帝都的史料记载位置相一致。而尧、舜、禹的帝王都,又与开封古陈留炎帝帝都空桑、黄帝帝都轩辕丘的地理位置相吻合。伊尹出生地与炎帝空桑、黄帝轩辕丘、颛顼帝高阳、帝喾高(有)莘(辛)、帝尧阳武(疑为阳武东南的黎丘)、帝舜九层台、禹王阳城等帝王都,以及开封古陈留的昆仑山(青丘山、青谷堆)、莘国、聃(沈)国、杞国等具有地理和人文历史传承的一致性。

开封古陈留传承的人文历史资源,在别的地方只会支离破碎的存在着,而不会像开封一样完整、系统性地继承下来。这更加证明一些地方支离破碎的人文历史,不过是开封昆仑山"中土"华夏人文历史传承的结果而已。

二、伊尹所出生的莘国"空桑",就是炎帝帝都之地

无论夏代或是其他历史时期,最早的"莘国"和"空桑"始终同在一地。

"空桑"在昆仑山地区。据明代学者陈士元在《荒史》记载:"泰壹之后有空桑氏。"[4]其中"泰壹",即"太一",既是指盘古、伏羲、女娲及后来黄帝在"五行"天象中位置的代称,也指他们在"五行"地形"昆仑山"、"中央之国"、"天地之中"的居住地。可知,炎帝氏族的"空桑氏"繁生之地在"泰壹",与开封古陈留的"昆仑山"、"中央之国"同在一地,是指陈留"空桑"。

战国前期的郑国圃田(今郑州)人、道家学派的先驱者列御寇,在《列子·天瑞篇》中记载:莘国的"伊尹生乎空桑"。[5]唐代司马贞在《史记索引》中引用东汉著名学者皇甫谧的记载:莘国的"伊尹,力牧之后,生于空桑"。[6]其中"力牧"为开封昆仑山轩辕丘黄帝的大臣,最早生活在开封的牧泽(逢泽衍生的湖)兰台地区。生活在开封牧泽兰台一带的黄帝大臣力牧,是屠(涂)氏苞人(厨)的先祖,自然也是"元圣"、"苞厨"伊尹的先祖,彼此同样存在着人文历史方面的传承性。

三国时期的蜀汉史学大家谯周在《古史考》中有记载:"伊尹生于空桑,陈留有空桑故城。"[7]其中"陈留"为开封上古时期"陈"、"留"二字的合称,这里是"陈"、"刘"二姓的原始发源地。

据唐代学者李亢在《独异志》记载:莘国的"伊尹无父,生于空桑中"。[8]唐朝大型地理著作《括地志》也记载:"古莘国在汴州陈留县东五里故莘城是也。"[9]说明他们所记载的"空桑"同在"汴州陈留县"之地。此后的史料记载更多,不再一一记述。

中国社会科学院华夏纽带工程组委员会专家委员王大有在《三皇五帝时代》中也认为:八世炎帝榆罔"出生在承留(今河南开封市开封县东南)"。[10]其

中"承留"就是开封古陈留的"空桑"之地。可知,"有莘氏"居住的"莘国",也称"空桑",彼此虽异名,但却在开封古陈留一地。

至于其他地方的"空桑"、"穷桑"之地,恐怕也是开封昆仑山"中土"人文历史传承的结果,而不是华夏人文历史上最早的"空桑"之地。

三、伊尹居住的"莘国空桑"是上古时期羲和占日之地

羲和,被认为是中国的太阳女神,是开封浚水之滨的"夷门氏",即后来的"夷人"祖先帝舜(也称"帝浚"、"帝俊")的妻子,生了十个太阳。其实,"羲和"也是上古时期天帝观测太阳、月亮、星辰的官职称呼,后人以官职称其为"羲和氏"。因而,又被古人视作"驾六龙(马)"追赶和观测太阳运行的"赶车夫"。

其实,"驾六龙(马)"的"赶车夫",其先祖就是"柏皇氏"。据南宋学者罗泌《路史·前纪六》中记载:"柏皇氏,姓柏名芝,是为柏皇,出搏日之阳(昆仑山东部),驾六楷(龙),以木纪德。为而不有,应而不求。立于(中央之国轩辕丘)正阳之南。是为皇人山。"又记载:皇人山《方志华夷图》谓之伏羲山"。[11]清代陈廷炜《姓氏考略·柏姓》也记载:"柏皇氏住在皇柏山上(皇伯山,今河南陈留),因此,他的子孙后代就以先祖居地名称为姓氏,称柏氏。"[12]可见,"羲和"是"三皇"之一伏羲柏皇氏的后裔。

东晋著名学者郭璞在注释先秦史籍《山海经》时,引用同期古籍《启筮》记载说:"空桑之苍苍,八极之既张,乃有夫羲和,是主日月,职出入以为晦明。"[13]其中"羲和",是上古时期在陈留,即"空桑"一带观测白天夜间日月运行、制定历法的人氏。"陈"、"留"二字的图腾,均源自上古时期历代"羲和"族人在东方田野刻树圭表、测量天象、制定历法的人文历史。

南宋学者罗泌在《路史》中也记载:"轩辕氏,作于空桑之北。"其中"空桑之北"的"轩辕氏",就是今陈留西北、开封北部的昆仑山黄帝帝都"轩辕丘(楼)"。魏国编撰的《穆天子传》中称其为"黄帝之室"。这表明,炎帝、黄帝同居五行中"南、火"和"中、土"之位的开封古陈留一带。自然,伊尹居住的"莘国空桑",也与上古时期羲和"占日"、炎帝"空桑"和黄帝"轩辕丘"同在一地。这与"三皇五帝"同在开封昆仑山"中央之国"(简称"中国")的史料记载完全一致。

四、伊尹居住的"莘国空桑"是高阳氏颛顼的封地

"颛顼帝",为黄帝之孙、昌意之子高阳氏颛顼,其封地和最初称帝之地位

于开封古陈留高阳一带。据北宋地理总志《太平寰宇记》引《图经》记载:"浚仪有高阳故城,颛顼高阳氏佐少昊有功,封于此城。"[14]这表明颛顼的初封和建都之地,在开封古陈留炎帝帝都空桑和黄帝帝都轩辕丘之地,也就是浚仪(开封)小黄铺一带的"高阳故城",后来迁徙到了杞县葛岗镇"空桑"南部约10公里的高阳镇,故"颛顼"也称"高阳氏"。因此,"高阳氏"居住地在炎帝时期的"空桑"。此地在古代"星宿分野"中归属"兖州",当地盐碱一类的"卤"地较多,故称"兖卤"之地。当地人从盐碱,即"卤"土中淋取的水晾干后形成结晶体,称作"小盐",虽有些苦涩,但也可以食用。汉代有"高阳酒徒"之名的郦食其,就生活在陈留"高阳"的"广桑之野",被汉高祖刘邦封为"广野君"。

伊尹居住的"莘国空桑",自然也在先祖高阳氏颛顼帝的封地"高阳"之内,只不过后来演变成了帝喾高辛(莘)氏的"莘国"而已。可见,开封古陈留的人文历史渊源很深,且具有完整、系统的传承性。

五、开封"莘国空桑"早有"洛水"、"伊水"和"龙门"

开封古陈留"空桑"一带,存在"洛(雒)水"、"伊水"、"龙门"是一个历史事实,不是现代人演绎和炒作出来的,而是有着深厚人文和地理原因的历史传承。有人认为,"伊水"一般应出现在河南孟津上游的"洛水"、"龙门"地区,开封一带不可能有"洛水"、"龙门"的存在。这种观点源自西周及其王都东迁成周之后的人文历史传承,却与华夏人文历史源自昆仑山"中土"的观点相违背。因为开封陈留"空桑"、"伊水"东部一带,才是历史上最早出现"洛架水",即"洛水"和"龙门"的地方。

《河南通志》、《陈留志》均记载:"伊水,(陈留)县东北二十里,环绕伊尹故里。"[15]说明早在明代以前,就已认可环绕伊尹故里的"伊水",即"伊阙"在开封古陈留东北一带存在着。但是,由于"伊水"处在"九河"横流、变化无常的开封古陈留地区,又是"江水",即"鸿水(沟)"、"浪荡渠"、"汲(汴)水"的分支,所以,在华夏人文历史传承过程中衍生了许多不同的名称。

据北魏著名地理学家郦道元《水经注》记载:浪荡渠,即汲(汴)水,"其水上承陂水,东北径雍丘(杞县)城北。又东分为两渎,谓之双沟,俱入白羊陂。陂水东合洛架口,水上承汲水,谓之洛架水,东南流入于睢水"。还记载:"汲水又东,龙门故渎出焉。渎旧通睢水,故《西征记》曰:龙门,水名也。门北有土台,高三丈余,上方数十步。汲(汴)水又东径济阳考城县故城南,为蓄获渠。"[18]其中"龙门",现在开封杞县东北部一带,属于上古时期的硬土质层,是大禹治理"浪荡渠",即"汳(汴)水"的重要地点之一;"陂水"、"洛架口水"(简称洛水)、"汳水",就是开封自西向东流去的"浪荡渠"、"丹(聃)水"、"汴水"。

上古时期的"洛水",也称"雒水",又指"淮水"。"洛水"最早不在河南西部地区,而在河南开封的东南部一带。据吴树平、吕宗力注译《史记·孝景本纪第十一》记载:"'淮阳',裴骃《集解》引徐广云:'雒,一作淮。'是古本有不误者。指淮阳国,地在今河南东部茨河上游南北一带,都于陈,在今河南淮阳县。"[17]其中古"淮阳国"南部之水称作"淮水",即"雒水"。陈国国都因在淮水之北而称"淮阳国"。因"雒"字与"洛"字相通,所以,"淮水",即"雒水",也称"洛水"。"洛水"又称"汳(汴)水",上游便是鸿沟、沙水。

因"淮"作"雒","淮水"即指"雒水",而"洛水"也指"雒水",即"淮水"。可见,"龙门"、"洛水"的人文历史,发源于上古时期开封东南部"四渎"之中的"江水(鸿沟)"和"淮水"。

据西汉时期整理加工而成的我国最早一部解释词义的专著《尔雅·释鸟》记载:"雒,鶅䳚。"[18]其中"鶅䳚"为鸟类。东汉许慎《说文解字》也记载:"雒,鶅䳚也。怪鸱。"[19]其中"怪鸱",今称"鸺鹠",也叫"横纹小鸮"。"雒"水,由先秦古籍《山海经》中的动物"鶅䳚",即"怪鸱"之名演变而来。《山海经》记载的"鶅䳚"是"大荒"之中的动物,而"大荒"就是指大洪荒发生地开封及其周边地区,也是中原荥阳以东江、河、淮、济"四渎"围绕的昆仑山"中央之国"及其周边地区。

所以,"雒水"最早发源于昆仑山"中央之国"地区。其实,"雒水"就是上古时期荥阳以东的"江水",即"鸿水(沟)"、"汴水",继而又向下游传承称为"淮水",即"雒水"。据西周时期的《周礼·夏官·职方氏》记载:"豫州,其川荥雒,其浸波溠(zha)。"[20]其中"荥雒",应指上古时期荥阳以东的"荥泽"与"鸿水(沟)"、"浪荡渠"之水。上古时期的"浪荡渠"也可称"淮水"、"雒水"。

现在河南西部洛阳的"洛水",直到西周时期才称作"雒水"。周公旦误测"天地之中"在登封阳城后,周朝便开始在登封"阳城"西部(同上古时期伏羲女娲的昆仑山,即"中央之国"一样,也在开封大禹王都"阳城"的西部)的"雒水"之北经营东都,以"雒水"取邑名,称作"雒邑";因"雒邑"在"雒水"之阳(北),到了战国时期被改称"雒阳";到了秦朝时期,信奉金、木、水、火、土"五德",认为秦为水德,"雒阳"也应有"水",因此改"雒阳"为"洛阳";到了东汉刘秀时期,又崇尚火德,复改"洛阳"为"雒阳";到了三国曹魏时期,认为魏为土德,"水得土而乃流,土得水而柔",又改"雒阳"为"洛阳";到了明朝光宗朱常洛时期,忌讳"洛"字,再改"洛阳"为"雒阳"。新中国成立后,实行了文字改革,"雒"字简化成了三点水的"洛"字。"洛阳"、"洛水"之名保留至今。

"洛邑"在"洛水"之北。我国位于北半球,北回归线从南部穿过。因此,就大多数情况而言,太阳总是偏南照射的。山的地势高,自然是山南受的日照多。所以,山南向阳,山北背阴。而河流则与此相反,因它地势低平,因此,太阳升起后便首先照到北岸。就是说,北岸向阳,南岸背阴。因此,上古时期的先民照此自然现象形成了"山南水北为阳,山北水南为阴"的风水理论。所以,"洛水"之北的"洛邑"也称为"洛阳"。

据先秦古籍《山海经·山经·蔓渠山》记载:"又西一百二十里,曰蔓渠之山,其上多金玉,其下多竹箭。伊水出焉,而东流注于洛,有兽焉,其名曰马腹,其状如人面虎身,其音如婴儿,是食人。"这一记载说明,开封陈留一带伊水在西,洛水在东,伊水是洛水的上游,彼此之间是上下传承的关系,伊水、洛水的名称可以互称。这与洛阳的伊水在东、洛水在西,二水自西南向东北并流而行,两者没有上下游的传承关系,彼此之间的名称也不能互相代替。开封陈留一带伊水、洛水的地理方位和上下传承关系,与《山海经》记载的情况完全相同,并且可以相互印证。而洛阳一带伊水、洛水的地理方位和上下传承关系,则与《山海经》记载的情况完全不同,无法相互印证。可见,《山海经》真正记载"大荒之中"的伊水、洛水在开封陈留一带,而不在洛阳。开封一带才是《山海经》"大荒",即三皇五帝"中央之国"的"天地之中"所在地。洛阳一带的伊水、洛水,甚至包括夏代王都阳城、斟灌,周公卜洛的"天地之中"都是一个历史错误,不过是开封一带华夏历史文化向西部传承的结果而已。

可见,"洛阳"的"雒水"、"洛水"、"龙门"、"伊川"、"伊水"之名,晚于上古时期开封昆仑山东南部的"雒水"、"洛水"、"龙门"和"伊水",况且洛宁、宜阳一线的"洛水"和嵩县、伊川一线的"龙门"、"伊水"并行北流,彼此之间没有地理方面承上启下的关系,即便洛宁、宜阳的"洛水"和嵩县、伊川的"龙门""伊水"淤塞,也不会对昆仑山"中央之国"和炎帝帝都"空桑"、黄帝"轩辕丘"、大禹"阳城"、古莘国有任何水患威胁。而开封东南的"洛水"、"龙门"、"伊水"淤塞则不同了,必然会导致上游开封昆仑山"中央之国"和炎帝帝都"空桑"、黄帝"轩辕丘"、大禹"阳城"、古莘国的水位上升而出现水患,灾难将无法避免。因此,上古时期的共工、大禹治水主要集中在开封昆仑山"中央之国"的鸿沟、浪荡渠,即"汳(汴)水"、"洛水"、"龙门"、"伊水"一线。

可见,用洛阳地区的洛水、龙门、伊水等地名,无法解释上古时期这些人文历史和自然地理现象,正像"黄河"中的"黄"字,源自五行"中、土、黄"中的"黄",然后向东西两翼传承一样,洛阳的洛水、龙门、伊水等地名也应该是开封昆仑山华夏人文历史及其"江河淮济"水名向西部地区传承的结果。

六、洛阳伊川"伊"姓源自开封古陈留的"伊"氏

"伊"是中国上古时期一个古老的姓氏,早在"伊尹"出生之前600多年的陶唐氏帝尧时期,"伊"姓就已经存在,后来一部分逐步向中原西部等地迁徙。后人关于"伊尹"以"伊水"为姓的记载是正确的,却不是直接取自"伊水"之"伊",不过仍然是对帝尧时期"伊"氏以"伊水"之"伊"为姓说法的历史继承。

因此,"伊"氏兴盛的地望或称"望祖之地",出自陶唐氏帝尧帝都所在地的开封古陈留一带。所以,史料中姓氏来源也多记载:"伊"出自开封的古陈留。据北齐魏收《魏书·官氏志》记载:"后魏鲜卑族有可汗拓跋邻,以其六弟为伊娄氏,后分为二姓,一姓伊,一姓娄。伊姓望族居陈留(今河南开封陈留镇)。"[21]大约出自宋代的古籍《郡望百家姓》记载:"伊氏望出陈留郡。"[22]清代学者陈廷炜在《姓氏考略》中也明确记载:伊氏"望出陈留、河南、山阳。为历史上伊娄氏所改"。其中"陈留",是指开封东南一带的伊氏;"河南"是指洛阳一带的伊氏;"山阳",大致是指位于洛阳西部、陕西东南商洛一带的伊氏。三地自东向西传承的梯次和脉络十分清晰,华夏人文历史"紫气东来"的现象用在此处,应该是适宜的。

值得注意的是,自伊尹出生的夏末开始,开封空桑的伊尹后裔就记载和传承着《河南杞县伊氏家谱》[23],一直延续到清代,历时3400多年,中间并无缺失。从开封县八里湾镇伊寨村(又名伊尹村)发现的《河南杞县伊氏家谱》内容来看,其人文历史资料十分珍贵,尤其对伊尹生平的记载较为详细,这对于研究陈留莘国、莘野、空桑和杞县杞国、娄氏、高阳氏的相互关系,探讨伊尹在开封陈留、杞县一带的人文历史活动也具有重要的参考意义。

"伊寨"村,又名"伊尹村",村中现居住400多人,均为"伊"姓。开封伊寨村的"伊"姓至今已传续143代子孙。据伊寨村伊尹140代掌门孙、《河南杞县伊氏家谱》的传人之一伊海誉介绍:洛阳伊川的"伊"姓后裔,也认可自己的先祖来自开封古陈留的"伊尹"故里。

公元1014年,即北宋大中祥符七年,宋真宗赵恒(公元968~1022年)亲至伊尹庙,祭拜伊尹。这座伊尹庙,即位于伊尹的出生地(今杞县葛岗镇空桑村)。据《杞县志·重修伊尹庙碑》记载:"开封属邑曰杞,去邑二十五里有空桑城。《帝王纪》曰:'伊尹生于空桑,即其地也……旧尝有伊尹庙,考之建于商周时,邑人水旱、疠疫无不祷焉……迨宋大中祥符七年,宋真宗车驾幸其庙,亲洒

寰轮,刻序铭于石。'"[24]宋真宗铭石文的名称为《宋真宗御制碑赞》,全文如下:"始就于桀,以劝人臣之忠;后归于汤,以济天下之难。成有一德,敷□万方。大节昭明,嗣王服其训,余庆不坠,令子承其家。旧礼攸存,明祀新享。朕因驻跸,永用怀贤,聊复刻铭,庶几旌善。赞曰:成汤之仁,溥率来宾,阿衡之忠,天辅成功。民难既平,嘉谟宾贞。王室木衰,大训可知。频蘩之祭,传于永世,金石之刻,表予褒德。"

明代诗人、文学家李东阳(公元1447～1516年)赋诗《陈留行》中写道:"颛顼有苗裔,高阳旧名里。维发国有莘,伊尹蹶厥起。广野与曲周,从龙取青紫。"[25]其中"颛顼"、"有莘"、"伊尹"、"广野"、"曲周(兴)"均指开封古陈留一带。

清代《陈留县志》也记载:"莘野:在县西郊,故志在城有莘坊,即元圣(伊尹)躬耕处。"又记载:"元圣(伊尹)庙:在城内东北隅,明末毁。康熙二十九年,知县钟定重修。旧有祭田五倾四十亩,坐落睢州烂船李家庄,久被豪强占种。明(代)天启年间,知县韩一良清查田倾,交与圣裔收管,供春秋祭祀。"这表明,至少在公元1621年前后的明代天启年间,开封陈留县及商丘睢州(县)一带就有"元圣(伊尹)躬耕处"、"元圣(伊尹)庙"和伊尹氏族的"祭田"的存在。

对于自上古以来《河南杞县伊氏家谱》中介绍的情况,不仅洛阳伊川的"伊"姓后裔认可自己的先祖来自开封古陈留"伊尹"故里,而且文化比较发达的宋代皇帝宋真宗也认可伊尹故里在开封古陈留空桑,即现在的杞县葛岗镇空桑村。至于成书于公元1461年四月,即明代天顺五年《明代一统志》关于"空桑涧在嵩县南,有莘氏女采桑伊川"[26]的记载,与开封上古时期以来众多的史料依据相比,恐怕显得有些单薄了。

因此,我们无法同意伊尹出生的古"莘国"和"空桑"在洛阳伊川、嵩县一带的观点。但是,我们认可洛阳伊川、嵩县一带是伊尹后裔"伊"姓的居住地,且与开封古陈留的伊尹出生地有着很深的历史渊源,其人文历史一脉相承。

最后,抄录清代《陈留县志》记载的公元1416年前后,明代(永乐十四年)按察使,且曾主持重修嵩县伊川书院的刘咸所作《谒伊尹庙》诗一首,以飨读者:

早从莘野乐躬耕,何意要汤事割烹。
三聘远临方握节,一夫不获更关情。
空桑□杳晴云满,古木苍苍夕照明。
一自邹轲言圣德,至今名配伯夷清。

文献来源：

[1]中国社会科学院考古研究所:《殷周金文集成》,北京:中华书局,2010年版。

[2](晋)皇甫谧著,(清)宋翔凤、钱宝塘编:《帝王世纪·山海经·逸周书》,沈阳:辽宁教育出版社,1997年版。

[3](宋)王应麟著,傅林祥点校:《通鉴地理通释》,北京:中华书局,2013年版。

[4](明)陈士元撰:《荒史》,济南:齐鲁书社,1997影印本。

[5](战国)列御寇:《列子》,西安:陕西旅游出版社,2006年版。

[6](汉)司马迁撰,(宋)裴骃集解,(唐)司马贞索隐,(唐)张守节正义,顾颉刚领衔点校,赵生群主持修订:《点校本二十四史修订本〈史记〉》,北京:中华书局,2014年版。

[7]马铁浩:《史通引书考编辑》,北京:学苑出版社,2011年版。

[8](元)脱脱等撰:《宋史》载(唐)李亢:《独异志》,北京:中华书局,2010年版。

[9](唐)《括地志》,北京:中华书局,2005年版。

[10]王大有:《三皇五帝时代》,北京:中国时代经济出版社,2005年版。

[11](宋)罗泌:《路史》,北京:北京图书馆出版社,2010年版。

[12]应劭、万光泰、陈廷炜:《风俗通姓氏篇·魏氏补证·姓氏考略·丛书集成》,上海:商务印书馆,1936年版。

[13](晋)郭璞注:《山海经·穆天子传》,长沙:岳麓书社,1992年版。

[14](宋)乐史撰,王文楚等点校:《太平寰宇记》,北京:中华书局,2007年版。

[15]田文镜、王士俊等监修,孙灏、顾栋高等纂:《河南通志》,上海:上海古籍出版社,1987年《四库全书》影印本。

[16](北魏)郦道元:《水经注》,北京:华夏出版社,2006年版。

[17](汉)司马迁:《史记(文白对照全译)》,北京:新世界出版社,2009年版。

[18](晋)郭璞校注:《尔雅》,杭州:浙江古籍出版社,2011年版。

[19](东汉)许慎:《说文解字》,上海:上海古籍出版社,2007年版。

[20]郑玄注,孔子修撰,陈成国点校:《周礼·仪礼·礼记》,长沙:岳麓书社,2006年版。

[21](北齐)魏收:《魏书》,北京:中华书局,1974年版。

[22]《增广贤文》附《郡望百家姓》,济南:齐鲁书社,1994年版。

[23]邢树恩、常峰:《浅析〈河南杞县伊氏家谱〉》,百姓源流网,2011年12月3日版。

[24]杞县地方史志编纂委员会:《杞县志》,郑州:中州古籍出版社,1998年版。

[25]开封县地方史志办公室:《清·宣统二年陈留县志校注》,北京:北京燕山出版社,2011年版。

[26](明)李贤等撰:《大明一统志》,西安:三秦出版社,1990年版。

第二十七章　夏商核心之地在开封一带的又一证据

周初时期的铜器《小臣单觯》记载:"王后(坂、返)克商,在成师,周公(旦)锡小臣单贝十朋,用乍宝尊彝。"[1]

铜器记载的内容比较重要,是涉及周成王命周公旦平定三监和武庚叛乱之史事的铭文。经考察,《小臣单觯》铭辞与史籍记载、开封东部人文历史遗存具有一致性,是一件记载周初史料的重要实物例证。

一、"成"在商人东夷之地

铭辞中关于"王后(坂、返)克商"的含义,是说周成王命周公旦平叛三监叛乱,再次打败参与三监叛乱的东夷商人;"在成师",是指周公旦重新打败商人之后,驻军在"成"这个地方,本指成伯国、郕伯国或盛伯国。盛伯国在河南范县南、菏泽北部一带。周公旦在盛伯国驻扎时,为了表彰参战的功臣,赏给小臣单十串贝(五枚贝用绳串成一串,叫一朋——也有说五贝为一系,两系为一朋的),并做了这件觯以纪功;"小臣单",应指商末周初时期的"单公",曾辅佐周武王征伐商朝,建立军功,并在殷商人的东土之地建立国家。三监和武庚作乱时,他再次协助周公旦打败了叛乱的东夷商人;"后(坂、返)克商",明显是指周成王时期周公旦再次东征,打败了叛乱的东夷商人。

当初,周武王讨伐商纣王时,由于商朝的军队主力正在东方与东部的徐夷人作战,商都一带空虚。因此,周武王联合诸侯东征打到河南牧野时,商纣王来不及调回前线的部队,不得已只好临时拼凑七十万奴隶进行防御。结果,奴隶们反戈一击,商纣王的抵抗便土崩瓦解,只好逃回鹿台自焚殉命。但是,这个时候商朝军队的实力并未完全丧失。虽然,"小邦周"人一战而取胜于"大邑商"人,但其中也有侥幸的成分。所以,周武王的兴奋可想而知。他在东部地区还未下车便已分封了很多个诸侯,其中就包括成(郕、盛)伯国和"小臣单"国。

二、成伯国、"小臣单"均在商人、东夷之地

周武王克商后,便念念不忘地要在东方设立监视、控制殷人的重镇。于是,便有了卜居伊洛宅兹中国之谋。可惜,周武王克商后两年便病死了,生前的计划并没能全部实现,而他显然是明白当时周朝面临东夷商人复国严峻形势的。所以,他生前对商朝的残余势力采取又拉又打的策略,一方面封商纣王的儿子武庚为诸侯,以示安抚;另一方面又在武庚周围安插自己的三个弟弟管叔、蔡叔、霍叔做诸侯(被称为"三监"),让他们监视着武庚等东夷商人,护卫着宗周丰镐和成周洛邑的安全。

可是,周武王去世后,周公旦在辅佐周成王治理天下时,曾经一度与周成王发生矛盾,武庚遂借机拉拢三监一起叛乱,周王室岌岌可危。于是,周公旦奉周成王之命开始东征,用三年的时间打垮了叛军和东夷商人。从此,周王朝在郑州以东的统治才最终稳固下来。

这件鼎器的主人"小臣单",即"单公",就是参与了东征军事行动,立下战功,在周王大军凯旋回师驻扎于成(盛)伯国时,受到周公旦赏赐的功臣。他用得到的财富铸了这件觯,以纪功业,传给子孙。有史料认为,周成王封"小臣单"为"单子国"。东周春秋初期,"单子国"属于宋国之地,后为鲁国单父邑,战国初期,重新归属宋国,宋国灭后改属齐国。秦代置单父县,属砀郡,此为山东单县建县之始。

三、《穆天子传》印证成(盛)伯国在东夷之地

中国考古学家郭沫若根据西周《小臣单觯》"王后(返)克商,在成师"的铭文,在《两周金文辞大系图录考释》六《小臣单觯》中认为"此武王克商时器……成乃成皋,一名虎牢,在古乃军事重地"。[2] 河南省社会科学院历史与考古所研究员郑杰祥进一步指出,成皋在西周初期原称作成,成是沿袭夏商地名而来,成地为夏王朝的东方门户,是商汤与夏王桀战于成的成地,即《吕氏春秋·简选》所云"殷汤良车七十乘,必死六千人,以戊子战于郕,遂擒推移、大牺"之郕。[3]

据此,他们都认为郑州荥阳"虎牢",即"成"地。

但是,我们不敢苟同郭沫若、郑杰祥的观点。因为商汤讨伐夏桀是在开封东部的"鸣条"之地,并向"鸣条"东北部方向的长垣、菏泽、定陶(三兑)一带追击夏桀。夏桀逃亡地之一的"成"自然也应在菏泽周边地带,不可能出现在郑州西部地区。

我们认为,"成"地即西周初期的"盛柏"国,而不是郑州西部的荥阳"虎牢"。对此,古籍中也有详细记载。据西晋出土、魏国编撰的竹简《穆天子传·卷六》记述:"甲戌,天子西北□,姬姓也,盛柏之子也,天子赐之上姬之长,是曰盛门。天子乃为之台,是曰重壁之台。"[4]关于"盛"的解释,北宋初年大型官修韵书《集韵》认为:"辰陵切,音承。本作郕。或省作成。地名。"[5]春秋时期左丘明《左传·哀元年》记载:"有田一成。又重也。"[6]我国最早解释词义的专著《尔雅·释地》记载:"丘一成为敦丘。《注》成,犹重也。周礼曰:为坛三成。《疏》言丘上更有一丘,相重累者。"[7]《穆天子传》记述的"重壁之台",即"成台",或称"重台"。东汉经学家刘熙《释名》解释说:"成,盛也。""成"具有安民立政的含义。北宋文学家苏洵《谥法》认为:"安民立政曰成。又州名。……又姓。周武王子成伯之后。又盆成,阳成,皆复姓。"[8]"成伯",也是指《穆天子传》中的"盛柏",说明"成伯之子"本为周人"姬"姓,后以封地"成"为国为姓。

由上述史料可知,"盛柏"之"盛",也称"成"、"郕";"盛柏"之"柏",也称"伯",即"盛伯"、"成伯"。"成伯"、"盛柏"的盛柏国,始封之君为周文王第七子成(郕盛)叔武(一说为周武王之子成伯)之后,但均应在菏泽周边地区;"盛柏之子",泛指世袭"盛国"伯爵之位的"盛柏"后裔子孙,而并非专指儿子。在魏国所撰《穆天子传》中,"盛柏"本指周穆王爱妃盛姬的父系氏族。盛姬是周穆王儿子周共王姬繄扈的母亲,也是周文王成叔六世后裔的母系;"盛门",也称"高门"、"重门"、"大门"等。据春秋时期鲁国史学家左丘明《左传·襄公十四年》记载:"成国不过半天子之军,周为六军,诸侯之大者,三军可也。"西晋著名政治家、军事家杜预注:"成国,大国。"西晋著名学者孔颖达疏:"方四百里以上为成国。"宋代诗人沈遘《五言送李瑜通判润州》认为:"在昔为成国,于今亦大州。"这与魏国所撰《穆天子传》关于"天子赐(盛柏国)之上姬之长"的记载相一致。"上姬之长",是指在中原东部,盛柏国的政治地位处于姬姓诸国之上。经对魏国所撰《穆天子传》关于"盛柏之子"居住的盛柏国详细地址的分析,盛柏国最早应在河南范县南部、山东菏泽北部一带;一说在山东宁县东北。

这与商汤在山东曹县南部北亳以西,开封以东的葛伯国、洛架水、伊水、有莘国、昆吾、老丘、鸣条、定陶北部的"成"地一带,讨伐夏桀的史料记载和地理名称是完全一致的。

四、"成"地方位旁证夏商核心之地在开封一带

"成"地在郑州、开封以东地区,从一个方面证明:商汤讨伐夏桀的主要战场,如昆吾氏子孙顾国(今河南省范县东南)、葛伯国、洛架水、伊水、古莘国、昆吾国、老丘、鸣条均在开封及其周边地区,这里才是夏商"中央之国"(简称中国)和建都的核心地带。

夏末商初,黄帝时期发明的车子已有了很大改进,并在战争中广为使用。据春秋末期战国初期思想家、军事家墨翟《墨子·明鬼下》记载:"汤以车九两(辆),鸟阵雁行,汤乘大赞,犯遂下(夏)众,人(入)之(郊)遂。"[10]战国时期楚国竹书《容成氏》也记载:夏"桀乃逃之鬲山氏,汤又从而攻之,降自鸣条之遂,以伐高神之门"。[11]其中"遂"与"鸣条之遂"实为一地;"高神之门",指魏国所撰《穆天子传》中的"盛门",即"高门"。

西晋史学家皇甫谧《帝王世纪》记载:汤"革车三万,伐桀于鸣条"。[12]战国时期秦国宰相吕不韦《吕氏春秋·简选》记载:"殷汤良车七十乘,必死六千人,以戊子战于郕,遂擒推移、大牺,登自鸣条,乃入巢门,遂有夏。"[13]其中"郕",即河南范县南部,山东菏泽、定陶北部的"盛柏国"之地,与定陶一带的夏朝属国"三㐨"相邻,而不是后来迁徙到泰山和济宁之间的"郕",也不是郑州荥阳"虎牢"之地的"成皋";"鸣条",即河南封丘东部、开封东北部黄陵岗一带的舜帝下葬地,也是商汤打败夏桀的地方,故也称"遂"或"鸣条之遂";"巢门",为有巢氏旧居,也是有巢氏后裔夏人的王都之地,在开封鸣条一带;"有夏",是指"阳夏"、"阳城"、"负夏"、"中夏"、"诸夏"等,实际上同指夏朝王都"阳城"之地,也在开封鸣条一带。

关于"有夏"、"阳夏"、"负夏"、"阳城"等在开封鸣条一带,西汉礼学家戴德《礼记·檀弓》解释说:"……负夏,又阳夏,在开封。"[14]北宋名相、文学家李昉等编著的《太平御览·州郡部一·叙京都》记载:"《世本》言'夏后居阳城,本在大梁之南,于战国大梁魏都,今陈留浚仪是也'。"[15]南宋著名学者王应麟在《通鉴地理通释·历代都邑考》也认为:"《世本》言'夏后居阳城,本在大梁之南,今陈留浚仪是也'。"[16]其中"大梁魏都"、"陈留浚仪",均指古代开封之地。两本古籍记载的内容完全相同,说明战国时期赵国史书《世本》关于"阳城"在开封的记载是一个事实,也说明开封"阳城"、"阳夏"、"负夏"正是夏商兴亡之战,即"鸣条之战"的关键地区,也是夏、商王朝"中央之国"(简称中国)及其建都的核心地区。

这就告诉我们,商汤打败夏桀王朝和商初建立王都之地在郑州东部一带,而不可能在郑州荥阳"虎牢"或西部地区。这里的"鸣条",是夏朝"中央之国"和建都之地,也是夏商兴亡决战的关键地区。

这也是我们不赞成郭沫若、郑杰祥先生关于"成乃成皋",是"夏王朝的东方门户"观点的历史原因之一。

文献来源:

[1]马承源:《中国古代青铜器:文博大家》,上海:上海人民出版社,2008年版。

[2]郭沫若:《两周金文辞大系图录考释》,上海:上海书店出版社,1999年版。

[3](战国)吕不韦著,(汉)高诱注:《吕氏春秋》,上海:上海古籍出版社,1989年版。

[4]张耘点校:《山海经·穆天子传》,长沙:岳麓书社,2007年版。

[5]赵振铎:《集韵校本》,上海:上海辞书出版社,2012年版。

[6](春秋)左丘明著,(晋)杜预注,(唐)孔颖达疏:《春秋左传正义》,上海:上海古籍出版社,1987年版。

[7](晋)郭璞注:《尔雅》,杭州:浙江古籍出版社,2011年版。

[8](汉)刘熙、(清)毕沅疏,王先谦著,祝敏彻、孙玉文校释:《名疏证补》,北京:中华书局,2008年版。

[9]李炳卫编:《韵典》载(宋)人沈遘:《五言送李瑜通判润州》,北平:北平民社,民国二十三年(1934年)铅印本。

[10](战国)墨翟:《墨子》,上海:上海古籍出版社,2011年版。

[11]马承源主编:《上海博物馆藏战国楚竹书(二)》,上海:上海古籍出版社,2002年版。

[12](晋)皇甫谧:《帝王世纪》,沈阳:辽宁教育出版社,1997年版。

[13](战国)吕不韦、(汉)刘安著,高诱注,杨坚点校:《吕氏春秋·淮南子》,长沙:岳麓书社,2006年版。

[14](汉)戴德著,郑玄注:《礼记正义》,上海:上海古籍出版社,2008年版。

[15](宋)李昉等:《太平御览》,上海:上海古籍出版社,2008年版。

[16](宋)王应麟著,傅林祥校勘:《通鉴地理通释》,上海:中华书局,2013年版。

第二十八章　商、周时期的夏禹姒姓杞国

据当今上古历史学家研究发现：商汤王时期，封夏王禹的姒姓后裔在开封杞县一带建立了娄氏杞国；西周时期，周武王又分封夏王禹和少康的姒姓后裔东楼公在这里建立了杞国。由于历史记载很少，后人对杞国的情况知之甚少。现根据本人掌握的开封人文历史，对商、周时期两次建立杞国的背景和兴亡情况进行一些探讨。

一、杞国之"杞"的来由

关于杞国之"杞"的来由，东汉文字学家许慎在《说文解字》中解释说："杞，枸杞也，从木己声。"[1]中国最早一部解释词义的书《尔雅·释木》中说："杞，枸继。"[2]北宋官修的一部韵书《广韵》中解释说："枸杞，春名天精子，夏名枸杞叶，秋名却老枝，冬名地骨皮。"[3]文中的"杞"，就是指枸杞。枸杞是茄科落叶灌木，嫩叶可作菜蔬，叶、根、子皆可入药，有解热明目之效。此乃枸杞之"杞"。

但是，也有人认为"杞"应指"杞柳"。"杞柳"，也称红皮柳，一般生于河沟溪边，是一种落叶乔木，枝条细长柔韧，可编织箱筐等器物。这也比较符合上古时期开封和杞县一带江河横流、湖泽遍布的地理和水文环境。据战国时期《孟子·告子下》记载："性犹杞柳也，义犹桮棬也；以人性为仁义，犹杞柳为桮棬。"[4]意思是说，战国时期思想家告子认为，人性如同未加工的杞柳木，而不是已经做成成品的杯盘；如同湍急的洪水，无所谓善恶倾向，正如洪水是没有固定流向的。告子以主张"性无善无不善"的人性论而著称。

我们较为倾向于杞县之"杞"，最初源于枸杞、杞柳两者的观点。无论枸杞之"杞"，或是杞柳之"杞"，杞县一带的古"杞国"，以盛产带有"杞"字一类的植物而得名却是应该肯定的。

二、夏杞人和商、周王族本是同一个母系

汉代戴德所著《大戴礼记·少间篇》中,有"成汤卒受天命……乃放夏桀,散亡其佐,乃迁姒姓于杞"[5]的历史记载,说明早在商汤称王初期,就已经迁徙部分夏族"姒姓"人建立了"姒"姓"杞"国。关于"姒"姓的来历,宋代《百家姓》认为:"姒为夏禹的后裔。相传帝舜时,鲧的妻子有莘氏女志(修己)因梦(见流星陨落变成神珠薏苡)食薏苡而生禹,故帝舜便赐予禹姒姓。"[6]说明"薏苡"之"苡",与"姒禹"之"姒"本义相通,可以互用。

其中"薏苡"为禾本科一年生或多年生草本植物。去除外壳和种皮的种仁可以入药,味甘、淡,性微寒。有健脾利湿、清热排脓功能。用于脾虚泄泻、水肿、脚气、白带、关节疼痛、肠痈、肺痿等症。薏苡种仁是我国传统的食品资源之一,可做成粥、饭及各种面食供人们食用,尤对老弱病者更为适宜;"有莘氏",是指居住在古莘国的大禹母亲修己所在的氏族。古典记载商汤也同大禹的父亲一样,娶了莘国有莘氏之女"吉"为妃。看来,有莘国,也称"古莘国",是一个出德贤貌美女子的地方。古莘国的故址,在今河南开封陈留镇东部一带。据战国时期吕不韦《吕氏春秋·本味》记载:"有侁氏女子采桑,得婴儿于空桑之中,献之其君,其君令烰(古通'庖'即'厨')人养之,察其所以然。曰其母居伊水之上孕……故命之曰伊尹。"[7]东汉末期的训诂大家高诱注释:"侁,读曰莘。"[8]唐朝历史学家张守节在《史记正义》中引《括地志》记载:"古莘国在汴州陈留县东五里,故莘城是也。"[9]战国时期的《左传》说得更明白:莘,"太姒国也"。[10]其中"陈留",是指今开封县陈留镇。说明杞国、陈留一带,是夏代末期的太姒国、古莘国、有莘氏、有侁氏之地。太姒国、古莘国在陈留的东部一带。商汤、周武王时期,分封夏族后裔在陈留东南部的杞县建立了公侯杞国,位于古莘国东部。古莘国和杞国两地相距约20公里,中间的杞县葛岗西部就是八世炎帝榆罔的帝都空桑,上古时期应为同族一国之地。

汉代政论家王符《潜夫论·五德志》认为:"祝融之孙分为八姓:己秃彭姜妘曹斯莘。"其中"斯",可能就是"姒";"莘",为有莘氏。"斯"、"莘"同为祝融后裔,而祝融为燧人氏,是三皇之一和燧火的发明者。由此可见,夏氏和商氏的女系母族都是开封陈留一带的祝融后裔"太姒氏",即"有莘氏"、"有侁氏",他们有着相同的母系血统。这种相同的母系血统一直延续到了周代之后。

西周时期,周文王姬昌的正妃太姒便是夏王禹的后裔,出生地在开封陈留、杞国一带的"古莘国",自然也被称作"有莘氏"。对此,元朝著名学者马端

临《文献通考·帝系考四》明确记载："文王娶有莘氏之长女，曰太姒。"时为西伯侯的姬昌，在"中土"古陈留初次遇到太姒时很惊讶，以为遇到了天上的仙人。后来了解到太姒仁爱、明理、生活俭朴的美德时，便决定亲自到渭水之滨迎娶这位从"中土"西嫁的有莘氏长女，其场面盛大而隆重。

太姒入周之后，仰慕长辈之德，效法周太王（即古公亶父，周文王的祖父）的正妃太姜（即周文王的祖母，中土人）、周王季（即季历，周文王的父亲）的正妃太任（即周文王的母亲，中土人），旦夕勤劳，以尽妇道，被称作周人的"三太"之一，尊号为"文母"。周文王理外，周文母太姒治内，他们共生下十个儿子：长子伯邑考（姬考）、次子武王发（姬发）、三子管叔鲜（姬鲜）、四子周公旦（姬旦）、五子蔡叔度（姬度）、六子曹叔振铎（姬振铎）、七子成叔武（姬武）、八子霍叔处（姬处）、九子康叔封（姬封）、十子季载（姬载）。

在她的这些儿子中，长子伯邑考（也就是《封神榜演义》里所说的得罪妲己而遭到商纣王杀害的那个儿子）比文王先死，其余九子中均有才能，但要数姬发、姬旦最为贤能，他二人左右辅佐周文王功劳很大。所以，周文王在长子伯邑考死后，便以姬发为太子。到了周文王驾崩后姬发又被立为王，建立了西周王朝，是为周武王。周武王死后又将儿子姬诵，即周成王托给周公姬旦辅佐。周公旦不负周武王厚望，平定了叛乱，扩大了西周疆土。

所以，夏杞和商、周王朝均为同一个母族。这也是商、周时期夏禹后裔姒氏能够受到商、周保护，并受封在杞县建国祭祀夏人先祖的一个重要原因。

三、夏杞和商、周王朝的共同始祖为高辛氏帝喾

周武王与黄帝同姓姬，是黄帝的后裔，其世系为：黄帝轩辕氏——少昊金天氏——蟜极氏——帝喾高辛氏——后稷氏（弃，周始祖）——不窋——鞠——公刘——庆节——皇仆——差弗——毁隃（毁渝）——公非（公卯）——高圉——亚圉——公叔祖类——古公亶父——季历——周文王姬昌——周武王姬发。其中黄帝、少昊等不仅是专指某一个帝，有时指一个氏族联盟内不同时期几个名号相同的帝。

在帝喾高辛氏（一说为青阳氏）时期，周人始祖后稷居住在"中土"，就是后来的中原，与夏禹和商契、尧帝的女系母族共同生活在开封一带的"天地之中"，后来又同为帝喾儿子帝鸷、帝尧之臣。后稷，原名为"弃"，他善于种植各种粮食作物，教民耕种，解决了当时食物不足的难题，被认为是开始种稷和麦的人，曾在尧舜时期被举为"农师"，是尧、舜二帝的农官，"后稷"是帝舜赐予的

名字,也是古代著名的百谷之神。

到了夏末时期,不窋世袭父辈后稷氏的农官之职。但由于夏王孔甲喜好鬼神,做事淫乱,不关心农耕,夏朝国政开始衰落腐败,诸侯开始反叛,致使朝纲大乱。不窋只好弃官,离开祖居的中土,逆河而上,流落到了甘肃庆阳一带犬戎人居住的地区。后来,不窋的后裔公刘又离开犬戎居住地,迁徙到了陕西东北部漆水、北洛水一带,再迁徙到了宝鸡的岐山地区,周人在那里得到了很大发展,直到周文王的儿子周武王打败了商纣王,建立了西周政权。

值得一提的是,自周太王古公亶父时期开始,直到周昭王、周穆王、周幽王时期,都与出自中原地区的女系母族有邰氏(大姜)、挚任氏(大任)、有莘氏(大姒)、房氏(房后)、柏氏(盛姬)、申氏(申后)等保持着通婚关系。其实,夏(杞)、商、周王朝中的父系氏族都是燧人、伏羲、炎帝、黄帝的后裔,尤其是高辛氏帝喾的直接后裔。而在上述母系氏族中,都是女娲、西王母以及帝喾四妃之后。据汉代戴德《大戴礼记·帝系》记载:"帝喾卜其四妃之子,而皆有天下。上妃,有邰氏之女也,曰姜嫄氏,产后稷;次妃,有娀氏之女也,曰简狄氏,产契;次妃,曰陈丰氏,产帝尧;次妃,曰娵訾氏,产帝挚。"汉代司马迁《史记·五帝本纪》也记载"帝喾娶陈锋氏女。"唐朝张守节在《史记正义》中引《帝王纪》说:"元妃有邰氏女,曰姜嫄,生后稷(弃);次妃有娀氏女,曰简狄,生卨(契);次妃陈丰氏女,曰庆都,生放勋(尧);次妃娵訾氏女,曰常仪,生帝挚。"

可见,高辛氏(一说青阳氏)帝喾及四妃姜嫄、简狄、庆都、常仪,才是舜、夏(杞)、商、周帝王氏族共同的始祖。正因为有了这样一种血统关系和历史渊源,才使夏禹后裔姒氏的宗嗣在商、周时期的故土开封陈留、杞县一带得以保存和传承下来。

四、商代杞国人忧患意识产生的原因

公元前 1600 年商代建立后不久,开封境内曾经出现一个商殷公国杞国,国都大致在现在的杞县县城一带。

娄姓族人认为,娄姓与姒姓同源。黄帝历五世而生禹,禹治水有功而受赐姓姒,受舜禅让而称王。禹的儿子启建立了夏朝的"家天下"。夏禹的十四世裔孙夏桀无道,夏朝被商汤灭亡。夏桀之子仲和、仲礼易"姒"姓为"娄"姓,避祸于山东临沂一带隐居起来。

其实,早在夏代少康复国时期,传说在今山东临沂一带就有一个来自夏禹王族的"姒"姓"娄(楼)"氏。商、周时期杞国人有两支来源:一支是夏代禹王在

"中土"开封王都阳城一带的后裔;另一支就是夏王太康至夏王少康时期及夏桀之子,他们自夏代政治中心开封"中土"一带逃难迁徙到了山东临沂,商代又受封迁回了开封杞县的"姒"姓"娄国"。

曾经最早深入到东夷人腹地山东临沂一带的娄国人,是夏朝初期的王族成员,因夏王太康、中康、相时期王朝内部战乱,导致后羿和寒浞篡位,王族成员受到追杀,只好从中原开封夏禹王都阳城一带逃往山东临沂一带,为避免篡夺夏王王位的后羿、寒浞迫害,只好隐姓埋名,将"姒"姓改为了"娄"姓。他们挟带着深厚的中土华夏文化(即河南龙山文化)融入东夷之乡,随了当地的风俗,吸纳了浓重的东夷文化(即山东龙山文化),并逐渐将其酝酿形成了有特色的娄人文化,或称杞人文化。娄杞文化是对开封"中土"和"东夷"文化的继承和发扬,自然也是东夷文化一部分,更是中东部华夏文化融合的产物。

到了夏朝末期,夏桀的儿子仲和、仲礼为逃避夏商战祸,便从夏王禹(都阳城)、启(都隅山)、杼(都老丘)、桀(都青丘山倾宫)的王都开封一带,投奔了山东临沂一带的同族。这说明,早在夏代初期"姒"姓"娄"人存在于山东临沂一带是可能的,也说明商汤在开封东北部的鸣条一带打败了最后一个夏王桀之后,夏族的姒姓人及曾经辅助过夏桀的人受形势所迫,也逃到了东夷的边缘地区,并随着夏代早期已迁徙到当地的"娄"人,实现了由姓"姒"到姓"娄"的历史性转变。

商汤为了安抚和监管这些夏朝的"姒"姓"娄"人,便将他们迁回夏人的祖地开封杞县一带,予以厚待,让他们在那里供奉夏人先祖的祀庙,封建了杞国,夏杞人臣服了商汤。这提示我们,夏代的政治中心和夏禹的陵墓、祀庙应该也在开封或杞国一带。

商代"姒"姓,或称"娄"姓所建立的杞国,地理位置在现开封的杞县县城一带的古"雍丘",并有可能在雍丘、肥阳(今杞县城东北二十里西寨)之间几十里的范围内多次迁徙。它的西北方向距离夏杼王都老丘(今开封县杜良国都里)直线距离约40公里,夏代杼、槐、芒、泄、不降、扃等六王曾先后在老丘建都约一百六十余年;西北距离开封禹王台即夏禹王都阳城和西门里"夏启之居"直线距离45至50公里;东北方向距离商汤王城北亳(今山东曹县南)直线距离约70公里。开封一带是夏代当之无愧的政治中心。

杞国是最早置于商都王畿统治之下的重要地区。商汤将杞国安置这里的目的,不仅是为了便于监督和控制夏姒遗民,更重要的是为了稳定商都王畿地区的安宁,巩固刚刚建立起来的商汤政权。

到了商王武丁时期,杞国国君仍然被封为侯爵。杞国与商王朝的关系尚属密切,彼此有通婚关系,杞国的女子"妇杞"被商王武丁娶为次妃。

一直到了殷商王朝末期,不知什么原因,杞国才逐步消失,从而结束了杞国在殷商时期建国立都的历史,但消失的具体时间史书上未见记载。粗略算来,即使自公元前1600年商汤灭夏,封娄杞人建立杞国时开始算起,到公元前1200年商王武丁去世前,即史料中最后留有关于杞国的信息记载为止,商代杞国在开封杞县建都历经了大约四百年的历史。

据汉代司马迁《史记·陈杞世家》记载:"杞东楼公者,夏后禹之后苗裔也。殷时或封或绝。"这不仅说明了杞国的东楼公确实是夏王大禹的姒姓裔孙,也证明了殷商时期杞国确实经历了继绝世、兴灭国的真实历史。

杞国在殷商时期历经了"封兴"、"继绝"的艰难境况,导致人心恐慌,畏惧商王"天意"不测,担心自己的国家再次遭到覆灭。所以,处事小心翼翼,不敢犯了商王的"天怒",同时,杞国实力弱小,人稀地少,基本上靠商王朝和周王朝的保护过日子,商王和周王就是他们的天神。一旦世道大乱,商王朝和周王朝的天坍塌下来,自己将会因失去天王的保护而被别国吞并,遭遇灭顶之灾。所以,杞国人时时都担心"天塌"下来,整天过着"小媳妇"一般的日子。这便是"杞人忧天"传世俗谚产生的重要原因,俗谚真实地勾画了杞人处世的心理状态。

其实,"杞人忧天"不是庸人自扰,而是对事关自己生死存亡切身境遇的一种本能关切和反应。无论是谁,只要处在同样的境遇之下,都不可能不担惊受怕。国小兵弱的杞国,苟存于殷商王朝的近畿监管之内,时刻担心亡国丧身之患的来临,因而产生强烈的忧患意识和危机感是可以理解的。

五、周武王封东楼公于杞国奉夏氏庙祀

到了西周时期,杞地的范围大致在雍丘北部至圉(今圉镇)之间,西部至陈留界,东部地跨睢县界。外黄初为聃国、宋国,春秋时期为戴国、郑国之地。

公元前1046年,周武王打败商纣王后,复封夏禹之裔少康的后人东娄公于此重建杞国。据汉代司马迁《史记·陈杞世家》记载:"周武王克殷纣,求禹之后,得东楼公,封之于杞,以奉夏后氏祀。"与此同时受封的还有商纣王的儿子武庚,封地在汤阴县城东南16公里邶城遗址,以奉商殷之祀;帝舜的后裔、遏父,封地初在陈留,以奉舜帝之祀。周公旦平定三藩作乱之后,遏父之子妫满被迁到了淮阳陈地建立陈国,以达到阻止东夷人西进,拱卫东都成周的目的。邶(后为宋)、陈、杞三国的规格很高,均为"公爵"级,并称"三公",被西周

尊为国宾。

另外还有一说：西周成王姬诵追封皇室后裔时，发现大禹三十六世孙娄云衢在会稽（一说就在开封东南的陈留、杞县一带，一说在今浙江绍兴），便把他召来，赐"木"为"楼"，封东楼公，食邑杞国（今河南杞县）。此后，云衢的子孙便姓了"楼（娄）"，并将杞国作为楼氏的发祥地。

此说与《史记》记载相矛盾，不仅否定了殷商时期在山东临沂就有楼氏存在的历史，也否定了殷商时期杞国在开封杞县已历经"兴灭"的事实，况且即便大禹有三十六世孙娄云衢在浙江绍兴会稽，可距离开封"中土"也太远了一些，是西周初期难以管辖到的东夷之东部，鞭长莫及啊。看来周武王消灭商纣后，先封了邶（商裔）、杞（夏裔）、陈（舜裔）三国，到了周公旦讨伐"三藩作乱"后，重新调整战略布局，再一次重新分封宋（商裔）、杞（夏裔）、陈（舜裔）三国是一个历史事实。至于"会稽"的"大禹三十六世孙娄云衢"，本人认为确有可能存在。前提是"会稽"不在浙江绍兴，而在开封东南的陈留、杞县一带。只有这样解释，才符合夏代政治中心和后裔在河南、山东活动的人文历史。

《姓氏起源》认为："周灭商后，武王追封先帝后裔，得禹三十六世孙云衢公，曰：无木不成楼，犹无水不成源也！举为谏议齐侯，封于杞。以主夏祀，号东楼公。子孙遂以楼为姓。"[11]尽管有的解释说"娄"先存在，所以"娄"加"木"为"楼"。但这种说法仍有否定杞国人在商代就有"楼（娄）"姓之嫌。

尽管上述说法与已知的夏、商、周三代历史有一些差异，但西周时期被分封的杞国国君为大禹三十六世孙娄云衢，且以"楼（娄）"为姓的说法，却与殷商时期杞国国君的历史渊源大体一致。

西周时期，杞国能考证出来的国公有二十位，自东楼公开始，至杞简公为止，其王位世系基本父子相继，但也有兄终弟及的情况出现。到了杞谋娶公时期，西周微衰，开封杞县的杞国日益受到宋国、淮夷、徐国等势力的侵扰，无法在中原立足。据宋代地理总志《太平寰宇记·开封府》记载："雍邱故城，今县城是也，春秋时杞国城也，杞为宋灭。"[12]其实，不是"杞为宋灭"，而是杞国被包括宋国在内的东夷人逼迫下迁离了开封杞县地区。

公元前740年（即东周平王二十一年），杞武公（一说杞谋娶公）暂时将杞国迁到了山东滕县附近的邾国避难，而后迁徙到到山东新泰一带。后来，由于别国的入侵，杞国被迫继续向山东的东部迁徙。公元前646年，杞成公在位时，将杞国迁到缘陵，即现山东昌乐县附近。到了公元前544年（即鲁襄公二十九年），杞文公又把国迁到淳于，即现山东安丘县附近。公元前445年的杞简公时期，杞国被楚国灭亡了，但由于楚国鞭长莫及，未能长期占有山东安丘县的杞国之地,后来被齐国据为己有。

杞国自商初受封建国至此,在河南、山东断断续续共存在约1000年的时间。

据汉代《史记·世家·陈杞世家》记载,西周时期的杞国建立后,从杞东楼公到杞谋娶公,相传有四世,但是其中每位国公之间年份记录得却不详细。杞谋娶公在位时期,正好是公元前858~前841年西周厉王当政的时候,距离公元前1046年周武王封建杞国大概有二百年的时间。此时,西周王朝共经历了十个周王,而杞国却仅仅经历了三个国君。这似乎不太符合实际,令人怀疑杞国这段时期的世系记载存在缺漏。可惜,目前尚无史料进行弥补。

六、几点结论

通过对杞国上述历史情况的分析,我们大致可以得出三点结论:

一是自夏代太康、仲康和相称王,直到后羿、寒浞执政篡位时期,夏禹的后裔曾到山东临沂一带避难,并改姒姓为娄(楼)姓。殷商初期,部分夏氏后裔再次迁徙到此地。之后不久,山东临沂的娄姓和开封夏禹王都阳城一带残存的姒姓,均被商汤分封于开封杞县,建立"杞国",自称"娄(楼)"姓或称"杞人"。

二是殷商末期杞国灭亡后,杞人再次隐姓埋名,甚至逃难生存,不然周武王就不会"求禹之后","食邑杞国"了。之后,周武王重新封大禹的后裔云衢公为杞国国君"东楼(娄)公",子孙多以"娄(楼)"为姓,"姒"姓基本消失。

三是商、周王朝在开封杞县封夏王禹、少康的姒姓后裔东楼公为杞国国君,目的之一是为了以此来延续姒姓杞国国祚,让他们主管夏后氏族的祭祀事宜。可见,祭祀夏人先祖禹、启的宗庙应在开封杞县一带,而宗庙之地往往就是夏王国都和夏王陵墓所在之地。所以,这是我们认为夏禹王都在开封禹王台,即阳城的原因之一。同时,夏王禹的陵墓也应该在开封和杞县一带的古"会稽"之地,而不应在长江东南或嵩山西北的什么地方。

杞国先后于殷商时期和西周时期历经"兴灭国、继绝世"的大起大落,商、西周时期在开封杞县建立国都的时间共计约706年的历史,不愧为历史年代久远、文化积淀深厚的中原古城。

附:西周杞国国君列表

杞东楼公

杞西楼公

杞题公(此处世系记载可能存在缺漏)

杞谋娶公
杞武公　前750年～前704年　在位47年　期间迁山东滕县
杞靖公　前703年～前681年　在位23年
杞共公　前680年～前673年　在位8年
杞德公　前672年～前655年　在位18年
杞成公　前654年～前637年　在位18年　期间迁山东昌乐
杞桓公　姒姑容　前636年～前567年　在位70年
杞孝公　姒丐　前566年～前550年　在位17年
杞文公　姒益姑　前549年～前536年　在位14年　期间迁山东安丘
杞平公　姒郁　前535年～前518年　在位18年
杞悼公　姒成　前517年～前506年　在位12年
杞隐公　姒乞　前506年　在位7个月　被弟釐(xī,西)公杀
杞釐公　姒遂　前505年～前487年　在位19年
杞湣公　姒维　前486年～前471年 在位16年　被弟哀公杀
杞哀公　姒阏(è)路　前470年～前461年　在位10年
杞出公　姒敕(chì)前460年～前449年 在位12年　湣公之子
杞简公　姒春　前448年～前445年　在位4年

参考文献：

[1] (东汉)许慎：《说文解字》，北京：北京中华书局，2004年版。

[2] 王世伟整理：《尔雅注疏》，上海：上海古籍出版社，2010年版。

[3] (宋)陈彭年等撰：《广韵》，北京：北京图书馆出版社，2005年版。

[4] (南宋)朱熹：《孟子》，上海：上海古籍出版社，1987年版。

[5] 黄怀信主撰：《大戴礼记汇校集注》，西安：三秦出版社，2005年版。

[6] (南宋)王应麟：《三字经·百家姓·千字文(插图本)》，南京：凤凰出版社，2012年版。

[7] 吕不韦、刘安等著，高诱注，杨坚点校：《吕氏春秋·淮南子》，长沙：岳麓书社，2006年版。

[8] (汉)司马迁撰：《史记(三家注本)》，北京：中华书局，1975年版。

[8] (春秋)左丘明等：《吕氏春秋·左传·战国策》，北京：北京出版社，2008年版。

[9] (汉)王符著，胡大浚等译注：《潜夫论·译注》，兰州：甘肃人民出版社，

1991年版。

[10](元)马端临:《文献通考》(全二册),杭州:浙江古籍出版社,2000年版。

[11]史国强:《中国姓氏起源》,济南:山东大学出版社,1990年版。

[12](北宋)乐史撰:《宋本太平寰宇记(全8册)》,北京:中华书局,2005年版。

第二十九章　历代帝王建都最早最多的开封之地

任何历史都具有传承性，问题只是在于后人能否认识和发现而已。但是，由于众多客观因素制约，历史传承在很多情况下却是不完整的，有时甚至还会出现误传的情况。为此，作为历史工作者，有责任把前人有意或无意淡忘的、被沉淀到记忆深处的客观历史发掘出来，使之与整个华夏人文历史相衔接，成为展示一个个社会形态、一段段历史文明的证据。

因此，只有发现历史，才能尊重历史、传承历史，才会知道我们从哪里来，才能预测我们往哪里去。

开封是一个失去上古时期历史文化传承的神奇之地。由于商周政治中心变迁，周公卜洛失误、春秋史典的遗失、黄河泛滥的淤没，四战之地的烽火、天灾人祸的破坏，使得华夏人文历史重要发源地开封失去了太多的历史记忆。"开"与"封"之间所发生的历史文明很多很多，历经的时间又太久太久，使人们在探讨开封人文历史方面陷入了口说无凭的两难境地，以至于中国历史也误入"华夏文化西来"、"华夏人文发源多元"的怪圈之中，既无法理顺，又无法自拔。

尽管华夏人文历史的发掘，需要经历一个长期的论证过程，但是，散乱、无序、主观形成的华夏人文历史发源地，仍在客观上得到了逐步延续。目前，各自解说、各自为是的历史解读版本，已变成社会争夺文化资源的工具，事实上短期内也不大可能有一个系统、科学、客观的评判准则来进行规范。因此，在若干时期之内，华夏历史文化资源争夺愈演愈烈的局面，不可避免地要延续下去。恰恰是这种历史文化资源争夺，反而可能为促进华夏人文历史发掘工作向纵深发展，从而最终实现全社会一致认可的目标提供动力。

开封，作为中国历史上建都时间最长、朝代最多、年代最久的古都，已经被许多古人所认可，金代诗人李汾就是其中的一个。他曾大发感慨地说："琪树明霞五凤楼,夷门自古帝王州。"李汾所说的"五凤楼",是按照太极五行、河图洛书学说建筑而成的开封"樊楼";而"夷门"作为"帝王州",可以追溯到开封上古炎黄时期的仓颉后裔夷门氏、黄帝部落黄夷氏,以及他们的居住地夷门山(今铁塔及其东部)一带。

金代诗人李汾"自古"二字所包含的人文历史,不仅幽深而且奇特,是古人对开封这座城市辉煌华夏文明历史的提炼和总结。他由衷表达的感慨之情,激励着一代代开封人不断发掘、发现、传承自己的人文历史。

南宋时期,开封是金人统治下的"南京",后称"汴京"。此时,作为北宋旧都的建筑设施毁灭严重,尽管历经金人两次迁都的修复建设,一度再现辉煌,但是,仍然无法与北宋时期同日而语。到了元末明初黄河南滚开封北部后,开封的地理环境、人文史典、历史传承再次遭到极大破坏,导致迁来移去的开封人对自己的人文历史,尤其是上古时期的人文历史知之甚少。

近年来,我们出版《荒古开封》、《鸿荒开封》、《帝称开封》、《开封历史文化与客家文化传承》等书过程中,对开封上古时期的人文历史,以及夏代之后帝王在开封的建都史,作了一个比较粗略的梳理。书中从中国史料记载、开封周边地理环境、地方人文历史传承、太极五行理论等方面,论述了三皇五帝建都开封昆仑山"中央之国"(简称"中国")的历史依据,夏代之后帝王建都开封的朝代及其大致时间等。虽然,一些观点和论据还有待于进一步丰富和完善,但作为一家之言也算对开封人文历史传承有了一个比较系统的基本看法。

现将三皇五帝及其后世帝王、朝代、封国在开封建都的基本情况,简单归纳如下:

一、三皇五帝建都的大致地理方位

(1)伏羲建皇都于开封古陈留皇伯山,现开封顺河区土柏岗一带;

(2)女娲建皇都于开封古陈留平逢山,现开封禹王台区禹王台(又称蠵山、塗山、逢山、平台、负阳、服阳、繁台、范台、范宫、古吹台等)一带;

(3)炎帝建帝都于开封古陈留空桑,现开封杞县葛岗镇空桑村;

(4)仓颉建帝都于开封古陈留仓垣,现为开封龙亭区柳园口乡刘庄一带;

(5)黄帝建帝都于大梁轩辕丘,现开封龙亭区柳园口乡轩辕楼北部一带;

(6)玄嚣帝曾初建帝都于开封古陈留青阳,现为开封县八里湾初刘西南的清阳寺一带。后迁往郑州荥器(敖)山;

(7)颛顼帝曾初建帝都于开封古陈留高阳,现为开封杞县高阳镇。后迁往濮阳西南颛顼陵；

(8) 帝喾建帝都于开封古陈留莘国，现为开封县莘口、东莘庄等地；

(9) 尧帝建帝都于开封启封城（一说原阳东南古阳武"房"地），现为开封县朱仙镇古城一带；

(10) 帝舜建帝都于开封负阳（服阳），现为开封水稻乡后岗一带。

二、夏代之后历代帝王、朝代、封国在开封建都的地理方位

(1) 夏王大禹建都于开封阳城，现为开封禹王台区禹王台一带；夏启建都开封大梁门内九道弯、隅山一带。大禹、夏启、太康、中康王都的基本地理方位虽有变化，但变化的范围不大；

(2) 夏王杼等六代建王都于开封老丘，现为开封县杜良乡国都里一带；

(3) 夏王启的儿子鸷建夏朝封国于开封古莘国，现为开封县东莘庄一带；

(4) 商汤建王都于开封西亳（也称景亳、景繁），现位于封丘西南荆隆宫（一说在杞县西北鸣雁亭）一带；

(5) 商代封建夷国（也称易国）于开封夷门山，现为开封北门、铁塔一带；

(6) 商代封建逢国（也称逢蒙国）于开封逢山，现为开封禹王台区禹王台一带；

(7) 商、周时期封建杞国于雍丘，现为杞国或东北部一带；

(8) 西周初期封建聃国于老丘，现为开封县杜良乡国都里一带；

(9) 西周中后期封建戴国于外黄，现为兰考东南古菑县一带；

(10) 战国时期魏国建都大梁，现为开封西北一带；

(11) 唐代时期大楚建都汴州，现为开封老城北半部一带；

(12) 五代时期后梁建都汴州，现为开封老城北半部一带；

(13) 五代时期后晋建都汴州，现为开封老城北半部一带；

(14) 契丹占领时期大辽建都汴州，现为开封老城北半部一带；

(15) 大辽傀儡大唐建都汴州，现为开封老城北半部一带；

(16) 五代时期后汉建都东京，现为开封老城北半部一带；

(17) 五代时期后周建都东京，现为开封；

(18) 北宋时期大宋建都东京，现为开封；

(19) 金人占领时期大楚建都东京，现为开封；

(20) 金人占领时期大齐建都汴梁，现为开封；

(21) 南宋时期的金朝建都南京、汴京，现为开封；

第二十九章 历代帝王建都最早最多的开封之地

(22) 元代时期的后宋建都汴梁,现为开封。

在以上三皇五帝及其后世帝王所建的皇、帝、王都中,已知仓颉时期在开封建帝都约110年,夏王杼等六王在开封老丘建王都183~217年,魏国在开封建国都约140年,北宋在开封建都约168年,其他伏羲、女娲、炎帝、黄帝、莘国、杞国、逢国、夷国、戴国,在开封建都时间均应该不少于百年,甚至更为久长,但目前难于具体计算。而大辽、大辽傀儡大唐国、大金傀儡大楚国等在开封建都时间均不过一年,可以忽略不计。

因此,开封作为三皇五帝"中央之国"和夏朝之后"十九朝古都"的统计数据,尽管仍不全面,但就目前掌握的历史情况而言,是较为接近客观历史实际的。

开封作为夏代王杼等六代建都老丘183~217年的历史,在国内学术界基本没有争议,又是在夏朝的鼎盛时期,将其称作是华夏文化的主要代表地是当之无愧的。而夏代王杼等六代建都老丘,也与三皇五帝及其大禹、夏启、太康、中康等长期建都于开封一带,有着密切的人文历史传承。开封历史研究发现,从太极、河图洛书理论和史料分析来看,大禹、夏启、太康、中康的王都也应该在郑州东部"四渎"、"四海"、"五帝"、"四象"中心的开封一带,所谓洛阳为太康"夏都斟鄩"以及太康、孔甲、帝皋、夏桀"四王"都城的说法并不可靠,用偃师城区西部发现二里头遗址和"周公卜洛"在登封阳城来证明夏、商王都遗址在洛阳一带,存在着许多先天漏洞,难以自圆其说。

公元724年,唐代采取最新科学技术和天文仪器,对登封阳城、开封岳台进行了全面测量,结果证明:三皇五帝的"天地之中"不在郑州西部的登封阳城,而在郑州东部的开封岳台。唐代之后,帝王建都逐渐东移开封,洛阳作为帝王建都之地被遗弃。自此之后,洛阳再也没有正式作为帝王的建都之地。

目前,尽管受诸多历史传承因素限制,开封一带暂时还拿不出地理考古依据作为证明,认定这些重要人文活动地存在仰韶文化、二里头文化遗址,但是,我们坚信,随着开封一带地理考古工作的不断加强,在开封一带发现仰韶文化、二里头文化遗址必定是迟早的事。

我们期待着这一天的早日到来。

第三十章 对开封、西安、洛阳三大古都形成历史的分析

一、中国最早的古都和迁徙规律

华夏民族以"中国"为自己的祖国。但是,现在人们对"中国"历史的发源和传承却知之甚少。

"中国"一词,出自上古时期对三皇五帝"中央之国"的简称。从太极"五行"学说来讲,三皇五帝共居一地,这"一地"就是"太极"产生的"昆仑山"。古人认为,昆仑山是三皇五帝居住的阴阳山、日月山、父母山、神仙山,又被称作"中央之国"、"中央邦国"、"中央王国"等。"中央之国"的"中央",最初是太极"五行"的方位名称,因为历代皇、帝、王居住这里而赋予了政治中心的人文色彩。由于"中央之国"位置在太极五行的"中、土、黄"和"帝一"的位置,又与天象中心的太极星,即"太一"上下对应,故也称作天地上下贯通的"天地之中"。华夏民族的祖国,正是发源于这里。

因此,不仅现代中国是由华夏先民最早的"中央之国"传承而来,而且太极山、昆仑山、三皇五帝居住地、太极五行的"中央"(即中、土、黄、帝一)、"天地之中"也发源于同一地域,且近距离内不断迁徙。任何试图将它们作远距离分开的解释,都与太极五行理论不符,自然也与华夏人文历史发源时期的客观事实不符。

但是,在中国历史发展的现实中,由于上古不同时期的华夏民族不断自太极、昆仑山、三皇五帝居住地向夷、蛮、戎、狄等四方迁徙,把"中、土、黄、帝一"之地的三皇五帝人文历史广为传播,使上古时期"中国"的地理范围和内在含义不断扩大、延伸。于是,小"中国"先发展成了大中原,再发展成了如今的大中国。太极、昆仑山、三皇五帝、中央之国、天地之中的地名和文化,也被传承、

传播到了大中国的四面八方。

在华夏人文历史上,"中国"最早的古都也发源于昆仑山三皇五帝"中央之国",即"天地之中",并且凡是统一氏族、国家或地方政权的首都,先后都有称"都"、"都城"、"国都"、"京城"、"京都"的范例。三皇建都被称作"皇都";五帝建都被称作"帝都";禹王之后夏、商、周三代建都被称作"王都"。秦始皇称"始皇帝"之后建都,称呼比较混乱,"皇都"、"帝都"、"王都"交叉混称。但是,无论怎么称呼,作为某一历史时期政治中心的地位和内涵并没有改变。当然,政治中心也往往是经济和文化中心。

因此,自三皇五帝到禹、商前期,建"都"的地理方位比较稳定和集中,大致都在昆仑山"中央之国"范围之内,最多有一些小范围的迁移。但随着华夏民族政治、经济、文化的发展,以及向外传承、发展的形势需要,"都"又常常从旧都迁往更为合适的新都。在中国历史上,不仅氏族政权和封建政权在自身发展中都有迁"都"的经历,而且呈现出先以"中—西—中"迁移为主,后以"北—南—北"迁移为主的变换规律。如西周王朝自商代的"中土"向陕西宗周丰镐迁徙,东周、秦、汉、唐之后又逐步向河南成周洛阳、北宋开封迁徙;元末政权由北部大都(今北京)向南部明代政权应天府(今南京)迁徙,再向北京回迁。

二、中国古都的地理方位特点

悠久的华夏历史,众多的部落民族,数十个朝代和政权的更新兴替,在中国历史上产生了丰富的都城文化。

"都",是不同时期华夏民族政治的中心、经济的枢纽、军事的重地、祭祀的太庙之地。因此,在地理区位方面十分讲究,选择都城新址定会考虑自然条件,诸如山川地利、水土物产、气候风景、人口密集度等,并精心加以分析,由此形成了华夏"都城"文化的理论和实践。

古汉语中,往往将"国"字作为"都"、"城"、"邑"的代名词,说明古人最初以都城为国。据东汉经学家、训诂学家刘熙《释名》记载:"都者,国君所居,人所都会也。"[1]"都城"、"都会",又称"京师"。据战国时期齐人公羊高《公羊传》记载:"京师者,天子之居也。京者,大也。师者,众也。"[2]唐代哲学家、思想家韩愈《御史台上论天旱人饥状》记载:"京师者,四方之腹心,国家之根本。"[3]明末清初著名思想家、史学家顾炎武在《肇域志》中说,陕西凤翔有山曰京,有水曰师,周文王、周王武建都于此,统名之曰"京师"。[4]夏、商、周的"都城"被称作"邑"、"城"或"京师",如大禹"夏邑"、"阳城",商代"大邑",周代"雒邑",等等。

唐初儒学家颜师古在注释东汉历史学家班固《汉书·地理志》时记载："夏，中国。"[5]其中"夏"，在昆仑山"中央之国"的"南、赤、朱雀"之阳地，是太极"五行"中的一个方位地名。所以，也被称作昆仑山"中央之国"，即"中国"。有人据此认为，夏代以后才出现"国"。这恐怕是在理解上将"国"、"都"、"城"、"邑"的本义割裂开了，自然具有一定的局限性。其实，在上古时期，无论是"国"、"都"、"城"、"邑"，不过是皇、帝、王、君等管理天下的政治或地理中心罢了。

华夏先民把选择居住地、建筑宫室和城邑，当作一件很严肃而重大的事件。为获得风水好的"都"、"城"之地，不惜发动战争，推翻敌对政权。如西周文王对自己居住陕西岐山"酉"地感到十分不安，他在清华简《保训》中认为，陕西岐山"日不足，唯宿不祥"。[6]就是说，周文王居住的岐山"酉"地，在太极"两仪"中为"阴"地，在"四象"中为"少阴"地，在太极五行为"西、金、白虎"之地，远离中东部三皇五帝"中央之国"的"中、土"和"阳夏"之地，不仅对周人的繁衍生存不吉利，也容易被中原人视为非正统的"戎、狄"外族，更难以掌握"中央之国"，即"中土"的控制权。所以，周文王遗训周武王务必要以商汤讨伐夏桀为榜样，除暴纣，取中土，武装夺取商纣王的"中央之国"政权。周武王不仅遵照周文王的遗训，伐纣取中土，建立了"周王朝"，还通过周公旦用圭表测量日晷的方法确定洛阳东部的登封告成为"天地之中"，并在洛阳建立了东都成周，最终实现了周文王"归中"、"得中"的最大遗愿。可惜由于技术原因，周公卜洛与开封三皇五帝的"天地之中"直线距离相差130多公里。

由上述情况得知：不仅华夏先民是遵照"太极五行"理论来选择居住地的，而且选择的最佳居住地是在太极"阴阳"之"阳"地，在太极"五行"是"中、土、黄"方位。其实，这正是太极、昆仑、三皇五帝（包括黄帝）居住的"中央之国"，又称"天地之中"。

从考古资料来看，殷商时期的卜辞中也有许多关于祭天占卜、选择建筑"都"、"城"、"邑"方位的史料记载，如"王乍邑帝若"、"王有石才鹿北东，乍邑于之"。我们的理解是，商王向天帝请求在郑州中牟黄帝大战蚩尤的"逐鹿"之地的北方和东方之间，即黄帝"祚土封氏"之地，建邑商都"景亳"，祈求天帝的认可。这些卜辞实际上是在向巫师询问人文始祖黄帝时期修建宫室、城邑的地理方位，因为那里是神圣之地，有列祖列宗神灵的保佑，不会带来祸祟。

殷商时期，在选择都城建设的地理方位上极其讲究，据西周时期的《周礼·大司徒》记载："地中（也指中国），天地之所合也，四时之所交也，风雨之所会也，阴阳之所和也。然则百物阜安，乃建王国焉。"[7]意思是说，华夏先民"建王国"选择在"地中"。这里是"天地之所合"的"天地之中",是"四时之所交"的"中、土、黄",是"风雨之所会"的"中和、阊阖",也是"阴阳之所和"的"太极"、"昆仑"之地。

战国时期秦国宰相吕不韦《吕氏春秋·慎势》也记载:"古之王者,择天下之中而立国。"[8]其中"天下之中",就是三皇五帝所居住的昆仑山"中央之国",也称"中、土、黄"和"天地之中"。

值得再次强调的是,华夏先民时期无论是"太极"、"昆仑"、"中、土、黄"或是三皇五帝所居住的"中央之国"、"天地之中",都同在一地,具有地理方位上的不可分割性。

三、上古以来中国主要都城的地理分布

通过对中国主要都城地理分布情况的研究分析,归纳起来大致如下:

三皇五帝时期:太极昆仑山、空桑、轩辕丘、九层(垚)台、青丘山(大致在河南开封、原阳、中牟、封丘一带);

夏代:昆仑山阳城(又称阳夏,河南开封禹王台,一说在洛阳、山西东南部一带)、启之居(河南开封隅山,一说在洛阳一带)、斟灌(太康、中康都,河南封丘南部湛渠岸边,一说在河南洛阳一带)、杼(开封老丘)、原(在河南原阳原武镇古原圃,一说河南济源)、倾宫(斟灌,夏桀都,在河南封丘湛渠岸边,一说河南洛阳一带);

商代:昆仑山景亳(即西亳,在河南封丘荆隆宫、荆山、景山,一说在河南洛阳一带)、殷都(今安阳小屯一带)、朝歌(今鹤壁淇县一带);

周代:西都宗周丰镐(今陕西西安)、东都成周雒邑(今河南洛阳);

秦代:咸阳(今陕西咸阳东);

汉代:西汉长安(今陕西西安西北),东汉雒阳(今河南洛阳东);

晋代:西晋洛阳(今河南洛阳东),东晋建康(今江苏南京);

隋代:大兴城(今陕西西安)、东都洛阳(今河南洛阳);

唐代:长安(今陕西西安)、东都洛阳(今河南洛阳);

宋代:北宋开封(今河南开封),南宋临安(今浙江杭州);

元代:上都(今内蒙古多伦西北)、大都(今北京);

明代:南京应天府(今江苏南京)、北京顺天府(今北京);

清代:留都盛京(今辽宁沈阳)、京师顺天府(今北京)。

四、开封、西安、洛阳三大古都格局的形成

上古时期,华夏先民和三皇五帝选择都城及居住地,经历了很长的实践摸索过程,逐步形成了具有朴素唯物认识论的"太极、五行"等理论学说。在这一理论指导下,"中央之国"、"天地之中"的选址,完全按照"占日、占月"所确定的"中、土、黄"和"四象"的位置来建立"国"、"都"、"城"、"邑",而且东有"青龙",西有"白虎",南有"朱雀",北有"玄武",中间地带被称作"紫微宫"、"中央"、"高台"、"明堂",背靠高山,前面有河水横穿流过。这些理论的形成,是华夏先民长期在自然界和社会实践中取得的成果,也是对适宜自己生存地理环境的高度概括。同时,这更是对三皇五帝及夏、商王都地理地貌的客观描述。

这里是华夏民族世代传承下来最理想的风水宝地,也是历代帝王建都、下葬,百姓修宅、入土时照此原理选择的地形地貌。夏、商之前的"中央之国"、"天地之中",处于黄河下游的首端,物产丰富,人杰地灵。大洪荒时期的海水退潮后,留下了许多泽、池、湖、陂和台、山、阜、丘,尤其以昆仑山为最高(以土质为主,不过一百多米),这里海陆动植物杂交繁殖,为华夏先民提供了大量食物,尤其以麋鹿最为著名。

这里有上古时期历代皇、帝、王都的史料记载和民间传说。伏羲皇都柏(伯)皇山(今开封土柏岗)、女娲(有蟜氏)皇都平逢山(今开封禹王台)、炎帝帝都空桑(今开封杞县空桑村)、仓颉帝都夷门(今开封铁塔夷门山)、黄帝帝都轩辕丘(今开封北轩辕楼)、颛顼封地高阳(今开封杞县高阳镇)、帝喾有莘国(今开封杜良乡东辛村、陈留莘口)、尧帝帝都阳武(今河南原阳东南14公里处汉代阳武)、舜帝帝都九成台(今开封西北后台青丘山)、禹王王都阳城(今开封禹王台)、商汤王都景亳(今河南封丘荆隆宫乡)等,都分布在这一地区。由于华夏人文始祖最先在此山丘高地定居,黄帝又最早在此"祚土封氏",因此,这里被称作帝王的"启(开)封"(今开封朱仙镇古城)之地或"封丘"(今河南封丘县)之地。这里的政治地位和物华天宝不允许其他氏族占有,却又无法制止一些氏族获取的欲望。于是"逐鹿中土",进而"逐鹿中原"的战争在此地拉开了序幕,开封昆仑山"中央之国"便成为了世代霸王、雄主争夺的"四战之地"。华夏先民"逐鹿"的地名也在郑州中牟"逐鹿营"、"六府营"(金、木、水、火、土、谷为"六府")一带保留至今。

经过商代中后期屡次迁都之后,"中央之国"、"天地之中"的故址已经被遗失。西周被"周公卜洛"选定在登封阳城,地望虽未脱离黄河流域的河谷平原,

但却非原来意义上的昆仑山"中、土、黄",即"天地之中",尽管都城位置仍选择肥沃富庶、适合农耕的"三川"(河、雒、伊)得名之地,但毕竟距离东部开封真正意义上的"三川"(江、河、济。江为鸿,即鸿沟)、"天地之中"直线距离仍有130公里,不可同日而语。

因此,周代至唐代,王都政权主要以关中、洛阳盆地为政治中心。直到唐代用土圭重新测日后,"天地之中"才改定在开封浚仪的岳台,然而昆仑山所承载的华夏人文历史已经失传。五代、北宋时期,帝王之都随之回归三皇五帝时期的"中央之国"开封之地,但昆仑山华夏人文历史的发源早已成为神话中的传说。

自上古时期至宋代,以黄河中下游为依托,以开封—安阳—西安—洛阳—开封—杭州为轴线的中国氏族、封建社会建都的历史格局就此形成。

五、西安、洛阳、开封三大古都对比

开封、洛阳、西安"三大古都"的基本情况是:

1. 陕西长安

据当地资料显示,历史上共有十七个朝代在此建都,建都时间约1077年,分别是:(1)镐:西周(268年);(2)咸阳:秦(145年);(3)长安:西汉(208年);(4)长安:新莽(15年);(5)长安:汉刘玄(3年);(6)长安:赤眉都(2年);(7)长安:东汉献帝(6年);(8)长安:晋惠帝愍帝(7年);(9)长安:前赵(10年);(10)长安:前秦(35年);(11)长安:后秦(32年);(12)长安:西魏(23年);(13)长安:北周(25年);(14)长安:隋(26年);(15)长安:唐(266年);(16)长安:齐(黄巢)(4年);(17)长安:大顺(李自成)(2年)。

陕西长安地处关中盆地,被山带河,四塞为固,阻三面而守,东出足以制内,有扼吭亢背之势;当来自西北方面的匈奴、突厥和吐蕃先后构成主要威胁时,择都关中还便于抵御外侮,向西北开拓疆土,故西汉、隋唐皆定都长安,于制内御外都屡有建树。关中之不足,在于脱离人口稠密、经济发达的黄河下游平原地区,土地有限,物产所出难以满足京师及西北边防用度,唯借运河转漕,劳费不止。唐朝安史之乱以后,河朔联兵,拒不纳赋,京师所需只得取自千里之外的江淮地区,加之长安屡遭兵燹,破败不堪,作为国都的地位就艰难维持了。

2. 河南洛阳

据当地资料显示,历史上共有十三个朝代在此建都,建都时间约(含陪都)1234年,分别是:(1)斟寻:夏代太康(夏建都有争议,建都时间较短);(2)西亳:商代(商建都有争议,建都时间待定);(3)雒邑、成周:西周(275年,为东都);(4)雒邑:东周(515年);(5)雒阳:东汉(215年);(6)洛阳:曹魏(44年);(7)洛阳:西晋(48年);(8)洛阳:北魏(41年);(9)东都:隋朝(14);(10)东都:唐朝(27年两京并重、6年首都、31年两京并重、3年首都,计67年);(11)西都:后梁(8个月)(12)东都:后唐(13年);(13)西京:后晋(约1年)。

洛阳地处伊洛盆地事关河之固,具备凭险以守的建都条件。土地虽不如关中广袤,却靠近物产丰富、经济发达的黄河下游平原地区,兼有水陆转输之便,少有乏粮之忧。隋唐两代营建洛阳为东都,以居洛为常,被时人戏作"逐粮天子",正是看重洛阳地理适中,便于集聚贡赋。伊洛盆地的优势还不止于形胜、居中,更主要的是有利于南进,凡有南窥江汉,欲吞诸夏之势者(如曹氏,拓跋魏)必都洛阳。但是,洛阳偏离西北边防难于照应,使东汉、西晋对西北的经略总有鞭长未及之感。

3. 河南开封

据当地资料显示,历史上共有十九个朝代在此建都,建都时间(不含陪都)约为2360年,分别是:(1)禹王台阳城、启之居(有争议)、(杼)老丘:夏代(禹约47年,启约15年,杼至扃约217年,计279年);(2)杞国:商代、周代(商汤至武丁约400年,周武王至周平王约306年,计706年);(3)古莘国:夏代、商代(夏代约419年,商汤至河亶甲约226年,计645年);(4)聃国老丘:西周(周公旦至周穆王约66年);(5)戴国兰考外黄:西周、战国(周穆王至周桓王约263年);(6)开封郑国行都留邑:西周、春秋(周幽王至周平王约5年);(7)魏国大梁:战国(139年);(8)唐大楚大梁:唐代(约2年);(9)后梁汴州:五代十国(16年,扣除朱友圭西都洛阳称帝8个月,为15年);(10)后晋汴州、开封:五代十国(11年,扣除石敬瑭西都洛阳称帝约1年,为10年);(11)大辽开封:五代十国(约4个月);(12)大辽大唐开封:五代十国(约3个月);(13)后汉汴京:五代十国(3年);(14)后周开封:五代十国(9年);(15)东京开封:北宋(168年);(16)金大楚开封:南宋(约1个月);(17)金大齐汴梁:南宋(5年);(18)大金国汴梁:南宋(20年);(19)后宋汴梁:元代(1年3个月)。但是,这一资料并不系统完整。

第三十章　对开封、西安、洛阳三大古都形成历史的分析

开封地处上古时期的昆仑山"中央之国",自古为"中国"之地,是"九州"的中心,周围有"四渎"环绕,水陆交通方便,地势平坦,有沃土千里,平原广袤。它凭借河湖纵横、发达的灌溉系统、温和的气候、便利的交通条件,成为中国最早开发的地区,促进了农、牧、渔业发展,物产丰富、经济发达,城垣宏大,文化灿烂,古人曾有"琪树明霞五凤楼,夷门自古帝王州"的诗句。这里有上古时期的伏羲皇都,炎、仓颉、黄、颛顼、喾、尧、舜帝都,夏禹、夏杼王都的史料记载和传说中的遗址。北宋时期,开封作为国都汴京(东京),是中国政治、经济、军事、科技、文化、商业和城市的中心,也是当时世界上最繁华、面积最大的大都市。其建设规划思想独特,宏大的城垣分外城、内城、皇城,三重城郭、三条护城河。城内交通水陆兼容,畅通无阻。在布局上,打破了封闭性的坊里制,代之以商住开放的城市街道形式,实行坊市合一,扩大了市民阶层,使其人口达到150余万。因为非农业人口的增加,所以带动了城市手工业与商业的发展,域内外贸易繁荣发达,成为"八荒争凑,万国咸通"的大都市。这一建筑布局,对宋以后封建王朝都城建设影响深远。东京的园林也极具特色,史载东京城宫苑、御园、寺观有100余座。"大抵都城左近,皆是园圃,百里之内,并无闲地"。开封自古就是各国诸侯争夺的核心地区,也是逐鹿中原的四战之地。

通过上述对比可知:开封是三皇五帝"中央之国"、"天地之中"的发源地,也是周文王《保训》和唐代之后华夏历史文化回归的"中土"之地;西安是夏代后稷、不窋、公刘、亶父子孙——周人的发祥地,也是西周武王打败商纣王的根据地;洛阳是"周公卜洛"选定的"天地之中",也是周、汉、唐的东都,后周、后晋、北宋的西京,客观上担负着西安、开封两大古都文化传承过渡的历史作用。

了解西安、洛阳、开封古都发源和传承的历史,对于研究、发掘、传承河南华夏历史文明具有重大意义,值得我们深入探讨。

文献来源:

[1](东汉)刘熙、(清)毕沅疏,王先谦著,祝敏彻、孙玉文校:《释名疏证补》,北京:中华书局,2008年版。

[2]马其昶校注:《韩昌黎文集校注》,上海:古典文学出版社,1957年版。

[3]王维堤等撰,唐书文译注:《春秋公羊传译注》,上海:上海古籍出版社,2005年版。

[4](清)顾炎武:《顾炎武全集》,上海:上海古籍出版社,2012年版。

[5]颜师古注:《汉书》,北京:中华书局,1962年版。

[6]李学勤:《清华简研究(第1辑清华大学藏战国竹简1国际学术研讨会

论文集)》,上海:中西书局,2012年版。

  [7](汉)郑玄注,(唐)贾公彦疏,彭林整理:《周礼注疏》,上海:上海古籍出版社,2010年版。

  [8](战国)吕不韦著,(汉)高诱注:《吕氏春秋》,上海:上海古籍出版社,1989年版。

后记　中原文化建设亟待华夏历史资源和研究成果支撑

加快河南"华夏历史文明传承创新区"建设，是彰显河南历史文化优势、集聚河南文化发展动力、承担国家文化发展战略历史责任的重要举措，也是落实党的"十八大"关于"文化强国"发展战略的具体措施。对此，河南省《政府工作报告》中提出了编制《华夏历史文明传承创新区规划》的要求。这对于强化河南文化强省发展战略，持续提升中原文化软实力十分重要。

但是，华夏人文历史为何起源于中原？它是如何产生、发展和传承的？河南又能够拿出怎样的华夏人文历史资源来让天下炎黄子孙信服呢？

这是当前河南规划和建设中原"华夏历史文明传承创新区"面临的一个首要问题，也是核心问题。假如这些问题无法解决或解决得不好，那么，河南规划和建设中原"华夏历史文明传承创新区"只能是无的放矢、盲目而行。由此给河南乃至全国华夏历史传承发展所带来的影响必然是负面的，给天下炎黄子孙带来的伤害也是可想而知的。

据有关报道，河南已经确立了"以黄帝故里拜祖大典、中华姓氏文化节、中原根亲文化等为主要平台，打造全球华人根亲文化圣地，进一步增强海内外华人的凝聚力和向心力；以世界文化遗产和大遗址保护为重点，打造中国文化遗产保护传承示范基地；依托古都文化、汉字文化、功夫文化、陶瓷文化等，确立一批中华优秀传统文化符号，建成若干个具有地标意义的标志性文化景观；依托历史文明资源，创建一批华夏历史文明主题基地传承历史文化"的新目标。

客观地说，河南打造"华夏历史文明传承创新区"建设确实需要有一个目标发展规划。制定规划是一件势在必行又必须做好的大事。但是，假如在没有弄清楚"华夏历史文明"和三皇五帝、夏商诸王重要发源地情况下，盲目编制《华夏历史文明传承创新区规划》，并以此指导"华夏历史文明传承创新"建设，其结果必定令人担忧。这就为河南历史文化工作者系统探讨和发掘"华夏历史文明"发源问题提出了一个急迫而艰巨的任务。

当前,在"黄帝故里在新郑"、"天地之中在登封"、"姓氏文化"、"汉字文化"、"陶瓷文化"等华夏历史文明发源问题上,尽管国内一些历史学家对诸如"昆仑山在青藏高原"、"华夏历史文明西来"、"黄帝轩辕丘在新郑"、"天地之中在登封"、"汉字文化发源于商代"等关键资源的分布方面已有所谓的"定论",但这些"定论"却有失太极五行、河洛文化理论的系统指导,存在着许多明显的硬伤,其先天漏洞难以弥补,也无法自圆其说,与国内外炎黄子孙自古认可的华夏历史文明出自"中原"地区,与太极、昆仑山和三皇五帝"中央之国"(简称"中国")同在一地的人文历史传承无法衔接,自然也难以成为天下人的共识。或许这就是"夏商周断代工程"至今难以取得突破性进展的根本原因。

这表明,华夏历史文明发源问题至今并没有从根本上真正得到解决,也提示我们,规划和建设中原"华夏历史文明传承创新区"亟待加强这方面的理论研究工作。

对此,开封历史文化工作者依据开封、郑州等"中土"人文历史资料记载,对中原华夏历史文明的形成、发展和传承等情况进行了深入研究和探讨,初步形成了"华夏历史文明"核心地区发源于开封、郑州之间的"太极"、"昆仑山",即天帝"中央之国"(简称"中国")、"天地之中"的基本认识,并出版发行了《鸿荒开封·〈穆天子传〉原文新解》一书,较为系统地解决了中原华夏历史文明的发源问题,希望能引起"华夏历史文明传承创新区"的决策者和规划者的重视。

尽管书中关于华夏历史文明发源的一些细节问题还有待于不断地发掘、充实和修正,但却第一次运用上古时期"太极五行"、"河图洛书"等朴素唯物观的原理,较为系统地解释了"华夏历史文明"在中原(也称"中、土、黄")形成、发展和传承的历史原因,回答了"昆仑为诸神之山"、"三皇五帝居昆仑"、"逐鹿何以在中原"、"天下姓氏出封丘"、"华夏源本在中原"等历史疑难问题。

河南所打造的"华夏历史文明传承创新区",是国内外炎黄子孙寻根问祖和精神皈依的家园,对于国家文化建设的发展也具有很强的示范意义。对于这样一件事关千秋万代、事关华夏历史传承的重大文化建设工程,确实容不得半点马虎和虚荣,更不能为后人留下遗憾和笑柄,必须经得起子孙后代和历史的长期检验。

因此,我们希望河南在打造中原"华夏历史文明传承创新区"规划和建设中,对事关华夏历史发源和资源认定等的重大问题上引起足够的重视,深入对华夏人文历史资源发掘和理论研究,为共同打造好河南"华夏历史文明传承创新区"、建设好炎黄子孙共同皈依的精神文化家园而不懈努力。

本书由开封市新区规划馆倡导并组织编撰。在编撰过程中,曾得到中国科学院地理科学与资源研究所著名研究员王守春先生的修改和指导,在此表示真诚的谢意!

　　为了便于读者理解我们在书中行文中所表达的观点,同时印证书中观点并非作者个人杜撰,文中使用的说明性图画一律由互联网上搜索获取。由于无法了解作者的姓名和联系方式,在此特对无名作者的无私奉献表示敬意并致谢!

作者　韩鹏　王富洲
2015 年 7 月 1 日于开封